Recettes ultra-rapides

Recettes ultra-rapides

Heather Whinney

Éditions
de La Martinière

Édition originale
Première édition
en Grande-Bretagne, en 2009
par Dorling Kindersley Limited
80, Strand, London, WC2R ORL
Penguin Group (UK)

Auteur : Heather Whinney,
avec la contribution de :
Guy Mirabella et Kate Titford
Photographes : William Reavell
William Shaw, Jon Whitaker

Édition : Laura Nickoll
Maquette : Anne Fischer
Direction éditoriale : Dawn Henderson
Direction artistique : Christine Keilty
Couverture : Nicola Powling
Assistant de production : Ben Marcus
Direction de production : Alice Holloway
Support création technique :
Sonia Charbonnier

Édition française

Connectez-vous sur :
www.lamartinieregroupe.com

Adaptation et réalisation : aa editions
Traduction : Joyce Motee Briand,
avec la contribution de Virginie Perrotte
Couverture : Michel Esparcieux

ISBN : 978-2-7324-4298-3
Dépôt légal : septembre 2010
Imprimé en Chine par Toppan

SOMMAIRE

PRÉFACE

En cuisine, j'ai toujours aimé improviser. À mes yeux, accommoder des ingrédients est un geste plus naturel que d'enfourner dans le micro-ondes une barquette remplie d'aliments préparés par d'autres, et d'attendre le signal sonore pour réouvrir la porte ! Cela dit, je n'ai jamais aimé les repas trop compliqués, ni trop longs à préparer : ce n'est absolument pas l'objectif de cet ouvrage. Ma formation culinaire, je l'ai faite en élevant mes deux enfants, comme une simple maîtresse de maison, pas comme un chef qui maîtrise des techniques complexes et sait gérer de longues listes d'ingrédients. Ce n'est pas mon truc. J'adore manger au restaurant, mais je me considère comme une cuisinière pour la maison. Si je devais décrire ma cuisine, je dirais qu'elle est sans chichis, simple mais chaleureuse, comme les recettes de ce livre.

J'ai travaillé pendant des années dans des magazines féminins en tant qu'éditrice culinaire. Cela m'a donné une idée précise de ce que souhaitaient vraiment les gens en lisant une recette. Avant tout, des préparations simples et directes, à base d'ingrédients de tous les jours. Les cuisiniers expérimentés et les plus aventureux seront à la recherche d'idées nouvelles, de sources d'inspiration, tandis que les débutants auront besoin de recettes claires et précises, qui leur donnent confiance en eux. Ce livre est fait pour les novices comme pour les cuisiniers chevronnés : l'essentiel, à mes yeux, c'est que tout le monde se fasse plaisir !

Cet ouvrage a beaucoup d'ambition : il est rempli d'idées simples mais instructives, de recettes faciles et pourtant créatives. Le plus important : que les plats soient rapides à préparer. Ce livre vous offrira tout cela, et peut être plus encore ! Il sera votre guide pour réussir des centaines de recettes, qui, pour la plupart, ne vous demanderont que 30 minutes de préparation. Il fait appel à des ingrédients familiers et couvre tous les types de repas — du dîner express, à préparer en rentrant du travail, au plat mijoté qui ornera la table du dimanche. Le chapitre *Sans cuisson* proposera des saveurs originales à tous ceux qui veulent cuisiner sans four ; et les gourmands trouveront de quoi se satisfaire dans les nombreux chapitres dédiés aux desserts et gâteaux…

J'ai choisi de diviser le livre en deux grands ensembles : l'un consacré aux recettes destinées à la famille, l'autre aux plats qui permettent de recevoir ses amis. N'hésitez pas à vous plonger dans les deux sections, à mélanger les recettes, à les comparer… Les sélecteurs de recettes et de menus vous aideront à choisir en un clin d'œil. Chaque chapitre est enrichi de variantes et d'astuces, pour limiter le temps de préparation comme le stress du cuinisier amateur…

Cuisiner ne se résume pas au temps passé devant les fourneaux ; il faut aussi planifier les repas et faire les courses. La manière dont nous achetons les ingrédients influence notre façon de manger : le secret, c'est l'organisation ! Établissez votre budget et prévoyez une liste de plats pour la semaine.

Au fil des ans, j'ai dû apprendre l'art des courses efficaces. Pour éviter le stress lié à la préparation des repas quotidiens, il faut savoir faire le bon choix chez le boucher, chez le marchand de légumes, au marché et au supermarché. Consommer des légumes bio et de la viande de bonne qualité peut sembler assez cher ; mais si vous achetez des produits de saison et des morceaux de viande moins nobles (et souvent plus goûteux), vous pourrez améliorer la qualité de votre alimentation sans mettre à mal votre porte-monnaie.

À mes yeux, passer une heure au marché le samedi matin est beaucoup plus amusant que de s'engouffrer en fin d'après-midi dans un supermarché pour pousser un chariot. Cela dit, les produits de supermarché et les boîtes de conserve sont très utiles lorsque l'on manque de temps. Veillez à garder vos placards bien remplis : vous pourrez alors vous concentrer sur l'achat de produits frais. Si votre réfrigérateur est vide, un placard rempli de manière astucieuse pourra sauver votre dîner ! Le chapitre *La cuisine du placard* rappelle le bon usage des conserves, bocaux et surgelés, indispensables quand vous manquez de temps pour faire des courses.

Je souhaite que ce livre devienne votre ouvrage de référence, celui que vous allez feuilleter encore et encore, que ce soit pour vérifier le dosage des ingrédients de la pâte à crêpes, improviser un repas pour vos amis, ou redécouvrir la recette de votre gâteau au chocolat préféré… Avec plus de 700 recettes sélectionnées avec soin, ce livre convient à tous les palais, à toutes les occasions. Il vous fera découvrir la cuisine que ma famille, mes amis et moi aimons.

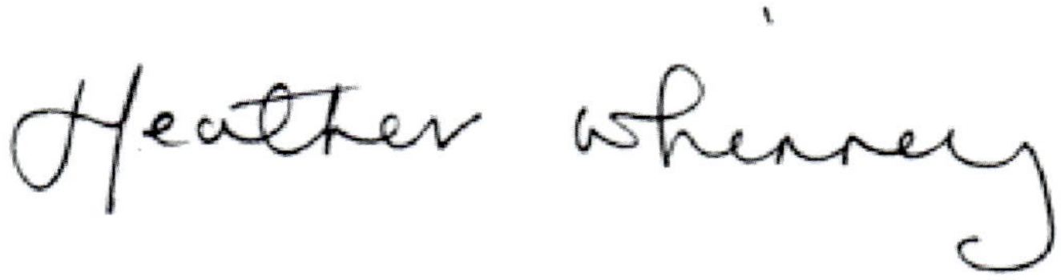

INFOS UTILES

Faire rôtir la viande et la volaille Préchauffez le four avant d'y faire cuire la viande et insérez un thermomètre à viande dans la partie la plus charnue du rôti, sans toucher l'os. Avant de découper la viande ou la volaille, recouvrez-la d'aluminium ménager et laissez-la reposer pendant 15 à 20 min dans un endroit tiède. Les températures indiquées ci-dessous sont des indications moyennes, car la cuisson dépend de la taille, du poids et de la qualité de la viande ou de la volaille.

Faire rôtir la viande	cuisson	température du four	temps de cuisson	température interne
Bœuf	Saignant	180 °C (th. 6)	20 min par kg	60 °C
	À point	180 °C (th. 6)	25 min par kg	70 °C
	Bien cuit	180 °C (th. 6)	30 min par kg	80 °C
Veau	Bien cuit	180 °C (th. 6)	30 min par kg	80 °C
Agneau	À point	180 °C (th. 6)	25 min par kg	70 °C
	Bien cuit	180 °C (th. 6)	35 min par kg	85 °C

Faire rôtir la volaille	poids	température du four	temps de cuisson
Coquelet		190 °C (th. 6-7)	25 min par kg
Poulet		200 °C (th. 6-7)	40 min par kg
Canard		180 °C (th. 6)	40 min par kg
Oie		180 °C (th. 6)	40 min par kg
Faisan		200 °C (th. 6-7)	50 min en tout
Dinde	3,5 à 4,5 kg	190 °C (th. 6-7)	2 h 30 à 3 h en tout
	5 à 6 kg	190 °C (th. 6-7)	3 h 30 à 4 h en tout
	6,5 à 8,5 kg	190 °C (th. 6-7)	4 h 30 à 5 h en tout

Unités de mesure

Beurre	Verre à moutarde	Œuf	Sucre	Autres
1 noisette .... 4 g	1 verre d'eau .... 80 g	1 œuf .... 40 g	1 morceau n° 2 .... 8 g	1 c. à c. de farine ... 3 g
1 noix .... 10 g	1 verre de farine ... 80 g	1 gros œuf .... 70 g	1 morceau n° 3 .... 7 g	1 c. à s. de farine .. 10 g
1 grosse noix ...... 25 g	1 verre de fécule de pommes de terre .. 70 g	1 blanc d'œuf ... 20-30 g	1 morceau n° 4 .... 6 g	1 c. à c. de crème fraîche .... 5 g
1 c. à c. .... 7 g	1 verre de riz .... 70 g		1 c. à s de sirop de sucre	1 c. à s. de crème fraîche ... 15 g
1 c. à s. ....9 g	1 verre de sucre en poudre .... 75 g		1 c. à s. de sucre en poudre	

Température du four (°C)	thermostat	description
90 °C	thermostat **3**	Très bas
120 °C	thermostat **4**	Bas
150 °C	thermostat **5**	Bas
180 °C	thermostat **6**	Moyennement chaud
210 °C	thermostat **7**	Chaud
240 °C	thermostat **8**	Très chaud

LEXIQUE CULINAIRE

Comme tous les métiers, la cuisine possède des termes spécifiques, permettant de désigner des gestes et des techniques précis. Bien que cet ouvrage s'appuie sur un vocabulaire simple, voici quelques expressions propres à ce domaine.

Abaisser – Donner une certaine épaisseur à une pâte, à l'aide d'un rouleau à pâtisserie ou d'un laminoir.
Arroser – En cours de cuisson, verser sur une viande sa graisse ou du beurre fondu, pour l'empêcher de sécher. Signifie aussi verser en un mince filet, de l'huile d'olive par exemple, juste avant de servir.
Blondir – Faire colorer un aliment jusqu'à l'obtention d'une couleur blonde.
Chapelure – Pain séché, pilé puis tamisé.
Ciseler – Tailler les herbes, l'échalote ou l'oignon en petits morceaux.
Concasser – Hacher grossièrement.
Couper en dés – Tailler les aliments en petits carrés de la même taille pour que la cuisson soit uniforme.
Dorer – Cuire les aliments à feu vif pour qu'ils colorent sur toutes les faces.
Émincer – Couper en fines tranches.
Évider – Éliminer l'intérieur de certains légumes ou fruits.
Filet – Partie la plus délicate d'un animal (bœuf, sole, volaille).
Foncer – Garnir un cercle à tarte ou un moule avec une pâte.
Frémir – Bouillir à très petits bouillons.
Graisser – Enduire un moule ou une plaque à pâtisserie de matière grasse (huile ou beurre).
Inciser – Faire des entailles peu profondes, souvent en croix, à la surface d'un poisson ou sur la peau d'un magret de canard.
Julienne – Légumes coupés en fines lamelles.
Mariner – Placer un aliment (pièce de boucherie, gibier, poisson, légumes) dans une marinade, pour l'attendrir ou le parfumer.
Mijoter – Cuire à petit feu, doucement et régulièrement.
Napper – Recouvrir uniformément une préparation avec une sauce ou une crème.
Pocher – Cuire un aliment par immersion dans un liquide (eau, bouillon, fumet, sirop, etc.).
Réduire – Concentrer un liquide, en évaporant une partie de l'eau par ébullition.
Revenir, rissoler, sauter – Cuire rapidement des aliments dans un peu de matière grasse, en le colorant et à feu vif.
Suer – Éliminer l'eau de végétation d'un légume en le faisant doucement chauffer avec un corps gras et en évitant la coloration.
Tailler – Terme général pour découper.
Vider – Retirer les viscères thoraciques et abdominales des volailles et des poissons.
Zeste – Morceau découpé dans l'écorce odorante des agrumes, sans la partie blanche.

Matériel indispensable pour cuisiner

Casseroles et poêles

Quelques casseroles et récipients à fond épais de tailles variées.
Deux poêles anti-adhésives (une grande et une petite).
Une cocotte en fonte, pour les plats mijotés.

Couteaux

Un grand couteau, ou couteau de chef.
Un petit couteau, ou couteau d'office.
Un couteau économe.

Autres

Une grande et épaisse planche à découper en bois, pour les fruits et les légumes.
Une planche à découper en plastique, pour les viandes et les poissons.
Une râpe.
Quelques spatules et cuillères en bois.
Une grande passoire à maille fine.
Un rouleau à pâtisserie.

L'hygiène en cuisine

Pensez à vous laver régulièrement les **mains**, avant, pendant et après la manipulation des aliments. Nettoyez vos **plans de travail**, vos **planches à découper** ainsi que vos **couteaux** avant et après chaque préparation. Videz et nettoyez régulièrement le **réfrigérateur**, ainsi que le **congélateur**. Jetez toujours les aliments périmés (notamment yaourts, sauces, œufs et fromage).

Guide des symboles

Le matériel spécifique est indiqué en début de recette, ainsi que les temps de marinade, de repos et de réfrigération. Toutes les informations utiles, d'un seul coup d'œil !

PRÉP 5 MIN — **Temps de préparation** – C'est une durée approximative et moyenne : certains sont plus expérimentés et plus rapides que d'autres.

CUISS 10 MIN — **Temps de cuisson** – Il s'agit du temps de cuisson effectif, hors temps de préparation. Pensez à vérifier la cuisson des aliments en les goûtant, tout simplement !

Indique qu'un plat ou une partie de ce plat peut être conservé au **congélateur**.

Signale qu'un plat est **sain** ou pauvre en graisses. Ce sont également des plats qui contiennent peu de sel ou de sucre.

SÉLECTEUR DE RECETTES

Une sélection de recettes express, pour la viande, le poisson, les plats végétariens et les desserts. En 15 à 30 min, temps de préparation et de cuisson inclus, concoctez de délicieux repas !

VIANDES EN MOINS DE 15 MIN

Salade de bœuf, betteraves et épinards p. 241

PRÉP 15 MIN

Salade de poulet fumé, salsa de papaye p. 45

PRÉP 15 MIN

Le steak parfait p. 124

PRÉP 2 MIN CUISS 10 MIN

Quesadilla au jambon, fromage et cornichons p. 191

PRÉP 5 MIN CUISS 5 MIN

Salade César p. 47

PRÉP 15 MIN

Salade de viande séchée, chutney olives-raisins secs p. 41

PRÉP 15 MIN

Salade de poulet, carottes et pommes p. 225

PRÉP 15 MIN

Salade de poulet sur lit de haricots rouges p. 53

PRÉP 10 MIN

Salade de bœuf thaïe p. 240

PRÉP 15 MIN

VIANDES EN MOINS DE 30 MIN : ENTRÉES

Asperges grillées au lard fumé
p. 356
PRÉP 15 MIN CUISS 5 MIN

Brochette de poulet au citron, sauce pimentée p. 114
PRÉP 15 MIN CUISS 10 MIN

Burgers d'agneau à la menthe p. 60
PRÉP 10 MIN CUISS 20 MIN

Brochettes de poulet saté
p. 361
PRÉP 15 MIN CUISS 10 MIN

Bouchées de poulet fumé, mayonnaise au basilic p. 320
PRÉP 20 MIN

Poêlée de chorizo
p. 335
PRÉP 10 MIN CUISS 10 MIN

Rouleaux aux poires
p. 337
PRÉP 10 MIN CUISS 15 MIN

VIANDES EN MOINS DE 30 MIN : PLATS PRINCIPAUX

Spaghettis à la carbonara
p. 173
PRÉP 10 MIN — CUISS 15 MIN

Pavé de bœuf à la sauce au raifort p. 442
PRÉP 10 MIN — CUISS 10 MIN

Pad Thaï
p. 381
PRÉP 15 MIN — CUISS 15 MIN

Tacos de bœuf
p. 64
PRÉP 15 MIN — CUISS 15 MIN

Escalopes de porc panées en croûte persillée p. 69
PRÉP 15 MIN — CUISS 15 MIN

Magret de canard rôti et pâtes épicées p. 70
PRÉP 10 MIN — CUISS 20 MIN

Sauté de porc au chou vert p. 233
PRÉP 10 MIN — CUISS 10 MIN

Escalopes de poulet panées au piment p. 117
PRÉP 10 MIN — CUISS 10 MIN

VIANDES EN MOINS DE 30 MIN : PLATS PRINCIPAUX (SUITE)

Sauté de porc haché à la sauce thaïe p. 66 — PRÉP 10 MIN — CUISS 15 MIN

Porc braisé aux haricots blancs p. 68 — PRÉP 5 MIN — CUISS 20 MIN

Quesadilla au bœuf épicé et à la tomate p. 188 — PRÉP 5 MIN — CUISS 20 MIN

Escalopes de porc à la sauce tomate p. 66 — PRÉP 5 MIN — CUISS 25 MIN

Escalopes de bœuf aux anchois, câpres et olives p. 64 — PRÉP 10 MIN — CUISS 20 MIN

Bœuf grillé au wasabi et pak-choï p. 443 — PRÉP 10 MIN — CUISS 10 MIN

Burgers de dinde p. 71 — PRÉP 15 MIN — CUISS 15 MIN

Nouilles sautées à la dinde et au soja p. 244 — PRÉP 15 MIN — CUISS 15 MIN

Médaillons de porc caramélisés aux abricots secs p. 70

PRÉP 10 MIN · CUISS 15 MIN

Pizza blanche au jambon de Parme et roquette p. 185

PRÉP 10 MIN · CUISS 10 MIN

Bœuf haché au raifort p. 65

PRÉP 10 MIN · CUISS 20 MIN

Bœuf sauté au soja et citron vert p. 63

PRÉP 10 MIN · CUISS 15 MIN

Quesadilla au poulet et oignon rouge p. 191

PRÉP 5 MIN · CUISS 15 MIN

Émincé de poulet à la citronnelle p. 110

PRÉP 10 MIN · CUISS 15 MIN

Steak en salade de pleurotes p. 126

PRÉP 5 MIN · CUISS 15 MIN

Émincé de bœuf, sauce piquante p. 63

PRÉP 10 MIN · CUISS 20 MIN

Émincé de poulet au basilic p. 108

PRÉP 5 MIN · CUISS 15 MIN

PRODUITS DE LA MER EN MOINS DE 15 MIN : ENTRÉES

Salade de truite fumée, betteraves et pommes
p. 40

PRÉP 15 MIN

Crème de maquereau fumé
p. 363

PRÉP 5 MIN

Salade de saumon fumé, salsa de radis, vinaigrette épicée p. 52

PRÉP 15 MIN

Crevettes pimentées à la coriandre p. 45

PRÉP 15 MIN

Salade de truite, vinaigrette au poivron p. 366

PRÉP 10 MIN

Saumon fumé, sauce au miel et à l'aneth p. 365

PRÉP 5 MIN

Salade de truite fumée, concombre mariné et yaourt à la menthe p. 42

PRÉP 15 MIN

PRODUITS DE LA MER EN MOINS DE 15 MIN : PLATS PRINCIPAUX

Salade niçoise revisitée
p. 47
PRÉP 15 MIN

Salade de crabe aux pamplemousses p. 360
PRÉP 10 MIN

Sandwich aux écrevisses et nectarines p. 319
PRÉP 15 MIN

Saumon rôti et concombre en sauce verte p. 236
PRÉP 15 MIN

Linguine au crabe et au citron p. 166
PRÉP 5 MIN
CUISS 10 MIN

Salade de poissons, fenouil et mangue p. 52
PRÉP 15 MIN

Salade de thon aux pois du Cap
p. 277
PRÉP 10 MIN

Salade de fruits de mer, vinaigrette aux anchois p. 49
PRÉP 15 MIN

PRODUITS DE LA MER EN MOINS DE 30 MIN : ENTRÉES

Noix de Saint-Jacques rôties au jambon de Parme p. 327
PRÉP 10 MIN — CUISS 8 MIN

Gambas poivre et sel p. 362
PRÉP 10 MIN — CUISS 10 MIN

Brochettes indiennes, salsa de mangue et raita p. 84
PRÉP 15 MIN — CUISS 15 MIN

Tempura de poisson, mayonnaise citronnée p. 338
PRÉP 20 MIN — CUISS 10 MIN

Brochettes d'espadon aux câpres p. 344
PRÉP 15 MIN — CUISS 10 MIN

Croquettes de poisson à la thaïlandaise p. 361
PRÉP 15 MIN — CUISS 15 MIN

Boulettes de crabe à la coriandre p. 363
PRÉP 10 MIN — CUISS 15 MIN

Roulades de saumon fumé au fromage frais p. 360
PRÉP 30 MIN

Toasts aux crevettes et sésame
p. 326
PRÉP 15 MIN · CUISS 10 MIN

Crevettes et avocat sauce cocktail en cornets p. 42
PRÉP 20 MIN

Gambas grillées sauce piquante
p. 74
PRÉP 10 MIN · CUISS 10 MIN

Noix de Saint-Jacques poêlées, tombée d'épinards p. 77
PRÉP 5 MIN · CUISS 15 MIN

Brochettes de thon, tomates et courgettes p. 81
PRÉP 10 MIN · CUISS 10 MIN

Calamars grillés et roquette en salade p. 434
PRÉP 15 MIN · CUISS 2 MIN

Poisson pané, sauce tartare p. 80
PRÉP 15 MIN · CUISS 10 MIN

PRODUITS DE LA MER EN MOINS DE 30 MIN : PLATS PRINCIPAUX

Turbot rôti sur lit d'épinards aux pignons p. 81
PRÉP 10 MIN · CUISS 15 MIN

Poisson au gingembre, sauce aigre-douce p. 80
PRÉP 10 MIN · CUISS 20 MIN

Linguine aux palourdes p. 175
PRÉP 10 MIN · CUISS 15 MIN

Poisson teriyaki et pâtes japonaises p. 83
PRÉP 10 MIN · CUISS 15 MIN

Sardines farcies aux tomates et aux câpres p. 73
PRÉP 15 MIN · CUISS 10 MIN

Moules au lait de coco et fenouil p. 76
PRÉP 10 MIN · CUISS 20 MIN

Crevettes sautées aux olives p. 79
PRÉP 5 MIN · CUISS 15 MIN

Tarte aux anchois et aux olives p. 206
PRÉP 15 MIN · CUISS 15 MIN

Cabillaud au vin blanc p. 73
PRÉP 5 MIN · CUISS 20 MIN

Spaghettis aux fruits de mer
p. 169
PRÉP 5 MIN — CUISS 12 MIN

Palourdes au vin blanc
p. 83
PRÉP 10 MIN — CUISS 20 MIN

Filets de julienne en croûte épicée p. 82
PRÉP 10 MIN — CUISS 20 MIN

Calamars grillés, pommes rôties et pesto de coriandre p. 76
PRÉP 10 MIN — CUISS 20 MIN

Steak de thon grillé, confit d'échalotes p. 74
PRÉP 10 MIN — CUISS 20 MIN

Penne au thon frais et oignons caramélisés p. 172
PRÉP 10 MIN — CUISS 20 MIN

Filets de sole rôtis, vinaigrette aux herbes p. 78
PRÉP 10 MIN — CUISS 20 MIN

PLATS VÉGÉTARIENS EN MOINS DE 15 MIN : ENTRÉES

Bruschetta aux tomates et basilic
p. 324
PRÉP 10 MIN

Houmous
p. 323
PRÉP 10 MIN

Canapés de betterave et fourme
p. 327
PRÉP 15 MIN

Pesto roquette, olive et ricotta
p. 317
PRÉP 15 MIN

Quesadilla au fromage et piment doux p. 189
PRÉP 5 MIN CUISS 5 MIN

Barquette de sucrine à la betterave et au fromage bleu p. 339
PRÉP 15 MIN

Soupe glacée de tomates et de poivrons rouges p. 41
PRÉP 15 MIN

Bûche de chèvre au miel
p. 335
PRÉP 10 MIN · CUISS 5 MIN

Quesadilla à l'avocat, ciboules et poivron
p. 189
PRÉP 10 MIN · CUISS 5 MIN

Soupe aux petits pois et à la menthe p. 48
PRÉP 10 MIN

Purée aux artichauts et fenouil p. 316
PRÉP 15 MIN

Salade de champignons, épinards et orange p. 44
PRÉP 15 MIN

Salade de petits pois à la feta
p. 49
PRÉP 15 MIN

Quesadilla aux champignons et fromage p. 190
PRÉP 5 MIN · CUISS 10 MIN

PLATS VÉGÉTARIENS EN MOINS DE 15 MIN : GARNITURES

Salade de tomates, mozzarella et oignon rouge
p. 48
PRÉP 10 MIN

Épinards sautés aux raisins secs p. 338
PRÉP 5 MIN · CUISS 10 MIN

Salade de pois chiches au citron p. 342
PRÉP 10 MIN · CUISS 5 MIN

Asperges vertes, sauce au citron p. 364
PRÉP 5 MIN · CUISS 6 MIN

Haricots verts au beurre et noisettes grillées
p. 427
PRÉP 5 MIN · CUISS 5 MIN

Salade de pain
p. 51
PRÉP 15 MIN

PLATS VÉGÉTARIENS EN MOINS DE 15 MIN : PLATS PRINCIPAUX

Farfalle en salade de tomates fraîches p. 160 PRÉP 5 MIN CUISS 10 MIN

Salade de lentilles, fèves et feta p. 40 PRÉP 15 MIN

Salade de carottes aux cacahuètes p. 50 PRÉP 15 MIN

Salade de chèvre frais, betteraves et pistaches p. 46 PRÉP 15 MIN

Salade de boulgour au chèvre et aux deux poivrons p. 43 PRÉP 15 MIN

L'omelette parfaite p. 144 PRÉP 2 MIN CUISS 1 MIN

PLATS VÉGÉTARIENS EN MOINS DE 30 MIN : ENTRÉES

Crêpes aux poivrons et basilic p. 195

PRÉP 10 MIN · CUISS 20 MIN

Champignons à l'ail p. 340

PRÉP 10 MIN · CUISS 15 MIN

Tomates farcies au taboulé aux raisins secs p. 46

PRÉP 30 MIN

Tempura de légumes, sauce aux piments rouges p. 362

PRÉP 15 MIN · CUISS 15 MIN

Salade du Cap aux tomates et citrons verts p. 50

PRÉP 20 MIN

Courgettes farcies aux raisins, oignon rouge et pignon de pin p. 91

PRÉP 10 MIN · CUISS 20 MIN

Tartines de champignons au fromage manchego p. 336

PRÉP 10 MIN · CUISS 20 MIN

Asperges vertes grillées au gorgonzola p. 454

PRÉP 20 MIN · CUISS 10 MIN

Œufs et tomate en cocotte p. 146

PRÉP 5 MIN · CUISS 15 MIN

PLATS VÉGÉTARIENS EN MOINS DE 30 MIN : PLATS PRINCIPAUX

Taboulé aux poivrons grillés p. 453
PRÉP 15 MIN — CUISS 15 MIN

Poêlée d'asperges et brocoli au gingembre p. 92
PRÉP 15 MIN — CUISS 15 MIN

Burgers végétariens p. 280
PRÉP 15 MIN — CUISS 10 MIN

Halloumi sauté à l'ail et au piment p. 341
PRÉP 10 MIN — CUISS 15 MIN

Pappardelle aux champignons p. 167
PRÉP 10 MIN — CUISS 20 MIN

Riz au lait de coco p. 95
PRÉP 5 MIN — CUISS 25 MIN

Tarte aux tomates et harissa p. 210
PRÉP 10 MIN — CUISS 15 MIN

Sauté de pak-choï, épinards et pois p. 93
PRÉP 15 MIN — CUISS 15 MIN

Salade de boulgour aux câpres et olives p. 277
PRÉP 15 MIN — CUISS 15 MIN

Œufs « cocotte » aux poivrons et épinards p. 95
PRÉP 10 MIN — CUISS 20 MIN

DESSERTS EN MOINS DE 15 MIN

Nectarines aux meringues, coulis de framboises p. 470 PRÉP 15 MIN

Verrines d'abricots au mascarpone p. 471 PRÉP 15 MIN

Génoise aux fruits p. 472 PRÉP 10 MIN

Salade d'oranges à la grenade p. 466 PRÉP 15 MIN

Figues fraîches à la crème de cassis p. 469 PRÉP 15 MIN

Assiettes de fruits rouges, sauce au chocolat blanc p. 500 PRÉP 5 MIN CUISS 5 MIN

Tarte aux bananes et au caramel p. 466 PRÉP 15 MIN

Mousses aux fraises et à la vanille p. 467 PRÉP 15 MIN

Glaces à la vanille en soupe d'expresso p. 468 PRÉP 10 MIN

Gâteau au chocolat et petits-beurre p. 487 PRÉP 10 MIN

DESSERTS EN MOINS DE 30 MIN

Mini-puddings aux fruits rouges
p. 482

PRÉP 30 MIN

Petits pots au moka
p. 480

PRÉP 30 MIN

Cheesecake aux cerises noires
p. 497

PRÉP 30 MIN

Salade aux deux melons et à la vodka p. 467

PRÉP 15 MIN

Fondants au chocolat
p. 495

PRÉP 15 MIN CUISS 12 MIN

POUR METS SALÉS

Techniques rapides et raccourcis

Assembler un plat sans cuisson p. 37

Préparer ses propres pâtes p.159

Préparer des quesadillas p. 182

Préparer un bouillon de bœuf p. 220

Préparer une mayonnaise p. 313

Cuisiner au wok p. 58

POUR METS SUCRÉS

Techniques rapides et raccourcis

Parer un fruit de la passion p.459

Mousse aux fruits p. 460

Cheesecake p. 461

Glace sans sorbetière p. 478

Sorbets aux fruits p. 479

Gâteau mousseline p. 506

Pâte à biscuits p. 508

AU QUOTIDIEN

SANS CUISSON

Repas instantanés et cuisine d'assemblage.

SANS CUISSON

Quand vous manquez de temps pour cuisiner, songez aux nombreux produits qui peuvent être consommés tels quels, sans cuisson. Avec un peu d'imagination et d'astuce, vous préparerez un repas en quelques minutes, en économisant du temps – et de l'énergie !

Astuce

Pour relever du poisson fumé, préparez un pesto express. Dans un mortier ou un mixeur, écrasez 1 poignée de feuilles de basilic et de persil plat avec 1 gousse d'ail. Ajoutez de l'huile d'olive et 1 filet de vinaigre. Conservez au frais.

Les meilleurs produits frais pour des plats sans cuisson.

CHOISIR	USAGE		CONSERVATION
 **CHARCUTERIE** La charcuterie est de la viande crue, qui a été salée, séchée ou fumée, et que l'on découpe habituellement en tranches fines. Préférez la charcuterie à la coupe achetée chez le charcutier à celle que vous trouverez emballée sous vide dans les supermarchés.	**Jambon cuit** Délicieux lorsqu'il est servi avec un chutney et des cornichons, ou mélangé à une salade de betterave et de maïs. **Jambon cru** Il accompagne parfaitement le melon, les figues, la mozzarella et la roquette. **Bœuf séché** Il se consomme en sandwich, avec de la moutarde et du cresson, ou alors dans une salade, avec des pousses d'épinard et une vinaigrette au cumin.	**Poulet** Mélangez-le à de la mayonnaise, du curry et du piment de Cayenne, pour une salade originale et exotique. **Salami** Idéal en salade rustique, avec quelques lamelles de champignons, de la ciboule et un peu de vinaigre balsamique. **Chorizo** À consommer cuit ou cru, en salade, avec des pois chiches, du concombre et des poivrons rouges coupés en dés.	• Conservez les produits achetés chez le charcutier au réfrigérateur, pendant 5 jours au maximum. • Pour la charcuterie emballée sous vide, consommez-la au plus tard 2 jours après l'ouverture du paquet.
 **POISSONS FUMÉS ET MARINÉS** Le fumage à chaud ou à froid est une technique de conservation ancienne, qui apporte une saveur de bois fumé aux poissons gras (saumon, maquereau, truite, espadon, marlin). Essayez également les harengs au vinaigre (rollmops) ou les anchois à l'huile.	**Saumon fumé** Poisson gras qui se marie bien aux aliments maigres, tels le radis, la betterave et les agrumes. Mélangez-le à d'autres fruits de mer et servez en salade, avec des cornichons et des câpres, arrosé de soja et de citron vert. **Maquereau** Poisson idéal pour un repas improvisé, à conserver au réfrigérateur. Pour des rillettes instantanées, mixez avec du yaourt à la grecque ou de la crème fraîche. Vous pouvez aussi l'émietter et le mélanger à du riz ou de la semoule.	**Truite fumée** Moins coûteuse que le saumon fumé, elle a une saveur plus fine et un apport calorique moindre. Garnissez de miettes de truite une salade de scarole ou de roquette. **Harengs au vinaigre** Ils sont souvent servis avec du pain noir, du pain de seigle ou une salade de pommes de terre tièdes. **Anchois** Au sel ou à l'huile, ils rehausseront une salade, une pizza ou une tarte à la tomate.	• 4 jours au réfrigérateur. • Le saumon et la truite fumés peuvent être congelés pendant 3 mois au maximum. • Les poissons en bocaux se conservent jusqu'à 6 mois, à condition que les récipients demeurent hermétiquement clos.
 **FROMAGE** Choisissez des fromages de fabrication artisanale. Achetez-les de préférence chez un fromager, qui affine ses produits et vous garantira leur provenance.	**Pâte pressée non cuite** Cantal, mimolette, saint-nectaire, tomme de Savoie… À déguster en salade, avec des poires et des épinards, ou simplement nature. **Pâte pressée cuite** Beaufort, comté, emmenthal, gruyère… **Pâte molle** Camembert, brie, époisses, chaource, saint-marcellin, coulommiers, pouligny, valençay, sainte-maure, livarot, munster, pont-l'évêque… À consommer avec une confiture de fruits rouges.	**Fromage de chèvre** À servir chaud, en salade de frisée, ou froid, fouetté en mousse avec des herbes fraîches ciselées. **Fromage bleu** Il peut être émietté sur une belle salade verte, préparé en sauce chaude avec une viande grillée, fouetté en mousse pour relever une soupe, ou tel quel, avec une belle tranche de pain de seigle.	• Conservez-les dans du papier de cuisson ou de l'aluminium ménager, mais jamais enveloppés de film alimentaire. • Pour les conserver, placez-les au réfrigérateur. Laissez-les revenir à température ambiante avant de les consommer.
 **SALADES ET HERBES FRAÎCHES** Il vaut mieux éviter d'acheter les salades emballées sous vide : les salades fraîches durent plus longtemps et sont moins chères. Au printemps, achetez des fines herbes en pot (ciboulette, thym, persil, basilic, cerfeuil) : placées sur le rebord d'une fenêtre, elles dureront tout l'été.	**Laitue** Arrosée de vinaigrette simple. **Iceberg** Dans les burgers ou les cocktails de crevettes. **Romaine** Pour la salade César ou les barquettes de fromage frais. **Roquette** Sur des pizzas au jambon cru ou en salade. **Endive** et **chicorée** Crue en salade ou cuite, enroulée de jambon.	**Cresson** En velouté, soupe ou salade. **Ciboule** Une herbe très présente dans les plats asiatiques. **Coriandre, basilic, menthe, persil, cerfeuil, aneth** En salade mélangée, pour garnir une viande, ou mixées en pesto pour enrichir les vinaigrettes.	• Conservez les herbes en pot dans un endroit frais ou sur le rebord de fenêtre, en les arrosant régulièrement. • Si elles sont en bottes, enroulez-les dans du papier absorbant humidifié, et conservez-les dans le bas du réfrigérateur.
 **LÉGUMES** Si vous consommez des légumes crus, achetez de préférence des produits bio et très frais. Il est parfois plus facile et plus rapide de préparer des mini-légumes, surtout si vous avez des enfants.	**Fenouil** Il rehausse les saveurs des salades. Cru ou cuit, le fenouil est très digeste et s'accommode d'une simple vinaigrette au citron. **Poivrons** Consommez-les crus, en lamelles multicolores dans vos salades, ou faites-les griller au four. Pelez-les, puis mixez-les avec de la crème liquide, pour composer une sauce qui accompagnera les viandes grillées. **Avocat** Associé aux crevettes, il permet de préparer une salade rafraîchissante.	Écrasé avec du citron et des échalotes, il devient guacamole, idéal pour adoucir un plat épicé. **Épinards** Crus en salade, ou à peine revenus dans de l'huile d'olive aillée, ils accompagnent idéalement le poisson grillé. Associés à de la crème fraîche, ils régalent petits et grands. **Carottes** Crues, elles apportent douceur et vitamines aux salades. Cuites, elles sont délicieuses en soupe, avec du gingembre et du cumin. Elles entrent dans la composition du pot au feu, du bouillon et des jus de viande.	• Conservez les légumes dans le bas du réfrigérateur, de préférence emballés dans des sacs en papier. • Achetez-en de petites quantités, et consommez-les le plus rapidement possible.

PAS À PAS

Réalisez un plat sans cuisson

Trois étapes simples et rapides, qui transformeront vos ingrédients bruts en un plat délicieux. N'hésitez pas à laisser libre cours à votre imagination !

1 Émincez les jeunes courgettes en fines lamelles dans le sens de la longueur, à l'aide d'un couteau économe ou d'une mandoline. Versez dans un bol et saupoudrez de sel fin.

2 Fouettez 3 c. à s. d'huile d'olive vierge extra avec 1 c. à s. de vinaigre de cidre, ¼ de poivron rouge haché et 1 c. à s. de menthe fraîche ciselée. Arrosez les courgettes de vinaigrette et mélangez.

3 Assaisonnez la salade de poivre noir et de fleur de sel. Dressez sur une assiette et garnissez de copeaux de parmesan et de quelques sommités de menthe.

Accords parfaits

Pour varier les plaisirs, donnez à des produits courants des saveurs inconnues ! Voici quelques accords insolites.

- Associez des **pêches** fraîches ou des **abricots** au **jambon de Parme**.
- Émiettez de la **feta** sur des **figues**.
- Nappez des **fraises** fraîches de **vinaigre balsamique**.
- Accompagnez le **jambon cru** ou la **charcuterie** de cubes de **melon** et de **pastèque**.
- Mariez du **saumon fumé** avec du **radis noir**.
- Faites mariner des **crevettes** avec de la **citronnelle** ciselée et du **gingembre** râpé.
- Tentez un mélange de **maquereau fumé**, de cubes de **betterave** et d'**aneth** ciselé.
- Composez une salade de **chou rouge** avec du **gingembre** râpé et une vinaigrette au **fromage bleu**.
- Associez le fromage de **chèvre** au **miel** et le **camembert** chaud à la **confiture de groseilles**.
- Servez des tranches de **fenouil** avec des rondelles d'**orange** pelées à vif et du **romarin** ciselé.
- Confectionnez une salade de **trévise** avec du **fromage bleu** et des **pignons de pin**.
- Arrosez le **saumon fumé** de **sauce soja** et de jus de **citron vert**. Parsemez de **coriandre**.

Bon à savoir

La plupart des légumes perdent une grande partie de leurs vitamines lors de la cuisson, sous l'effet de la chaleur. Il est donc nécessaire de consommer le plus possible de produits à l'état brut : légumes verts, légumes secs cuits, noix, céréales et fruits secs. Leur forte teneur en vitamines B, C et E vous aidera à conserver une peau lisse et des cheveux brillants.

Composez une salade appétissante avec quelques légumes frais et de la charcuterie.

Le placard de cuisine idéal

Pour la réussite d'une soirée, un placard bien achalandé peut faire toute la différence ! (voir pages 270-271).

Proposez de la charcuterie et du pâté avec des **câpres** et des **cornichons**. La **sauce au raifort** se marie avec la viande et le poisson fumé. Un pot de **mayonnaise** est indispensable. Stockez des **conserves** : thon, sardines, crabe émietté, haricots, lentilles, maïs en grains et pois chiches. N'oubliez pas les **vermicelles de riz**, le **couscous** et le **boulgour**, ni les **fruits secs**, les **graines de sésame** et le **gomashio**, qui rehaussent la saveur des salades et des soupes.

PAS À PAS

Vinaigrettes

Préparer ses propres vinaigrettes est un jeu d'enfant ! Une fois que vous maîtriserez les bases, vous pourrez vous amuser à tenter des associations inédites. N'hésitez pas à doubler les quantités et à conserver l'excédent au réfrigérateur, pour une utilisation ultérieure.

Technique de base

Quelle que soit la vinaigrette que vous souhaitez réaliser, la recette de base est identique. Pensez à goûter et à rectifier l'assaisonnement en cours d'élaboration, en ajoutant du sel, du vinaigre ou de l'huile.

1 Mesurez les ingrédients de base : 3 parts d'huile pour 1 part de vinaigre.

2 Versez le vinaigre, l'huile et les autres ingrédients dans un saladier.

3 Fouettez, de manière à émulsionner la vinaigrette.

Simple

Idéale pour salades vertes, avocats et julienne de légumes.

2 c. à s. de vinaigre de vin blanc
2 c. à c. de moutarde de Dijon
6 c. à s. d'huile d'olive vierge extra
sel et poivre du moulin

1 Dans un saladier (ou un bocal en verre muni d'un couvercle), versez le vinaigre et la moutarde. Fouettez ou secouez fortement, de manière à émulsionner la sauce.

2 Incorporez l'huile petit à petit, sans cesser de mélanger.

3 Goûtez et rectifiez l'assaisonnement, en ajoutant du vinaigre ou de la moutarde. Ajustez la consistance en incorporant un peu d'huile ou un peu d'eau. Salez, poivrez et fouettez à nouveau.

Orientale

Idéale pour fruits de mer et salades exotiques.

2 c. à s. de vinaigre de vin blanc
Le jus de ½ citron vert
1 pincée de sucre en poudre
6 c. à s. d'huile d'olive vierge extra
1 petit piment rouge épépiné et haché
un morceau de gingembre (2 cm) pelé et râpé
2 gousses d'ail pelées et râpées
2 bâtons de citronnelle équeutés, étêtés, privés des feuilles dures et coupés en quatre
sel et poivre du moulin

1 Dans un saladier, versez le vinaigre, le jus de citron et le sucre. Fouettez.

2 Incorporez l'huile, puis le piment, le gingembre, l'ail et la citronnelle. Salez, poivrez et mélangez vigoureusement.

Au bleu

Idéale pour pour salades de scarole, de romaine ou d'endive.

2 c. à s. de vinaigre de vin blanc (ou de cidre)
le jus de ½ citron
2 c. à c. de mayonnaise
6 c. à s. d'huile d'olive vierge extra
75 g de fromage bleu émietté
sel et poivre du moulin

1 Dans un saladier (ou un bocal en verre muni d'un couvercle), versez le vinaigre, le jus de citron et le sucre. Fouettez ou secouez fortement.

2 Incorporez l'huile jusqu'à l'émulsion. Ajoutez le fromage et fouettez à nouveau. Goûtez, puis salez et poivrez si vous le jugez nécessaire.

PAS À PAS

Marinades pour poisson

Faire mariner de fines tranches de poisson cru (saumon, truite, thon, dorade, maquereau ou sardines) dans un mélange de jus d'agrumes est une forme de « cuisson », appelée *ceviche* sur le continent sud-américain. Vous pouvez faire mariner des légumes crus ou utiliser la marinade comme vinaigrette.

Technique de marinade

Cette méthode convient à tous les poissons crus à chair ferme.

1 Versez tous les ingrédients de la marinade dans un plat creux.

2 Émincez le poisson soigneusement désarêté en fines tranches, ou détaillez-le en cubes.

3 Versez le poisson dans la marinade et mélangez délicatement, en veillant à ce que tous les morceaux soient bien enrobés.

4 Réservez au réfrigérateur pendant 30 min, voire 1 h, en mélangeant de temps en temps.

5 À l'aide d'une écumoire, transférez le poisson mariné sur un plat. Servez avec des quartiers de citron vert et une salade de mesclun.

CONSEIL Placez le poisson cru au congélateur pendant 10 min avant de le trancher : la chair sera plus ferme, donc plus facile à trancher.

Comment conserver des marinades ?

Une marinade peut se conserver au réfrigérateur pendant 48 h, à condition d'être placée dans un récipient hermétiquement clos. En revanche, si vous l'avez utilisée pour faire mariner du poisson, il vous faudra la jeter immédiatement.

Marinade au citron

Idéale pour thon, dorade royale et saumon.

Le jus de 4 citrons
+ 1 citron coupé en quatre et émincé
2 gousses d'ail pelées et râpées
1 pincée de fleur de sel

Au citron vert et à la coriandre

Idéale pour espadon, thon et sardines.

Le jus de 4 citrons verts
+ 1 citron vert coupé en quatre et émincé
Les feuilles ciselées de 1 botte de ciboulette
2 gousses d'ail pelées et râpées
1 pincée de fleur de sel

Au citron vert et piment rouge

Idéale pour Saint-Jacques et maquereau.

Le jus de 4 citrons verts
+ 1 citron vert coupé en quatre et émincé
1 piment rouge épépiné et émincé
2 gousses d'ail pelées et râpées
Un morceau de gingembre (3 cm) pelé et râpé
1 pincée de fleur de sel

D'autres idées de marinade

À partir d'une base de jus d'agrumes, les possibilités sont variées. Faites mariner des maquereaux, des sardines, de la truite ou du turbot crus, ou encore des poulpes ou des moules cuits.

- Le jus de 3 citrons verts + le jus de 1 citron + 3 **ciboules** émincées + 1 pincée de **paprika** + 1 pincée de **sucre**.
- Le jus de 1 citron vert + 1 botte de **basilic** ciselé + 1 pincée de **sel**.
- Le jus de 2 citrons verts + le jus de 2 citrons + le jus de 1 orange + 1 c. à c. de feuilles de **thym frais**.
- Le jus de 2 citrons + 1 c. à c. de **câpres** + 1 c. à s. d'**aneth** ciselé.

Salade de lentilles, fèves et feta

PRÉP 15 MIN

POUR 4 PERSONNES
85 g de fèves surgelées
400 g de lentilles en conserve rincées et égouttées
sel et poivre du moulin
1 botte de ciboule hachée
1 petit piment vert épépiné et haché
175 g de feta coupée en petits cubes
1 botte de persil plat haché

Pour la vinaigrette :
3 c. à s. d'huile d'olive
1 c. à s. de vinaigre de vin blanc
un morceau de gingembre frais (3 cm) pelé et râpé
1 pincée de sucre (facultatif)

1 Faites tremper les fèves dans de l'eau bouillante pendant 5 min. Égouttez-les.

2 Dressez les lentilles dans le plat de service. Assaisonnez de sel et de poivre. Ajoutez la ciboule, le piment, ainsi que les fèves égouttées. Mélangez délicatement.

3 Dans un petit récipient, versez l'huile, le vinaigre et le gingembre. Ajoutez du sel, du poivre et éventuellement 1 pincée de sucre. Fouettez et versez cette vinaigrette sur la salade. Laissez reposer pendant 10 min, le temps que les saveurs se développent. Juste avant de servir, garnissez de feta et parsemez de persil.

VARIANTE

À défaut de feta, utilisez un fromage de chèvre frais ou un morceau de fromage bleu. Ajoutez des segments d'orange pelés à vif.

CONSEIL DU CHEF

Veillez à bien rincer les lentilles sous un filet d'eau froide, car les produits en conserve ont tendance à être beaucoup trop salés.

Salade de truite fumée, betteraves et pommes

PRÉP 15 MIN

POUR 4 PERSONNES
3 c. à c. de raifort
1 petit oignon rouge finement haché
2 endives lavées, égouttées et effeuillées
450 g de truite fumée émiettée
1 filet d'huile d'olive
le jus de ½ citron
sel et poivre du moulin
2 pommes
2 petites betteraves cuites et coupées en dés
quelques branches d'aneth haché

1 Dans un petit bol, fouettez le raifort avec la moitié de l'oignon. Réservez.

2 Dressez les feuilles d'endives ur un plat de service et dispersez les morceaux de truite par-dessus. Arrosez l'ensemble d'huile d'olive et de jus de citron. Salez légèrement et poivrez généreusement.

3 Préparez le condiment : pelez, épépinez et coupez les pommes en dés. Versez-les dans un récipient avec les betteraves, l'aneth, 1 pincée de sel et 1 tour de moulin à poivre. Mélangez soigneusement et laissez reposer pendant quelques minutes.

4 Juste avant de servir, répartissez un peu de condiment sur les endives et le poisson. Parsemez du reste d'oignon rouge. Servez la crème de raifort à part.

Salade de viande séchée, chutney olives-raisins secs

PRÉP 15 MIN

POUR 2 PERSONNES
50 g de roquette
175 g de viande séchée

Pour le chutney :
10 olives vertes dénoyautées et hachées
1 poignée de raisins secs
2 c. à c. de câpres rincées et séchées
1 filet d'huile d'olive
quelques branches de persil plat grossièrement haché
sel et poivre du moulin

1 Préparez d'abord le chutney. Dans un récipient, versez les olives, les raisins, les câpres, l'huile et le persil. Vérifiez l'assaisonnement, et ajoutez 1 pincée de sel et du poivre si nécessaire.

2 Dressez la roquette et la viande séchée dans un saladier peu profond. Versez le chutney par-dessus, mélangez et servez à température ambiante.

VARIANTE
Juste avant de servir, parsemez la salade de copeaux de parmesan fraîchement râpé.

Soupe glacée aux poivrons rouges

PRÉP 15 MIN

Matériel • mixeur

POUR 4 PERSONNES
3 tranches de pain de mie écroûtées
1 gousse d'ail pelée et grossièrement hachée
1 c. à s. de vinaigre de xérès (ou de vinaigre de vin rouge)
1 c. à s. d'huile d'olive
6 tomates très mûres grossièrement hachées
2 poivrons rouges épépinés et coupés en gros morceaux
1 petit piment rouge épépiné et haché
sel et poivre du moulin
1 c. à s. de vinaigre (facultatif)

Pour la garniture :
1 tomate coupée en dés
½ concombre coupé en dés
4 brins de ciboulette ciselés

1 À l'aide du mixeur, réduisez le pain, l'ail et le vinaigre en une purée épaisse. Incorporez progressivement l'huile tout en continuant à mixer. Ajoutez les tomates, les poivrons et le piment. Mixez jusqu'à ce que la purée soit bien lisse.

2 Continuez à mixer en ajoutant progressivement 500 ml d'eau glacée. Vérifiez la consistance de la soupe, qui doit être assez fluide. Goûtez, puis salez et poivrez. Si nécessaire, ajoutez 1 filet de vinaigre. Placez au réfrigérateur jusqu'au moment de servir.

3 Préparez la garniture au tout dernier moment. Versez les dés de tomate et de concombre dans un petit récipient. Mélangez avec la ciboulette ciselée, puis salez et poivrez légèrement. Versez la soupe dans des bols et surmontez de 1 cuillerée de garniture..

VARIANTE
Apportez du piquant en ajoutant quelques gouttes de Tabasco© ou de sauce Worcestershire. Vous pouvez aussi y incorporer un peu de vodka et servir la soupe dans des verres à cocktail.

CONSEIL DU CHEF
Pratiquez une incision en croix à la base des tomates. Plongez-les dans une casserole d'eau bouillante pendant 10 s. Transvasez-les dans un récipient rempli d'eau glacée, puis pelez-les : la peau s'enlève alors très facilement.

AU QUOTIDIEN

Salade de truite fumée, concombre mariné et yaourt à la menthe

PRÉP 15 MIN

POUR 4 PERSONNES
1 avocat dénoyauté et pelé
le jus de 1 citron
2 c. à s. de vinaigre de vin blanc
2 c. à s. de sucre en poudre
1 piment rouge épépiné et finement haché
½ concombre pelé, fendu en deux, épépiné et coupé en fines tranches
4 c. à s. de yaourt à la grecque
10 feuilles de feuilles de menthe ciselées
100 g de mesclun
12 olives vertes dénoyautées
400 g de truite fumée
sel et poivre du moulin

1 Découpez l'avocat en lamelles que vous arroserez avec le jus du citron, pour éviter qu'elles ne noircissent. Couvrez de film alimentaire et réservez au réfrigérateur.

2 Préparez le concombre mariné. Dans un saladier, fouettez le vinaigre, le sucre et le piment, jusqu'à ce que le sucre soit dissous. Ajoutez le concombre et mélangez. Dans un autre récipient, fouettez le yaourt avec la menthe.

3 Dressez harmonieusement le mesclun et les olives sur un plat de service ou répartissez-les entre 4 assiettes individuelles. Parsemez de morceaux de truite et de lamelles d'avocat. Salez légèrement et poivrez généreusement. Versez quelques cuillerées de concombre par-dessus et mélangez délicatement. Servez le reste de concombre et le yaourt à la menthe à part.

CONSEIL DU CHEF

Dans la mesure du possible, évitez d'acheter de la salade emballée sous vide : elle est plus onéreuse et, en général, se conserve beaucoup moins longtemps.

Crevettes et avocat sauce cocktail en cornets

PRÉP 20 MIN

Matériel • robot ménager

POUR 4 PERSONNES
2 poivrons rouges épépinés et grossièrement hachés
4 c. à s. de mayonnaise
1 pincée de paprika doux
sel et poivre du moulin
12 crevettes cuites décortiquées et déveinées
4 tortillas de blé
1 poignée de feuilles de romaine coupées en lanières
1 avocat dénoyauté, pelé, coupé en dés et arrosé de jus de citron
1 poivron rouge coupé en dés (voir Conseil du chef)

1 À l'aide du robot ménager, réduisez les poivrons hachés en une pâte grossière. Incorporez la mayonnaise et continuez à pulvériser. Assaisonnez de paprika, de sel et de poivre. Mixez à nouveau, goûtez et rectifiez l'assaisonnement si nécessaire.

2 Hachez grossièrement 4 crevettes et mélangez-les à la mayonnaise aux poivrons. Disposez les tortillas à plat sur une planche à découper et coupez-les en deux. Enroulez chaque moitié en forme de cornet et rabattez le bout pointu.

3 Répartissez la moitié de la salade entre les 8 cornets. Ajoutez 1 cuillerée de crevettes, ainsi que les dés d'avocat et de poivron. Finissez avec le reste de la salade et surmontez chaque cornet de 1 crevette entière. Dressez 2 cornets par assiette.

VARIANTE

Apportez une note exotique à ce plat en y ajoutant quelques dés de mangue ou d'ananas.

CONSEIL DU CHEF

Coupez les deux extrémités du poivron et fendez-le en deux dans le sens de la hauteur, de façon à obtenir une bande. Posez-la à plat sur une planche. Ôtez alors les parties blanches, ainsi que les pépins.

Salade d'endives au jambon de Parme, poires et nectarines

PRÉP 15 MIN

POUR 4 PERSONNES
2 endives effeuillées et lavées
3 poires mûries à point
3 nectarines mûries à point
12 tranches de jambon de Parme
1 poignée d'amandes

Pour la vinaigrette :
90 ml d'huile d'olive vierge extra
2 c. à c. de jus de pomme
1 c. à c. de vinaigre balsamique
sel et poivre du moulin

1 Préparez d'abord la vinaigrette. Versez l'huile, le jus de pomme et le vinaigre balsamique dans un saladier. Fouettez énergiquement, puis assaisonnez. Sur un grand plat de service, dressez les endives en une seule couche et arrosez-les de 1 filet de vinaigrette.

2 Épépinez les poires sans les peler et coupez-les en fines lamelles. Dénoyautez les nectarines et coupez-les en fines tranches. Disposez les fruits et le jambon sur les endives et mélangez. Parsemez d'amandes, arrosez de vinaigrette et donnez 1 tour de moulin à poivre. Servez avec du pain de campagne.

VARIANTE

Replacez les endives par de la trévise : la palette de couleurs en sera ravivée.

Salade de boulgour au chèvre et aux deux poivrons

PRÉP 15 MIN

POUR 4 PERSONNES
250 de boulgour
300 ml de bouillon de légumes chaud
sel et poivre du moulin
1 botte de ciboule émincée
1 poivron jaune épépiné et coupé en dés
1 poivron orange épépiné et coupé en dés
1 pincée de paprika doux
1 bouquet de menthe fraîche effeuillée et émincée
le jus de 1 citron
125 g de fromage de chèvre frais émietté
1 filet d'huile d'olive vierge extra

1 Dans un grand saladier, versez le boulgour et couvrez-le de bouillon. Recouvrez de film alimentaire et laissez reposer pendant 10 min. À l'aide d'une fourchette, égrainez le boulgour, goûtez-le et ajoutez du sel si nécessaire. Poivrez généreusement.

2 Incorporez la ciboule, les 2 poivrons, le paprika, la menthe et le jus de citron. Mélangez, goûtez et rectifiez l'assaisonnement. Avant de servir, parsemez le boulgour de chèvre et arrosez de 1 filet d'huile d'olive.

VARIANTE

Remplacez les poivrons par des tomates fraîches, pelées et coupées en dés.

Salade de champignons, épinards et orange

PRÉP 15 MIN

POUR 4 PERSONNES
250 g de champignons de Paris émincés
1 pincée de piment d'Espelette
les segments de 1 orange pelée à vif
1 botte de ciboule émincée
100 g de pousses d'épinard
1 bouquet de basilic, effeuillé et déchiré à la main (voir Conseil du chef)

Pour la vinaigrette :
90 ml d'huile d'olive vierge extra
3 c. à s. de vinaigre de cidre
2 c. à s. de jus d'orange pressée
1 pincée de sucre
1 c. à c. de moutarde à l'ancienne
sel et poivre du moulin

1 Préparez la vinaigrette. Dans un petit saladier, fouettez l'huile et le vinaigre. Incorporez la moitié du jus d'orange, le sucre et la moutarde. Salez, poivrez, fouettez à nouveau et goûtez. Si nécessaire, ajoutez le reste du jus d'orange. Laissez macérer la vinaigrette pendant quelques minutes, le temps que les saveurs se développent.

2 Déposez les champignons dans un grand saladier et saupoudrez de piment d'Espelette. Arrosez de 1 filet de vinaigrette, mélangez et laissez reposer pendant 10 min. Ajoutez les segments d'orange et la ciboule, puis mélangez.

3 Juste avant de servir, ajoutez les épinards, les feuilles de basilic, ainsi que 1 filet de vinaigrette. Goûtez, assaisonnez à nouveau et servez sans attendre.

CONSEIL DU CHEF

Les feuilles de basilic conserveront leur belle couleur verte et toute leur saveur si vous choisissez de les déchirer à la main plutôt que de les ciseler à l'aide d'un couteau.

Salade de flageolets au fromage fumé

PRÉP 15 MIN

POUR 4 PERSONNES
400 g de flageolets en conserve rincés et égouttés
1 c. à s. de moutarde de Dijon
1 botte de persil plat ciselé
sel et poivre du moulin
½ oignon rouge finement émincé
½ botte de cresson effeuillé et grossièrement haché
le jus de 1 citron
125 g de fromage fumé coupé en cubes

1 Dans un grand saladier, mélangez les flageolets avec la moutarde et le persil. Salez, poivrez et ajoutez la moitié de l'oignon émincé. Mélangez.

2 Dressez le cresson sur un grand plat de service ou répartissez-le entre 4 assiettes individuelles. Pressez le jus de citron par-dessus et saupoudrez de 1 pincée de sel. Versez les flageolets sur le cresson et parsemez du reste d'oignon rouge. Disposez harmonieusement les cubes de fromage tout autour et servez.

VARIANTE

Étoffez cette salade de quelques tranches de jambon cru ou fumé, détaillées en fines lanières. À défaut de fromage fumé, utilisez du gouda au cumin, de la mimolette jeune ou du beaufort d'alpage.

CONSEIL DU CHEF

Pour conserver le cresson, placez la botte la tête en bas, dans un récipient rempli d'eau froide que vous placerez au réfrigérateur.

Salade de poulet fumé, salsa de papaye

PRÉP 15 MIN

POUR 4 PERSONNES
1 papaye mûrie à point
1 petit piment rouge épépiné et haché
le jus de 1 citron vert
1 pincée de sucre
sel et poivre du moulin
100 g de pousses d'épinard
1 bouquet de basilic effeuillé
500 g de poulet fumé coupé en fines lamelles

Pour la vinaigrette :
3 c. à s. d'huile d'olive vierge extra
1 c. à s. de vinaigre de vin blanc
1 c. à s. de jus de mangue

1 Préparez la vinaigrette. Fouettez l'huile, le vinaigre et le jus de mangue dans un petit récipient. Salez et poivrez généreusement. Réservez.

2 Préparez la salsa. Coupez la papaye en deux dans le sens de la longueur et ôtez les pépins. Pelez, puis détaillez la chair en cubes. Dans un grand saladier, versez la papaye, le piment, le jus de citron et le sucre. Assaisonnez généreusement, goûtez et rectifiez si nécessaire.

3 Disposez les épinards et les feuilles de basilic dans un saladier. Arrosez de vinaigrette et mélangez délicatement. Répartissez la salade entre 4 assiettes individuelles. Garnissez de lamelles de poulet, puis versez quelques cuillerées de vinaigrette par-dessus. Servez la salsa à part.

Crevettes pimentées à la coriandre

PRÉP 15 MIN

POUR 4 PERSONNES
16 crevettes cuites, décortiquées et déveinées
1 botte de coriandre fraîche ciselée
1 petit piment rouge épépiné et haché
400 g de haricots blancs en conserve rincés et égouttés
100 g de roquette
le jus de 1 citron vert
sel et poivre du moulin
quelques gouttes de sauce piquante

1 Dans un grand saladier, mélangez les crevettes avec la moitié de la coriandre et le piment. Ajoutez les haricots et mélangez délicatement.

2 Dressez les feuilles de roquette sur un plat de service ou sur 4 assiettes individuelles. Arrosez de quelques gouttes de jus de citron, puis salez et poivrez. Versez le reste du jus de citron sur les crevettes. Mélangez, goûtez et rectifiez l'assaisonnement si nécessaire.

3 Versez les crevettes et les haricots sur la roquette et arrosez de quelques gouttes de sauce piquante. Parsemez du reste de coriandre et servez.

VARIANTE
À défaut de coriandre, utilisez 1 botte de persil plat ou quelques feuilles de marjolaine fraîche.

CONSEIL DU CHEF
Si vous souhaitez attendrir un peu les haricots blancs, vous pouvez les faire tremper pendant 2 min dans un bol rempli d'eau chaude.

AU QUOTIDIEN

Salade de chèvre, betteraves et pistaches

PRÉP 15 MIN

POUR 4 PERSONNES
100 g de roquette
4 betteraves cuites à la vapeur et grossièrement hachées
1 bûche de fromage de chèvre frais coupée en tranches
1 poignée de pistaches grossièrement concassées

Pour la vinaigrette :
3 c. à s. d'huile olive vierge extra
1 c. à s. de vinaigre de vin blanc
2 échalotes finement émincées
1 c. à s. de moutarde à l'ancienne
1 pincée de sucre
sel et poivre du moulin

1 Préparez d'abord la vinaigrette. Dans un saladier, fouettez l'huile, le vinaigre et les échalotes. Ajoutez la moutarde, le sucre, le sel et le poivre. Fouettez vigoureusement, puis laissez reposer la vinaigrette pendant quelques minutes, afin que les saveurs se développent. Goûtez. Rectifiez l'assaisonnement si nécessaire.

2 Dressez la roquette sur un grand plat de service, ou répartissez-la entre 4 assiettes individuelles. Garnissez la salade de betterave et de chèvre. Arrosez d'un peu de vinaigrette, puis parsemez de pistaches concassées. Servez avec du pain de campagne.

Astuce

Si vous êtes pressé, remplacez la vinaigrette par 1 filet de vinaigre balsamique.

Tomates farcies au taboulé aux raisins secs

PRÉP 30 MINS

POUR 4 PERSONNES
4 grosses tomates mûres mais fermes
150 ml de jus de tomate
125 g de semoule de couscous fine
sel et poivre du moulin
50 g de raisins secs
1 botte de basilic effeuillé et ciselé
1 botte de persil plat effeuillé et ciselé

1 Découpez le chapeau des tomates et conservez-les. À l'aide d'une petite cuillère, évidez les tomates, tout en récupérant la pulpe dans un saladier. Réservez les tomates évidées, en les plaçant à l'envers sur du papier absorbant. Versez le jus de tomate dans le saladier.

2 Mettez la semoule dans un plat creux. Ajoutez 150 ml d'eau chaude, salez, poivrez puis recouvrez le plat de film alimentaire. Laissez reposer pendant 10 min. À l'aide d'une fourchette, égrainez la semoule et mélangez-la avec la pulpe et le jus de tomate. Laissez reposer à nouveau pendant 10 min.

3 Égrainez à nouveau la semoule. Incorporez les raisins secs, le basilic et le persil. Goûtez le taboulé et rectifiez l'assaisonnement si nécessaire.

VARIANTE

Si vous n'aimez pas le sucré-salé, remplacez les raisins par des pignons de pin.

CONSEIL DU CHEF

Procédez avec prudence au moment de la réhydratation de la semoule. Versez l'eau chaude petit à petit, jusqu'à ce qu'elle recouvre à peine la semoule. Il ne faut pas la noyer !

Salade niçoise revisitée

PRÉP 15 MIN

POUR 4 PERSONNES
125 g de fèves surgelées
400 g de thon à l'huile d'olive égoutté
10 tomates cerises coupées en deux
1 botte de persil plat ciselé
1 botte de ciboulette ciselée
sel et poivre du moulin
12 olives noires dénoyautées
12 anchois au sel rincés et égouttés
1 cœur de salade romaine
2 ciboules émincées

Pour la vinaigrette :
6 c. à s. d'huile d'olive vierge extra
2 c. à s. de vinaigre de vin blanc
2 gousses d'ail pelées et râpées
2 c. à s. de moutarde de Dijon

1 Faites tremper les fèves dans un récipient d'eau chaude pendant 5 min, puis égouttez-les.

2 Préparez la vinaigrette. Versez tous les ingrédients dans un bocal muni d'un couvercle hermétique. Salez, poivrez, refermez le bocal et secouez vigoureusement.

3 Mettez le thon et les tomates cerises dans un saladier et recouvrez de la moitié de la vinaigrette. Ajoutez la moitié des fines herbes. Salez et poivrez généreusement. Mélangez, puis ajoutez délicatement les fèves, les olives et les anchois.

4 Dressez les feuilles de salade sur un plat de service légèrement creux. Garnissez-les de quelques cuillerées de la préparation au thon. Arrosez du reste de la vinaigrette, parsemez de ciboules et servez immédiatement.

VARIANTE
Étoffez cette salade de pommes de terre, de haricots verts cuits à l'eau ou de quartiers d'œuf dur.

Salade César

PRÉP 15 MIN

POUR 4 PERSONNES
1 cœur de romaine coupé en lanières
150 g de croûtons
50 g de parmesan fraîchement râpé
300 g de poulet cuit et coupé en lamelles
10 filets d'anchois au sel rincés et égouttés

Pour la vinaigrette :
2 jaunes d'œufs
2 c. à c. de jus de citron
½ c. à c. de moutarde
½ c. à c. de sauce Worcestershire
½ c. à c. de Tabasco©
150 ml d'huile de tournesol
50 ml d'huile d'olive

1 Préparez d'abord la vinaigrette. Dans un saladier, fouettez ensemble les jaunes d'œufs, le jus de citron, la moutarde, la sauce Worcestershire et le Tabasco©. Incorporez peu à peu l'huile de tournesol, en 1 filet régulier. Ajoutez ensuite l'huile d'olive et fouettez jusqu'à ce que l'émulsion soit complète. Si la vinaigrette est trop épaisse, détendez-la avec un peu d'eau froide.

2 Versez 2 c. à s. de vinaigrette au fond du saladier, ajoutez les feuilles de salade, les croûtons et la moitié du parmesan. Mélangez délicatement, en veillant à ce que les feuilles soient bien enrobées de sauce. Dressez la salade sur des assiettes individuelles ou sur un grand plat de service. Répartissez le poulet et les anchois par-dessus. Saupoudrez du reste de parmesan et arrosez de vinaigrette, juste avant de servir.

Astuce
Si vous manquez de temps, achetez une sauce César toute prête dans une épicerie fine.

Salade de tomates, mozzarella et oignon rouge

PRÉP 10 MIN

POUR 4 PERSONNES
8 tomates cœur de bœuf coupées en rondelles
6 tomates cerises coupées en deux
1 petit oignon rouge pelé et coupé en lamelles
1 bouquet de basilic effeuillé et déchiré à la main
huile d'olive vierge extra
sel et poivre du moulin
100 g de roquette
vinaigre balsamique
2 belles boules de mozzarella déchirées à la main

1 Placez toutes les tomates, l'oignon et la moitié du basilic dans un saladier. Arrosez généreusement d'huile d'olive. Salez, poivrez, mélangez et laissez reposer.

2 Disposez les feuilles de roquette sur un plat de service. Versez par-dessus 1 filet d'huile d'olive et quelques gouttes de vinaigre balsamique. Salez et poivrez. Recouvrez de tomates et de mozzarella. Parsemez du reste de basilic. Arrosez à nouveau de 1 filet d'huile d'olive et de vinaigre balsamique.

CONSEIL DU CHEF

Investissez dans une huile d'olive de qualité supérieure : quelques gouttes suffiront alors à rehausser les saveurs de votre salade !

Soupe aux petits pois et à la menthe

PRÉP 10 MIN

Matériel • mixeur

POUR 4 PERSONNES
250 g de petits pois surgelés
450 ml de bouillon de légumes chaud
1 petit bouquet de menthe effeuillée et grossièrement hachée
1 c. à c. de feuilles de thym frais
sel et poivre du moulin
2 c. à s. de crème fraîche
1 pincée de noix muscade râpée

1 Mettez les petits pois dans un saladier et recouvrez-les d'eau bouillante. Laissez reposer pendant 5 min, puis égouttez.

2 Mixez les petits pois avec le bouillon et les herbes, jusqu'à l'obtention d'une préparation à la consistance lisse. Procédez en plusieurs fois si nécessaire. Si la soupe est trop épaisse, détendez-la avec du bouillon. Salez, poivrez généreusement et mixez à nouveau.

3 Juste avant de servir, incorporez la crème fraîche et saupoudrez de noix muscade. Servez cette soupe chaude ou froide, accompagnée de tranches de pain rustique.

VARIANTE

Vous pouvez remplacer les petits pois surgelés par des fèves surgelées.

Salade de fruits de mer, vinaigrette aux anchois

PRÉP 15 MIN

POUR 4 PERSONNES
quelques feuilles de salade croquante (romaine, scarole)
1 bulbe de fenouil émincé
450 g d'un mélange de fruits de mer cuits et égouttés
6 anchois à l'huile égouttés
1 piment vert épépiné et haché
quelques feuilles de coriandre finement hachées
1 citron coupé en fines tranches
200 g de vermicelles de riz ramollis dans de l'eau chaude

Pour la vinaigrette :
3 c. à s. d'huile d'olive vierge extra
1 c. à s. de vinaigre de vin blanc
6 anchois à l'huile égouttés et hachés
1 pincée de sucre
½ botte de persil plat ciselé
sel et poivre du moulin

1 Préparez d'abord la vinaigrette. Dans un récipient, fouettez l'huile d'olive et le vinaigre. Ajoutez les anchois, le sucre et le persil. Assaisonnez généreusement et fouettez à nouveau.

2 Dans un saladier, mélangez la salade, le fenouil, les fruits de mer, les anchois, le piment et la coriandre. Arrosez de vinaigrette et mélangez délicatement. Dressez en dôme dans un plat de service creux et accompagnez de quartiers de citron et de vermicelles de riz.

CONSEIL DU CHEF

Pour préparer les vermicelles, faites-les tremper pendant 10 min dans de l'eau bouillante, puis égouttez-les.

Salade de petits pois à la feta

PRÉP 15 MIN

Matériel • robot ménager

POUR 4 PERSONNES
½ botte de cresson effeuillé
4 c. à s. de mayonnaise
1 c. à s. de raifort
sel et poivre du moulin
175 g de feta coupée en dés
125 g de petits pois frais écossés
100 g de pousses d'épinard
10 feuilles de menthe fraîche
1 citron coupé en quartiers

1 Mixez le cresson, la mayonnaise et le raifort. Goûtez, puis salez et poivrez si nécessaire.

2 Dans un grand saladier, versez la feta, les petits pois, les épinards et les feuilles de menthe. Mélangez délicatement. Poivrez légèrement et transférez la salade dans le plat de service. Garnissez de quartiers de citron et servez la mayonnaise au cresson à part.

VARIANTE

Vous pouvez remplacer la feta par de la ricotta. Dans ce cas, il est inutile de préparer la mayonnaise au cresson.

CONSEIL DU CHEF

Hors saison, remplacez les petits pois frais par des surgelés : il suffit de les laisser décongeler, de les recouvrir d'eau bouillante et de les laisser tremper pendant 5 min, avant de les égoutter soigneusement.

AU QUOTIDIEN

Salade de carottes aux cacahuètes

PRÉP 15 MIN

POUR 4 PERSONNES
2 pommes gala
4 carottes pelées et râpées
1 petit chou blanc taillé en julienne
1 poignée de graines de tournesol
1 poignée de cacahuètes salées (ou grillées à sec)

Pour la vinaigrette :
1 c. à c. de sauce soja claire
1 c. à c. de sauce de poisson nuoc-mâm
1 petit piment vert épépiné et haché
1 gousse d'ail pelée et râpée
le jus de 2 citrons verts
1 c. à s. de sucre en poudre
½ botte de coriandre fraîche finement ciselée
sel et poivre du moulin

1 Préparez d'abord la vinaigrette. Versez tous les ingrédients de la vinaigrette dans un bol et fouettez jusqu'à ce que le sucre soit dissous. Goûtez, puis salez et poivrez. Vérifiez l'assaisonnement à nouveau. Si la sauce n'est pas assez douce, ajoutez 1 pincée de sucre ; si elle est trop douce, incorporez un peu de sauce nuoc-mâm.

2 Coupez la pomme en quatre, ôtez les pépins et découpez les quartiers en dés. Versez-les dans un récipient avec les carottes, le chou et les graines de tournesol. Arrosez de vinaigrette et mélangez. Dressez sur un plat et parsemez de quelques cacahuètes.

VARIANTE

Remplacez le chou par des vermicelles de riz réhydratés dans de l'eau bouillante.

Salade du Cap aux tomates et citrons verts

PRÉP 20 MIN

POUR 4 PERSONNES
400 g de pois du Cap en conserve égouttés et rincés
8 tomates fraîches pelées et coupées en dés
2 citrons verts pelés à vif et hachés (voir Conseil du chef)
sel et poivre du moulin
huile d'olive vierge extra

1 Dans un récipient, mélangez les pois, les tomates et les citrons. Salez et poivrez, puis arrosez d'huile d'olive. Accompagnez de tranches de pain de campagne grillées et de viandes froides.

CONSEIL DU CHEF

Pour prélever les segments d'un citron, coupez les deux extrémités. Posez-le à plat sur une planche et pelez-le à vif : à l'aide d'un couteau, enlevez la peau ainsi que le zest,e en suivant le contour du fruit, de bas en haut. Détachez les quartiers en glissant la lame d'un couteau entre les membranes.

Salade de pois chiches à la mangue

PRÉP 20 MIN

POUR 4 PERSONNES

400 g de pois chiches en conserve rincés et égouttés
1 mangue coupée en dés (voir Conseil du chef)
1 oignon rouge haché
1 poignée d'amandes entières coupées en deux
10 feuilles de menthe fraîche ciselées

Pour la vinaigrette :
3 c. à s. d'huile d'olive vierge extra
1 c. à s. de vinaigre de cidre
1 pincée de sucre en poudre
1 pincée de curry en poudre
sel et poivre du moulin

1 Préparez d'abord la vinaigrette. Dans un bol, émulsionnez l'huile et le vinaigre. Ajoutez le sucre et le curry. Fouettez, puis salez et poivrez.

2 Dans un saladier, mélangez délicatement les pois chiches avec la mangue, l'oignon et les amandes. Avant se servir, saupoudrez de menthe.

VARIANTE

Étoffez cette salade originale en y incorporant quelques belles lamelles de poulet froid.

CONSEIL DU CHEF

Conservez la peau de la mangue. Coupez le fruit de chaque côté du noyau, en deux tranches épaisses. Posez la tranche sur une planche et incisez la chair jusqu'à la peau, sans la percer, horizontalement et verticalement. Retournez la peau pour laisser apparaître les dés.

Salade de pain

PRÉP 15 MIN

POUR 4 PERSONNES

3 tranches épaisses de ciabatta (ou de pain de campagne) grillées et coupées en gros dés
3 c. à s. d'huile d'olive vierge extra
20 feuilles de basilic grossièrement déchirées
sel et poivre du moulin
100 g de poivrons rouges grillés
4 grosses tomates fraîches coupées en gros dés
3 c. à s. de pignons de pin
125 g de fromage bleu coupé en dés

1 Mettez les morceaux de pain dans un grand récipient et arrosez-les avec l'huile d'olive. Ajoutez le basilic, salez, poivrez et laissez reposer pendant 10 min, pour que les saveurs se développent.

2 Incorporez enfin les poivrons, les tomates, les pignons et le fromage. Mélangez délicatement et servez aussitôt, accompagné de jambon cuit ou cru.

Salade de saumon fumé, salsa de radis, vinaigrette épicée

PRÉP 15 MIN

POUR 4 PERSONNES

3 tomates pelées, épépinées et coupées en dés
1 c. à s. de câpres rincées, égouttées et essorées entre les doigts
5 radis coupés en dés
1 poivron rouge épépiné et coupé en dés
½ botte de ciboulette ciselée
1 petit piment rouge épépiné et haché
le jus de 1 orange
le jus de 1 citron vert
sel et poivre du moulin
250 g de saumon fumé coupé en dés

Pour la sauce :
6 c. à s. de yaourt à la grecque
le jus de 1 citron
1 pincée de cinq-épices

1 Dans un saladier, mélangez les tomates, les câpres, le radis, le poivron, la ciboulette et le piment. Arrosez de jus d'orange et de citron. Salez et poivrez. Mélangez à nouveau et laissez reposer pendant 10 min, le temps que les saveurs se développent.

2 Préparez la sauce. Fouettez le yaourt, le jus de citron et le cinq-épices dans un saladier. Salez et poivrez.

3 Juste avant de servir, ajoutez les morceaux de saumon fumé à la salade et mélangez délicatement. Servez la sauce à part.

VARIANTE
Remplacez le saumon fumé par des miettes de crabe. La salade gagnera en légèreté !

CONSEIL DU CHEF
Coupez les radis en tranches très fines, puis empilez ces tranches et émincez-les.

Salade de poissons, fenouil et mangue

PRÉP 15 MIN

POUR 4 PERSONNES

300 g de maquereau fumé
150 g de truite fumée
1 bulbe de fenouil finement émincé
1 mangue pelée, dénoyautée et tranchée en lamelles
1 grenade coupée en quartiers + ses graines prélevées (cf p. 459)

Pour la vinaigrette :
90 ml d'huile d'olive vierge extra
3 c. à s. de vinaigre de vin rouge
2 gousses d'ail pelées et râpées
1 pincée de sucre en poudre
quelques branches d'aneth finement ciselé
sel et poivre du moulin

1 Versez tous les ingrédients de la vinaigrette dans un petit récipient et fouettez vigoureusement jusqu'à obtenir une émulsion. Salez et poivrez.

2 Effeuillez le maquereau et découpez la truite en fines tranches. Dressez les 2 poissons sur un plan de service. Surmontez de fenouil et de mangue, puis parsemez de graines de grenade.

3 Juste avant de servir, arrosez de vinaigrette selon vos goûts.

VARIANTE
Remplacez le vinaigre de vin rouge par du vinaigre de framboise.

Salade de poulet sur lit de haricots rouges

PRÉP 10 MIN

POUR 4 PERSONNES
1 petit oignon rouge haché
400 g de haricots rouges en conserve rincés et égouttés
1 c. à s. de moutarde à l'ancienne
1 c. à c. de vinaigre de vin blanc
2 c. à s. d'huile d'olive vierge extra
sel et poivre du moulin
1 petite botte de persil plat finement ciselé
300 g de blanc de poulet cuit, sans la peau et effeuillé à la main

1 Réservez 1 c. à c. d'oignon rouge. Dans un saladier, mélangez les haricots, la moutarde et le reste d'oignon rouge. Incorporez le vinaigre et l'huile d'olive. Salez, poivrez, ajoutez le persil et mélangez délicatement.

2 Dressez les haricots sur un plat de service creux. Disposez les morceaux de poulet par-dessus et parsemez d'oignon rouge. Accompagnez de tranches de pain de campagne frottées à l'ail et légèrement grillées au four.

VARIANTE
Remplacez les haricots par des lentilles vertes et utilisez du poulet fumé à la place du poulet rôti.

Salade de lentilles, artichauts et jambon de Parme

PRÉP 15 MIN

POUR 4 PERSONNES
400 g de lentilles en conserve rincées et égouttées
400 g de cœurs d'artichauts en conserve égouttés et émincés
5 poivrons grillés et coupés en lanières
½ c. à c. de feuilles de thym hachées
1 petite botte de persil plat ciselé
4 ciboules ciselées
2 c. à s. d'huile de noix
3 c. à s. de vinaigre de cidre
sel et poivre du moulin
4 tranches de jambon de Parme
50 g de roquette

1 Dans un grand saladier, versez les lentilles, les artichauts, les poivrons, les herbes aromatiques et les ciboules. Ajoutez l'huile de noix et le vinaigre. Salez, poivrez et mélangez délicatement.

2 Ajoutez le jambon et la roquette au saladier. Mélangez, puis transférez dans un plat de service ou répartissez entre 4 assiettes individuelles.

DÎNERS EXPRESS

En 30 min ou moins, du début à la fin !

DÎNERS EXPRESS

Le temps dont vous disposez pour cuisiner est primordial, surtout quand vous rentrez tard et que toute la famille crie famine… Préparer un plat rapide ne signifie pas faire l'impasse sur le goût ou la qualité ! Il suffit de choisir des viandes et des poissons nécessitant peu de cuisson. Il en va de même pour les légumes. Surprenez votre famille, en préparant un délicieux plat maison en moins de 30 min !

Astuce

Pour accélérer la cuisson, faites mariner les viandes la veille. La marinade peut être simple : 1 filet d'huile d'olive, le jus de 1 citron et 1 pincée d'herbes de Provence rehausseront les saveurs d'un steak.

Les viandes à cuisson rapide

Les meilleurs morceaux pour gagner du temps.

CHOIX	USAGE	CUISSON		
 **STEAK** **Bœuf** – hampe, onglet, bavette, steak haché, entrecôte, faux-filet, filet **Porc** – escalope, filet mignon, steak **Agneau** – gigot, épaule **Dinde** – escalope Ces morceaux, également nommés « morceaux du boucher », sont les plus tendres et les plus nobles.	Un peu plus coûteux que les autres coupes de viande, le steak n'en demeure pas moins très avantageux, car il y a peu de perte. Vous pouvez le griller à la poêle ou sur un gril en fonte. Séchez bien la viande avant toute préparation. Badigeonnez les steaks d'huile et saisissez-les dans une poêle très chaude. Retournez-les une fois seulement, et servez-les sans attendre.		**Poêler/griller/rôtir**	**Repos**
		Bleu	**Bœuf** 1 à 2 min par face	6 min
		À point	**Bœuf** 3 min par face **Agneau** 5 min par face	4 min
		Bien cuit	**Bœuf** 4 min par face **Porc (escalopes)** 4 min par face **Escalopes de dinde** 5 min par face	1 min 1 min 1 min
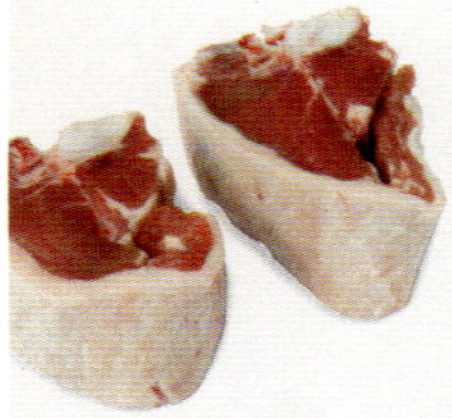 **CÔTE & CÔTELETTE** **Agneau** **Veau** **Bœuf** De filet, côte première, seconde ou découverte, elles sont servies en parts individuelles, grillées, poêlées ou rôties au four, surtout quand elles forment un carré.	Plus épaisse que la plupart des steaks, les côtes et côtelettes sont attachées à l'os, ce qui leur donne davantage de goût. Les côtelettes sont idéales en grillade à la poêle ou au barbecue, et les côtes délicieuses cuites au four ou au barbecue.		**Poêler/griller/rôtir**	**Repos**
		Bleu	**Agneau** 2 min par face **Veau** 2 min par face	2 min
		À point	**Agneau** 3 min par face **Veau** 4 min par face	1 min
		Bien cuit	**Agneau** 5 min par face **Veau** 5 min par face	2 min
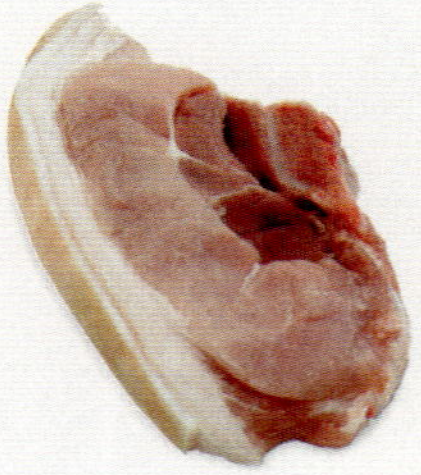 **TRANCHE** **Agneau** – gigot, selle, brochettes **Porc** – rouelle, longe, échine noix, grillade La rouelle de porc est une tranche épaisse de la cuisse, à la base du jambon, qui équivaut au gigot dans l'agneau.	Ces morceaux persillés (entrelardés de graisse) et entourés d'une couche de graisse sont parfaits à la poêle et cuisent bien sur le feu du gril en fonte. Préférez les tranches épaisses, badigeonnez-les d'huile et faites-les cuire pendant quelques minutes de chaque côté. Une marinade à base d'huile et d'herbes fraîches contribue à les rendre plus tendres et plus goûteuses.		**Poêler/griller/rôtir**	**Repos**
		Bleu	**Agneau** 3 min par face	1 min
		À point	**Agneau** 5 min par face	2 min
		Bien cuit	**Agneau** 7 min par face **Porc** 10 min par face	1 min
 **FILET** **Poulet** **Canard** Les escalopes, filets, blancs, magrets et aiguillettes supportent une cuisson rapide et sont souvent peu onéreux.	Les filets de volaille cuisent rapidement. Pour gagner encore plus de temps, vous pouvez les aplatir avec un rouleau à pâtisserie. Quant au magret de canard, il suffit de le poser dans une poêle côté peau, de laisser fondre la graisse et de le retourner une fois.		**Poêler/griller/rôtir**	**Repos**
		Bleu	**Canard** 3 à 4 min par face	2 min
		À point	**Canard** 5 à 6 min par face	1 min
		Bien cuit	**Poulet** 4 à 5 min par face **Escalope** 4 min par face **Canard** 4 à 5 min par face	2 min 2 min 2 min

Conserver de la viande

Pour évaluer la fraîcheur d'une viande, vérifiez sa couleur, qui doit être rouge et uniforme. N'achetez que des steaks qui ont l'air très frais, avec un aspect légèrement humide. Le gras qui les entoure doit être bien blanc. Comme toutes les viandes crues, les steaks doivent être conservés dans le compartiment bas du réfrigérateur.

Les poissons à cuisson rapide

De manière générale, le poisson nécessite très peu de temps de cuisson. C'est l'aliment « fast food » par excellence !

CHOIX		CUISSON
	**POISSON ENTIER** Pour une cuisson rapide, choisissez des poissons assez plats et peu épais. Vous devrez les écailler, les nettoyer et les parer. Vous pouvez également faire quelques entailles dans la chair du poisson avant de l'assaisonner et de le farcir d'herbes, de citron ou d'ail râpés, et d'un peu de gingembre haché, avant de le faire cuire à la poêle, au gril, au barbecue ou au four.	**Poêler/griller/rôtir** **Maquereau** 2 min par face **Sardine** 1 min par face **Truite** 5 min par face **Dorade** 4 min par face
	**DARNE** Elles sont idéales pour une cuisson rapide à la poêle ou au four. Faites-les mariner dans de l'huile d'olive additionnée d'herbes (coriandre, persil, thym, cerfeuil, romarin, sauge…) ou d'épices (cumin, piment d'Espelette, gingembre râpé, ail écrasé). Vous pouvez aussi les laisser mariner dans de la sauce soja mélangée à du miel liquide.	**Poêler/griller/rôtir** **Saumon** plus ou moins 4 min par face, selon la cuisson souhaitée **Espadon** 4 min par face **Thon** plus ou moins 4 min par face, selon la cuisson souhaitée
	**FILET** Les filets de poisson sont fréquemment utilisés pour une cuisson rapide : quelques minutes suffisent à les préparer. Le filet a tendance à s'effilocher. Conservez la peau, pour éviter que le poisson ne se défasse pas en cours de cuisson.	**Poêler/griller** **Dorade** 3 min par face **Maquereau** 2 min par face **Truite** 2 min par face **Saumon** 3 min par face **Cabillaud** 3 min par face
	**CRUSTACÉS** Pour un repas rapide, crevettes, moules, gambas et Saint-Jacques sont tout à fait recommandées. Elles sont disponibles crues ou cuites, décortiquées ou non, et ne requièrent que quelques minutes, voire quelques secondes de cuisson.	**Poêler/griller/rôtir** **Crevettes** 2 min par face **Noix de Saint-Jacques** 3 min sur un côté, puis 1 min sur l'autre face

Conservation

Achetez toujours du poisson ultra-frais, à la chair ferme et blanche, sans odeur prononcée. Il est préférable de le cuisiner le jour de l'achat, mais vous pouvez aussi le conserver pendant 24 h au réfrigérateur, entouré de papier cuisson ou d'aluminium ménager.

Légumes à cuisson rapide

Les légumes ci-dessous apporteront couleurs et saveurs à tous vos dîners express.

PETIT POIS

À cuisiner crus ou surgelés pendant 3 min. Juste avant de servir, mixez avec de la menthe fraîche, de l'estragon ou de la ciboulette. Les petits pois frais sont délicieux crus, en salade.

ÉPINARD

Les pousses d'épinard se consomment crues, en salade, avec des radis et de la ciboule. Les épinards en branches sont délicieux cuits, avec de la crème fraîche. Vous pouvez aussi les faire revenir pendant 3 min à la poêle dans du beurre, avec 1 gousse d'ail écrasée.

BROCOLI

Disponible tout au long de l'année, le brocoli se déguste avec un émincé de poulet ou de bœuf, accompagné de poivrons rouges et de sauce soja. Vous pouvez également mixer les bouquets de brocoli en soupe, avec un peu de fromage frais.

CHAMPIGNON

Les champignons de Paris sont délicieux en salade. Crus, ils accompagnent une viande grillée. Cuits, ils enrichissent un risotto ou une soupe. En saison, n'oubliez pas les poêlées de cèpes et de girolles, qui se marient aux viandes grillées ou aux pâtes fraîches.

CAROTTE

Crue, elle est délicieuse et pleine de vitamines. Cuite, elle apporte saveur et douceur aux plats. Pensez à faire sauter les carottes à la poêle, dans du beurre, avec 1 pincée de cumin et 1 filet de jus d'orange.

ASPERGE

Légume de printemps par excellence, l'asperge blanche est cuite à la vapeur, puis accompagnée de beurre fondu. Quant aux asperges vertes, elles s'accordent parfaitement avec les pâtes à la crème, et révèlent toute leur saveur dans les veloutés onctueux.

HARICOT VERT

Fin, extrafins, plats ou beurre, les haricots cuisent très vite à la vapeur, ou dans une casserole d'eau salée. À consommer en guise de garniture ou en salade, avec des amandes effilées et du magret de canard fumé.

COURGETTE

Rapide et facile à cuisiner, la courgette est délicieuse quand elle est juste dorée à la poêle, dans un peu d'huile d'olive et d'ail.

POIREAU

Nettoyez soigneusement le poireau (voir page 404). Émincez-le finement et faites-le fondre à la poêle, dans du beurre ou de l'huile d'olive. Il accompagne parfaitement un filet de poisson grillé.

FENOUIL

Son goût légèrement anisé fait de lui le parfait compagnon des poissons. On peut aussi le consommer cru, émincé en salade ou grillé au barbecue.

AU QUOTIDIEN

PAS À PAS

Cuisson rapide

Les quatre méthodes de cuisson les plus fréquentes.

À la poêle

Ce mode de cuisson est idéal pour les morceaux de viande maigre, les filets de poisson et les légumes fragiles. Il s'agit ici d'un poisson, mais les étapes sont identiques pour la viande et les légumes. Utilisez une poêle antiadhésive, avec un peu d'huile ou de beurre.

1 Séchez 2 filets de dorade avec du papier absorbant. Salez sur les deux faces et poivrez côté peau uniquement. Faites chauffer ½ c. à s. d'huile d'olive dans la poêle à feu moyen. Déposez le poisson, côté peau d'abord. Laissez-le cuire pendant 2 min sans y toucher.

2 Retournez le poisson délicatement avec une spatule et faites cuire pendant 2 min sur l'autre face, en secouant légèrement la poêle une ou deux fois.

3 Retournez le poisson une nouvelle fois et laissez cuire pendant 30 s côté peau. Vérifiez la cuisson, en écartant légèrement la chair au niveau de l'arête centrale : elle doit se détacher facilement. Déposez sur du papier absorbant et réservez au chaud pendant 1 min.

Au wok

Faire sauter les aliments au wok est une méthode de cuisson saine, qui a fait ses preuves dans la gastronomie asiatique. Les légumes et la viande reviennent à feu très vif, et nécessitent très peu de matière grasse. À défaut de wok, utilisez une poêle antiadhésive.

1 Tous les ingrédients doivent être prêts avant le début de la cuisson, car la succession des étapes est rapide. Émincez les légumes en lanières ou en dés, coupez tous les viandes en lamelles régulières et hachez finement l'ail, le gingembre et le piment.

2 Faites chauffer le wok à feu moyen et ajoutez ½ c. à s. d'huile de tournesol. À feu vif, commencez par faire roussir les épices. Si vous souhaitez ajouter de la viande ou des crevettes, c'est à ce moment qu'il convient de le faire. Laissez alors cuire pendant 1 ou 2 min supplémentaires.

3 Ajoutez les légumes, en fonction de leur texture et de leur fermeté. Incorporez l'ail en dernier, car il tend à brunir rapidement. Remuez sans cesse et travaillez toujours à feu très vif. Incorporez un peu de liquide (eau, vin blanc, sauce soja) pour humidifier les légumes. Salez et poivrez au dernier moment et servez immédiatement.

Au gril en fonte

Le gril en fonte permet d'éviter l'ajout de matière grasse et de cuire les viandes à température très élevée, tout en empêchant le jus de s'échapper de la viande.

1 À l'aide d'un pinceau, badigeonnez les côtes de porc d'huile d'olive sur les deux faces. Salez et poivrez. N'enlevez pas la couche de graisse qui entoure la viande.

2 Mettez le gril en fonte à chauffer à feu très vif, jusqu'à ce qu'il commence à fumer. Déposez les côtes sur le gril et laissez cuire pendant 3 min (ou plus, selon le degré de cuisson souhaitée), en évitant de les remuer.

3 Au bout de ce temps, retournez les côtes sans les piquer, et faites dorer l'autre face, jusqu'à ce que la viande soit cuite selon votre goût. Laissez reposer pendant quelques minutes dans un endroit chaud et à couvert avant de déguster.

Au four

Le contact direct avec une source de chaleur intense est une méthode de cuisson rapide et saine, qui permet une utilisation minimale de matière grasse. Pour les viandes et le poisson, suivez les deux premières étapes décrites ci-dessous.

1 Couvrez la plaque de cuisson d'aluminium ménager et déposez la grille par-dessus. Allumez le gril du four à température maximale. Badigeonnez les légumes d'huile d'olive et posez-les sur la grille.

2 Enfournez la grille et faites cuire les poivrons pendant 8 min, jusqu'à ce que la peau commence à brunir. Retournez-les et laissez griller pendant 8 min de l'autre côté.

3 Ôtez les poivrons du four. Transférez dans un sachet en plastique ou un sac en papier. Fermez le sachet et laissez refroidir pendant au moins 15 min : la peau s'enlèvera très facilement. Pelez, épépinez et coupez les poivrons en lamelles ou en dés.

Sauté d'agneau aux piments verts

PRÉP 5 MIN · CUISS 30 MIN

POUR 4 PERSONNES
1 c. à s. d'huile d'olive
1 oignon haché
1 feuille de laurier
1 pincée de cumin en grains
sel
2 gousses d'ail râpées
1 petit piment vert épépiné et haché
900 g d'épaule d'agneau dégraissé et coupé en morceaux
1 c. à s. de farine
600 ml de bouillon de volaille (ou de légumes) chaud
4 piments oiseaux entiers
le jus de ½ citron

1 Mettez l'huile à chauffer dans une sauteuse. Faites revenir l'oignon, le laurier, le cumin et 1 pincée de sel jusqu'à ce que l'oignon soit tendre. Ajoutez l'ail et le piment et laissez cuire encore quelques secondes.

2 Ajoutez l'agneau et laissez colorer les morceaux sur toutes les faces. Arrosez de farine et mélangez pendant quelques secondes. Versez un peu de bouillon, augmentez le feu et mélangez jusqu'à l'ébullition.

3 Incorporez le reste de bouillon et les piments. Laissez mijoter à feu doux pendant 20 min. Avant de servir, versez le jus de citron et mélangez délicatement.

CONSEIL DU CHEF

C'est un plat idéal à préparer la veille, car les saveurs ont alors le temps de se développer. Réchauffez au four à micro-ondes ou dans une sauteuse, à feu doux. Ajoutez le jus de citron au dernier moment.

Burgers d'agneau à la menthe

PRÉP 10 MIN · CUISS 20 MIN

POUR 4 PERSONNES
1 noix de beurre
1 c. à s. d'huile d'olive
1 oignon haché
2 gousses d'ail râpées
un morceau de gingembre frais (3 cm) pelé et râpé
sel et poivre du moulin
700 g d'épaule d'agneau haché
10 feuilles de menthe ciselées
huile de friture

1 Dans une grande poêle, faites chauffer le beurre et 1 filet d'huile à feu doux. Versez l'oignon haché et laissez suer pendant 5 min jusqu'à ce qu'il soit tendre. Ajoutez l'ail, le gingembre, un peu de sel et de poivre. Réservez sur une assiette et laissez refroidir.

2 Placez la viande hachée dans un grand récipient avec l'oignon et la menthe. Salez généreusement, puis mélangez à l'aide d'une fourchette ou, de préférence, avec les doigts, de manière à bien combiner les saveurs. Façonnez de grosses boulettes de viande et aplatissez-les en forme de burgers. Déposez les burgers sur une assiette. Couvrez-les de film alimentaire et entreposez-les au réfrigérateur pendant 10 min, afin qu'ils durcissent légèrement.

3 Dans une poêle, mettez un fond d'huile à chauffer. Faites frire les burgers pendant 5 min environ de chaque côté, selon le degré de cuisson souhaitée. Vous pouvez aussi les faire griller au barbecue ou dans une poêle en fonte. Servez chaud, accompagné de feuilles de roquette et de frites de patate douce.

Côtelettes d'agneau rôties, écrasée de brocoli au citron

PRÉP 5 MIN · CUISS 30 MIN

Marinade • 5 min

POUR 4 PERSONNES
4 épaisses côtelettes d'agneau
sel et poivre du moulin
quelques branches de romarin
300 g de brocoli grossièrement haché
le jus de 1 citron
1 pincée de piment de Cayenne
4 c. à c. de chutney à la menthe

Pour la marinade :
2 c. à s. de vinaigre de xérès
(ou de vinaigre de vin blanc)
1 pincée de sucre en poudre
2 c. à s. de sauce soja

1 Préchauffez le four à 200 °C (th. 6-7). Préparez la marinade. Fouettez le vinaigre avec le sucre et la sauce soja. Versez ce mélange sur les côtes d'agneau et laissez mariner au moins pendant 5 min.

2 Alignez les côtes d'agneau dans un plat de cuisson, assaisonnez généreusement, puis ajoutez les branches de romarin. Faites rôtir au four entre 15 et 25 min, selon le degré de cuisson souhaitée.

3 Pendant la cuisson de l'agneau, faites bouillir une grande casserole d'eau salée. Plongez le brocoli dans l'eau et laissez cuire pendant 10 min, jusqu'à ce qu'il soit tendre. Égouttez-le, versez-le dans le plat de cuisson et écrasez-le à l'aide d'une fourchette. Arrosez de jus de citron, ajoutez le piment, 1 pincée de sel et du poivre fraîchement moulu. Placez un couvercle sur la casserole et secouez-la vigoureusement. Servez immédiatement avec les côtes d'agneau rôties, accompagnées de 1 cuillerée de chutney à la menthe.

Astuce
Pour une marinade express, badigeonnez les côtes avec une sauce toute prête : tapenade, pesto ou curry.

Brochettes d'agneau, pommes rôties au romarin

PRÉP 15 MIN · CUISS 30 MIN

Matériel • brochettes en bois

POUR 4 PERSONNES
700 g de pommes de terre pelées et coupées en cubes
3 c. à s. d'huile d'olive
quelques branches de romarin
sel et poivre
le jus de 1 citron
2 c. à c. de paprika
900 g d'épaule d'agneau dégraissé et coupé en gros cubes

1 Préchauffez le four à 200 °C (th. 6-7). Immergez les brochettes en bois dans un récipient rempli d'eau froide pendant au moins 30 min. Dans un plat allant au four, mélangez les pommes de terre avec 1 c. à s. d'huile d'olive, le romarin et un peu de sel. Brassez le tout avec les mains, pour que les pommes de terre soient uniformément enrobées. Faites rôtir au four pendant 25 min, jusqu'à ce qu'elles soient dorées et croquantes.

2 Préparez une marinade en mélangeant le reste de l'huile d'olive, le jus de citron, le paprika, un peu de sel et beaucoup de poivre. Recouvrez les morceaux d'agneau de marinade et laissez reposer pendant quelques minutes. Enfilez les morceaux de viande sur les brochettes, en les maintenant bien serrés.

3 Déposez les brochettes dans le plat de cuisson, sur les pommes de terre. Enfournez et laissez cuire pendant 5 min. Retournez les brochettes et prolongez la cuisson de 5 min. Dressez les brochettes sur un lit de pommes de terre.

Tagine d'agneau aux pois chiches et poivrons verts

PRÉP 10 MIN · CUISS 30 MIN

POUR 4 PERSONNES

1 c. à soupe d'huile d'olive
1 oignon finement haché
2 gousses d'ail râpées ou émincées
900 g d'épaule d'agneau dégraissé et coupé en morceaux
1 c. à c. de cannelle en poudre
1 c. à c. de paprika
sel et poivre du moulin
3 poivrons verts épépinés et coupés en lamelles
400 g de pois chiches en conserve rincés et égouttés
1 l de bouillon de légumes chaud
175 g de semoule
50 g de pignons de pin toastés
1 botte de persil plat ciselé

1 Dans une grande poêle, mettez l'huile d'olive à chauffer à feu doux. Faites revenir l'oignon pendant 5 min. Ajoutez l'ail, les morceaux d'agneau, la cannelle et le paprika. Salez et poivrez.

2 Versez les poivrons et les pois chiches dans la poêle et faites dorer la viande de toutes parts, en mélangeant de temps en temps. Versez la moitié du bouillon de légumes dans la poêle, couvrez et laissez mijoter à feu doux pendant 20 min. Rajoutez un peu de bouillon si la sauce tend à s'assécher.

3 Pendant ce temps, préparez le couscous. Versez la semoule dans un saladier et recouvrez de bouillon chaud. Couvrez et laissez reposer pendant 5 min. Égrainez la semoule à l'aide d'une fourchette, puis salez et poivrez.

4 Saupoudrez la viande de pignons de pin et de persil avant de servir, accompagné de semoule bien chaude.

VARIANTE
Remplacez les pignons de pin par des graines de sésame grillées.

Côtes d'agneau à la diable, écrasée de pommes de terre à la moutarde

PRÉP 10 MIN · CUISS 30 MIN

POUR 4 PERSONNES

sel et poivre du moulin
250 g de pommes de terre nouvelles
1 c. à s. d'huile d'olive
1 c. à s. de graines de moutarde
1 botte de ciboulette ciselée
8 côtelettes d'agneau

Pour la panure :
2 c. à s. de moutarde forte
2 c. à s. de ketchup
2 c. à s. de paprika
2 c. à s. d'oignon haché
1 c. à s. d'huile d'olive

1 Préchauffez le four à 200 °C (th. 6-7). Faites cuire les pommes de terre dans une grande quantité d'eau bouillante salée pendant 15 min. Lorsqu'elles sont tendres, égouttez-les, puis écrasez-les grossièrement à la fourchette avec l'huile d'olive. Incorporez les graines de moutarde et la ciboulette. Salez et poivrez. Réservez.

2 Pendant la cuisson des pommes de terre, préparez la panure. Dans un récipient, fouettez vigoureusement la moutarde avec le ketchup, le paprika, l'oignon et l'huile. Salez, poivrez généreusement et badigeonnez les côtelettes de cette préparation. Déposez la viande dans un plat allant au four et faites rôtir pendant 15 min.

Bœuf sauté au soja et citron vert

PRÉP 10 MIN · CUISS 15 MIN

Matériel • wok

POUR 4 PERSONNES

1 c. à s. d'huile de tournesol
1 oignon rouge coupé en 8 quartiers
700 g de rumsteck coupé en lanières
1 petit piment rouge épépiné et coupé en fines lanières
1 c. à s. de sauce soja
le jus de 1 citron vert
1 c. à s. de miel
200 g de champignons de Paris nettoyés et coupés en lamelles
riz ou nouilles chinoises cuits
1 botte de coriandre effeuillée

Pour la salsa :
2 pamplemousses pelés à vif et segmentés (voir Conseil du chef)
un morceau de gingembre frais (3 cm) râpé
1 petit piment rouge doux épépiné et haché
1 pincée de sucre (facultatif)
poivre fraîchement moulu (facultatif)

1 Préparez d'abord la salsa. Versez tous les ingrédients dans un récipient, mélangez et goûtez. Si nécessaire, ajoutez un peu de poivre et réservez.

2 Faites chauffer l'huile dans le wok jusqu'à ce qu'elle soit fumante. Versez l'oignon et laissez cuire à feu vif pendant 3 min. Ajoutez la viande et le piment, puis faites sauter à feu vif pendant 5 min, en remuant constamment à l'aide d'une spatule en bois. Versez le soja, le jus de citron et le miel, et prolongez la cuisson de 2 min.

3 Ajoutez les champignons et faites sauter pendant 2 min, jusqu'à ce qu'ils soient tout juste tendres.

4 Dressez la viande sur des assiettes individuelles. Accompagnez de riz ou de nouilles chinoises, ainsi que de salsa de pamplemousse. Décorez le tout de quelques feuilles de coriandre fraîche.

CONSEIL DU CHEF

Pour préparer le pamplemousse : coupez les extrémités de l'agrume et pelez-le à vif. Enlevez le zeste, le ziste, et les segments, en glissant la lame d'un couteau entre la pulpe et les membranes.

Émincé de bœuf, sauce piquante

PRÉP 10 MIN · CUISS 20 MIN

Matériel • mortier ou mixeur

POUR 4 PERSONNES

700 g de rumsteck
1 c. à s. de miel
1 c. à s. de sauce nuoc-mâm
100 g de haricots verts extra-fins équeutés
1 c. à s. d'huile de sésame
1 c. à s. de vinaigre de riz

Pour la sauce :
2 gousses d'ail pelées et râpées
1 c. à c. de sucre de canne
6 filets d'anchois au sel rincés et hachés
2 piments rouges épépinés et hachés
le jus de 1 citron vert
sel

1 Préparez d'abord la sauce piquante. À l'aide d'un mortier, pilez l'ail, le sucre, les anchois et les piments, jusqu'à l'obtention d'une pâte lisse. À défaut de mortier, utilisez un petit mixeur. Incorporez le jus de citron progressivement, tout en goûtant au fur et à mesure. Salez, puis réservez cette sauce.

2 Dans un saladier, mélangez la viande avec le miel et le nuoc-mâm. D'autre part, cuisez les haricots verts dans une grande quantité d'eau bouillante salée, pendant quelques minutes. Rafraîchissez, en les plongeant dans de l'eau glacée.

3 Faites chauffer l'huile dans un wok ou une grande poêle à feu moyen. Ajoutez le rumsteck et faites dorer en remuant constamment pendant 3 min. À l'aide d'une écumoire, transférez la viande sur une assiette et réservez au chaud.

4 Versez la sauce piquante dans le wok and cuisez pendant quelques minutes en remuant. Ajoutez la viande et les haricots verts égouttés au wok. Incorporez le vinaigre de riz et faites bouillir pendant 1 min à feu vif.

Astuce

Utilisez une sauce aigre-douce ou piquante déjà prête, achetée dans une épicerie.

CONSEIL DU CHEF

Plonger les légumes dans un bain d'eau glacée permet de stopper leur cuisson et de préserver leur couleur vive.

Escalopes de bœuf aux anchois, câpres et olives

PRÉP 10 MIN CUISS 20 MIN

POUR 4 PERSONNES
2 entrecôtes ou steaks de 200 g chacun coupés en deux
6 anchois au sel rincés et égouttés et grossièrement hachés
2 c. à s. de câpres rincées et égouttées
10 olives noires dénoyautées
100 g de roquette
3 c. à s. d'huile d'olive
le jus de ½ citron
sel et poivre du moulin
10 feuilles de basilic déchirées à la main

1 Préparez d'abord les escalopes. Placez chaque morceau entre deux pans de film alimentaire. À l'aide d'un maillet de cuisine ou d'un rouleau à pâtisserie, aplatissez en tranches fines et régulières.

2 Dans un saladier, pilez les anchois, les câpres et la moitié des olives jusqu'à l'obtention d'une pâte grossière. Nul besoin d'assaisonner, car les anchois apportent tout le sel nécessaire. Badigeonnez chaque escalope de cette préparation.

3 Dans une poêle antiadhésive, chauffez 1 c. à s. d'huile à feu vif. Faites cuire 2 escalopes à la fois, en ajoutant 1 c. à s. d'huile pour la deuxième fournée. Laissez cuire pendant 2 min de chaque côté.

4 Assaisonnez la roquette avec la dernière cuillerée d'huile d'olive, le jus de citron, 1 pincée de sel, ainsi que du poivre fraîchement moulu. Ajoutez les olives restantes. Servez la viande agrémentée de feuilles de basilic et accompagnée de salade de roquette.

VARIANTE
Cette recette convient aussi aux escalopes de veau ou de porc.

CONSEIL DU CHEF
Aplatir la viande à l'aide d'un maillet vous permettra d'attendrir les morceaux moins nobles du bœuf et d'accélérer la cuisson.

Tacos de bœuf

PRÉP 15 MIN CUISS 15 MIN

POUR 4 PERSONNES
1 c. à s. d'huile d'olive
1 oignon haché
sel
2 gousses d'ail râpées
1 petit piment vert épépiné et haché
700 g de steak fraîchement haché
300 ml de bouillon de légumes chaud
4 tomates fraîches pelées et coupées en dés
1 botte de coriandre finement ciselée
8 coques de tacos
75 g de cheddar extra-fort râpé

1 Préchauffez le gril du four. Dans une grande poêle, mettez l'huile à chauffer à feu moyen. Faites revenir l'oignon avec 1 pincée de sel, jusqu'à ce qu'il soit translucide. Ajoutez l'ail et le piment, faites sauter quelques secondes, puis versez la viande dans la poêle. Laissez cuire en remuant constamment, jusqu'à ce que la viande perde sa teinte rosée. Si elle commence à attacher au fond de la poêle, mouillez avec un peu de bouillon, en évitant de la noyer.

2 Quand la viande est cuite, ajoutez les tomates et la coriandre. Garnissez les tacos de viande et recouvrez de fromage. Disposez les tacos dans un plat allant au four et passez-les sous le gril pendant quelques minutes.

Curry de bœuf à l'indienne

PRÉP 15 MIN | CUISS 30 MIN

Matériel • robot ménager

POUR 4 PERSONNES
1 kg de filet de bœuf coupé en cubes
1 c. à c. de coriandre en poudre
1 c. à c. de cumin en poudre
1 c. à c. de curcuma en poudre
1 c. à c. de garam masala en poudre
1 c. à s d'huile de tournesol
1 oignon haché
2 gousses d'ail pelées
un morceau de gingembre frais (3 cm) pelé
4 tomates fraîches pelées et hachés
1 piment rouge épépiné et haché
150 ml de crème liquide épaisse
1 bouquet de coriandre hachée

1 Dans un saladier, mélangez la viande, la coriandre, le cumin, le curcuma, le garam masala et l'huile. Faites chauffer une sauteuse à feu doux. Ajoutez le bœuf épicé et laissez cuire pendant 2 min à feu vif. À l'aide d'une écumoire, débarrassez la viande sur une assiette et réservez.

2 À l'aide du robot ménager, mixez l'oignon, l'ail, le gingembre, les tomates et le piment. Faites cuire cette sauce à feu doux dans la poêle utilisée pour la viande. Au bout de 15 min, incorporez la crème liquide, ainsi que 150 ml d'eau, et prolongez la cuisson de 5 min. Portez à ébullition, ajoutez la viande à la sauce et réduisez le feu. Laissez mijoter pendant 10 min supplémentaires.

3 Incorporez la coriandre hachée et servez immédiatement.

CONSEIL DU CHEF

Si vous souhaitez un repas plus léger, remplacez la crème liquide par du yaourt nature. N'hésitez pas à préparer ce plat à l'avance et à le réchauffer au dernier moment à la poêle.

AU QUOTIDIEN

Bœuf haché au raifort

PRÉP 10 MIN | CUISS 20 MIN

POUR 4 PERSONNES
1 c. à s. d'huile d'olive
1 oignon haché
sel et poivre du moulin
1 gousse d'ail pelée et râpée
700 g de pommes de terre pelées et coupées en quartiers
3 carottes pelées et coupés en dés
450 ml de bouillon de bœuf chaud
250 g de bœuf finement haché
3 c. à c. de raifort
quelques gouttes de sauce Worcestershire
¼ de chou rouge émincé et mariné dans du vinaigre de framboise

1 Dans une grande poêle, faites chauffer l'huile à feu doux. Ajoutez l'oignon, salez et laissez cuire pendant 5 min. Ajoutez l'ail, les pommes de terre et les carottes. Faites mijoter pendant 5 min. Arrosez de quelques cuillerées de bouillon, portez à ébullition, puis incorporez la viande et le raifort. Mélangez délicatement.

2 Versez le reste du bouillon dans la poêle, réduisez le feu et laissez mijoter à feu doux pendant 15 min. Remuez régulièrement, pour éviter que la sauce n'attache au fond. Goûtez et rectifiez l'assaisonnement si nécessaire. Incorporez quelques gouttes de sauce Worcestershire. Servez sans attendre, accompagné de lanières de chou rouge mariné.

VARIANTE
Vous pouvez ajouter quelques gouttes de sauce Tabasco©.

Escalopes de porc à la sauce tomate

PRÉP 5 MIN · CUISS 25 MIN

POUR 4 PERSONNES

4 escalopes de porc de 150 g chacune
2 c. à s. d'huile d'olive
1 pincée d'origan séché
sel et poivre du moulin
1 oignon finement haché
2 gousses d'ail râpées
1 boîte de 400 g de tomates pelées grossièrement coupées
125 g de fèves surgelées
1 botte de persil plat ciselé

1 Préchauffez le four à 200 °C (th. 6-7). Badigeonnez les escalopes de 1 c. à s. d'huile d'olive et saupoudrez-les d'origan. Salez et poivrez généreusement, puis rangez-les sur un plat allant au four. Enfournez pour 15 min de cuisson, jusqu'à ce qu'elles soient bien dorées.

2 Pendant ce temps, mettez le reste de l'huile à chauffer dans une poêle et faites revenir l'oignon haché avec 1 pincée de sel pendant 5 min, jusqu'à ce qu'il soit translucide. Ajoutez l'ail et prolongez la cuisson de quelques secondes.

3 Versez les tomates pelées avec leur jus dans la poêle et portez à l'ébullition à feu vif. Réduisez le feu et laissez mijoter à feu doux pendant 15 min. Ajoutez les fèves et prolongez la cuisson de 10 min, en mouillant avec un peu d'eau si la sauce attache au fond de la poêle.

4 Juste avant de servir, goûtez la sauce, rectifiez l'assaisonnement si nécessaire et parsemez de persil haché. Nappez chaque assiette de sauce et déposez une escalope très chaude par-dessus.

VARIANTE
Vous pouvez remplacer les fèves par des petits pois frais ou surgelés.

Astuce
Utilisez une sauce du commerce et réchauffez-la avant d'y ajouter les fèves.

Sauté de porc haché à la sauce thaïe

PRÉP 10 MIN · CUISS 15 MIN

POUR 4 PERSONNES

1 c. à s. d'huile de tournesol
700 g de viande de porc haché
4 gousses d'ail râpées
sel
2 piments rouges épépinés et hachés
le jus de 1 citron vert
1 c. à s. de sauce de poisson thaïe (ou nuoc-mâm)
1 c. à s. de sauce soja épaisse
1 botte de coriandre fraîche ciselée
250 g de nouilles chinoises cuites

1 Dans un wok ou une grande poêle, faites chauffer l'huile à feu moyen. Ajoutez le porc, l'ail et le sel. Faites cuire à feu vif en remuant constamment, jusqu'à ce que la viande perde sa teinte rosée.

2 Incorporez les piments, le jus de citron, la sauce de poisson et la sauce soja. Prolongez la cuisson de 5 min.

3 Juste avant de servir, parsemez de coriandre et accompagnez de nouilles chinoises cuites à l'eau ou de riz parfumé nature.

VARIANTE
Pour un repas complet, ajoutez quelques légumes à la viande : une julienne de carotte et de courgette, par exemple.

Porc au caramel

PRÉP 10 MIN — CUISS 30 MIN

POUR 4 PERSONNES
900 g de travers de porc coupés en morceaux

Pour la sauce :
1 c. à s. de miel
1 c. à s. de moutarde de Dijon
1 c. à s. de ketchup
1 c. à s. de sauce soja épaisse
1 c. à c. de paprika
2 c. à s. d'huile d'olive
sel et poivre du moulin

1 Préchauffez le four à 200 °C (th. 6-7). Préparez la sauce. Dans un récipient, versez le miel, la moutarde, le ketchup, la sauce soja, le paprika et l'huile d'olive. Salez et poivrez généreusement, puis fouettez jusqu'à l'obtention d'une sauce épaisse.

2 Badigeonnez les travers de sauce et alignez-les dans un plat allant au four. Enfournez pour 30 min de cuisson, en les retournant une ou deux fois, jusqu'à ce que la viande soit caramélisée et bien croustillante. Accompagnez d'une belle salade verte.

Roulade de porc farcie au piment doux et aux olives

PRÉP 15 MIN — CUISS 30 MIN

POUR 4 PERSONNES
700 g de filet mignon de porc
50 g d'olives noires dénoyautées et hachées
50 g de piment vert doux épépinés et hachés
1 botte de persil plat haché
150 g de fines tranches de bacon
1 c. à s. d'huile d'olive

1 Préchauffez le four à 200 °C (th. 6-7). À l'aide d'un couteau, ouvrez le filet sur toute sa longueur, sans le couper en deux. Dans un récipient, mélangez les olives avec le piment et le persil. Étalez cette préparation sur le filet de porc et refermez-le.

2 Étalez les tranches de bacon sur une planche à découper, en les faisant se chevaucher légèrement. Posez le filet farci par-dessus et enroulez-le dans le bacon, en serrant le plus possible. Déposez le filet dans un plat allant au four et faites cuire pendant 25 min. Laissez reposer pendant quelques minutes hors du four, recouvert d'aluminium ménager.

3 Découpez le filet mignon en tranches et dressez sur des assiettes, accompagné d'une salade de pousses d'épinard.

CONSEIL DU CHEF

Avant de le farcir, enlevez la fine membrane blanche du filet à l'aide d'un couteau.

Porc braisé aux haricots blancs

PRÉP 10 MIN · CUISS 25 MIN

POUR 4 PERSONNES
1 c. à s. d'huile d'olive
1 oignon haché
2 branches de romarin effeuillées et hachées
sel et poivre du moulin
2 gousses d'ail pelées et râpées
700 g de filet de porc coupé en cubes
100 ml de vin blanc sec
1 boîte de haricots blancs en conserve (800 g) égouttés et rincés
500 ml de bouillon de volaille chaud
10 feuilles de menthe ciselées

1 Dans une grande sauteuse, faites chauffer l'huile à feu doux. Ajoutez l'oignon, le romarin et 1 pincée de sel. Faites cuire pendant 5 min, jusqu'à ce que l'oignon soit translucide. Ajoutez l'ail et les morceaux de porc. Faites colorer la viande à feu vif pendant quelques minutes, en remuant régulièrement. Incorporez le vin et prolongez la cuisson de 2 min, le temps que l'alcool s'évapore.

2 Ajoutez les haricots à la sauteuse. Recouvrez de bouillon et laissez mijoter pendant 20 min. Si nécessaire, mouillez avec un peu plus de bouillon, pour éviter que la sauce n'attache au fond de la sauteuse.

3 Écrasez quelques haricots à la fourchette, goûtez et ajoutez du sel et du poivre au plat si nécessaire. Incorporez la menthe au dernier moment. .

CONSEIL DU CHEF

Le filet de porc supporte parfaitement la cuisson à haute température. Acheter un filet entier, que vous pourrez découper en gros cubes.

Rouelle de jambon poêlée, salsa d'ananas

PRÉP 5 MIN · CUISS 20 MIN

POUR 4 PERSONNES
1 c. à s. d'huile d'olive
4 épaisses tranches de jambon fumé
1 noix de beurre
1 conserve d'ananas égouttée + le jus de l'ananas
1 c. à s. de miel
3 tomates fraîches pelées et coupées en dés
½ oignon rouge haché

1 Dans une poêle antiadhésive, faites chauffer l'huile à feu vif. Déposez le jambon et laissez cuire pendant 3 à 4 min de chaque côté. Ôtez de la poêle et réservez au chaud.

2 Dans la même poêle, faites fondre le beurre. Enduisez les rondelles d'ananas de miel avant de les faire revenir dans le beurre fondu. Laissez cuire pendant 2 min de chaque côté, jusqu'à l'obtention d'une coloration dorée. Réservez dans une assiette, laissez tiédir et coupez en dés.

3 Dans un saladier, versez les dés d'ananas et de tomate, ainsi que l'oignon rouge haché. Mélangez délicatement et réservez.

4 Dans la même poêle chaude, versez le jus d'ananas et faites-le réduire à feu vif pendant quelques secondes. Dressez le jambon sur des assiettes, nappez-le du jus réduit et surmontez de 1 cuillerée de salsa d'ananas.

Pilaf au chorizo, pancetta et canneberges

PRÉP 10 MIN CUISS 25 MIN

POUR 4 PERSONNES

1 c. à s. d'huile d'olive
1 noix de beurre
1 oignon haché
2 gousses d'ail râpées
3 branches de céleri hachées
125 g de chorizo coupé en tranches
125 g de pancetta coupée en dés
350 g de riz basmati
600 ml de bouillon de légumes
25 g de canneberges séchées
sel et poivre du moulin
1 botte de persil plat ciselé

1 Dans une poêle antiadhésive, mettez l'huile à chauffer avec le beurre à feu doux. Faites suer l'oignon pendant 5 min, jusqu'à ce qu'il soit translucide. Ajoutez l'ail et le céleri, et prolongez la cuisson de quelques minutes. Incorporez le chorizo et la pancetta. Faites cuire pendant 5 min supplémentaires. Versez le riz dans la poêle, en remuant constamment.

2 Arrosez de la moitié du bouillon et portez à ébullition à feu vif. Versez le reste du bouillon, réduisez le feu et laissez mijoter pendant 15 min avant d'y incorporer les canneberges.

3 Poursuivez la cuisson jusqu'à ce que le riz ait absorbé tout le liquide. Vérifiez la cuisson du riz. S'il est trop croquant, incorporez un peu de bouillon ou d'eau et prolongez la cuisson de quelques minutes. Goûtez et rectifiez l'assaisonnement si nécessaire. Au dernier moment, ajoutez le persil haché. Servez immédiatement.

Escalopes de porc panées en croûte persillée

PRÉP 15 MIN CUISS 15 MIN

POUR 4 PERSONNES

75 g de chapelure toastée à la poêle
1 botte de persil plat ciselé
sel et poivre du moulin
4 escalopes de porc de 100 g chacune
2 œufs battus en omelette
3 c. à s. de farine
2 c. à s. d'huile d'olive
100 ml de vin blanc sec

1 Dans un saladier, mélangez la chapelure avec le persil. Assaisonnez généreusement de sel et de poivre. Placez chaque escalope entre deux pans de film alimentaire et, à l'aide d'un maillet de cuisine ou d'un rouleau à pâtisserie, aplatissez-la en une épaisseur fine et régulière. Salez et poivrez chaque escalope.

2 Alignez 4 assiettes sur le plan de travail. Versez les œufs battus dans la première assiette, la farine dans la seconde et la chapelure persillée dans la troisième. Enrobez chaque face d'escalope d'œufs battus, puis plongez-la dans la farine et secouez l'excédent. Enrobez-la généreusement de chapelure et déposez-la sur la quatrième assiette. Procédez de même pour les 3 autres escalopes. Faites chauffer 1 c. à s. d'huile d'olive dans une grande poêle antiadhésive. Faites cuire 2 escalopes à la fois, en les retournant régulièrement pour éviter qu'elles ne brûlent. Une fois cuites, déposez-les sur du papier absorbant et réservez-les au chaud.

3 Versez le vin dans la poêle, en raclant le fond pour détacher les sucs. Laissez bouillir pendant quelques secondes. Dressez les escalopes sur des assiettes et nappez-les de sauce au vin blanc.

Médaillons de porc caramélisés aux abricots secs

PRÉP 10 MIN · CUISS 15 MIN

POUR 4 PERSONNES
700 g de filet de porc (en un seul morceau)
2 c. à c. de sucre de canne
1 c. à s. d'huile d'olive
1 noix de beurre
1 poignée de noix de pécan
1 poignée d'abricots secs coupés en deux
1 c. à s. de whisky (facultatif)
300 ml de crème fraîche épaisse

1 Préchauffez le four à 200 °C (th. 6-7). Enrobez le filet entier de sucre, puis coupez-le en tranches.

2 Dans une grande poêle antiadhésive, mettez l'huile et le beurre à chauffer à feu moyen. Faites colorer les médaillons de porc pendant 3 min sur chaque face. Ajoutez les noix de pécan et les abricots, et prolongez la cuisson de 2 min.

3 Augmentez le feu et incorporez le whisky (si vous le souhaitez). Laissez mijoter quelques minutes pour que l'alcool s'évapore. Réduisez le feu, incorporez la crème et laissez mijoter à feu moyen pendant 5 min supplémentaires. Servez avec une purée de pommes de terre.

CONSEIL DU CHEF

Remplacez le porc par des escalopes de dinde : il suffit de les faire dorer pendant 8 min à la poêle avant de procéder selon la recette.

Magret de canard rôti et pâtes épicées

PRÉP 10 MIN · CUISS 20 MIN

POUR 4 PERSONNES
4 magrets de canard de 150 g chacun
2 c. à c. de mélange cinq-épices délayé dans un peu d'eau
1 noix de beurre
2 c. à s. de jus d'orange pressée
1 c. à c. de sucre de canne
250 g de pâtes fraîches
1 bouquet de coriandre fraîche finement ciselée

1 Entaillez le gras du magret de canard sans entamer la chair. Frottez les magrets de la pâte de cinq-épices. Faites fondre le beurre à feu vif dans une poêle antiadhésive, ajoutez les magrets côté peau et laissez cuire pendant 8 min, jusqu'à ce que la peau soit dorée et craquante. Débarrassez la poêle de l'excédent de graisse, retournez les magrets et faites griller l'autre face pendant 5 min supplémentaires.

2 Déposez les magrets sur une planche à découper, coupez-les en tranches et dressez-les sur une assiette chaude recouverte d'aluminium ménager. Jetez l'excédent de graisse de la poêle, et versez-y le jus d'orange ainsi que le sucre. Laissez mijoter pendant 2 min, en raclant soigneusement le fond de la poêle à l'aide d'une spatule en bois.

3 Versez les pâtes dans la poêle, enrobez-les de sauce et laissez réchauffer pendant 2 min. Ôtez la poêle du feu et saupoudrez les pâtes de coriandre. Mélangez rapidement et servez avec les tranches de magret.

Magret de canard rôti sur lit d'endive et pamplemousse

PRÉP 10 MIN CUISS 25 MIN

POUR 4 PERSONNES

4 magrets de canard de 150 g chacun
2 branches de romarin
2 c. à s. de vinaigre balsamique
1 endive effeuillée
1 bulbe de fenouil émincé
2 pamplemousses roses pelés à vif et segmentés
sel et poivre du moulin

1 Préchauffez le four à 200 °C (th. 6-7). Entaillez le gras du magret de canard, sans entamer la chair. Mettez une poêle à chauffer à sec et à feu vif. Déposez les magrets côté peau, ajoutez les branches de romarin, et faites-les dorer pendant 2 min. Jetez l'excédent de graisse. Remettez les magrets dans la poêle, côté chair, et laissez cuire pendant 2 min. Réservez dans un plat de cuisson. Versez la moitié du vinaigre balsamique dans la poêle et faites mijoter pendant 3 min, en raclant le fond de la poêle avec une spatule en bois.

2 Versez le contenu de la poêle dans le plat de cuisson et faites cuire les magrets au four pendant 5 min (ou plus, selon le degré de cuisson souhaitée).

3 Pendant ce temps, préparez la salade. Mélangez les feuilles d'endive et le fenouil. Ajoutez les segments de pamplemousse et arrosez du reste de vinaigre balsamique. Salez et poivrez.

4 Tranchez les magrets en deux, légèrement en biais, et dressez-les sur des assiettes chaudes. Entourez d'un cordon de la sauce de cuisson. Servez avec la salade d'endives.

Burgers de dinde

PRÉP 15 MIN CUISS 15 MIN

POUR 4 PERSONNES

700 g de dinde hachée
1 c. à c. de feuilles de thym frais hachées
1 petit piment doux épépiné et haché
le jus et le zeste râpé de 1 citron
sel et poivre du moulin
1 noix de beurre fondu
2 c. à s. de farine
3 c. à s. d'huile de friture
4 petits pains à hamburger
4 c. à s. de mayonnaise
4 feuilles de salade
8 rondelles de tomate

1 Dans un saladier, mélangez la viande, le thym et le piment. Ajoutez le jus et le zeste de citron. Salez et poivrez.

2 Versez le beurre fondu sur la viande et malaxez jusqu'à l'obtention d'une pâte compacte. Divisez la préparation en 4 portions, que vous façonnerez en forme de grosses boulettes. Aplatissez les boulettes pour former les burgers. Saupoudrez de farine et laissez raffermir pendant 10 min au réfrigérateur.

3 Dans une poêle antiadhésive, faites chauffer 1 filet d'huile à feu moyen. Mettez les burgers à cuire pendant 4 min sur chaque face, jusqu'à ce qu'ils soient bien dorés. Laissez colorer les petits pains dans la même poêle. Étalez une couche de mayonnaise sur le pain, déposez par-dessus 1 feuille de salade, 2 rondelles de tomate, et surmontez de 1 burger. Recouvrez de l'autre morceau de pain.

CONSEIL DU CHEF

Le beurre fondu agit ici comme agent de liaison entre les ingrédients.

AU QUOTIDIEN

Spaghettoni à la dinde et aux noix de cajou

PRÉP 15 MIN · CUISS 30 MIN

Matériel • wok

POUR 4 PERSONNES

300 g de filet de dinde sans la peau
3 c. à s. de sauce soja épaisse
125 g de noix de cajou
1 pincée de piment de Cayenne
sel fin
1 c. à c. d'huile de sésame
1 botte de ciboule ciselée
1 c. à c. de miel
2 gousses d'ail pelées et râpées
un morceau de gingembre frais (3 cm) pelé et râpé
le jus de 1 citron
250 g de spaghettoni cuits al dente

1 Placez les filets de dinde dans une casserole avec 1 c. à s. de sauce soja. Recouvrez d'eau froide et portez à l'ébullition. Réduisez le feu et laissez mijoter à feu doux pendant 20 min. Débarrassez à l'aide d'une écumoire, laissez refroidir pendant quelques minutes et effeuillez la viande.

2 Faites revenir les noix de cajou, le piment de Cayenne et 1 pincée de sel dans une poêle antiadhésive. Laissez griller quelques minutes à feu moyen en surveillant attentivement : les noix doivent être dorées et bien enrobées de piment. Réservez.

3 Pendant que la dinde cuit, réchauffez l'huile de sésame dans un wok ou dans une poêle à feu vif. Ajoutez la ciboule et faites cuire pendant 1 min. Incorporez 2 c. à s. de sauce soja, ainsi que le miel, l'ail, le gingembre et le jus de citron. Poursuivez la cuisson pendant 2 min à feu vif. Ajoutez les pâtes au wok et enrobez-les de sauce.

4 Dressez les pâtes dans un plat creux, garnissez de morceaux de dinde et parsemez de noix de cajou. Arrosez de la sauce restée au fond du wok et servez immédiatement.

VARIANTE

Pour une version végétarienne, remplacez la dinde par du tofu, détaillé en cubes et revenu dans la sauce au miel.

Salade de foies de volaille aux échalotes

PRÉP 15 MIN · CUISS 20 MIN

POUR 4 PERSONNES

75 g de noisettes
1 c. à s. d'huile d'olive
9 échalotes entières pelées
sel
2 c. à s. de sucre de canne roux
1 noix de beurre
250 g de foies de volaille saupoudrés d'un voile de farine
100 g de roquette
1 filet de vinaigre balsamique

1 Étalez les noisettes sur une plaque de cuisson. Faites-les griller au four jusqu'à ce qu'elles soient dorées, en les remuant fréquemment. Placez les noisettes grillées dans un torchon propre et frottez vigoureusement, pour enlever les peaux. Concassez grossièrement et réservez.

2 Mettez l'huile à chauffer dans une poêle à feu moyen. Faites revenir les échalotes pendant 5 min, jusqu'à ce qu'elles soient légèrement colorées. Saupoudrez-les de sel et de sucre, remuez et laissez cuire à feu doux pendant 15 min : elles doivent être tendres et bien caramélisées.

3 Mettez 1 noix de beurre à fondre à feu moyen dans une autre poêle. Ajoutez les foies de volaille et faites cuire pendant 3 min à feu vif. Retournez-les et prolongez la cuisson de 2 min, en remuant constamment.

4 Coupez les échalotes en deux. Étalez un lit de roquette sur 4 assiettes. Dressez les foies de volaille et les échalotes. Parsemez de noisettes et entourez la salade d'un cordon de vinaigre.

CONSEIL DU CHEF

Surveillez attentivement la cuisson des foies de volaille : ils doivent rester rosés à cœur.

Sardines farcies aux tomates et aux câpres

PRÉP 15 MIN · CUISS 10 MIN

POUR 4 PERSONNES
4 tomates pelées et concassées
2 c. à c. de câpres rincées et séchées
1 botte de persil plat ciselé + quelques feuilles pour le décor
2 gousses d'ail pelées et râpées
sel et poivre du moulin
12 sardines très fraîches ouvertes en portefeuille
2 c. à s. d'huile d'olive
le jus de 1 citron

1 Préchauffez le four à 200 °C (th. 6-7). Dans un saladier, versez les tomates, les câpres, le persil et l'ail. Assaisonnez, mélangez et laissez reposer.

2 Étalez 1 sardine à plat sur une planche à découper. Versez 1 cuillerée de tomates sur la chair, enroulez le poisson sur lui-même et déposez-le dans un plat de cuisson. Procédez de même pour toutes les sardines. Arrosez-les d'huile d'olive et de jus de citron.

3 Faites cuire au four pendant 15 min, puis garnissez de persil haché et servez avec une salade verte.

VARIANTE
Remplacez les sardines par des maquereaux ou par des harengs frais.

CONSEIL DU CHEF
Vous pouvez demander à votre poissonnier de gratter, vider et désarêter les sardines fraîches, en les laissant attachées par la queue.

Cabillaud au vin blanc

PRÉP 5 MIN · CUISS 20 MIN

POUR 4 PERSONNES
700 g de cabillaud sans la peau coupé en 4 pavés
sel et poivre du moulin
200 ml de vin blanc sec
12 tomates cerises
1 botte de persil plat ciselé

1 Préchauffez le four à 190 °C (th. 6-7). Saupoudrez les pavés de poisson de sel. Placez-les dans un plat de cuisson et versez le vin par-dessus. Ajoutez les tomates et le persil.

2 Fermez hermétiquement le plat à l'aide d'aluminium ménager et enfournez pour 20 min de cuisson. Dressez les pavés sur des assiettes individuelles, ajoutez 3 tomates dans chaque assiette et nappez de sauce au vin blanc.

VARIANTE
Remplacez le cabillaud par du lieu, du turbot, de la barbue ou de la lotte.

CONSEIL DU CHEF
Le poisson frais doit présenter un aspect nacré et une odeur franche et nette.

Gambas grillées sauce piquante

PRÉP 10 MIN · CUISS 10 MIN

POUR 4 PERSONNES
250 g de gambas étêtées et non décortiquées
2 c. à s. d'huile d'olive
1 petit piment rouge frais épépiné et haché

Pour la sauce piquante :
1 gousse d'ail pelée et râpée
1 c. à c. de piment de Cayenne
1 c. à c. de paprika
1 pincée de cumin en poudre
le jus de 1 citron vert
4 c. à s. de mayonnaise
sel et poivre du moulin

1 Dans un saladier, mélangez les gambas, 1 c. à s. d'huile d'olive et le piment. Laissez macérer pendant quelques minutes.

2 Préparez la sauce piquante. Dans un autre saladier, fouettez le reste de l'huile d'olive avec l'ail, le piment, le paprika, le cumin, le jus de citron et la mayonnaise. Goûtez et ajoutez du sel et du poivre si nécessaire.

3 Mettez une grande poêle ou un gril en fonte à chauffer à feu très vif. Faites griller les gambas sur le grill chauffé à blanc et laissez cuire pendant 2 min de chaque côté. Accompagnez de sauce piquante, de salade et de pain de campagne.

VARIANTE
Remplacez le piment frais par 1 pincée de piment d'Espelette ou de paprika fort.

CONSEIL DU CHEF
Placez les gambas sur une brochette et arrosez-les de whisky en cours de cuisson.

Steaks de thon grillé, confit d'échalotes

PRÉP 10 MIN · CUISS 20 MIN

Matériel • robot ménager • gril en fonte

POUR 4 PERSONNES
6 échalotes pelées
2 gousses d'ail pelées et râpées
8 brins de thym, dont 4 émiettés
sel et poivre du moulin
3 c. à s. d'huile d'olive
3 c. à s. de vinaire balsamique
4 tranches de thon de 150 g chacune

1 À l'aide du robot ménager, réduisez les échalotes, l'ail et la moitié du thym émietté en une pâte grossière. Salez et poivrez.

2 Mettez 1 c. à s. d'huile d'olive à chauffer à feu doux dans une poêle antiadhésive. Ajoutez la pâte d'échalote et laissez suer jusqu'à ce qu'elle soit translucide, mais sans coloration. Augmentez le feu et incorporez le vinaigre. Prolongez la cuisson de 15 min.

3 Faites chauffer à blanc un gril en fonte. À l'aide d'un pinceau, badigeonnez les tranches de thon du reste de l'huile d'olive. Salez, poivrez et parsemez de thym frais. Déposez 2 tranches de thon à la fois sur le gril en fonte, et laissez cuire pendant 3 min de chaque côté.

4 Répartissez la confiture d'échalote entre 4 assiettes individuelles. Surmontez de 1 tranche de poisson grillé et garnissez avec 1 branche de thym frais. En guise d'accompagnement, proposez des haricots frais sautés au beurre.

VARIANTE
Vous pouvez remplacer les échalotes par 2 oignons rouges.

Croquettes de saumon aux herbes

PRÉP 15 MIN · CUISS 30 MIN

POUR 4 PERSONNES
1 kg de pommes de terre pelées et coupées en morceaux
1 noix de beurre
1 kg de saumon sans la peau
1 botte de persil frisé ciselé
quelques branches d'aneth ciselé
sel et poivre du moulin
2 c. à s. de farine
huile de friture
sauce tartare
2 citrons coupés en quartiers

1 Préparez la purée. Faites bouillir les pommes de terre dans une casserole d'eau salée pendant 15 min, jusqu'à ce qu'elles soient tendres. Égouttez-les et écrasez-les à la fourchette. Incorporez le beurre et mélangez jusqu'à l'obtention d'une purée fine. Réservez.

2 Mettez le saumon dans une casserole d'eau bouillante et faites mijoter à feu doux pendant 8 min, jusqu'à ce qu'il soit opaque. Laissez refroidir le poisson sur une assiette pendant quelques minutes, puis émiettez-le avec vos doigts.

3 Mélangez délicatement le saumon à la purée. Ajoutez le persil et l'aneth. Goûtez, puis salez et poivrez si nécessaire. Divisez le mélange en 8 parts égales. Façonnez des boulettes et aplatissez-les en forme de burgers. Farinez légèrement ces croquettes.

4 Mettez de l'huile à chauffer dans une poêle antiadhésive et faites frire 4 croquettes à la fois. Retournez-les au bout de 4 min et prolongez la cuisson de 3 min, jusqu'à ce qu'elles soient bien dorées. Dressez 2 croquettes sur chaque assiette et accompagnez-les de 1 cuillerée de sauce tartare et de quelques quartiers de citron.

VARIANTE
Vous pouvez remplacer le saumon par un poisson blanc : lieu, églefin, cabillaud.

Gratin de poisson fumé et anchois

PRÉP 10 MIN · CUISS 30 MIN

POUR 4 PERSONNES
125 g de maquereau fumé
125 g de saumon fumé
12 anchois à l'huile égouttés
4 pommes de terre pelées, cuites et émincées
1 noix de beurre fondu

Pour la sauce :
1 noix de beurre
1 oignon émincé
1 gousse d'ail pelée et râpée
1 c. à s. de farine
300 ml de lait
sel et poivre du moulin
1 botte de persil frisé ciselé

1 Préchauffez le four à 200 °C (th. 6-7). Préparez la sauce. Faites fondre le beurre dans une poêle à feu doux, ajoutez l'oignon et laissez cuire pendant 5 min jusqu'à ce qu'il soit translucide. Ajoutez l'ail et prolongez la cuisson de 1 min. Ôtez la poêle du feu et incorporez la farine à l'aide d'une spatule en bois. Versez quelques cuillerées de lait et mélangez, jusqu'à obtenir une consistance souple.

2 Chauffez la poêle à feu doux et incorporez peu à peu le reste de lait. Fouettez jusqu'à ce que la sauce épaississe. Ajoutez du sel et du poivre. Goûtez et assaisonnez de nouveau si nécessaire. Mélangez le persil à la sauce.

3 Déposez les poissons fumés et les anchois au fond d'un plat de cuisson. Versez la sauce par-dessus et mélangez délicatement. Recouvrez d'une couche de pommes de terre, que vous enduirez de beurre fondu. Enfournez pour 20 min de cuisson, jusqu'à ce qu'une croûte dorée se forme à la surface. Accompagnez de salade.

CONSEIL DU CHEF
Pour obtenir une sauce lisse, utilisez d'abord une spatule en bois, puis mélangez à l'aide d'un fouet lorsque vous ajoutez le reste du lait.

Moules au lait de coco et fenouil

PRÉP 10 MIN — CUISS 20 MIN

POUR 4 PERSONNES

1 c. à s. d'huile d'olive
1 oignon haché
1 bulbe de fenouil nettoyé et coupé en dés
sel et poivre du moulin
2 gousses d'ail pelées
2 pommes de terre pelées et coupées en dés
300 ml de bouillon de légumes (ou de fumet de poisson) chaud
400 g de lait de coco
1,5 kg de moules nettoyées (voir Conseil du chef)
1 botte de basilic effeuillé

1 Faites chauffer l'huile à feu doux dans une grande sauteuse. Ajoutez l'oignon, le fenouil et 1 pincée de sel. Laissez mijoter à feu très doux pendant 5 min, puis ajoutez l'ail et les pommes de terre. Prolongez la cuisson de quelques minutes, en veillant à ce que les légumes ne prennent aucune coloration.

2 Versez le bouillon dans la sauteuse et portez à ébullition. Incorporez le lait de coco et laissez mijoter à petits bouillons pendant 10 min. Portez à nouveau à l'ébullition et ajoutez les moules. Recouvrez la sauteuse de son couvercle et laissez cuire à feu vif pendant 5 min.

3 Au moment de servir, parsemez de feuilles de basilic déchirées à la main. Goûtez et rectifiez l'assaisonnement, puis dressez dans des assiettes creuses.

CONSEIL DU CHEF

Commencez par éliminer les moules béantes. Grattez les autres, puis détachez les petits filaments. Rincez à l'eau froide et jetez sans hésiter toutes celles qui remontent à la surface.

Calamars grillés, pommes rôties et pesto de coriandre

PRÉP 10 MIN — CUISS 20 MIN

Matériel • robot ménager

POUR 4 PERSONNES

1 kg de pommes de terre pelées et coupées en dés
1 c. à s. d'huile d'olive
400 g de gros calamars nettoyés, aplatis et quadrillés (demandez au poissonnier de les préparer)
1 pincée de piment de Cayenne

Pour le pesto :
1 botte de coriandre grossièrement hachée
1 botte de basilic effeuillée
2 gousses d'ail pelées et hachées
50 g de pignons de pin
50 g de parmesan fraîchement râpé + 1 c. à s.
1 pincée de piment de Cayenne
150 ml d'huile d'olive vierge extra (ou plus, si nécessaire)
sel et poivre du moulin

1 Préchauffez le four à 200 °C (th. 6-7). Préparez le pesto. À l'aide d'un robot ménager, pulvérisez la coriandre, le basilic, l'ail et les pignons. Ajoutez le parmesan, le piment de Cayenne et continuez à mixer. Incorporez l'huile d'olive peu à peu, en filet, jusqu'à l'obtention d'une purée lisse. Ajoutez 1 c. à s. de parmesan. Goûtez, salez et poivrez si nécessaire. Réservez dans un récipient muni d'un couvercle.

2 Versez les pommes de terre dans un plat de cuisson. Arrosez-les de 1 c. à s. d'huile d'olive. Salez, poivrez et mélangez. Enfournez pour 15 min de cuisson, jusqu'à ce qu'elles soient bien dorées.

3 Dans un saladier, mélangez les calamars, 1 c. à s. d'huile d'olive et le piment de Cayenne. Ajoutez-les aux pommes de terre et prolongez la cuisson de 5 min, jusqu'à ce que les calamars soient légèrement grillés. Dressez dans des assiettes, arrosez de 1 filet de pesto et servez le reste de la sauce à part.

Astuce

À défaut de coriandre ou de basilic frais, achetez un pesto dans une épicerie italienne.

Saumon grillé au beurre d'herbes sur lit de feuilles de blettes

PRÉP 10 MIN · CUISS 30 MIN

POUR 4 PERSONNES

4 pavés de saumon de 150 g chacun
1 c. à s. d'huile d'olive
sel et poivre du moulin
500 g de feuilles de blettes nettoyées et coupées en lanières
le jus de 1 citron
1 pincée de piment de Cayenne

Pour le beurre d'herbes :
125 g de beurre ramolli
1 botte de persil frisé ciselé
1 bouquet d'aneth ciselé

1 Préparez le beurre d'herbes. Dans un saladier, fouettez le beurre et les herbes. Versez sur une feuille de papier sulfurisé ou sur un pan de film alimentaire et roulez en forme de bûche. Rabattez les extrémités et placez au réfrigérateur.

2 Préchauffez le four à 200 °C (th. 6-7). Rangez les pavés de saumon sur un plat de cuisson antiadhésif et arrosez-les d'huile d'olive. Salez et poivrez. Enfournez pour 20 min de cuisson.

3 Faites cuire les feuilles de blettes dans une grande casserole d'eau bouillante salée pendant 5 min, jusqu'à ce qu'elles soient cuites, mais encore croquantes. Égouttez-les, puis répartissez-les sur 4 assiettes individuelles. Arrosez de jus de citron et parsemez de piment de Cayenne.

4 Posez par-dessus 1 pavé de saumon, surmonté de 1 rondelle de beurre parfumé aux herbes.

VARIANTE Les blettes peuvent être remplacées par des épinards ou du chou frisé.

Noix de Saint-Jacques poêlées, tombée d'épinards

PRÉP 5 MIN · CUISS 15 MIN

POUR 4 PERSONNES

12 noix de Saint-Jacques
sel et poivre du moulin
2 c. à s. d'huile d'olive
100 g de lardons
1 filet de vinaigre balsamique d'excellente qualité
100 g d'épinards nettoyés et égouttés
le jus de 1 citron

1 Séchez les noix de Saint-Jacques sur du papier absorbant. Salez et poivrez. Mettez l'huile à chauffer à feu moyen dans une poêle antiadhésive. Déposez les noix une à une dans la poêle et laissez cuire pendant 2 min. Retournez-les, une par une, et faites-les cuire pendant 2 min sur l'autre face. Réservez sur une assiette.

2 Ajoutez les lardons à la poêle et laissez raidir pendant 2 min. Versez 1 c. à s. de vinaigre balsamique et faites bouillir pendant 2 min à feu vif, en remuant constamment. Versez ce mélange sur les noix de Saint-Jacques.

3 Dans la même poêle, placez les épinards et remuez constamment pendant 2 min, jusqu'à ce les feuilles soient tout juste molles. Arrosez de jus de citron et dressez sur des assiettes. Recouvrez de noix de Saint-Jacques et de lardons.

Filets de sole rôtis, vinaigrette aux herbes

PRÉP 10 MIN — CUISS 20 MIN

POUR 4 PERSONNES

3 c. à s. d'huile d'olive vierge extra
1 c. à s. de vinaigre de vin blanc
1 c. à c. de moutarde de Dijon
un mélange de persil plat, thym et aneth ciselés
sel et poivre du moulin
4 filets de sole, carrelet ou barbue de 175 g chacun

1 Préchauffez le four à 200 °C (th. 6-7). Préparez la vinaigrette. Dans un saladier, fouettez l'huile avec le vinaigre. Ajoutez la moutarde et les herbes. Mélangez, puis salez et poivrez généreusement. Mélangez à nouveau.

2 Déposez le poisson dans un plat de cuisson et recouvrez de 100 ml d'eau. Salez, poivrez et faites cuire pendant 15 min au four, jusqu'à ce que l'eau soit presque entièrement évaporée.

3 À l'aide d'une spatule, transférez délicatement le poisson dans les assiettes de service. Versez quelques cuillerées de vinaigrette par-dessus et servez avec des pommes sautées ou du riz nature.

VARIANTE

Pour une occasion festive, remplacez la sole par de beaux pavés de turbot.

CONSEIL DU CHEF

Vérifiez la cuisson : à la pression du doigt, la chair du poisson s'écarte et doit révéler une couleur blanche et nacrée, sans aucune trace rosée.

Paella de poisson, haricots verts et artichauts

PRÉP 15 MIN — CUISS 30 MIN

POUR 4 À 6 PERSONNES

1 c. à s. d'huile d'olive
1 oignon haché
sel et poivre du moulin
1 pincée de curcuma
2 gousses d'ail pelées
200 g de haricots verts équeutés
1 boîte de cœurs d'artichaut rincés et égouttés
4 tomates épépinées et coupées en dés
1 pincée de paprika
400 g de riz basmati
1,5 l de bouillon de légumes chaud
700 g de cabillaud (ou de lieu) sans la peau et coupé en tronçons
1 botte d'aneth ou de persil plat ciselé
le jus de 1 citron

1 Dans une grande poêle, mettez l'huile à chauffer à feu moyen. Ajoutez l'oignon, salez et faites revenir pendant 5 min à feu doux. Incorporez le curcuma, puis l'ail, les haricots et les artichauts. Faites cuire à feu doux pendant 5 min, en ajoutant un peu d'huile si nécessaire.

2 Ajoutez les tomates et le paprika à la poêle et faites cuire pendant 5 min. Versez le riz, mélangez et arrosez de la moitié du bouillon. Portez à l'ébullition, baissez le feu et laissez mijoter pendant 15 min. Incorporez le reste du bouillon ainsi que le poisson à la poêle. Posez un couvercle et faites cuire à feu doux, jusqu'à ce que le poisson et le riz soient cuits.

3 Laissez le couvercle en place jusqu'au moment de servir. Ajoutez alors les herbes et le jus de citron. Goûtez et rectifiez l'assaisonnement si nécessaire. Dressez la paella dans des assiettes creuses.

Astuce

Pour gagner du temps, vous pouvez utiliser du riz précuit à la place du riz basmati.

Crevettes sautées aux olives

PRÉP 5 MIN | CUISS 15 MIN

POUR 4 PERSONNES
1 c. à s. d'huile d'olive
1 oignon haché
2 gousses d'ail pelées et râpées
12 grosses crevettes décortiquées et déveinées, avec les queues intactes
quelques gouttes de vin de Xérès
6 tomates pelées
50 g d'olives variées
sel et poivre du moulin
1 botte de persil ciselé

1 Mettez l'huile à chauffer à feu moyen dans une poêle. Faites cuire l'oignon pendant 5 min, jusqu'il ce qu'il soit translucide. Incorporez l'ail et laissez cuire pendant quelques secondes supplémentaires. Ajoutez les crevettes et prolongez la cuisson de 1 min à feu très vif.

2 Versez le vin de Xérès et faites cuire pendant 5 min à feu moyen, jusqu'à ce que l'alcool s'évapore. Ajoutez les tomates et les olives. Laissez cuire à feu doux pendant quelques minutes, le temps que les tomates commencent à se défaire. Salez et poivrez généreusement. Juste avant de servir, incorporez le persil ciselé. Accompagnez de tagliatelles ou de riz nature.

VARIANTE Vous pouvez remplacer le vin de Xérès par du vin blanc sec.

Gratin de poisson aux petits pois

PRÉP 15 MIN | CUISS 20 MIN

POUR 4 PERSONNES
1 kg de pommes de terre pelées et coupées en quartiers
sel et poivre du moulin
5 noix de beurre
700 g de lieu, cabillaud ou saumon taillé en tronçons

Pour la sauce :
30 g de beurre
30 g de farine
300 ml de lait
1 c. à s. de moutarde de Dijon
175 g de petits pois surgelés
4 œufs durs écalés et hachés

1 Préchauffez le four à 200 °C (th. 6-7). Faites bouillir les pommes de terre dans une grande casserole d'eau salée. Égouttez-les et réduisez-les en purée. Incorporez 1 noix de beurre et mixez à nouveau. Réservez.

2 Préparez la sauce. Mettez le beurre à fondre à feu doux dans une petite casserole. Hors du feu, versez la farine en mélangeant constamment avec une spatule en bois, jusqu'à l'obtention d'une consistance lisse. Mettez la casserole sur le feu et incorporez le lait petit à petit, sans cesser de mélanger. Faites cuire pendant 10 min, jusqu'à ce que la sauce épaississe. Si celle-ci est trop épaisse, détendez-la avec un peu de lait. Ajoutez la moutarde, salez et poivrez. Incorporez les petits pois et les œufs, puis mélangez délicatement.

4 Versez la sauce sur le poisson. Recouvrez de purée de pommes de terre et, à l'aide d'une fourchette, quadrillez la surface de la purée. Parsemez de noisettes de beurre et enfournez pour 5 min de cuisson. Passez le plat sous le gril du four pendant 5 min avant de servir, jusqu'à ce qu'il soit légèrement doré.

CONSEIL DU CHEF

Pour enlever la peau d'un filet de poisson, posez-le à plat sur une planche à découper. Tenez-le par l'extrémité de la queue et glissez un couteau entre la peau et la chair. Remontez en gardant la lame parallèle à la planche.

Poisson pané, sauce tartare

PRÉP 15 MIN · CUISS 10 MIN

Matériel • robot ménager

POUR 4 PERSONNES
700 g de dos de cabillaud
2 c. à s. de farine
1 œuf battu en omelette
100 g de chapelure fraîche grillée (voir Conseil du chef)
60 g de parmesan finement râpé
sel et poivre du moulin
3 c. à s. de sauce tartare
1 c. à c. de câpres rincées, égouttées et hachées
3 cornichons égouttés et hachés

1 Préchauffez le four à 200 °C (th. 6-7). Détaillez le cabillaud en une vingtaine de bâtonnets de 2,5 cm de largeur.

2 Versez la farine et l'œuf battu dans 2 assiettes séparées. Mélangez la chapelure avec le parmesan, puis salez et poivrez. Versez ce mélange dans une troisième assiette. Plongez d'abord le poisson dans la farine, puis dans l'œuf, et roulez-le dans la chapelure, en le recouvrant entièrement.

3 Alignez les morceaux de poisson sur une plaque de cuisson et faites cuire pendant 5 min de chaque côté. Vous pouvez aussi mettre le poisson à cuire dans une friteuse ou à la poêle.

4 Dans un petit récipient, mélangez la sauce tartare, les câpres et les cornichons. Servez avec le poisson pané chaud.

CONSEIL DU CHEF

Pour confectionner de la chapelure, pulvérisez du pain rassis dans un robot ménager. Versez la poudre obtenue sur une plaque et faites sécher dans un four chaud pendant 5 min. Pulvérisez à nouveau dans le robot jusqu'à l'obtention d'une chapelure fine, que vous pourrez utiliser immédiatement ou conserver au congélateur.

Poisson au gingembre, sauce aigre-douce

PRÉP 10 MIN · CUISS 20 MIN

Matériel • wok

POUR 4 PERSONNES
1 c. à s. de fécule de maïs
sel et poivre du moulin
700 g de dos de cabillaud
2 c. à s. d'huile de tournesol
1 oignon haché
2 gousses d'ail pelées ou râpées
un morceau de gingembre frais (3 cm) pelé et émincé
50 g de pois mange-tout

Pour la sauce :
1 c. à s. de vinaigre de vin blanc
1 c. à s. de purée de tomates
1 c. à s. de sucre en poudre
1 c. à c. de fécule de maïs
1 c. à s. de sauce soja claire
1 c. à s. de jus d'ananas

1 Préparez d'abord la sauce. Dans un bol, fouettez le vinaigre, la purée de tomates, le sucre, la fécule de maïs, la sauce soja et le jus d'ananas. Réservez cette sauce.

2 Dans une assiette, mélangez la fécule de maïs avec un peu de sel et de poivre. Roulez le poisson dans ce mélange.

3 Mettez 1 c. à s. d'huile à chauffer dans un wok. Ajoutez le poisson et faites colorer pendant 5 min. Déposez sur une assiette à l'aide d'une écumoire et réservez au chaud. Nettoyez le wok avec du papier absorbant et mettez 1 c. à s. d'huile à chauffer à feu vif. Faites sauter l'oignon pendant 5 min. Incorporez l'ail et le gingembre, et prolongez la cuisson de 2 min.

4 Versez la sauce aigre-douce dans le wok et laissez cuire pendant quelques minutes à gros bouillons, en remuant constamment. Ajoutez les pois mange-tout et faites cuire pendant 1 min. Déposez le poisson dans le wok et enrobez-le délicatement de sauce. Servez chaud, sur un lit de riz nature.

Turbot rôti sur lit d'épinards aux pignons

PRÉP 10 MIN · CUISS 15 MIN

POUR 4 PERSONNES
sel et poivre du moulin
4 pavés de turbot (ou de cabillaud) de 150 g chacun
2 c. à s. d'huile d'olive
1 oignon haché
25 g de raisins secs
25 g de pignons de pin grillés
1 c. à s. de câpres rincées et égouttées
100 g de pousses d'épinards lavées et égouttées

1 Assaisonnez le poisson. Mettez 1 c. à s. d'huile à chauffer à feu moyen dans une poêle. Faites cuire le poisson pendant 5 min, retournez-le et prolongez la cuisson de 3 min sur l'autre face. Réservez-le au chaud.

2 Nettoyez la poêle avec du papier absorbant, puis versez 1 c. à s. d'huile d'olive. Faites cuire l'oignon pendant 5 min, jusqu'il ce qu'il soit translucide. Ajoutez les raisins, les pignons et les câpres. Prolongez la cuisson de 3 min, en écrasant les câpres avec le dos d'une fourchette. Ajoutez les épinards et laissez cuire pendant 2 min. Goûtez et assaisonnez si nécessaire. Dressez le poisson sur un lit d'épinards.

CONSEIL DU CHEF

Pour raffermir le poisson, assaisonnez-le de sel de mer avant la cuisson.

Brochettes de thon, tomates et courgettes

PRÉP 10 MIN · CUISS 10 MIN

Matériel • 8 brochettes en bois • gril en fonte

POUR 4 PERSONNES
2 steaks de thon de 150 g chacun coupés en cubes
le jus de 1 citron
1 c. à c. de mélange cinq-épices
1 filet d'huile d'olive
sel et poivre du moulin
1 oignon rouge coupé en 4 et effeuillé
12 tomates cerises
2 petites courgettes coupées en rondelles
1 bouquet de coriandre ciselée

1 Mettez les brochettes à tremper dans de l'eau froide pendant 30 min. Dans un saladier, versez le thon, le jus de citron, le cinq-épices et l'huile. Mélangez, puis salez et poivrez.

2 Montez les brochettes en alternant le thon, l'oignon, les tomates et les courgettes. Faites cuire sur un gril en fonte pendant 4 min de chaque côté. Parsemez de coriandre juste avant de servir, accompagné d'une salade verte.

Filets de julienne en croûte épicée

PRÉP 10 MIN CUISS 20 MIN

POUR 4 PERSONNES
4 filets de julienne de 175 g chacun
sel et poivre du moulin
1 boîte de 400 g de lait de coco
1 petit piment rouge épépiné et haché
le jus de 1 citron vert
quelques gouttes de sauce de poisson nuoc-mâm
1 pincée de sucre
150 g de haricots verts équeutés
1 c. à s. d'huile de tournesol

Pour la panure :
1 c. à s. de piment de Cayenne
1 c. à c. de paprika
1 c. à c. de cannelle en poudre
1 c. à c. de coriandre en poudre
1 c. à s. de fécule de maïs

1 Confectionnez la panure en mélangeant toutes les épices avec la fécule dans un petit bol. Assaisonnez le poisson de sel et de poivre, puis roulez-le dans la panure d'épices. Réservez.

2 Versez le lait de coco et le piment dans une grande sauteuse et portez à l'ébullition. Baissez le feu et incorporez le jus de citron, la sauce nuoc-mâm et le sucre. Ajoutez les haricots verts et laissez mijoter pendant 5 min.

3 Mettez l'huile à chauffer à feu vif dans une grande poêle. Ajoutez le poisson et faites dorer pendant 4 min de chaque côté.

4 Vous pouvez dresser le poisson sur un lit de sauce, ou le napper de sauce et servir le reste en saucière.

VARIANTE
Vous pouvez remplacer la julienne par des filets de haddock.

CONSEIL DU CHEF
Vous pouvez utiliser du lait de coco allégé, mais portez-le à l'ébullition doucement, pour éviter qu'il ne forme des grumeaux.

Maquereaux rôtis aux tomates et à l'ail

PRÉP 10 MIN CUISS 25 MIN

POUR 4 PERSONNES
24 tomates cerises avec les pédoncules
4 gousses d'ail pelées
quelques brins de thym
le zeste râpé de 1 citron
1 pincée de piment de Cayenne
2 c. à s. d'huile d'olive
sel et poivre du moulin
4 filets de maquereau de 150 g chacun

1 Préchauffez le four à 200 °C (th. 6-7). Alignez les tomates, les gousses d'ail et le thym dans un plat de cuisson. Parsemez de zeste de citron et de piment de Cayenne. Arrosez d'huile d'olive, salez, poivrez et enfournez pour 10 min de cuisson.

2 Ôtez le plat du four et déposez les filets de maquereau sur le lit de tomates. Recouvrez d'une feuille d'aluminium ménager et prolongez la cuisson de 15 min. Servez immédiatement, avec une salade et du pain de campagne.

VARIANTE
En saison, remplacez les maquereaux par des sardines fraîches.

Poisson teriyaki et pâtes japonaises

PRÉP 10 MIN CUISS 15 MIN

POUR 4 PERSONNES

4 pavés de cabillaud de 150 g chacun
250 g de pâtes japonaises (udon)
4 ciboules émincées
1 bouquet de coriandre effeuillée
4 quartiers de citron vert

Pour la sauce :
2 c. à s. de sauce soja épaisse
1 c. à s. de miel liquide
un morceau de gingembre frais (3 cm) pelé et râpé
1 pincée de sel
1 c. à s. de vinaigre de riz (ou de xérès)

1 Préchauffez le four à 200 °C (th. 6-7). Préparez la sauce teriyaki. Mettez tous les ingrédients dans un saladier et fouettez vigoureusement. Versez la sauce sur le poisson et laissez mariner pendant au moins 10 min.

2 Disposez le poisson dans un plat de cuisson et faites cuire au four pendant 12 min.

3 Pendant ce temps, mettez les pâtes dans un saladier et recouvrez-les d'eau bouillante. Laissez reposer pendant 3 min, égouttez et mélangez-les avec la ciboule et la coriandre. Dressez le poisson sur des assiettes. Entourez de pâtes et de 1 quartier de citron vert.

VARIANTE À défaut de pâtes japonaises, utilisez du vermicelle chinois.

Astuce

Utilisez une sauce teriyaki déjà prête, achetée au rayon asiatique du supermarché.

Paloudes au vin blanc

PRÉP 10 MIN CUISS 20 MIN

POUR 4 PERSONNES

1 c. à s. d'huile d'olive
1 oignon haché
sel et poivre du moulin
2 gousses d'ail pelées et finement râpées
1 poivron vert épépiné et coupé en dés
200 ml de vin blanc sec
500 g de palourdes nettoyées
1 botte de persil plat finement ciselé
1 citron coupé en quartiers

1 Mettez l'huile à chauffer à feu moyen dans une poêle. Faites cuire l'oignon avec 1 pincée de sel pendant 5 min, jusqu'il ce qu'il soit translucide. Ajoutez l'ail et le poivron, et prolongez la cuisson de 5 min. Augmentez le feu, incorporez le vin et laissez-le s'évaporer pendant 1 min environ.

2 Ajoutez les palourdes à la poêle. Remuez et faites cuire pendant 5 min, le temps qu'elles s'ouvrent. Jetez celles qui restent fermées, incorporez le persil et servez immédiatement, avec des tranches de pain rustique.

VARIANTE Ajoutez quelques dés de chorizo à ce plat, en même temps que les poivrons.

Marmite de fruits de mer express

PRÉP 10 MIN CUISS 30 MIN

Matériel • mixeur

POUR 4 PERSONNES
1 c. à s. d'huile d'olive
1 oignon haché
3 gousses d'ail pelées et râpées
4 branches de céleri coupées en dés
2 carottes coupées de dés
sel
1 c. à c. de feuilles de thym
½ c. à c. de purée de tomates
100 ml de vin blanc sec
4 tomates pelées
1 l de fumet de poisson
700 g de haddock coupé en gros cubes
200 g de crevettes crues pelées et déveinées
1 botte de persil plat ciselé

1 Mettez l'huile à chauffer à feu doux dans une poêle. Faites cuire l'oignon, l'ail, le céleri et les carottes pendant 10 min, jusqu'à ce qu'ils soient tendres. Ajoutez 1 pincée de sel, ainsi que le thym.

2 Incorporez la purée de tomates. Augmentez le feu au maximum et versez le vin dans la poêle. Laissez mijoter pendant 2 min, puis ajoutez les tomates. Écrasez-les à la fourchette, mouillez avec un peu de fumet et faites mijoter pendant 2 min. Versez le reste du fumet, portez à ébullition et prolongez la cuisson de 10 min. Vous pouvez alors mixer la sauce à l'aide d'un mixeur plongeant ou la laisser telle quelle.

3 Ajoutez le poisson et les crevettes à la poêle, recouvrez d'un couvercle et faites cuire pendant 5 min supplémentaires. Parsemez de persil. Servez très chaud, avec une baguette croustillante.

Astuce

Utilisez des fruits de mer surgelés, que vous pourrez réchauffer dans la sauce.

Brochettes indiennes, salsa de mangue et raita

PRÉP 15 MIN CUISS 15 MIN

Matériel • 8 brochettes en bois

POUR 4 PERSONNES
2 c. à s. de pâte de curry
4 c. à s. de yaourt à la grecque
sel et poivre du moulin
500 g d'espadon coupé en cubes
500 g de saumon coupé en cubes
10 feuilles de menthe ciselées
½ concombre pelé, épépiné et coupé en dés
le jus de 1 citron vert

Pour la salsa :
1 mangue dénoyautée et coupée en dés
1 piment rouge épépiné et haché
1 concombre pelé, épépiné et coupés en dés
½ oignon rouge haché
un morceau de gingembre frais (3 cm) pelé et râpé

1 Mettez les brochettes à tremper dans un récipient d'eau froide pendant 30 min. Préchauffez le gril ou le four à 200 °C (th. 6-7).

2 Préparez la salsa de mangue. Dans un bol, mélangez la mangue, le piment, le concombre, l'oignon et le gingembre. Laissez reposer et se développer les saveurs pendant 10 min. Dans un autre récipient, mélangez la pâte de curry avec 2 c. à s. de yaourt. Salez, poivrez et enrobez les morceaux de poisson de cette sauce. Laissez mariner pendant quelques minutes.

3 Préparez la raita. Dans un saladier, versez 2 c. à s. de yaourt. Ajoutez la menthe, le concombre et le jus de citron. Goûtez et salez si nécessaire.

4 Montez les brochettes en alternant les cubes d'espadon et de saumon. Tapissez un plat de cuisson d'une feuille d'aluminium. Alignez les brochettes par-dessus et enfournez pour 4 min de cuisson sur chaque face. Servez avec la salsa et la raita.

CONSEIL DU CHEF

Pour cette recette, évitez d'utiliser du yaourt allégé, car celui-ci a tendance à tourner à la cuisson.

Noix de Saint-Jacques poêlées, émulsion aux anchois

PRÉP 10 MIN · CUISS 30 MIN

POUR 4 PERSONNES

3 c. à s. d'huile d'olive
700 g de pommes de terre pelées et émincées
12 noix de Saint-Jacques
1 petit piment rouge épépiné et haché
un morceau de gingembre frais (3 cm) pelé et râpé
½ citron
1 botte de persil plat ciselé

Pour l'émulsion :
3 c. à s. d'huile d'olive vierge extra
1 c. à s. de vinaigre de vin blanc
8 anchois à l'huile égouttés et émincés
1 pincée de sucre (facultatif)
sel et poivre du moulin

1 Mettez 2 c. à s. d'huile à chauffer à feu moyen dans une poêle antiadhésive. Faites cuire les pommes de terre pendant 20 min, jusqu'à ce qu'elles soient bien dorées et croquantes. Égouttez-les sur du papier absorbant et réservez au chaud.

2 Préparez l'émulsion aux anchois. Mixez l'huile d'olive avec le vinaigre et les anchois. Goûtez, puis ajoutez le sucre si nécessaire. Poivrez.

3 Séchez les noix de Saint-Jacques sur du papier absorbant avant de les saler légèrement. Versez l c. à s. d'huile d'olive dans la poêle et faites chauffer à feu vif. Laissez cuire les noix pendant 1 min, retournez-les, puis ajoutez le piment et le gingembre. Pressez le citron dans la poêle et incorporez le persil à la sauce obtenue.

4 Dressez un lit de pommes sautées sur les assiettes, posez 3 noix de Saint-Jacques par-dessus et ajoutez quelques gouttes d'émulsion aux anchois.

Lotte rôtie au piment et aux tomates confites

PRÉP 20 MIN · CUISS 30 MIN

POUR 4 PERSONNES

1 kg de queue de lotte (voir Conseil du chef)
2 c. à s. d'huile d'olive
sel et poivre du moulin
2 petits piments frais épépinés et hachés
6 anchois au sel hachés
3 c. à c. de câpres rincées, égouttées et hachées
12 tomates cerises

1 Préchauffez le four à 200 °C (th. 6-7). Alignez les morceaux de lotte dans un plat de cuisson et arrosez-les d'huile d'olive. Assaisonnez généreusement et réservez au réfrigérateur.

2 Mixez les piments, les anchois et les câpres en une pâte fine. Recouvrez le poisson de cette pâte. Enfournez pour 10 min de cuisson.

3 Ajoutez les tomates cerises et prolongez la cuisson de 5 min.

4 Laissez reposer le poisson pendant 5 min avant de servir. Découpez-le en médaillons et dressez sur le plat de service, entouré de tomates.

VARIANTE
Vous pouvez remplacer les piments frais par du piment d'Espelette.

CONSEIL DU CHEF
Rincez la lotte à l'eau froide et enlevez la fine membrane blanche qui la recouvre.

Gratin de pommes de terre et champignons

PRÉP 10 MIN · CUISS 30 MIN

POUR 4 PERSONNES
1 noix de beurre
125 g de champignons de Paris finement émincés
2 gousses d'ail pelées et râpées
1 c. à c. de feuilles de thym
1 kg de pommes de terre pelées et finement émincées
125 g de gruyère râpé
sel et poivre du moulin

1 Préchauffez le four à 200 °C (th. 6-7). Mettez le beurre à fondre dans une poêle et faites revenir les champignons pendant 5 min. Ajoutez l'ail et le thym et prolongez la cuisson de 2 min.

2 Dans un plat à gratin, dressez une couche de pommes de terre, puis une couche de gruyère et une autre de champignons, en assaisonnant à chaque fois. Renouvelez l'opération, en terminant par des pommes de terre. Saupoudrez le plat de fromage.

3 Faites cuire au four pendant 30 min. Servez chaud avec une salade de frisée.

VARIANTE
Vous pouvez remplacer le gruyère par de la tomme d'abondance.

CONSEIL DU CHEF
Attention à l'utilisation du fromage qui ne conviendrait pas aux végétaliens. Ceux-ci observent en effet une alimentation exempte de tout produit d'origine animale.

Riz à la tomate et à l'estragon

PRÉP 10 MIN · CUISS 25 MIN

POUR 4 PERSONNES
1 c. à s. d'huile d'olive
1 noix de beurre
1 oignon haché
sel et poivre du moulin
2 gousses d'ail pelées ou râpées
250 g de riz étuvé
1 l de bouillon de légumes chaud
500 g de tomates coupées en gros dés
1 bouquet d'estragon effeuillé et haché

1 Mettez l'huile et le beurre à chauffer à feu doux dans une grande poêle. Faites cuire l'oignon avec 1 pincée de sel pendant 5 min, jusqu'à ce qu'il soit translucide. Ajoutez l'ail puis le riz, en veillant à ce qu'il soit bien enrobé de graisse.

2 Versez le bouillon chaud par-dessus et mélangez. Laissez mijoter jusqu'à ce que le riz soit cuit et qu'il ait absorbé presque tout le bouillon.

3 Salez et poivrez généreusement le riz. Incorporez délicatement les tomates, puis l'estragon. Servez bien chaud, avec une salade verte.

VARIANTE
Vous pouvez remplacer l'estragon par de la coriandre, de la menthe ou du cerfeuil.

Gnocchi au gorgonzola et aux noix

PRÉP 10 MIN · CUISS 20 MIN

POUR 4 PERSONNES
1 noix de beurre
1 oignon haché
75 g de noix concassées
1 c. à s. de farine
500 ml de lait
125 g de gorgonzola
sel et poivre du moulin
500 g de gnocchi frais
1 botte de basilic effeuillé

1 Mettez le beurre à chauffer à feu moyen dans une poêle. Faites cuire l'oignon pendant 5 min, jusqu'à ce qu'il soit translucide. Ajoutez les noix et laissez cuire pendant 2 min. Hors du feu, incorporez la farine en remuant constamment. Mouillez avec quelques cuillerées de lait et remettez la poêle sur le feu. Versez le reste du lait en remuant sans cesse pendant 5 min, jusqu'à ce que la sauce épaississe.

2 Ôtez la poêle du feu et incorporez le gorgonzola. Goûtez, salez et poivrez.

3 Dans un récipient rempli d'eau bouillante salée, faites cuire les gnocchi selon les instructions de l'emballage. Égouttez-les et mélangez-les à la sauce. Parsemez de quelques feuilles de basilic. Accompagnez d'une salade de roquette et de tomates.

Astuce
Utilisez une sauce au fromage achetée dans le commerce au lieu d'en confectionner une.

Marmite de pois chiches aux légumes

PRÉP 15 MIN · CUISS 30 MIN

POUR 4 PERSONNES
1 c. à s. d'huile d'olive
1 oignon haché
sel et poivre du moulin
2 gousses d'ail pelées ou râpées
3 branches de céleri coupées en dés
3 carottes coupées en dés
100 ml de vin blanc
1 boîte de 400 g de tomates concassées
150 ml de bouillon de légumes chaud
1 boîte de 400 g de pois chiches rincés et égouttés
100 g de haricots verts équeutés

1 Mettez l'huile à chauffer à feu moyen dans une grande sauteuse. Faites cuire l'oignon pendant 5 min avec 1 pincée de sel, jusqu'à ce qu'il soit translucide. Ajoutez l'ail, le céleri, les carottes et laissez mijoter à feu doux pendant 5 min.

2 Augmentez le feu, incorporez le vin et portez à ébullition, afin que l'alcool s'évapore. Versez les tomates dans la sauteuse, laissez reprendre l'ébullition, puis incorporez le bouillon. Ajoutez les pois chiches et faites cuire à feu moyen pendant 15 min.

3 Ajoutez les haricots à la sauteuse et prolongez la cuisson de 10 min. Salez et poivrez généreusement.

VARIANTE
Vous pouvez remplacer les pois chiches par des haricots blancs ou rouges.

CONSEIL DU CHEF
Ce plat est encore meilleur le lendemain. Réchauffez-le à feu doux ou au four à micro-ondes.

Ragoût de haricots et pommes de terre

PRÉP 10 MIN · CUISS 30 MIN

POUR 4 PERSONNES
1 c. à s. d'huile d'olive
1 noix de beurre
1 oignon rouge finement haché
1 c. à s. de feuilles de thym
sel et poivre du moulin
500 g de pommes de terre pelées et coupées en cubes
1 boîte de 400 g de haricots pinto
150 ml de bouillon de légumes chaud
1 botte de persil plat finement émincé

1 Mettez l'huile et le beurre à chauffer à feu doux dans une poêle. Faites cuire l'oignon avec le thym et 1 pincée de sel pendant 5 min, jusqu'à ce qu'il soit translucide.

2 Ajoutez les pommes de terre et laissez cuire pendant 15 min. Si nécessaire, rajoutez 1 c. à s. d'huile pour qu'elles soient bien dorées.

3 Incorporez les haricots à la poêle. Arrosez de bouillon chaud et laissez mijoter pendant 10 min. En fin de cuisson, ajoutez le persil, salez et poivrez. Servez sans attendre.

Gratin de courge, épinards et raifort

PRÉP 10 MIN · CUISS 30 MIN

POUR 4 PERSONNES
100 g de pousses d'épinard lavées et égouttées
1 petite courge butternut pelée, épépinée et émincée
2 gousses d'ail pelées et râpées
300 ml de crème entière liquide
1 c. à s. de raifort
sel et poivre du moulin

1 Préchauffez le four à 200 °C (th. 6-7). Faites revenir les feuilles d'épinard à sec dans une poêle pendant 2 min et jetez l'excédent d'eau qui s'en dégage.

2 Dans une grande casserole, faites mijoter la courge avec l'ail et la crème à feu doux, pendant 10 min. À l'aide d'une écumoire, transvasez-la dans un plat à gratin. Surmontez d'une couche d'épinards.

3 Fouettez le raifort avec la crème chaude et versez sur les légumes. Salez et poivrez généreusement. Recouvrez d'une feuille d'aluminium ménager et faites dorer au four pendant 20 min.

VARIANTE
En saison, n'hésitez pas à remplacer la courge butternut par du potiron.

CONSEIL DU CHEF
N'utilisez pas de crème liquide allégée, qui risque de former des grumeaux à la cuisson.

Curry de pommes de terre et petits pois

PRÉP 10 MIN · CUISS 30 MIN

POUR 4 PERSONNES
1 c. à s. d'huile de tournesol
un morceau de gingembre frais (3 cm) pelé et râpé
1 petit piment frais épépiné et haché
1 c. à c. de cumin en grains
1 c. à c. de moutarde en grains
1 feuille de laurier
6 tomates pelées et coupées en quartiers
700 g de pommes de terre pelées et coupées en cubes
1 c. à c. de curcuma
300 ml de bouillon de légumes chaud
100 g de petits pois surgelés
sel et poivre du moulin
1 bouquet de coriandre ciselée

1 Mettez l'huile à chauffer à feu moyen dans une poêle. Faites cuire le gingembre, le piment, le cumin, la moutarde et la feuille de laurier pendant 2 min. Ajoutez les tomates et prolongez la cuisson de 3 min.

2 Versez les pommes de terre et le curcuma dans la poêle. Mouillez avec le bouillon. Portez à ébullition, réduisez le feu, couvrez et laissez mijoter pendant 15 min.

3 Incorporez les petits pois et prolongez la cuisson de 5 min. Salez et poivrez généreusement. Parsemez de coriandre et servez avec du riz basmati.

Astuce
Vous pouvez remplacer toutes les épices de cette recette par 2 c. à s. de curry en poudre.

CONSEIL DU CHEF
C'est un curry assez sec. Si vous souhaitez plus de sauce, ajoutez tout simplement du bouillon.

Parmentier végétarien

PRÉP 15 MIN · CUISS 30 MIN

Matériel • robot ménager

POUR 4 PERSONNES
700 g de pommes de terre pelées et coupées en dés
2 noix de beurre
1 c. à s. d'huile d'olive
1 oignon finement haché
1 feuille de laurier
sel et poivre du moulin
3 branches de céleri coupées en dés
3 carottes coupées en dés
200 g de champignons de Paris
1 c. à c. de feuilles de thym
1 c. à c. de sauce soja épaisse
1 boîte de 400 g de haricots rouges rincés et égouttés
150 ml de bouillon de légumes chaud

1 Préchauffez le four à 200 °C (th. 6-7). Faites cuire les pommes de terre dans une grande casserole d'eau salée pendant 20 min. Égouttez-les et réduisez-les en une purée fine. Ajoutez 1 noix de beurre, mélangez et réservez.

2 Mettez l'huile à chauffer à feu moyen dans une poêle. Faites cuire l'oignon avec le laurier et 1 pincée de sel pendant 5 min, jusqu'à ce qu'il soit translucide. Ajoutez le céleri et les carottes et prolongez la cuisson de 5 min.

3 Dans un robot ménager, pulvérisez les champignons en une purée grossière. Ajoutez celle-ci à la poêle, ainsi que le thym et la sauce soja. Faites cuire pendant 10 min, puis ajoutez les haricots. Salez, poivrez, incorporez le bouillon et portez à ébullition. Réduisez le feu et laissez mijoter pendant 5 min.

4 Versez cette préparation dans un plat à gratin et recouvrez de purée de pommes de terre. Parsemez de noisettes de beurre et enfournez pour 10 min de cuisson, jusqu'à la formation d'une croûte dorée.

VARIANTE
Si vous n'appréciez pas les haricots rouges, remplacez-les par des lentilles vertes.

Ratatouille express

PRÉP 15 MIN · CUISS 30 MIN

POUR 4 PERSONNES
1 c. à s. d'huile d'olive
1 oignon haché
1 feuille de laurier
sel et poivre du moulin
2 gousses d'ail pelées et râpées
2 c. à c. d'origan séché
1 pincée de fenouil en grains
1 aubergine coupée en dés
100 ml de vin rouge
150 ml de jus de tomates
2 courgettes coupées en dés
3 tomates grossièrement hachées
200 g de feuilles de blette coupées en lanières
1 botte de persil plat ciselé

1 Mettez l'huile à chauffer à feu doux dans une poêle. Faites cuire l'oignon avec le laurier et 1 pincée de sel pendant 5 min, jusqu'à ce qu'il soit translucide.

2 Ajoutez l'ail, l'origan, le fenouil, l'aubergine et le vin. Laissez mijoter pendant 1 min. Versez le jus de tomates par-dessus. Faites cuire pendant 10 min supplémentaires.

3 Ajoutez les courgettes et les tomates à la poêle et prolongez la cuisson de 10 min. Incorporez les feuilles de blette et laissez cuire pendant 2 min. Salez et poivrez. Parsemez de persil haché juste avant de servir

VARIANTE Vous pouvez remplacer les blettes par des épinards ou du chou frisé.

CONSEIL DU CHEF
Si vous coupez les légumes en très petits dés, vous pouvez réduire le temps de cuisson d'un tiers.

Gratin de chou-fleur et haricots cocos

PRÉP 10 MIN · CUISS 30 MIN

POUR 4 PERSONNES
1 noix de beurre
1 c. à s. de farine
300 ml de lait
1 pincée de paprika
sel et poivre du moulin
125 g de cheddar râpé
2 c. à c. de moutarde de Dijon
1 chou-fleur détaillé en bouquets
1 boîte de 400 g de haricots cocos rincés et égouttés

1 Préchauffez le four à 200 °C (th. 6-7). Préparez la sauce. Mettez le beurre à fondre dans une poêle à feu doux. Hors du feu, versez la farine et mélangez à la spatule en bois, jusqu'à l'obtention d'une pâte lisse. Incorporez 1 c. à s. de lait, puis remettez la poêle sur le feu et incorporez le lait progressivement, sans cesser de remuer. Mélangez soigneusement pendant 10 min, jusqu'à ce que la sauce épaississe.

2 Hors du feu, saupoudrez la sauce de paprika, de sel et de poivre. Incorporez la moitié du fromage et la moutarde. Réservez.

3 Dans une grande casserole d'eau salée, faites cuire les bouquets de chou-fleur pendant 10 min, puis égouttez-les.

4 Dans un plat à gratin, mélangez délicatement le chou-fleur avec les haricots. Versez par-dessus la sauce et saupoudrez du reste de fromage. Enfournez pour 15 min de cuisson, jusqu'à ce qu'une croûte dorée se forme en surface. Servez aussitôt.

Soupe de lentilles corail au citron

PRÉP 10 MIN | CUISS 30 MIN

POUR 4 PERSONNES

1 c. à s. d'huile d'olive
1 oignon haché
2 gousses d'ail pelées et râpées
un morceau de gingembre frais (5 cm) pelé et râpé
1 pincée de curcuma en poudre
1 pincée de garam masala
300 g de lentilles corail
le jus + le zeste râpé de 1 citron
1 l de bouillon de légumes chaud
sel et poivre du moulin
2 tomates pelées et coupées en dés
1 bouquet de coriandre ciselée

1 Mettez l'huile à chauffer à feu moyen dans une sauteuse. Faites cuire l'oignon pendant 5 min, jusqu'à ce qu'il soit translucide. Incorporez l'ail, le gingembre, le curcuma et le garam masala. Faites cuire pendant 1 min supplémentaire.

2 Ajoutez à la sauteuse les lentilles et le zeste de citron. Arrosez de bouillon. Laissez mijoter pendant 20 min.

3 Salez et poivrez généreusement. Versez le jus de citron, les dés de tomates et la coriandre ciselée dans la soupe de lentilles, que vous servirez accompagnée de riz basmati ou de galettes indiennes.

AU QUOTIDIEN

Courgettes farcies aux raisins, oignon rouge et pignons de pin

PRÉP 10 MIN | CUISS 20 MIN

POUR 4 PERSONNES

8 courgettes
1 c. à s. d'huile d'olive
1 oignon rouge haché
sel et poivre du moulin
1 pincée de piment de Cayenne
50 g de pignons de pin toastés
50 g de raisins secs
75 g de feta émiettée

1 Préchauffez le four à 200 °C (th. 6-7). Coupez les courgettes en deux dans le sens de la longueur. Évidez-les. Hachez grossièrement la chair du légume.

2 Mettez l'huile à chauffer à feu moyen dans une poêle. Faites cuire l'oignon avec 1 pincée de sel pendant 5 min. Incorporez la chair de courgette et le piment de Cayenne, puis laissez mijoter pendant 2 min. Salez et poivrez.

3 Versez la moitié des pignons et les raisins dans la poêle et mélangez. Remplissez les courgettes de cette préparation et parsemez de feta. Alignez les courgettes farcies sur un plat et enfournez pour 15 min de cuisson.

4 Versez le reste des pignons sur les courgettes. Servez avec du mesclun, assaisonné de vinaigre balsamique.

Fricassée de patates douces et haricots

PRÉP 10 MIN · CUISS 30 MIN

POUR 4 PERSONNES

2 c. à s. de sirop d'érable
500 g de patate douce pelée et émincée
1 c. à s. d'huile d'olive
1 oignon rouge haché
1 c. à c. de cumin en grains
sel et poivre du moulin
1 boîte de 400 g de tomates pelées entières grossièrement hachées + le jus
1 filet de vinaigre balsamique
1 boîte de 400 g de haricots tarbais rincés et égouttés
100 g d'épinards
150 ml de yaourt à la grecque
1 botte de menthe ciselée

1 Dans une grande casserole d'eau salée additionnée du sirop d'érable, mettez la patate douce à cuire pendant 10 min. Égouttez-la lorsqu'elle est cuite, mais encore un peu croquante.

2 Mettez l'huile à chauffer à feu doux dans une sauteuse. Faites cuire l'oignon avec le cumin et 1 pincée de sel pendant 5 min, jusqu'à ce qu'il soit translucide. Ajoutez les tomates avec leur jus, ainsi que le vinaigre balsamique. Prolongez la cuisson de 10 min. Goûtez avant de saler et de poivrer.

3 Versez les haricots dans la sauteuse et laissez mijoter pendant 5 min. Ajoutez les épinards, et faites cuire pendant 1 min supplémentaire. Hors du feu, recouvrez les haricots des tranches de patate douce.

4 Versez la préparation dans un plat à gratin et recouvrez de yaourt. Placez sous le gril du four pendant 5 min. Parsemez de feuilles de menthe avant de servir.

CONSEIL DU CHEF

Les tomates pelées entières sont plus juteuses et moins onéreuses que les tomates concassées. Il suffit de les hacher grossièrement dans la boîte à l'aide de ciseaux.

Poêlée d'asperges et brocoli au gingembre

PRÉP 15 MIN · CUISS 15 MIN

Matériel • wok

POUR 4 PERSONNES

1 c. à s. d'huile de tournesol (ou de sésame)
1 petit piment rouge épépiné et haché
un morceau de gingembre frais (5 cm) pelé et râpé
1 botte de ciboules coupées en tronçons de 5 cm
2 gousses d'ail pelées et râpées
1 poivron rouge épépiné et coupé en lanières
300 g de brocoli détaillé en bouquets
1 botte de pointes d'asperges vertes fendues en deux dans la longueur
1 c. à s. de sucre en poudre
sel et poivre du moulin
10 feuilles de menthe fraîche

1 Mettez l'huile à chauffer dans un wok à feu moyen. Faites cuire le piment et le gingembre pendant quelques secondes, puis les ciboules et l'ail pendant 1 min.

2 Ajoutez le poivron au wok et laissez cuire pendant 2 min. Incorporez les bouquets de brocoli et prolongez la cuisson de 2 min. Ajoutez les pointes d'asperges et faites cuire pendant 2 min supplémentaires.

3 Saupoudrez les légumes de sucre, puis salez et poivrez généreusement. Mélangez pendant 20 secondes à feu vif. Hors du feu, incorporez les feuilles de menthe. Servez ces légumes sautés avec du riz au jasmin.

Astuce

Si vous manquez de temps, utilisez un sachet de légumes mélangés surgelés.

CONSEIL DU CHEF

Pour réussir une poêlée, il faut cuisiner les légumes très rapidement, les uns après les autres. Préparez donc tous vos ingrédients à l'avance et n'oubliez pas que chaque légume a un temps de cuisson différent.

Sauté de pak-choï, épinards et pois

PRÉP 15 MIN · CUISS 15 MIN

Matériel • wok

POUR 4 PERSONNES

une dizaine de noisettes
1 c. à s. d'huile de tournesol
3 gousses d'ail pelées et râpées
1 c. à s. de sauce soja épaisse
1 c. à s. de vinaigre de riz
2 pak-choï coupés en quatre dans la longueur
100 g d'épinards
100 g de pois mange-tout émincés
sel et poivre du moulin

1 Étalez les noisettes sur un plat de cuisson et faites-les griller au four jusqu'à ce qu'elles soient dorées et en les retournant fréquemment. Versez-les dans un torchon propre et frottez-les pour enlever la peau. Concassez-les grossièrement et réservez-les.

2 Mettez l'huile à chauffer à feu moyen dans un wok et faites revenir l'ail pendant 10 secondes. Incorporez la sauce soja et le vinaigre de riz. Faites cuire pendant quelques secondes de plus.

3 Ajoutez au wok les pak-choï et les épinards. Laissez cuire pendant 1 min avant d'incorporer les pois mange-tout. Prolongez la cuisson de 30 secondes, en remuant constamment. Goûtez, puis salez et poivrez. Parsemez les légumes de noisettes et servez avec du riz nature.

VARIANTE

Ajoutez quelques lamelles de champignons en même temps que les légumes.

Astuce

Pour un plat express, faites revenir les légumes avec 1 filet de sauce soja.

Légumes au curry rouge thaï

PRÉP 15 MIN · CUISS 20 MIN

POUR 4 PERSONNES

2 c. à s. de pâte de curry rouge thaïe
1 boîte de 400 g de lait de coco
2 aubergines coupées en gros morceaux
6 feuilles de kaffir coupées en deux
300 ml de bouillon de légumes chaud
1 c. à s. de sucre de canne roux
1 c. à s. de sauce soja épaisse
sel
1 poivron rouge épépiné et coupé en lamelles
1 poivron vert épépiné et coupé en lamelles
le jus de 1 citron vert
1 botte de coriandre finement ciselée

1 Réchauffez la pâte de curry rouge thaïe dans un wok ou dans une poêle, à feu moyen, en remuant constamment. Ajoutez le lait de coco, puis portez à ébullition à feu doux et laissez mijoter pendant 3 min.

2 Ajoutez l'aubergine, les feuilles de kaffir, le bouillon, le sucre et la sauce soja. Salez légèrement. À l'ébullition, baissez le feu et laissez mijoter à feu doux pendant 15 min.

3 Incorporez les poivrons et le jus de citron. Goûtez et rectifiez l'assaisonnement avec le sel, le sucre ou le jus de citron. Ajoutez la coriandre, mélangez et servez accompagné de riz parfumé ou de riz gluant.

CONSEIL DU CHEF

Complétez ce plat avec 300 g de tofu coupé en cubes. Vous trouverez du tofu, ainsi que les feuilles de kaffir, dans les épiceries bio ou asiatiques.

Omelette au fromage de chèvre et courgettes râpées

PRÉP 10 MIN · CUISS 15 MIN

POUR 1 PERSONNE
3 œufs légèrement battus
1 petite courgette râpée
sel et poivre du moulin
1 noix de beurre
50 g de fromage de chèvre frais finement émietté
½ c. à c. de feuilles de thym

1 Versez les œufs battus et la courgette râpée dans un saladier. Salez et poivrez généreusement.

2 Mettez le beurre à fondre à feu moyen dans une poêle antiadhésive. Versez les œufs en les étalant bien, pour qu'ils recouvrent le fond de la poêle. Soulevez les bords de l'omelette à l'aide d'un couteau, tout en remuant la poêle.

3 Quand l'omelette commence à prendre sur les côtés, répartissez le fromage par-dessus. Faites cuire jusqu'à ce que le centre soit encore légèrement baveux. Ôtez la poêle du feu et laissez reposer pendant quelques minutes.

4 Donnez 1 tour de moulin à poivre sur l'omelette et parsemez-la de feuilles de thym. Glissez-la sur une assiette et dégustez avec une belle salade de scarole et de poivron rouge.

VARIANTE
Vous pouvez utiliser d'autres fromages : bleu d'Auvergne, mozzarella, mimolette...

Lentilles aux champignons et poireaux

PRÉP 10 MIN · CUISS 25 MIN

POUR 4 PERSONNES
1 c. à s. d'huile d'olive
1 oignon haché
1 feuille de laurier
sel et poivre du moulin
2 gousses d'ail pelées et râpées
3 poireaux nettoyés et émincés
1 c. à s. de sauce soja épaisse
250 g de champignons de Paris coupés en quartiers
1 boîte de 400 g de lentilles du Puy rincées et égouttées
300 ml de bouillon de légumes chaud
1 botte de persil plat ciselé

1 Mettez l'huile à chauffer à feu moyen dans une poêle. Faites cuire l'oignon avec le laurier et 1 pincée de sel pendant 5 min, jusqu'il ce qu'il soit translucide.

2 Ajoutez l'ail et le poireau, puis versez la sauce soja. Laissez mijoter pendant 5 min supplémentaires.

3 Incorporez les champignons et prolongez la cuisson de 10 min. Si nécessaire, rajoutez un peu d'huile. Salez, poivrez et versez les lentilles ainsi que le bouillon dans la poêle. Portez à ébullition, réduisez le feu et faites cuire à petit feu pendant 15 min.

4 Hors du feu, ajoutez le persil. Mélangez, goûtez et rectifiez l'assaisonnement si nécessaire. Accompagnez de tomates confites au four et de pain grillé aillé.

CONSEIL DU CHEF
Vous pouvez agrémenter ce plat de saucisses végétariennes, que vous ferez rôtir au four pendant 20 min. Ajoutez-les à la poêle en même temps que les lentilles.

Riz au lait de coco

PRÉP 5 MIN · CUISS 25 MIN

POUR 4 PERSONNES
1 c. à s. d'huile d'olive
1 oignon haché
2 gousses d'ail
pelées et finement râpées
1 petit piment rouge
épépiné et haché
250 g de riz basmati lavé
1 boîte de 200 g de haricots rouges
(ou pinto) rincés et égouttés
1 boîte de 400 g de lait de coco
500 ml de bouillon de légumes chaud
sel et poivre du moulin

1 Mettez l'huile à chauffer à feu doux dans une sauteuse munie d'un couvercle. Faites cuire l'oignon pendant 5 min, jusqu'il ce qu'il soit translucide. Ajoutez l'ail et le piment. Prolongez la cuisson de 30 secondes.

2 Versez le riz dans la sauteuse, puis mélangez, en veillant à ce que tous les grains soient enrobés de graisse. Incorporez les haricots, le lait de coco et 450 ml de bouillon. Laissez mijoter à couvert et à feu doux pendant 20 min, jusqu'à ce que le riz soit cuit. Si nécessaire, complétez avec le reste de bouillon.

3 Goûtez, salez et poivrez si nécessaire. Servez avec des légumes rôtis au four et agrémentez d'une sauce piquante.

> CONSEIL DU CHEF
>
> *Pensez à rincer le riz : il perdra un peu d'amidon et sera moins collant.*

Œufs « cocotte » aux poivrons et épinards

PRÉP 10 MIN · CUISS 20 MIN

POUR 4 PERSONNES
1 c. à s. d'huile d'olive
1 oignon rouge haché
sel et poivre du moulin
2 poivrons rouges
épépinés et coupés en lanières
1 poivron orange
épépiné et coupé en lanières
3 tomates pelées et coupées
100 g d'épinards
1 pincée de paprika
4 œufs

1 Préchauffez le four à 200 °C (th. 6-7). Mettez l'huile à chauffer à feu doux dans une poêle. Faites cuire l'oignon avec 1 pincée de sel pendant 5 min, jusqu'à ce qu'il soit translucide. Ajoutez les poivrons et prolongez la cuisson de 5 min.

2 Incorporez les tomates à la poêle et laissez cuire pendant 3 min, en remuant constamment. Ajoutez les épinards et le paprika et faites cuire pendant 1 min supplémentaire.

3 Versez la préparation dans un plat de cuisson. Creusez 4 légères cavités dans les légumes et cassez 1 œuf dans chaque cavité. Salez légèrement les œufs et faites cuire au four pendant 5 min. Retirez immédiatement du four et saupoudrez de poivre fraîchement moulu. Servez sans attendre.

Risotto aux petits pois et à la menthe

PRÉP 10 MIN CUISS 25 MIN

POUR 4 PERSONNES
1 c. à s. d'huile d'olive
1 noix de beurre
1 oignon finement haché
sel et poivre du moulin
350 g de riz arborio
200 ml de vin blanc sec
1 l de bouillon de légumes chaud
150 g de petits pois surgelés, décongelés dans une tasse d'eau bouillante et égouttés
50 g de parmesan fraîchement râpé
10 feuilles de menthe fraîche
10 feuilles de basilic frais

1 Mettez l'huile et le beurre à chauffer à feu doux dans une grande poêle antiadhésive. Faites cuire l'oignon avec 1 pincée de sel pendant 5 min, jusqu'à ce qu'il soit translucide. Ajoutez le riz, en prenant soin de bien l'enrober de graisse. Incorporez le vin et faites mijoter à feu moyen pendant 2 min, le temps que l'alcool s'évapore.

2 Réduisez le feu et incorporez le bouillon chaud, 1 louche à la fois, en remuant sans cesse à la spatule en bois.

3 Une fois la louche de bouillon absorbée, ajoutez-en une autre. Renouvelez l'opération jusqu'à ce que le riz soit cuit, tout en restant un peu croquant (environ 20 min).

4 Incorporez les petits pois, le parmesan, la menthe et le basilic. Salez et poivrez généreusement. Servez aussitôt.

VARIANTE
Remplacez les petits pois par des pointes d'asperge ou des dés de courgette.

CONSEIL DU CHEF
Pour une texture crémeuse, incorporez 1 noix de beurre en fin de cuisson.

Risotto de potiron au bleu et à la sauge

PRÉP 15 MIN CUISS 30 MIN

POUR 4 PERSONNES
1 kg de potiron pelé et coupé en cubes
1 pincée de piment de Cayenne
2 c. à s. d'huile d'olive
1 noix de beurre
1 oignon haché
sel et poivre du moulin
2 gousses d'ail pelées et finement hachées
4 feuilles de sauge ciselée
350 g de riz arborio
200 ml de vin blanc sec
1 l de bouillon de légumes chaud
75 g de gorgonzola finement émietté (ou de fourme d'Ambert)

1 Préchauffez le four à 200 °C (th. 6-7). Placez le potiron dans un plat de cuisson, saupoudrez de piment de Cayenne et arrosez de 1 c. à s. d'huile d'olive. Mélangez avec les doigts et enfournez pour 15 min de cuisson, jusqu'à ce que le potiron soit doré.

2 Mettez le reste de l'huile ainsi que le beurre à chauffer dans une grande poêle à feu doux. Faites cuire l'oignon pendant 5 min avec 1 pincée de sel, jusqu'à ce qu'il soit translucide. Incorporez l'ail et la sauge. Prolongez la cuisson de quelques secondes.

3 Ajoutez le riz, en prenant soin de bien l'enrober de graisse. Incorporez le vin et faites mijoter à feu moyen pendant 2 min, le temps que l'alcool s'évapore.

4 Réduisez le feu et incorporez le bouillon chaud, 1 louche à la fois, en remuant sans cesse à la spatule en bois. Une fois la louche de bouillon absorbée, ajoutez-en une autre. Renouvelez l'opération jusqu'à ce que le riz soit cuit, tout en restant un peu croquant (environ 20 min). Incorporez délicatement le potiron rôti et le fromage émietté, poivrez généreusement et servez aussitôt.

VARIANTE
Si vous n'appréciez pas le fromage bleu, utilisez du parmesan ou du pecorino.

Aubergines farcies au riz tomaté

PRÉP 10 MIN CUISS 30 MIN

POUR 4 PERSONNES
4 aubergines coupées en deux
4 c. à s. d'huile d'olive
150 g de riz long grain lavé
300 ml de jus de tomate
1 c. à c. de sucre en poudre
sel et poivre du moulin
1 oignon finement haché
1 bouquet d'aneth ciselé

1 Préchauffez le four à 200 °C (th. 6-7). Prélevez la chair des aubergines sans entamer la peau, coupez-la en quartiers et réservez. Alignez les coques d'aubergine dans un plat de cuisson et badigeonnez-les de 1 c. à s. d'huile. Recouvrez d'aluminium ménager et enfournez pour 15 min de cuisson.

2 Faites cuire le riz selon les indications portées sur l'emballage. Égouttez si nécessaire et versez le jus de tomate par-dessus. Saupoudrez de sucre, puis salez et poivrez généreusement. Mélangez jusqu'à ce que le jus de tomate soit complètement absorbé.

3 Mettez 2 c. à s. d'huile à chauffer à feu moyen dans une poêle. Faites cuire l'oignon avec l'aneth et 1 pincée de sel pendant 5 min, jusqu'il ce qu'il soit translucide. Ajoutez la chair d'aubergine et prolongez la cuisson de 5 min. Poivrez, puis ajoutez le riz à la poêle, en mélangeant délicatement.

4 Sortez les coques d'aubergine du four et remplissez-les de riz à la tomate. Arrosez avec le reste de l'huile d'olive et enfournez à nouveau pour 5 min de cuisson. Servez avec une belle salade de scarole.

Nouilles thaïlandaises végétariennes

PRÉP 15 MIN CUISS 15 MIN

Matériel • wok

POUR 4 PERSONNES
250 g de pâtes de riz
5 c. à s. d'huile de tournesol
250 g de tofu ferme
2 gousses d'ail pelées et râpées
1 œuf légèrement battu
150 ml de bouillon de légumes chaud
le jus de 1 citron vert
1 c. à c. de sauce nuoc-mâm
2 c. à c. de purée de tamarin
2 c. à c. de sucre de canne roux
1 c. à c. de sauce soja
1 petit piment rouge épépiné et haché
75 g de cacahuètes grossièrement concassées
1 botte de ciboule finement émincée
75 g de pousses de soja
1 bouquet de coriandre effeuillée

1 Mettez les pâtes de riz à tremper dans une casserole d'eau bouillante pendant 10 min, puis égouttez-les. Pendant ce temps, faites chauffer 1 c. à s. d'huile dans un wok à feu moyen, ajoutez le tofu et faites cuire jusqu'à ce qu'il soit doré. Si nécessaire, versez un peu plus d'huile dans la poêle. À l'aide d'une écumoire, débarrassez le tofu sur une assiette et réservez.

2 Mettez 1 c. à s. d'huile à chauffer dans le wok et faites cuire l'ail pendant 10 secondes. Ajoutez l'œuf en remuant sans cesse à l'aide d'une spatule en bois. Débarrassez sur une assiette et réservez.

3 Faites chauffer 2 c. à s. d'huile d'olive dans le wok à feu vif. Versez les nouilles dans le wok en mélangeant délicatement. Incorporez le bouillon, le jus de citron, la sauce nuoc-mâm, la purée de tamarin, le sucre et la sauce soja. Laissez mijoter pendant 3 min à feu doux.

4 Saupoudrez de piment haché, de la moitié des cacahuètes, de la ciboule et des pousses de soja. Faites cuire à feu vif pendant 1 min. Ajoutez les œufs brouillés et versez dans le plat de service. Parsemez du reste de cacahuètes et de feuilles de coriandre.

Astuce
À court de temps ? Ajoutez de la sauce « Pad Thaï » aux pâtes ramollies dans l'eau.

AU QUOTIDIEN

Croquettes

PRÉP 10 MIN | CUISS 25 MIN

POUR 4 PERSONNES

500 g de pommes de terre pelées
sel et poivre du moulin
1 oignon pelé et râpé
1 botte de ciboulette ciselée
125 g de feta râpée
1 œuf légèrement battu
1 c. à s. d'huile d'olive
un peu de farine

1 Faites bouillir les pommes de terre dans une grande casserole d'eau salée pendant 20 min. Égouttez-les et réduisez-les en une purée moyenne. Incorporez l'oignon, la ciboulette, la feta et l'œuf. Mélangez soigneusement, puis salez et poivrez généreusement.

2 Mettez l'huile à chauffer à feu moyen dans une poêle antiadhésive. Farinez vos doigts, prélevez des cuillerées de la préparation et façonnez des croquettes. Faites-les frire pendant 2 min de chaque côté, en rajoutant de l'huile à la poêle si nécessaire. Servez les croquettes bien chaudes.

Gnocchi de pommes de terre

PRÉP 20 MIN | CUISS 25 MIN

POUR 4 PERSONNES

500 g de pommes de terre pelées
1 œuf
2 c. à s. de farine
+ 1 c. à s. pour le plan de travail
1 bocal de sauce tomate d'excellente qualité
1 bouquet de basilic effeuillé

1 Faites bouillir les pommes de terre dans une grande casserole d'eau salée pendant 20 min. Égouttez-les et réduisez-les en une purée fine. Ajoutez l'œuf en mélangeant délicatement. Incorporez la farine et fouettez jusqu'à l'obtention d'une pâte souple.

2 Posez la pâte sur un plan de travail fariné et pétrissez pendant 2 min. Évitez de trop travailler la pâte, car elle risque de durcir. Divisez la pâte en 4 parts et roulez chacune en un boudin. Coupez chaque boudin en rondelles de 3 cm d'épaisseur. À l'aide du dos d'une fourchette, creusez des sillons sur les rondelles de pâte pour leur donner la forme de gnocchi.

3 Mettez la sauce tomate à réchauffer dans une grande poêle avec le basilic. Plongez les gnocchi dans une casserole d'eau bouillante salée pendant 2 min. Égouttez-les et plongez-les dans la sauce tomate au basilic. Servez aussitôt.

CONSEIL DU CHEF

La purée ne doit pas être trop humide. Faites bouillir les pommes de terre avec leur peau et pelez-les avant de les écraser.

Soupe aux poireaux et pommes de terre

PRÉP 5 MIN · CUISS 30 MIN

POUR 4 PERSONNES
500 g de pommes de terre pelées
sel et poivre du moulin
1 c. à s. d'huile d'olive
1 oignon haché
4 poireaux nettoyés et émincés
1 l de bouillon de légumes chaud
½ c. à c. de feuilles de thym frais

1 Faites bouillir les pommes de terre dans une grande casserole d'eau salée pendant 20 min. Égouttez-les et coupez-les en cubes.

2 Mettez l'huile à chauffer à feu moyen dans une poêle. Faites cuire l'oignon pendant 5 min, jusqu'à ce qu'il soit translucide. Ajoutez les poireaux et prolongez la cuisson de 5 min. Salez, poivrez généreusement et incorporez le bouillon. Portez à l'ébullition à feu vif, puis laissez mijoter pendant 10 min à feu moyen. Ajoutez les pommes de terre et saupoudrez de thym. Faites cuire pendant 5 min supplémentaires, le temps que les pommes de terre soient chaudes. Servez avec des tranches épaisses de pain rustique.

VARIANTE
Ajoutez 100 g de petits pois surgelés en même temps que les pommes de terre.

Sauté de pommes de terre et chou vert

PRÉP 15 MIN · CUISS 30 MIN

POUR 4 PERSONNES
500 g de pommes de terre pelées
sel et poivre du moulin
1 c. à s. d'huile d'olive
1 noix de beurre
1 c. à s. de raifort
sel et poivre du moulin
250 g de chou frisé cuit et coupé en lanières

1 Faites bouillir les pommes de terre dans une grande casserole d'eau salée pendant 20 min. Égouttez-les et coupez-les en cubes ou écrasez-les grossièrement.

2 Mettez l'huile et le beurre à chauffer à feu moyen dans une poêle antiadhésive. Dès que le beurre a fondu, versez les pommes de terre et mélangez. Incorporez le raifort, salez et poivrez. Ajoutez le chou et faites cuire pendant quelques minutes à feu vif. Servez avec une salade de chou rouge.

VARIANTE
En ajoutant 200 g de poitrine fumée grillée, puis hachée, vous transformerez cette recette en un plat complet.

POULET DE TOUS LES JOURS

Qu'il soit grillé, poché, rôti, frit ou en sauce, le poulet est toujours très apprécié !

POULET DE TOUS LES JOURS

Les volailles peuvent être de ferme ou d'élevage, nourries aux grains ou aux farines industrielles : il existe donc de grandes différences de goût et de qualité. Choisissez votre poulet en fonction de la cuisson que vous lui réservez : rôti, mijoté en sauce, agrémenté d'épices ou grillé au barbecue.

Kebab de poulet
(Voir recette page 120).

Élevé en liberté, label rouge fermier ou bio ?

L'achat d'un poulet demande de connaître quelques notions de base.

Poulet classe A ou B Poulets bas de gamme, élevés en batterie, nourris de farines industrielles et abattus au bout de 8 semaines. La chair est fade et sans texture. À éviter !

Label rouge Volailles à chair jaune ou blanche, qui bénéficient d'un espace vital minimum et vivent pendant 12 semaines. Elles peuvent convenir aux paella et couscous.

Label rouge fermier Il garantit une alimentation pauvre en graisse et riche en grains. L'animal est élevé en liberté à partir de 6 semaines, nourri au lait et aux céréales et vit 14 semaines. La chair est ferme, dense et parfumée. Idéal pour rôtir.

Poulet bio ou AB La traçabilité est garantie, de même que les méthodes d'élevage. L'alimentation est composée à 90 % de produits issus de l'agriculture biologique.

Poulet de Bresse et poulet Bourbonnais Volaille très haut de gamme, assez coûteuse, qui bénéficie d'une AOC. Élevés dans de grands espaces pendant 16 semaines, nourris au blé, à l'avoine, au maïs et au lait écrémé, ces poulets ont une chair fine et goûteuse.

Bon à savoir

Le poulet est une viande maigre et digeste, qui ne contient en moyenne que 100 Kcal pour 100 g de chair (contre 250 Kcal pour le bœuf et 350 Kcal pour le porc). Attention, si vous consommez la peau, l'addition passe à 200 Kcal. Le poulet est recommandé dans les régimes minceur car il est très riche en protéines, en fer, en potassium et en vitamines.

Morceaux à cuisson rapide

Le poulet vous offre des chairs au goût et à la texture variables, dont les modalités de cuisson peuvent différer.

MORCEAU		USAGE	CUISSON
	**BLANC OU FILET** C'est la partie la moins grasse et la plus onéreuse du poulet. Il est possible de détacher complètement le blanc de l'os.	Plus fins et délicats que les cuisses, les blancs de poulet peuvent se révéler très secs s'ils sont trop cuits. Pour conserver le moelleux de cette partie fine, pensez à l'arroser régulièrement de sauce en cours de cuisson.	**Au grill ou au barbecue** pendant 5 min de chaque côté à feu moyen **Rôti** pendant 15 dans un four préchauffé à 200°C (th. 6-7) **Poché** pendant 15 à 20 min **À la vapeur** pendant 20 à 30 min **À la poêle** pendnat 7 min de chaque côté à feu vif
	**PILON** Le pilon est attaché à la cuisse et se découpe facilement à la jointure. Il offre une chair brune, moins fine que le filet, mais plus goûteuse.	Faciles à cuisiner, les pilons peuvent être grillés au four ou au barbecue, ou bien mijoter dans des sauces à la crème ou avec des épices. Idéal également en pique-nique.	**Au grill ou au barbecue** pendant 15 min de chaque côté à feu moyen **Rôti** pendant 40 min au four préchauffé à 200°C (th. 6-7) **Poché** pendant 15 à 20 min
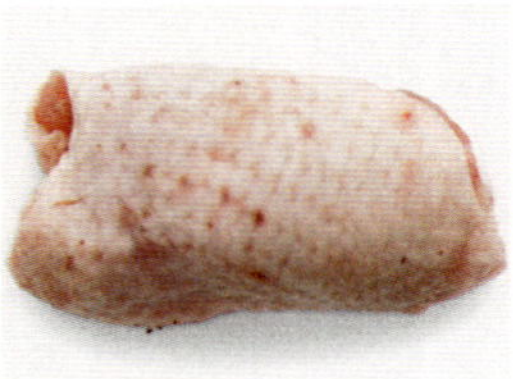	**CUISSE** Il s'agit de l'autre partie de la cuisse, à chair brune, plus tendre que le pilon. Elle est moins onéreuse que le filet, mais il vous faudra compter 2 morceaux par personne.	La cuisse convient parfaitement aux plats mijotés ou à cuisson lente (curry, daube, paella, couscous). Les cuisses désossées peuvent être farcie avec des champignons, de l'ail, du persil, des noisettes et des épices. La chair peut être utilisée pour garnir des salades ou composer un sandwich.	**Rôti (avec os)** pendant 40 min au four préchauffé à 200°C (th. 6-7) **(sans os)** pendant 30 min au four préchauffé à 200°C (th. 6-7) **Au grill ou barbecue (avec os)** pendant 25 min à feu vif **À la poêle (avec os)** 10 min de chaque côté à feu moyen **(sans os)** 6 min de chaque côté à feu vif
	**AILE** Les ailes sont délicieuses quand elles sont bien croustillantes. Comme il y a peu de chair, comptez 4 ou 5 ailes par personne.	Faites mariner les ailes pendant quelques heures dans un mélange de piment de Cayenne, ail, gingembre et huile d'olive, ou dans du miel mêlé à du soja et du vinaigre de riz. Faites cuire au barbecue ou au four, jusqu'à ce qu'elles soient croustillantes et dorées.	**Rôti** pendant 40 min au four préchauffé à 200°C (th. 6-7) **Au gril ou au barbecue** pendant 35 min à feu moyen

PAS À PAS

Techniques rapides

Voici 6 techniques simples qui vous permettront de gagner du temps. Les trois premières concernent la préparation de la volaille, les trois dernières la cuisson.

Aplatir

À l'aide d'un rouleau à pâtisserie, affiner les blancs de poulet.

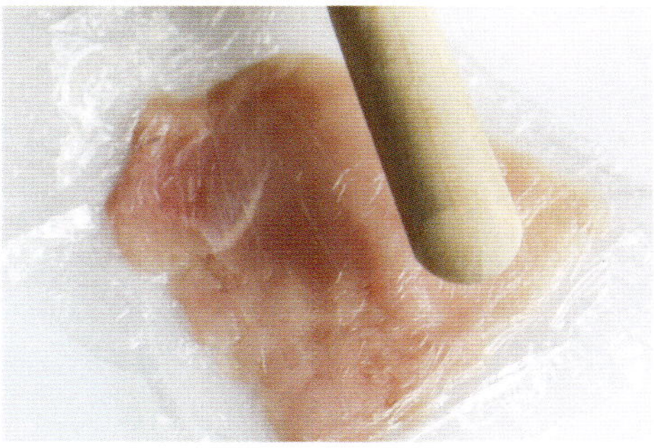

1 Enlevez la peau de 1 escalope de poulet et placez-la entre deux morceaux de film alimentaire sur une planche à découper.

2 Battez l'escalope avec un rouleau à pâtisserie, jusqu'à l'obtention d'une épaisseur uniforme d'environ 5 mm.

3 Débarrassez l'escalope du film alimentaire, assaisonnez et faites cuire à la poêle pendant 2 min de chaque côté.

Farcir

La farce apporte un supplément de saveurs, tout en préservant le moelleux.

1 Posez 1 blanc de poulet sur une planche à découper et aplatissez-le légèrement avec un rouleau à pâtisserie.

2 Ouvrez une poche dans la chair, en veillant à ne pas la transpercer de part et d'autre.

3 Remplissez la poche de farce et enroulez le poulet dans quelques tranches de poitrine fumée. Faites cuire au four ou à la poêle.

Monter en brochettes

Le poulet cuira plus vite sous le gril du four.

1 Mettez les brochettes en bois à tremper dans de l'eau froide pendant 30 min.

2 Taillez 1 filet de poulet en fines lanières. Enfilez-les sur les brochettes. Coupez un autre filet de poulet en cubes, que vous enfilez sur le reste des brochettes. Marinez dans la sauce de votre choix (voir page 104).

3 Faites cuire au barbecue ou sous le gril du four. Au bout de 3 min, retournez-les et prolongez la cuisson de 2 min.

Rôtir

Le rôtissage convient aussi bien aux morceaux qu'au poulet entier.

1 Préchauffez le four à 200 °C (th. 6-7). Placez le poulet dans une plaque de cuisson adaptée à sa taille et enduisez-le de beurre ramolli.

2 Salez, poivrez et parsemez de thym frais. Farcissez de quartiers de citron et enfournez.

3 Au bout de 30 min de cuisson, sortez le plat du four et arrosez-le de son jus de cuisson. Replacez dans le four et faites cuire pendant 1 h supplémentaire, jusqu'à ce que le poulet soit doré. Laissez reposer pendant 15 min avant de découper.

Cuire à la vapeur

La cuisson à la vapeur préserve le moelleux du poulet.

1 Préchauffez le four à 200 °C (th. 6-7). Déposez 1 blanc de poulet sur une grande feuille d'aluminium ménager.

2 Salez et poivrez, puis ajoutez des fines herbes et quelques rondelles de citron. Arrosez de 1 c. à s. de vin blanc sec et fermez hermétiquement la papillote, sans trop emprisonner le poulet.

3 Déposer sur une plaque de cuisson et faites cuire au four pendant 30 min. Attention à la vapeur qui s'échappe de la papillote lors de son ouverture.

Pocher

Faire pocher dans un liquide aromatisé développe d'agréables saveurs.

1 Mettez 2 blancs et 2 cuisses de poulet dans une sauteuse. Ajoutez des rondelles de citron, un peu de persil ou de coriandre, 1 pincée de sel et 1 c. à c. de poivre noir.

2 Recouvrez le poulet d'eau froide et portez à ébullition. Recouvrez à moitié d'un couvercle, et laissez mijoter pendant 20 min à feu doux.

3 Éteignez le feu et laissez reposer le poulet dans l'eau de cuisson pendant au moins 5 min. Débarrassez à l'aide d'une écumoire et servez sans attendre.

5 marinades exotiques pour le poulet

Transformez vos simples grillades en plats de choix, qui raviront vos proches de leurs saveurs inédites.

Marinade thaïe

Un assortiment joliment coloré d'épices et d'herbes aromatiques.

Pulvérisez 2 bâtons de **citronnelle** hachés, 6 **piments rouges et verts** épépinés, un morceau de **gingembre frais** pelé, 1 c. à s. de **jus de citron vert**, 1 bouquet de **coriandre** et 1 c. à s. de **sauce soja épaisse**. Vous pouvez conservez cette sauce au réfrigérateur pendant 4 jours. Elle est parfaite pour mariner des morceaux de poulet (de préférence pendant toute une nuit), avant de les faire cuire à la poêle ou au barbecue.

Marinade des Caraïbes

Une profusion de saveurs fortes et épicées.

Pulvérisez 2 c. à s. de feuilles de **thym frais**, 2 **piments cerises** épépinés, 1 c. à s. de **poivre vert en grains**, 1 c. à c. de **fleur de sel** et 2 c. à c. de **mélange quatre-épices**. À conserver au réfrigérateur pendant 5 jours. Badigeonnez des morceaux de poulet d'**huile d'olive** et placez-les dans un sachet en plastique. Versez le mélange d'épices dans le sachet, malaxez soigneusement et placez pendant une nuit au réfrigérateur. Faites griller au four pendant 40 min, en retournant une fois.

Marinade indienne

Un mélange parfumé, aux saveurs douces et fortes à la fois.

Dans un mortier, écrasez 1 c. à c. de capsules de **cardamomes vertes** et 1 c. à c. de **coriandre en grains**. Épépinez et hachez 2 **piments verts doux**. Mélangez avec 3 c. à c. de **cumin en poudre** et 3 c. à c. de **curcuma**. Versez les épices dans une poêle chauffée à blanc avec 1 filet d'huile. Laissez roussir pendant 1 min, puis ajoutez les piments. Hors du feu, incorporez 100 ml de **yaourt à la grecque**. Badigeonnez le poulet et faites griller pendant 10 min de chaque côté.

Marinade méditerranéenne

Des herbes fraîches aux saveurs boisées, rehaussées par l'acidité du citron.

Dans un saladier, mélangez 2 c. à c. d'**origan séché** avec 3 gousses d'**ail** hachées, quelques branches de **romarin** et de **thym**, 1 c. à s. d'**olives noires** dénoyautées et 2 rondelles de **citron**. Vous pouvez conserver cette marinade pendant 4 jours au réfrigérateur. Badigeonnez les morceaux de poulet d'**huile d'olive**, puis de marinade. Faites-les rôtir au four préchauffé à 180 °C (th. 6) pendant 40 min.

Marinade marocaine

Un mélange sucré-salé, savoureux et parfumé.

Mélangez 1 c. à s. de **paprika doux** avec 1 c. à s. de **harissa**, 2 c. à s. de **jus de citron**, 2 **bâtons de cannelle** et 1 **citron confit** finement haché. Dans une sauteuse, faites dorer des cuisses de poulet dans un peu d'**huile d'olive**. Ajoutez le mélange d'épices et 5 c. à s. de **coulis de tomates**. Laissez mijoter à couvert et à feu moyen pendant 40 min. Juste avant de servir, ajoutez 1 bouquet de **coriandre** finement ciselée.

Astuce

Faites des économies en fabriquant vos propres sauces, que vous conserverez dans un récipient hermétiquement clos. Rehaussez par exemple les saveurs d'un curry un peu passé en le pulvérisant avec du curcuma et du cumin en grains. Faites le tour de vos placards, et laissez libre cours à votre imagination !

Conserver le poulet

Réfrigération Le poulet, cru ou cuit, doit être toujours conservé au réfrigérateur jusqu'au moment de son utilisation ou du service. Ne dépassez pas la date limite de consommation indiquée sur l'emballage. Conservez le poulet cru enveloppé dans du film alimentaire, posé dans le compartiment bas du réfrigérateur. Ne laissez jamais le poulet cru à température ambiante, car les bactéries se développent très rapidement.

Congélation Congelez le poulet immédiatement après l'achat, bien enrobé de film alimentaire. Vous pouvez le conserver ainsi pendant 6 mois. Évitez de congeler un poulet cru déjà farci. Le poulet cuit se conserve dans un récipient spécialement conçu pour la congélation, avec un couvercle hermétique. Recouvrez les morceaux de poulet de sauce, avant de placer le contenant au congélateur pour un délai maximal de 3 mois. Laissez décongeler le plat pendant une nuit au réfrigérateur avant de le réchauffer.

Réchauffer le poulet

Le poulet en sauce et congelé ne doit être réchauffé qu'une seule fois : il est donc préférable de le conditionner en petites portions avant de le congeler. Vous pouvez le réchauffer à feu doux, jusqu'à ce que le plat soit chaud, ou utiliser le four à micro-ondes, en recouvrant d'une assiette pour éviter que le poulet ne s'assèche.

Les ustensiles du professionnel

Une **poêle antiadhésive à fond épais** est indispensable. Équipez-vous de **pinces**, qui permettent de retourner les morceaux de poulet sans les piquer et d'éviter que le jus ne s'écoule. Une **plaque de cuisson à bords hauts** et une **plaque à pâtisserie** sont indispensables, de même qu'un **gril en fonte**, à fond lisse ou cannelé. Si vous êtes amateur de brochettes, investissez dans des **piques en métal** et **en bois**.

Les ustensiles pour la cuisson du poulet.

Poulet braisé, patate douce au miel

PRÉP 15 MIN · CUISS 1 ¼ H

POUR 4 PERSONNES
sel et poivre du moulin
8 pilons de poulet
4 patates douces pelées et coupées en gros cubes
1 c. à s. de miel
2 c. à s. d'huile d'olive
1 petit piment vert épépiné et émincé
1 c. à c. de feuilles de thym frais
6 gousses d'ail pelées et écrasées
100 ml de vin blanc sec
300 ml de bouillon de volaille chaud

1 Préchauffez le four à 190 °C (th. 6-7). Salez et poivrez généreusement les morceaux de poulet. Badigeonnez les patates douces de miel.

2 Mettez 1 c. à s. d'huile à chauffer dans une cocotte allant au four et faites dorer les morceaux de patate douce à feu moyen pendant 5 min. Retirez-les de la cocotte et réservez-les.

3 Versez 1 c. à s. d'huile dans la cocotte et faites colorer les morceaux de poulet à feu moyen pendant 10 min, en les retournant une fois. Ajoutez le piment, le thym et l'ail, ainsi que la patate douce. Salez et poivrez.

4 Incorporez le vin et le bouillon à la cocotte et enfournez pour 1 h de cuisson. Vérifiez la cuisson régulièrement et mouillez avec un peu d'eau ou de bouillon si nécessaire. Servez tout chaud, à la sortie du four, accompagné de baguette.

VARIANTE

En saison, remplacez la patate douce par du potiron ou de la courge butternut.

Poulet sauce vin rouge et pignons de pin

PRÉP 10 MIN · CUISS 1 H

POUR 4 PERSONNES
2 c. à s. d'huile d'olive
4 cuisses de poulet coupées en deux
1 oignon haché
sel et poivre du moulin
2 gousses d'ail pelées et râpées
6 tomates pelées et concassées
100 ml de vin rouge
1 l de bouillon de volaille chaud
50 g de pignons de pin
50 g de raisins secs (facultatif)

1 Mettez 1 c. à s. d'huile à chauffer à feu moyen dans une sauteuse et faites colorer les morceaux de poulet pendant 5 min sur chaque face. Réservez-les au chaud.

2 Faites chauffer 1 c. à s. d'huile dans la même sauteuse, ajoutez l'oignon additionné de 1 pincée de sel et laissez cuire à feu moyen pendant 5 min.

3 Incorporez l'ail et les tomates, salez et poivrez. Laissez cuire pendant 2 min, ajoutez le vin rouge et faites bouillir à feu vif pendant 2 min, jusqu'à ce que l'alcool s'évapore.

4 Ajoutez le bouillon, le poulet, ainsi que les pignons et les raisins et laissez mijoter à feu doux pendant 40 min. Mouillez avec un peu d'eau si la sauce s'assèche. Accompagnez de riz ou de semoule.

CONSEIL DU CHEF

Utilisez une poêle à fond épais ou une poêle en fonte qui peut passer au four. Vous pouvez cuire ce plat à feu doux ou vif, selon le temps dont vous disposez.

Poulet poché au lait de coco

PRÉP 5 MIN · CUISS 15 MIN

POUR 4 PERSONNES
4 blancs de poulet de 200 g chacun
500 ml de bouillon de légumes chaud
400 ml de lait de coco
3 feuilles de laurier
3 gousses d'ail pelées
sel et poivre du moulin

1 Déposez les blancs de poulet dans une sauteuse munie d'un couvercle. Versez le bouillon et le lait de coco par-dessus. Ajoutez le laurier, l'ail, du sel et poivre. Portez à ébullition, posez le couvercle et faites pocher pendant 15 min à feu doux.

2 À l'aide d'une écumoire, débarrassez le poulet sur une assiette et laissez refroidir pendant quelques minutes. Effilochez les morceaux de poulet ou émincez-les. Dressez un peu de riz au fond d'une assiette creuse, garnissez de poulet et nappez du jus de cuisson.

VARIANTE
À défaut de lait de coco, pochez le poulet dans de l'eau chaude avec 3 c. à s. de sauce soja.

CONSEIL DU CHEF
Servez du riz parfumé, du riz basmati ou du riz sauvage cuit dans le jus du poulet. Le riz sauvage demande une cuisson plus longue, mais l'effet de contraste est très réussi dans l'assiette !

Ballottines de poulet farcies au pesto de pistaches

PRÉP 15 MIN · CUISS 35 MIN

Matériel • robot ménager

POUR 4 PERSONNES
4 grosses cuisses de poulet désossées et sans la peau
8 tranches de jambon de Parme
1 c. à s. d'huile d'olive

Pour la farce :
125 g de pistaches décortiquées
1 botte de persil plat ciselé
1 petit piment rouge épépiné et haché
2 c. à s. d'huile d'olive
sel et poivre du moulin

1 Préchauffez le four à 180 °C (th. 6). Préparez la farce. À l'aide du robot ménager, pulvérisez les pistaches, le persil, le piment et l'huile d'olive. Salez, poivrez et réservez.

2 Posez les morceaux de poulet à plat sur une planche et faites des entailles dans la chair sans la traverser. Salez et poivrez. Étalez un peu de farce sur le poulet, en la faisant bien pénétrer dans la chair. Il se peut que vous n'utilisiez pas toute la farce.

3 Étalez 1 tranche de jambon sur une planche. Posez 1 cuisse de poulet par-dessus et roulez-la sur elle-même, en serrant bien. Recommencez la même opération avec une deuxième tranche de jambon, en veillant à ce que le poulet soit parfaitement recouvert de jambon.

4 Procédez de la même façon pour les 3 autres ballottines et rangez-les dans un plat de cuisson. Arrosez-les d'huile d'olive et enfournez pour 35 min de cuisson. Accompagnez d'une salade de mesclun.

VARIANTE
Remplacez les cuisses de poulet par des escalopes de dinde.

CONSEIL DU CHEF
Arrosez les ballottines de 1 filet de vin blanc, puis saupoudrez-les du reste de farce avant de les faire cuire au four.

Poulet à la normande

PRÉP 10 MIN CUISS 1 H

POUR 4 PERSONNES
2 c. à s. d'huile d'olive
2 oignons coupés en quartiers
2 gousses d'ail pelées et râpées
sel et poivre du moulin
8 hauts de cuisse de poulet
300 ml de cidre brut
300 ml de crème épaisse liquide
2 branches de romarin

1 Préchauffez le four à 190 °C (th. 6-7). Mettez 1 c. à s. d'huile à chauffer à feu moyen dans une cocotte allant au four. Faites cuire les oignons pendant 5 min, jusqu'à ce qu'ils soient translucides. Ajoutez l'ail, prolongez la cuisson de quelques secondes et réservez.

2 Dans la même cocotte, mettez 1 c. à s. d'huile à chauffer. Salez et poivrez les morceaux de poulet et faites-les colorer pendant 5 min sur chaque face. Incorporez l'oignon et l'ail, puis arrosez de cidre et portez à ébullition.

3 Baissez le feu et ajoutez la crème et le romarin. Salez, poivrez et recouvrez la cocotte d'un couvercle.

4 Enfournez pour 40 min de cuisson. Si la sauce tend à s'assécher, mouillez avec un peu d'eau chaude ou de bouillon de poule ou de légumes. Servez très chaud, accompagné de purée de pommes de terre et de pain croustillant.

Émincé de poulet au basilic

PRÉP 5 MIN CUISS 10 MIN

Matériel • wok

POUR 4 PERSONNES
1 c. à s. d'huile de sésame
2 blancs de poulet sans la peau coupés en lamelles
1 c. à s. de sauce soja épaisse
1 c. à s. de miel
300 g de nouilles japonaises cuites (udon) (ou de spaghettoni cuits al dente)
1 bouquet de basilic émincé
poivre du moulin

1 Mettez l'huile à chauffer à feu moyen dans un wok ou dans une grande poêle. Faites colorer les morceaux de poulet pendant 5 min, en les retournant une fois. Débarrassez-les sur une assiette et réservez-les au chaud.

2 Dans le wok chaud, versez la sauce soja et le miel et laissez mijoter pendant 3 min. Ajoutez les nouilles, ainsi que le poulet. Mélangez délicatement, jusqu'à ce qu'ils soient bien imprégnés de sauce.

3 Juste avant de servir, incorporez les feuilles de basilic et saupoudrez de poivre fraîchement moulu.

Poulet aux fèves

PRÉP 10 MIN | CUISS 1 H

POUR 4 PERSONNES
sel et poivre du moulin
8 hauts de cuisse de poulet
2 c. à s. d'huile d'olive
1 oignon haché
2 branches de céleri coupées en dés
2 gousses d'ail pelées et râpées
2 branches de romarin effeuillées et hachées
200 cl de vin blanc sec
200 g de fèves surgelées
500 ml de bouillon de volaille chaud

1 Préchauffez le four à 190 °C (th. 6-7). Assaisonnez généreusement les morceaux de poulet. Mettez 1 c. à s. d'huile à chauffer à feu moyen dans une cocotte allant au four. Faites dorer les morceaux de poulet, côté peau d'abord, pendant 5 min. Retournez-les et prolongez la cuisson de 5 min. Réservez au chaud.

2 Ajoutez 1 c. à s. d'huile d'olive dans la cocotte. Faites cuire l'oignon à feu doux pendant 5 min, jusqu'à ce qu'il soit translucide. Ajoutez le céleri, l'ail, le romarin et 1 pincée de sel. Faites cuire pendant 5 min. Versez le vin par-dessus et laissez mijoter pendant 5 min supplémentaires.

3 Incorporez les fèves à la cocotte, puis déposez le poulet par-dessus. Arrosez de bouillon, couvrez et enfournez pour 45 min de cuisson. Vérifiez la cuisson au bout de 30 min, et mouillez avec un peu d'eau chaude si nécessaire. Servez à la sortie du four, avec de belles tranches de pain rustique.

VARIANTE Vous pouvez remplacer le poulet par des saucisses de porc au fenouil.

Astuce
Les fèves surgelées peuvent remplacer les fèves fraîches, dont la saison est courte.

Filets de poulet rôtis et endives au bacon

PRÉP 5 MIN | CUISS 40 MIN

POUR 4 PERSONNES
1 noix de beurre
1 pincée de sucre de canne
4 endives fendues en deux dans la longueur
1 c. à s. d'huile d'olive
4 blancs de poulet de 200 g chacun
16 fines tranches de bacon

1 Préchauffez le four à 190 °C (th. 6-7). Mettez le beurre et le sucre à fondre à feu doux dans une poêle. Déposez les endives dans la poêle et faites cuire pendant 8 min en les retournant une fois. Réservez.

2 Mettez l'huile d'olive à chauffer à feu moyen dans la même poêle. Déposez les morceaux de poulet, côté peau, dans la poêle. Faites-les colorer pendant 5 min sur chaque face, puis transférez-les dans un plat de cuisson.

3 Enroulez chaque moitié d'endive dans 2 tranches de bacon et déposez-les dans le plat de cuisson, en les serrant contre les filets de poulet. Faites rôtir au four pendant 25 min. Dressez le poulet sur des assiettes individuelles. Accompagnez de 2 moitiés d'endives au bacon et nappez de jus de cuisson.

VARIANTE Remplacez le bacon par de la pancetta ou du jambon de Parme.

CONSEIL DU CHEF
Saupoudrez les endives de parmesan fraîchement râpé, 10 min avant la fin de la cuisson au four.

AU QUOTIDIEN

Émincé de poulet à la citronnelle

PRÉP 10 MIN · CUISS 15 MIN

Matériel • wok

POUR 4 PERSONNES

sel et poivre du moulin
1 c. à s. de fécule de maïs
300 g d'escalope de poulet émincée
2 c. à s d'huile de tournesol (ou de sésame)
1 botte de ciboule émincée
3 gousses d'ail pelées et émincées
1 bâton de citronnelle émincée
1 petit poivron rouge coupé en fines lanières
1 c. à s. de vinaigre de riz
1 botte de basilic effeuillée

1 Salez, poivrez, puis saupoudrez de fécule de maïs les morceaux de poulet. Mélangez soigneusement.

2 Mettez 1 c. à s. d'huile à chauffer à feu moyen dans un wok. Ajoutez le poulet et faites-le revenir à feu vif pendant 3 min, jusqu'à ce qu'il soit bien doré. Débarrassez sur une assiette à l'aide d'une écumoire et réservez au chaud.

3 Essuyez le wok avec du papier absorbant et remettez-le à chauffer à feu doux avec 1 c. à s. d'huile. Ajoutez la ciboule, l'ail, la citronnelle et le poivron. Faites cuire à feu vif pendant 2 min. Incorporez le vinaigre de riz et laissez bouillir pendant quelques minutes.

4 Versez le poulet dans le wok pour le réchauffer. Ajoutez le basilic au tout dernier moment et servez bien chaud, avec du riz parfumé.

VARIANTE

Remplacez le poulet par des crevettes crues, décortiquées ou non.

CONSEIL DU CHEF

La fécule de maïs permet au poulet de prendre cet aspect légèrement croustillant caractéristique des plats asiatiques.

Poulet grillé au miel et au gingembre

PRÉP 10 MIN · CUISS 45 MIN

POUR 4 PERSONNES

4 pak-choï coupés en deux (ou ½ chou frisé émincé)
1 c. à s. de sauce soja claire
un morceau de gingembre frais (3 cm) pelé et râpé
1 pincée de piment de Cayenne
sel et poivre du moulin
2 c. à s. de miel liquide
le jus de 2 citrons verts
3 c. à s. d'huile d'olive
2 c. à s. de mélange cinq-épices délayées dans un peu d'eau
4 cuisses de poulet coupées en deux

1 Préchauffez le four à 190 °C (th. 6-7). Mettez le chou dans un saladier, arrosez-les de sauce soja, de gingembre et de piment de Cayenne. Salez, poivrez, mélangez soigneusement et réservez.

2 Dans un autre saladier, mélangez le miel avec le jus de citron, 1 c. à s. d'huile et la pâte de cinq-épices. Salez, poivrez et versez ce mélange sur les morceaux de poulet. Laissez mariner au réfrigérateur pendant au moins 20 min.

3 Mettez 1 c. à s. d'huile à chauffer à feu moyen dans une grande poêle. Faites cuire les morceaux de poulet, côté peau, pendant 5 min. Retournez-les et prolongez la cuisson de 5 min. Transférez-les dans un plat allant au four et enfournez pour 40 min de cuisson, jusqu'à ce qu'une croûte caramélisée se forme en surface.

4 Pendant ce temps, essuyez la poêle avec du papier absorbant, faites-la chauffer à feu moyen et ajoutez les légumes verts. Arrosez-les de la dernière cuillerée d'huile et faites cuire pendant 5 min, en retournant une ou deux fois. Dressez les légumes encore un peu croquants sur les assiettes et posez le poulet par-dessus.

Blancs de poulet farcis aux épinards et au gruyère

PRÉP 10 MIN · CUISS 25 MIN

POUR 4 PERSONNES

200 g de feuilles d'épinard frais lavées, égouttées et équeutées
75 g de gruyère râpé
1 pincée de noix muscade en poudre
sel et poivre du moulin
4 blancs de poulet sans la peau
1 c. à s. d'huile d'olive
12 tomates cerises

1 Mettez les épinards à cuire dans une poêle avec un peu d'eau, pendant 2 min à feu vif. Vous pouvez aussi les cuire au four à micro-ondes pendant 2 min à puissance moyenne. Égouttez-les et essorez-les entre les doigts, pour enlever l'excédent d'eau. Mélangez-les avec le gruyère, la noix muscade, du sel et du poivre.

2 Faites une entaille dans les blancs de poulet, de manière à former une poche, que vous remplirez de la préparation épinards-gruyère.

3 Mettez l'huile à chauffer à feu moyen dans une poêle. Déposez les blancs de poulet farcis dans la poêle et laissez cuire pendant 8 min, avant de les retourner avec précaution. Faites cuire l'autre face pendant 5 min, jusqu'à ce qu'elle soit bien dorée.

4 Ajoutez les tomates à la poêle et laissez-les cuire pendant 2 min avec le poulet, sans les remuer. Dressez le poulet directement sur les assiettes de service. Remuez les tomates en faisant tourner la poêle, puis garnissez chaque assiette de 3 tomates légèrement écrasées.

CONSEIL DU CHEF

Vous pouvez verser sur les tomates cerises 1 filet de vinaigre balsamique avant de les faire tourner dans la poêle.

Blancs de poulet farcis aux champignons

PRÉP 10 MIN · CUISS 25 MIN

Trempage • 30 min

POUR 4 PERSONNES

25 g de champignons des bois séchés
1 c. à c. de thym frais effeuillé
1 pincée de piment d'Espelette (facultatif)
sel et poivre du moulin
4 blancs de poulet sans la peau
1 c. à s. d'huile d'olive

1 Mettez les champignons à tremper dans un petit récipient rempli d'eau chaude pendant au moins 30 min. Égouttez-les en conservant l'eau de trempage.

2 Hachez grossièrement les champignons et mélangez-les avec le thym et le piment. Salez et poivrez. Faites une entaille dans les blancs de poulet, de manière à former une poche, que vous remplirez de la préparation aux champignons.

3 Mettez l'huile à chauffer à feu moyen dans une poêle. Faites dorer les morceaux de poulet pendant 8 min sur chaque face, en travaillant avec douceur, pour éviter que la farce ne s'échappe. Débarrassez les blancs farcis sur un plat, puis recouvrez d'aluminium ménager et réservez au chaud.

4 Passez l'eau de trempage des champignons à travers d'une passoire fine et incorporez-la à la poêle. Faites réduire de moitié à feu vif. Dressez le poulet sur des assiettes individuelles et nappez-le du jus de cuisson. Accompagnez de purée de pommes de terre et de céleri.

CONSEIL DU CHEF

Veillez à utiliser une passoire très fine pour filtrer l'eau de macération, car elle peut se révéler très sablonneuse.

Escalopes de poulet panées à la sauge

PRÉP 10 MIN | CUISS 15 MIN

POUR 4 PERSONNES

4 escalopes de poulet de 150 g chacune
sel et poivre du moulin
125 g de chapelure fraîche et toastée
le zeste râpé et le jus de 1 citron
1 c. à s. de farine
1 œuf légèrement battu
1 c. à s. d'huile d'olive
6 feuilles de sauge émincées

1 Déposez les escalopes de poulet entre deux morceaux de film alimentaire. À l'aide d'un maillet de cuisine ou d'un rouleau à pâtisserie, aplatissez-les en une épaisseur fine et uniforme. Salez, puis poivrez généreusement.

2 Versez la chapelure et le zeste râpé dans une assiette avec du sel et du poivre. Versez la farine dans une autre assiette et l'œuf battu dans une troisième. Plongez les escalopes dans la farine, puis dans l'œuf, et enfin dans la chapelure.

3 Mettez l'huile à chauffer à feu moyen dans une poêle antiadhésive. Faites cuire les escalopes deux par deux, en ajoutant de l'huile si nécessaire. Laissez dorer pendant 5 min de chaque côté. Versez le jus de citron dans la poêle 30 secondes avant la fin de la cuisson. Dressez les escalopes sur des assiettes individuelles, parsemez de sauge et nappez du jus de cuisson citronné.

Astuce

Si vous n'avez pas le temps de préparer de la chapelure fraîche, achetez un produit de qualité.

Escalopes de poulet au vin blanc

PRÉP 10 MIN | CUISS 20 MIN

POUR 4 PERSONNES

4 escalopes de poulet
sel et poivre du moulin
1 c. à s. de farine
2 c. à s. d'huile d'olive
150 ml de vin blanc sec
150 ml de bouillon de volaille
1 c. à s. de câpres rincées égouttées et essorées
1 botte de persil plat ciselé

1 Déposez les escalopes de poulet entre deux morceaux de film alimentaire. À l'aide d'un maillet de cuisine ou d'un rouleau à pâtisserie, aplatissez-les en une épaisseur fine et uniforme. Salez, poivrez généreusement et farinez-les légèrement.

2 Mettez l'huile à chauffer dans une grande poêle antiadhésive. Faites dorer les escalopes pendant 3 min sur chaque face. Procédez en deux fois si la poêle n'est pas assez grande pour contenir les 4 escalopes en même temps. Réservez au chaud.

3 Versez le vin dans la poêle et faites bouillir à feu vif, en raclant le fond pour bien détacher les sucs. Incorporez le bouillon et laissez bouillir pendant 5 min, jusqu'à ce que la sauce ait réduit et légèrement épaissie. Ajoutez les câpres, goûtez et rectifiez l'assaisonnement si nécessaire.

4 Déposez les escalopes de poulet dans la poêle et faites réchauffer pendant quelques minutes avant de parsemer de persil haché. Servez chaud, avec des tranches de pain de campagne.

Filets de poulet à la sauce tomate

PRÉP 10 MIN · CUISS 20 MIN

POUR 4 PERSONNES

4 blancs de poulet sans la peau
sel et poivre du moulin
1 c. à s. de farine
2 c. à s. d'huile d'olive
1 oignon haché
2 gousses d'ail pelées et râpées
400 g de tomates pelées entières en conserve, légèrement concassées

1 Déposez les blancs de poulet entre deux morceaux de film alimentaire. À l'aide d'un maillet de cuisine ou d'un rouleau à pâtisserie, aplatissez-les en une épaisseur fine et uniforme de 6 mm environ. Salez, poivrez généreusement et farinez-les légèrement.

2 Mettez 1 c. à s. d'huile à chauffer à feu doux dans une grande poêle. Faites cuire l'oignon pendant 5 min, jusqu'à ce qu'il soit translucide. Ajoutez l'ail et prolongez la cuisson de 10 s.

3 Incorporez les tomates avec leur jus, portez à ébullition, puis laissez mijoter à feu doux pendant 20 min. Remuez de temps la sauce, en écrasant les tomates à l'aide d'une cuillère en bois.

4 Pendant ce temps, mettez 1 c. à s. d'huile à chauffer à feu vif dans une autre poêle et faites cuire les blancs de poulet pendant 8 min de chaque côté. Dressez le poulet sur des assiettes individuelles et recouvrez de sauce tomate.

CONSEIL DU CHEF

Inciorporez à la sauce 1 c. à s. de pesto ou 1 pincée de piment d'Espelette en fin de cuisson.

Pilons poivre et sel à la chinoise

PRÉP 10 MIN · CUISS 25 MIN

Matériel • panier vapeur en bambou

POUR 4 PERSONNES

8 pilons de poulet
2 c. à s. de farine
1 c. à s. de sel
1 c. à s. de poivre concassé
2 c. à s. d'huile de tournesol
1 piment rouge épépiné et émincé
1 botte de ciboule émincée
1 citron coupé en quartiers

1 Préchauffez le four à 190 °C (th. 6-7). Déposez les pilons de poulet dans un panier-vapeur en bambou (à défaut, utilisez le panier du cuit-vapeur). Placez-le au-dessus d'une casserole remplie d'eau bouillante. Couvrez et laissez cuire pendant 15 min à feu moyen. Débarrassez le poulet sur une assiette et laissez-le légèrement refroidir.

2 Mélangez la farine, le sel et le poivre dans une assiette creuse. Enrobez les morceaux de poulet de ce mélange et alignez-les dans un plat de cuisson. Arrosez de 1 c. à s. d'huile et faites cuire au four pendant 15 min, jusqu'à ce qu'ils soient bien dorés et croustillants.

3 Pendant ce temps, mettez 1 c. à s. d'huile dans une grande poêle ou dans un wok, à feu très vif. Ajoutez le piment et la ciboule et faites frire pendant 3 min. À l'aide d'une écumoire, débarrassez-les sur une assiette recouverte de papier absorbant. Dressez 2 pilons par assiette, recouvrez de piment et de ciboule frits et accompagnez de citron.

VARIANTE

Remplacez les pilons de poulet par des ailerons : ils cuisent plus vite.

Soupe de poulet thaïe

PRÉP 10 MIN · CUISS 20 MIN

POUR 4 PERSONNES
500 ml de bouillon de légumes chaud
1 c. à s. de sauce soja claire
2 blancs de poulet sans la peau
2 c. à s. de pâte de tom yum
1 botte de ciboule
200 g de petits champignons de Paris
6 tomates pelées et coupées en quartiers
1 c. à s. de sauce nam pla ou nuoc-mâm
sel et poivre du moulin

1 Portez le bouillon et la sauce soja à ébullition dans une grande casserole. Déposez les blancs de poulet et faites pocher pendant 15 min à feu doux. Débarrassez sur une assiette à l'aide d'une écumoire et laissez refroidir pendant quelques minutes avant de les effilocher.

2 Faites dissoudre la pâte tom yum dans le bouillon chaud. Ajoutez la ciboule, les champignons et les tomates. Laissez mijoter pendant 8 min à feu moyen, puis versez le poulet effiloché dans la casserole.

3 Ajoutez la sauce nam pla, goûtez et rectifiez l'assaisonnement. Ajoutez un peu de bouillon si nécessaire. Servez chaud.

Astuce
Si vous n'avez pas le temps de peler les tomates, utilisez des tomates cerises.

CONSEIL DU CHEF
Vous trouverez la pâte tom yum et la sauce nam pla dans les épiceries asiatiques.

Brochettes de poulet au citron, sauce pimentée

PRÉP 15 MIN · CUISS 10 MIN

Matériel • 8 brochettes en bois

POUR 4 PERSONNES
1 bâton de citronnelle finement haché
le jus de 1 citron
1 c. à s. de sauce soja claire
1 c. à s. de sucre en poudre
sel et poivre du moulin
8 aiguillettes de poulet
150 g de vermicelles de riz

Pour la sauce :
4 gousses d'ail pelées et râpées
2 petits piments rouges épépinés et hachés
1 c. à s. de vinaigre de riz
1 pincée de sucre en poudre
le jus de 1 citron

1 Mettez les brochettes à tremper dans un récipient d'eau froide pendant au moins 30 min. Dans un petit bol, mélangez la citronnelle avec le jus de citron, la sauce soja et le sucre. Salez et poivrez. Déposez les aiguillettes de poulet dans la sauce et mélangez soigneusement, de manière à ce qu'elles soient bien enrobées de marinade. Laissez reposer pendant 10 min au réfrigérateur.

2 Faites cuire les vermicelles de riz selon les instructions portées sur l'emballage, égouttez-les et conservez-les au chaud.

3 Préparez la sauce. Versez l'ail, les piments, le vinaigre et le sucre dans une petite casserole. Ajoutez 2 c. à s. d'eau et faites réchauffer à feu doux jusqu'à ce que le sucre ait dissous, sans qu'il y ait d'ébullition. Laissez refroidir et ajoutez le jus de citron à la casserole.

4 Enfilez les aiguillettes égouttées sur les brochettes. Mettez une poêle à chauffer à feu très vif et faites griller les brochettes pendant 3 min sur chaque face. Dressez les vermicelles sur des assiettes individuelles, posez 2 brochettes par-dessus et accompagnez d'une coupelle de sauce pimentée.

VARIANTE
Ce plat sera également savoureux avec du porc ou des crevettes.

Poulet sauce piri-piri

PRÉP 10 MIN CUISS 1 H

Marinade • 30 min
Matériel • robot ménager

POUR 4 PERSONNES
1 poulet entier fendu en deux par le dos et aplati (voir Conseil du chef)

Pour la sauce piri-piri :
2 piments rouges frais épépinés et hachés
2 gousses d'ail pelées
1 botte de coriandre hachée
1 botte de persil haché
3 c. à s. d'huile d'olive
1 c. à s. de purée de tomates
le jus de 1 citron
sel et poivre du moulin

1 Préparez la sauce. À l'aide d'un robot ménager, pulvérisez le piment, l'ail, la coriandre le persil et 1 c. à s. d'huile, jusqu'à obtenir une pâte grossière. Incorporez le reste de l'huile, la purée et le jus de citron, jusqu'à l'obtention d'une pâte assez fine. Salez, poivrez et mixez à nouveau.

2 Déposez le poulet dans un plat creux. Salez et poivrez sur toutes ses faces. Badigeonnez-le entièrement de sauce piri-piri et recouvrez le plat de film alimentaire. Laissez mariner au réfrigérateur pendant au moins 30 min ou, mieux, pendant une nuit.

3 Préchauffez le four pendant 10 min à 190 °C (th. 6-7). Enfournez le poulet pour 50 min de cuisson, jusqu'à ce qu'il soit bien doré. Coupez-le en 4 parts égales et accompagnez-le de riz parfumé et d'une salade de concombre.

CONSEIL DU CHEF

Pour une cuisson plus rapide, découpez le poulet en deux par le dos, puis aplatissez-le avec la paume de la main. (Voir technique p. 432)

Riz au poulet haché, champignons et citrons verts

PRÉP 10 MIN CUISS 20 MIN

Matériel • robot ménager

POUR 4 PERSONNES
3 blancs de poulet coupés en gros cubes
1 c. à s. d'huile d'olive
1 oignon haché
1 gousse d'ail pelée et râpée
1 poivron rouge épépiné et haché
sel et poivre du moulin
300 g de champignons mélangés finement émincés (shitake, pleurote et champignons de Paris)
3 c. à s. de sauce soja
le jus de 2 citrons verts
1 botte de coriandre ciselée
1 botte de basilic ciselé
100 g de riz parfumé cuit

1 Hachez le poulet dans le robot ménager et réservez.

2 Mettez l'huile à chauffer à feu moyen dans une poêle. Faites cuire l'oignon pendant 5 min, jusqu'à ce qu'il soit translucide. Ajoutez l'ail et le poivron. Prolongez la cuisson de quelques secondes.

3 Ajoutez le poulet haché à la poêle. Salez et poivrez généreusement. Faites cuire à feu vif pendant 2 min. Incorporez les champignons et prolongez la cuisson à feu vif de 5 min, en remuant régulièrement.

4 Incorporez la sauce soja et le jus des citrons, puis laissez cuire à feu vif pendant 2 min. Goûtez et rectifiez l'assaisonnement si nécessaire. Juste avant de servir, parsemez de coriandre et de basilic, puis mélangez avec le riz.

VARIANTE

Pour une version plus légère, remplacez le poulet par de la dinde.

CONSEIL DU CHEF

Arrosez ce plat de 1 filet de sauce de poisson (nam pla), qui en rehaussera les saveurs.

AU QUOTIDIEN

Poulet grillé à la jamaïcaine, ananas rôti

PRÉP 10 MIN · CUISS 40 MIN

Marinade • 30 min
Matériel • robot ménager

POUR 4 PERSONNES
1 poulet coupé en morceaux
400 g d'ananas en conserve soigneusement égoutté

Pour la marinade :
1 petit piment rouge épépiné
1 piment vert épépiné
1 pincée de cannelle en poudre
1 pincée de noix muscade en poudre
sel
1 c. à c. de poivre concassé
le jus + le zeste râpé de 2 citrons verts
2 c. à s. de sucre de canne
2 c. à s. d'huile de tournesol
1 botte de persil plat ciselé
1 botte de coriandre ciselée
1 c. à c. de feuilles de thym frais

1 Préparez la marinade. Versez tous les ingrédients dans le bol du robot ménager et pulvérisez jusqu'à l'obtention d'une pâte. Si nécessaire, ajoutez un peu d'huile pour lisser la pâte.

2 Pratiquez des entailles profondes dans tous les morceaux de poulet et placez-les dans un grand sac en plastique muni d'une fermeture hermétique (un sac de congélation, par exemple). Versez la marinade dans le sac et secouez pour qu'elle imprègne bien les morceaux de poulet. Laissez reposer au réfrigérateur pendant au moins 30 min ou, mieux encore, une nuit.

3 Préchauffez le four à 190 °C (th. 6-7). Déposez les morceaux de poulet sur une plaque de cuisson et faites rôtir au four pendant 30 min, jusqu'à l'obtention d'une belle coloration. Ajoutez les morceaux d'ananas à la plaque et prolongez la cuisson de 10 min. Servez avec du riz.

Astuce
Doublez les quantités des ingrédients de la sauce et congelez le reste pour un usage ultérieur.

Poulet braisé aux lardons

PRÉP 5 MIN · CUISS 1 H

POUR 4 PERSONNES
sel et poivre du moulin
4 cuisses de poulet coupées en deux
1 c. à s. de farine
2 c. à s. d'huile d'olive
100 g de lardons fumés
1 oignon haché
2 gousses d'ail pelées et râpées
3 branches de céleri coupées en dés
3 carottes coupées en dés
100 ml de vin blanc sec
400 g de tomates entières en conserve pelées et hachées + le jus
300 ml de bouillon de légumes

1 Préchauffez le four à 190 °C (th. 6-7). Salez et poivrez généreusement les morceaux de poulet, puis farinez-les.

2 Mettez 1 c. à s. d'huile à chauffer à feu vif dans une cocotte allant au four. Faites dorer les morceaux de poulet côté peau pendant 5 min. Retournez les morceaux, ajoutez les lardons et laissez cuire pendant 5 min supplémentaires. À l'aide d'une écumoire, débarrassez le poulet et les lardons sur une assiette et réservez.

3 Mettez le reste de l'huile à chauffer à feu doux dans la cocotte. Faites cuire l'oignon pendant 5 min, jusqu'à ce qu'il soit translucide. Ajoutez l'ail, le céleri et les carottes. Prolongez la cuisson de 6 min.

4 Augmentez le feu et incorporez le vin à la cocotte. Laissez bouillir pendant quelques minutes, le temps que l'alcool s'évapore. Versez les tomates et leur jus, ainsi que le bouillon, dans la cocotte. Faites bouillir à petits frémissements pendant 3 min, puis déposez le poulet et les lardons dans la sauce. Mélangez, couvrez et enfournez pour 45 min de cuisson. Mouillez avec du bouillon ou de l'eau chaude si la sauce tend à s'assécher. Servez avec de la purée de pommes de terre ou du riz nature.

Escalopes de poulet panées au piment

PRÉP 10 MIN | CUISS 10 MIN

POUR 4 PERSONNES
4 escalopes de poulet
sel et poivre du moulin
1 c. à s. de farine
125 g de chapelure fraîche et toastée
1 botte de persil plat ciselé
1 petit piment rouge épépiné et haché
1 œuf légèrement battu
2 c. à s. d'huile d'olive
300 g de pousses d'épinard
le jus de ½ citron
quelques quartiers de citron

1 Déposez les escalopes de poulet entre deux morceaux de film alimentaire. À l'aide d'un maillet de cuisine ou d'un rouleau à pâtisserie, aplatissez-les en une épaisseur fine et uniforme. Salez, poivrez généreusement et farinez.

2 Dans un bol, mélangez la chapelure avec le persil et le piment. Plongez les escalopes dans l'œuf battu, puis dans la chapelure.

3 Mettez l'huile à chauffer à feu vif dans une poêle antiadhésive. Faites cuire les escalopes deux par deux, en ajoutant de l'huile si nécessaire. Laissez dorer pendant 3 min de chaque côté, puis égouttez sur une assiette recouverte de papier absorbant et réservez au chaud.

4 Dans la poêle, mettez les épinards, ajoutez 1 goutte d'eau et faites cuire pendant 3 min. Arrosez de 1 filet de jus de citron et dressez sur des assiettes chaudes. Déposez 1 escalope panée par-dessus et servez avec 1 quartier de citron.

CONSEIL DU CHEF

Préparez les escalopes la veille : panez-les et conservez-les au réfrigérateur, soigneusement emballées dans du film alimentaire.

Filets de poulet poêlés, sauce saté

PRÉP 10 MIN | CUISS 30 MIN

POUR 4 PERSONNES
4 blancs de poulet sans la peau
1 c. à s. d'huile d'olive
1 concombre émincé
1 c. à c. de vinaigre de vin blanc
1 pincée de sucre
1 botte de coriandre finement ciselée

Pour la sauce satay :
400 g de lait de coco en conserve
1 c. à s. de pâte de curry rouge thaïe
300 ml de bouillon de légumes chaud
2 c. à s. de sucre roux
4 c. à s. de beurre de cacahuètes croquant
sel et poivre du moulin
le jus de 1 citron vert

1 Préparez la sauce saté. Versez le lait de coco dans une casserole à fond épais et portez doucement à l'ébullition. Laissez mijoter pendant quelques minutes à feu très doux, puis incorporez la pâte de curry, le bouillon et le sucre. Prolongez la cuisson de 5 min. Ajoutez le beurre de cacahuètes et mélangez pendant 2 min, en remuant constamment. Ôtez la casserole du feu, salez la sauce et incorporez le jus de citron. Goûtez et rectifiez l'assaisonnement si nécessaire. Réservez au chaud.

2 Pratiquez des entailles assez profondes en diagonale sur les blancs de poulet, en évitant de les transpercer. Badigeonnez d'huile d'olive, salez et poivrez. Faites chauffer une poêle en fonte à feu vif et mettez le poulet à griller pendant 8 min sur chaque face.

3 Pendant ce temps, recouvrez le fond de 4 assiettes de rondelles de concombre. Arrosez-les de vinaigre et de sucre, puis parsemez-les de coriandre ciselée. Déposez par-dessus 1 filet de poulet grillé et présentez la sauce saté en coupelles individuelles.

Astuce

Si vous manquez de temps, choisissez une sauce saté déjà prête, mais d'excellente qualité.

Poulet rôti au piment de Cayenne

PRÉP 10 MIN · CUISS 40 MIN

POUR 4 PERSONNES
8 hauts de cuisse de poulet
1 c. à s. d'huile d'olive
1 c. à s. de piment de Cayenne
le jus de 1 citron
1 c. à s. d'origan séché
sel et poivre du moulin
1 botte de ciboule émincée
200 g de roquette
1 c. à s. de vinaigre balsamique
50 g de parmesan détaillé en copeaux

1 Préchauffez le four à 190 °C (th. 6-7). Versez le poulet, l'huile d'olive, le piment de Cayenne, le jus de citron et l'origan dans un grand saladier. Salez et poivrez généreusement. Malaxez le tout avec les mains, jusqu'à ce que le poulet soit parfaitement recouvert d'épices. Si vous avez le temps, laissez mariner pendant 30 min au réfrigérateur.

2 Déposez les morceaux de poulet sur une grande plaque de cuisson et faites cuire pendant 40 min au four, jusqu'à ce qu'une croûte dorée se forme à la surface. Pendant ce temps, mélangez la ciboule et la roquette.

3 Juste avant de servir, arrosez la salade de vinaigre balsamique et salez légèrement. Garnissez de copeaux de parmesan et servez avec le poulet grillé.

CONSEIL DU CHEF

Utilisez une grande plaque de cuisson pour rôtir les morceaux de poulet. S'ils sont trop à l'étroit, ils ne peuvent développer de croûte croustillante.

Poulet braisé au yaourt et à la coriandre

PRÉP 10 MIN · CUISS 30 MIN

POUR 4 PERSONNES
200 g de yaourt à la grecque
1 botte de coriandre finement ciselée
2 c. à s. de curry en poudre
sel et poivre du moulin
4 blancs de poulet
250 g de pommes de terre grenaille
1 c. à s. d'huile d'olive
1 citron coupé en quartiers

1 Préchauffez le four à 190 °C (th. 6-7). Dans un saladier, mélangez soigneusement le yaourt, la coriandre et 1 c. à s. de curry. Salez, poivrez et mélangez. Ajoutez le poulet et laissez mariner pendant quelques minutes.

2 Déposez le poulet sur une grande plaque de cuisson et faites rôtir au four pendant 30 min.

3 Versez les pommes de terre dans un petit plat de cuisson. Arrosez-les d'huile d'olive, du reste de curry, de sel et de poivre. Mélangez avec les mains pour que les pommes de terre soient parfaitement imprégnées d'épices et enfournez pour 20 min de cuisson.

4 Dressez le poulet avec des pommes rôties sur des assiettes individuelles. Accompagnez d'une salade et de citron.

Tagine de poulet aux abricots secs et aux amandes

PRÉP 10 MIN | CUISS 1 H

POUR 4 PERSONNES

4 cuisses de poulet coupées en deux
2 c. à c. de cannelle en poudre
sel et poivre du moulin
2 c. à s. d'huile d'olive
1 oignon haché
3 gousses d'ail pelées et râpées
1 pincée de gingembre en poudre
1 bâton de cannelle
400 g de pois chiches en conserve rincés et égouttés
1 l de bouillon de volaille chaud
25 g d'amandes entières blanchies
8 abricots secs
1 botte de coriandre finement ciselée
le jus de 1 citron

1 Préchauffez le four à 190 °C (th. 6-7). Saupoudrez les morceaux de poulet de cannelle en poudre, puis salez et poivrez. Mettez 1 c. à s. d'huile d'olive à chauffer à feu moyen dans une cocotte allant au four. Déposez le poulet côté peau dans la cocotte et faites colorer pendant 10 min, en retournant une fois. Laissez reposer sur une assiette au chaud.

2 Ajoutez 1 c. à s. d'huile dans la cocotte et faites cuire l'oignon avec 1 pincée de sel, jusqu'à ce qu'il soit translucide. Au bout de 5 min, ajoutez l'ail, le gingembre et la cannelle. Prolongez la cuisson de quelques secondes.

3 Mettez les morceaux de poulet dans la cocotte, ajoutez les pois chiches et arrosez le tout de bouillon. Portez à l'ébullition, puis incorporez les amandes et les abricots. Recouvrez la cocotte d'un couvercle et enfournez pour 50 min de cuisson, jusqu'à la sauce commence à épaissir.

4 À la sortie du four, incorporez la coriandre et arrosez du jus de citron. Servez aussitôt sur un lit de couscous et accompagnez de sauce harissa.

VARIANTE N'hésitez pas, si vous le souhaitez, à remplacer le poulet par de la dinde.

Fajitas de poulet, salsa de tomates et avocat

PRÉP 15 MIN
CUISS 15 MIN

POUR 4 PERSONNES

1 c. à s. d'huile d'olive
2 oignons émincés
2 poivrons rouges
épépinés et coupés en lanières
2 poivrons verts
épépinés et coupés en lanières
2 gousses d'ail
pelées et émincées
4 blancs de poulet sans la peau
coupés en lamelles
100 ml de vin blanc sec
½ botte de coriandre ciselée
12 tortillas de blé ou de maïs

Pour la salsa :
1 avocat
8 tomates cerises coupées en quatre
½ botte de ciboulette ciselée
½ botte de persil plat ciselé
1 c. à s. d'huile d'olive
1 c. à s. de jus de citron
sel et poivre du moulin

1 Préparez la salsa. Coupez l'avocat en deux, dénoyautez-le et pelez-le. Coupez la chair en petits dés. Versez dans un saladier avec les tomates, la ciboulette et le persil. Arrosez d'huile et de citron. Salez, poivrez et réservez au réfrigérateur.

2 Mettez l'huile à chauffer à feu doux dans une poêle. Faites cuire les oignons et les poivrons pendant 5 min, jusqu'à ce qu'ils soient tendres. Incorporez l'ail et prolongez la cuisson de quelques secondes.

3 Ajoutez le poulet à la poêle et faites cuire à feu vif pendant 5 min, en remuant souvent. Versez le vin et prolongez la cuisson à feu vif pendant 5 min. Incorporez la coriandre avant de servir.

4 Déposez 1 cuillerée de poulet sauté aux poivrons sur chaque tortilla. Parsemez d'un peu de salsa et enroulez la tortilla sur elle-même. Procédez de la même façon pour toutes les tortillas et présentez le reste de garniture et de salsa à part.

Kebabs de poulet

PRÉP 15 MIN
CUISS 15 MIN

Marinade • 1 h

POUR 4 PERSONNES

1 c. à s. de piment de Cayenne
1 c. à s. d'huile d'olive
le jus de 1 citron
4 blancs de poulet sans la peau
coupés en lanières
4 pains pita
1 cœur de romaine
coupé en lanières
1 oignon
finement émincé
¼ de chou rouge
finement émincé
4 c. à s. de mayonnaise à l'ail
un peu de sauce pimentée
(facultatif)
1 tomate fraîche
coupée en rondelles
¼ de concombre
coupé en rondelles
4 piments doux au vinaigre

1 Dans un saladier, mélangez le piment avec l'huile et un quart du jus de citron. Faites mariner le poulet dans cette sauce pendant 1 h.

2 Allumez le gril du four. Alignez les morceaux de poulet sur la plaque et passez-les sous le gril pendant 10 min, en les retournant fréquemment.

3 Réchauffez les pains pita au four pendant quelques secondes. Ouvrez-les de façon à former une grande poche.

4 Remplissez chaque pain de salade, puis d'oignon et de chou. Déposez du poulet par-dessus. Arrosez de jus de citron et de mayonnaise. Ajoutez de la sauce pimentée. Accompagnez de tomate, de concombre et de 1 piment.

VARIANTE
Vous pouvez remplacer le poulet par de la dinde.

Poulet au marsala, pignons et raisins secs

PRÉP 15 MIN — CUISS 45 MIN

Matériel • cocotte en fonte ou cocotte allant au four

POUR 4 PERSONNES

2 c. à s. d'huile d'olive
sel et poivre du moulin
4 cuisses de poulet coupées en deux
1 oignon haché
2 carottes pelées et hachées
2 branches de céleri hachées
300 ml de marsala
50 g de pignons de pin toastés
50 g de raisins secs
1 botte de persil plat ciselé

1 Mettez l'huile à chauffer dans une cocotte allant au four. Salez et poivrez les morceaux de poulet et faites-les colorer sur toutes les faces pendant 8 min. Réservez sur une assiette.

2 Mettez l'oignon, les carottes et le céleri dans la cocotte. Faites cuire à feu doux pendant 5 min. Incorporez le marsala, salez, poivrez et laissez mijoter à feu doux pendant 30 min. Si la sauce tend à s'assécher, ajoutez quelques cuillerées de bouillon ou d'eau chaude, en veillant à ce que la sauce ne se transforme pas en soupe.

3 Ajoutez le poulet, les pignons et les raisins secs. Prolongez la cuisson de 5 min. Juste avant de servir, parsemez le plat de persil ciselé et dressez sur des assiettes creuses.

Poulet aux petits pois, menthe et lardons

PRÉP 15 MIN — CUISS 1 3/4 H

Matériel • cocotte en fonte ou cocotte allant au four

POUR 4 PERSONNES

2 c. à s. d'huile d'olive
sel et poivre du moulin
4 cuisses de poulet coupées en deux
2 oignons hachés
200 g de lardons
2 gousses d'ail pelées et râpées
200 ml de vin blanc sec
600 ml de bouillon de volaille chaud
250 g de petits pois surgelés
1 botte de persil plat ciselé
10 feuilles de menthe ciselées

1 Préchauffez le four à 150 °C (th. 5). Mettez 1 c. à s. d'huile à chauffer dans une cocotte allant au four. Salez et poivrez les morceaux de poulet et faites-les colorer sur toutes les faces pendant 8 min. Réservez sur une assiette.

2 Ajoutez le reste de l'huile et l'oignon à la cocotte. Faites cuire à feu doux pendant 5 min, jusqu'à ce qu'il soit transparent. Versez les lardons dans la cocotte et laissez cuire pendant 5 min, le temps qu'ils soient dorés et bien croustillants. Ajoutez l'ail et le vin. Portez à ébullition à feu vif pendant quelques minutes, le temps que l'alcool s'évapore.

3 Incorporez le bouillon à la cocotte et portez à nouveau à l'ébullition. Salez, poivrez et ajoutez les petits pois, ainsi que les morceaux de poulet. Parsemez de persil et de menthe. Recouvrez d'un couvercle et enfournez pour 1 h 30 de cuisson. Surveillez fréquemment le niveau du liquide de cuisson, qui doit être assez bas, sans que le poulet ne s'assèche. Servez à la sortie du four, accompagné de pommes sautées.

10 RECETTES AVEC...

Un ingrédient, 10 manières de le cuisiner.

10 RECETTES AVEC...

LE STEAK

1 Steak poêlé en croûte de poivre

PRÉP 10 MIN · CUISS 10 MIN

Matériel • robot ménager • gril en fonte ou plancha

POUR 4 PERSONNES
Dans le bol du robot ménager, versez 1 c. à c. de **poivre noir**, 1 c. à c. de **poivre rose**, 1 c. à c. de **poivre vert**, 1 c. à c. de **moutarde** en grains, 1 c. à c. de **cumin** en grains, 1 c. à c. de **sel**, 2 c. à c. de **sucre roux** et 2 **piments** rouges épépinés. Pulvérisez et versez cette pâte sur une assiette. Enrobez le **steak** de ce mélange. Mettez le gril à chauffer et faites cuire le steak selon votre goût.

2 Sandwich de steak grillé, raifort et cresson

PRÉP 5 MIN · CUISS 10 MIN

Matériel • gril en fonte ou plancha

POUR 1 PERSONNE
Faites cuire 1 **steak** de 150 g sur un gril en fonte et laissez reposer pendant 2 min. Mettez à griller 2 tranches épaisses de **pain de campagne**. Tartinez-les d'une légère couche de **sauce de raifort**, posez le steak sur l'une des tranches de pain, ajoutez 1 poignée de feuilles de **cresson** et quelques rondelles de **tomate**. Recouvrez de l'autre tranche de pain et servez aussitôt.

3 Steak aux légumes chinois

PRÉP 15 MIN · CUISS 5 MIN

POUR 4 PERSONNES
Émincez 300 g de **bavette** en lamelles et mettez-les dans un saladier. Dans un autre saladier, fouettez 1 c. à s. d'**huile** avec 1 c. à s. de **sauce soja claire**, le jus de 1 **citron vert**, 1 c. à c. de **gingembre frais** râpé, 2 gousses d'**ail** hachées et 1 c. à c. de **sucre**. Versez cette sauce sur la viande et laissez mariner. Dressez 200 g de **germes de soja** sur le plat de service. Coupez un **pak-choï** en quatre et faites sauter pendant 3 min dans une poêle avec 1 c. à s. d'huile. Dressez sur le soja. Ajoutez la viande égouttée à la poêle et faites cuire à feu vif pendant 3 min. Incorporez le reste de marinade et 1 c. à s. de **vinaigre de riz**. Faites cuire à feu très vif pendant 1 min supplémentaire. Versez la viande sur le pak-choï et mélangez délicatement.

4 Le steak parfait

PRÉP 2 MIN · CUISS 10 MIN

Matériel • gril en fonte ou plancha

POUR 1 PERSONNE
Salez et poivrez 1 **steak** de 225 g (entrecôte ou bavette). Arrosez-le de 1 filet d'**huile d'olive**. Mettez un gril en fonte à chauffer à blanc et faites cuire le steak entre 2 et 4 min de chaque côté, selon la cuisson souhaitée. Laissez reposer au chaud pendant 5 min sur une assiette avant de servir.

Le steak parfait

5

Steaks grillés en salade

PRÉP 5 MIN CUISS 5 MIN

Matériel • gril en fonte ou plancha

POUR 4 PERSONNES
Salez et poivrez 2 **bavettes** de 175 g chacune. Sur le gril brûlant, faites cuire pendant 1 min sur chaque face. Laissez reposer sur une assiette. Garnissez un plat de 200 g de **roquette**. Parsemez de copeaux de **parmesan** et de **tomates cerises** coupées en deux. Découpez les steaks en fines tranches et répartissez-les sur la salade. Arrosez de 1 filet d'**huile d'olive** et de **vinaigre balsamique**.

6

Steaks panés à la tapenade

PRÉP 15 MIN CUISS 20 MIN

POUR 4 PERSONNES
Déposez 4 **bavettes** de 125 g chacune entre deux morceaux de film alimentaire. À l'aide d'un rouleau à pâtisserie, aplatissez-les en une épaisseur fine et uniforme. Mixez 125 g d'**olives noires** avec 6 **tomates séchées** et 5 brins de **persil**. Réservez 1 c. à s. de cette tapenade et étalez le reste sur les steaks. Roulez-les en un cylindre bien serré. Mélangez le reste de tapenade avec 125 g de **chapelure**. Plongez les steaks dans de la **farine**, puis dans de l'**œuf** battu, et enfin dans la chapelure. Faites cuire dans un four préchauffé à 200 °C (th. 6-7) pendant 15 min. Coupez les steaks en deux et servez-les avec des **épinards** sautés à l'**ail**.

7

Steaks en salade de pleurotes

PRÉP 5 MIN CUISS 15 MIN

Matériel • gril en fonte ou plancha

POUR 4 PERSONNES
Faites cuire 2 **bavettes** de 125 g chacune sur un gril en fonte. Laissez-les reposer pendant 5 min, émincez-les en lamelles et déposez-les dans un saladier. Mettez 1 c. à s. **d'huile d'olive** à chauffer dans une poêle et faites revenir 200 g de **pleurotes** à feu moyen pendant 5 min. Mélangez-les au steak. Fouettez 3 c. à s. d'huile d'olive avec 1 c. à s. de **vinaigre de vin blanc** et 1 c. à s. de **moutarde à l'ancienne**. Arrosez la salade de cette vinaigrette et parsemez de **persil**.

8

Steaks en chaussons

PRÉP 15 MIN CUISS 30 MIN

POUR 4 PERSONNES
Dans une poêle chaude, faites revenir 250 g de **rumsteck** coupé en cubes dans 1 c. à s. d'**huile d'olive** pendant 3 min. Incorporez 150 ml de **bouillon de bœuf** chaud et laissez mijoter pendant 3 min. Ajoutez 2 **pommes de terre** et 3 **carottes** cuites et coupées en dés. Salez et poivrez. Dans une **pâte brisée** pré-étalée, découpez 4 carrés de la même taille et répartissez la viande et les légumes au centre. Parsemez la viande de **gruyère**, et humidifiez les bords de pâte avec un peu d'eau. Ramenez les 4 coins vers le centre, puis scellez-les en les pinçant. Badigeonnez ces chaussons de **jaune d'œuf** battu et enfournez pour 20 min de cuisson dans un four préchauffé à 180 °C (th. 6).

Steaks en salade de pleurotes

Brochettes de steak au paprika

9

Brochettes de steak au paprika

PRÉP 10 MIN · CUISS 10 MIN

Marinade • 1 h

Matériel • brochettes en bois • gril en fonte ou plancha

POUR 4 PERSONNES

Mettez les brochettes à tremper pendant 30 min dans un récipient d'eau froide. Pendant ce temps, coupez 350 g de **rumsteck** en cubes de 3 cm et mélangez-les avec 2 c. à c. de **paprika**, le jus de 1 **citron**, 1 c. à s. de **persil plat** ciselé et 1 c. à s. d'**huile d'olive**. Salez, poivrez et montez 3 morceaux de viande par brochette. Laissez mariner pendant 1 h au réfrigérateur. Faites chauffer à blanc un gril en fonte et mettez les brochettes à cuire pendant 1 min sur chaque face. Laissez reposer pendant 2 min avant de servir avec une **purée de pommes de terre.**

10

Steak à la suédoise

PRÉP 20 MIN · CUISS 20 MIN

POUR 4 PERSONNES

Pelez 1 kg de **pommes de terre** et mettez-les à cuire dans une grande casserole d'eau bouillante pendant 15 min. Égouttez-les et déposez-les dans un bol rempli d'eau glacée. Découpez 300 g de **bavette** en gros morceaux et saisissez à feu vif dans une poêle avec un peu d'**huile d'olive**. Réservez. Fouettez 250 g de **beurre** avec 5 gousses d'**ail** hachées et 1 botte de **persil plat** ciselé. Salez, poivrez et réservez. Coupez les pommes de terre en rondelles et alignez-les dans un plat de cuisson. Déposez le steak par-dessus et recouvrez l'ensemble de beurre aillé. Faites rôtir au four préchauffé à 210 °C (th. 7) pendant 5 min.

10 RECETTES AVEC... DU FROMAGE

1

Poireaux gratinés sur toasts

PRÉP 10 MIN · CUISS 10 MIN

POUR 2 PERSONNES

Mettez 1 c. à s. d'**huile d'olive** dans une poêle. Faites cuire 1 **poireau** émincé jusqu'à ce qu'il soit tendre. Réservez. Dans la même poêle, ajoutez 25 g de **beurre**, 150 ml de **bière brune** et 175 g de **cheddar extra-fort**. Laissez cuire à feu doux en remuant jusqu'à l'obtention d'une sauce lisse. Hors du feu, incorporez 1 c. à s. de **farine**, puis remettez sur le feu et prolongez la cuisson de 1 min. Hors du feu, ajoutez 2 c. à s. de **moutarde**, 3 gouttes de **sauce Worcestershire** et le poireau cuit. Salez, poivrez et laissez refroidir. Ajoutez 2 **jaunes d'œufs** à cette sauce. Faites griller 4 tranches de **pain** et retournez-les sur un plat de cuisson. Recouvrez de sauce au poireau et passez sous le gril du four, jusqu'à la formation d'une croûte dorée.

2

Camembert au four

PRÉP 5 MIN · CUISS 10 MIN

POUR 4 PERSONNES

Enlevez l'emballage en plastique de 1 **camembert** et remettez-le dans sa boîte en bois, après avoir débarrassé celle-ci de toutes ses étiquettes. Incisez légèrement le fromage et insérez 1 brin de **romarin** dans chaque entaille. Enfournez le camembert (sans le couvercle) dans un four préchauffé à 180 °C (th. 6) pour 20 min de cuisson, jusqu'à ce que le fromage commence à bouillonner et à fondre. Servez aussitôt avec une **baguette** croustillante, des lamelles de **pomme verte** et des bâtonnets de **céleri**.

3

Halloumi poêlé aux figues

PRÉP 10 MIN · CUISS 20 MIN

POUR 4 PERSONNES

Coupez 8 **figues** en quatre. Émincez 300 g de **halloumi** (fromage de Chypre à base de lait de chèvre et de brebis) en lamelles de 5 mm. Dans une grande poêle, faites griller les figues et le fromage pendant 2 min sur chaque face. Dressez sur un plat de service et réservez. Dans la même poêle, faites bouillir 60 ml de **vinaigre de vin rouge**. Ajoutez 1 c. à s. de **coriandre** ciselée et 1 gousse d'**ail** écrasée. Laissez réduire des trois quarts à feu moyen. Arrosez la salade de quelques gouttes de cette sauce, puis versez 1 filet d'**huile d'olive** sur l'ensemble. Servez sans attendre.

4

Fondue savoyarde

PRÉP 10 MIN · CUISS 15 MIN

POUR 4 PERSONNES

Mettez 250 ml de **vin blanc** à bouillir dans une casserole. Ajoutez 200 g d'**emmenthal** et remuez jusqu'à ce que le fromage ait totalement fondu. Faites de même avec 200 g de **gruyère**, jusqu'à l'obtention d'une sauce lisse. Versez dans de petits bols et servez avec des cubes de **pain rustique** montés sur des piques en bois.

Halloumi poêlé aux figues

5 Salade de feta et pastèque aux graines de courge

PRÉP 5 MIN CUISS 2 MIN

POUR 4 PERSONNES

Découpez la chair de 1 petite **pastèque** en cubes et mettez-les dans un saladier. Émiettez 150 g de **feta** par-dessus. Ajoutez ½ c. à c. de **poivre noir** fraîchement moulu, 1 filet d'**huile d'olive** et 10 feuilles de **menthe** ciselées. Mélangez délicatement et dressez dans des bols. Dans une petite poêle, faites griller 50 g de **graines de courge** avec 1 pincée de **sel**. Salez et parsemez la salade des graines de courge grillées.

6 Gratin de pommes de terre aux lardons

PRÉP 20 MIN CUISS 45 MIN

POUR 4 PERSONNES

Faites revenir 200 g de **lardons** dans une poêle à feu moyen et égouttez-les sur du papier absorbant. Dans une casserole, laissez mijoter, pendant 15 min, 300 g de **pommes de terre** finement émincées avec 300 ml de **lait** et 300 ml de **crème liquide**. Égouttez les pommes de terre et réservez le lait. Dans un plat, alternez une couche de pommes de terre avec une couche d'**emmenthal** et une couche de lardons. Salez, poivrez et versez le lait par-dessus. Recouvrez d'aluminium ménager et faites cuire pendant 30 min dans un four préchauffé à 180 °C (th. 6). Terminez la cuisson à découvert pendant 15 min.

7 Soufflés au fromage express

PRÉP 30 MIN CUISS 15 MIN

Matériel • ramequins

POUR 4 PERSONNES

Faites fondre 25 g de **beurre** à feu doux dans une poêle. Saupoudrez de 1 c. à s. de **farine** et remuez pendant 2 min, puis incorporez progressivement 300 ml de **lait**, sans cesser de remuer. Ajoutez à la sauce 50 g de **gruyère**, 25 g de **parmesan** et 1 c. à c. de **moutarde à l'ancienne**. Faites fondre en remuant. Salez et poivrez. Incorporez 4 **jaunes d'œufs** l'un après l'autre. Fouettez 4 **blancs d'œufs** en neige ferme et incorporez-les délicatement à la préparation. Remplissez aux trois quarts 4 ramequins beurrés et faites cuire au four préchauffé à 180 °C (th. 6) pendant 12 à 15 min. Servez dès la sortie du four.

8 Paneer au tandoori

PRÉP 20 MIN CUISS 10 MIN

Marinade • 30 min

Matériel • robot ménager ou mixeur • brochettes en bois • gril en fonte ou barbecue

POUR 4 PERSONNES

Mettez les brochettes à tremper pendant 30 min dans de l'eau froide. Pendant ce temps, préparez la sauce tandoori : dans le robot ménager, réduisez en purée 3 gousses d'**ail**, 2 **piments frais** épépinés, un morceau de **gingembre frais** (3 cm) pelé, le zeste et le jus de ½ **citron** et 3 c. à s. de **yaourt à la grecque**. Ajoutez 1 c. à s. de **garam masala** et 1 c. à s. de **cumin en poudre**. Pulvérisez, salez et poivrez. Découpez 250 g de **fromage frais** en gros cubes et mettez-les à mariner pendant 30 min dans la sauce. Montez-les sur les brochettes et faites griller pendant 4 min de chaque côté. Servez sur un lit de salade de **laitue** et d'**oignon rouge** émincé, avec quelques rondelles de **tomate**.

Soufflé au fromage express

Croquettes à la mozzarella

9 Salade de chou rouge, vinaigrette au bleu

PRÉP 10 MIN

Matériel • robot ménager

POUR 4 PERSONNES

Mixez 125 g de **bleu d'Auvergne** avec 225 g de **yaourt à la grecque** et 10 feuilles d'**estragon** ciselées. Poivrez généreusement. Émincez finement 1 **chou rouge** et mélangez-le avec 25 g de **raisins secs** et de 25 g de **pignons de pin** grillés. Versez le chou et la sauce dans un saladier, arrosez de 2 c. à s. de **vinaigre balsamique** et mélangez délicatement. Servez avec une boule de **pain de campagne**.

10 Croquettes à la mozzarella

PRÉP 30 MIN CUISS 5 MIN

POUR 4 PERSONNES

Salez et poivrez généreusement 250 g de **risotto** déjà cuit et façonnez-le en 12 boulettes. Insérez 1 bille de **mozzarella** au centre de chaque boulette et refermez soigneusement. Plongez-les dans de l'**œuf** battu, puis dans de la **chapelure fine**. Faites-les frire dans une poêle avec un peu d'**huile d'olive**, jusqu'à ce qu'elles soient joliment dorées. Servez aussitôt.

10 RECETTES AVEC... DU SAUMON

1 Saumon à la sauce chinoise hoisin

PRÉP 10 MIN CUISS 15 MIN

Marinade • 30 min
Matériel • gril en fonte ou plancha

POUR 4 PERSONNES
Mélangez 1 c. à s. de **sauce hoisin** avec un morceau de **gingembre frais** (3 cm) râpé et 2 gousses d'**ail** hachées. Badigeonnez 4 pavés de **saumon** de cette préparation. Salez et poivrez, puis laissez mariner au réfrigérateur pendant 30 min. Mettez un gril en fonte à chauffer à feu vif. Posez les pavés, côté peau d'abord, et faites-les griller pendant 4 min de chaque côté. Servez avec du **riz** ou de la **salade**.

2 Croquettes de saumon

PRÉP 15 MIN CUISS 20 MIN

POUR 4 PERSONNES
Dans un saladier, mélangez 300 g de **saumon cuit** avec 150 g de **saumon fumé** et haché. Ajoutez 1 **échalote** hachée, 2 gousses d'**ail** râpées, 300 g de **purée de pommes de terre**, 1 c. à s. d'**estragon**, 1 c. à s. d'**aneth** et 2 **œufs** battus. Salez, poivrez et mélangez avec vos doigts. Façonnez cette préparation en forme de croquettes, puis roulez soigneusement celles-ci dans de la **chapelure**. Déposez-les dans un plat à gratin enduit d'**huile**. Faites rôtir dans un four préchauffé à 200 °C (th. 6-7) pendant 20 min, en retournant une fois les croquettes.

3 Saumon à l'aneth, sauce madère

PRÉP 10 MIN CUISS 20 MIN

POUR 4 PERSONNES
Déposez 4 pavés de **saumon** salés et poivrés dans un plat de cuisson, côté peau. Recouvrez d'aluminium ménager et faites cuire au four préchauffé à 200 °C (th. 6-7) pendant 15 min. Dans une petite casserole, mettez 2 c. à s. d'**huile d'olive** à chauffer à feu doux et faites cuire 2 **échalotes** hachées et 2 gousses d'**ail** râpées pendant 5 min. Incorporez 1 filet de **vin de Madère** et faites réduire de moitié à feu vif. Ajoutez 1 c. à s. d'**aneth** ciselé. Mélangez soigneusement, puis arrosez les pavés de saumon de cette sauce.

4 Saumon en papillote à la coriandre et aux citrons verts

PRÉP 5 MIN CUISS 25 MIN

POUR 4 PERSONNES
Faites une entaille dans la longueur de 1 filet de **saumon** de 600 g, sans entamer la peau. Pelez à vif 2 **citrons verts** et prélevez-en les segments, que vous découperez en dés. Mélangez-les avec 1 botte de **coriandre** ciselée. Salez et poivrez le poisson, puis farcissez-le de coriandre au citron. Refermez la poche, puis salez et poivrez à nouveau. Posez une feuille d'aluminium ménager au fond d'un plat de cuisson, en la faisant déborder sur les côtés. Posez le poisson par-dessus et arrosez-le de 10 cl de **vin blanc**. Refermez soigneusement la papillote, sans trop serrer, et faites cuire pendant 25 min dans un four préchauffé à 180 °C (th. 6).

Saumon en papillote à la coriandre et aux citrons verts

5 Saumon rôti à la sauce soja

PRÉP 5 MIN CUISS 15 MIN

Marinade • 1 h

POUR 4 PERSONNES

Mélangez 4 c. à s. de **sauce soja claire** avec 2 gousses d'**ail** écrasées ainsi que le zeste râpé et le jus de ½ **citron**. Versez cette marinade sur 4 pavés de **saumon** et laissez reposer au réfrigérateur pendant 1 h. Transférez le poisson dans un plat de cuisson et faites cuire pendant 15 min dans un four préchauffé à 200 °C (th. 6-7). Servez avec une salade de **mesclun**.

6 Kedgeree au saumon

PRÉP 10 MIN CUISS 20 MIN

POUR 4 PERSONNES

Mettez 50 g de **beurre** à fondre à feu moyen dans une poêle et faites ramollir 1 **oignon** haché pendant 5 min. Ajoutez 250 g de **riz basmati** et remuez jusqu'à ce que les grains soient translucides. Incorporez 750 ml de **bouillon de volaille** chaud et laissez mijoter à couvert pendant 20 min, jusqu'à ce que l'eau soit complètement absorbée. Ajoutez délicatement 500 g de **saumon** cuit et effiloché. Mélangez doucement, avec 1 c. à c. de **curry** en poudre et 1 c. à c. de **piment de Cayenne**. Servez chaud, accompagné de tranches de **mangue** mûre.

7 Saumon braisé au chou frisé

PRÉP 10 MIN CUISS 25 MIN

POUR 4 PERSONNES

Dans une sauteuse, faites pocher 4 pavés de **saumon** (sans la peau) dans du **lait** pendant 10 min. À l'aide d'une écumoire, transférez le poisson dans un plat de cuisson. Émincez grossièrement ½ **chou frisé** et plongez-le dans une casserole d'eau chaude pendant 5 min. Égouttez-le et ajoutez-le délicatement au saumon. Mélangez 1 c. à s. de **sauce au raifort** avec 150 ml de **sauce au fromage** (voir recette p. 251). Nappez le saumon de cette sauce et enfournez pour 15 min de cuisson dans un four préchauffé à 190 °C (th. 6-7). Servez dès la sortie du four.

8 Saumon au curry thaï

PRÉP 10 MIN CUISS 20 MIN

POUR 4 PERSONNES

Mettez 2 c. à s. d'**huile** à chauffer à feu moyen dans une grande poêle. Incorporez 2 c. à s. de **pâte de curry thaï vert**, en remuant constamment. Ajoutez 3 gousses d'**ail** écrasées, un morceau de **gingembre frais** (5 cm) pelé et coupé en fines lamelles, ainsi que 1 **poivron rouge** épépiné et finement émincé. Laissez cuire pendant 2 min avant de verser 400 ml de **lait de coco** dans la poêle. Portez à ébullition, puis ajoutez 2 c. à s. de **sauce de poisson (nam pla)**, 200 g de **pousses de bambou** égouttées et 75 g de **mini-épis de maïs**, égouttés et coupés en deux dans la longueur. Faites cuire à feu doux pendant 5 min. Ajoutez 400 g de **saumon frais** coupé en gros cubes ainsi que 1 poignée de **basilic**. Laissez cuire pendant 10 min à feu moyen et servez avec du **riz thaï** parfumé au jasmin.

Saumon au curry thaï

Saumon grillé, sauce yaourt à la menthe

9

Saumon grillé, sauce yaourt à la menthe

PRÉP 15 MIN | CUISS 25 MIN

POUR 4 PERSONNES

Fouettez 2 c. à s. de **vinaigre de vin rouge** avec 2 c. à s. de **menthe** hachée, 4 c. à s. de **yaourt à la grecque**, du **sel** et du **poivre**. Déposez 1 filet de **saumon** de 600 g sur une feuille d'aluminium ménager, saupoudrez d'**aneth** ciselé, de **sel** et de **poivre**. Posez 4 rondelles de **citron** sur le poisson et refermez la feuille d'aluminium en papillote. Placez-la sur une plaque de cuisson et faites cuire au four préchauffé à 190 °C (th. 6-7) pendant 25 min. Servez avec la sauce au yaourt et une salade de **concombres**.

10

Sushis au saumon fumé

PRÉP 20 MIN | CUISS 35 MIN

POUR 4 PERSONNES

Faites cuire 300 g de **riz à sushi** selon les indications portées sur l'emballage. Étalez-le sur une plaque froide, recouvrez-le d'un torchon propre et laissez-le refroidir complètement. Recouvrez un plat à gratin d'une double couche de film alimentaire. Étalez le riz froid dans le plat, sur une épaisseur de 5 cm. Recouvrez le riz de 300 g de **saumon fumé** coupé en tranches fines, en pressant fermement, pour qu'il adhère au riz. Trempez un couteau bien affûté dans un saladier rempli d'eau chaude et découpez le riz en rectangles ou en carrés. Servez avec du **wasabi** et de la **sauce soja claire**.

10 RECETTES AVEC...

DE LA VIANDE HACHÉE

1

Curry de bœuf haché aux fruits

PRÉP 10 MIN CUISS 30 MIN

POUR 4 PERSONNES

Dans une grande poêle, faites suer pendant 5 min 1 **oignon** haché avec 1 pincée de **sel** dans 1 c. à s. d'**huile d'olive**. Ajoutez 1 **poivron rouge** coupé en dés, 2 gousses d'**ail** hachées et un morceau de **gingembre** (3 cm) râpé. Mélangez et incorporez 2 c. à s. de **curry** en poudre. Ajoutez 700 g de **bœuf haché** et faites cuire pendant 5 min, sans cesser de remuer. Incorporez 150 ml de **bouillon de légumes** chaud et portez à ébullition. Ajoutez 2 **pommes vertes** coupées en dés ainsi que 50 g de **raisins secs**. Laissez mijoter à feu doux pendant 10 min, jusqu'à ce que la sauce épaississe. Servez avec du **riz basmati**.

2

Courge farcie au bœuf haché

PRÉP 15 MIN CUISS 40 MIN

POUR 4 PERSONNES

Coupez 1 **courge butternut** en deux et épépinez-la. Déposez les deux moitiés sur une plaque de cuisson, arrosez-les d'**huile d'olive** et laissez-les rôtir dans un four préchauffé à 190 °C (th. 6-7) pendant 15 min. Faites revenir 1 **oignon** haché dans une poêle avec un peu d'huile d'olive. Ajoutez 700 g de **bœuf haché** et laissez cuire pendant 5 min. Salez, poivrez, puis incorporez 1 c. à s. de **persil plat** ciselé. Sortez la courge du four et remplissez les cavités de viande hachée. Recouvrez d'aluminium ménager et enfournez pour 30 min de cuisson. Ôtez l'aluminium, saupoudrez de **gruyère** râpé et faites gratiner sous le gril pendant 2 min.

3

Nachos au bœuf haché et au fromage

PRÉP 5 MIN CUISS 20 MIN

POUR 4 PERSONNES

Dans une poêle enduite d'**huile d'olive**, faites cuire 500 g de **bœuf haché** pendant 10 min à feu vif. Ajoutez quelques gouttes de **Tabasco**©, salez et poivrez. Étalez une couche de **chips de maïs** dans un plat à gratin, en les superposant légèrement. Déposez des cuillerées de viande sur les chips et saupoudrez de 125 g de **cheddar râpé**. Passez sous le gril du four et servez bien chaud, accompagné de **salsa** et de **guacamole**.

4

Tomates farcies à la grecque

PRÉP 10 MIN CUISS 1 1/2 H

POUR 4 PERSONNES

Découpez les chapeaux de 4 **tomates**. Évidez-les à l'aide d'une petite cuillère et réservez la pulpe. Mettez 1 c. à s. d'**huile d'olive** à chauffer à feu moyen dans une poêle. Faites cuire 400 g d'**épaule d'agneau** hachée, sans cesser de remuer la viande. Incorporez la pulpe de tomates hachée, ainsi que 1 pincée de **paprika**, 1 pincée de **cumin** et 1 pincée de **cannelle** en poudre. Laissez cuire pendant 2 min avant d'ajouter 1 **poivron vert** haché, 1 c. à s. de **purée de tomates**, 1 c. à s. de **harissa** et 10 feuilles de **menthe** émincées. Versez 150 ml de **bouillon de légumes** dans la poêle, portez à ébullition, puis laissez mijoter pendant 15 min à feu doux. Salez, poivrez et remplissez les tomates évidées de cette préparation. Posez 1 chapeau sur chaque tomate et déposez-les dans un plat à gratin. Couvrez d'aluminium ménager et enfournez pour 1 h de cuisson, au four préchauffé à 180 °C (th. 6).

Tomates farcies à la grecque

5

Boulettes et potiron rôtis

PRÉP 15 MIN — CUISS 30 MIN

POUR 4 PERSONNES

Mélangez 500 g de **bœuf haché** avec 1 **oignon** haché et 2 gousses d'**ail** râpées. Salez, puis incorporez 1 **œuf**. Façonnez 12 boulettes de viande et placez-les au réfrigérateur. Coupez la chair de 1 kg de **potiron** en gros cubes. Mettez-les dans un plat de cuisson, arrosez de 1 filet d'**huile d'olive** et saupoudrez de **paprika** et de **sel**. Faites cuire pendant 20 min dans un four préchauffé à 180 °C (th. 6). Plongez les boulettes dans un bain de friture pendant 5 min, puis transférez-les dans le plat avec le potiron. Prolongez la cuisson au four de 10 min.

6

Pizzas turques à la viande d'agneau hachée

PRÉP 5 MIN — CUISS 20 MIN

POUR 4 PERSONNES

Dans une poêle, faites revenir pendant 5 min 1 **oignon** haché dans 1 c. à s. d'**huile d'olive**. Ajoutez 2 gousses d'**ail** hachées et 500 g d'**épaule d'agneau** haché. Laissez cuire sans cesser de remuer, afin de bien séparer les morceaux de viande. Incorporez 1 pincée de **paprika fort** ainsi que le jus de 1 **citron**. Salez, puis étalez la préparation sur 4 rectangles de **pâte à pizza fine**. Parsemez de **pignons de pin** et de **paprika doux.** Faites cuire pendant 10 min dans un four préchauffé à 200 °C (th. 6-7). Saupoudrez de **coriandre** avant de servir.

7

Bœuf haché aux pois chiches, zestes d'orange et cannelle

PRÉP 10 MIN — CUISS 20 MIN

POUR 4 PERSONNES

Dans une poêle, faites revenir pendant 5 min 1 **oignon** haché dans 1 c. à s. d'**huile d'olive**. Ajoutez 2 gousses d'**ail** hachées, un morceau (3 cm) de **gingembre** râpé et 1 pincée de **cannelle**. Salez et poivrez, puis ajoutez 700 g de **bœuf haché**. Faites cuire pendant 3 min à feu vif. Incorporez le zeste râpé et le jus de 1 **orange** ainsi que 400 g de **pois chiches** égouttés. Versez 150 ml de **bouillon de légumes**, portez à ébullition et laissez mijoter pendant 15 min avant de servir.

8

Hamburgers méditerranéens

PRÉP 10 MIN — CUISS 15 MIN

POUR 4 PERSONNES

Dans un saladier, mélangez 500 g de **bœuf haché** avec 1 **oignon** haché, 2 gousses d'**ail** râpées, 1 c. à s. d'**origan** séché, 2 **poivrons rouges** épépinés et coupés en petits dés, 1 botte de **basilic** et autant de **persil plat** ciselés. Salez, poivrez et incorporez 1 c. à c. de **vin rouge**. Mélangez soigneusement avec les doigts, puis divisez la préparation en 4 grosses boulettes, que vous aplatirez légèrement. Mettez 1 noix de **beurre** à fondre à feu moyen dans une poêle et faites cuire les hamburgers pendant 3 à 5 min de chaque côté. Servez-les sur un **petit pain rustique** avec de la **salade** et des **tomates**.

Hamburgers méditerranéens

Bœuf haché aux pois chiches, zestes d'orange et cannelle

9 Bœuf haché à l'aubergine

PRÉP 10 MIN · CUISS 30 MIN

POUR 4 PERSONNES

Coupez 1 **aubergine** en fines rondelles. Mettez 1 c. à s. d'**huile d'olive** à chauffer à feu moyen dans une grande poêle et faites dorer les rondelles d'**aubergine** sur les deux faces. Égouttez sur du papier absorbant. Dans la même poêle, faites cuire 1 **oignon** haché dans 1 c. à s. d'huile pendant 5 min. Ajoutez 2 gousses d'**ail** hachées, 1 pincée d'**origan** séché, 1 pincée de **mélange quatre-épices** et 1 pincée de **cannelle en poudre**. Salez et poivrez. Ajoutez 700 g d'**épaule d'agneau** hachée et faites cuire pendant 5 min. Dans un plat de cuisson, déposez une couche de viande, puis une couche d'aubergine. Mélangez 150 ml de **yaourt à la grecque** avec 1 **œuf**. Versez ce mélange sur les aubergines et faites cuire au four pendant 15 min, jusqu'à ce qu'une croûte dorée se forme à la surface.

10 Bœuf haché à la tomate

PRÉP 5 MIN · CUISS 20 MIN

POUR 4 PERSONNES

Dans une grande poêle, faites revenir pendant 10 min, à feu moyen, 500 g de **bœuf haché** dans 2 c. à s. d'**huile d'olive**. Incorporez 75 ml de **coulis de tomates** et 1 c. à s. de feuilles de **thym frais**. Salez, poivrez et laissez mijoter à feu doux pendant 10 min. Pendant ce temps, mettez 1 noix de **beurre** à fondre à feu moyen dans une autre poêle. Faites revenir 200 g de petits **champignons de Paris** coupés en deux pendant 5 min à feu vif. Versez-les dans la première poêle et mélangez-les délicatement à la viande. Servez sur un lit de **tagliatelles** fraîches cuites à l'eau, et présentez une coupelle de **parmesan** râpé à part.

10 RECETTES AVEC... DES SAUCISSES

1 Hot dogs et confiture d'oignons

PRÉP 10 MIN CUISS 30 MIN

POUR 4 PERSONNES

Versez 3 **oignons** émincés dans une grande poêle avec 1 c. à s. d'**huile d'olive**. Laissez fondre pendant 5 min, puis ajoutez 1 c. à s. de **sucre roux**. Prolongez la cuisson à feu doux pendant 25 min, jusqu'à ce que les oignons soient caramélisés. Mettez 8 **saucisses de Francfort** dans un plat de cuisson, arrosez d'un peu d'huile d'olive et faites cuire au four préchauffé à 180 °C (th. 6) pendant 10 min. Fendez 4 **petits pains** en deux, fourrez-les de 2 saucisses chacun et déposez par-dessus de la **confiture d'oignons**.

2 Feuilletés à la saucisse

PRÉP 15 MIN CUISS 20 MIN

POUR 4 PERSONNES

Enlevez la peau de 8 **saucisses de porc** et émiettez-les dans un saladier. Ajoutez 2 **pommes** pelées et coupées en dés, ainsi que 5 feuilles de **sauge** ciselées. Mélangez soigneusement. Sur le plan de travail légèrement fariné, étalez 400 g de **pâte feuilletée** en un rectangle de 3 cm d'épaisseur et découpez-la en 8 rectangles. Répartissez la farce sur 4 rectangles et humidifiez les bords avec un peu d'eau. Recouvrez avec les 4 autres rectangles. Appuyez sur les bords avec les doigts, de manière à bien les souder. Badigeonnez les feuilletés avec du **jaune d'œuf** battu et faites cuire au four préchauffé à 180 °C (th. 6) pendant 20 min. Servez chaud, accompagné d'une **salade verte**.

3 Clafoutis aux saucisses

PRÉP 15 MIN CUISS 40 MIN

POUR 4 PERSONNES

Tamisez 125 g de **farine** avec 1 pincée de **sel** dans un saladier et faites un puits au centre. Versez 2 **œufs** et 1 c. à s. de **lait** dans le puits et mélangez avec une cuillère en bois. Ajoutez progressivement 300 ml de lait en fouettant. Salez, poivrez et incorporez 5 feuilles de **sauge** ciselées. Laissez reposer la pâte au réfrigérateur. Mettez 8 petites **saucisses de Toulouse** dans un plat à gratin. Arrosez-les d'**huile d'olive** et faites cuire au four préchauffé à 180 °C (th. 6) pendant 20 min. Ôtez le plat du four, versez la pâte sur les saucisses et prolongez la cuisson de 15 min. Servez avec une salade de **pissenlit** ou de **mâche**.

4 Merguez aux pommes de terre rôties au four

PRÉP 10 MIN CUISS 40 MIN

POUR 4 PERSONNES

Mettez 8 **merguez** dans un plat à gratin avec 250 g de **pommes de terre nouvelles** et 2 **oignons** coupés en quartiers. Dans un petit bol, mélangez 4 c. à s. de **moutarde à l'ancienne** avec 1 c. à s. de **confiture de groseilles** et 1 c. à s. d'**huile d'olive**. Versez cette sauce dans le plat et mélangez soigneusement avec les doigts. Parsemez de quelques brins de **romarin**, salez, poivrez et faites cuire au four préchauffé à 180 °C (th. 6) pendant 40 min. Servez avec une **salade** croquante.

Clafoutis aux saucisses

5

Saucisses aux lentilles

PRÉP 10 MIN CUISS 50 MIN

POUR 4 PERSONNES

Dans une grande sauteuse, mettez 4 **saucisses de Morteau** à griller à feu doux avec un peu d'**huile d'olive**. Réservez sur une assiette. Dans la même sauteuse, faites revenir 1 **oignon** haché dans 1 c. à s. d'**huile d'olive** pendant 5 min. Ajoutez 2 gousses d'**ail** hachées et 1 c. à s. de **romarin** effeuillé. Salez et poivrez. Versez 200 g de **lentilles vertes du Puy** et 300 ml de **cidre brut**. Portez à ébullition à feu vif, puis incorporez 500 ml de **bouillon de légumes chaud**. Déposez les saucisses dans la sauteuse et laissez mijoter pendant 40 min à feu doux. Goûtez et assaisonnez en fin de cuisson.

6

Boulettes aux marrons

PRÉP 10 MIN CUISS 20 MIN

POUR 4 PERSONNES

Mettez de l'**huile** à chauffer à feu moyen dans une poêle. Faites cuire 1 **oignon** pendant 5 min avec 1 pincée de **sel**, puis laissez refroidir. Dans un saladier, mélangez 500 g de **chair à saucisse** avec 250 g de **marrons** égouttés et coupés en morceaux, 1 botte de **persil plat** ciselé et l'oignon refroidi. Salez, poivrez et mélangez. Façonnez des boulettes et mettez-les à cuire dans un bain de friture pendant 10 min, ou faites-les cuire au four préchauffé à 180 °C (th. 6) pendant 20 min. Vous pouvez aussi utiliser cette préparation pour farcir un poulet ou une pintade.

7

Brochettes merguez-tomates

PRÉP 15 MIN CUISS 20 MIN

Matériel • brochettes en bois • gril en fonte ou plancha

POUR 4 PERSONNES

Mettez les brochettes à tremper pendant 30 min dans de l'eau froide. Coupez 12 **merguez** en gros morceaux. Sur les brochettes en bois, alternez 1 **tomate** et 1 morceau de **merguez**. Terminez par 1 feuille de **laurier**. Enduisez d'**huile d'olive** et saupoudrez de 1 pincée d'**herbes de Provence**. Mettez les brochettes à cuire sur le gril chauffé à blanc pendant 5 min de chaque côté.

8

Boulgour aux saucisses

PRÉP 10 MIN CUISS 20 MIN

POUR 4 PERSONNES

Versez 125 g de **boulgour** dans un plat creux, recouvrez d'eau bouillante et laissez gonfler pendant 10 min. Égrainez à l'aide d'une fourchette. Salez et poivrez généreusement. Mettez 1 c. à s. d'**huile** à chauffer à feu doux dans une poêle. Faites ramollir pendant 5 min l'**oignon** additionné de 1 pincée de **sel** et de 1 pincée de **paprika**. Ajoutez 500 g de **chair à saucisse** à la poêle et laissez cuire pendant 5 min à feu moyen. Incorporez 2 **courgettes** râpées et prolongez la cuisson à feu doux pendant 15 min. Parsemez de **persil plat** haché juste avant se servir.

Brochettes merguez-tomates

Marmite de chorizo et d'oignons grelots

9 Courgettes farcies à la saucisse

PRÉP 15 MIN CUISS 40 MIN

POUR 4 PERSONNES

Fendez 4 **courgettes** en deux dans le sens de la longueur. Prélevez la chair, coupez-la grossièrement et réservez-la avec les courgettes évidées. Mettez 1 c. à s. d'**huile** à chauffer à feu moyen dans une poêle et faites cuire 1 **oignon** haché pendant 5 min. Ajoutez 2 gousses d'**ail** hachées et la chair de courgette. Salez, poivrez et faites revenir pendant 2 min. Incorporez 300 g de **chair à saucisse**, 1 botte de **persil plat** ciselé, 1 c. à s. de **thym frais** effeuillé et 1 pincée de **cannelle**. Faites cuire pendant 5 min. Badigeonnez les courgettes évidées d'huile d'olive. Salez, poivrez et alignez-les dans un plat à gratin. Farcissez-les de chair à saucisse, en tassant bien. Façonnez le reste de préparation en boulettes et rangez-les dans le même plat. Faites cuire au four préchauffé à 180 °C (th. 6) pendant 30 min.

10 Marmite de chorizo et d'oignons grelots

PRÉP 15 MIN CUISS 45 MIN

Matériel • cocotte

POUR 4 PERSONNES

Pelez 20 **oignons grelots** à l'aide d'un petit couteau. Dans une cocotte, faites dorer pendant quelques minutes, puis saupoudrez de 1 pincée de **fenouil en grains**. Ajoutez 2 gousses d'**ail** hachées et 1 pincée de **piment de Cayenne**. Versez 250 g de **chorizo** coupé en gros cubes ou en tranches épaisses. Faites cuire pendant 1 min, puis ajoutez 400 g de **tomates concassées** en conserve. Incorporez 300 ml d'eau à la cocotte, salez, poivrez et mélangez. Faites cuire à couvert dans un four préchauffé à 200 °C (th. 6) pendant 40 min. Si la sauce tend à s'assécher, détendez-la avec un peu d'eau chaude. Servez sans attendre, avec de la **purée de pommes de terre** ou du **riz**.

10 RECETTES AVEC... DES ŒUFS

1 L'omelette parfaite

PRÉP 2 MIN · CUISS 1 MIN

POUR 1 PERSONNE
Fouettez vivement 2 **œufs** avec 1 goutte de **lait**, du **sel** et du **poivre**. Mettez 1 noix de **beurre** à fondre dans une petite poêle chaude et versez les œufs battus. À l'aide d'une spatule en caoutchouc, ramenez constamment les bords de l'omelette vers le centre de la poêle, pour que la partie liquide soit toujours sur les bords, et la partie cuite ramenée au centre. Au bout de 30 secondes, éteignez le feu. L'omelette est prête, même si le centre reste moelleux, car la cuisson s'achève grâce à la chaleur emmagasinée. Saupoudrez éventuellement de fromage râpé. Repliez l'omelette sur elle-même, glissez-la sur une assiette et servez sans attendre.

2 Pain perdu

PRÉP 5 MIN · CUISS 10 MIN

POUR 1 PERSONNE
Fouettez rapidement 2 **œufs** dans un saladier. Versez dans une assiette creuse. Déposez 1 tranche épaisse de **pain de mie** et laissez-la absorber le mélange. Mettez 1 goutte d'**huile** à chauffer à feu vif dans une poêle antiadhésive et faites cuire le pain à feu doux pendant 3 min sur chaque face. Saupoudrez de **sucre glace** et dégustez aussitôt.

3 Œufs brouillés épicés

PRÉP 5 MIN · CUISS 5 MIN

POUR 2 PERSONNES
Fouettez 4 **œufs** avec 4 c. à s. de **lait**, du **sel** et du **poivre**. Mettez 1 noix de **beurre** à fondre à feu doux dans une sauteuse, puis ajoutez les œufs battus, en remuant constamment avec une spatule en bois. Incorporez 1 pincée de **curcuma** et 1 pincée de **cumin en poudre**. Dès que les œufs ont une consistance crémeuse, ôtez le récipient du feu. Dressez les œufs brouillés sur des assiettes chaudes et accompagnez de tranches de **pain** grillées.

4 Riz cantonnais

PRÉP 5 MIN · CUISS 8 MIN

Matériel • wok

POUR 4 PERSONNES
Battez rapidement 2 **œufs** en omelette. Mettez 1 c. à s. d'**huile de sésame** à chauffer à feu moyen dans un wok. Ajoutez 300 g de **riz parfumé** déjà cuit, en utilisant éventuellement un reste de riz cuit la veille. Mélangez à feu vif pendant 3 min. Incorporez les œufs battus au riz, en remuant constamment avec une spatule en bois. Ajoutez 100 g de **petits pois** cuits, 200 g de **jambon** (ou de poulet) cuit et coupé en dés, ainsi que 1 botte de **ciboule** ciselée. Salez, poivrez et servez immédiatement.

L'omelette parfaite

5

Œufs et tomate en cocotte

PRÉP 5 MIN — CUISS 15 MIN

Matériel • 4 ramequins

POUR 4 PERSONNES

Versez 1 c. à s. de **crème fraîche liquide** au fond de chaque ramequin. Cassez 1 **œuf** par-dessus, en veillant à ce que le jaune reste entier. Salez, poivrez généreusement, puis recouvrez de 1 c. à s. de crème liquide et de 1 c. à s. de **tomate** épépinée et concassée. Posez les ramequins dans un plat à gratin rempli d'eau chaude à mi-hauteur. Couvrez d'aluminium ménager et faites cuire au four préchauffé à 180 °C (th. 6) pendant 15 min. Servez aussitôt.

Œufs et tomate en cocotte

6

Salade de thon aux œufs

PRÉP 10 MIN — CUISS 10 MIN

POUR 4 PERSONNES

Enrobez 1 steak de **thon frais** (250 g) de **poivre** concassé. Mettez 1 c. à s. d'**huile d'olive** à chauffer à feu moyen dans une poêle. Saisissez le thon sur toutes ses faces, puis laissez-le reposer. Mettez 4 **œufs** à bouillir pendant 5 min. Écalez et coupez les œufs en quatre. Recouvrez un plat de service de 100 g de **roquette**. Dressez le thon coupé en gros cubes. Ajoutez 1 poignée d'**olives noires** dénoyautées, 10 **anchois à l'huile** égouttés, ainsi que les quartiers d'œufs mollets. Arrosez le tout de 1 filet d'**huile d'olive** et du jus de ½ **citron**. Assaisonnez et servez aussitôt.

7

Œufs en curry

PRÉP 10 MIN — CUISS 25 MIN

POUR 4 PERSONNES

Mettez 1 c. à s. d'**huile** à chauffer à feu doux dans une poêle. Faites cuire 1 **oignon** haché avec 1 pincée de **paprika** et un morceau de **gingembre** (3 cm) râpé pendant 5 min. Incorporez 2 c. à s. de **curcuma** et 2 c. à s. de **curry** en poudre. Versez 300 ml de **coulis de tomate** et 150 ml de **crème liquide** par-dessus. Salez, poivrez et laissez mijoter pendant 15 min. Mettez 4 **œufs** à bouillir pendant 5 min. Écalez-les et coupez-les en quatre. Déposez-les dans la sauce et faites cuire pendant 2 min supplémentaires. Parsemez de **coriandre** ciselée et servez avec du **riz**.

8

Omelette au fromage bleu et aux herbes

PRÉP 5 MIN — CUISS 30 MIN

POUR 4 PERSONNES

Fouettez 8 **œufs** avec 150 ml de **crème liquide**. Salez, poivrez, puis ajoutez 1 botte de **ciboulette** et 1 botte de **persil plat** ciselés. Dans une poêle, mettez 1 noix de **beurre** à fondre avec 1 c. à s. d'**huile d'olive** et faites revenir à feu moyen 2 **oignons rouges** émincés. Graissez un plat à gratin. Versez les œufs battus sur les oignons cuits, mélangez, puis versez le tout dans le plat à gratin. Parsemez de 125 g d'un **fromage bleu** de votre choix and faites cuire au four préchauffé à 200 °C (th. 6-7) pendant 10 min environ. Laissez l'omelette reposer pendant quelques minutes avant de servir.

9 Frittata de fromage aux herbes

PRÉP 15 MIN CUISS 15 MIN

POUR 4 PERSONNES

Mettez le gril du four à chauffer à température maximale. Fouettez 8 **œufs** avec 1 c. à s. de **persil plat** ciselé et 1 c. à s. d'**estragon** haché. Mélangez avec 125 g de **gruyère** râpé et versez dans un récipient à bec verseur. Faites fondre 50 g de **beurre** dans une poêle antiadhésive allant au four. Dès qu'il commence à grésiller, versez les œufs battus dans la poêle et remuez en un mouvement circulaire. Laissez cuire à feu doux pendant 10 min, jusqu'à ce que le fond de la frittata soit cuit et que le dessus encore baveux. Passez la poêle sous le gril du four pendant 2 min, pour faire dorer la frittata. Décollez-la de la poêle et glissez-la sur un plat de service. Servez avec une salade de **tomates**.

10 Salade de pommes de terre

PRÉP 10 MIN CUISS 15 MIN

POUR 4 PERSONNES

Faites bouillir 4 **œufs** pendant 6 min. Découpez 1 bulbe de **fenouil** en petits dés. Mettez 250 g de **pommes de terre nouvelles** à cuire dans une casserole d'eau salée pendant 20 min, puis égouttez-les. Arrosez les pommes de terre encore chaudes de 1 filet d'**huile d'olive**. Ajoutez les dés de fenouil. Salez, poivrez et parsemez de **persil plat** finement ciselé. Écalez et coupez les œufs en quartiers, puis dressez-les sur la salade de pommes de terre. Donnez 1 tour de moulin à **poivre** et servez sans attendre.

Salade de pommes de terre

10 RECETTES AVEC...

DU JAMBON ET DES LARDONS

1 Tortillas d'avocat au bacon

PRÉP 5 MIN · CUISS 10 MIN

POUR 4 PERSONNES

Faites griller 8 tranches de **poitrine fumée**, puis égouttez-les sur du papier absorbant. Réchauffez 4 **tortillas** et déposez sur chacune 2 tranches de bacon. Surmontez de lanières de **salade** et de lamelles d'**avocat**. Mélangez 4 c. à s. de **mayonnaise** avec le jus de 1 **citron** et 2 gouttes de **Tabasco®**. Déposez un peu de mayonnaise sur chaque tortilla et roulez-les sur elles-mêmes.

2 Muffins aux lardons

PRÉP 15 MIN · CUISS 25 MIN

Matériel • 4 moules à muffin ou ramequins

POUR 4 PERSONNES

Faites revenir 150 g de **lardons fumés** à feu moyen dans une poêle chauffée à blanc. Fouettez 3 **œufs** avec 100 ml de **lait**. Ajoutez 200 g de **comté** coupé en petits cubes, 125 g de **chapelure fine** et 5 **oignons verts** hachés. Mélangez, puis incorporez les lardons, ½ botte de **ciboulette** ciselée, du **sel** et du **poivre**. Versez dans des ramequins beurrés et faites cuire au four préchauffé à 180 °C (th. 6) pendant 25 min, jusqu'à ce que les muffins soient bien dorés.

3 Salade de jambon de Parme aux raisins et aux noix

PRÉP 10 MIN · CUISS 2 MIN

POUR 4 PERSONNES

Fouettez 3 c. à s. d'**huile d'olive** avec 1 c. à s. de jus de **citron** et 1 c. à c. de **miel liquide**. Salez, poivrez et réservez la vinaigrette. Dans une petite poêle, faites fondre 1 noix de **beurre** avec 1 pincée de **sucre roux**, puis ajoutez 50 g de **noix** concassées. Enrobez-les de **beurre** fondu et réservez-les sur une assiette. Dans un saladier, mettez 100 g de **mesclun**, ajoutez 10 **grains de raisin noir**, les noix caramélisées et les lamelles de 1 **avocat** dénoyauté et pelé. Arrosez la salade de vinaigrette et garnissez de 8 tranches de **jambon de Parme**.

4 Pavés de cabillaud au bacon

PRÉP 5 MIN · CUISS 20 MIN

POUR 4 PERSONNES

Enroulez 4 tranches de **poitrine fumée** autour de 4 pavés de **cabillaud** de 150 g chacun. Déposez dans un plat à gratin, arrosez de 1 filet d'**huile d'olive** et ajoutez 1 branche de **romarin**. Enfournez pour 20 min de cuisson dans un four préchauffé à 180 °C (th. 6). Dégustez sans attendre.

Muffins aux lardons

5 Poêlée de pommes de terre au chou rouge et à la pancetta

PRÉP 10 MIN CUISS 15 MIN

POUR 4 PERSONNES

Mettez 1 noix de **beurre** et 1 c. à s. d'**huile** à chauffer dans une poêle. Faites dorer 3 **pommes de terre** cuites et coupées en cubes pendant 5 min, jusqu'à ce qu'elles soient bien croustillantes. Salez, poivrez et placez-les sur le côté de la poêle. Ajoutez la **pancetta** coupée en cubes et laissez rissoler pendant 2 min. Incorporez 200 g de **chou rouge** blanchi et 2 **pommes vertes** coupées en dés. Mélangez tous les ingrédients et faites cuire pendant 2 min supplémentaires.

6 Salade de lardons, poire et bleu

PRÉP 10 MIN CUISS 10 MIN

POUR 4 PERSONNES

Fouettez 3 c. à s. d'**huile d'olive** avec 1 c. à s. de **vinaigre de vin blanc**, 1 pincée de **sucre**, du **sel** et du **poivre**. Ajoutez 50 g de **fromage bleu** émietté et fouettez jusqu'à ce que la vinaigrette épaississe. Dans une petite poêle, mettez 250 g de **lardons** à rissoler à feu moyen pendant 8 min. Ôtez le cœur de 3 **poires**, coupez les fruits en lamelles et mettez-les dans un saladier. Ajoutez 100 g de **mesclun**, 50 g de fromage bleu émietté, ainsi que les lardons. Arrosez de vinaigrette et servez avec une **baguette** croustillante.

7 Salade de fèves à la menthe et au jambon

PRÉP 10 MIN CUISS 20 MIN

POUR 4 PERSONNES

Mettez 1 c. à s. d'**huile d'olive** à chauffer à feu moyen dans une poêle. Faites fondre 1 **oignon** haché pendant 5 min, puis ajoutez 2 gousses d'**ail** hachées ainsi que 150 g de **fèves** et 50 g de **petits pois** surgelés. Versez 150 ml de **bouillon de volaille** chaud dans la poêle, portez à ébullition, et laissez mijoter à feu doux pendant 15 min. Incorporez 10 feuilles de **menthe** ciselées et 200 g de **jambon cuit** coupé en carrés. Servez aussitôt.

8 Risotto à l'artichaut

PRÉP 10 MIN CUISS 30 MIN

POUR 4 PERSONNES

Faites chauffer 1 l de **bouillon de légumes** dans une casserole. Pendant ce temps, mettez 1 c. à s. d'**huile d'olive** à chauffer à feu moyen dans une grande poêle. Faites cuire 150 g de **pancetta** coupée en dés jusqu'à ce qu'elle soit croustillante. Réservez sur du papier absorbant. Ajoutez 1 noix de **beurre** et 1 c. à s. d'**huile d'olive** dans la même poêle et faites ramollir 1 **oignon** haché pendant 5 min. Ajoutez 250 g de **riz arborio** et mélangez soigneusement, en remuant sans cesse. Incorporez 100 ml de **vin blanc sec**, mélangez et faites bouillir à feu vif pendant 3 min. Versez 1 louche de bouillon dans la poêle en remuant sans cesse. Incorporez peu à peu le reste de bouillon, sans cesser de remuer, jusqu'à ce que le riz soit cuit, mais encore un peu croquant. Ajoutez la pancetta, puis 400 g de **cœurs d'artichaut** égouttés et coupés en deux. Mélangez et laissez réchauffer pendant 2 min. Servez avec du **parmesan** râpé.

Salade de fèves à la menthe et au jambon

Poêlée de Saint-Jacques

9

Gnocchi à la sauce tomate et aux lardons

PRÉP 10 MIN · CUISS 20 MIN

POUR 4 PERSONNES

Dans une sauteuse, faites revenir 150 g de **lardons** jusqu'à ce qu'ils soient dorés et croustillants. Réservez-les sur du papier absorbant. Dans la même sauteuse, portez à ébullition 300 ml de **coulis de tomates**, puis incorporez 1 c. à s. de **pesto**. Ajoutez les lardons et laissez mijoter à feu doux pendant 15 min. Pendant ce temps, faites cuire 300 g de **gnocchi** dans une grande quantité d'eau bouillante salée, en suivant les indications portées sur l'emballage. Égouttez, versez dans un plat de service et recouvrez de sauce aux lardons. Parsemez de **basilic** ciselé et servez avec du **parmesan** râpé.

10

Poêlée de Saint-Jacques

PRÉP 5 MIN · CUISS 10 MIN

POUR 4 PERSONNES

Mettez 1 noix de **beurre** et 1 c. à s. d'**huile d'olive** à chauffer à feu moyen dans une poêle. Salez et poivrez 12 **noix de Saint-Jacques**, puis faites-les dorer de chaque côté pendant 2 min environ, selon l'épaisseur de la noix. À l'aide d'une écumoire, transférez-les sur une assiette et réservez-les au chaud, recouvertes d'une feuille d'aluminium ménager. Coupez 150 g de **pancetta** en cubes. Versez 1 filet d'huile d'olive dans la même poêle, ajoutez les morceaux de pancetta et faites-les frire pendant 8 min, jusqu'à ce qu'ils soient dorés et croustillants. Dressez 3 noix de Saint-Jacques par assiette, puis arrosez-les de pancetta et de son jus de cuisson. Entourez de 1 poignée de **mesclun**.

10 RECETTES AVEC... DE LA DINDE

1 Bouillon de dinde à l'estragon

PRÉP 10 MIN · CUISS 20 MIN

POUR 4 PERSONNES

Mettez 1 c. à s. d'**huile d'olive** à chauffer à feu doux dans une grande poêle. Faites ramollir 1 **oignon** haché pendant 5 min, puis ajoutez 2 gousses d'**ail** hachées, un peu de **sel** et du **poivre**. Ajoutez 3 **carottes** pelées et émincées, 5 brins d'**estragon** et laissez cuire pendant 10 min. Incorporez 1 l de **bouillon de volaille** et portez à ébullition. Ajoutez 3 **pommes de terre** cuites et coupées en cubes, 250 g de **blanc de dinde** cuit et effiloché, ainsi que 3 brins d'**estragon.** Laissez mijoter pendant 5 min, puis servez sans attendre.

2 Curry de dinde

PRÉP 10 MIN · CUISS 30 MIN

POUR 4 PERSONNES

Mettez 1 c. à s. d'**huile d'olive** à chauffer à feu doux dans une sauteuse. Faites ramollir 1 **oignon** haché pendant 5 min, puis ajoutez 3 gousses d'**ail** hachées, 4 capsules de **cardamome**, 1 c. à c. de **moutarde en grains** broyée, un morceau de **gingembre frais** (3 cm) râpé, 1 **bâton de cannelle** et 1 **feuille de laurier**. Laissez cuire pendant 2 min, puis ajoutez 400 g de **tomates** concassées. Salez, poivrez, portez à ébullition et laissez mijoter à feu doux pendant 15 min. Incorporez 300 g de **dinde** cuite ainsi que 150 ml de **crème fraîche**. Prolongez la cuisson de 10 min. Salez, poivrez et parsemez de **coriandre** juste avant de servir.

3 Escalopes de dinde farcies aux pruneaux

PRÉP 15 MIN · CUISS 30 MIN

Matériel • brochettes ou piques en bois

POUR 4 PERSONNES

Déposez 4 escalopes de **dinde** entre deux morceaux de film alimentaire. À l'aide d'un rouleau à pâtisserie, aplatissez en une épaisseur de 5 mm. Coupez en deux, afin d'obtenir 8 parts égales, puis salez et poivrez généreusement. Hachez 10 **pruneaux** dénoyautés avec 50 g de **noix de pécan** et 1 botte de **persil plat**. Déposez un peu de farce sur les escalopes et roulez-les en cylindres, que vous maintiendrez fermés à l'aide de piques en bois. Alignez les rouleaux dans un plat à gratin beurré et faites rôtir au four préchauffé à 180 °C (th. 6) pendant 15 min.

4 Salade de dinde, grenade et menthe

PRÉP 15 MIN

POUR 4 PERSONNES

Sur un grand plat de service, disposez 100 g de **roquette** et recouvrez de 8 tranches de **dinde** cuite achetées chez le charcutier. Parsemez de 1 botte de **ciboule** ciselée, de 1 poignée de feuilles de **menthe fraîche** et des graines de 1 **grenade**. Fouettez 3 c. à s. d'**huile d'olive** avec 1 c. à s. de jus de **citron**, 1 c. à c de **miel liquide** et 1 pincée de **cannelle en poudre**. Salez, poivrez et versez cette vinaigrette sur la salade avant de servir.

Escalopes de dinde farcies aux pruneaux

5

Salade de riz à la dinde

PRÉP 10 MIN

POUR 4 PERSONNES

Mélangez 200 g de **riz** cuit avec 400 g de **pois chiches** égouttés et rincés. Salez et poivrez. Ajoutez 400 g de **blanc de dinde** cuit et coupé en cubes, 50 g de **canneberges séchées** et 50 g de **pignons de pins** grillés. Fouettez 3 c. à s. d'**huile d'olive** avec 1 c. à s. de **vinaigre de vin blanc**, 1 c. à c. de **moutarde à l'ancienne** et 1 c. à c. de **miel liquide**. Salez, poivrez, versez cette vinaigrette sur le riz, mélangez soigneusement et parsemez de **persil plat** ciselé.

6

Sauté de dinde

PRÉP 5 MIN CUISS 15 MIN

Matériel • wok

POUR 4 PERSONNES

Dans un wok, faites sauter pendant 5 min, à feu moyen, 1 botte de **ciboule** ciselée dans 1 filet d'**huile de sésame**. Émincez en fines lanières 400 g d'**escalope de dinde** et faites cuire dans le wok pendant 5 min. Ajoutez 3 gousses d'**ail** émincées, ainsi que 1 **poivron rouge** et 1 **poivron vert**, épépinés et coupés en lamelles. Faites cuire pendant 5 min supplémentaires. Ajoutez 50 g de **noix de cajou** et 1 c. à s. de **sauce soja claire**. Mélangez délicatement et servez sur un lit de **riz au jasmin**.

7

Filets de dinde au miel en croûte de noisettes

PRÉP 15 MIN CUISS 40 MIN

Matériel • robot ménager

POUR 4 PERSONNES

Salez et poivrez 4 **filets de dinde** (avec la peau). Badigeonnez de 2 c. à s. de **miel liquide**, préalablement chauffé dans une petite casserole. Pulvérisez 50 g de **noisettes** dans un robot ménager et versez la poudre obtenue sur une assiette. Enrobez les filets de dinde de noisettes en poudre et placez-les sur une plaque de cuisson beurrée, côté peau au-dessus. Faites rôtir dans un four préchauffé à 180 °C (th. 6) pendant 30 min. Laissez reposer hors du four et sous une feuille d'aluminium ménager pendant 5 min, avant de découper en tranches. Accompagnez d'une **salade verte** et de **pommes de terre** sautées.

8

Filets de dinde marinés à la marocaine

PRÉP 10 MIN CUISS 45 MIN

Marinade • 30 min

POUR 4 PERSONNES

Mélangez 2 c. à s. de **harissa** avec le jus de 1 **citron** et 1 poignée de feuilles de **menthe** ciselées. Faites des entailles assez profondes dans 4 **filets de dinde** de 200 g chacun. Posez-les dans un plat de cuisson et badigeonnez-les de harissa, en veillant à ce qu'il pénètre bien dans les entailles. Salez, poivrez et laissez mariner au réfrigérateur pendant 30 min ou, mieux encore, pendant une nuit entière. Faites rôtir au four préchauffé à 180 °C (th. 6) pendant 30 min. Laissez la viande reposer hors du four pendant 5 min, puis émincez-la. Servez avec une salade de **tomates**, **fenouil** et **concombres** coupés en dés, arrosée de 1 filet d'**huile d'olive** et de citron.

Filets de dinde marinés à la marocaine

Soupe chinoise à la dinde

9 Soupe chinoise à la dinde

PRÉP 10 MIN · CUISS 30 MIN

POUR 4 PERSONNES

Versez 1 l de **bouillon de légumes** dans une grande casserole. Ajoutez 5 c. à s. de **sauce soja**, 1 **bâton de citronnelle** écrasé avec le dos d'un couteau, un morceau de **gingembre frais** (3 cm) émincé et 800 g de **filet de dinde** coupé en quatre. Portez le bouillon à l'ébullition, puis laissez mijoter à feu doux pendant 20 min. Retirez la dinde de la casserole et laissez-la refroidir avant de l'effilocher. Mettez 300 g de **vermicelles de riz** et ½ **poivron rouge** émincé dans le bouillon. Ajoutez un peu d'eau chaude si nécessaire et laissez mijoter pendant 2 min. Plongez la dinde effilochée dans le bouillon et faites cuire pendant 1 min supplémentaire. Salez, poivrez, incorporez 1 botte de **coriandre** ciselée et servez aussitôt.

10 Boulettes de dinde au maïs

PRÉP 15 MIN · CUISS 10 MIN

Matériel • robot ménager

POUR 4 PERSONNES

Dans un robot ménager, hachez 800 g de **filet de dinde**, en veillant à ne pas réduire la viande en purée. Versez 400 g de **maïs** égoutté et 1 botte de **ciboule** hachée dans le bol du robot. Mixez à nouveau, puis transférez la préparation dans un saladier. Ajoutez 1 botte de **persil plat** haché et 1 **œuf**. Salez et poivrez généreusement. Mélangez avec les doigts et façonnez la préparation en 12 boulettes de même taille. Saupoudrez-les légèrement de farine. Mettez quelques cuillerées d'**huile d'olive** à chauffer à feu moyen dans une poêle. Déposez 6 boulettes dans la poêle et faites-les frire pendant 8 min, jusqu'à ce qu'elles soient bien dorées. Égouttez-les sur du papier absorbant. Renouvelez l'opération avec les 6 autres boulettes. Accompagnez de **pommes de terre** sautées et de **scarole**.

PÂTES EXPRESS

Des sauces simples et des gratins faciles à préparer, souvent en moins de 20 min !

PÂTES EXPRESS

Si vous avez des pâtes dans votre placard, votre repas est à moitié prêt ! Simplement cuites à l'eau et agrémentées d'un peu de beurre ou d'huile d'olive, les pâtes consituent un repas simple et diététique. Nappées de délicieuses sauces faites maison, elles feront le bonheur de toute la famille…

Pâtes fraîches ou dures ?

Pour une fois, le produit frais ne l'emporte pas forcément sur le produit sec ! Les pâtes maison ou achetées chez un traiteur italien sont délicieuses. Mais les pâtes sèches du supermarché sont souvent bien meilleures que les pâtes fraîches industrielles…

Les variétés de pâtes

Vous trouverez dans le tableau ci-dessus les variétés les plus faciles à trouver dans le commerce et les sauces idéales pour les accompagner.

LONGUES	PLATES	COURTES	CREUSES	FARCIES

SPAGHETTIS Pâtes longues, fines, rondes et dures. Ce sont les plus communes et les plus fréquemment utilisées. **LINGUINE** Elles ressemblent aux spaghettis, mais sont plates et non rondes. **CHEVEUX D'ANGE** Comme leur nom l'indique, il s'agit de pâtes longues et très fines. Pas assez épaisses pour être accommodées en sauce, elles sont ajoutées aux soupes et aux potages. **BUCATINI** Pâtes longues, épaisses et creuses. **AUTRES** Spaghettini : spaghettis plus fins. Spaghettoni : spaghettis plus épais.	**TAGLIATELLE** Pâtes plates, en forme de nœud. Elles sont parfois parfumées aux épinards (vert), à la tomate (rouge) ou au citron. **PAPPARDELLE** Les plus épaisses et larges de cette famille, elles s'accommodent de sauces rustiques. **FETTUCCINI** Ce sont des pâtes larges, plates et un peu plus épaisses que les tagliatelle. **AUTRES** Lasagnes	**FARFALLE** En forme de cravate ou de nœud papillon, elles possèdent des côtés dentelés. Assez délicates, elles s'accommodent de sauce légère. **FUSILLI OU TORSADES** Elles ressemblent à des ressorts et sont parfaites en salade, car elles conservent bien leur forme. À consommer chaudes ou froides. **CONCHIGLIE** En forme de coquilles, elles sont de taille variable. Les plus petites se dégustent en soupe, tandis que les extra-grandes sont farcies à la viande. **AUTRES** Orecchiette, coquillettes	**PENNE** Ce sont des pâtes courtes à bouts pointus, lisses ou striées. **RIGATONI** Elles ressemblent aux penne, mais possèdent des bouts droits. **MACARONIS** Ils peuvent être fins ou épais, et possèdent des bouts droits. **AUTRES** Ziti	**RAVIOLIS** Ce terme signifie « envelopper ». Très prisés, ils sont meilleurs consommés frais, bien dodus et goûteux. Certains raffolent des raviolis en conserve. **TORTELLINI** Ces pâtes, qui se présentent en sachet ou au rayon frais, sont souvent farcies de champignons, de jambon, de fromage ou d'épinards. **AUTRES** Cannellonis
IDÉAL POUR… Sauces à la tomate, à l'huile d'olive ou aux fruits de mer.	**IDÉAL POUR…** Les sauces épaisses et rustiques, composées de morceaux entiers, à base de viande et de crèmes (bolognaise, champignons, agneau, aubergine).	**IDÉAL POUR…** Des sauces à base de viande, de légumes ou de crème épaisse.	**IDÉAL POUR…** Les sauces épaisses, qu'elles emprisonnent dans leurs tubes (bolognaise, tomate, arrabiata).	**IDÉAL POUR…** Les possibilités de farce sont infinies : potiron, asperge, patate douce, crevette, mousse de poisson, saucisse, herbes fraîches…

La cuisson des pâtes

Portez à ébullition une grande bassine remplie d'eau froide : les pâtes ont besoin de cuire dans une grande quantité d'eau. Comptez 1 l d'eau pour 100 g de pâtes. Ne surchargez pas le récipient.
N'ajoutez surtout pas d'huile à l'eau de cuisson, car l'huile empêche la sauce d'adhérer à la pâte.
Une fois que l'eau est à forte ébullition, ajoutez 1 c. à c. de gros sel, puis versez les pâtes, en veillant à maintenir l'ébullition.
Surveillez la cuisson : les pâtes fraîches cuisent en quelques minutes seulement. Dans ce cas, la sauce doit être déjà prête lorsque vous entamez la cuisson des pâtes.
Faites cuire les pâtes al dente : cuites, mais croquantes sous la dent.
Prélevez 1 louche d'eau de cuisson avant d'égoutter les pâtes : cela vous permettra d'humidifier les pâtes et de lier la sauce que vous ajouterez par la suite.
Ne noyez pas les pâtes de sauce ! Ajoutez de quoi faire ressortir la saveur des pâtes, pas plus.
Servez immédiatement : les pâtes supportent mal l'attente et se réchauffent difficilement.

PAS À PAS

La fabrication des pâtes
Faciles à confectionner, les pâtes fraîches vous attireront les compliments de vos proches !

1 Préparer la pâte Versez 500 g de farine sur un plan de travail et creusez un puits au centre. Ajoutez 1 pincée de sel, 3 œufs entiers et 2 jaunes d'œufs. À l'aide d'une fourchette, mélangez les œufs, en ramenant peu à peu la farine vers le centre, jusqu'à ce qu'elle soit incorporée aux œufs.

2 Pétrir Avec vos mains, assemblez la pâte en une boule. Pétrissez-la avec la paume de la main pendant 10 min environ, jusqu'à ce qu'elle soit souple et lisse. Enveloppez-la dans du film alimentaire. Laissez reposer au réfrigérateur pendant 30 min.

3 Confectionner Formez les pâtes à la machine. Sur un plan de travail fariné, étalez la pâte en un rectangle de 2, 5 cm d'épaisseur environ. Suivez les indications de votre machine pour transformer le disque en une bande très fine, que vous découperez de la forme de votre choix : tagliatelle, ravioli, lasagne, etc. Laissez sécher pendant 10 min environ à l'air libre avant utilisation.

Bon à savoir
À sec, les pâtes contiennent 12 % de protéines, autant que la viande et les œufs. Elles sont riches en amidon, dont les sucres lents sont brûlés lentement par l'organisme et permettent d'éviter le grignotage. Riches en fibres et pauvres en graisse, elles contiennent également des vitamines. La portion moyenne idéale est de 100 g par personne.

Conservation
Pâtes dures Pendant 1 an dans un placard, au frais et à l'abri de la lumière. Une fois le paquet ouvert, conservez les pâtes dans un pot en verre.
Pâtes fraîches Pendant 2 à 3 jours au réfrigérateur. Vous pouvez les conserver pendant 1 mois au congélateur.
Pâtes cuites Pendant 2 à 3 jours au réfrigérateur, dans un récipient clos de manière hermétique.

Astuce
En Italie, les pâtes sont servies en entrée. La petite histoire raconte que le but de cette pratique consistait à rassasier les convives avant l'arrivée du plat de viande ou de poisson, beaucoup plus coûteux !

3 recettes rapides
Quelques idées simples, pour tenter des variétés inédites ou accommoder les restes.

Pâtes aux légumes Faites cuire 225 g de conchiglie, puis égouttez-les en conservant un peu d'eau de cuisson. Versez-les dans un saladier et arrosez de 2 c. à s. d'huile d'olive. Ajoutez 2 gousses d'ail pelées et finement hachées, salez, poivrez et laissez refroidir. Ajoutez 2 tomates fraîches concassées, 1 poignée de feuilles de basilic ciselées, 3 ciboules émincées, ½ poivron jaune et ¼ de concombre coupés en cubes. Mélangez et servez.

Farfalle aux flageolets Faites cuire 225 g de farfalle. Égouttez-les en conservant un peu d'eau de cuisson. Versez dans un saladier et arrosez de 2 c. à s. d'huile d'olive. Ajoutez 1 petite boîte de flageolets rincés et égouttés. Laissez refroidir et parsemez de 1 botte de persil plat ciselé.

Torsades au thon Faites cuire 225 g de torsades. Égouttez. Arrosez de 2 c. à s. d'huile d'olive et du jus de 1 citron. Ajoutez 1 échalote ciselée et 200 g de thon égoutté. Salez, poivrez abondamment et laissez refroidir.

Tagliatelle aux courgettes et safran

PRÉP 10 MIN CUISS 15 MIN

POUR 4 PERSONNES
sel et poivre du moulin
1 c. à s. d'huile d'olive
1 oignon haché
3 gousses d'ail pelées et râpées
1 pincée de pistil de safran
3 courgettes fendues en deux, puis coupées en cubes
200 ml de crème fraîche liquide
250 g de tagliatelle
1 botte de persil plat ciselé
50 g de parmesan râpé

1 Faites bouillir une casserole d'eau salée. Mettez l'huile à chauffer à feu moyen dans une poêle et faites cuire l'oignon pendant 5 min. Ajoutez l'ail et le safran. Faites cuire pendant 1 min supplémentaire. Versez les courgettes, salez, poivrez et incorporez la crème. Laissez mijoter pendant 5 min.

2 Faites cuire les tagliatelle dans de l'eau bouillante salée pendant 6 min : elles doivent être cuites, mais encore un peu croquantes sous la dent. Réservez 2 c. à s. de l'eau de cuisson, puis égouttez-les.

3 Versez les pâtes dans la poêle et mélangez délicatement, à feu moyen. Mouillez avec un peu d'eau de cuisson si la sauce s'assèche. Ajoutez le persil, mélangez rapidement et servez aussitôt, parsemé de parmesan râpé.

VARIANTE
En saison, remplacez les courgettes par des asperges vertes.

Farfalle en salade de tomates fraîches

PRÉP 5 MIN CUISS 10 MIN

POUR 4 PERSONNES
sel et poivre du moulin
6 tomates coupées en quartiers
2 gousses d'ail pelées et râpées
1 botte de basilic ciselé
4 c. à s. d'huile d'olive vierge extra
350 g de farfalle

1 Mettez une grande casserole d'eau salée à bouillir. Versez les tomates, l'ail, le basilic et 3 c. à s. d'huile d'olive dans un grand saladier. Salez et poivrez abondamment. Laissez reposer à température ambiante.

2 Mettez les farfalle à cuire dans l'eau salée pendant 10 min. Égouttez-les et mélangez-les à la salade de tomates. Arrosez de 1 c. à s. d'huile d'olive, donnez 1 tour de moulin à poivre et servez.

CONSEIL DU CHEF

Plus une salade repose, plus elle est goûteuse. Ajoutez une note piquante à cette recette avec 1 pincée de piment d'Espelette.

Rigatoni au bœuf haché et champignons

PRÉP 10 MIN · CUISS 25 MIN

Congélation • la sauce peut être congelée

POUR 4 PERSONNES

sel et poivre du moulin
1 c. à s. d'huile d'olive
1 oignon haché
500 g de bœuf haché
200 g de champignons de Paris émincés
2 gousses d'ail pelées ou râpées
1 pincée d'origan séché
400 g de tomates pelées en conserve grossièrement hachées
1 c. à s. de pesto
350 g de rigatoni

1 Faites bouillir une grande casserole d'eau salée. Mettez l'huile à chauffer à feu moyen dans une poêle. Laissez ramollir l'oignon pendant 5 min. Salez et poivrez généreusement, puis ajoutez le bœuf. Faites cuire pendant 5 min, en remuant sans cesse.

2 Ajoutez les champignons, l'ail, l'origan et les tomates. Laissez mijoter pendant 10 min à feu moyen. Incorporez le pesto, puis goûtez et rectifiez l'assaisonnement si cela vous semble nécessaire.

3 Pendant ce temps, faites cuire les rigatoni dans de l'eau bouillante pendant 10 min. Prélevez 1 louche d'eau de cuisson des pâtes, puis égouttez-les. Versez-les dans la poêle contenant la viande. Mélangez à feu moyen.

Astuce

Avec une paire de ciseaux, hachez les tomates entières directement dans la boîte.

CONSEIL DU CHEF

Quand vous mélangez les pâtes à la sauce, mouillez-les avec un peu d'eau de cuisson.

Penne aux deux poivrons

PRÉP 10 MIN · CUISS 15 MIN

POUR 4 PERSONNES

sel et poivre du moulin
1 c. à s. d'huile d'olive
1 oignon haché
2 gousses d'ail pelées et râpées
1 pincée de piment de Cayenne
2 poivrons rouges + 1 poivron jaune épépinés et hachés
350 g de penne
1 botte de basilic déchiré à la main
25 g de parmesan râpé
1 c. à s. de vinaigre balsamique (facultatif)

1 Faites bouillir une grande casserole d'eau salée. Mettez l'huile à chauffer à feu moyen dans une poêle. Faites cuire l'oignon pendant 5 min, jusqu'à ce qu'il soit translucide. Salez et poivrez. Ajoutez l'ail et le piment de Cayenne, puis laissez roussir pendant 1 min. Versez les poivrons et prolongez la cuisson à feu doux pendant 5 min.

2 Mettez les penne à cuire dans de l'eau bouillante pendant 8 min, jusqu'à ce qu'ils soient cuits, mais toujours un peu croquants. Prélevez 1 louche d'eau de cuisson des pâtes, puis égouttez-les. Versez-les dans la poêle contenant les poivrons, ajoutez le basilic et mélangez, à feu moyen. Mouillez avec un peu d'eau de cuisson si la sauce tend à s'assécher. Parsemez de parmesan et arrosez, si vous le souhaitez, de vinaigre balsamique. Dégustez sans attendre.

Astuce

Vous pouvez utiliser un bocal de poivrons cuits du commerce et les mélanger aux pâtes.

Penne à la sauce tomate

PRÉP 5 MIN · CUISS 30 MIN

Congélation • la sauce peut être congelée

POUR 4 PERSONNES

sel et poivre du moulin
800 g de tomates pelées en conserve grossièrement hachées
1 c. à s. de purée de tomates
2 c. à s. d'huile d'olive
350 g de penne
50 g de parmesan râpé

1 Faites bouillir une grande casserole d'eau salée. Versez les tomates, la purée de tomates et l'huile d'olive dans une poêle. Salez et poivrez généreusement. Portez à ébullition, puis laissez mijoter à feu doux et à découvert pendant 20 min.

2 Faites cuire les penne dans de l'eau bouillante pendant 10 min, en les gardant assez croquants. Réservez 1 louche d'eau de cuisson des pâtes, puis égouttez-les. Versez-les dans la poêle contenant la sauce tomate. Mélangez, à feu moyen. Mouillez avec un peu d'eau de cuisson si la sauce tend à s'assécher. Poivrez généreusement, saupoudrez de parmesan et servez aussitôt.

Astuce
Mélangez les pâtes et un bocal de sauce tomate toute prête. Arrosez de 1 filet d'huile d'olive.

VARIANTE
Vous pouvez remplacer les penne par des rigatoni.

Torsades au pesto de tomates séchées

PRÉP 10 MIN · CUISS 10 MIN

Matériel • robot ménager

POUR 4 PERSONNES

150 g de tomates séchées à l'huile soigneusement égouttées
25 g de pignons de pin
2 gousses d'ail pelées et râpées
1 botte de basilic finement ciselé
50 g de parmesan râpé
sel et poivre du moulin
1 c. à s. d'huile d'olive vierge extra
350 g de torsades

1 Dans le robot ménager, mixez les tomates, les pignons, l'ail, le basilic et le parmesan. Salez, poivrez et mixez à nouveau. Goûtez et, si nécessaire, ajoutez un peu de parmesan et d'huile d'olive.

2 Mettez les torsades à cuire dans de l'eau bouillante pendant 10 min : elles doivent rester un peu croquantes. Égouttez-les soigneusement et mélangez-les à la salade de tomates. Arrosez de 1 c. à s. d'huile d'olive et donnez 1 tour du moulin à poivre.

VARIANTE
Vous pouvez utiliser des amandes blanchies à la place des pignons.

Astuce
Si vous remplacez le pesto maison par une sauce du commerce, misez sur la qualité !

Penne et saucisse à la crème

PRÉP 15 MIN · CUISS 25 MIN

POUR 4 PERSONNES
sel et poivre du moulin
1 c. à s. d'huile d'olive
1 gros oignon finement haché
300 g de chair à saucisse
1 pincée de paprika
½ poivron rouge haché
100 ml de vin blanc sec
2 gousses d'ail pelées et râpées
1 pincée d'origan séché
150 ml de bouillon de légumes chaud
150 ml de crème fraîche
350 g de penne
1 botte de persil plat ciselé

1 Faites bouillir une casserole d'eau salée. Mettez l'huile à chauffer à feu doux dans une poêle. Faites cuire l'oignon pendant 5 min, jusqu'à ce qu'il soit translucide. Ajoutez la chair à saucisse et laissez cuire pendant 5 min, en remuant sans cesse. Incorporez le paprika et le poivron. Mélangez soigneusement.

2 Versez le vin dans la poêle et portez à l'ébullition à feu vif. Ajoutez l'ail et l'origan, puis salez et poivrez généreusement. Incorporez le bouillon et la crème, faites bouillir, puis laissez mijoter à feu doux pendant 10 min.

3 Mettez les penne à cuire dans de l'eau bouillante pendant 10 min, en veillant à les garder assez croquants. Conservez 1 louche d'eau de cuisson des pâtes, puis égouttez-les. Versez-les dans la poêle contenant la sauce et mélangez, à feu moyen. Mouillez avec un peu d'eau de cuisson si la sauce tend à s'assécher. Parsemez de persil et servez aussitôt.

CONSEIL DU CHEF

Ajoutez 1 tomate fraîche coupée en dés à la sauce, juste avant de la mélanger aux pâtes.

Farfalle aux petits pois et fromage

PRÉP 10 MIN · CUISS 20 MIN

POUR 4 PERSONNES
sel et poivre du moulin
1 c. à s. d'huile d'olive
1 oignon haché
1 gousse d'ail pelée et râpée
½ poivron rouge épépiné et haché
2 c. à s. de farine
100 ml de vin blanc sec
150 ml de lait
150 g de petits pois surgelés
125 g de pecorino râpé
+ 1 c. à s. pour le service
350 g de farfalle

1 Faites bouillir une grande casserole d'eau salée. Mettez l'huile à chauffer à feu doux dans une poêle. Faites cuire l'oignon pendant 5 min. Ajoutez l'ail et le poivron, puis laissez roussir pendant quelques secondes. Incorporez la farine, mouillez avec le vin et laissez mijoter pendant 2 min. Ajoutez le lait et mélangez.

2 Versez les petits pois et le pecorino dans la poêle. Faites mijoter à petits frémissements pendant 10 min, sans laisser bouillir. Dès que la sauce épaissit, salez et poivrez abondamment.

3 Pendant ce temps, faites cuire les farfalle dans de l'eau bouillante pendant 10 min, en veillant à les garder assez croquants. Conservez 1 louche d'eau de cuisson des pâtes, puis égouttez-les. Versez-les dans la poêle contenant la sauce et mélangez, à feu moyen. Mouillez avec un peu d'eau de cuisson si la sauce tend à s'assécher. Saupoudrez de 1 c. à s. de pecorino et servez aussitôt.

VARIANTE

À défaut de pecorino, utilisez du parmesan, en réduisant alors la quantité de moitié.

AU QUOTIDIEN

Conchiglie au potiron, crème à la sauge

PRÉP 15 MIN · CUISS 20 MIN

POUR 4 PERSONNES

500 g de potiron pelé et coupé en cubes
3 c. à s. d'huile d'olive
1 pincée de piment de Cayenne
1 oignon rouge haché
2 gousses d'ail pelées et râpées
6 feuilles de sauge hachées
150 ml de crème fraîche
sel et poivre du moulin
350 g de conchiglie
25 g de parmesan

1 Préchauffez le four à 190 °C (th. 6-7). Mettez le potiron dans un plat à gratin, arrosez de 1 c. à s. d'huile et saupoudrez de piment. Enfournez pour 15 min de cuisson, jusqu'à ce que le potiron commence à ramollir.

2 Mettez 2 c. à s. d'huile d'olive à chauffer à feu doux dans une poêle et faites cuire l'oignon pendant 5 min. Ajoutez le potiron, l'ail et la sauge. Mélangez délicatement. Versez la crème et laissez mijoter à feu doux pendant 5 min. Salez et poivrez généreusement.

3 Faites cuire les conchiglie dans de l'eau bouillante pendant 12 min, en veillant à les garder assez croquants. Conservez 1 louche d'eau de cuisson des pâtes, puis égouttez-les. Versez-les dans la sauce au potiron et mélangez, à feu moyen. Mouillez avec un peu d'eau de cuisson si la sauce tend à s'assécher. Poivrez généreusement, saupoudrez de parmesan et servez sans attendre.

Linguine au fenouil et olives noires

PRÉP 10 MIN · CUISS 20 MIN

POUR 4 PERSONNES

sel et poivre du moulin
2 bulbes de fenouil grossièrement hachés
1 c. à s. d'huile d'olive
1 oignon haché
100 ml de vin blanc sec
2 gousses d'ail pelées et râpées
12 olives noires dénoyautées
350 g de linguine
25 g de parmesan râpé

1 Mettez une grande casserole d'eau salée à bouillir. Versez le fenouil dans une sauteuse, recouvrez-le d'eau chaude et laissez mijoter pendant 2 min. Conservez 3 c. à s. d'eau de cuisson et égouttez soigneusement le fenouil.

2 Mettez l'huile à chauffer à feu moyen dans une poêle. Faites cuire l'oignon avec 1 pincée de sel pendant 5 min, jusqu'à ce qu'il soit translucide. Versez le vin et faites bouillir à feu très vif pendant 3 min. Ajoutez l'ail, les olives, le fenouil et son eau de cuisson. Laissez mijoter à feu doux pendant 5 min. Salez et poivrez.

3 Faites cuire les linguine dans de l'eau bouillante pendant 7 min, en les gardant assez croquants. Conservez 1 louche d'eau de cuisson des pâtes, puis égouttez-les. Versez-les dans la poêle contenant la sauce au fenouil et mélangez, à feu moyen. Mouillez avec un peu d'eau de cuisson si la sauce tend à s'assécher. Saupoudrez de parmesan et servez sans attendre.

VARIANTE

Les spaghettis ou spaghettoni conviennent aussi parfaitement à cette recette.

Spaghettis à la pancetta et roquette

PRÉP 5 MIN | CUISS 15 MIN

POUR 4 PERSONNES
sel et poivre du moulin
1 c. à s. d'huile d'olive
1 oignon haché
½ poivron rouge épépiné et haché
250 g de pancetta coupée en dés
2 gousses d'ail pelées et râpées
350 g de spaghettis
200 g de roquette
25 g de parmesan râpé

1 Faites bouillir une grande casserole d'eau salée. Mettez l'huile à chauffer à feu doux dans une poêle. Faites cuire l'oignon pendant 5 min, jusqu'à ce qu'il soit translucide. Ajoutez le poivron et laissez cuire pendant 5 min. Versez la pancetta et prolongez la cuisson de 5 min, puis incorporez l'ail et faites cuire quelques secondes supplémentaires.

2 Mettez les spaghettis à cuire dans de l'eau bouillante pendant 7 min, en veillant à les garder assez croquants. Conservez 1 louche d'eau de cuisson des pâtes, puis égouttez-les. Versez-les dans la poêle contenant la sauce et mélangez, à feu moyen. Mouillez avec un peu d'eau de cuisson si la sauce tend à s'assécher. Hors du feu, ajoutez la roquette, poivrez généreusement, saupoudrez de parmesan et servez.

CONSEIL DU CHEF

Pour que la roquette conserve toute sa saveur et son croquant, mélangez-la aux pâtes au tout dernier moment.

Spaghettis aux anchois et au citron

PRÉP 10 MIN | CUISS 10 MIN

POUR 4 PERSONNES
sel fin
1 c. à s. d'huile d'olive
2 oignons rouges finement hachés
2 gousses d'ail pelées et râpées
1 petit piment rouge épépiné et haché
le zeste râpé + le jus de 1 citron
350 g de spaghettis
12 anchois à l'huile égouttés
1 botte de persil plat finement ciselé

1 Faites bouillir une grande casserole d'eau salée. Mettez l'huile à chauffer à feu doux dans une grande poêle. Faites cuire l'oignon pendant 5 min, jusqu'à ce qu'il soit translucide. Ajoutez l'ail, le piment et le zeste de citron. Faites cuire sans coloration pendant 3 min.

2 Mettez les spaghettis à cuire dans de l'eau bouillante pendant 7 min, en veillant à les garder assez croquants. Conservez 1 louche d'eau de cuisson des pâtes, puis égouttez-les.

3 Incorporez les anchois à la poêle. Ajoutez les pâtes et mélangez, à feu moyen. Mouillez avec un peu d'eau de cuisson si la sauce tend à s'assécher. Parsemez de persil, arrosez de jus de citron et servez sans attendre.

CONSEIL DU CHEF

Si possible, utilisez des filets d'anchois blancs marinés à l'huile.

Farfalle aux épinards et à la ricotta

PRÉP 10 MIN · CUISS 15 MIN

POUR 4 PERSONNES
sel et poivre du moulin
2 c. à s. d'huile d'olive
2 gousses d'ail pelées et râpées
50 ml de vin blanc sec
250 g de pousses d'épinard fraîches lavées et égouttées
3 tomates concassées
200 g de ricotta
350 g de farfalle

1 Faites bouillir une grande casserole d'eau salée. Mettez 1 c. à s. d'huile à chauffer à feu doux dans une poêle. Faites cuire l'ail pendant quelques secondes, ajoutez le vin blanc et laissez bouillir à feu vif pendant 2 min.

2 Ajoutez les épinards et faites cuire pendant 2 min. Incorporez les tomates pour 1 min de cuisson supplémentaire. Salez et poivrez. Versez 150 g de ricotta dans la poêle, salez et poivrez à nouveau si vous le jugez nécessaire.

3 Mettez les farfalle à cuire dans de l'eau bouillante pendant 10 min, en veillant à les garder assez croquants. Conservez 1 louche d'eau de cuisson des pâtes, puis égouttez-les. Versez les pâtes dans la poêle contenant la sauce aux épinards et mélangez, à feu moyen. Mouillez avec un peu d'eau de cuisson si la sauce tend à s'assécher. Juste avant de servir, parsemez les pâtes du reste de ricotta et arrosez-les d'huile d'olive.

CONSEIL DU CHEF

Achetez toujours de la ricotta extra-fraîche et d'excellente qualité chez votre crémier.

Linguine au crabe et au citron

PRÉP 5 MIN · CUISS 10 MIN

POUR 4 PERSONNES
sel et poivre du moulin
1 c. à s. d'huile d'olive
1 oignon coupé en quatre et émincé
2 gousses d'ail pelées et râpées
le zeste râpé + le jus de 1 citron
1 botte de persil plat ciselé
200 g de chair de crabe fraîche ou en conserve, égouttée et émiettée
350 g de linguine (ou de spaghettis)

1 Faites chauffer une casserole d'eau salée. Mettez l'huile à chauffer à feu doux dans une poêle. Faites cuire l'oignon avec 1 pincée de sel pendant 5 min. Ajoutez l'ail, le zeste de citron et prolongez la cuisson de quelques secondes.

2 Ajoutez le persil et le crabe. Salez et poivrez abondamment. Ajoutez le jus de citron.

3 Faites cuire les linguine dans de l'eau bouillante pendant 7 min, en les gardant assez croquants. Conservez 1 louche d'eau de cuisson des pâtes, puis égouttez-les. Versez-les dans la poêle contenant la sauce au crabe et mélangez soigneusement, à feu moyen. Mouillez avec un peu d'eau de cuisson si la sauce tend à s'assécher. Goûtez, assaisonnez si nécessaire et servez aussitôt.

VARIANTE

Incorporez à la sauce 1 c. à s. de câpres ou 1 petit piment vert épépiné et haché.

CONSEIL DU CHEF

La chair de crabe fraîche est délicieuse. Si vous choisissez d'utiliser du crabe en conserve, veillez à bien l'égoutter.

Conchiglie aux aubergines

PRÉP 10 MIN CUISS 25 MIN

POUR 4 PERSONNES
sel et poivre du moulin
1 grosse aubergine coupée en dés
3 c. à s. d'huile d'olive
50 ml de vin rouge
1 oignon haché
2 gousses d'ail pelées et râpées
400 g de tomates concassées en conserve
1 pincée d'origan séché
1 c. à c. de pesto rouge (facultatif)
350 g de conchiglie
50 g de parmesan râpé

1 Mettez une grande casserole d'eau salée à bouillir. Déposez les dés d'aubergine dans une passoire et saupoudrez-les de sel fin. Couvrez avec une assiette et posez un poids par-dessus (une brique de lait ou une boîte de conserve, par exemple). Laissez dégorger pendant 10 min dans l'évier.

2 Mettez l'huile à chauffer à feu moyen dans une poêle et faites dorer les morceaux d'aubergine pendant 5 min. Incorporez le vin et portez à ébullition pendant 2 min. Ajoutez l'oignon et l'ail. Prolongez la cuisson de quelques secondes, puis versez les tomates et mélangez. Ajoutez l'origan et le pesto. Laissez mijoter pendant 15 min.

3 Faites cuire les conchiglie dans de l'eau bouillante pendant 10 min, en veillant à les garder un peu croquants. Conservez 1 louche d'eau de cuisson des pâtes, puis égouttez-les. Goûtez la sauce aux aubergines et assaisonnez-la si nécessaire. Versez les pâtes dans la poêle contenant la sauce et mélangez, à feu moyen. Mouillez avec un peu d'eau de cuisson si la sauce tend à s'assécher. Saupoudrez de parmesan râpé et dégustez sans attendre.

Pappardelle aux champignons

PRÉP 10 MIN CUISS 20 MIN

POUR 4 PERSONNES
sel et poivre du moulin
4 c. à s. d'huile d'olive
150 g de champignons blancs de Paris
200 g de champignons de Paris rosés grossièrement hachés
125 g de champignons sauvages grossièrement hachés
100 ml de vin blanc sec
3 gousses d'ail pelées et râpées
1 botte de persil plat ciselé
1 pincée de paprika doux
300 ml de crème fraîche liquide
350 g de pappardelle (ou de tagliatelle)

1 Faites bouillir une casserole d'eau salée. Mettez l'huile à chauffer à feu doux dans une grande poêle et faites cuire tous les champignons pendant 5 min, jusqu'à ce qu'ils commencent à rendre leur jus. Incorporez le vin et portez à ébullition pendant 2 min. Ajoutez l'ail et poivrez.

2 Baissez le feu sous la poêle. Ajoutez le persil et le paprika, puis laissez cuire pendant quelques secondes. Incorporez la crème et faites mijoter à feu doux pendant 5 min.

3 Mettez les pappardelle à cuire dans de l'eau bouillante pendant 10 min, en veillant à les conserver assez croquants. Conservez 1 louche d'eau de cuisson des pâtes, puis égouttez-les. Versez-les dans la poêle contenant la sauce aux champignons et mélangez, à feu moyen. Mouillez avec un peu d'eau de cuisson si la sauce tend à s'assécher. Servez aussitôt.

Pappardelle sauce à l'agneau

PRÉP 5 MIN · CUISS 30 MIN

Congélation • la sauce peut être congelée

POUR 4 PERSONNES

sel fin
1 c. à s. d'huile d'olive
1 oignon haché
500 g de viande d'agneau coupée en cubes
150 ml de vin rouge
le zeste râpé de 1 citron
1 pincée de paprika
½ c. à c. de feuilles de thym frais
3 gousses d'ail pelées et râpées
400 g de tomates concassées
350 g de pappardelle
50 g de parmesan râpé

1 Faites bouillir une grande casserole d'eau salée. Mettez l'huile à chauffer à feu moyen dans une poêle. Faites cuire l'oignon avec 1 pincée de sel pendant 5 min, jusqu'à ce qu'il soit translucide. Ajoutez l'agneau et laissez colorer pendant 5 min. Incorporez le vin et portez à l'ébullition à feu vif pendant 2 min.

2 Ajoutez à la poêle le zeste de citron, le paprika, le thym et l'ail. Laissez cuire pendant quelques secondes avant d'incorporer les tomates. Faites mijoter à feu doux pendant 15 min.

3 Mettez les pappardelle à cuire dans de l'eau bouillante pendant 7 min, en les gardant un peu croquants. Conservez 1 louche d'eau de cuisson des pâtes, puis égouttez-les. Versez les pâtes dans la poêle contenant la sauce à l'agneau et mélangez, à feu moyen. Mouillez avec un peu d'eau de cuisson si la sauce tend à s'assécher. Saupoudrez de parmesan et servez aussitôt.

CONSEIL DU CHEF

Si vous avez le temps, n'hésitez pas à transférer cette sauce à l'agneau dans une cocotte et à enfourner celle-ci pour 1 h de cuisson à couvert, dans un four préchauffé à 180 °C (th. 6).

Penne à la saucisse et aux artichauts

PRÉP 10 MIN · CUISS 20 MIN

POUR 4 PERSONNES

sel et poivre du moulin
1 c. à s. d'huile d'olive
1 oignon haché
1 petit poivron rouge épépiné et haché
400 g de chair à saucisse
1 pincée d'origan séché
400 g de cœurs d'artichaut égouttés et coupés en quatre
3 tomates pelées et coupées en dés
10 olives noires dénoyautées
350 g de penne

1 Faites bouillir une casserole d'eau salée. Mettez l'huile à chauffer à feu moyen dans une poêle et faites ramollir l'oignon avec 1 pincée de sel pendant 5 min. Ajoutez le poivron et poursuivez la cuisson de quelques secondes. Versez la chair à saucisse dans la poêle et laissez mijoter pendant 10 min, en remuant de temps en temps. Ajoutez l'origan et l'artichaut. Au bout de quelques minutes, incorporez les tomates et les olives. Salez et poivrez.

2 Mettez les penne à cuire dans la casserole d'eau salée pendant 10 min, en veillant à les garder un peu croquants. Conservez 1 louche d'eau de cuisson des pâtes, puis égouttez-les. Versez les pâtes dans la poêle contenant la sauce et mélangez, à feu moyen. Mouillez avec un peu d'eau de cuisson.

VARIANTE

Remplacez les tomates fraîches et les olives par des tomates séchées et quelques câpres.

CONSEIL DU CHEF

Choisissez toujours une chair à saucisse d'excellente qualité chez votre charcutier.

Penne aux asperges et courgettes

PRÉP 10 MIN | CUISS 20 MIN

POUR 4 PERSONNES
sel et poivre du moulin
1 c. à s. d'huile d'olive
1 oignon haché
4 petites courgettes
(2 râpées + 2 coupées en dés)
3 gousses d'ail
pelées et râpées
1 botte d'asperges vertes
coupées en 3 tronçons
100 ml de vin blanc
2 c. à s. de câpres rincées,
égouttées et hachées
le zeste râpé de 1 citron
350 g de penne
1 botte de persil ciselé
50 g de parmesan râpé

1 Faites bouillir une grande casserole d'eau salée. Mettez l'huile à chauffer à feu doux dans une poêle et faites ramollir l'oignon avec 1 pincée de sel pendant 5 min. Ajoutez les courgettes et prolongez la cuisson de 10 min, en évitant la coloration.

2 Ajoutez l'ail et les asperges. Versez le vin, faites bouillir à feu vif pendant 2 min, puis laissez mijoter à feu moyen pendant 3 min. Incorporez les câpres et le zeste de citron.

3 Mettez les penne à cuire dans de l'eau bouillante pendant 10 min, en les gardant un peu croquants. Conservez 1 louche d'eau de cuisson des pâtes, puis égouttez-les. Goûtez la sauce et assaisonnez-la si nécessaire. Versez les pâtes dans la poêle et mélangez, à feu moyen. Mouillez avec un peu d'eau de cuisson si la sauce tend à s'assécher. Saupoudrez de persil et de parmesan râpé.

VARIANTE
Vous pouvez remplacer le parmesan râpé par du pecorino.

Spaghettis aux fruits de mer

PRÉP 5 MIN | CUISS 12 MIN

POUR 4 PERSONNES
sel et poivre du moulin
1 c. à s. d'huile d'olive
1 oignon haché
3 gousses d'ail
pelées et râpées
400 g de tomates concassées
en conserve
350 g de spaghettis
350 g de fruits de mer cuits
(moules, calamars, crevettes)
1 botte de persil
finement haché

1 Faites bouillir une casserole d'eau salée. Mettez l'huile à chauffer à feu moyen dans une poêle et laissez ramollir l'oignon avec 1 pincée de sel pendant 5 min. Ajoutez l'ail et poursuivez la cuisson de quelques secondes. Versez les tomates dans la poêle et laissez mijoter pendant 10 min, en remuant de temps en temps.

2 Mettez les spaghettis à cuire dans de l'eau bouillante pendant 8 min, en veillant à les garder un peu croquants. Conservez 1 louche d'eau de cuisson des pâtes, puis égouttez-les.

3 Ajoutez les fruits de mer à la sauce et laissez-les réchauffer pendant quelques minutes. Goûtez et assaisonnez si nécessaire. Versez les pâtes dans la poêle et mélangez, à feu moyen. Mouillez avec un peu d'eau de cuisson si la sauce tend à s'assécher. Parsemez de persil haché et servez aussitôt.

VARIANTE
Utilisez des fruits de mer frais : il suffit de les faire cuire quelques minutes de plus dans la sauce.

CONSEIL DU CHEF
Utilisez de préférence des conserves de tomates concassées d'excellente qualité.

AU QUOTIDIEN

Orecchiette aux haricots blancs et au citron

PRÉP 10 MIN — CUISS 10 MIN

POUR 4 PERSONNES
sel et poivre du moulin
1 oignon rouge haché
400 g de haricots blancs rincés et égouttés
1 botte de persil plat finement ciselé
1 gousse d'ail pelée et râpée
2 c. à s. de vinaigre balsamique
le zeste râpé + le jus de ½ citron
350 g d'orecchiette
1 filet d'huile d'olive

1 Mettez une grande casserole d'eau salée à bouillir. Dans un grand saladier, versez l'oignon, les haricots, le persil, l'ail et le vinaigre balsamique. Salez, poivrez, mélangez et laissez reposer au réfrigérateur.

2 Mettez les orecchiette à cuire dans de l'eau bouillante pendant 10 min, en veillant à les garder un peu croquants. Conservez 1 louche d'eau de cuisson des pâtes, puis égouttez-les. Versez les pâtes dans le saladier avec les haricots, arrosez de 1 filet d'huile d'olive, mélangez et servez aussitôt.

VARIANTE
Ajoutez 1 poignée de roquette, des anchois hachés ou quelques billes de mozzarella avant de servir.

CONSEIL DU CHEF
Vous pouvez préparer la sauce aux haricots blancs la veille et la conserver au réfrigérateur, recouverte de film alimentaire.

Penne au brocoli et citron

PRÉP 10 MIN — CUISS 25 MIN

POUR 4 PERSONNES
sel et poivre du moulin
300 g de brocoli coupés en bouquets
350 g de penne
1 c. à s. d'huile d'olive
1 oignon rouge haché
½ poivron rouge haché
100 ml de vin blanc sec
le zeste râpé + le jus de 1 citron
2 gousses d'ail pelées et râpées
50 g de parmesan râpé

1 Faites cuire les bouquets de brocoli dans une grande casserole d'eau bouillante salée pendant 10 min. À l'aide d'une écumoire, déposez les légumes sur une planche à découper et hachez-les grossièrement. Faites cuire les penne dans la même casserole d'eau bouillante.

2 Mettez l'huile à chauffer à feu moyen dans une poêle. Faites cuire l'oignon pendant 5 min avec 1 pincée de sel. Ajoutez le poivron et le vin blanc. Laissez rissoler pendant 2 min à feu vif, puis incorporez le zeste de citron et l'ail. Salez, poivrez, ajoutez le brocoli et prolongez la cuisson de quelques secondes.

3 Au bout de 10 min de cuisson, égouttez les penne et versez-les dans la poêle, en mélangeant délicatement. Arrosez de jus de citron, saupoudrez de parmesan et servez immédiatement.

VARIANTE
Faites rissoler quelques dés de pancetta avec l'oignon, ou ajoutez du jambon cru au dernier moment.

Astuce
Si vous ne trouvez pas de brocoli frais, le brocoli surgelé conviendra également à cette recette.

Pappardelle au porc, ail rôti et vinaigre balsamique

PRÉP 10 MIN · CUISS 30 MIN

POUR 4 PERSONNES
sel et poivre du moulin
1 tête d'ail entière coupée en deux dans la hauteur
1 c. à s. d'huile d'olive
1 oignon grossièrement haché
300 g de filet mignon de porc coupé en dés
2 c. à s. de vinaigre balsamique
½ c. à c. de purée de tomate
1 c. à s. de farine
300 ml de bouillon de légumes chaud
1 botte de persil finement ciselé
350 g de pappardelle

1 Faites bouillir une grande casserole d'eau salée. Préchauffez le four à 190 °C (th. 6-7). Faites rôtir la tête d'ail pendant 20 min, puis réservez. Mettez l'huile à chauffer à feu moyen dans une grande poêle. Faites cuire l'oignon pendant 5 min, jusqu'à ce qu'il soit translucide. Incorporez les dés de porc et faites cuire pendant 5 min. Ajoutez le vinaigre et prolongez la cuisson de 2 min à feu vif.

2 Incorporez les tomates, puis la farine et le bouillon. Mélangez soigneusement pour éviter la formation de grumeaux, puis laissez cuire à feu vif pendant 10 min. Mouillez avec un peu d'eau si nécessaire. Salez et poivrez. Pressez les gousses d'ail hors de leur peau et ajoutez-les à la sauce avec la moitié du persil.

3 Mettez les papardelle à cuire dans de l'eau bouillante pendant 6 min, en veillant à les garder un peu croquants, puis égouttez-les. Versez les pâtes dans la poêle et mélangez, à feu moyen. Parsemez du reste de persil et servez immédiatement.

CONSEIL DU CHEF

Si vous avez le temps, n'hésitez pas à laisser mijoter la sauce au porc et au vinaigre balsamique à feu très doux, pendant 20 min environ, après l'ajout du bouillon de légumes. Les saveurs pourront alors pleinement se développer.

Spaghettis à la tapenade

PRÉP 10 MIN · CUISS 10 MIN

Matériel • robot ménager

POUR 4 PERSONNES
sel et poivre du moulin
200 g d'olives noires dénoyautées
2 gousses d'ail pelées
le zeste râpé + le jus de 1 citron
2 c. à s. d'huile d'olive vierge extra
350 g de spaghettis
1 botte de persil plat ciselé
1 botte de basilic déchiré à la main
25 g de parmesan en copeaux

1 Faites bouillir une grande casserole d'eau salée. Dans le robot ménager, mixez les olives avec l'ail, le zeste et le jus du citron. Incorporez progressivement l'huile, jusqu'à l'obtention d'une purée assez lisse. Transférez dans un saladier, vérifiez l'assaisonnement, puis salez et poivrez si nécessaire.

2 Mettez les spaghettis à cuire dans de l'eau bouillante pendant 6 min, en veillant à les garder un peu croquants. Conservez 1 louche d'eau de cuisson des pâtes, puis égouttez-les.

3 Versez les pâtes dans le saladier contenant la tapenade. Ajoutez le persil et le basilic, puis mélangez soigneusement. Mouillez avec un peu d'eau de cuisson si la sauce tend à s'assécher. Garnissez de copeaux de parmesan et servez aussitôt.

Astuce

Pour un dîner rapide, mélangez les pâtes chaudes avec un bocal de tapenade du commerce.

Penne au thon frais et oignons caramélisés

PRÉP 10 MIN · CUISS 20 MIN

Matériel • gril en fonte ou plancha

POUR 4 PERSONNES

sel et poivre du moulin
3 oignons rouges coupés en 8 morceaux
5 tomates cerises
4 brins de thym
3 c. à s. d'huile d'olive
2 steaks de thon de 200 g chacun
350 g de penne
le zeste râpé de ½ citron
1 pincée de piment de Cayenne
1 c. à s. de vinaigre balsamique d'excellente qualité (facultatif)

1 Faites bouillir une grande casserole d'eau salée. Préchauffez le four à 190 °C (th. 6-7). Mettez les oignons, les tomates et le thym dans un plat de cuisson. Arrosez-les de 2 c. à s. d'huile d'olive. Salez, poivrez et mélangez soigneusement avec vos doigts. Faites rôtir au four pendant 15 min.

2 Pendant ce temps, mettez un gril en fonte à chauffer à feu vif. Enduisez le thon du reste de l'huile d'olive, salez, poivrez et faites griller pendant 3 min sur chaque face. Réservez sur une assiette. Une fois que le thon a refroidi, coupez-le en gros cubes.

3 Mettez les penne à cuire dans de l'eau bouillante pendant 10 min, en les gardant un peu croquants. Conservez 1 louche d'eau de cuisson des pâtes, puis égouttez-les. Mélangez les pâtes aux légumes rôtis, ajoutez le thon, le zeste de citron et le piment de Cayenne. Mouillez avec un peu d'eau de cuisson. Salez, poivrez et arrosez de vinaigre balsamique si vous le souhaitez. Servez sans attendre.

Astuce

Remplacez le thon frais par un bocal de thon à l'huile d'olive, que vous ajouterez directement aux pâtes.

Tagliatelle aux cèpes et parmesan

PRÉP 10 MIN · CUISS 20 MIN

POUR 4 PERSONNES

sel et poivre du moulin
1 c. à s. d'huile d'olive
1 oignon rouge haché
50 ml de vin rouge
50 g de cèpes déshydratés, réhydratés dans 300 ml d'eau bouillante pendant 15 min
+ l'eau de trempage des cèpes
une croûte de parmesan (ou un morceau de 50 g)
350 g de tagliatelle
1 botte de persil plat finement haché
1 c. à c. de feuille de thym frais
2 tomates épépinées et coupées en dés
25 g de parmesan râpé

1 Faites bouillir une grande casserole d'eau salée. Mettez l'huile à chauffer à feu doux dans une petite poêle et faites cuire l'oignon pendant 5 min. Incorporez le vin, portez à ébullition à feu vif et laissez bouillir pendant 2 min. Ajoutez les champignons égouttés, puis la croûte de parmesan.

2 Débarrassez l'eau de trempage des champignons de ses impuretés en la passant au chinois. Incorporez-la à la poêle, portez à ébullition, puis laissez mijoter à feu doux pendant 10 min.

3 Mettez les pâtes à cuire dans de l'eau bouillante pendant 6 min, en veillant à les conserver un peu croquantes. Gardez 1 louche d'eau de cuisson, puis égouttez.

4 Ôtez la croûte de parmesan de la sauce. Ajoutez le persil, le thym et les tomates. Salez, poivrez, puis versez les pâtes dans la poêle. Mélangez, à feu moyen. Mouillez avec un peu d'eau de cuisson. Saupoudrez de parmesan.

VARIANTE

Remplacez les cèpes par un mélange de champignons des bois déshydratés.

Spaghettis au pesto et pignons de pin

PRÉP 5 MIN CUISS 12 MIN

Matériel • robot ménager

POUR 4 PERSONNES
sel et poivre du moulin
1 botte de basilic
2 gousses d'ail pelées et hachées
50 g de parmesan râpé
3 c. à s. de pignons de pin grillés
4 c. à s. d'huile d'olive
350 g de spaghettis

1 Faites bouillir une grande casserole d'eau salée. Dans le robot ménager, mixez le bouquet de basilic (avec les branches), l'ail, le parmesan et 2 c. à s. de pignons de pin. À l'aide d'une spatule, raclez les parois du robot et ramenez la pâte au centre. Mixez à nouveau en incorporant progressivement l'huile, jusqu'à l'obtention d'une pâte lisse. Salez, poivrez et réservez.

2 Faites cuire les spaghettis dans de l'eau bouillante pendant 6 min, en les gardant un peu croquants. Conservez 1 louche d'eau de cuisson, puis égouttez-les. Versez dans un plat de service et mélangez avec le pesto. Ajoutez un peu d'eau de cuisson. Parsemez de pignons de pin, poivrez et servez aussitôt.

CONSEIL DU CHEF

Le surplus de pesto pourra se conserver au réfrigérateur pendant une semaine, dans un récipient totalement hermétique.

Spaghettis à la carbonara

PRÉP 10 MIN CUISS 15 MIN

POUR 4 PERSONNES
sel et poivre du moulin
1 c. à s. d'huile d'olive
150 g de lardons
2 feuilles de sauge ciselées
6 œufs
150 ml de crème fraîche liquide
125 g de parmesan râpé
1 pincée de noix muscade
350 g de spaghettis
1 botte de persil plat finement haché

1 Faites bouillir une grande casserole d'eau salée. Mettez l'huile à chauffer à feu moyen dans une poêle. Faites rissoler les lardons et la sauge pendant 5 min.

2 Dans un saladier, fouettez les œufs, la crème, le parmesan et la noix muscade. Salez et poivrez abondamment. Réservez.

3 Mettez les spaghettis à cuire dans de l'eau bouillante pendant 6 min, en les gardant un peu croquants. Conservez 1 louche d'eau de cuisson des pâtes, puis égouttez-les.

4 Fouettez une nouvelle fois la sauce aux œufs, puis versez les pâtes dans le saladier en mélangeant soigneusement. Posez un couvercle par-dessus, puis laissez reposer pendant 1 min et mélangez à nouveau. Ajoutez les lardons aux pâtes, remuez et mouillez avec un peu d'eau de cuisson si les pâtes sont trop sèches. Parsemez de persil haché.

VARIANTE
Vous pouvez ajouter à cette sauce 100 g de petits pois cuits.

Astuce
Vous pouvez utiliser une sauce toute prête, mais ce ne sera jamais aussi bon qu'une sauce maison.

Penne aux poivrons confits

PRÉP 10 MIN | CUISS 25 MIN

POUR 4 PERSONNES
sel et poivre du moulin
6 poivrons rouges
3 c. à s. d'huile d'olive
2 gousses d'ail pelées et râpées
1 pincée de piment de Cayenne
1 pincée d'origan séché
1 c. à c. de feuilles de thym frais
350 g de penne
25 g de pecorino

1 Faites bouillir une grande casserole d'eau salée. Préchauffez le four à 200 °C (th. 6-7). Mettez les poivrons dans un plat à gratin et enduisez-les de 2 c. à s. d'huile d'olive. Enfournez pour 15 min de cuisson, puis laissez-les refroidir dans un sac en plastique pendant 15 min environ.

2 Mettez 1 c. à s. d'huile d'olive à chauffer à feu doux dans une poêle. Faites revenir l'ail, puis ajoutez le piment de Cayenne, l'origan et le thym. Mélangez soigneusement.

3 Pelez les poivrons, épépinez-les et découpez-les en lanières. Versez-les dans la poêle. Salez, poivrez et réservez.

4 Mettez les penne à cuire dans de l'eau bouillante pendant 10 min, en les gardant un peu croquants. Conservez 1 louche d'eau de cuisson des pâtes, puis égouttez-les. Versez les pâtes dans la poêle et mélangez, à feu moyen. Mouillez avec un peu d'eau de cuisson si la sauce tend à s'assécher. Saupoudrez de pecorino et servez sans attendre.

VARIANTE
Remplacez les poivrons par des cubes de potiron ou un mélange de légumes d'hiver.

CONSEIL DU CHEF
Lorsque les poivrons refroidissent dans un sac en plastique, ils sont plus faciles à peler.

Gratin de macaronis au fromage

PRÉP 5 MIN | CUISS 20 MIN

POUR 4 PERSONNES
sel et poivre du moulin
1 noix de beurre
1 c. à s. de farine
300 ml de lait
150 g de cheddar extra-fort
300 g de macaronis
1 petit oignon rouge haché

1 Faites bouillir une grande casserole d'eau salée. Préchauffez le four à 190 °C (th. 6-7). Mettez le beurre à fondre dans une autre casserole. Hors du feu, incorporez la farine avec une spatule en bois. Remettez sur le feu et versez progressivement le lait, sans cesser de remuer. Fouettez jusqu'à ce que la sauce commence à épaissir. Hors du feu, ajoutez 125 g de cheddar, puis salez et poivrez généreusement.

2 Mettez les macaronis à cuire dans de l'eau bouillante pendant 10 min, en les gardant un peu croquants, puis égouttez.

3 Versez les pâtes dans la poêle et mélangez avec la sauce au fromage. Ajoutez l'oignon, ainsi que 2 c. à s. d'eau de cuisson, puis versez les pâtes dans un plat à gratin. Saupoudrez du reste de cheddar et faites cuire au four pendant 10 min. Servez immédiatement.

VARIANTE
Vous pouvez ajouter des petits pois à la sauce, en même temps que l'oignon rouge.

Astuce
Vous pouvez incorporer 1 c. à s. de moutarde à la sauce pour en rehausser les saveurs.

Spaghettis aux boulettes de viande

PRÉP 15 MIN · CUISS 25 MIN

POUR 4 PERSONNES
sel et poivre du moulin
1 oignon haché
2 gousses d'ail pelées et râpées
500 g d'épaule d'agneau hachée
1 c. à s. d'huile d'olive
400 g de tomates pelées entières en conserve
10 olives noires dénoyautées
350 g de spaghettis
1 botte de persil haché
25 g de parmesan râpé

1 Faites bouillir une grande casserole d'eau salée. Versez l'oignon, l'ail et l'agneau dans un saladier et mélangez soigneusement avec les doigts. Salez, poivrez et façonnez en boulettes de la taille d'une noix.

2 Mettez l'huile à chauffer à feu moyen dans une grande poêle et faites dorer les boulettes pendant 5 min. Ajoutez les tomates et les olives. Portez à l'ébullition, puis laissez mijoter à feu doux pendant 20 min.

3 Mettez les spaghettis à cuire dans de l'eau bouillante pendant 8 min, en les gardant un peu croquants. Conservez 1 louche d'eau de cuisson des pâtes, puis égouttez-les. Versez les pâtes dans la poêle et mélangez avec la sauce. Mouillez avec un peu d'eau de cuisson si la sauce tend à s'assécher. Parsemez de persil et saupoudrez de parmesan. Servez sans attendre.

CONSEIL DU CHEF

Si quelques boulettes se défont à la cuisson, la sauce sera encore plus savoureuse ! Vous pouvez ajouter 2 anchois hachés, en même temps les tomates.

Linguine aux palourdes

PRÉP 10 MIN · CUISS 15 MIN

POUR 4 PERSONNES
sel et poivre du moulin
1 c. à s. d'huile d'olive
1 oignon haché
3 gousses d'ail émincées
1 botte de persil plat ciselé
100 ml de vin blanc sec
500 g de palourdes nettoyées
350 de linguine (ou spaghettis)
1 c. à s. d'huile d'olive

1 Faites bouillir une grande casserole d'eau salée. Mettez l'huile à chauffer à feu moyen dans une grande sauteuse. Faites cuire l'oignon pendant 2 min, puis ajoutez l'ail et le persil.

2 Incorporez le vin à la sauteuse, portez à l'ébullition et ajoutez les palourdes. Laissez cuire pendant 5 min à couvert, en secouant régulièrement le récipient. Lorsque tous les coquillages sont ouverts, ôtez rapidement la sauteuse du feu.

3 Mettez les linguine à cuire dans de l'eau bouillante pendant 8 min, en les gardant un peu croquants, puis égouttez-les. Versez les pâtes dans la sauteuse et arrosez-les d'huile d'olive. Goûtez, salez si nécessaire, poivrez abondamment et mélangez à nouveau. Servez aussitôt.

CONSEIL DU CHEF

Veillez à rincer plusieurs fois les palourdes avant la cuisson. Passez la sauce au chinois avant de l'ajouter aux pâtes.

Minestrone

PRÉP 10 MIN · CUISS 40 MIN

POUR 4 PERSONNES
sel et poivre du moulin
1 c. à s. d'huile d'olive
1 oignon haché
1 c. à c. d'origan séché
4 carottes
pelées et coupées en dés
4 branches de céleri
coupées en dés
3 gousses d'ail
pelées et râpées
50 ml de vin rouge
1 c. à s. de purée de tomates
400 g de tomates entières en conserve
grossièrement hachées
600 ml de bouillon de légumes chaud
200 g de macaronis
(ou de vermicelles)
1 botte de persil plat ciselé
50 g de parmesan râpé

1 Faites bouillir une grande casserole d'eau salée. Mettez l'huile à chauffer à feu moyen dans une autre casserole. Faites cuire l'oignon pendant 5 min, ajoutez 1 pincée de sel, l'origan, les carottes et le céleri. Laissez cuire à feu doux pendant 10 min.

2 Ajoutez l'ail et prolongez la cuisson de quelques secondes. Incorporez le vin et portez à ébullition pendant 3 min. Ajoutez la purée de tomates, salez, poivrez et mélangez. Versez les tomates hachées et le bouillon, portez à ébullition à feu vif, puis laissez cuire à feu doux pendant 20 min. Ajoutez de l'eau si le minestrone a tendance à trop épaissir.

3 Mettez les macaronis à cuire dans de l'eau bouillante pendant 10 min, en les gardant un peu croquants. Égouttez-les, versez-les dans le minestrone et mélangez, à feu moyen. Parsemez de persil et servez avec une coupelle de parmesan.

CONSEIL DU CHEF

Conservez toujours vos croûtes de parmesan : ajoutées à une soupe, elles lui apportent une saveur incomparable !

Gratin de farfalle aux aubergines

PRÉP 15 MIN · CUISS 40 MIN

POUR 4 PERSONNES
sel fin
2 aubergines émincées
250 g de farfalle
3 c. à s. d'huile d'olive
+ 1 filet pour les aubergines
1 oignon haché
2 gousses d'ail
pelées et râpées
1 pincée d'origan séché
1 pincée de paprika doux
700 g de coulis de tomates
50 g de parmesan râpé

1 Mettez une grande casserole d'eau salée à bouillir. Déposez les rondelles d'aubergine dans une passoire et saupoudrez-les de sel fin. Couvrez avec une assiette et posez un poids par-dessus (une brique de lait ou une boîte de conserve, par exemple). Laissez dégorger pendant 15 min dans l'évier. Rincez-les et séchez-les sur du papier absorbant. Pendant ce temps, faites cuire les farfalle dans de l'eau bouillante pendant 8 min, en veillant à les garder un peu croquants. Égouttez-les et réservez-les.

2 Mettez l'huile à chauffer à feu doux dans une sauteuse et faites ramollir l'oignon pendant 5 min. Ajoutez l'ail, l'origan, le paprika et le coulis de tomates. Portez à ébullition à feu vif, puis laissez mijoter pendant 15 min.

3 Pendant ce temps, mettez 1 filet d'huile à chauffer dans une grande poêle et faites dorer les tranches d'aubergine pendant 3 min de chaque côté. Procédez en plusieurs fois et égouttez-les sur du papier absorbant.

4 Dans un plat à gratin, déposez la moitié des aubergines frites, recouvrez de sauce à la tomate et déposez une couche de pâtes. Renouvelez l'opération, en terminant par une couche de sauce. Saupoudrez de parmesan et faites cuire au four pendant 20 min. Dégustez immédiatement.

Astuce

À la place de cette sauce maison, utilisez un bocal de sauce à la tomate acheté dans le commerce.

Torsades en salade

PRÉP 15 MIN CUISS 10 MIN

POUR 4 PERSONNES
250 g de torsades
sel et poivre du moulin
2 c. à s. de mayonnaise
50 g de roquette
125 de petits pois frais (crus ou cuits)
6 tomates cerises

1 Mettez les torsades à cuire dans une grande casserole d'eau bouillante salée pendant 10 min, en les gardant un peu croquantes. Conservez 1 louche d'eau de cuisson des pâtes, puis égouttez-les.

2 Versez les pâtes dans un plat de service et incorporez la mayonnaise. Ajoutez la roquette, les petits pois et les tomates. Mélangez délicatement et mouillez avec 1 c. à s. d'eau de cuisson si les pâtes ont tendance à s'assécher. Salez, poivrez et recouvrez de film alimentaire. Placez au réfrigérateur. Sortez du réfrigérateur 30 min avant de servir.

Conchiglie à la viande

PRÉP 15 MIN CUISS 30 MIN

POUR 4 PERSONNES
sel et poivre du moulin
1 c. à s. d'huile d'olive
1 oignon haché
2 gousses d'ail pelées et râpées
300 g de rumsteck coupé en cubes
1 cube de bouillon de viande
250 g de conchiglie
25 g de parmesan râpé
1 botte de persil plat ciselé

1 Faites bouillir une grande casserole d'eau salée. Mettez l'huile à chauffer à feu moyen dans une poêle. Faites cuire l'oignon pendant 5 min, jusqu'à ce qu'il soit translucide. Ajoutez l'ail et prolongez la cuisson de quelques secondes.

2 Incorporez le bœuf et faites revenir à feu vif pendant 2 min, jusqu'à ce qu'il soit bien doré. Émiettez le cube de bouillon dans la poêle, mélangez soigneusement et incorporez 600 ml d'eau chaude. Portez à ébullition, puis laissez mijoter pendant 20 min à feu moyen. Salez et poivrez abondamment.

3 Mettez les conchiglie à cuire dans de l'eau bouillante pendant 10 min, en les gardant un peu croquants. Conservez 1 louche d'eau de cuisson des pâtes, puis égouttez-les. Versez les pâtes dans la poêle et mélangez, à feu moyen. Mouillez avec un peu d'eau de cuisson si la sauce tend à s'assécher. Saupoudrez de parmesan et parsemez de persil.

PIZZAS, QUESADILLAS ET CRÊPES

Des garnitures rapides et originales.

PIZZAS, QUESADILLAS ET CRÊPES

Peu de plats sont aussi simples à réaliser. Garnissez une pâte à pizza de vos ingrédients préférés, farcissez 2 galettes de blé mexicaines de fromage ou ajoutez 1 œuf et du fromage sur une crêpe – et le tour est joué ! Accompagnés d'une salade verte, ces plats ultra-rapides sont à la portée de tous et font le bonheur de toute la famille, notamment des enfants.

Pizzas

Simple pâte à pain recouverte de sauce tomate et de quelques garnitures, la pizza peut être considérée comme un plat complet. Sa cuisson doit être effectuée dans un four très chaud, qui saisit la pâte et la rend croustillante. La pizza traditionnelle italienne, à pâte très fine et à base de sauce tomate et mozzarella, est la plus consommée. Toutefois, la version américaine, avec une palette de garnitures éclectiques et exotiques (ananas, crevettes épicées, porc au curry), rencontre un succès croissant en Europe.

Trucs et astuces

Four chaud Un four préchauffé à son maximum est primordial. Traditionnellement, la pizza est cuite dans un four à bois à 400 °C, – une température impossible à atteindre dans le four d'un particulier. L'astuce consiste à réchauffer une plaque à pâtisserie ou une pierre à pizza placée dans le bas du four pendant au moins 1 h.

Farine à pizza Les professionnels utilisent de la farine 0 ou 00, mais vous pouvez la remplacer par de la farine de type T55 ou T65. Certains supermarchés proposent une farine spécial pizza.

La levée ou la pousse de la pâte Plus la pâte met du temps à lever, plus la croûte offre des saveurs agréables.

Pétrissage Prenez le temps de pétrir la pâte pendant au moins 10 min, pour permettre au gluten de se développer.

Congeler une pizza

Pâte pré-cuite Étalez la pâte et faites-la cuire pendant 5 min à four très chaud. Laissez refroidir et enroulez dans du film alimentaire. À conserver au congélateur pendant 3 mois.

Les boules de pâte Préparez la pâte, faites-la doubler de volume et divisez en 4 boules, que vous envelopperez de film alimentaire. À conserver au congélateur pendant 3 mois.

Quelques garnitures

- Saucisse épicée, fond d'artichaut et mozzarella.
- Coulis de tomates épicé, olives, câpres et chorizo.
- Sauce tomate, mozzarella, jambon, épinards.
- Sauce tomate, aubergine, olives et mozzarella.
- Sauce tomate, pignons, raisins secs et épinards.

Astuce

N'hésitez pas à placer le reste d'une pâte à pizza dans le réfrigérateur et à l'utiliser jusqu'à 2 jours plus tard. Roulez la pâte en boule et conservez-la dans un sachet en plastique légèrement huilé.

Pizza blanche au jambon de Parme, roquette et mozzarella (Voirpage 185).

Réchauffer une pizza

La pizza est délicieuse à la sortie du four. Si votre pizza est froide et que vous souhaitez la réchauffer, placez-la d'abord au four à micro-ondes et faites chauffer pendant quelques secondes, puis mettez-la pendant 2 min dans un four très chaud, de manière à saisir la croûte.

PAS À PAS

La pâte à pizza parfaite

Voici une pâte rapide qui vous permettra de confectionner 4 pizzas fines et croustillantes, dans la tradition italienne.

1 Dans un saladier, tamisez 500 g de farine avec 1 pincée de sel et 1 sachet de levure (7 g). Faites un puits au centre et versez-y 360 ml d'eau tiède. Mélangez soigneusement avec une spatule en bois, puis incorporez 60 ml d'huile d'olive. Pétrissez jusqu'à l'obtention d'une consistance souple.

2 Étalez la pâte sur un plan de travail fariné et pétrissez fermement avec la paume de la main, en repliant la pâte à chaque fois. Procédez ainsi pendant au moins 10 min, jusqu'à ce que la pâte ait une consistance souple, voire presque spongieuse.

3 Déposez la boule de pâte dans un saladier, couvrez de film alimentaire ou d'un torchon propre et laissez pousser dans un endroit tiède pendant 30 à 40 min, jusqu'à ce qu'elle ait doublé de volume.

4 Pétrissez de nouveau la pâte pendant quelques minutes, sur une surface farinée. Divisez-la en 4 parts égales et étalez chacune en un disque de 25 cm de diamètre. Il peut être nécessaire de tirer la pâte, qui a tendance à se rétracter. Glissez-la sur une plaque très chaude et garnissez-la rapidement avant de l'enfourner.

Quesadillas

Rapide et facile à préparer, ce plat mexicain commence à trouver sa place sur les tables françaises. Les quesadillas sont une sorte de sandwich chaud, fourré de garnitures variées. Le seul ingrédient obligatoire est le fromage, qui fait office d'agent de liaison. Composées de 2 tortillas (galettes de blé ou de maïs), elles sont généralement servies à l'apéritif ou en entrée.

Congeler des quesadillas

Les tortillas se conservent au congélateur pendant 3 mois. Glissez une feuille de papier cuisson entre elles avant de les congeler.

Quelques garnitures

- Camembert, pomme râpée et tomate à l'échalote.
- Mozzarella, potiron rôti au four et piment vert doux.
- Gruyère, courgette râpée et jambon.
- Beaufort, bœuf haché épicé et coriandre.

Trucs et astuces

Une fois le sachet de tortillas ouvert, enroulez-le hermétiquement dans du film alimentaire afin de préserver toute sa fraîcheur.
Fromage Vous pouvez utiliser tous les types de fromage. Il suffit de les râper ou de les couper en fines tranches, pour qu'ils fondent rapidement.
Service Dégustez sans attendre.
Garnitures Utilisez des restes de viande froide (poulet, steak) ou de crevettes.

PAS À PAS

La quesadilla parfaite

Un plat délicieux, prêt en quelques minutes.

1 Préparez tous les ingrédients avant de commencer : les 2 tortillas (galettes de blé ou de maïs), ainsi que toutes les garnitures. Ici, nous utiliserons 25 g de gruyère râpé et quelques rondelles de jalapeno (piment mexicain au vinaigre).

2 Mettez 1 c. à s. d'huile à chauffer dans une poêle et placez 1 tortilla dans la poêle. Ajoutez le fromage et toutes les garnitures, en veillant à ne pas déborder.

3 Recouvrez la garniture avec la seconde tortilla, en pressant légèrement. Laissez cuire pendant 2 min.

4 Retournez la quesadilla et laissez cuire pendant 1 min sur l'autre face. Transférez sur une assiette, découpez en 4 parts égales et servez aussitôt.

Crêpes

Les crêpes sont confectionnées à partir d'une pâte fluide composée de farine, de lait et d'œufs. Cuites à la poêle, elles varient en texture et en densité selon le crêpier. On les sert généralement chaudes, garnies d'œuf, de légumes et de viande, ou avec un peu de beurre salé. Sa cousine américaine – le pancake – est plus épaisse et servie lors du petit déjeuner, avec du bacon et du sirop d'érable. La version slave de la crêpe est le blini, qui accompagne le saumon fumé.

Congeler des crêpes

Glissez une feuille de papier cuisson entre les crêpes, enveloppez hermétiquement de film alimentaire et congelez pendant 1 mois au maximum.

Quelques garnitures

- Fondue de poireaux, chèvre et thym frais.
- Champignons, épinards, tomate et poivron.
- Saumon et crème fraîche ou fromage blanc.
- Banane, sauce au caramel et amandes.

PAS À PAS

Les crêpes parfaites

La clé du succès : une pâte légère et une bonne crêpière.

1 Tamisez 145 g de farine avec 1 pincée de sel dans un saladier. Faites un puits au centre, versez 1 œuf entier et mélangez soigneusement, en incorporant graduellement 300 ml de lait. Laissez reposer au réfrigérateur pendant 30 min.

2 Huilez légèrement une crêpière ou une poêle antiadhésive et faites-la chauffer à feu moyen. Versez 1 louche de pâte dans la poêle et, d'un mouvement souple du poignet, recouvrez de pâte toute la surface de la poêle.

3 Faites cuire la crêpe pendant 2 min, puis retournez-la à l'aide d'une spatule ou en la faisant sauter. La surface la plus dorée sera présentée sur l'assiette.

4 Faites cuire pendant 1 min sur l'autre face et transférez sur une assiette. Empilez les crêpes au fur et à mesure, et conservez au chaud sous une feuille d'aluminium ménager.

AU QUOTIDIEN

Pizza blanche à l'ail et au romarin

PRÉP 10 MIN CUISS 10 MIN

POUR 1 PIZZA

1 filet d'huile d'olive
+ un peu d'huile pour la plaque de cuisson
1 c. à s. de farine pour le plan de travail
1 boule de pâte à pizza (voir p. 181)
1 c. à s. de semoule de blé dur
pour la plaque de cuisson
quelques brins de romarin
2 gousses d'ail pelées et râpées
sel fin

1 Préchauffez le four et enfournez une plaque de cuisson légèrement huilée. Pour que la cuisson de la pizza soit réussie, le four et la plaque doivent être le plus chaud possible.

2 Sur un plan de travail légèrement fariné, étalez la boule de pâte en un disque de 30 cm de diamètre environ. Saupoudrez la plaque de cuisson de semoule de blé et déposez la pâte étalée par-dessus.

3 Piquez la pâte avec une fourchette et parsemez de romarin et d'ail. Salez généreusement, puis appuyez légèrement sur la pâte, pour bien faire adhérer les ingrédients. Arrosez de 1 filet d'huile d'olive et faites cuire au four pendant 10 min.

VARIANTE

Parsemez de mozzarella ou de fromage bleu émietté.

CONSEIL DU CHEF

Pour une croûte bien croustillante, n'hésitez pas à investir dans une pierre à pizza.

Pizza blanche aux quatre fromages

PRÉP 10 MIN CUISS 15 MIN

POUR 1 PIZZA

un peu d'huile d'olive
pour la plaque de cuisson
1 c. à s. de farine pour le plan de travail
1 boule de pâte à pizza (voir p. 181)
1 c. à s. de semoule de blé dur
pour la plaque de cuisson
75 g de mozzarella émiettée
1 c. à s. de parmesan râpé
25 g de gorgonzola émietté
25 g de gruyère râpé
1 pincée d'origan séché

1 Préchauffez le four et enfournez une plaque de cuisson légèrement huilée. Pour que la cuisson de la pizza soit réussie, le four et la plaque doivent être le plus chaud possible.

2 Sur un plan de travail légèrement fariné, étalez la boule de pâte en un disque de 30 cm de diamètre environ. Saupoudrez la plaque de cuisson de semoule de blé et déposez la pâte étalée par-dessus.

3 Recouvrez chaque quart de la pizza d'un fromage différent. Parsemez d'origan et enfournez pour 15 min de cuisson, jusqu'à ce que les fromages aient fondu et qu'une belle croûte dorée commence à se former. Dégustez sans attendre.

VARIANTE

Parsemez cette pizza de pignons de pin et de raisins secs avant de l'enfourner.

CONSEIL DU CHEF

Évitez de faire cuire plusieurs pizzas en même temps : cela refroidit le four et la cuisson de la pâte n'est alors pas uniforme.

Pizza blanche au jambon de Parme et roquette

PRÉP 10 MIN · CUISS 10 MIN

POUR 1 PIZZA

un peu d'huile d'olive pour la plaque de cuisson
1 c. à s. de farine pour le plan de travail
1 boule de pâte à pizza (voir p. 181)
1 c. à s. de semoule de blé dur pour la plaque de cuisson
200 g de mozzarella déchirée en morceaux
poivre du moulin
4 tranches de jambon de Parme
50 g de feuilles de roquette

1 Préchauffez le four et enfournez une plaque de cuisson légèrement huilée. Pour que la cuisson de la pizza soit réussie, le four et la plaque doivent être le plus chaud possible.

2 Sur un plan de travail légèrement fariné, étalez la boule de pâte en un disque de 30 cm de diamètre environ. Saupoudrez la plaque de cuisson de semoule de blé et déposez la pâte étalée par-dessus.

3 Parsemez de mozzarella et poivrez abondamment. Faites cuire au four pendant 10 min. Garnissez la pizza chaude de jambon et de roquette.

VARIANTE

Arrosez les feuilles de roquette de vinaigre balsamique et d'huile d'olive juste avant de servir.

CONSEIL DU CHEF

Si vous souhaitez faciliter le service, vous pouvez couper les tranches de jambon de Parme en fines lanières.

Pizza aux tomates fraîches, olives et câpres

PRÉP 10 MIN · CUISS 15 MIN

POUR 1 PIZZA

un peu d'huile d'olive pour la plaque de cuisson
1 c. à s. de farine pour le plan de travail
1 boule de pâte à pizza (voir p. 181)
1 c. à s. de semoule de blé dur pour la plaque de cuisson
3 c. à s. de coulis de tomates
3 tomates fraîches coupées en rondelles
10 olives noires
2 c. à c. de câpres rincées et égouttées
poivre du moulin

1 Préchauffez le four et enfournez une plaque de cuisson légèrement huilée. Pour que la cuisson de la pizza soit réussie, le four et la plaque doivent être le plus chaud possible.

2 Sur un plan de travail légèrement fariné, étalez la boule de pâte en un disque de 30 cm de diamètre environ. Saupoudrez la plaque de cuisson de semoule de blé et déposez la pâte étalée par-dessus.

3 Étalez le coulis de tomates sur la pâte avec le dos d'une cuillère. Recouvrez de rondelles de tomates et parsemez d'olives et de câpres. Faites cuire au four pendant 12 min, jusqu'à ce que la croûte soit dorée. Poivrez et servez sans attendre.

VARIANTE

Remplacez le coulis de tomates par des tomates pelées, réduites en purée au mixeur.

Astuce

Utilisez une sauce pour pizza déjà prête : plusieurs marques existent dans le commerce.

Pizza à la mozzarella et aux champignons

PRÉP 10 MIN CUISS 15 MIN

POUR 1 PIZZA

1 c. à s. d'huile d'olive
+ un peu d'huile pour la plaque de cuisson
125 g de champignons de Paris émincés
sel et poivre du moulin
1 c. à s. de farine pour le plan de travail
1 boule de pâte à pizza (voir p. 181)
1 c. à s. de semoule de blé dur
pour la plaque de cuisson
3 c. à s. de coulis de tomates
150 g de mozzarella
déchirée en morceaux
huile pimentée (facultatif)

1 Préchauffez le four et enfournez une plaque de cuisson légèrement huilée. Pour que la cuisson de la pizza soit réussie, le four et la plaque doivent être le plus chaud possible.

2 Mettez l'huile à chauffer à feu doux dans une poêle et faites cuire les champignons pendant 5 min. Salez et poivrez généreusement.

3 Sur un plan de travail légèrement fariné, étalez la boule de pâte en un disque de 30 cm de diamètre environ. Saupoudrez la plaque de cuisson de semoule de blé et déposez la pâte étalée par-dessus.

4 Étalez le coulis de tomates sur la pâte avec le dos d'une cuillère. Parsemez de mozzarella et recouvrez de champignons. Faites cuire au four pendant 12 min, jusqu'à ce que la croûte soit dorée et le fromage fondu. Si vous le souhaitez, arrosez d'huile pimentée juste avant se servir.

VARIANTE

Pour une occasion festive, utilisez des cèpes et de la mozzarella di buffala.

CONSEIL DU CHEF

Il est possible de congeler une pâte à pizza étalée et précuite, mais sans sa garniture.

Pizza à la saucisse

PRÉP 10 MIN CUISS 20 MIN

POUR 1 PIZZA

un peu d'huile d'olive
pour la plaque de cuisson
3 chipolatas sans la peau
et grossièrement émiettées
25 g de parmesan râpé
sel et poivre du moulin
1 c. à s. de farine
pour le plan de travail
1 boule de pâte à pizza (voir p. 181)
1 c. à s. de semoule de blé dur
pour la plaque de cuisson
3 tomates coupées en fines rondelles

1 Préchauffez le four et enfournez une plaque de cuisson légèrement huilée. Pour que la cuisson de la pizza soit réussie, le four et la plaque doivent être le plus chaud possible.

2 Versez les morceaux de saucisses dans une poêle sèche et faites cuire à feu moyen pendant 5 min. Écrasez-les avec une cuillère en bois, de manière à bien émietter la chair. Incorporez le parmesan, puis salez et poivrez.

3 Sur un plan de travail légèrement fariné, étalez la boule de pâte en un disque de 30 cm de diamètre environ. Saupoudrez la plaque de cuisson de semoule de blé et déposez la pâte étalée par-dessus. Recouvrez-la de rondelles de tomates et enfournez pour 5 min de cuisson. Hors du four, garnissez de saucisse hachée et faites cuire au four pendant 10 min supplémentaires.

CONSEIL DU CHEF

Les enfants adorent préparer leur propre pizza ! Invitez-les dans la cuisine et demandez-leur de vous aider à préparer le repas, en choisissant leurs garnitures préférées...

Calzone au fromage, jambon et aubergine

PRÉP 15 MIN · CUISS 20 MIN

POUR 1 PIZZA
un peu d'huile d'olive
pour la plaque de cuisson
1 c. à s. de farine pour le plan de travail
1 boule de pâte à pizza (voir p. 181)
1 c. à s. de semoule de blé dur
pour la plaque de cuisson
200 g d'épinards frais cuits et égouttés
125 g de jambon cuit haché
125 g de mozzarella déchirée en morceaux
10 feuilles de basilic

1 Préchauffez le four et enfournez une plaque de cuisson légèrement huilée. Le four et la plaque doivent être le plus chaud possible pour que la cuisson de la pizza soit réussie.

2 Sur un plan de travail légèrement fariné, étalez la boule de pâte en un disque de 30 cm de diamètre environ. Saupoudrez la plaque de cuisson de semoule de blé et déposez la pâte étalée par-dessus.

3 Pressez les épinards entre vos doigts, pour en retirer l'excédent d'eau. Étalez-les sur une moitié de la pâte, en laissant un « trottoir » de 1 cm sur les bords. Ajoutez le jambon, la mozzarella et le basilic. Mouillez le « trottoir » et repliez la pâte sur elle-même, de manière à former un chausson. Pressez les bords avec les doigts, pour bien emprisonner la garniture. Arrosez le calzone de quelques gouttes d'eau et faites cuire au four pendant 18 min.

CONSEIL DU CHEF

Pour obtenir une pâte bien croustillante, arrosez-la de quelques gouttes d'eau avant de l'enfourner.

Pizza aux épinards et à la ricotta

PRÉP 15 MIN · CUISS 10 MIN

POUR 1 PIZZA
un peu d'huile d'olive
pour la plaque de cuisson
1 c. à s. de farine
pour le plan de travail
1 boule de pâte à pizza (voir p. 181)
1 c. à s. de semoule de blé dur
pour la plaque de cuisson
3 c. à s. de coulis de tomates
200 g d'épinards frais
cuits et égouttés
3 c. à s. de ricotta
poivre du moulin

1 Préchauffez le four et enfournez une plaque de cuisson légèrement huilée. Pour que la cuisson de la pizza soit réussie, le four et la plaque doivent être le plus chaud possible.

2 Sur un plan de travail légèrement fariné, étalez la boule de pâte en un disque de 30 cm de diamètre environ. Saupoudrez la plaque de cuisson de semoule de blé et déposez la pâte étalée par-dessus.

3 Étalez le coulis de tomates sur la pâte avec le dos d'une cuillère. Pressez les épinards entre vos doigts, de manière à en retirer l'excédent d'eau, puis disposez-les sur le coulis. Déposez de petites cuillerées de ricotta sur les épinards, poivrez abondamment et enfournez pour 10 min de cuisson. Dégustez dès la sortie du four.

Calzone aux poivrons, câpres et olives

PRÉP 15 MIN | CUISS 20 MIN

POUR 1 PIZZA

un peu d'huile pour la plaque de cuisson
1 c. à s. de farine pour le plan de travail
1 boule de pâte à pizza (voir p. 181)
1 c. à s. de semoule de blé dur pour la plaque de cuisson
3 poivrons rouges grillés et hachés
10 olives noires dénoyautées et coupées en rondelles
1 c. à c. de câpres rincées et égouttées
2 c. à s. de ricotta hachée
sel et poivre du moulin

1 Préchauffez le four et enfournez une plaque de cuisson légèrement huilée. Le four et la plaque doivent être le plus chaud possible.

2 Sur un plan de travail légèrement fariné, étalez la boule de pâte en un disque de 30 cm de diamètre environ. Saupoudrez la plaque de cuisson de semoule de blé et déposez la pâte étalée par-dessus.

3 Versez les poivrons, les olives, les câpres et le fromage sur une moitié de la pâte, en laissant un « trottoir » de 1 cm sur les bords. Salez et poivrez. Mouillez le « trottoir » et repliez la pâte sur elle-même, de manière à former un chausson. Pressez les bords avec les doigts, pour bien emprisonner la garniture. Arrosez de quelques gouttes d'eau et faites cuire ce calzone au four pendant 18 min. Servez aussitôt.

Quesadilla au bœuf épicé et à la tomate

PRÉP 5 MIN | CUISS 20 MIN

POUR 1 QUESADILLA

2 c. à s. d'huile d'olive
100 g de bœuf haché
1 pincée de piment de Cayenne
1 c. à s. de vin blanc
sel et poivre du moulin
5 branches de coriandre ciselées
2 tortillas (galettes de blé ou de maïs)
1 tomate épépinée et coupée en dés
25 g de cheddar ou gruyère râpé

1 Mettez 1 c. à s. d'huile d'olive à chauffer dans une poêle et faites rissoler la viande et le piment pendant 2 min à feu vif. Ajoutez le vin blanc, salez, poivrez et prolongez la cuisson de 5 min. Incorporez la coriandre. Laissez s'égoutter dans une passoire.

2 Mettez le reste de l'huile à chauffer dans une poêle antiadhésive. Déposez 1 tortilla dans la poêle et recouvrez-la de viande hachée, en laissant 1 cm d'espace libre sur le bord extérieur. Parsemez de tomates et de fromage. Recouvrez de l'autre tortilla, en pressant légèrement. Laissez cuire à feu doux pendant 1 min.

3 Retournez la quesadilla avec une longue spatule, en prenant garde à ne pas laisser s'échapper la garniture. Faites cuire pendant 1 min sur l'autre face, et glissez sur une planche à découper. Coupez la quesadilla en 4 parts égales et servez sans attendre.

VARIANTE
Choisissez le fromage de votre choix : chèvre, tomme de brebis ou gouda.

CONSEIL DU CHEF
Si vous n'utilisez pas toutes les tortillas du paquet, enveloppez soigneusement celles qui restent de film alimentaire et conservez-les au réfrigérateur.

Quesadilla au fromage et piment doux

PRÉP 5 MIN · CUISS 5 MIN

POUR 1 QUESADILLA
1 c. à c. d'huile d'olive
2 tortillas (galettes de blé ou de maïs)
50 g de cheddar extra-fort râpé
1 piment doux au vinaigre haché
5 branches de coriandre ciselée
poivre du moulin

1 Mettez l'huile à chauffer dans une poêle antiadhésive. Déposez 1 tortilla dans la poêle et recouvrez-la de cheddar, en laissant 1 cm d'espace libre sur le bord extérieur. Parsemez de piment doux et de coriandre.

2 Poivrez et recouvrez de l'autre tortilla, en pressant légèrement. Laissez cuire à feu doux pendant 1 min.

3 Retournez la quesadilla avec une longue spatule, en veillant à ne pas laisser échapper la garniture. Faites cuire pendant 1 min sur l'autre face, à feu très doux. Glissez la quesadilla sur une planche à découper et coupez en 4 parts égales. Servez aussitôt.

CONSEIL DU CHEF

Ne mettez pas trop de fromage : il risquerait de s'échapper des galettes pendant la cuisson.

Quesadilla à l'avocat, ciboules et poivron

PRÉP 10 MIN · CUISS 5 MIN

POUR 1 QUESADILLA
4 ciboules ciselées
¼ de poivron rouge haché
le jus de ½ citron
sel et poivre du moulin
1 c. à c. d'huile d'olive
2 tortillas (galettes de blé ou de maïs)
½ avocat coupé en lamelles
25 g de gruyère râpé

1 Placez les ciboules, le poivron et le jus de citron dans un petit bol. Salez et poivrez abondamment. Laissez mariner pendant quelques minutes.

2 Faites chauffer l'huile dans une poêle antiadhésive. Déposez 1 tortilla dans la poêle et recouvrez-la de lamelles d'avocat, en laissant 1 cm d'espace libre sur le bord extérieur. Ajoutez les ciboules et le poivron marinés, puis saupoudrez de fromage. Recouvrez de l'autre tortilla en pressant légèrement. Laissez cuire à feu doux pendant 1 min.

3 Retournez la quesadilla avec une longue spatule, en veillant à ne pas laisser échapper la garniture. Faites cuire pendant 1 min de l'autre côté à feu très doux. Glissez la quesadilla sur une planche à découper et coupez en 4 parts égales.

Quesadilla au poivron rouge, feta et olives vertes

PRÉP 5 MIN — CUISS 15 MIN

POUR 1 QUESADILLA
2 c. à s. d'huile d'olive
½ poivron rouge épépiné et haché
sel et poivre du moulin
2 tortillas (galettes de blé ou de maïs)
5 olives vertes dénoyautées et émincées
50 g de feta émiettée

1 Mettez 1 c. à s. d'huile à chauffer à feu moyen dans une poêle et faites cuire le poivron pendant 5 min. Salez, poivrez et réservez.

2 Faites chauffer 1 c. à s. d'huile dans une poêle antiadhésive. Déposez 1 tortilla dans la poêle et recouvrez-la de poivron, en laissant 1 cm d'espace libre sur le bord extérieur. Parsemez d'olives et de feta émiettée. Recouvrez de l'autre tortilla, en pressant légèrement. Laissez cuire à feu doux pendant 1 min.

3 Retournez la quesadilla avec une longue spatule, en veillant à ne pas laisser échapper la garniture. Faites cuire pendant 1 min de l'autre côté à feu très doux. Glissez la quesadilla sur une planche à découper et coupez en 4 parts égales. Servez aussitôt.

Astuce

Utilisez des poivrons grillés en conserve, en veillant à bien les égoutter.

Quesadilla aux champignons et au fromage

PRÉP 5 MIN — CUISS 10 MIN

POUR 1 QUESADILLA
2 c. à s. d'huile d'olive
100 g de champignons de Paris émincés
sel et poivre du moulin
1 pincée de piment de Cayenne
5 branches de coriandre ciselée (ou de persil plat)
2 tortillas (galettes de blé ou de maïs)
25 g de gruyère râpé

1 Mettez 1 c. à s. d'huile à chauffer dans une poêle et faites revenir les champignons avec 1 pincée de sel pendant 5 min à feu vif. Saupoudrez de piment de Cayenne et de coriandre, puis laissez s'égoutter dans une passoire.

2 Faites chauffer le reste de l'huile dans une poêle antiadhésive. Déposez 1 tortilla dans la poêle et recouvrez-la de champignons, en laissant 1 cm d'espace libre sur le bord extérieur. Parsemez de fromage râpé. Salez, poivrez et recouvrez de l'autre tortilla, en pressant légèrement. Laissez cuire à feu doux pendant 1 min.

3 Retournez la quesadilla avec une longue spatule, en veillant à ne pas laisser échapper la garniture. Faites cuire pendant 1 min sur l'autre face, à feu très doux. Glissez la quesadilla sur une planche à découper et coupez en 4 parts égales. Servez aussitôt.

Quesadilla au poulet et oignon rouge

PRÉP 5 MIN CUISS 15 MIN

POUR 1 QUESADILLA
2 c. à s. d'huile d'olive
1 oignon rouge finement émincé
1 pincée de romarin ciselé
sel et poivre du moulin
2 tortillas (galettes de blé ou de maïs)
100 g de poulet cuit effiloché
25 g de cheddar râpé

1 Mettez 1 c. à s. d'huile à chauffer dans une poêle. Faites revenir l'oignon avec le romarin et 1 pincée de sel pendant 10 min à feu doux. Poivrez et laissez les oignons confits s'égoutter dans une passoire.

2 Faites chauffer le reste de l'huile dans une poêle antiadhésive. Déposez 1 tortilla dans la poêle et recouvrez-la d'oignons confits, en laissant 1 cm d'espace libre sur le bord extérieur. Parsemez de morceaux de poulet et de fromage râpé. Poivrez, puis recouvrez de l'autre tortilla, en pressant légèrement. Laissez cuire à feu très doux pendant 1 min.

3 Retournez la quesadilla avec une longue spatule, en veillant à ne pas laisser échapper la garniture. Faites cuire pendant 1 min sur l'autre face, à feu très doux. Glissez la quesadilla sur une planche à découper et coupez-la en 4 parts égales. Servez bien chaud et dégustez sans attendre.

Quesadilla au jambon, fromage et cornichons

PRÉP 5 MIN CUISS 5 MIN

POUR 1 QUESADILLA
1 c. à c. d'huile d'olive
2 tortillas (galettes de blé ou de maïs)
50 g de cheddar extra-fort râpé
100 g de jambon coupé en lanières
2 cornichons coupés en lamelles
sel et poivre du moulin

1 Faites chauffer l'huile dans une poêle antiadhésive. Déposez 1 tortilla dans la poêle et recouvrez-la de fromage, en laissant 1 cm d'espace libre sur le bord extérieur. Parsemez de jambon et de cornichons. Salez, poivrez puis recouvrez de l'autre tortilla, en pressant légèrement. Laissez cuire à feu doux pendant 1 min.

2 Retournez la quesadilla avec une spatule, en veillant à ne pas laisser échapper la garniture. Faites cuire pendant 1 min sur l'autre face, à feu doux.

3 Glissez la quesadilla sur une planche à découper et coupez en 4 parts égales.

VARIANTE
Vous pouvez étaler 1 c. à c. de moutarde forte sur l'une des tortillas.

Crêpes aux asperges, feta et aneth

PRÉP 5 MIN CUISS 15 MIN

POUR 4 CRÊPES
125 g de farine
1 pincée de sel
1 œuf
300 ml de lait

Pour la garniture :
6 asperges vertes coupées en 3 tronçons
1 c. à s. d'aneth ciselé
100 g de feta
poivre du moulin
1 filet d'huile d'olive pour la cuisson des crêpes

1 Dans un saladier, mélangez la farine et le sel. Faites un puits au centre, dans lequel vous verserez 1 œuf et 1 c. à s. de lait. Avec une spatule en bois, mélangez l'œuf et le lait, en faisant peu à peu tomber la farine à l'intérieur du puits. Ajoutez le reste du lait, petit à petit, en remuant constamment, jusqu'à l'obtention d'une pâte lisse et sans grumeaux. Si vous avez le temps, laissez reposer pendant 30 min au réfrigérateur.

2 Faites cuire les asperges dans de l'eau bouillante salée. Au bout de 4 min, transférez-les dans un bain d'eau glacée, puis égouttez-les. Mettez-les dans un saladier avec l'aneth et la feta. Poivrez et réservez.

3 Dans une poêle antiadhésive, faites chauffer 1 filet d'huile d'olive à feu vif. Fouettez la pâte à crêpes et versez-en 2 c. à s. dans la poêle, en veillant à ce que le fond soit bien recouvert. Laissez cuire pendant 2 min à feu moyen. Retournez la crêpe et prolongez la cuisson à feu doux pendant 1 min de l'autre côté. Glissez sur une assiette et renouvelez l'opération jusqu'à ce qu'il n'y ait plus de pâte.

4 Répartissez la garniture entre les crêpes, pliez-les en deux ou roulez-les en forme de cigare. Dégustez aussitôt.

Astuce

Si vous êtes pressé, vous pouvez aussi utiliser de la pâte à crêpes déjà prête.

CONSEIL DU CHEF

Préparez des crêpes à l'avance : glissez une feuille de papier sulfurisé entre elles, enrobez dans du film alimentaire et congelez-les.

Crêpes aux crevettes épicées

PRÉP 10 MIN CUISS 20 MIN

POUR 4 CRÊPES
125 g de farine
1 pincée de sel
1 œuf
300 ml de lait

Pour la garniture :
1 c. à s. d'huile d'olive + 1 filet pour la cuisson des crêpes
100 g de petites crevettes crues décortiquées
½ c. à c. de curry en poudre
1 c. à s. de coriandre fraîche finement ciselée
sel fin
1 citron coupé en deux

1 Dans un saladier, mélangez la farine et le sel. Creusez un puits au centre, dans lequel vous verserez 1 œuf et 1 c. à s. de lait. Avec une spatule en bois, mélangez l'œuf et le lait, en faisant peu à peu tomber la farine à l'intérieur du puits. Ajoutez progressivement le reste du lait, en remuant sans cesse, jusqu'à l'obtention d'une pâte lisse et sans grumeaux. Si vous avez le temps, laissez reposer la pâte pendant 30 min au réfrigérateur.

2 Faites chauffer 1 c. à s. d'huile dans une poêle, ajoutez les crevettes, saupoudrez de curry et laissez cuire pendant 1 min à feu vif. Incorporez 2 c. à s. d'eau chaude et prolongez la cuisson de 2 min à feu doux. Parsemez de coriandre, salez et arrosez de quelques gouttes de citron pressé.

3 Dans une poêle antiadhésive, faites chauffer 1 filet d'huile d'olive à feu vif. Fouettez la pâte et versez-en 2 c. à s. dans la poêle, en veillant à ce que le fond soit entièrement recouvert. Laissez cuire pendant 2 min à feu moyen. Retournez la crêpe et prolongez la cuisson à feu doux pendant 1 min de l'autre côté. Glissez sur une assiette et renouvelez l'opération jusqu'à ce qu'il n'y ait plus de pâte.

4 Répartissez la garniture entre les crêpes, pliez-les en forme de cornets et dégustez sans attendre.

CONSEIL DU CHEF

Cette pâte se conserve pendant 24 h au réfrigérateur. Vous pourrez ainsi confectionner de délicieuses crêpes sucrées le lendemain !

Crêpes à la marocaine

PRÉP 5 MIN | CUISS 25 MIN

POUR 4 CRÊPES
125 g de farine
1 pincée de sel
1 œuf
300 ml de lait

Pour la garniture :
1 c. à s. d'huile d'olive
+ 1 filet pour la cuisson des crêpes
1 aubergine coupée en dés
2 tomates grossièrement coupées en dés
sel et poivre du moulin
1 pincée de cannelle en poudre
10 feuilles de menthe grossièrement ciselées
quelques gouttes de jus de citron

1 Dans un saladier, mélangez la farine et le sel. Faites un puits au centre, dans lequel vous verserez 1 œuf et 1 c. à s. de lait. Avec une spatule en bois, mélangez l'œuf et le lait, en faisant tomber progressivement la farine à l'intérieur du puits. Ajoutez le reste du lait, petit à petit, en remuant constamment, jusqu'à l'obtention d'une pâte lisse et sans grumeaux. Si vous avez le temps, laissez reposer pendant 30 min au réfrigérateur.

2 Mettez 1 c. à s. d'huile à chauffer dans une poêle et faites dorer les dés d'aubergine pendant 5 min à feu moyen. Ajoutez les tomates, salez, poivrez et prolongez la cuisson de 2 min à feu vif. Saupoudrez de cannelle et de menthe et réservez.

3 Dans une poêle antiadhésive ou une crêpière, faites chauffer 1 filet d'huile d'olive à feu vif. Fouettez la pâte et versez-en 2 c. à s. dans la poêle, en veillant à ce que le fond soit entièrement recouvert. Laissez cuire pendant 2 min à feu moyen. Retournez la crêpe et prolongez la cuisson à feu doux pendant 1 min de l'autre côté. Glissez sur une assiette et renouvelez l'opération jusqu'à ce qu'il n'y ait plus de pâte.

4 Dressez 1 crêpe sur une assiette et répartissez un peu de garniture par-dessus. Recouvrez d'une autre crêpe et garnissez à nouveau de légumes. Arrosez de jus de citron et dégustez sans attendre. .

Crêpes au chèvre frais et ciboulette

PRÉP 15 MIN | CUISS 5 MIN

POUR 4 CRÊPES
125 g de farine
1 pincée de sel
1 œuf
300 ml de lait

Pour la garniture :
100 g de fromage de chèvre frais
1 botte de ciboulette
sel et poivre du moulin
1 tomate fraîche pelée
1 filet d'huile d'olive pour la cuisson des crêpes

1 Dans un saladier, mélangez la farine et le sel. Faites un puits au centre, dans lequel vous verserez 1 œuf et 1 c. à s. de lait. Avec une spatule en bois, mélangez l'œuf et le lait, en faisant tomber progressivement la farine à l'intérieur du puits. Ajoutez le reste du lait, petit à petit, en remuant constamment, jusqu'à l'obtention d'une pâte lisse et sans grumeaux. Si vous avez le temps, laissez reposer pendant 30 min au réfrigérateur.

2 Dans un saladier, mélangez le fromage et la ciboulette. Salez et poivrez. Coupez la tomate en deux et évidez-la avec une petite cuillère. Coupez la chair en dés. Ajoutez-les au fromage et mélangez.

3 Dans une poêle antiadhésive ou une crêpière, faites chauffer 1 filet d'huile d'olive à feu vif. Fouettez la pâte à crêpes et versez-en 2 c. à s. dans la poêle, en veillant à ce que le fond soit recouvert. Laissez cuire pendant 2 min à feu moyen. Retournez la crêpe et prolongez la cuisson à feu doux pendant 1 min de l'autre côté. Glissez sur une assiette et renouvelez l'opération jusqu'à ce qu'il n'y ait plus de pâte.

4 Répartissez la garniture entre les crêpes, roulez-les en forme de gros cigare et dégustez aussitôt.

CONSEIL DU CHEF

N'hésitez pas à couper la ciboulette avec une paire de ciseaux.

Crêpes au fromage bleu et lardons

PRÉP 5 MIN · CUISS 10 MIN

POUR 4 CRÊPES
125 g de farine
1 pincée de sel
1 œuf
300 ml de lait

Pour la garniture :
100 g de lardons
1 filet d'huile d'olive pour la cuisson des crêpes
75 g de fromage bleu

1 Dans un saladier, mélangez la farine et le sel. Faites un puits au centre, dans lequel vous verserez 1 œuf et 1 c. à s. de lait. Avec une spatule, mélangez l'œuf et le lait, en faisant tomber progressivement la farine à l'intérieur du puits. Ajoutez le reste du lait, petit à petit, en remuant constamment, jusqu'à l'obtention d'une pâte lisse et sans grumeaux. si vous avez le temps, laissez reposer pendant 30 min au réfrigérateur.

2 Versez les lardons dans une poêle chaude et faites-les rissoler pendant 3 min à feu vif. Laissez-les s'égoutter sur du papier absorbant.

3 Dans une poêle antiadhésive ou une crêpière, faites chauffer 1 filet d'huile d'olive à feu vif. Fouettez la pâte à crêpes et versez-en 2 c. à s. dans la poêle en veillant à ce que le fond soit entièrement recouvert. Laissez cuire pendant 2 min à feu moyen. Retournez la crêpe et prolongez la cuisson à feu doux pendant 1 min de l'autre côté. Glissez sur une assiette et renouvelez l'opération jusqu'à ce qu'il n'y ait plus de pâte.

4 Mettez 1 crêpe à chauffer dans une poêle chaude, versez un peu de lardons et un peu de fromage sur une moitié de la crêpe, puis repliez-la sur elle-même. Dès que le fromage commence à fondre, glissez-la sur une assiette. Renouvelez l'opération avec les autres crêpes.

Crêpes aux courgettes et au fromage

PRÉP 10 MIN · CUISS 15 MIN

POUR 4 CRÊPES
125 g de farine
1 pincée de sel
1 œuf
300 ml de lait

Pour la garniture :
1 c. à s. d'huile d'olive + 1 filet pour la cuisson des crêpes
sel et poivre du moulin
2 petites courgettes finement râpées
125 g de gruyère râpé

1 Dans un saladier, mélangez la farine et le sel. Faites un puits au centre, dans lequel vous verserez 1 œuf et 1 c. à s. de lait. Avec une spatule en bois, mélangez l'œuf et le lait, en faisant tomber progressivement la farine à l'intérieur du puits. Ajoutez le reste du lait, petit à petit, en remuant constamment, jusqu'à l'obtention d'une pâte lisse et sans grumeaux. Si vous avez le temps, laissez reposer pendant 30 min au réfrigérateur.

2 Mettez 1 c. à s. d'huile à chauffer dans une poêle et faites revenir les courgettes pendant 5 min à feu moyen. Salez, poivrez et, hors du feu, mélangez avec le fromage.

3 Dans une poêle antiadhésive ou une crêpière, faites chauffer 1 filet d'huile d'olive à feu vif. Fouettez la pâte à crêpes et versez-en 2 c. à s. dans la poêle, en veillant à ce que le fond soit entièrement recouvert. Laissez cuire pendant 2 min à feu moyen. Retournez la crêpe et prolongez la cuisson à feu doux pendant 1 min de l'autre côté. Glissez sur une assiette et renouvelez l'opération jusqu'à ce qu'il n'y ait plus de pâte.

4 Répartissez la garniture entre les crêpes et poivrez généreusement. Pliez-les en triangles ou roulez-les sur elles-mêmes. Dégustez aussitôt.

VARIANTE
Vous pouvez remplacer les courgettes par 16 pointes d'asperges, blanchies puis dorées à l'huile d'olive.

Crêpes aux champignons à l'ail

PRÉP 10 MIN CUISS 15 MIN

POUR 4 CRÊPES
125 g de farine
1 pincée de sel
1 œuf
300 ml de lait

Pour la garniture :
1 c. à s. d'huile d'olive
+ 1 filet pour la cuisson des crêpes
125 g de champignons de Paris émincés
sel et poivre du moulin
2 gousses d'ail pelées et râpées

1 Dans un saladier, mélangez la farine et le sel. Faites un puits au centre, dans lequel vous verserez 1 œuf et 1 c. à s. de lait. Avec une spatule, mélangez l'œuf et le lait, en faisant tomber peu à peu la farine à l'intérieur du puits. Ajoutez le reste du lait, petit à petit, jusqu'à l'obtention d'une pâte lisse. Si vous avez le temps, laissez reposer pendant 30 min au réfrigérateur.

2 Mettez 1 c. à s. d'huile d'olive à chauffer à feu vif dans une poêle et faites cuire les champignons avec 1 pincée de sel pendant 3 min. Ajoutez l'ail, mélangez et prolongez la cuisson de 2 min à feu moyen. Salez et poivrez.

3 Dans une poêle antiadhésive ou une crêpière, faites chauffer 1 filet d'huile d'olive à feu vif. Fouettez la pâte à crêpes et versez-en 2 c. à s. dans la poêle, en veillant à ce que le fond soit entièrement recouvert. Laissez cuire pendant 2 min à feu moyen. Retournez la crêpe et prolongez la cuisson à feu doux pendant 1 min de l'autre côté. Glissez sur une assiette et renouvelez l'opération jusqu'à ce qu'il n'y ait plus de pâte.

4 Répartissez la garniture entre les crêpes et pliez-les en triangles. Dégustez aussitôt, accompagné d'une salade verte.

Crêpes aux poivrons et basilic

PRÉP 10 MIN CUISS 20 MIN

POUR 4 CRÊPES
125 g de farine
1 pincée de sel
1 œuf
300 ml de lait

Pour la garniture :
1 c. à s. d'huile d'olive
+ 1 filet pour la cuisson des crêpes
2 poivrons rouges épépinés et coupés en lamelles
1 pincée de sucre
1 pincée de sel
10 feuilles de basilic déchirées à la main

1 Dans un saladier, mélangez la farine et le sel. Faites un puits au centre, dans lequel vous verserez 1 œuf et 1 c. à s. de lait. Avec une spatule en bois, mélangez l'œuf et le lait, en faisant tomber progressivement la farine à l'intérieur du puits. Ajoutez le reste du lait, petit à petit, en remuant constamment, jusqu'à l'obtention d'une pâte lisse. Si vous avez le temps, laissez reposer pendant 30 min au réfrigérateur.

2 Mettez 1 c. à s. d'huile d'olive à chauffer à feu doux dans une poêle et faites cuire les poivrons avec le sucre et le sel pendant 15 min. Ajoutez le basilic et mélangez soigneusement.

3 Dans une poêle antiadhésive ou une crêpière, faites chauffer 1 filet d'huile d'olive à feu vif. Fouettez la pâte à crêpes et versez-en 2 c. à s. dans la poêle, en veillant à ce que le fond soit entièrement recouvert. Laissez cuire pendant 2 min à feu moyen. Retournez la crêpe et prolongez la cuisson à feu doux pendant 1 min de l'autre côté. Glissez sur une assiette et renouvelez l'opération jusqu'à ce qu'il n'y ait plus de pâte.

4 Répartissez les poivrons confits entre les crêpes, pliez-les en triangles et servez aussitôt.

TARTES ET TOURTES

Rien ne vaut une pâte faite maison !

TARTES ET TOURTES

Les pâtes constituent une base essentielle de la pâtisserie. Les ingrédients entrant dans leur composition sont peu variés : les différentes recettes sont obtenues en modifiant simplement les proportions et en appliquant des tours de mains spécifiques. Les pâtes industrielles sont certes pratiques, mais le goût des pâtes faites maison est incomparable !

Tarte à l'oignon (voir p. 202)

Les différentes pâtes La bonne pâte pour la bonne tarte.

PÂTE		USAGE
	**BRISÉE** C'est la pâte la plus utilisée et la plus facile à réaliser. Mélangez la même quantité d'eau et de beurre. Ajoutez un peu d'eau ou 1 œuf. Amalgamez le tout, roulez en boule et laissez reposer au frais pendant 30 min.	Tartes salées, quiches et tourtes. Desserts sucrés : fonds de tartes et de tartelettes.
	**FEUILLETÉE** C'est une pâte facile à réaliser, même si le temps de préparation est un peu long. Elle demande de la patience et de la rigueur. De texture plus légère que la pâte brisée, elle est également plus grasse. Vous pouvez la commander chez le boulanger.	Tartes salées, quiches, tourtes et amuse-bouches salés (allumettes au fromage, sacristains au sésame). Desserts sucrés : fonds de tartes et de tartelettes, mille-feuilles.
	**SUCRÉE** Il s'agit d'une version sucrée de la pâte brisée, dans laquelle on ajoute du sucre glace ou du sucre semoule à la farine.	Desserts sucrés : fonds de tartes, tartelettes et barquettes.
	**SABLÉE** C'est un dérivé de la pâte sucrée, pour laquelle on effectue un sablage à la main. Elle possède une consistance friable et cassante.	Petits sablés, fonds de barquettes, de tartelettes et de petits fours frais.
	**FILO** Pâte à consistance fine et cassante, qu'il est presque impossible à réaliser chez soi. Mieux vaut l'acheter au supermarché ou dans les épiceries orientales. Badigeonnez-les de beurre fondu ou d'huile épicée avant utilisation.	Plats grecs ou orientaux. Idéale pour les entrées salées et les desserts sucrés.

Astuces

Évitez de trop travailler la pâte et utilisez les doigts plutôt que la paume de la main. Lavez-vous les mains à l'eau très froide avant de commencer.

Conservez les ingrédients dans un endroit frais, surtout le beurre. Les professionnels pèsent d'abord tous les ingrédients, puis coupent le beurre en cubes et entreposent le tout au réfrigérateur pendant 1 h, avant de confectionner la pâte.

Attention à la pesée des ingrédients : vérifiez toujours au gramme près.

Incorporez l'eau petit à petit, pour éviter que la pâte ne soit trop humide. L'eau doit être glacée.

Ne farinez pas trop le plan de travail.

Laissez reposer la pâte roulée en boule au réfrigérateur pendant au moins 30 min avant l'utilisation.

Conservation et congélation

La pâte crue se conserve au réfrigérateur pendant 2 jours. Placez-la dans un sachet en plastique fermé ou enveloppez-la dans du film alimentaire. Vous pouvez également étaler les pâtes crues et les congeler pendant 3 mois au maximum. Il suffit alors de les passer directement du congélateur au four, puis de les garnir après la précuisson.

PAS-À-PAS

Pâte brisée

Simple et facile à réaliser, elle convient aux mets salés comme sucrés.

1 Tamisez 225 g de farine avec 1 pincée de sel au-dessus d'un grand saladier. Coupez 125 g de beurre en petits cubes et ajoutez-les à la farine.

2 Mélangez la farine et le beurre à l'aide de vos doigts, en les sablant. Pour une pâte légère, mélangez jusqu'à l'obtention d'un sablage fin.

3 Incorporez 2 c. à s. d'eau glacée et, à l'aide d'un couteau à bout arrondis, mélangez la pâte.

4 Façonnez la pâte en boule. Si elle est sèche et trop friable, incorporez quelques gouttes d'eau. Recouvrez la boule de pâte de film alimentaire et placez-la pendant au moins 30 min au réfrigérateur.

PAS À PAS

Foncer un moule

Suivez attentivement les étapes ci-dessous.

1 Abaissez finement la boule de pâte, sur un plan de travail légèrement fariné, en un disque de 5 cm supérieur au diamètre de votre moule.

2 Enroulez la pâte autour du rouleau à pâtisserie, puis déroulez-la à l'envers au-dessus du moule.

3 Appliquez la pâte contre les parois du moule, en appuyant légèrement, sans la déchirer.

4 Piquez la pâte avec une fourchette. Découpez l'excédent de pâte à l'aide d'un rouleau, en le passant une ou deux fois sur le moule.

Astuce

Pour foncer les moules à tartelettes ou les barquettes, abaissez la pâte et piquez-la. Enroulez-la sur le rouleau à pâtisserie. Alignez les barquettes ou les tartelettes en quinconce, sans trop les serrer. Déroulez la pâte par-dessus et, à l'aide de chutes de pâte, appliquez l'abaisse à l'intérieur des moules. Passez le rouleau deux fois sur la pâte : vos fonds de tartelettes sont prêts !

Cuisson à blanc, ou précuisson

Cette méthode garantit une fond de tarte bien sec et croustillant.

Recouvrez le fond de tarte de papier cuisson et remplissez-le de légumes secs ou de billes en céramique : ils empêcheront la pâte de gonfler pendant la cuisson. Le fond est prêt pour une cuisson à blanc pendant 15 min, dans un four préchauffé à 200 °C (th. 6-7).

Les ustensiles du professionnel

Il existe de nombreux **moules à tarte**, en céramique, en silicone, en métal ou en verre, de forme et de taille variables (moule sans fond ou à fond amovible, rectangulaire, carré, à charlotte, à brioche, à tatin, tourtière lisse ou cannelée). Un **rouleau à pâtisserie** est indispensable, de même que du **papier de cuisson**, des **pinceaux** et des **légumes secs**.

Les pâtes toutes prêtes

Les pâtes déjà prêtes sont de qualité variable selon le fabricant. Préférez toujours un produit frais à un produit surgelé. Vous les trouverez en bloc, en boule, ou pré-étalée dans leur papier de cuisson.

Bloc de pâte Surgelées ou fraîches, ces pâtes sont utiles pour les tartes carrées. Farinez le plan avant de les abaisser.

Pâte pré-étalée Fraîche ou surgelée, elle est idéale pour les tartes et les quiches, et permet de gagner du temps.

Tarte à l'oignon

PRÉP 15 MIN — CUISS 55 MIN

Matériel • moule à tarte de 26 cm de diamètre • haricots secs

POUR 6 PERSONNES

1 c. à s. d'huile d'olive
4 oignons émincés
1 c. à s. de farine
300 ml de lait
2 c. à c. de paprika doux
sel et poivre du moulin
1 rouleau de pâte brisée
1 jaune d'œuf légèrement battu avec 1 c. à c. d'eau

1 Préchauffez le four à 200 °C (th. 6-7). Mettez l'huile à chauffer à feu doux dans une grande poêle antiadhésive et faites fondre les oignons pendant 15 min, en remuant sans cesse.

2 Hors du feu, incorporez la farine, puis ajoutez 1 c. à s. de lait et mélangez avec une cuillère en bois. Versez peu à peu le reste de lait et faites cuire à feu doux, jusqu'à ce que la sauce épaississe. Ajoutez 1 c. à c. de paprika. Salez et poivrez abondamment. Réservez.

3 Garnissez le moule de pâte. Couvrez le fond de papier sulfurisé, versez une couche de haricots secs et faites cuire au four pendant 15 min. Ôtez les haricots et le papier, enduisez le fond de tarte de jaune d'œuf battu et prolongez la cuisson au four de 3 min.

4 Versez la sauce à l'oignon sur le fond de tarte, saupoudrez du reste de paprika et enfournez pour 15 min de cuisson à 180 °C (th. 6). Servez tiède.

VARIANTE

Remplacez la pâte brisée par une pâte sablée ou feuilletée.

CONSEIL DU CHEF

Veillez à ce que les oignons cuisent à feu très doux, de manière à ce qu'ils restent souples, sans coloration.

Tourte à la viande et aux pommes de terre

PRÉP 15 MIN — CUISS 1 1/2 H

Matériel • tourtière de 20 cm de diamètre

POUR 4 PERSONNES

3 pommes de terre pelées et coupées en cubes
700 g de viande à bourguignon coupée en morceaux
1 c. à s. d'huile d'olive
1 oignon haché
sel et poivre du moulin
1 c. à s. de farine
1 c. à c de sauce Worcestershire
500 ml de bouillon de bœuf
1 rouleau de pâte feuilletée
1 jaune d'œuf légèrement battu avec 1 c. à c. d'eau

1 Mettez les pommes de terre à bouillir dans une casserole d'eau salée pendant 15 min. Égouttez et réservez. Faites colorer la viande sur toutes ses faces dans une cocotte avec l'huile d'olive pendant 5 min. À l'aide d'une écumoire, débarrassez sur une assiette.

2 Dans la même cocotte, faites cuire l'oignon avec 1 pincée de sel pendant 5 min à feu doux. Incorporez la farine et prolongez la cuisson de 2 min. Ajoutez la sauce Worcestershire et le bouillon. Portez à ébullition, incorporez la viande et laissez mijoter à feu moyen pendant 30 min. Ajoutez les pommes de terre dans la cocotte, salez et poivrez.

3 Préchauffez le four à 190 °C (th. 6-7). Versez le contenu de la cocotte dans la tourtière. Déroulez la pâte feuilletée et prélevez une bandelette de 1 cm de largeur tout autour. Humectez les bords de la tourtière, ainsi que vos doigts, et soudez la bandelette autour de la tourtière. Recouvrez la tourtière du reste de pâte, en soudant bien les bords avec les doigts.

4 Badigeonnez la pâte de jaune d'œuf. Faites une entaille en croix au centre, pour permettre à la vapeur de s'échapper. Enfournez la tourte pour 20 min de cuisson, jusqu'à ce qu'elle soit bien dorée.

VARIANTE

Vous pouvez remplacer la pâte feuilletée par de la pâte brisée.

Tarte aux tomates et à la saucisse

PRÉP 15 MIN · CUISS 40 MIN

Matériel • moule à tarte carré beurré
• haricots secs

POUR 4 PERSONNES

1 rouleau de pâte brisée
1 jaune d'œuf légèrement battu avec 1 c. à c. d'eau
2 c. à s. d'huile d'olive
1 oignon haché
sel et poivre du moulin
400 g de chair à saucisse
1 c. à c. d'origan séché
4 tomates coupées en rondelles

1 Préchauffez le four à 200 °C (th. 6-7). Garnissez le moule de pâte brisée et recouvrez le fond de papier sulfurisé, puis de haricots secs. Faites cuire au four pendant 15 min, jusqu'à ce que les bords soient dorés. Hors du four, ôtez le papier sulfurisé et les haricots. Badigeonnez le fond de jaune d'œuf battu et remettez à cuire pendant 3 min. Enlevez du four et réservez. Réduisez la température du four à 180 °C (th. 6).

2 Mettez l'huile à chauffer à feu doux dans une grande poêle antiadhésive et faites fondre l'oignon avec 1 pincée de sel pendant 5 min, en remuant sans cesse. Ajoutez la chair à saucisse et faites-la cuire en l'émiettant avec le dos d'une spatule en bois. Salez et poivrez abondamment, puis saupoudrez d'origan. Prolongez la cuisson de 10 min, en remuant de temps en temps. Laissez refroidir, puis mélangez le reste de l'œuf battu à la viande.

3 Versez le contenu de la poêle sur le fond de tarte. Recouvrez avec les rondelles de tomates et enfournez pour 20 min de cuisson supplémentaires. Laissez reposer la tarte hors du four pendant 10 min avant de la servir, accompagnée d'une salade verte croquante.

VARIANTE Vous pouvez hacher les tomates et les incorporer à la viande au lieu de les couper en rondelles.

Tourte au poulet et maïs

PRÉP 15 MIN · CUISS 1 H

Matériel • tourtière de 20 cm de diamètre

POUR 4 PERSONNES

2 c. à s. d'huile d'olive
sel et poivre du moulin
2 blancs de poulet sans la peau coupés en cubes
1 oignon haché
1 c. à s. de farine
150 ml de crème fraîche
300 ml de bouillon de légumes chaud
300 g de maïs en grains égouttés
½ botte de persil plat ciselé
1 rouleau de pâte feuilletée
1 jaune d'œuf légèrement battu avec 1 c. à c. d'eau

1 Préchauffez le four à 180 °C (th. 6). Mettez 1 c. à s. d'huile à chauffer à feu moyen dans une poêle. Salez, poivrez les morceaux de poulet et faites-les dorer pendant 10 min. Réservez sur une assiette.

2 Dans la même poêle, mettez 1 c. à s. d'huile à chauffer à feu doux et faites fondre l'oignon avec 1 pincée de sel pendant 5 min, en remuant sans cesse. Hors du feu, incorporez la farine, puis ajoutez un peu de crème et mélangez avec une cuillère en bois. Versez progressivement le reste de crème et le bouillon. Faites cuire à feu doux pendant 5 min, jusqu'à ce que la sauce épaississe. Ajoutez le maïs et le persil. Salez et poivrez.

3 Versez le contenu de la poêle dans la tourtière. Étalez la pâte feuilletée et découpez une bandelette de 1 cm de largeur tout autour. Humectez les bords de la tourtière, ainsi que vos doigts, et soudez la bandelette de pâte autour de la tourtière. Recouvrez du reste de pâte, en soudant bien les bords avec les doigts.

4 Badigeonnez la pâte de jaune d'œuf. Faites 2 entailles au centre pour permettre à la vapeur de s'échapper. Enfournez la tourte pour 40 min de cuisson, jusqu'à ce qu'elle soit bien dorée.

VARIANTE Ajoutez des champignons émincés à la poêle en même temps que l'oignon.

Tarte aux poivrons confits

PRÉP 15 MIN CUISS 1 H

Matériel • moule à tarte carré à fond amovible • haricots secs • robot ménager

POUR 6 PERSONNES

4 poivrons rouges
1 c. à s. d'huile d'olive
300 g de pâte feuilletée
1 c. à s. de farine pour le plan de travail
2 œufs + 1 jaune d'œuf légèrement battu avec 1 c. à c. d'eau
1 c. à s. de mascarpone
1 botte de basilic
sel et poivre du moulin
1 c. à s. de pesto rouge

1 Préchauffez le four à 200 °C (th. 6-7). Mettez les poivrons dans un plat à gratin, enduisez-les d'huile d'olive et faites rôtir au four pendant 20 min. Laissez-les refroidir dans un sachet en plastique, puis pelez-les.

2 Étalez la pâte sur un plan de travail fariné et garnissez-en un moule. Enlevez l'excédent de pâte et recouvrez le fond de papier sulfurisé, puis de haricots secs. Faites cuire au four pendant 15 min, jusqu'à ce que les bords commencent à dorer. Ôtez le papier et les haricots, badigeonnez le fond de tarte de jaune d'œuf et remettez au four pour 3 min de cuisson supplémentaire. Réduisez la température du four à 180 °C (th. 6).

3 Dans le robot ménager, mixez les poivrons rôtis, 2 œufs, le mascarpone et le basilic. Salez et poivrez abondamment. Couvrez le fond de tarte de pesto rouge et étalez la sauce au poivron par-dessus. Faites cuire au four pendant 30 min. Laissez reposer la tarte pendant 10 min hors du four avant de la démouler. Servez avec une salade de roquette et de fenouil.

Tarte aux artichauts et feta

PRÉP 15 MIN CUISS 1 H

Matériel • moule à tarte rectangulaire 35 x 12 cm • haricots secs • robot ménager

POUR 6 PERSONNES

1 c. à s. de farine pour le plan de travail
300 g de pâte feuilletée
2 œufs + 1 jaune d'œuf légèrement battu avec 1 c. à c. d'eau
1 c. à s. d'huile d'olive
1 oignon haché
sel et poivre du moulin
2 gousses d'ail pelées et râpées
200 g de cœurs d'artichaut égouttés
12 olives vertes dénoyautées
175 g de feta émiettée
1 c. à c. de feuilles de thym frais
200 ml de crème fraîche épaisse

1 Préchauffez le four à 190 °C (th. 6-7). Sur un plan de travail fariné, étalez la pâte feuilletée en une bande et garnissez-en le moule. Coupez l'excédent de pâte et couvrez le fond de papier sulfurisé, puis de haricots secs. Faites cuire au four pendant 15 min, jusqu'à ce que les bords commencent à dorer. Hors du feu, enlevez le papier et les haricots. Badigeonnez le fond de jaune d'œuf battu et remettez au four pour 3 min de cuisson supplémentaire. Réservez et réduisez la température du four à 180 °C (th. 6).

2 Mettez l'huile à chauffer à feu doux dans une grande poêle antiadhésive et faites fondre l'oignon avec 1 pincée de sel pendant 5 min, en remuant sans cesse. Ajoutez l'ail et prolongez la cuisson de quelques secondes. Étalez les oignons en une couche fine sur le fond de tarte, et disposez régulièrement les cœurs d'artichauts et les olives par-dessus. Parsemez de miettes de feta et de thym.

3 Mélangez la crème et les 2 œufs. Salez et poivrez, puis versez le mélange sur les artichauts. Faites cuire au four pendant 30 min. Laissez refroidir la tarte hors du four pendant 10 min avant de la démouler. Accompagnez d'une salade de tomates et de roquette.

Tarte aux blettes et gruyère

PRÉP 15 MIN · CUISS 1 H

Matériel • moule à tarte à fond amovible de 26 cm de diamètre • haricots secs

POUR 6 PERSONNES

1 c. à s. de farine pour le plan de travail
1 rouleau de pâte brisée
2 œufs + 1 jaune d'œuf légèrement battu avec 1 c. à c. d'eau
1 c. à s. d'huile d'olive
1 oignon haché
sel et poivre du moulin
2 gousses d'ail pelées et râpées
1 c. à c. de feuilles de romarin hachées
250 g de feuilles de blette
125 g de gruyère râpé
125 g de feta coupée en cubes
200 ml de crème fraîche épaisse

1 Préchauffez le four à 190 °C (th. 6-7). Sur une surface farinée, étalez la pâte brisée et garnissez-en le moule. Enlevez tout excédent de pâte et couvrez le fond de papier sulfurisé, puis de haricots secs. Faites cuire au four pendant 20 min. Hors du feu, ôtez le papier et les haricots. Badigeonnez le fond de jaune d'œuf battu et enfournez pour 3 min de cuisson. Sortez la pâte du four et réduisez la température à 180 °C (th. 6).

2 Mettez l'huile à chauffer à feu doux dans une grande poêle antiadhésive et faites fondre l'oignon avec 1 pincée de sel pendant 5 min, en remuant sans cesse. Ajoutez l'ail et le romarin et faites cuire pendant quelques secondes de plus. Hachez les feuilles de blette et faites revenir pendant 3 min dans la poêle.

3 Étalez les légumes en une fine couche sur le fond de tarte et saupoudrez de gruyère. Parsemez régulièrement de cubes de feta, salez et poivrez. Mélangez la crème et les 2 œufs. Salez et poivrez, puis versez le mélange sur les artichauts. Faites cuire au four pendant 30 min. Laissez refroidir la tarte hors du four pendant 10 min avant de la démouler. Servez tiède ou à température ambiante.

VARIANTE

À défaut de feuilles de blette, utilisez des épinards frais.

Tourte au fromage et à l'oignon

PRÉP 15 MIN · CUISS 40 MIN

Matériel • tourtière de 20 cm de diamètre • haricots secs

POUR 4 PERSONNES

1 c. à s. d'huile d'olive
1 gros oignon haché
sel et poivre du moulin
1 œuf + 1 jaune d'œuf légèrement battu avec 1 c. à c. d'eau
200 g de cheddar extra-fort
400g de pâte brisée
1 c. à s. de farine pour le plan de travail

1 Préchauffez le four à 200 °C (th. 6-7). Mettez l'huile à chauffer à feu doux dans une grande poêle antiadhésive et faites fondre l'oignon avec 1 pincée de sel pendant 5 min, en remuant sans cesse. Débarrassez dans un saladier et laissez refroidir complètement. Fouettez légèrement 1 œuf, puis versez-le sur les oignons. Ajoutez le fromage, salez, poivrez et mélangez soigneusement.

2 Séparez la pâte en deux. Sur un plan de travail fariné, étalez chaque morceau en un disque au diamètre supérieur à celui du moule. Garnissez le moule de pâte, en laissant déborder. Versez la sauce à l'oignon dans le moule et recouvrez du second disque de pâte. Humectez la pâte du dessous qui dépasse et rabattez-la sur la partie supérieure, en pinçant pour bien la souder.

3 Badigeonnez la tourte de jaune d'œuf battu et faites cuire au four pendant 30 min, jusqu'à ce que la croûte soit dorée. Accompagnez de salade de mesclun ou de scarole.

VARIANTE

Vous pouvez mélanger plusieurs fromages pour cette recette : gruyère, comté et bleu, par exemple.

AU QUOTIDIEN

Tarte aux anchois et aux olives

PRÉP 15 MIN · CUISS 15 MIN

POUR 4 PERSONNES
1 c. à s. de farine pour le plan de travail
300 g de pâte feuilletée
1 c. à s. d'huile de tournesol
1 jaune d'œuf légèrement battu avec 1 c. à c. d'eau
3 c. à s. de coulis de tomates
12 anchois à l'huile soigneusement égouttés
12 olives dénoyautées
poivre du moulin

1 Préchauffez le four à 200 °C (th. 6-7). Sur un plan de travail fariné, étalez la pâte en un rectangle et déposez-la sur une plaque à pâtisserie huilée. Avec la pointe d'un couteau, tracez une ligne à 5 cm des bords, en évitant de transpercer la pâte.

2 Badigeonner les bords de jaune d'œuf battu, puis étalez le coulis de tomate sur le fond de tarte. Répartissez les anchois et les olives de manière harmonieuse et poivrez généreusement.

3 Faites cuire au four pendant 15 min, jusqu'à ce que les bords soient gonflés et bien dorés. Découpez la tarte en 4 parts égales et servez avec une salade de roquette.

VARIANTE
Vous pouvez utiliser un mélange d'olives vertes et noires.

CONSEIL DU CHEF
Choisissez des filets d'anchois blancs et parsemez de marjolaine à la sortie du four.

Paniers au bœuf épicé

PRÉP 20 MIN · CUISS 50 MIN

POUR 2 PERSONNES
2 c. à s. d'huile d'olive
250 g de rumsteck
1 oignon haché
sel
2 gousses d'ail pelées et râpées
un morceau de gingembre frais (5 cm) pelé et râpé
1 c. à c. de cumin en poudre
125 g de champignons de Paris émincés
½ c. à c. de piment de Cayenne
300 g de pâte brisée
1 jaune d'œuf légèrement battu avec 1 c. à c. d'eau

1 Préchauffez le four à 190 °C (th. 6-7). Mettez 1 c. à s. d'huile à chauffer dans une grande poêle antiadhésive à feu moyen. Faites revenir le rumsteck pendant 3 min de chaque côté. Laissez reposer sur une assiette.

2 Mettez 1 c. à s. d'huile à chauffer à feu doux dans la même poêle et faites fondre l'oignon avec 1 pincée de sel pendant 5 min, en remuant sans cesse. Ajoutez l'ail, le gingembre et le cumin. Laissez cuire pendant 2 min, puis ajoutez les champignons et le piment de Cayenne. Faites cuire à feu doux pendant 5 min.

3 Émincez la viande en lanières et ajoutez-les à la poêle avec 1 c. à s. d'eau. Faites cuire pendant 2 min, jusqu'à ce que la sauce épaississe.

4 Déroulez la pâte brisée et découpez-la en 4 carrés. Humectez les bords et répartissez la viande au centre des carrés. Ramenez les 4 coins vers le centre, en les pinçant ensemble pour bien les souder. Badigeonnez de jaune d'œuf battu et faites cuire les paniers au four pendant 25 min, jusqu'à ce qu'ils soient dorés. Servez-les bien chauds.

VARIANTE
Vous pouvez donner n'importe quelle forme à ces chaussons : laissez libre cours à l'imagination !

CONSEIL DU CHEF
Ces paniers peuvent se conserver au réfrigérateur, si vous les préparer la veille. Badigeonnez-les d'œuf battu et faites-les cuire juste avant de passer à table.

Tourte à l'agneau et aux petits pois

PRÉP 15 MIN · CUISS 1 1/4 H

Matériel • tourtière de 20 cm de diamètre

POUR 4 PERSONNES

2 c. à s. d'huile d'olive
1 oignon haché
sel et poivre du moulin
2 gousses d'ail pelées et râpées
350 g d'épaule d'agneau coupée en dés
1 c. à c. de curcuma
½ c. à c. de mélange quatre-épices
2 c. à s. de farine
900 ml de bouillon de légumes chaud
2 pommes de terre pelées et coupées en dés
125 g de petits pois décongelés
1 c. à s. de farine
300 g de pâte brisée
1 jaune d'œuf légèrement battu avec 1 c. à c. d'eau

1 Mettez 1 c. à s. d'huile à chauffer à feu doux dans une poêle et faites fondre l'oignon avec 1 pincée de sel pendant 5 min, en remuant sans cesse. Ajoutez l'ail et laissez cuire pendant 30 s. à feu moyen. Ajoutez l'agneau. Saupoudrez de curcuma et de quatre-épices, et faites dorer à feu vif pendant 5 min.

2 Hors du feu, mélangez 1 c. à s. de farine et 1 c. à s. de bouillon à la viande. Mettez à nouveau la poêle sur le feu, incorporez le reste de bouillon et portez à ébullition à feu vif. Ajoutez les pommes de terre et faites mijoter à feu doux pendant 20 min. Quand la sauce commence à épaissir, incorporez les petits pois. Salez et poivrez.

3 Préchauffez le four à 190 °C (th. 6-7). Versez la sauce dans une tourtière. Sur une surface légèrement farinée, étalez la pâte sur 5 mm d'épaisseur. Découpez un disque de pâte un peu plus grand que le plat. Humectez le bord, puis posez le disque sur la garniture et repliez ce qui dépasse, de façon à former une bordure. Pincez le bord et glacez le dessus de jaune d'œuf battu. Préparez des bandes avec les chutes de pâte et décorez-en la tarte.

4 Badigeonnez à nouveau de jaune d'œuf battu et percez un trou au centre, pour laisser la vapeur s'échapper. Enfournez la tourte et faites cuire pendant 30 min, jusqu'à ce que la croûte soit bien dorée. Laissez reposer pendant quelques minutes avant de servir.

Feuilletés de poivrons et maïs

PRÉP 20 MIN · CUISS 20 MIN

POUR 2 PERSONNES

1 c. à s. d'huile d'olive
1 oignon haché
sel et poivre du moulin
3 poivrons rouges épépinés et coupés en dés
300 g de maïs en grains égouttés
8 feuilles de pâte filo
30 g de beurre fondu
1 c. à s. d'huile de tournesol

1 Préchauffez le four à 200 °C (th. 6-7). Mettez 1 c. à s. d'huile à chauffer à feu doux dans une poêle. Faites fondre l'oignon avec 1 pincée de sel pendant 5 min, en remuant sans cesse. Ajoutez les poivrons et prolongez la cuisson de 10 min, jusqu'à ce que les légumes soient fondants. Versez le maïs dans la poêle. Salez, poivrez et laissez refroidir.

2 Beurrez les feuilles de pâte filo, puis superposez-les deux par deux. Répartissez la préparation aux poivrons sur les feuilles, parallèlement à la longueur et à 2 cm du bord. Rabattez les bords sur les légumes, puis les côtés, et roulez les feuilles. Badigeonnez de beurre fondu pour souder les bords.

3 Déposez les feuilletés sur une plaque de cuisson huilée et faites cuire au four pendant 15 min, jusqu'à ce qu'ils soient bien dorés. Servez chaud.

Tarte au potiron et fromage de chèvre

PRÉP 15 MIN · CUISS 50 MIN

Matériel • moule à tarte à fond amovible de 26 cm de diamètre • haricots secs

POUR 6 PERSONNES

1 rouleau de pâte brisée
1 œuf + 1 jaune d'œuf légèrement battu avec 1 c. à c. d'eau
2 c. à s. d'huile d'olive
1 oignon finement haché
sel et poivre du moulin
2 gousses d'ail pelées et râpées
1 kg de potiron pelé et coupé en dés
1 c. à c. de feuilles de thym frais
125 g de fromage de chèvre frais
200 ml de crème fraîche épaisse

1 Préchauffez le four à 190 °C (th. 6-7). Déroulez la pâte brisée et foncez-en le moule. Recouvrez le fond d'une feuille de papier sulfurisé, puis de haricots secs. Faites cuire au four pendant 15 min, jusqu'à ce que les bords soient dorés. Hors du feu, ôtez le papier et les haricots, badigeonnez le fond de jaune d'œuf battu et remettez au four pour 3 min de cuisson supplémentaire. Laissez refroidir et réduisez la température du four à 180 °C (th. 6).

2 Mettez 1 c. à s. d'huile à chauffer à feu doux dans une grande poêle et faites fondre l'oignon avec 1 pincée de sel pendant 5 min, en remuant sans cesse. Ajoutez l'ail, le potiron et la moitié du thym. Prolongez la cuisson de 10 min, jusqu'à ce que les légumes soient fondants. Si nécessaire, incorporez 1 c. à s. d'huile, puis salez et poivrez.

3 Versez les potirons dans le moule et émiettez le fromage de chèvre par-dessus. Mélangez la crème avec l'œuf. Salez, poivrez généreusement et versez la sauce sur les légumes. Parsemez du reste de thym et enfournez pour 20 min de cuisson. Laissez reposer pendant au moins 10 min.

VARIANTE

Pour des tartes individuelles, découpez 6 cercles de pâte, foncez-en 6 moules et faites précuire pendant 8 min. Répartissez la garniture et enfournez pour 10 min de cuisson.

Tarte aux lardons et petits pois

PRÉP 10 MIN · CUISS 1 1/4 H

Matériel • moule à tarte à fond amovible de 26 cm de diamètre • haricots secs

POUR 6 PERSONNES

1 rouleau de pâte brisée
2 œufs + 1 jaune d'œuf légèrement battu avec 1 c. à c. d'eau
2 c. à s. d'huile d'olive
1 oignon haché
sel et poivre du moulin
125 g de lardons
6 feuilles de sauge émincées
225 g de petits pois surgelés
150 g de crème fraîche épaisse

1 Préchauffez le four à 190 °C (th. 6-7). Déroulez la pâte brisée et garnissez-en le moule. Recouvrez le fond d'une feuille de papier sulfurisé, puis de haricots secs. Faites cuire au four pendant 15 min, jusqu'à ce que les bords commencent à dorer. Hors du feu, ôtez le papier et les haricots. Badigeonnez le fond de jaune d'œuf battu et remettez au four pour 3 min de cuisson supplémentaires. Laissez refroidir et réduisez la température du four à 180 °C (th. 6).

2 Mettez 1 c. à s. d'huile à chauffer à feu doux dans une grande poêle et faites fondre l'oignon avec 1 pincée de sel pendant 5 min, en remuant sans cesse. Ajoutez les lardons et la sauge. Prolongez la cuisson de 8 min à feu vif, jusqu'à ce que les lardons soient croustillants. Ajoutez les petits pois. Salez et poivrez généreusement.

3 Versez le contenu de la poêle sur le fond de tarte et égalisez la surface. Mélangez la crème avec les 2 œufs, assaisonnez, puis versez le mélange sur les lardons. Faites cuire au four pendant 20 min. Laissez refroidir la tarte hors du four pendant au moins 10 min avant de la démouler. Servez tiède avec une salade de tomates.

CONSEIL DU CHEF

En saison, remplacez les petits pois surgelés par de délicieux légumes de printemps : fenouil avec ses fanes, poireau tendre, jeune pâtisson, courgette…

Tourte aux œufs et au jambon

PRÉP 15 MIN | CUISS 35 MIN

Matériel • moule à tarte rectangulaire de 25 x 15 cm

POUR 6 PERSONNES

400 g de pâte brisée
1 c. à s. de farine pour le plan de travail
200 g de jambon cuit coupé en cubes
6 œufs + 1 jaune d'œuf légèrement battu avec 1 c. à c. d'eau
100 ml de crème fraîche liquide
sel et poivre du moulin

1 Préchauffez le four à 200 °C (th. 6-7). Étalez finement la moitié de la pâte sur une surface farinée et garnissez-en le moule. Répartissez les cubes de jambon régulièrement par-dessus. Cassez 6 œufs sur le jambon, en veillant à ne pas faire éclater les jaunes. Arrosez de crème liquide, puis salez et poivrez.

2 Étalez l'autre moitié de la pâte sur un plan de travail fariné et recouvrez-en la garniture. Pincez les bords pour bien les souder.

3 Badigeonnez la surface de jaune d'œuf battu et faites cuire au four pendant 10 min. Réduisez la température à 180 °C (th. 6) et prolongez la cuisson de 30 min, jusqu'à l'obtention d'une croûte dorée. Laissez reposer la tourte pendant 10 min avant de servir, avec une salade de tomates.

Chausson aux légumes en curry

PRÉP 15 MIN | CUISS 45 MIN

Matériel • emporte-pièce de 15 cm de diamètre

POUR 2 PERSONNES

2 carottes pelées et coupées en dés
1 c. à s. de farine pour le plan de travail
2 pommes de terre pelées et coupées en dés
400 g de pâte brisée
1 c. à s. d'huile de tournesol pour la plaque de cuisson
1 jaune d'œuf battu avec 1 c. à c. d'eau
1 c. à s. de pâte de curry
2 c. à s. de yaourt à la grecque
1 gousse d'ail pelée et râpée
un morceau de gingembre frais (2 cm) pelé et râpé
2 ciboules ciselées
le jus de ½ citron
sel et poivre du moulin

1 Préchauffez le four à 190 °C (th. 6-7). Mettez les carottes à cuire dans une casserole d'eau bouillante salée pendant 10 min, puis égouttez-les. Réservez.

2 Sur une surface farinée, étalez finement la pâte. À l'aide de l'emporte-pièce, découpez 4 cercles. Déposez-les sur une plaque de cuisson huilée et humectez les bords d'œuf battu.

3 Mélangez les carottes et les pommes de terre avec le curry et le yaourt. Ajoutez l'ail, le gingembre, la ciboule et le jus de citron. Salez et poivrez généreusement, puis mélangez.

4 Répartissez la préparation au centre de chaque cercle de pâte. Repliez la pâte de façon à former un demi-croissant de lune. Pincez les bords pour bien les souder. Avec un couteau pointu, tracez 2 entailles sur chaque chausson, puis badigeonnez de jaune d'œuf battu. Enfournez pour 20 min de cuisson. Servez chaud ou froid avec une salade de concombres.

Tarte aux tomates et harissa

PRÉP 10 MIN · CUISS 15 MIN

POUR 6 PERSONNES

1 c. à s. de farine pour le plan de travail
1 c. à s. d'huile d'olive
400 g de pâte feuilletée
2 c. à s. de pesto rouge
6 petites tomates coupées en deux
2 c. à s. de harissa
½ c. à c. de feuilles de thym frais
sel et poivre du moulin

1 Préchauffez le four à 200 °C (th. 6-7). Sur un plan de travail fariné, étalez la pâte feuilletée en un rectangle de 5 mm d'épaisseur. Déposez-le sur une plaque de cuisson huilée. Avec le plat d'un couteau, tracez un trait léger à 5 cm des bords, sans transpercer la pâte.

2 Badigeonnez de pesto la partie intérieure du rectangle. Disposez les tomates sur la pâte, face coupée au-dessus. Mélangez le harissa avec l'huile d'olive et arrosez-en les tomates. Parsemez de thym. Salez et poivrez.

3 Faites cuire au four pendant 15 min, jusqu'à ce que les tomates soient tendres. Servez chaud.

Tourte au porc et au poulet

PRÉP 20 MIN · CUISS 1¼ H · ❄

Matériel • tourtière à bords droits et à fond amovible

POUR 6 PERSONNES

2 c. à s. d'huile d'olive
2 escalopes de poulet
1 oignon haché
1 pincée de piment de Cayenne
½ c. à c. de mélange quatre-épices
200 g de chair à saucisses
sel et poivre du moulin
400 g de pâte brisée
1 c. à s. de farine pour le plan de travail
2 œufs + 1 jaune d'œuf légèrement battu avec 1 c. à c. d'eau

1 Préchauffez le four à 190 °C (th. 6-7). Mettez 1 c. à s. d'huile à chauffer dans une poêle. Faites cuire le poulet à feu moyen pendant 5 min de chaque côté. Débarrassez sur une assiette et, dès qu'il est froid, effilochez-le.

2 Dans la même poêle, ajoutez 1 c. à s. d'huile ainsi que l'oignon haché et faites revenir pendant 5 min à feu doux. Incorporez le piment de Cayenne, le mélange quatre-épices et la chair à saucisses. Faites cuire à feu vif pendant 15 min, en émiettant la viande avec le dos d'une spatule en bois. Salez et poivrez, puis mélangez le poulet à la viande. Laissez refroidir cette garniture sur une assiette.

3 Étalez finement la moitié de la pâte sur une surface farinée et garnissez-en la tourtière. Battez rapidement 2 œufs en omelette et mélangez à la viande. Poivrez généreusement.

4 Étalez l'autre moitié de la pâte sur un plan de travail fariné et recouvrez-en la garniture. Pincez les bords pour bien les souder. Badigeonnez la surface de jaune d'œuf battu et faites un trou au centre pour laisser la vapeur s'échapper. Faites cuire au four pendant 10 min, puis réduisez la température à 180 °C (th. 6) et prolongez la cuisson de 30 min, jusqu'à l'obtention d'une croûte dorée. Laissez reposer la tourte pendant 10 min avant de la démouler. Servez avec une salade de mâche ou de cresson.

CONSEIL DU CHEF

La pâte dore trop vite ? Couvrez-la d'aluminium ménager et réduisez la température du four.

Tourte au cabillaud et poireaux

PRÉP 15 MIN · CUISS 50 MIN

Matériel • plat à tourte d'une contenance de 1,2 l

POUR 4 PERSONNES
1 c. à s. d'huile d'olive
1 oignon haché
sel et poivre du moulin
4 poireaux lavés et émincés
1 c. à s. de farine + 1 c. à s. de farine pour le plan de travail
150 ml de cidre
½ botte de persil plat haché
150 ml de crème fraîche épaisse
700 g de cabillaud, lieu ou saumon
300 g de pâte feuilletée
1 jaune d'œuf battu avec 1 c. à c. d'eau

1 Préchauffez le four à 190 °C (th. 6-7). Mettez 1 c. à s. d'huile à chauffer à feu doux dans une poêle et faites fondre l'oignon avec 1 pincée de sel pendant 5 min, en remuant sans cesse. Ajoutez les poireaux et prolongez la cuisson de 5 min.

2 Hors du feu, incorporez la farine et 1 c. à s. de cidre. Remettez la poêle sur le feu et versez le reste de cidre. Faites cuire à feu moyen pendant 5 min, jusqu'à ce que la sauce épaississe. Ajoutez le persil et la crème. Mélangez, puis versez dans la tourtière.

3 Sur une surface légèrement farinée, étalez la pâte sur 5 mm d'épaisseur. Découpez un disque de pâte un peu plus grand que le plat. Humectez le bord, puis posez le disque sur la garniture et repliez ce qui dépasse, de façon à former une bordure. Pincez le bord et glacez le dessus de jaune d'œuf battu.

4 Percez un trou au centre pour laisser la vapeur s'échapper. Enfournez la tourte et faites cuire pendant 30 min, jusqu'à ce que la croûte soit gonflée et bien dorée. Laissez reposer pendant quelques minutes et servez.

Tarte aux asperges et fines herbes

PRÉP 15 MIN · CUISS 1 H

Matériel • moule à tarte rectangulaire de 30 x 18 cm • haricots secs

POUR 6 PERSONNES
1 c. à s. de farine pour le plan de travail
250 g de pâte feuilletée
1 c. à s. d'huile de tournesol
2 œufs + 1 jaune d'œuf légèrement battu avec 1 c. à c. d'eau
1 botte d'asperges vertes
1 c. à s. d'huile d'olive
1 botte de ciboule ciselée
10 feuilles de menthe ciselées
sel et poivre du moulin
125 g de gruyère râpé
200 ml de crème fraîche épaisse
1 pincée de noix muscade

1 Préchauffez le four à 200 °C (th. 6-7). Sur un plan de travail fariné, étalez la pâte feuilletée en un rectangle de 5 mm d'épaisseur. Déposez-le dans le moule huilé. Couvrez le fond de pâte de papier sulfurisé, puis de haricots secs. Faites cuire au four pendant 15 min, jusqu'à ce que les bords commencent à dorer. Hors du four, ôtez le papier et les haricots. Badigeonnez le fond de jaune d'œuf et remettez au four pour 3 min de cuisson. Sortez le moule du four et réduisez la température à 180 °C (th. 6).

2 Dans une grande casserole d'eau bouillante, faites cuire les asperges entières pendant 3 min. Égouttez-les et plongez-les dans un bain d'eau glacée pour arrêter la cuisson. Égouttez-les à nouveau. Mettez l'huile d'olive à chauffer dans une petite poêle et faites revenir la ciboule pendant quelques secondes. Parsemez la ciboule sur le fond de tarte, puis alignez harmonieusement les asperges.

3 Saupoudrez de menthe, puis salez et poivrez généreusement. Parsemez de fromage râpé. Mélangez les œufs avec la crème et la muscade. Versez doucement le mélange sur les asperges et enfournez pour 30 min de cuisson. Laissez refroidir la tarte dans le moule pendant au moins 10 min avant de la démouler. Servez avec une salade de tomates.

CONSEIL DU CHEF

Les asperges vertes doivent être cuites al dente : tendres à l'extérieur, mais croquantes à l'intérieur. Attention à ne pas trop les cuire dans l'eau bouillante, car leur cuisson se poursuit dans le four.

AU QUOTIDIEN

Tarte au camembert et lardons

PRÉP 15 MIN · CUISS 1 ¼ H

Matériel • moule à tarte rectangulaire de 30 x 18 cm • haricots secs

POUR 6 PERSONNES

1 c. à s. de farine pour le plan de travail
300 g de pâte brisée
1 c. à s. d'huile de tournesol pour la plaque de cuisson
2 œufs + 1 jaune d'œuf battu avec 1 c. à c. d'eau
1 c. à s. d'huile d'olive
1 oignon haché
sel et poivre du moulin
150 g de lardons
8 tomates séchées
½ camembert coupé en tranches
1 botte de ciboulette ciselée
200 ml de crème fraîche épaisse
2 gousses d'ail pelées et râpées

1 Préchauffez le four à 200 °C (th. 6-7). Sur un plan de travail fariné, étalez la pâte brisée en un rectangle de 5 mm d'épaisseur. Déposez-le dans le moule huilé. Couvrez le fond de pâte de papier sulfurisé, puis de haricots secs. Faites cuire au four pendant 15 min, jusqu'à ce que les bords commencent à dorer. Hors du four, ôtez le papier et les haricots et badigeonnez le fond de jaune d'œuf battu. Remettez au four pour 3 min de cuisson supplémentaires. Sortez le moule du four et réduisez la température à 180 °C (th. 6).

2 Mettez l'huile d'olive à chauffer dans une petite poêle et faites revenir l'oignon avec 1 pincée de sel pendant quelques minutes. Ajoutez les lardons et laissez rissoler à feu vif pendant 5 min. Hors du feu, mélangez avec les tomates.

3 Versez les lardons sur le fond de tarte. Recouvrez de tranches de camembert et parsemez de ciboulette. Mélangez la crème avec les 2 œufs et l'ail. Salez et poivrez généreusement. Versez sur la garniture et faites cuire au four pendant 30 min. Servez chaud, avec une salade de pissenlit.

VARIANTE Vous pouvez remplacer le camembert par du fromage de chèvre frais.

Tarte aux champignons et aux noix

PRÉP 15 MIN · CUISS 1 H · ❄

Matériel • moule à tarte rectangulaire de 35 x 12 cm • haricots secs

POUR 6 PERSONNES

1 c. à s. de farine pour le plan de travail
250 g de pâte brisée
1 c. à s. d'huile de tournesol pour la plaque de cuisson
2 œufs + 1 jaune d'œuf battu avec 1 c. à c. d'eau
4 c. à s. d'huile d'olive
150 g de champignons des bois finement émincés
200 g de champignons de Paris finement émincés
3 gousses d'ail pelées et râpées
50 g de noix concassées
sel et poivre du moulin
100 g de feuilles d'épinard ciselées
200 ml de crème fraîche épaisse

1 Préchauffez le four à 200 °C (th. 6-7). Sur un plan de travail fariné, étalez la pâte feuilletée en un rectangle de 5 mm d'épaisseur. Déposez-le dans le moule huilé. Couvrez le fond de pâte de papier sulfurisé, puis de haricots secs. Faites cuire au four pendant 15 min, jusqu'à ce que les bords commencent à dorer. Hors du four, ôtez le papier et les haricots. Badigeonnez le fond de jaune d'œuf battu et enfournez à nouveau pour 3 min de cuisson. Sortez le moule du four et réduisez la température à 180 °C (th. 6).

2 Mettez l'huile d'olive à chauffer à feu vif dans une sauteuse et faites revenir tous les champignons, l'ail et les noix pendant 10 min. Salez et poivrez abondamment, puis ajoutez les épinards et prolongez la cuisson de 2 min. Versez sur le fond de tarte.

3 Mélangez la crème avec les œufs. Salez, poivrez et versez sur les champignons. Poivrez généreusement et enfournez pour 15 min de cuisson. Laissez la tarte refroidir pendant 10 min dans le moule avant de la démouler. Servez-la tiède ou froide.

Tartelettes au gruyère

PRÉP 20 MIN · CUISS 1 H

Matériel • 4 moules à tartelette de 10 cm de diamètre • haricots secs

POUR 4 PERSONNES

300 g de pâte brisée
1 c. à s. de farine pour le plan de travail
2 œufs + 1 jaune d'œuf battu avec 1 c. à c. d'eau
2 pommes de terre pelées et coupées en dés
2 c. à s. d'huile d'olive
1 oignon finement haché
sel et poivre du moulin
½ c. à c. de feuilles de thym frais
150 g de gruyère râpé
200 ml de crème fraîche épaisse

1 Préchauffez le four à 200 °C (th. 6-7). Étalez la pâte sur une surface farinée et garnissez-en les moules. Recouvrez de papier sulfurisé et de haricots secs, puis mettez-les à cuire au four pendant 10 min. Hors du four, ôtez le papier et les haricots. Badigeonnez les fonds de jaune d'œuf battu et enfournez pour 3 min de cuisson. Réduisez la température du four à 180 °C (th. 6).

2 Faites cuire les pommes de terre dans une casserole d'eau salée pendant 5 min, puis égouttez-les. Mettez l'huile d'olive à chauffer dans une petite poêle et faites revenir l'oignon avec 1 pincée de sel pendant quelques minutes. Ajoutez les pommes de terre et le thym. Salez, poivrez et prolongez la cuisson de 10 min, jusqu'à ce qu'elles commencent à dorer.

3 Hors du feu, incorporez le gruyère aux pommes de terre. Goûtez et rectifiez l'assaisonnement si nécessaire Répartissez ce mélange entre les tartelettes.

4 Fouettez la crème avec les œufs, puis versez la préparation sur les pommes de terre. Déposez les tartes sur une plaque de cuisson et faites cuire au four pendant 20 min. Servez bien chaud.

CONSEIL DU CHEF

Soyez très vigilant : si la température est trop élevée, le mélange œufs-crème peut rapidement coaguler.

Tarte aux épinards à la crème

PRÉP 15 MIN · CUISS 1 H

Matériel • moule à tarte profond de 22 cm de diamètre • haricots secs • robot ménager

POUR 6 PERSONNES

1 c. à s. de farine pour le plan de travail
300 g de pâte brisée
1 c. à s. d'huile de tournesol pour la plaque de cuisson
2 œufs +1 jaune d'œuf battu avec 1 c. à c. d'eau
1 c. à s. d'huile d'olive
1 oignon haché
sel et poivre du moulin
2 gousses d'ail pelées et râpées
500 g d'épinards frais
200 g de feuilles de cresson
200 ml de crème fraîche épaisse
1 pincée de noix muscade

1 Préchauffez le four à 200 °C (th. 6-7). Sur un plan de travail fariné, étalez la pâte en un rectangle de 5 mm d'épaisseur. Déposez celui-ci dans le moule huilé. Coupez l'excédent de pâte, couvrez le fond de papier sulfurisé, puis de haricots secs. Faites cuire au four pendant 15 min, jusqu'à ce que les bords commencent à dorer. Hors du four, ôtez le papier et les haricots. Badigeonnez le fond de jaune d'œuf battu et remettez au four pour 3 min de cuisson supplémentaire. Sortez le moule du four et réduisez la température à 180 °C (th. 6).

2 Mettez l'huile d'olive à chauffer dans une petite poêle et faites revenir l'oignon avec 1 pincée de sel pendant quelques minutes. Ajoutez l'ail et prolongez la cuisson de quelques secondes. Répartissez ce mélange sur le fond de tarte.

3 Dans le robot ménager, mixez les épinards et le cresson. Incorporez la crème et 2 œufs, puis mixez quelques secondes de plus. Salez, poivrez et versez le mélange dans le fond de tarte. Saupoudrez de noix muscade et faites cuire au four pendant 20 min. Laissez refroidir hors du four pendant 10 min avant de démouler. Servez avec une salade d'endives, pommes et noix.

Astuce

Vous êtes à court de temps ? Utilisez un fond de tarte surgelé !

AU QUOTIDIEN

Pastilla de blettes, ricotta et tomates

PRÉP 15 MIN · CUISS 30 MIN

Matériel • moule à tarte à fond amovible de 26 cm de diamètre

POUR 6 PERSONNES

200 g de ricotta
500 g de feuilles de blette émincées
6 tomates séchées à l'huile égouttées et hachées
4 tomates fraîches coupées en rondelles
1 œuf + 1 jaune d'œuf battu avec 1 c. à c. d'eau
sel et poivre du moulin
25 g de beurre fondu
12 feuilles de brik

1 Préchauffez le four à 180 °C (th. 6). Dans un saladier, mélangez la ricotta avec les feuilles de blette, les tomates séchées, les tomates fraîches et l'œuf. Salez et poivrez abondamment.

2 Beurrez le moule et beurrez légèrement 6 feuilles de brik sur une face. Déposez-les au fur et à mesure dans le moule, en les faisant se chevaucher. Placez au centre 2 feuilles superposées, également beurrées.

3 Garnissez avec le mélange ricotta-blettes-tomates. Badigeonnez de jaune d'œuf battu le pourtour des 4 dernières feuilles. Posez-les sur les légumes, en faisant rentrer le surplus à l'intérieur du moule. Enfournez la pastilla pour 20 min de cuisson. Servez-la bien chaude, avec une salade verte à l'huile d'argan.

CONSEIL DU CHEF

Travaillez rapidement les feuilles de brik, qui sèchent vite et deviennent cassantes.

Tarte au maquereau et herbes fraîches

PRÉP 15 MIN · CUISS 50 MIN

Matériel • moule à tarte à fond amovible de 22 cm de diamètre • haricots secs

POUR 4 PERSONNES

1 c. à s. de farine pour le plan de travail
250 g de pâte brisée
1 c. à s. d'huile de tournesol pour la plaque de cuisson
2 œufs + 1 jaune d'œuf légèrement battu avec 1 c. à c. d'eau
1 c. à s. d'huile d'olive
1 oignon finement ciselé
sel et poivre du moulin
2 filets de maquereaux fumés sans la peau et émiettés
200 ml de crème fraîche épaisse
1 botte de persil plat ciselé
1 botte de ciboulette ciselée

1 Préchauffez le four à 200 °C (th. 6-7). Sur un plan de travail fariné, étalez la pâte brisée en un disque de 5 mm d'épaisseur. Déposez-le dans le moule huilé, coupez l'excédent de pâte, couvrez le fond de papier sulfurisé, puis de haricots secs. Faites cuire au four pendant 15 min, jusqu'à ce que les bords commencent à dorer. Hors du four, ôtez le papier et les haricots, badigeonnez le fond de jaune d'œuf battu et remettez au four pour 3 min de cuisson supplémentaire. Sortez le moule du four et réduisez la température à 180 °C (th. 6).

2 Mettez l'huile d'olive à chauffer à feu doux dans une petite poêle et faites revenir l'oignon avec 1 pincée de sel pendant 5 min. Ajoutez la moitié de la ciboule et prolongez la cuisson de quelques secondes. Étalez ce mélange sur le fond de tarte, parsemez du reste de ciboule et des miettes de maquereau. Poivrez généreusement.

3 Fouettez la crème fraîche épaisse avec les œufs. Ajoutez le persil et la ciboulette ciselés, salez légèrement, puis versez ce mélange sur le poisson. Enfournez pour 20 min de cuisson. Laissez reposer hors du four pendant 10 min avant de démouler.

Tarte à la viande, champignons et bière

PRÉP 15 MIN · CUISS 1 1/4 H

Matériel • tourtière de 20 cm de diamètre

POUR 4 PERSONNES

1 c. à s. d'huile d'olive
800 g de viande à bourguignon maigre coupée en cubes
1 c. à c. de feuilles de romarin frais finement ciselées
1 cube de bouillon de bœuf émietté
1 c. à s. de farine
150 ml de bière blonde
300 ml d'eau chaude
30 g de beurre
200 g de champignons de Paris coupés en quatre
sel et poivre du moulin
1 rouleau de pâte feuilletée
1 jaune d'œuf battu avec 1 c. à c. d'eau

1 Mettez l'huile d'olive à chauffer à feu moyen dans une cocotte et faites revenir la viande pendant 5 min. Ajoutez le romarin, le cube de bouillon et saupoudrez de farine. Mélangez soigneusement, puis, à feu vif, incorporez 1 c. à s. de bière, en remuant sans cesse. Versez le reste de bière, portez à l'ébullition pendant 2 min, puis ajoutez l'eau. Portez à nouveau à l'ébullition, puis laissez mijoter à feu doux et à couvert pendant 30 min. Remuez régulièrement pour éviter que le fond n'attache et, si nécessaire, mouillez avec un peu d'eau chaude si la sauce semble s'assécher.

2 Pendant ce temps, préchauffez le four à 190 °C (th. 6-7). Faites fondre le beurre à feu moyen dans une poêle. Ajoutez les champignons et laissez cuire pendant 5 min. Versez-les dans la cocotte avec la viande. Salez et poivrez.

3 Versez le contenu de la cocotte dans la tourtière. Étalez la pâte feuilletée et prélevez une bandelette de 1 cm de largeur tout autour. Humectez les bords de la tourtière, ainsi que vos doigts, et soudez la bandelette de pâte tout autour. Recouvrez la tourtière du reste de pâte, en soudant bien les bords avec les doigts.

4 Badigeonnez la pâte de jaune d'œuf. Faites 2 entailles au centre, pour permettre à la vapeur de s'échapper. Enfournez la tourte pour 20 min de cuisson, jusqu'à ce qu'elle soit bien dorée. Servez avec une purée de pommes de terre.

Pastilla d'épinards, feta et pignons de pin grillés

PRÉP 15 MIN · CUISS 35 MIN

Matériel • moule à tarte de 20 cm de diamètre ou moule carré à fond amovible

POUR 4 PERSONNES

1 c. à s. d'huile d'olive
1 oignon haché
sel et poivre du moulin
2 gousses d'ail pelées et râpées
500 g d'épinards frais nettoyés
25 g de raisins secs
75 g de pignons de pin grillés
200 g de feta
1 jaune d'œuf battu avec 1 c. à s. d'eau
30 g de beurre fondu
12 feuilles de brik

1 Préchauffez le four à 180 °C (th. 6). Mettez l'huile à chauffer à feu doux dans une petite poêle et faites revenir l'oignon avec 1 pincée de sel pendant 5 min. Ajoutez l'ail et prolongez la cuisson de quelques secondes.

2 Ajoutez les épinards à la poêle et faites revenir pendant 1 min. Salez et poivrez généreusement. Hors du feu, ajoutez les raisins et les pignons de pin. Incorporez la feta et l'œuf battu.

3 Beurrez le moule, puis beurrez 6 feuilles de brik sur une face. Déposez-les dans le moule, en les faisant se chevaucher. Placez au centre 2 feuilles superposées, également beurrées.

4 Garnissez avec le mélange feta-épinards. Badigeonnez de jaune d'œuf le pourtour des 4 dernières feuilles. Posez-les sur la garniture, en faisant rentrer le surplus à l'intérieur du moule. Enfournez la pastilla pour 20 min de cuisson. Servez-la chaude, avec une salade verte à l'huile de noix.

ACCOMMODER LES RESTES DE RÔTI

Des recettes simples pour profiter le plus possible de vos viandes, volailles et poissons rôtis.

ACCOMMODER LES RESTES DE RÔTI

Avec un peu d'imagination, il vous sera facile de transformer les restes d'un rôti cuit la veille ou l'avant-veille en un délicieux repas rapide : salade colorée, poêlée asiatique, sandwich inédit…

Organisation

Si vous avez peu de temps à consacrer à la préparation du dîner, planifiez tous les repas de la semaine et faites les courses à l'avance. Doublez la quantité de viande ou de poisson achetée, de manière à ce qu'il y ait des restes après le repas initial. Accommodez-les ensuite en soupe, en tourte, en salade, en plats mijotés ou en sandwichs, et le tour est joué !

Les légumes Que faire des restes de garniture ?

RESTES DE… / **TRANSFORMÉS EN…**

LÉGUMES RACINES

Conservation
Rangez-les dans des contenants en plastique rigide, sans les entasser. Laissez refroidir avant de fermer hermétiquement.

Réfrigération
Pendant 2 jours au maximum.

Congélation
Ils se congèlent mal, sauf si vous les faites préalablement cuire al dente. Dans ce cas, ils se conservent pendant 1 mois au congélateur.

Gratins
Déposez des couches de légumes au fond d'un plat à gratin. Recouvrez-les de 200 g de yaourt à la grecque mélangé avec 1 œuf et du gruyère râpé. Faites cuire pendant 30 min dans un four préchauffé à 180 °C (th. 6).

Pâtes
Coupez les légumes en dés et ajoutez-les à une sauce tomate ou une sauce bolognaise.

Omelettes
Faites revenir les légumes dans un peu de beurre. Ajoutez les œufs, préalablement battus avec des herbes hachées et un peu de parmesan. Laissez cuire à feu doux.

LÉGUMES VERTS

Conservation
Rangez-les dans des contenants en plastique rigide et laissez refroidir avant de fermer de manière hermétique.

Réfrigération
Pendant 2 jours au maximum.

Congélation
À éviter.

Soupes et plats en sauce
Ajoutez les restes de légumes au tout dernier moment, pour les réchauffer.

Tartines chaudes
Recouvrez des tranches de pain de légumes, saupoudrez de fromage et passez sous le gril du four.

Pâtes
Réalisez un plat de lasagnes.

Croquettes et burgers végétariens
Hachez finement les légumes et incorporez-les à l'appareil, ou réchauffez-les tout simplement avec un peu d'huile d'olive et 1 pincée de piment d'Espelette.

PURÉES DE POMMES DE TERRE

Conservation
À ranger dans des contenants en plastique rigide. Laissez refroidir avant de fermer de manière hermétique.

Réfrigération
Pendant 2 jours au maximum.

Congélation
Pendant 1 mois au maximum.

Gnocchi
Mélangez 125 g de purée avec 1 œuf et 1 c. à s. de farine. Façonnez des croquettes longues, que vous couperez en morceaux de 2 cm. Déposez-les sur une plaque farinée, placez-les pendant 15 min au réfrigérateur et servez-les avec une sauce à la crème.

Croquettes de poisson
Mélangez la purée avec du poisson effeuillé. Ajoutez 1 œuf, 1 c. à s. de moutarde forte et des fines herbes fraîches. Façonnez en croquettes et passez dans un bain de friture.

Croquettes de légumes
Mélangez la purée avec d'autres légumes cuits et hachés (brocoli, épinards, petits pois, poivron). Ajoutez 1 c. à c. de sauce pimentée ou de la moutarde. Façonnez en croquettes et faites griller dans une poêle chaude avec un peu de beurre.

Les restes de viande et de poisson Que faire de ces restes ?

RESTES DE... | **TRANSFORMÉS EN...**

POULET

Conservation
Désossez le poulet et enveloppez la viande et la carcasse séparément dans du film alimentaire. Conservez la farce et la sauce à part. Placez au réfrigérateur au plus tard 2 h après cuisson.

Réfrigération
Pendant 3 jours au maximum. (2 jours pour la sauce).

Congélation
Pendant 3 mois au maximum.

Une multitude de recettes, dont :
- Poulet au curry et à la cardamome (p. 224).
- Pastilla de poulet et petits pois (p. 224).
- Soupe de poulet au maïs (p. 225).
- Salade de poulet, carottes et pommes (p. 225).

Gratin avec des pâtes, ou **riz sauté** avec des légumes.

AGNEAU

Conservation
Désossez le gigot. Enveloppez la viande dans de l'aluminium ménager, en la tranchant si nécessaire. Conservez l'os pour confectionner une soupe ou un bouillon. Placez au réfrigérateur au plus tard 2 h après cuisson.

Réfrigération
Pendant 3 jours au maximum.

Congélation
Pendant 3 mois au maximum.

Une multitude de recettes, dont :
- Pizza turque à l'agneau haché (p. 228).
- Agneau au curry rouge (p. 228).
- Agneau aux flageolets et tomates (p. 229).
- Tourte à l'agneau et pommes de terre (p. 229).

Hachis à la marocaine.

PORC

Conservation
Coupez en tranches et conservez dans des récipients peu profonds en plastique rigide, sans les entasser. Préparez plusieurs contenants si nécessaire. Placez au réfrigérateur au plus tard 2 h après cuisson.

Réfrigération
Pendant 3 jours au maximum.

Congélation
Pendant 3 mois au maximum.

Une multitude de recettes, dont :
- Sandwich de porc en pain pita (p. 232).
- Soupe de porc et pois cassés (p. 232).
- Sauté de porc au chou vert (p. 233).
- Porc à la sauce aigre-douce (p. 233).

Burger de porc haché et citronnelle ou **tarte** au porc, épinards et lardons.

SAUMON

Conservation
Conservez dans des récipients peu profonds en plastique rigide. Placez au réfrigérateur au plus tard 2 h après cuisson.

Réfrigération
Pendant 2 jours au maximum.

Congélation
Pendant 3 mois au maximum.

Une multitude de recettes dont :
- Saumon rôti et concombre en sauce verte (p. 236).
- Hachis de saumon et crevettes (p. 236).
- Penne au saumon et tomates rôties (p. 237).
- Saumon, pommes de terre et flageolets, crème au persil (p. 237).

Sur une **salade** de roquette ou en **croquettes** avec de la purée de pommes de terre et des herbes.

BŒUF

Conservation
Évitez de le couper en fines tranches, il restera plus moelleux. Conservez dans des récipients en plastique rigide et placez au réfrigérateur au plus tard 2 h après cuisson.

Réfrigération
Pendant 3 jours au maximum.

Congélation
Pendant 3 mois au maximum.

Une multitude de recettes, dont :
- Tourte de bœuf au fromage bleu (p. 240).
- Salade de bœuf thaïe (p. 240).
- Bœuf stroganoff (p. 241).
- Salade de bœuf, betterave et épinards (p. 241).

En **sandwichs** grillés au four ou en **quesadillas**.

DINDE

Conservation
Désossez la dinde. Enveloppez la viande et la carcasse séparément dans du film alimentaire. Conservez la farce et la sauce à part. Placez au réfrigérateur au plus tard 2 h après cuisson.

Réfrigération
Pendant 3 jours au maximum. (2 jours pour la sauce).

Congélation
Pendant 3 mois au maximum.

Une multitude de recettes, dont :
- Pilaf de dinde aux canneberges (p. 244).
- Nouilles sautées à la dinde et au soja (p. 244).
- Salade de dinde aux pois chiches (p. 245).
- Sauté de dinde au chou chinois (p. 245).

En **curry**, **sandwichs** et **quesadillas**.

PAS À PAS

Que faire des carcasses cuites ? Transformez-les en savoureux bouillons, jus ou sauces.

Poulet Un fond de cuisson à conserver en permanence au réfrigérateur ou au congélateur.

1 Placez votre carcasse de poulet dans une grande marmite. Ajoutez des parures de carotte, de céleri, 1 oignon, quelques branches de thym et de romarin, 1 feuille de laurier et des grains de poivre noir.

2 Recouvrez de 3 l d'eau froide, en veillant à ce que tous les ingrédients soient bien placés dans l'eau.

3 Portez à ébullition et laissez réduire à feu doux pendant 1 h. Prélevez régulièrement les impuretés apparaissant à la surface à l'aide d'une écumoire.

4 Retirez la carcasse et versez le bouillon dans une passoire fine (ou un chinois étamine) posée au-dessus d'un récipient.

Bœuf Un bouillon plus riche et plus sombre que celui au poulet, surtout si vous ajoutez les os.

1 Utilisez les os de la côte, ou demandez à votre boucher des parures et des os pour la réalisation d'un jus. Versez les os et les parures dans un plat de cuisson, ajoutez quelques carottes, céleri et oignons hachés, salez, poivrez et faites rôtir au four pendant 30 min.

2 Versez les os dans une casserole remplie d'eau froide. Ajoutez quelques branches de thym, de romarin et de persil.

3 Portez à ébullition, puis faites cuire à feu doux pendant 1 h, en écumant régulièrement les impuretés qui apparaissent à la surface.

4 Enlevez les os et versez le bouillon dans une passoire fine (ou un chinois étamine) posée au-dessus d'un récipient.

Fumet de poisson

Demandez quelques parures de poisson (sauf saumon et maquereaux) à votre poissonnier. Rincez-les sous un filet d'eau froide, hachez-les grossièrement et mettez-les dans une casserole. Recouvrez d'eau froide, ajoutez des brins de thym et de persil, des parures d'oignon, de céleri et de fenouil. Faites mijoter à feu doux pendant 20 min, en écumant les impuretés. Filtrez et utilisez, ou congelez en portions.

La conservation des bouillons

Laissez refroidir le bouillon pendant 30 min avant de le placer au réfrigérateur. Pour la congélation, versez-le dans des sachets de congélation en plastique à fermeture hermétique. Vous pouvez aussi remplir des bacs à glaçons de bouillon ou de fumet.

4 idées rapides pour les restes

En quelques minutes, confectionnez un repas pour petits et grands.

Sandwichs

Ils sont parfaits pour les pique-niques et les déjeuners au bureau.

Poulet au curry
Mélangez du **poulet** froid effiloché, de la **mayonnaise**, 1 pincée de **paprika** et 1 pincée de **curry en poudre**, 1 poignée de **raisins secs**, du **sel** et du **poivre**. Déposez de la **roquette** dans 1 **petit pain** et recouvrez de poulet.

Porc rôti et pommes
Coupez 1 **petit pain** en deux et tartinez une moitié de pain de **compote de pommes**. Surmontez de tranches de **porc rôti**, puis recouvrez de fines rondelles de **pommes**. Assaisonnez et servez immédiatement.

Salades

Ravivez les restes de rôtis avec une vinaigrette au goût piquant ou épicé.

Salade de bœuf, roquette et radis
Dressez 1 poignée de feuilles de **roquette** sur une assiette et garnissez de fines tranches de **bœuf**. Émincez finement 4 **radis roses** et ajoutez-les à la salade. Arrosez l'ensemble de **vinaigre balsamique** et du jus de ½ **orange**. Salez, poivrez et servez.

Salade de saumon et nouilles chinoises
Versez 100 g de **nouilles** cuites dans un saladier avec le **saumon** effeuillé. Ajoutez 2 **ciboules** ciselées. Dans un bol, mélangez 3 c. à s. d'**huile d'olive** avec 1 c. à s. de **vinaigre de vin blanc**, le jus de ½ **citron vert**, 1 pincée de **sucre**, de **piment de Cayenne**, de **sel** et de **poivre**. Versez sur les nouilles, mélangez et garnissez de **basilic**.

POULET RÔTI

PRÉP 15 MIN | CUISS $1\frac{1}{4}$ H

POUR 4 PERSONNES, PLUS LES RESTES
1 poulet fermier de 1,5 kg
50 g de beurre ramolli
1 citron coupé en quartiers
sel et poivre du moulin
150 ml de bouillon de légumes (ou d'eau chaude)

1 Préchauffez le four à 200 °C (th. 6-7). Posez le poulet sur une plaque de cuisson adaptée à sa taille. (Si elle est trop grande, les sucs brûlent et le jus de rôti est amer.) Enduisez le poulet de beurre ramolli, pour vous assurer une peau uniformément dorée et croustillante. Farcissez le poulet de quartiers de citron, qui l'aideront à conserver une texture moelleuse. Salez et poivrez généreusement.

2 Mettez le poulet à rôtir au four pendant 1 h 15, en l'arrosant trois fois de son jus de cuisson. Pour vérifier la cuisson, percez l'articulation du gras de la cuisse avec un couteau. Le liquide qui s'écoule doit être clair. Si le liquide est légèrement rosé, il faut prolonger la cuisson de 5 à 10 min. Hors du four, couvrez le poulet d'aluminium ménager et maintenez au chaud.

3 Placez la plaque de cuisson sur feu doux et dégraissez : basculez l'excédent de graisse dans un petit récipient. Déglacez avec le bouillon ou l'eau chaude, en faisant bien dissoudre les sucs caramélisés. Laissez réduire le jus, pour qu'il soit assez corsé. Goûtez et assaisonnez si vous le jugez nécessaire. Passez le jus au chinois étamine ou dans une passoire et réservez au chaud, dans un bain-marie par exemple. Découpez le poulet et servez avec une belle purée de pommes de terre ou des légumes grillés, que vous pourrez napper de jus de rôti.

Poulet au curry et à la cardamome

PRÉP 10 MIN · CUISS 35 MIN

POUR 4 PERSONNES

1 c. à s. d'huile de tournesol
1 oignon finement haché
sel et poivre du moulin
un morceau de gingembre frais (5 cm) pelé et râpé
10 capsules de cardamome écrasées avec le plat du couteau
2 c. à c. de nigelle (cumin noir) en grains
3 gousses d'ail pelées et râpées
2 c. à c. de curry en poudre
350 g de restes de poulet rôti, sans la peau et émincés
200 g de tomates concassées en conserve + leur jus
3 c. à s. de crème fraîche épaisse
100 g de pousses d'épinard soigneusement lavées

1 Mettez l'huile à chauffer à feu doux dans une sauteuse et faites fondre l'oignon avec 1 pincée de sel pendant 5 min. Ajoutez le gingembre, la cardamome et la nigelle. Prolongez la cuisson de 3 min.

2 Incorporez l'ail et le curry. Faites roussir pendant quelques secondes avant d'y ajouter les morceaux de poulet. Salez et poivrez. Ajoutez les tomates et leur jus, et versez 200 ml d'eau. Portez à l'ébullition, puis incorporez la crème.

3 Laissez mijoter le curry à feu doux pendant 30 min. Ajoutez un peu d'eau si la sauce épaissit trop. Incorporez les feuilles d'épinard, 2 min avant la fin de la cuisson. Goûtez et assaisonnez si nécessaire. Servez avec du riz basmati et une salade de concombre à la menthe.

VARIANTE
Pour une version plus légère, remplacez la crème par du yaourt nature.

Pastilla de poulet et petits pois

PRÉP 20 MIN · CUISS 30 MIN

Matériel • moule carré ou moule à cake

POUR 6 PERSONNES

350 g de restes de poulet rôti sans la peau et émincés
250 g de pommes de terre nouvelles cuites et coupées en deux
125 g de petits pois décongelés
1 c. à s. de curry en poudre
sel et poivre du moulin
2 c. à s. de bouillon de légumes chaud
50 g de beurre fondu
12 feuilles de brik

1 Préchauffez le four à 200 °C (th. 6-7). Dans un saladier, mélangez le poulet avec les pommes de terre, les petits pois et le curry. Salez et poivrez, puis incorporez le bouillon.

2 Beurrez le moule, puis beurrez 6 feuilles de brik sur une face. Déposez-les au fur et à mesure dans le moule, en les faisant se chevaucher. Superposez 2 feuilles beurrées au centre.

3 Garnissez avec le poulet. Beurrez les 4 dernières feuilles de brik. Posez-les sur la garniture, en faisant rentrer le surplus à l'intérieur du moule. Enfournez la pastilla pour 30 min de cuisson, jusqu'à ce que le dessus soit croustillant et bien doré. Servez-la bien chaude, avec une salade verte.

Soupe de poulet au maïs

PRÉP 10 MIN CUISS 30 MIN

Matériel • robot ménager ou mixeur

POUR 4 PERSONNES
1 c. à s. d'huile d'olive
1 oignon haché
sel et poivre du moulin
2 boîtes de 400 g de maïs soigneusement égoutté
350 g de restes de poulet rôti, sans la peau et émiettés
3 gousses d'ail pelées et râpées
1, 2 l de bouillon de volaille
½ botte de persil plat finement haché

1 Mettez l'huile à chauffer à feu doux dans une cocotte et faites fondre l'oignon avec 1 pincée de sel pendant 5 min.

2 Mixez la moitié du maïs en une purée grossière, puis versez-la dans la cocotte. Ajoutez le poulet et l'ail. Salez et poivrez. Faites cuire à feu doux pendant 5 min.

3 Versez le reste de maïs dans la cocotte, incorporez le bouillon et portez à ébullition. Laissez mijoter la soupe pendant 20 min à feu doux. Goûtez et assaisonnez si nécessaire. Parsemez de persil juste avant de servir.

Salade de poulet, carottes et pommes

PRÉP 15 MIN

POUR 4 PERSONNES
2 carottes
2 pommes gala
1 citron confit très finement haché
25 g de raisins secs
1 oignon rouge finement émincé
sel et poivre du moulin
100 g de pousses d'épinard lavées et essorées
350 g de restes de poulet rôti sans la peau et émincés
50 g de pignons de pin grillés
1 c. à s. d'huile d'olive
le jus de ½ citron

1 Râpez les carottes au-dessus d'un saladier. Coupez les pommes en quatre et râpez-les au-dessus des carottes. Ajoutez le citron confit, les raisins et l'oignon rouge. Salez, poivrez et mélangez.

2 Dressez les pousses d'épinard dans un plat creux. Parsemez de morceaux de poulet et de pignons de pin. Arrosez-les d'huile d'olive et de jus de citron. Salez, poivrez et garnissez de salade de carottes aux pommes.

CONSEIL DU CHEF

Faites griller les pignons de pin à sec dans une petite poêle chauffée à feu très doux. Remuez constamment, jusqu'à ce qu'ils soient bien dorés.

GIGOT D'AGNEAU

PRÉP 15 MIN | CUISS $1\frac{3}{4}$ H

POUR 4 PERSONNES, PLUS LES RESTES
1 gigot d'agneau de 2 kg
4 gousses d'ail pelées
quelques branches de romarin
sel et poivre du moulin
600 ml de bouillon de légumes chaud
1 c. à c. de gelée de groseille

1 Préchauffez le four à 230 °C (th. 7-8). Faites des entailles dans le gigot avec un couteau pointu pour y insérer les gousses d'ail et les brins de romarin. Salez et poivrez généreusement.

2 Déposez le gigot sur une plaque de cuisson et faites-le saisir au four pendant 10 min. Réduisez la température à 200 °C (th. 6-7) et prolongez la cuisson de 1 h à 1 h 30, selon le degré de cuisson souhaitée. Laissez reposer la viande sur un plat, recouvrez d'aluminium ménager et maintenez au chaud pendant la préparation du jus de rôti.

3 Placez la plaque de cuisson sur feu doux et dégraissez en basculant l'excédent de graisse dans un petit récipient. Déglacez avec le bouillon, en faisant bien dissoudre les sucs caramélisés à feu vif. Incorporez la gelée de groseille et laissez réduire le jus de moitié à feu doux. Goûtez et assaisonnez si vous le jugez nécessaire. Réservez le jus au chaud, dans un bain-marie par exemple. Découpez le gigot à table et servez avec une purée de pommes de terre ou des légumes de saison rôtis au four. Présentez le jus de rôti en saucière.

Galettes à l'agneau et pignons grillés

PRÉP 10 MIN CUISS 20 MIN

POUR 2 PERSONNES

2 c. à s. d'huile d'olive
1 oignon haché
sel et poivre du moulin
3 gousses d'ail pelées et râpées
250 g de restes de gigot rôti émincés
1 pincée de cumin en poudre
1 pincée de cannelle en poudre
2 galettes turques ou libanaises
25 g de pignons de pin
10 feuilles de menthe finement ciselées
100 g de houmous déjà préparé

1 Préchauffez le four à 200 °C (th. 6-7). Mettez 1 c. à s. d'huile à chauffer à feu doux dans une sauteuse et faites fondre l'oignon avec 1 pincée de sel pendant 5 min. Ajoutez l'ail et prolongez la cuisson de quelques secondes.

2 Ajoutez l'agneau émincé à la poêle. Saupoudrez de cumin et de cannelle, puis faites cuire pendant 3 min. Goûtez, puis salez et poivrez.

3 Posez les galettes sur une plaque de cuisson et arrosez-les de 1 c. à s. d'huile d'olive. Recouvrez de la garniture et faites cuire au four pendant 10 min. Parsemez les galettes de pignons de pin et de menthe. Garnissez de 1 cuillerée de houmous avant de servir.

CONSEIL DU CHEF

Vous pouvez hacher la viande au mixeur au lieu de l'émincer au couteau.

Agneau au curry rouge

PRÉP 15 MIN CUISS 40 MIN

POUR 4 PERSONNES

1 c. à s. d'huile de tournesol
1 oignon finement haché
sel et poivre du moulin
1 c. à c. de cumin en poudre
1 c. à c. de coriandre en poudre
2 feuilles de laurier
2 c. à c. de poivre noir concassé
3 c. à c. de paprika doux
3 gousses d'ail pelées et râpées
un morceau de gingembre frais (5 cm) pelé et râpé
750 g de coulis de tomates
3 c. à s. de crème fraîche épaisse
75 g de noix de cajou pulvérisées
300 g de restes de gigot rôti coupés en cubes

1 Mettez l'huile à chauffer à feu doux dans une sauteuse et faites fondre l'oignon avec 1 pincée de sel pendant 5 min. Ajoutez le cumin, la coriandre, le laurier, le poivre et le paprika. Prolongez la cuisson de quelques secondes, en faisant rissoler les épices dans l'huile.

2 Ajoutez l'ail et le gingembre. Faites cuire pendant quelques secondes. Incorporez le coulis de tomates, la crème, les noix de cajou et les morceaux de gigot. Portez à ébullition, puis laissez mijoter à feu doux pendant 30 min. Goûtez, puis salez et poivrez. Servez avec du riz basmati et une salade de carottes et de concombre râpés.

VARIANTE

Ajoutez 100 g d'épinards frais ou de petits pois surgelés, 5 min avant la fin de la cuisson.

CONSEIL DU CHEF

Vous pouvez remplacer l'huile de tournesol de cette recette par du ghee (beurre indien clarifié), que vous trouverez dans les épiceries asiatiques.

Agneau aux flageolets et tomates

PRÉP 15 MIN · CUISS 25 MIN

POUR 4 PERSONNES
1 c. à s. d'huile d'olive
1 oignon haché
sel et poivre du moulin
8 tomates pelées, épépinées et coupées en quatre
500 ml de bouillon de légumes chaud
350 g de restes de gigot rôti coupés en dés
400 g de flageolets en conserve rincés et égouttés
½ botte de persil plat ciselé
½ c. à c. de feuilles de thym frais

1 Mettez l'huile à chauffer à feu doux dans une sauteuse et faites fondre l'oignon avec 1 pincée de sel pendant 5 min. Ajoutez les tomates et le bouillon. Salez et poivrez généreusement.

2 Portez à ébullition, ajoutez l'agneau et les flageolets. Laissez mijoter à feu doux pendant 20 min, en incorporant quelques cuillerées d'eau si la sauce réduit trop.

3 Juste avant de servir, parsemez de persil et de thym. Accompagnez de tranches épaisses de pain rustique.

VARIANTE

Remplacez les flageolets par des fèves surgelées ou des haricots rouges en conserve. Dans ce cas, ajoutez 1 pincée de cumin et 1 petit bouquet de coriandre finement ciselée. Servez avec du riz basmati ou des galettes de blé indiennes (naans), que vous trouverez dans les épiceries exotiques.

Tourte à l'agneau et pommes de terre

PRÉP 20 MIN · CUISS 50 MIN

Matériel • plat à tourte de 1,2 l

POUR 4 PERSONNES
500 g de pommes de terre pelées et coupées en quartiers
1 c. à s. d'huile d'olive
1 oignon haché
sel et poivre du moulin
1 c. à c. de brins de romarin ciselés
350 g de restes de gigot rôti émincés
1 c. à s. de farine
300 ml de bouillon de légumes chaud
10 feuilles de menthe ciselées
300 g de pâte brisée
1 c. à s. de farine pour le plan de travail
1 jaune d'œuf battu avec 1 c. à c. d'eau

1 Préchauffez le four à 200 °C (th. 6-7). Faites cuire les pommes de terre dans une grande casserole d'eau salée pendant 15 min, puis réservez-les. Mettez l'huile à chauffer à feu doux dans une sauteuse et faites fondre l'oignon avec 1 pincée de sel pendant 5 min. Ajoutez le romarin et les morceaux d'agneau. Salez et poivrez généreusement.

2 Saupoudrez la viande de farine, mélangez et incorporez le bouillon. Laissez mijoter pendant 10 min, en remuant constamment. Dès que la sauce commence à épaissir, ajoutez les pommes de terre et la menthe. Prolongez la cuisson de 10 min, puis laissez légèrement refroidir.

3 Étalez finement la moitié de la pâte sur une surface farinée et garnissez-en la tourtière. Versez la garniture sur la pâte. Poivrez généreusement. Étalez l'autre moitié de la pâte et recouvrez-en la garniture. Pincez les bords avec les doigts pour bien les souder. Badigeonnez la surface de jaune d'œuf battu et faites un petit trou au centre pour laisser la vapeur s'échapper.

4 Faites cuire la tourte au four pendant 10 min, réduisez la température à 180 °C (th. 6) et prolongez la cuisson de 40 min, jusqu'à l'obtention d'une croûte dorée. Laissez reposer la tourte pendant 15 min avant de la démouler. Servez avec une salade de mâche.

RÔTI DE PORC

PRÉP 20 MIN | CUISS 1 3/4 H

AU QUOTIDIEN

POUR 6 PERSONNES, PLUS LES RESTES
1 rôti de porc de 2 kg
(farci ou non, selon votre préférence)
1 c. à s. d'huile d'olive
gros sel et poivre du moulin
100 ml de bouillon de légumes ou d'eau chaude

1 Préchauffez le four à 220 °C (th. 7-8). Déposez la viande dans un plat de cuisson adapté à sa taille. Badigeonnez-la de toutes parts d'huile d'olive et frottez-la de gros sel. Poivrez légèrement.

2 Enfournez le rôti pour 20 min de cuisson, jusqu'à ce que la peau soit bien dorée et craquante. Réduisez la température à 180 °C (th. 6) et prolongez la cuisson de 1 h 15 : la viande doit être cuite à cœur. Sortez le rôti du four et débarrassez-le sur un grand plat de service. Couvrez-le d'aluminium ménager, puis maintenez-le au chaud pendant 15 min, le temps de réaliser le jus de rôti.

3 Dégraissez la plaque de cuisson, en basculant l'excédent de graisse dans un petit récipient. À feu doux, déglacez avec le bouillon ou l'eau, en faisant bien dissoudre les sucs caramélisés. Laissez réduire le jus, goûtez et assaisonnez si vous le jugez nécessaire. Réservez-le au chaud, dans un bain-marie par exemple. Découpez le rôti en tranches plus ou moins épaisses selon votre choix, et servez-le avec une belle purée de pommes de terre. Présentez le jus en saucière.

CONSEIL DU CHEF

Avant de déglacer la plaque, ajoutez au jus 1 échalote ciselée, 1 gousse d'ail écrasée, 1 brin de thym et des champignons de Paris émincés.

Sandwich de porc en pain pita

PRÉP 10 MIN CUISS 30 MIN

POUR 2 PERSONNES

1 c. à s. d'huile d'olive
1 noix de beurre + 1 noix pour la plaque de cuisson
1 oignon haché
sel et poivre du moulin
50 g de chapelure
4 feuilles de sauge ciselées
1 œuf légèrement battu
4 pains pita
2 c. à s. de compote de pommes
250 g de restes de rôti de porc finement émincés

1 Préchauffez le four à 200 °C (th. 6-7). Mettez l'huile et le beurre à chauffer à feu doux dans une petite poêle et faites fondre l'oignon avec 1 pincée de sel pendant 5 min. Ajoutez la chapelure et la sauge. Prolongez la cuisson de 2 min, puis laissez refroidir sur une assiette.

2 Incorporez l'œuf battu à la chapelure, salez et poivrez généreusement. Versez le mélange sur une plaque de cuisson beurrée et faites cuire au four pendant 15 min, jusqu'à ce qu'il soit bien doré.

3 Réchauffez les pains pita au four ou dans un grille-pain pendant 1 min. Ouvrez-les et badigeonnez-les d'une fine couche de compote de pommes. Farcissez-les de quelques tranches de rôti de porc, puis de chapelure à la sauge. Servez immédiatement, avec une salade de poivron, concombre, tomate et oignon.

Soupe de porc et pois cassés

PRÉP 15 MIN CUISS 55 MIN

POUR 4 PERSONNES

1 c. à s. d'huile d'olive
1 oignon haché
sel et poivre du moulin
3 gousses d'ail pelées et râpées
un morceau de gingembre frais (3 cm) pelé et râpé
½ c. à c. de cumin en poudre
1 bâton de cannelle
1 anis étoilé
200 g de pois cassés jaunes (dal) rincés et égouttés
1, 5 l de bouillon de légumes ou de volaille
350 g de restes de rôti de porc coupés en cubes
½ botte de persil plat ciselé
½ botte de coriandre ciselée
le jus de ½ citron

1 Mettez l'huile à chauffer à feu doux dans une cocotte et faites fondre l'oignon avec 1 pincée de sel pendant 5 min. Ajoutez l'ail, le gingembre, le cumin, la cannelle et l'anis étoilé. Prolongez la cuisson de 1 min, puis salez et poivrez.

2 Versez les pois cassés et le bouillon dans la cocotte. Portez à ébullition à feu vif et maintenez-la ainsi pendant 10 min. Ajoutez le porc et laissez mijoter à feu moyen pendant 40 min. Si la soupe épaissit trop, incorporez 1 louche d'eau ou de bouillon. Salez, poivrez et ajoutez les herbes fraîches ciselées. Arrosez de jus de citron juste avant de servir.

VARIANTE

Ajoutez des lardons en même temps que les épices. Incorporez quelques feuilles de menthe fraîches ciselées avec le persil et la coriandre.

CONSEIL DU CHEF

Pensez à bien nettoyer les pois cassés. Rincez-les plusieurs fois sous 1 filet d'eau bien froide avant de les verser dans la soupe.

Sauté de porc au chou vert

PRÉP 10 MIN · CUISS 10 MIN

Matériel • wok

POUR 4 PERSONNES

1 c. à s. d'huile d'olive
350 g de restes de rôti de porc coupés en lanières
4 gousses d'ail pelées et émincées
½ chou vert émincé
2 c. à c. de nigelle (cumin noir) en grains
1 c. à s. de vin blanc
2 c. à s. de sauce soja claire
poivre du moulin

1 Mettez l'huile à chauffer à feu moyen dans un wok. Quand elle est bien chaude, ajoutez le porc et faites revenir à feu vif pendant 2 min, en remuant constamment.

2 Ajoutez l'ail et le chou. Laissez cuire pendant 5 min à feu vif, en remuant une ou deux fois. Incorporez la nigelle, le vin blanc et la sauce soja. Poivrez généreusement et faites revenir pendant 2 min. Servez sur un lit de riz blanc.

VARIANTE

Ajoutez 1 piment épépiné et coupé en lanières en même temps que la viande.

CONSEIL DU CHEF

Choisissez le légume selon la saison. En hiver, achetez de préférence des choux de Bruxelles ou du chou frisé ; en été, privilégiez les blettes, les épinards ou les pois mange-tout.

Porc à la sauce aigre-douce

PRÉP 10 MIN · CUISS 30 MIN

Matériel • wok

POUR 4 PERSONNES

1 c. à s. d'huile d'olive
1 oignon pelé et coupé en huit morceaux
1 c. à s. de fécule de maïs
350 g de restes de rôti de porc émincés
200 g de pois mange-tout coupés en deux dans la diagonale

Pour la sauce aigre-douce :
2 c. à s. de purée de tomate
2 c. à s. de sauce soja claire
2 c. à s. de jus d'ananas
2 c. à s. de vinaigre de vin blanc
1 c. à c. de sucre en poudre
sel et poivre du moulin

1 Préparez la sauce aigre-douce. Dans un saladier, mélangez la purée de tomates avec la sauce soja claire. Ajoutez le jus d'ananas, le vinaigre de vin blanc et le sucre en poudre. Salez et poivrez.

2 Mettez l'huile à chauffer dans un wok à feu moyen et faites revenir l'oignon pendant quelques minutes, jusqu'à ce qu'il soit tendre, mais sans qu'il colore. Versez la sauce par-dessus, en remuant constamment.

3 Mélangez la fécule avec 1 c. à s. d'eau pour former une pâte. Incorporez-la à la sauce et portez à l'ébullition, en remuant sans cesse.

4 Ajoutez les lamelles de porc au wok et laissez cuire pendant 15 min, jusqu'à ce que la sauce commence à épaissir. Ajoutez les pois mange-tout et prolongez la cuisson de 5 min. Goûtez et assaisonnez à nouveau si vous le jugez nécessaire. Servez immédiatement, avec du riz au jasmin ou des nouilles chinoises.

SAUMON RÔTI

PRÉP 15 MIN · CUISS 1 1/4 H

POUR 4 PERSONNES, PLUS LES RESTES
1 saumon entier de 3 à 3,5 kg écaillé, vidé, désarêté et nettoyé
125 g de beurre ramolli
sel et poivre du moulin
1 botte de persil plat
le jus de ½ citron
+ 1 citron coupé en quartiers

1 Préchauffez le four à 180 °C (th. 6). Recouvrez une plaque de cuisson d'aluminium ménager, en le laissant déborder largement sur les côtés, de façon à pouvoir enfermer le saumon. Placez le poisson au centre de la plaque. Salez et poivrez généreusement les deux faces, puis parsemez la peau de cubes de beurre. Insérez quelques branches de persil à l'intérieur du poisson et posez le reste sur le beurre. Refermez la papillote sans trop serrer.

2 Faites cuire au four pendant 1 h 15 environ, en estimant le temps de cuisson selon le poids du poisson : comptez 20 min de cuisson par kg.

3 Hors du four, sortez le poisson de l'aluminium ménager et transférez-le sur un plat de service adéquat. Ôtez les branches de persil plat et arrosez de jus de citron. Servez avec des quartiers de citron, des pommes de terre nouvelles cuites à la vapeur et une belle salade de cresson.

VARIANTE
Le saumon rôti au four se marie bien avec de la betterave crue et râpée, arrosée de jus de citron et d'huile d'olive.

CONSEIL DU CHEF
Demandez à votre poissonnier de préparer le saumon, en lui indiquant le mode de cuisson prévu.

Saumon rôti et concombre en sauce verte

PRÉP 15 MIN

POUR 4 PERSONNES
1 concombre
350 g de restes de saumon rôti effilochés

Pour la sauce verte :
½ botte de basilic
½ botte de menthe
½ botte de persil plat
2 c. à s. de vinaigre de vin blanc
2 c. à c. de câpres rincées, égouttées et hachées
2 gousses d'ail pelées et râpées
8 anchois à l'huile égouttés et hachés
2 c. à s. de moutarde à l'ancienne
sel et poivre du moulin
6 c. à s. d'huile d'olive vierge extra

1 Préparez la sauce verte. Ciselez finement les feuilles de basilic, de menthe et de persil, puis arrosez-les de vinaigre. Ajoutez les câpres, l'ail et les anchois. Mélangez, puis incorporez la moutarde. Salez et poivrez. Ajoutez l'huile peu à peu.

2 Pelez le concombre et fendez-le en deux dans le sens de la longueur. Enlevez les pépins à l'aide d'une petite cuillère et coupez la chair en morceaux de 2 cm de largeur.

3 Pour servir, dressez les morceaux de saumon dans un grand plat de service ou sur 4 assiettes individuelles. Garnissez de concombre et nappez le tout de 3 cuillerées de sauce verte. Servez le reste de sauce à part.

VARIANTE
Remplacez le vinaigre de vin par du vinaigre de framboise, qui se marie bien avec le saumon cuit.

Hachis de saumon et crevettes

PRÉP 15 MIN · CUISS 35 MIN

Matériel • un plat à gratin

POUR 2 PERSONNES
700 g de pommes de terre pelées et coupées en morceaux
sel et poivre du moulin
300 ml de lait
+ 2 c. à s. pour la purée
350 g de restes de saumon rôti effilochés ou coupés en dés
200 g de crevettes cuites décortiquées et déveinées
50 g de beurre
1 c. à s. de farine

1 Préchauffez le four à 190 °C (th. 6-7). Mettez les pommes de terre à cuire dans une casserole d'eau salée pendant 15 min. Égouttez-les et réduisez-les en une purée fine. Incorporez 2 c. à s. de lait et réservez.

2 Dans un plat à gratin, étalez les morceaux de saumon et les crevettes. Salez et poivrez généreusement.

3 Faites fondre le beurre à feu doux dans une casserole. Hors du feu, saupoudrez de farine et mélangez avec une spatule en bois. Incorporez 2 c. à s. de lait et fouettez pendant quelques secondes. Mettez à nouveau la casserole sur le feu et ajoutez progressivement le reste du lait, en fouettant sans cesse, jusqu'à l'obtention d'une sauce onctueuse. Fouettez vigoureusement, pour éliminer d'éventuels grumeaux.

4 Versez la béchamel sur le saumon et les crevettes. Mélangez délicatement. Couvrez de purée de pommes de terre et parsemez de noisettes de beurre. Faites cuire au four pendant 20 min, jusqu'à ce que la croûte soit dorée.

Astuce
Utilisez une béchamel du commerce, que vous fouetterez avec 1 c. à s. de moutarde.

Penne au saumon et tomates rôties

PRÉP 15 MIN | CUISS 30 MIN

POUR 4 PERSONNES
12 tomates cerises
2 c. à s. d'huile d'olive
350 g de penne
sel et poivre du moulin
350 g de restes de saumon rôti émiettés
1 pincée de piment d'Espelette (ou de paprika)

1 Préchauffez le four à 200 °C (th. 6-7). Mettez les tomates dans un plat à gratin, badigeonnez-les de 1 c. à s. d'huile d'olive et faites-les rôtir au four pendant 15 min, jusqu'à ce que la peau commence à craqueler.

2 Pendant ce temps, faites cuire les penne dans une grande casserole d'eau bouillante salée pendant 10 min, en veillant à ce qu'ils restent un peu croquants. Prélevez 1 louche d'eau de cuisson et égouttez les pâtes. Versez-les dans un grand plat creux. Ajoutez les morceaux de saumon et les tomates rôties. Arrosez de 1 c. à s. d'eau de cuisson et de 1 c. à s. d'huile d'olive. Salez, poivrez et saupoudrez de piment. Servez à température ambiante.

VARIANTE
Avant de servir, ajoutez 50 g de roquette et quelques feuilles de basilic, ciselées au tout dernier moment.

Saumon, pommes de terre et flageolets, crème au persil

PRÉP 15 MIN | CUISS 30 MIN

POUR 4 PERSONNES
700 g de pommes de terre nouvelles
sel et poivre du moulin
1 noix de beurre
1 c. à s. de farine
25 cl de lait
150 g de crème fraîche liquide
½ botte de persil frisé ciselé
400 g de flageolets en conserve soigneusement égouttés
½ botte d'aneth ciselé
350 g de reste de saumon rôti grossièrement émiettés

1 Faites cuire les pommes de terre dans une casserole d'eau salée pendant 15 min. Égouttez-les et réservez-les au chaud.

2 Faites fondre le beurre à feu doux dans une casserole. Hors du feu, saupoudrez de farine et mélangez avec une spatule en bois. Incorporez 2 c. à s. de lait et fouettez pendant quelques secondes. Mettez à nouveau la casserole sur le feu et ajoutez progressivement le reste du lait, puis la crème, en fouettant sans cesse, jusqu'à l'obtention d'une sauce onctueuse. Laissez mijoter pendant quelques minutes à feu doux, puis fouettez vigoureusement, pour éliminer les grumeaux. Hors du feu, salez, poivrez et ajoutez le persil. Réservez au-dessus d'un bain-marie.

3 Réchauffez les flageolets dans une casserole. Salez, poivrez et ajoutez l'aneth. Répartissez le saumon entre 4 assiettes individuelles, garnissez de pommes de terre et de flageolets, puis nappez de sauce au persil.

CÔTE DE BŒUF RÔTIE

PRÉP 10 MIN | CUISS $1^{1}/_{4}$ H

POUR 4 PERSONNES, PLUS LES RESTES
1 double côte de bœuf de 2 kg
huile d'olive pour badigeonner
sel et poivre du moulin
2 c. à s. de moutarde à l'ancienne

1 Préchauffez le four à 200 °C (th. 6-7). Badigeonnez la côte de bœuf d'huile. Salez, puis poivrez généreusement.

2 Dans un plat de cuisson, posez la côte sur la tranche, pour que l'os soit en contact avec le plat. Badigeonnez la partie grasse de moutarde et faites cuire au four pendant 15 min, jusqu'à ce qu'elle commence à dorer. Réduisez la température à 180 °C (th. 6) et prolongez la cuisson de 1 h, ou selon le degré de cuisson souhaitée (voir Conseil du chef).

3 Débarrassez la côte sur un plat, couvrez d'aluminium ménager et laissez reposer au chaud pendant 20 min environ. Coupez en tranches et servez avec des pommes de terre rôties, des haricots verts ou une salade croquante. Conservez l'os pour la confection d'un bouillon.

VARIANTE

Dans une poêle chaude, faites colorer la côte de bœuf sur toutes ses faces avant de l'enfourner : les sucs ne s'échapperont pas en cours de cuisson, et la viande conservera tout son moelleux.

CONSEIL DU CHEF

Le four doit toujours être très chaud avant que vous n'enfourniez la côte. Pour une cuisson saignante, comptez 20 min de cuisson par kg de viande. Pour une cuisson à point, prévoyez 25 min au kg, et 30 min au kg si vous aimez la viande bien cuite. Attention, la viande doit toujours reposer pendant au moins 15 min avant d'être découpée.

Tourte de bœuf au fromage bleu

PRÉP 20 MIN · CUISS 50 MIN

Matériel • tourtière

POUR 2 PERSONNES

1 c. à s. d'huile d'olive
1 noix de beurre
2 oignons grossièrement hachés
sel et poivre du moulin
350 g de restes de côte de rôti de bœuf émincés
150 ml de bouillon de bœuf chaud
125 g de fromage bleu
1 c. à s. de farine pour le plan de travail
250 g de pâte feuilletée
1 jaune d'œuf légèrement battu

1 Mettez l'huile et le beurre à chauffer à feu doux dans une poêle. Faites fondre les oignons avec 1 pincée de sel pendant 5 min. Ajoutez le bœuf et incorporez le bouillon. Portez à l'ébullition, réduisez le feu et laissez mijoter pendant 10 min. Salez, poivrez et laissez légèrement refroidir la viande avant de la verser dans la tourtière. Émiettez le fromage par-dessus.

2 .Sur une surface légèrement farinée, étalez la pâte sur 5 mm d'épaisseur. Découpez un rectangle de pâte un peu plus grand que la tourtière. Humectez le bord, puis posez le disque sur la garniture et repliez ce qui dépasse, de façon à former une bordure. Pincez le bord et glacez le dessus de jaune d'œuf battu.

3 Percez un trou au centre pour laisser la vapeur s'échapper. Enfournez la tourte et faites cuire pendant 30 min, jusqu'à ce que la croûte soit bien gonflée et joliment dorée. Laissez reposer pendant quelques minutes avant de déguster.

Salade de bœuf thaïe

PRÉP 15 MIN

POUR 4 PERSONNES

350 g de restes de rôti de bœuf finement émincés
2 carottes coupées en julienne
½ oignon coupé en julienne
125 g de pousses de bambou soigneusement égouttées
½ botte de menthe
½ botte de basilic
½ botte de coriandre
sel et poivre du moulin
le jus de 1 citron vert
2 c. à s. de sucre en poudre
1 c. à s. d'huile de tournesol
2 c. à s. de sauce de poisson nuoc-mâm

1 Dans un saladier, mélangez délicatement la viande avec les carottes, l'oignon et les pousses de bambou. Ajoutez les feuilles de menthe, de basilic et de coriandre. Mélangez à nouveau. Salez, poivrez et réservez.

2 Dans un petit bol, fouettez le jus de citron avec le sucre, l'huile et la sauce de poisson. Goûtez, puis salez et poivrez. Versez cette vinaigrette dans un saladier, mélangez et servez.

CONSEIL DU CHEF

Certains trouvent le goût de l'oignon cru trop prononcé. Vous pouvez les mettre à tremper dans un bain d'eau froide pendant 15 min avant de les ajouter à cette recette.

Bœuf stroganoff

PRÉP 15 MIN · CUISS 30 MIN

Réhydratation • 30 min

POUR 4 PERSONNES

25 g de cèpes déshydratés
1 c. à s. d'huile d'olive
1 oignon haché
sel et poivre du moulin
350 g de restes de rôti de bœuf émincés
200 ml de bouillon de légumes chaud
300 ml de crème liquide
1 pincée de paprika

1 Faites tremper les champignons pendant 30 min dans un bol rempli de 300 ml d'eau froide. Mettez l'huile à chauffer à feu moyen dans une grande poêle. Faites cuire l'oignon pendant 5 min, jusqu'à ce qu'il soit translucide. Salez et poivrez.

2 Égouttez les champignons en conservant le liquide de macération, que vous filtrerez dans une petite passoire fine. Ajoutez les champignons à la poêle et faites cuire pendant 1 min à feu vif. Ajoutez ensuite les lamelles de bœuf et incorporez l'eau des champignons, ainsi que la moitié du bouillon. Portez à ébullition, puis réduisez la température.

3 Ajoutez la crème puis le paprika, et laissez mijoter à feu moyen pendant 20 min, en allongeant avec du bouillon si la sauce s'assèche. Goûtez et rectifiez l'assaisonnement avant de servir. Dressez sur des assiettes, avec du riz ou des pâtes au beurre.

Salade de bœuf, betteraves et épinards

PRÉP 15 MIN

POUR 4 PERSONNES

350 g de restes de rôti de bœuf finement émincés
250 g de pousses d'épinard soigneusement lavées
2 petites betteraves cuites et coupées en quartiers
3 c. à s. d'huile d'olive
1 c. à s. de vinaigre balsamique
le jus de 1 clémentine
sel et poivre du moulin
2 brins de thym effeuillé

1 Dans un grand saladier, mélangez les lamelles de bœuf avec les épinards et les betteraves. Dans un petit bol, fouettez l'huile d'olive avec le vinaigre balsamique et le jus d'agrume. Salez et poivrez généreusement.

2 Au dernier moment, dressez la salade sur des assiettes et arrosez de vinaigrette. Parsemez de thym et servez sans attendre.

VARIANTE

À défaut de jus de clémentine, utilisez le jus d'une orange ou d'un pamplemousse rose.

Astuce

Pour aller plus vite, assaisonnez simplement avec du vinaigre balsamique.

DINDE RÔTIE

PRÉP 15 MIN CUISS $3\frac{1}{4}$ H

POUR 6 PERSONNES, PLUS LES RESTES
250 g de beurre ramolli
3 oignons (1 haché + 2 coupés en quartiers)
125 g de chapelure
1 botte de persil plat ciselé
1 dinde de 4 kg
sel et poivre du moulin

1 Mettez la moitié du beurre à fondre dans une poêle à feu doux et faites cuire l'oignon haché. Hors du feu, incorporez la chapelure et le persil. Laissez refroidir. Préchauffez le four à 200 °C (th. 6-7). Déposez la dinde sur une plaque de cuisson. Salez et poivrez la cavité, que vous farcirez de quartiers d'oignon. Introduisez la farce par le cou, en la tassant bien. Badigeonnez l'extérieur du reste de beurre Salez et poivrez. Faites rôtir au four pendant 20 min, puis réduisez la température à 180 °C (th. 6).

2 Posez une feuille d'aluminium ménager sur la dinde et enfournez pour 2 h 30 de cuisson, en arrosant trois fois de jus. Ôtez l'aluminium pendant les 20 dernières minutes. Vérifiez la cuisson en perçant l'articulation du gras de cuisse : le liquide qui s'écoule doit être clair. S'il est rosé, faites cuire entre 10 à 15 min de plus.

3 Hors du four, déposez la dinde sur un plat. Couvrez d'aluminium ménager et maintenez au chaud pendant 15 min. Placez la plaque de cuisson sur feu doux et basculez l'excédent de graisse dans un petit récipient. Déglacez avec un peu d'eau. Laissez réduire le jus de moitié. Passez-le au chinois étamine ou dans une passoire et réservez-le au chaud, dans un bain-marie par exemple. Découpez la dinde et servez-la avec des pommes de terre rôties. Présentez le jus en saucière.

Pilaf de dinde aux canneberges

PRÉP 15 MIN · CUISS 30 MIN

POUR 4 PERSONNES
1 c. à s. d'huile d'olive
1 oignon haché
3 gousses d'ail pelées et râpées
250 g de riz basmati
900 ml de bouillon de légumes chaud
350 g de restes de dinde rôtie émincés
sel et poivre du moulin
125 g d'amandes effilées et grillées
150 g de canneberges séchées
½ c. à c. de feuilles de thym frais

1 Mettez l'huile à chauffer à feu moyen dans une poêle et faites cuire l'oignon pendant 5 min, jusqu'à ce qu'il soit translucide. Ajoutez l'ail et prolongez la cuisson de quelques secondes. Versez le riz dans la poêle et faites cuire pendant 1 min, en veillant à ce que les grains soient bien enrobés d'huile.

2 Incorporez le bouillon et portez à l'ébullition. Ajoutez les morceaux de dinde, baissez le feu et laissez mijoter pendant 25 min, jusqu'à ce que le riz ait absorbé le liquide. Salez et poivrez généreusement.

3 Juste avant de servir, ajoutez les amandes grillées et les canneberges. Saupoudrez de thym et mélangez délicatement.

Nouilles sautées à la dinde et au soja

PRÉP 15 MIN · CUISS 15 MIN

Matériel • wok

POUR 4 PERSONNES
2 c. à s. d'huile de tournesol
500 g de vermicelles de riz cuits
1 botte de ciboule émincée
2 gousses d'ail pelées et râpées
350 g de restes de dinde rôtie grossièrement effilochés
2 c. à s. de sauce soja claire
2 c. à s. de sauce de poisson nuoc-mâm
1 petit piment rouge épépiné et haché (facultatif)
1 c. à c. de sucre en poudre
200 g de germes de soja
sel et poivre du moulin

1 Mettez 1 c. à s. d'huile à chauffer à feu moyen dans un wok ou une poêle et faites sauter les vermicelles pendant 2 min. Ajoutez la ciboule et l'ail, et laissez revenir pendant 2 min supplémentaires. Débarrassez les vermicelles sur un plat.

2 Dans le même wok, faites revenir les morceaux de dinde pendant 1 min avec 1 c. à s. d'huile. Ajoutez la sauce soja, le nuoc-mâm, le piment rouge et le sucre en poudre, puis laissez bouillir à feu très vif pendant 2 min.

3 Versez les vermicelles dans le wok. Ajoutez les germes de soja et mélangez délicatement avec la sauce. Goûtez et assaisonnez si nécessaire. Servez sans attendre.

Salade de dinde aux pois chiches

PRÉP 15 MIN · CUISS 10 MIN

POUR 4 PERSONNES

400 g de pois chiches en conserve rincés et égouttés
1 c. à s. d'huile d'olive
le jus de 1 citron
1 pincée de paprika
sel et poivre du moulin
350 g de restes de dinde rôtie émincés
1 c. à s. d'aneth ciselé

1 Versez les pois chiches dans une casserole et arrosez-les d'huile d'olive et de jus de citron. Saupoudrez de paprika, de sel et de poivre. Faites mijoter à feu doux pendant 5 min, jusqu'à ce que les pois soient tendres et chauds.

2 Versez les pois dans un saladier, ajoutez les morceaux de dinde, goûtez et assaisonnez si vous le jugez nécessaire. Parsemez d'aneth et servez tiède.

VARIANTE

Remplacez les pois chiches par des haricots blancs ou rouges, auquel vous ajouterez du maïs en grains.

Sauté de dinde au chou chinois

PRÉP 10 MIN · CUISS 25 MIN

Matériel • robot ménager • wok

POUR 4 PERSONNES

350 g de restes de dinde rôtie grossièrement hachés
1 chou chinois vert (pak-choï ou petsaï) émincé
1 c. à s. d'huile de tournesol
1 oignon haché
un morceau de gingembre frais (5 cm) pelé et râpé
3 gousses d'ail pelées et râpées
1 piment vert doux épépiné et haché
1 c. à s. de sauce soja épaisse
1 c. à s. de vinaigre de riz
½ botte de coriandre ciselée
sel et poivre du moulin

1 À l'aide d'un robot ménager, hachez les restes de dinde, en évitant de les réduire en purée. Faites blanchir le chou chinois dans une casserole d'eau bouillante pendant 1 min, puis égouttez-le soigneusement et réservez.

2 Mettez l'huile à chauffer à feu doux dans un wok ou une poêle. Faites cuire l'oignon pendant 5 min, jusqu'à ce qu'il soit translucide. Ajoutez le gingembre, l'ail et le piment et prolongez la cuisson de 2 min, sans cesser de remuer.

3 Versez la dinde hachée dans le wok et faites cuire à feu vif pendant 1 min. Incorporez la sauce soja et le vinaigre de riz. Mélangez, puis ajoutez le chou et la coriandre. Salez et poivrez. Servez avec des nouilles chinoises.

PLATS À CONGELER

À déguster demain... ou dans 3 mois !

PLATS À CONGELER

Préparer des plats à l'avance et les conserver au congélateur peut se révéler très utile si vous êtes souvent pris au dépourvu à l'heure du dîner. Réservez 1 jour par mois pour la cuisson de 2 ou 3 plats qui vous dépanneront en cas de besoin. Vous pouvez aussi doubler les quantités d'un plat, et congeler les restes pour une utilisation ultérieure.

Astuce

Sortez le plat du congélateur la veille et laissez-le décongeler au réfrigérateur pendant la nuit. Non seulement vous respectez les mesures d'hygiène élémentaires, mais vous préserverez aussi les qualités gustatives de votre plat.

Les plats que vous pouvez congeler et leurs contenants.

PLAT		CONTENANT	CONSERVATION	UTILISATION
	**SOUPES ET BOUILLONS** Laissez refroidir avant de congeler en portions de 0,5 l. Ne dépassez pas cette quantité, car la décongélation s'effectuerait alors trop lentement.	Utilisez des contenants en plastique rigide ou des sachets de congélation avec fermeture hermétique. Vous pouvez aussi utiliser des bacs à glaçons : une fois qu'ils ont congelés, transférez les cubes dans un sachet hermétique. Apposez des étiquettes datées.	Soupes : jusqu'à **3 mois.** Bouillons : jusqu'à **6 mois.**	Laissez décongeler pendant une nuit au réfrigérateur. Réchauffez à feu doux dans une casserole ou au four à micro-ondes.
	**SAUCES ET VELOUTÉS** Ils sont faciles à congeler et occupent peu de place dans le congélateur. Ajoutez la crème au dernier moment, quand vous réchauffez le plat.	Utilisez des sachets de congélation avec fermeture hermétique ou des bacs à glaçons. Une fois congelés, transférez les cubes dans un sachet hermétique. Congelez les sauces épaisses à plat, dans des sachets hermétiques. Apposez des étiquettes datées.	Jusqu'à **3 mois.**	Laissez décongeler pendant une nuit au réfrigérateur. Réchauffez à feu doux dans une casserole ou au four à micro-ondes.
	**PLATS MIJOTÉS ET RAGOÛTS** Il sont parfaits pour la congélation si vous utilisez des morceaux de viande maigre et non des morceaux gras, qui risquent de rancir.	Utilisez des sachets de congélation avec fermeture hermétique ou des bacs en aluminium ménager munis d'un couvercle en carton. Veillez à ce que la viande soit parfaitement recouverte de sauce avant de congeler. Apposez des étiquettes datées.	Jusqu'à **3 mois.**	Laissez décongeler pendant une nuit au réfrigérateur. Réchauffez à feu doux dans une casserole ou au four à micro-ondes. Vous pouvez aussi transférer le plat dans une cocotte et le réchauffer dans un four préchauffé à 180 °C (th. 6) pendant 30 min, ou jusqu'à ce qu'il soit chaud. Ne réchauffez pas le plat plusieurs fois de suite.
	**TOURTES ET LASAGNES** Les tourtes et les lasagnes se congèlent bien, mais veillez à ce qu'elles soient bien froides avant de les placer dans le congélateur.	**Crues :** Enrobez les tourtes non cuites dans plusieurs couches de film alimentaire. **Cuites :** Congelez les lasagnes directement dans le plat de cuisson. Apposez des étiquettes datées.	**Pâtes crues :** jusqu'à **3 mois.** **Pâtes cuites :** jusqu'à **6 mois.**	**Les tourtes** non cuites peuvent passer directement du congélateur au four. Laissez décongeler **les lasagnes** pendant une nuit au réfrigérateur, puis réchauffez-les dans un four préchauffé à 180 °C (th. 6) pendant 30 min.

Organisation

Rythme Ne surchargez pas trop votre congélateur. Pensez à échelonner les cuissons dans le temps.
Quantité Comptez 300 ml de soupe par personne. Congelez 2 portions à la fois, pas plus.
Portions Il est préférable de congeler les sauces en petites quantités. N'hésitez pas à préparer des portions individuelles.

Les aliments qui supportent mal la congélation

La **crème fraîche** et le **fromage blanc**.
La **mayonnaise** et la **sauce hollandaise**.
Les morceaux de **viande grasse**, qui ont tendance à rancir.
Les **salades**, le **concombre**, le **céleri** et les **tomates**.

Les fruits et légumes emballés dans des sachets de congélation prennent beaucoup moins de place dans le congélateur.

5 astuces de congélation

Pour conserver la texture, la saveur et les qualités nutritives des aliments.

Si vous congelez de grandes quantités d'aliments variés, utilisez des contenants de couleur ou de forme différente, et apposez des étiquettes indiquant le nom du produit et la date de congélation.

Le compartiment bas est la partie la plus froide du congélateur. Placez-y les contenants rigides, et posez les sachets souples au-dessus.

Ne surchargez pas le congélateur. Une fois les aliments congelés, vous pouvez les transférer dans de l'aluminium ménager ou les envelopper dans du film alimentaire, moins volumineux que les boîtes en plastique.

Plus l'aliment est frais au moment de la congélation, plus il sera savoureux à la décongélation.

N'oubliez pas de ranger et de nettoyer régulièrement votre congélateur, en jetant tous les aliments périmés.

Les ustensiles

Choisissez le contenant en fonction du plat à congeler.

CONTENANT EN PLASTIQUE

Tout contenant en plastique rigide est tout à fait adapté à la congélation, à condition que son couvercle soit parfaitement hermétique.

ALUMINIUM MÉNAGER

L'aluminium ménager est un bon compromis si vous n'avez pas d'autre contenant à disposition. Déposez plusieurs feuilles d'aluminium ménager dans le fond d'un plat à gratin, versez l'aliment par-dessus et procédez à la cuisson. Laissez refroidir complètement avant de congeler.

BAC À GLAÇONS

C'est la solution idéale pour congeler de toutes petites quantités. Remplissez les bacs, congelez-les, puis transférez les cubes dans des sachets hermétiques, que vous placerez au congélateur.

SACHET POUR SAUCE LIQUIDE

Déposez un sachet souple dans un contenant en plastique rigide, puis remplissez-le de sauce. Fermez hermétiquement le sachet et placez au congélateur dans le contenant en plastique, que vous pourrez retirer une fois la sauce congelée.

SACHET DE CONGÉLATION

C'est le contenant le plus pratique, car il prend très peu de place et ne fuit presque jamais.

CONTENANT EN ALUMINIUM MÉNAGER

Très pratiques, ces contenants en aluminium ménager rigidifié sont parfaits pour les lasagnes ou les gratins, qui passent directement du four au congélateur, puis du congélateur au four.

L'étiquetage

Il est important d'étiqueter les plats congelés, en y apposant une étiquette ou en utilisant un stylo à encre indélébile.

Produit : *Canard à l'orange*

Poids / Portions : *800 g / pour 4 personnes*

Date de congélation : *22/04/10*

Date d'expiration : *22/07/10*

À réchauffer à : *120* ° pendant *45* min

Attention

Il ne faut jamais recongeler un plat : les bactéries ont alors tendance à proliférer, ce qui augmente les risques d'intoxication alimentaire. De plus, les saveurs de l'aliment s'en trouvent altérées.

3 sauces rapides

Si vous gardez ces 3 sauces au congélateur, vous serez en mesure de préparer curry, lasagnes et pâtes en un temps record !

Sauce au curry

Pour le poulet, les crevettes et les légumes.

Préparation

Mettez 2 c. à s. d'**huile d'olive** à chauffer dans une sauteuse et faites revenir 2 **oignons** hachés à feu doux pendant 8 min. Incorporez 2 c. à c. de **cumin en poudre**, 3 gousses d'**ail** hachées, un morceau de **gingembre frais** (5 cm) râpé et 1 pincée de **piment de Cayenne**. Laissez roussir pendant quelques secondes avant d'ajouter 1 c. à c. de **curry en poudre** et 1 c. à c. de **curcuma**. Incorporez 2 c. à s. de **purée de tomates** et 1,2 kg de **tomates concassées** en conserve. Salez, poivrez, portez à ébullition, puis laissez mijoter à feu doux pendant 20 min. Mixez la sauce.

Congélation

Laissez refroidir la sauce avant de la transférer dans des sachets de congélation. Étiquetez et placez au congélateur.

Pour réchauffer

La veille, mettez la sauce à décongeler au réfrigérateur. Réchauffez-la dans une sauteuse pendant 15 min à feu doux, en ajoutant de la crème ou du yaourt si vous le souhaitez.

Sauce au fromage

Pour les légumes, les gratins et les pâtes.

Préparation

Dans une cocotte, faites fondre 150 g de **beurre**. Hors du feu, ajoutez 2 c. à s. de **farine** et mélangez pour former un roux. Versez 2 c. à s. de **lait**, mélangez, puis replacez la cocotte sur le feu. Incorporez peu à peu 1 l de lait, en fouettant constamment. Laissez cuire à feu doux pendant 5 min, en remuant sans cesse à l'aide d'un fouet. Hors du feu, ajoutez 150 g de **gruyère** (ou de fromage de votre choix) et 2 c. à s. de **moutarde forte**. Salez et poivrez généreusement.

Congélation

Laissez refroidir la sauce complètement avant de la transférer dans des sachets de congélation. Étiquetez et placez au congélateur.

Pour réchauffer

La veille, mettez la sauce à décongeler au réfrigérateur. Réchauffez-la ensuite dans une sauteuse pendant 15 min à feu doux.

Sauce aux poivrons rouges

Pour les pâtes, les légumes et le poulet.

Préparation

Faites rôtir 6 **poivrons rouges** enduits d'**huile d'olive** dans un four préchauffé à 200 °C (th. 6-7). Laissez refroidir dans un sachet en plastique, pelez-les et hachez-les (voir p. 59). Mettez 2 c. à s. d'huile d'olive à chauffer dans une sauteuse et faites revenir 2 **oignons** hachés à feu doux pendant 8 min. Ajoutez 3 gousses d'**ail** hachées, ainsi que les poivrons rôtis. Laissez cuire pendant quelques secondes et incorporez 750 ml de **bouillon de légumes**. Portez à ébullition, puis laissez mijoter à feu doux pendant 15 min. Mixez dans un robot ménager. Incorporez 1 c. à s. de **pesto rouge**, salez, poivrez et mixez à nouveau.

Congélation

Laissez refroidir la sauce complètement avant de la transférer dans des sachets de congélation. Étiquetez et placez au congélateur.

Pour réchauffer

La veille, mettez la sauce à décongeler au réfrigérateur. Réchauffez-la ensuite dans une sauteuse pendant 15 min à feu doux, en y ajoutant des fines herbes si vous le souhaitez.

Soupe de marrons

PRÉP 15 MIN | CUISS 30 MIN

Matériel • mixeur ou robot ménager

POUR 8 PERSONNES
2 c. à s. d'huile d'olive
+ 1 filet d'huile pour le service
2 oignons finement émincés
250 g de lardons
4 gousses d'ail
pelées et râpées
1 c. à s. de feuilles de romarin ciselées
sel et poivre du moulin
800 g de marrons en conserve
égouttés et hachés
1,2 l de bouillon de volaille chaud
quelques croûtons

1 Mettez l'huile à chauffer à feu doux dans une cocotte et faites cuire les oignons pendant 5 min. Versez les lardons et laissez rissoler pendant 5 min. Ajoutez l'ail et le romarin. Salez et poivrez généreusement.

2 Incorporez les marrons et le bouillon dans la cocotte. Portez à ébullition à feu vif, puis laissez mijoter pendant 20 min à feu doux. À l'aide d'une écumoire, prélevez 1 c. à s. de lardons et réservez-les sur une assiette. Versez le reste de soupe dans le bol du robot ménager et mixez jusqu'à l'obtention d'une purée. Laissez refroidir dans un saladier et ajoutez les lardons.

3 Lorsque la soupe est froide, transférez-la dans un récipient de congélation, en veillant à ce que les lardons soient bien recouverts de liquide. Placez au congélateur pendant 3 mois au maximum. Laissez décongeler la soupe pendant toute une nuit au réfrigérateur avant de la réchauffer. Servez très chaud, arrosé de 1 filet d'huile d'olive et parsemé de croûtons.

Soupe de haricots blancs

PRÉP 15 MIN | CUISS 40 MIN

POUR 8 PERSONNES
2 c. à s. d'huile d'olive
2 oignons finement émincés
sel et poivre du moulin
1 c. à s. de feuilles de romarin ciselées
5 feuilles de sauge ciselées
4 branches de céleri coupées en dés
3 gousses d'ail pelées et râpées
2 c. à s. de purée de tomates
800 g de haricots blancs en conserve
rincés et égouttés
1,2 l de bouillon de volaille chaud
2,5 kg de pommes de terre
pelées et coupées en cubes

1 Mettez l'huile à chauffer à feu doux dans une cocotte et faites cuire les oignons pendant 5 min. Salez et poivrez, puis ajoutez le romarin, la sauge, le céleri et l'ail. Laissez cuire à feu très doux pendant 10 min.

2 Versez la purée de tomates et les haricots dans la cocotte, et prolongez la cuisson de 5 min. Incorporez le bouillon et portez à ébullition. Ajoutez les pommes de terre et laissez mijoter à feu doux pendant 15 min, jusqu'à ce qu'elles soient cuites. Goûtez et rectifiez l'assaisonnement.

3 Laissez refroidir avant de verser dans un récipient de congélation. Fermez hermétiquement et congelez pendant 3 mois au maximum. Pour servir, faites décongeler la soupe pendant une nuit au réfrigérateur avant de la réchauffer, en l'allongeant avec un peu d'eau chaude si elle est trop épaisse. Servez avec du pain de campagne.

Soupe de maïs doux

PRÉP 15 MIN | CUISS 25 MIN

POUR 8 PERSONNES
2 c. à s. d'huile d'olive
2 oignons finement émincés
sel et poivre du moulin
6 pommes de terre moyennes
pelées et coupées en cubes
700 g de maïs en conserve égoutté
1,4 l de bouillon de légumes chaud
½ botte de persil plat ciselé
4 c. à s. de crème fraîche épaisse

1 Mettez l'huile à chauffer à feu doux dans une grande casserole et faites cuire les oignons pendant 5 min, jusqu'à ce qu'ils soient tendres. Salez, poivrez, ajoutez les pommes de terre, et prolongez la cuisson de 5 min.

2 Avec le dos d'une fourchette, écrasez grossièrement le maïs avant de l'ajouter à la casserole. Incorporez le bouillon et portez à ébullition. Faites mijoter à feu doux pendant 15 min, jusqu'à ce que les pommes de terre soient cuites. Ajoutez le persil. Salez et poivrez.

3 Laissez refroidir la soupe avant de la verser dans un récipient de congélation. Fermez hermétiquement et congelez pendant 3 mois au maximum. Pour servir, laissez décongeler la soupe pendant une nuit au réfrigérateur avant de la réchauffer. Incorporez la crème fraîche juste avant de servir.

Soupe de lentilles corail

PRÉP 15 MIN · CUISS 50 MIN

Matériel • mixeur ou robot ménager

POUR 8 PERSONNES
2 c. à s. d'huile d'olive
2 oignons finement émincés
4 gousses d'ail pelées et râpées
1 pincée de paprika
4 carottes pelées et finement hachées
sel et poivre du moulin
400 g de lentilles corail
800 g de tomates entières pelées et hachées
1,5 l de bouillon de légumes chaud

1 Mettez l'huile à chauffer à feu doux dans une cocotte et faites cuire les oignons pendant 5 min, jusqu'à ce qu'ils soient tendres. Ajoutez l'ail, le paprika et les carottes. Salez, poivrez et prolongez la cuisson de 2 min.

2 Versez les lentilles, les tomates et le bouillon dans la cocotte. Portez à ébullition, puis laissez mijoter à feu doux pendant 45 min. Versez dans le bol du robot et mixez la soupe jusqu'à l'obtention d'une consistance lisse. Goûtez et rectifiez l'assaisonnement si nécessaire.

3 Laissez refroidir la soupe avant de la verser dans un récipient de congélation. Fermez hermétiquement et congelez pendant 3 mois au maximum. Pour servir, laissez décongeler la soupe pendant une nuit au réfrigérateur avant de la réchauffer, en l'allongeant avec un peu d'eau chaude si elle est trop épaisse.

Velouté de chou-fleur

PRÉP 15 MIN · CUISS 40 MIN

Matériel • mixeur ou robot ménager

POUR 8 PERSONNES
2 c. à s. d'huile d'olive
2 oignons finement émincés
3 gousses d'ail pelées et râpées
4 branches de céleri coupées en dés
2 feuilles de laurier
sel et poivre du moulin
700 g de pommes de terre pelées et coupées en cubes
1,5 l de bouillon de légumes chaud
2 choux-fleurs coupés en bouquets
4 c. à s. de crème fraîche liquide

1 Mettez l'huile à chauffer à feu doux dans une grande casserole et faites cuire les oignons pendant 5 min. Ajoutez l'ail, le céleri et le laurier. Salez, poivrez et laissez cuire jusqu'à ce que le céleri soit tendre. Ajoutez les pommes de terre et prolongez la cuisson de 5 min. Incorporez le bouillon et portez à ébullition. Laissez mijoter à feu doux pendant 15 min.

2 Versez les choux-fleurs dans la casserole et faites cuire pendant 10 min. Enlevez les feuilles de laurier et mixez jusqu'à l'obtention d'une consistance lisse. Si le velouté est trop épais, incorporez un peu de bouillon chaud. Goûtez et rectifiez l'assaisonnement.

3 Laissez refroidir le velouté avant de le verser dans un récipient de congélation. Fermez hermétiquement et congelez pendant 3 mois au maximum. Pour servir, laissez décongeler pendant une nuit au réfrigérateur avant de réchauffer. Incorporez la crème, fouettez et servez sans attendre.

Velouté aux poireaux

PRÉP 15 MIN · CUISS 40 MIN

Matériel • mixeur ou robot ménager

POUR 8 PERSONNES
2 c. à s. d'huile d'olive
2 oignons finement émincés
sel et poivre du moulin
3 gousses d'ail pelées et râpées
6 feuilles de sauge ciselées
1 kg de poireaux nettoyés et émincés
1,5 l de bouillon de légumes chaud
1 kg de pommes de terre pelées et coupées en cubes
150 ml de crème liquide

1 Mettez l'huile à chauffer à feu doux dans une casserole et faites cuire les oignons jusqu'à ce qu'ils soient tendres. Assaisonnez, puis ajoutez l'ail, la sauge et les poireaux. Prolongez la cuisson de 10 min à feu très doux.

2 Incorporez le bouillon, portez à ébullition et ajoutez les pommes de terre. Faites cuire à feu doux pendant 20 min, puis mixez jusqu'à l'obtention d'une consistance lisse. Goûtez et rectifiez l'assaisonnement si nécessaire.

3 Laissez refroidir le velouté avant de le verser dans un récipient de congélation. Fermez hermétiquement et congelez pendant 3 mois au maximum. Pour servir, laissez décongeler le velouté pendant une nuit au réfrigérateur avant de le réchauffer. Incorporez la crème liquide, fouettez vivement et servez très chaud.

Velouté de haricots noirs

PRÉP 15 MIN · CUISS 30 MIN

Matériel • mixeur ou robot ménager

POUR 8 PERSONNES
2 c. à s. d'huile d'olive
2 oignons rouges finement émincés
2 feuilles de laurier
sel et poivre du moulin
4 gousses d'ail pelées et râpées
2 c. à c. de cumin en poudre
2 c. à c. de coriandre en poudre
1 c. à c. de paprika
800 g de haricots rouges égouttés et rincés
1,2 l de bouillon de légumes chaud
400 ml de lait de coco
100 g de chips de maïs

1 Mettez l'huile à chauffer à feu doux dans une grande casserole et faites cuire les oignons et le laurier pendant 5 min. Assaisonnez, puis ajoutez l'ail, le cumin, la coriandre et le paprika. Laissez rissoler pendant quelques secondes.

2 Versez les haricots, le bouillon et le lait de coco dans la casserole. Portez à ébullition, puis faites mijoter à feu doux pendant 20 min. Ôtez les feuilles de laurier et mixez la soupe jusqu'à l'obtention d'une consistance lisse. Goûtez et rectifiez l'assaisonnement si nécessaire.

3 Laissez refroidir avant de verser dans un récipient de congélation. Fermez hermétiquement et congelez pendant 3 mois au maximum. Pour servir, laissez décongeler pendant une nuit au réfrigérateur avant de réchauffer. Servez avec des chips de maïs.

Ribollita

PRÉP 20 MIN · CUISS 40 MIN

POUR 8 PERSONNES
2 c. à s. d'huile d'olive
+ 2 filets d'huile pour le service
2 oignons finement émincés
sel et poivre du moulin
4 gousses d'ail pelées et râpées
4 carottes émincées
8 tomates pelées et hachés
800 g de haricots blancs égouttés et rincés
500 g de pommes de terre pelées et coupées en cubes
300 g de chou frisé émincé
1,5 l de bouillon de légumes chaud
1 c. à s. de feuilles de romarin ciselées
2 tranches épaisses de ciabatta coupées en cubes
50 g de parmesan râpé

1 Mettez l'huile à chauffer à feu doux dans une grande cocotte et faites cuire les oignons pendant 5 min Assaisonnez. Ajoutez l'ail et les carottes. Prolongez la cuisson de 5 min.

2 Versez les tomates, les haricots blancs, les pommes de terre et le chou dans la cocotte et faites cuire pendant 5 min. Incorporez le bouillon, portez à ébullition et laissez mijoter à feu doux pendant 20 min. Rectifiez l'assaisonnement si nécessaire.

3 Laissez refroidir la soupe avant de la verser dans un récipient de congélation. Veillez à ce que tous les légumes soient entièrement recouverts de liquide. Fermez hermétiquement et congelez pendant 3 mois au maximum. Pour servir, laissez décongeler la soupe pendant une nuit au réfrigérateur avant de la réchauffer. Arrosez le pain de 1 filet d'huile d'olive et faites-le dorer au four pendant 5 min. Versez la soupe dans des bols, garnissez de cubes de pain et saupoudrez de parmesan. Arrosez de 1 filet d'huile d'olive et servez aussitôt.

Garbure écossaise

PRÉP 20 MIN · CUISS 1 3/4 H

POUR 8 PERSONNES
500 g de collier d'agneau coupé en tranches
sel et poivre du moulin
2 c. à s. d'huile d'olive
1 oignon finement émincé
4 carottes coupées en dés
4 branches de céleri coupées en dés
2,5 l de bouillon de volaille chaud
200 g d'orge perlé
1 c. à s. de persil plat ciselé

1 Mettez le collier d'agneau dans une grande casserole d'eau froide avec du sel et du poivre. Portez à l'ébullition et laissez mijoter à feu doux pendant 30 min. Avec une écumoire, débarrassez la viande sur une assiette, puis effilochez-la dès qu'elle est froide. Filtrez l'eau de cuisson.

2 Mettez l'huile à chauffer à feu doux dans une cocotte et faites cuire l'oignon pendant 5 min, jusqu'à ce qu'il soit tendre. Salez et poivrez. Ajoutez les carottes et le céleri, puis prolongez la cuisson de 10 min. Incorporez l'eau de cuisson filtrée, ainsi que le bouillon. Salez, poivrez et ajoutez l'orge perlée, ainsi que les morceaux d'agneau. Portez à ébullition et laissez mijoter à feu très doux pendant 1 h, en ajoutant un peu d'eau chaude si la soupe tend à trop épaissir. Parsemez de persil.

3 Laissez refroidir la soupe, puis transférez-la dans un récipient de congélation, en veillant à ce que les morceaux d'agneau soient bien recouverts de liquide. Placez au congélateur pendant 3 mois au maximum. Laissez décongeler la soupe pendant une nuit au réfrigérateur avant de la réchauffer. Servez très chaud, avec des tranches de pain.

Soupe de courge butternut aux épices

PRÉP 20 MIN · CUISS 40 MIN

Matériel • mixeur ou robot ménager

POUR 8 PERSONNES

2 c. à s. d'huile d'olive
2 oignons finement émincés
sel et poivre du moulin
3 gousses d'ail pelées et râpées
4 feuilles de sauge émincées
1 pincée de paprika
1 pincée de noix muscade
2 petites courges butternut, fendues en deux, pelées, épépinées et coupées en cubes
2 pommes de terre pelées et coupées en deux
1,5 l de bouillon de légumes chaud
50 g de gruyère râpé

1 Mettez l'huile à chauffer à feu doux dans une grande casserole et faites cuire les oignons pendant 5 min, jusqu'à ce qu'ils soient tendres. Salez, poivrez, puis ajoutez l'ail, la sauge, le paprika et la muscade. Faites rissoler pendant quelques secondes.

2 Ajoutez la courge et les pommes de terre. Recouvrez de bouillon et portez à ébullition. Laissez mijoter pendant 30 min à feu doux. Mixez la soupe jusqu'à l'obtention d'une consistance lisse. Assaisonnez à nouveau.

3 Laissez refroidir la soupe complètement, puis transférez-la dans un récipient de congélation. Placez au congélateur pendant 3 mois au maximum. Laissez décongeler la soupe pendant une nuit au réfrigérateur avant de la réchauffer. Saupoudrez de gruyère au moment de servir.

Soupe toscane

PRÉP 25 MIN · CUISS 1 H

POUR 8 PERSONNES

2 c. à s. d'huile d'olive
2 oignons finement émincés
3 gousses d'ail pelées et râpées
4 branches de céleri coupées en dés
4 carottes pelées et coupées en dés
250 g de lardons
½ botte de persil plat ciselé
10 feuilles de sauge ciselées
2 c. à s. de purée de tomates
800 g de tomates concassées en conserve
800 g de haricots blancs rincés et égouttés
sel et poivre du moulin
2,5 l de bouillon de volaille chaud
225 g de petits pois surgelés
200 g de haricots verts frais coupés en tronçons
300 g de mini-torsades
50 g de parmesan râpé

1 Mettez l'huile à chauffer à feu doux dans une grande cocotte et faites cuire les oignons pendant 5 min. Ajoutez l'ail, le céleri et les carottes et prolongez la cuisson de 10 min. Versez les lardons et faites-les rissoler jusqu'à ce qu'ils soient croustillants.

2 Ajoutez les herbes ciselées, la purée de tomates, les tomates concassées et les haricots blancs. Salez, poivrez et incorporez le bouillon. Portez à ébullition, puis laissez mijoter à couvert et à feu doux pendant 45 min. Ajoutez les petits pois et les haricots pendant les 5 dernières minutes de cuisson. Goûtez, assaisonnez à nouveau et laissez refroidir.

3 Lorsque la soupe est froide, transférez-la dans un récipient de congélation. Placez au congélateur pendant 3 mois au maximum. Laissez décongeler la soupe pendant une nuit au réfrigérateur avant de la réchauffer. Ajoutez les pâtes et faites cuire pendant 5 min. Saupoudrez de parmesan.

Soupe de légumes

PRÉP 15 MIN · CUISS 45 MIN

POUR 8 PERSONNES

2 c. à s. d'huile d'olive
2 oignons finement émincés
sel et poivre du moulin
4 gousses d'ail pelées et râpées
1 c. à s. de feuille de romarin ciselées
4 branches de céleri coupées en dés
4 carottes pelées et coupées en dés
4 courgettes coupées en dés
800 g de tomates entières pelées en conserve
1,2 l de bouillon de légumes chaud
½ botte de persil plat ciselé

1 Mettez l'huile à chauffer à feu doux dans une grande casserole et faites cuire les oignons pendant 5 min. Salez, poivrez, puis ajoutez l'ail, le romarin, le céleri et les carottes. Prolongez la cuisson de 10 min.

2 Ajoutez les courgettes et faites cuire pendant 5 min, puis incorporez les tomates, en les écrasant avec le dos d'une fourchette. Versez le bouillon par-dessus, portez le tout à l'ébullition, et laissez mijoter pendant 20 min à feu doux. Salez et poivrez généreusement, parsemez de persil et laissez refroidir.

3 Lorsque la soupe est froide, versez-la dans un récipient de congélation. Conservez au congélateur pendant 3 mois au maximum. Laissez décongeler la soupe pendant une nuit au réfrigérateur avant de la réchauffer. Servez très chaud, accompagné de pain de campagne.

Soupe de poivrons rôtis

PRÉP 15 MIN · CUISS 1 H

Refroidissement • 15 min
Matériel • mixeur ou robot ménager

POUR 8 PERSONNES
10 poivrons rouges
3 c. à s. d'huile d'olive
+ 1 filet d'huile d'olive vierge extra pour le service
2 oignons finement émincés
3 gousses d'ail pelées et râpées
1 pincée de piment de Cayenne
sel et poivre du moulin
2,5 l de bouillon de légumes chaud
10 feuilles de basilic ciselées

1 Préchauffez le four à 200 °C (th. 6-7). Mettez les poivrons sur une plaque de cuisson, badigeonnez-les de 2 c. à s. d'huile d'olive et enfournez pour 45 min de cuisson. Transférez-les dans un sachet en plastique et laissez-les refroidir pendant 15 min. Pelez les poivrons et épépinez-les, puis hachez-les grossièrement, en conservant le jus qui s'écoule.

2 Mettez 1 c. à s. d'huile à chauffer à feu doux dans une cocotte et faites cuire les oignons pendant 5 min. Ajoutez l'ail, le piment et les poivrons. Salez, poivrez, puis incorporez le bouillon et laissez mijoter à feu doux pendant 15 min. Mixez la soupe jusqu'à l'obtention d'une consistance lisse. Goûtez, assaisonnez à nouveau si nécessaire et laissez refroidir.

3 Lorsque la soupe est froide, versez-la dans un récipient de congélation. Conservez au congélateur pendant 3 mois au maximum. Laissez décongeler pendant une nuit au réfrigérateur avant de réchauffer. Arrosez de 1 filet d'huile d'olive et parsemez de basilic avant de servir.

Soupe au chorizo

PRÉP 20 MIN · CUISS 40 MIN

POUR 8 PERSONNES
2 c. à s. d'huile d'olive
250 g de chorizo coupé en cubes
2 oignons rouges finement émincés
4 branches de céleri coupées en dés
4 carottes pelées et coupées en dés
3 gousses d'ail pelées et râpées
sel et poivre du moulin
700 g de coulis de tomates
800 g de pois chiches en conserve rincés et égouttés
1,2 l de bouillon de légumes chaud
½ botte de coriandre ciselée

1 Mettez la moitié de l'huile à chauffer à feu moyen dans une cocotte et faites dorer le chorizo pendant 5 min, jusqu'à ce qu'il soit croustillant. Réservez sur une assiette.

2 Faites chauffer le reste de l'huile dans la cocotte et laissez cuire l'oignon pendant 5 min. Ajoutez le céleri, les carottes et l'ail. Salez, poivrez et prolongez la cuisson de 10 min à feu doux. Incorporez le coulis de tomates, les pois chiches et le bouillon. Laissez mijoter à feu doux pendant 15 min avant d'ajouter le chorizo.

3 Laissez refroidir la soupe avant de la transférer dans un récipient de congélation. Conservez au congélateur pendant 3 mois au maximum. Mettez à décongeler pendant une nuit au réfrigérateur avant de réchauffer. Parsemez de coriandre juste avant de servir.

Velouté de tomates

PRÉP 15 MIN · CUISS 50 MIN

Matériel • mixeur ou robot ménagerr

POUR 8 PERSONNES
3 c. à s. d'huile d'olive
3 oignons finement hachés
4 gousses d'ail pelées et râpées
1,5 kg de tomates pelées et coupées en quatre
sel et poivre du moulin
2 c. à c. de sucre en poudre
1 c. à s. de purée de tomates
1,5 l de bouillon de légumes chaud
150 ml de crème fraîche liquide

1 Mettez l'huile à chauffer dans une cocotte et faites cuire les oignons pendant 5 min. Ajoutez l'ail et les tomates. Salez, poivrez, puis incorporez le sucre et la purée de tomates. Prolongez la cuisson à feu très doux pendant 30 min.

2 Versez le bouillon dans la cocotte et portez à l'ébullition. Laissez mijoter à feu doux pendant 10 min. Mixez la soupe jusqu'à l'obtention d'une consistance lisse. Vérifiez et rectifiez l'assaisonnement si nécessaire.

3 Laissez refroidir la soupe avant de la transférer dans un récipient de congélation. Conservez au congélateur pendant 3 mois au maximum. Laissez décongeler pendant une nuit au réfrigérateur avant de réchauffer avec la crème. Servez chaud, avec une baguette croustillante.

Bœuf aux haricots rouges

PRÉP 20 MIN · CUISS 2 H

POUR 8 PERSONNES
2 c. à s. d'huile d'olive
2 oignons
finement émincés
2 poivrons rouges
épépinés et coupés en dés
1 pincée de piment de Cayenne
sel et poivre du moulin
500 g de viande de bourguignon maigre
coupée en dés
1 c. à s. de farine
2 l de bouillon de bœuf chaud
800 g de haricots rouges
rincés et égouttés
1 botte de coriandre ciselée

1 Mettez l'huile à chauffer à feu doux dans une cocotte et faites cuire les oignons pendant 5 min. Ajoutez les poivrons et le piment. Salez, poivrez, et prolongez la cuisson de 5 min. Incorporez la viande et faites dorer pendant 10 min.

2 Saupoudrez la viande de farine et laissez cuire pendant 2 min, en mélangeant constamment. Incorporez le bouillon, portez à ébullition, puis laissez mijoter à couvert et à feu doux pendant 1 h 30. Ajoutez les haricots rouges et prolongez la cuisson de 15 min. Vérifiez et rectifiez l'assaisonnement si nécessaire.

3 Laissez refroidir complètement avant de transférer dans un récipient de congélation. Veillez à ce que la viande soit bien couverte de sauce. Si nécessaire, ajoutez un peu de bouillon. Conservez au congélateur pendant 3 mois au maximum. Laissez décongeler pendant une nuit au réfrigérateur avant de réchauffer. Parsemez de coriandre juste avant de servir.

Soupe de pois aux lardons

PRÉP 15 MIN · CUISS 2 1/4 H

Matériel • mixeur ou robot ménager

POUR 8 PERSONNES
2 c. à s. d'huile d'olive
400 g de lardons
2 oignons
finement émincés
sel et poivre du moulin
4 branches de céleri
finement hachées
4 carottes
pelées et hachées
400 g de pois cassés
2 l de bouillon de volaille chaud

1 Mettez 1 c. à s. d'huile à chauffer à feu moyen dans une cocotte. Faites rissoler les lardons pendant 5 min, puis réservez-les sur une assiette. Versez 1 c. à s. d'huile dans la même cocotte et faites cuire les oignons à feu doux pendant 5 min. Salez, poivrez, puis ajoutez le céleri et les carottes. Prolongez la cuisson de 10 min.

2 Versez les pois cassés dans la cocotte et arrosez de bouillon. Laissez mijoter à feu doux et à couvert pendant 2 h. Remuez régulièrement et allongez avec un peu d'eau si la soupe épaissit trop. Mixez-la jusqu'à l'obtention d'une consistance lisse, puis laissez refroidir.

3 Lorsque la soupe est complètement froide, transférez-la dans un récipient de congélation. Incorporez les lardons, en veillant à ce qu'ils soient bien recouverts de soupe. Conservez au congélateur pendant 3 mois au maximum. Laissez décongeler pendant une nuit au réfrigérateur avant de réchauffer. Servez bien chaud.

Bœuf au vin rouge

PRÉP 20 MIN · CUISS 45 MIN

POUR 8 PERSONNES
4 c. à s. d'huile d'olive
2 gros oignons coupés en dés
1,2 kg de rumsteck coupé en cubes
sel et poivre du moulin
8 gousses d'ail pelées et râpées
300 ml de vin rouge
1,2 kg de tomates concassées en conserve
2 feuilles de laurier
1 c. à c. de feuilles de thym frais

1 Mettez l'huile à chauffer à feu doux dans une cocotte et faites cuire les oignons pendant 5 min. Incorporez la viande. Salez, poivrez, et prolongez la cuisson de 5 min. Ajoutez l'ail et faites cuire pendant 1 min supplémentaire, puis versez le vin et laissez réduire à feu doux pendant 5 min.

2 Ajoutez les tomates, le laurier et le thym à la sauce. Portez à ébullition, puis laissez mijoter à feu doux pendant 30 min, en remuant de temps en temps. Goûtez et rectifiez l'assaisonnement si nécessaire.

3 Laissez refroidir et retirez les feuilles de laurier. Répartissez entre 4 sachets de congélation, en veillant à ce que la viande soit bien recouverte de sauce. Chaque sachet équivaut à 2 portions. Conservez au congélateur pendant 6 mois au maximum.

4 Pour servir, laissez décongeler le ragoût pendant une nuit au réfrigérateur avant de le réchauffer. Servez très chaud, accompagné d'une purée faite maison.

Agneau aux aubergines

PRÉP 20 MIN · CUISS 35 MIN

POUR 8 PERSONNES
6 c. à s. d'huile d'olive
2 oignons hachés
2 aubergines moyennes coupées en cubes
1 kg d'épaule d'agneau coupée en cubes
sel et poivre du moulin
6 gousses d'ail pelées et râpées
1,2 kg de tomates concassées en conserve
3 feuilles de laurier
1 c. à s. d'origan séché
½ botte de persil plat ciselé

1 Mettez l'huile à chauffer à feu doux dans une cocotte et faites cuire les oignons pendant 3 min. Ajoutez les aubergines et laissez dorer pendant 5 min. Versez les morceaux d'agneau dans la cocotte. Salez, poivrez et prolongez la cuisson de 5 min.

2 Ajoutez l'ail, les tomates, le laurier, l'origan et le persil. Portez à ébullition, puis laissez mijoter à feu doux pendant 20 min, en remuant de temps en temps. Vérifiez et rectifiez l'assaisonnement si nécessaire.

3 Laissez refroidir complètement avant de retirer les feuilles de laurier. Répartissez le ragoût entre 4 sachets de congélation, en veillant à ce que la viande soit bien couverte de sauce. Conservez au congélateur pendant 3 mois au maximum. Pour servir, laissez décongeler pendant une nuit au réfrigérateur avant de réchauffer. Servez très chaud, accompagné d'une purée faite maison.

Sauce tomate

PRÉP 10 MIN · CUISS 30 MIN

POUR 8 PERSONNES
4 c. à s. d'huile d'olive
4 gousses d'ail pelées et râpées
1,6 kg de tomates entières pelées en conserve
2 c. à s. de purée de tomates
2 c. à c. d'origan séché
2 feuilles de laurier
sel et poivre du moulin
2 c. à s. de pesto

1 Mettez l'huile à chauffer à feu doux dans une cocotte et faites cuire l'ail pendant quelques secondes. Incorporez les tomates et la purée de tomates. Portez à l'ébullition. Ajoutez l'origan et le laurier. Laissez mijoter à feu doux pendant 25 min, en remuant régulièrement.

2 Salez et poivrez généreusement. Prolongez la cuisson de 2 min. Hors du feu, incorporez le pesto et laissez refroidir.

3 Lorsque la sauce est froide, retirez les feuilles de laurier, puis répartissez entre 4 sachets de congélation. Conservez au congélateur pendant 6 mois au maximum.

4 Pour servir, laissez décongeler la sauce pendant 6 h au réfrigérateur ou à température ambiante.

Sauce aux épinards

PRÉP 15 MIN · CUISS 20 MIN

POUR 8 PERSONNES
4 c. à s. d'huile d'olive
2 gros oignons hachés
4 gousses d'ail pelées et râpées
1 pincée de piment de Cayenne
500 g de pousses d'épinard nettoyées et hachées
300 ml de vin blanc
2 c. à s. de farine
1 l de lait
sel et poivre du moulin

1 Mettez l'huile à chauffer à feu doux dans une cocotte et faites revenir les oignons pendant 5 min. Ajoutez l'ail et le piment et prolongez la cuisson de 2 min. Versez les épinards et laissez cuire pendant 3 min supplémentaires.

2 Incorporez le vin et faites réduire de moitié à feu vif. Saupoudrez de farine, mélangez et versez la moitié du lait, en remuant soigneusement. Incorporez progressivement le reste de lait et prolongez la cuisson de 5 min, sans cesser de remuer. Salez et poivrez généreusement.

3 Laissez refroidir et répartissez-la entre 4 sachets de congélation. Chaque sachet équivaut à 2 portions. Conservez au congélateur pendant 3 mois au maximum. Laissez décongeler la sauce pendant une nuit au réfrigérateur avant de la réchauffer avec un peu de lait. Vous pouvez l'utiliser pour napper du poulet, du poisson grillé ou des pâtes.

Bœuf en daube aux pruneaux et pignons

PRÉP 20 MIN | CUISS 25 MIN

POUR 8 PERSONNES
1,5 kg de steak maigre à braiser coupé en cubes
1 c. à c. de poivre noir en grains
1 c. à c. de piment de Cayenne
6 c. à s. d'huile d'olive
2 oignons émincés
sel fin
6 gousses d'ail pelées et hachées
125 g de pignons de pin
150 g de pruneaux dénoyautés
150 ml de xérès
2 c. à s. de feuilles de thym frais
2 feuilles de laurier
1 c. à s. de farine
1 l de bouillon de bœuf chaud

1 Dans un saladier, mélangez les morceaux de bœuf avec le poivre et le piment. Mettez l'huile à chauffer dans une cocotte et faites dorer la viande à feu moyen pendant 5 min. Réservez sur une assiette. Dans la même cocotte, faites revenir les oignons avec 1 pincée de sel, jusqu'à ce qu'ils soient tendres.

2 Versez la viande dans la cocotte. Ajoutez l'ail, les pignons de pin et les pruneaux. Prolongez la cuisson de 1 min. Incorporez le xérès, le thym et le laurier, puis faites bouillir pendant 5 min, le temps que l'alcool s'évapore. Saupoudrez la viande de farine et mélangez soigneusement. Versez le bouillon, puis portez à ébullition à feu vif. Laissez mijoter à feu doux pendant 10 min, en ajoutant un peu d'eau si nécessaire.

3 Laissez refroidir et répartissez entre 4 sachets de congélation, en veillant à ce que la viande soit bien recouverte de sauce. Conservez au congélateur pendant 3 mois au maximum. Pour servir, laissez décongeler pendant toute une nuit au réfrigérateur avant de réchauffer.

Bœuf aux oranges et aux pois chiches

PRÉP 30 MIN | CUISS 1 ½ H

Matériel • cocotte allant au four munie d'un couvercle

POUR 8 PERSONNES
3 c. à s. d'huile d'olive
1,5 kg de bœuf bourguignon coupé en cubes
sel et poivre du moulin
300 ml de vin blanc sec
3 feuilles de laurier
1,5 l de bouillon de légumes chaud
2 bâtons de cannelle
1 pincée de noix muscade
800 g de pois chiches en conserve rincés et égouttés
2 oranges pelées à vif et coupées en tranches
½ botte de coriandre finement ciselée

1 Préchauffez le four à 180 °C (th. 6). Mettez l'huile à chauffer dans la cocotte, ajoutez les morceaux de viande assaisonnés et faites dorer à couvert pendant 10 min à feu moyen. Incorporez doucement le vin, en prenant garde aux projections. Mélangez et laissez cuire pendant 3 min, pour que l'alcool s'évapore.

2 Ajoutez le laurier, puis incorporez le bouillon. Ajoutez les bâtons de cannelle et la noix muscade. Salez, poivrez à nouveau et portez le tout à l'ébullition. Versez les pois chiches dans la cocotte, couvrez et enfournez pour 1 h de cuisson. Ajoutez les rondelles d'orange et faites cuire pendant 30 min supplémentaires.

3 Laissez refroidir avant de transférer dans un récipient de congélation. Veillez à ce que la viande soit bien recouverte de sauce. Si nécessaire, ajoutez un peu de bouillon. Conservez au congélateur pendant 3 mois au maximum. Laissez décongeler pendant une nuit au réfrigérateur avant de réchauffer. Servez très chaud, accompagné de belles tranches de pain de campagne aux céréales.

Bœuf aux navets et carottes

PRÉP 30 MIN | CUISS 1 3/4 H | ❄

Matériel • cocotte allant au four munie d'un couvercle

POUR 8 PERSONNES

3 c. à s. d'huile d'olive
2 oignons hachés
1 c. à c. de feuilles de thym frais
4 gousses d'ail pelées et râpées
2 kg de bœuf à braiser coupé en cubes
sel et poivre du moulin
4 carottes
pelées et coupées en cubes
5 navets
pelés et coupés en cubes
1,5 l de bouillon de bœuf chaud
1 noix de beurre
400 g de petits champignons de Paris

1 Préchauffez le four à 180 °C (th. 6). Mettez l'huile à chauffer dans la cocotte et faites cuire les oignons pendant 5 min à feu moyen. Ajoutez le thym, l'ail et la viande. Salez, poivrez et prolongez la cuisson de 10 min. Versez les carottes, les navets et le bouillon. Portez à ébullition et enfournez pour 1 h de cuisson à couvert.

2 Quelques minutes avant la fin de la cuisson, mettez le beurre à chauffer dans une petite poêle. Faites cuire les champignons pendant 5 min, jusqu'à ce qu'ils soient dorés. Ajoutez-les à la cocotte et enfournez pour 20 min de cuisson supplémentaires. Ajoutez un peu d'eau froide si la sauce tend à épaissir.

3 Laissez refroidir avant de transférer dans un récipient de congélation. Veillez à ce que la viande soit bien recouverte de sauce. Si nécessaire, ajoutez un peu de bouillon. Conservez au congélateur pendant 3 mois au maximum. Laissez décongeler le ragoût pendant une nuit au réfrigérateur, versez-le dans une cocotte et réchauffez-le dans un four préchauffé à 180 °C (th. 6) pendant 40 min.

Bœuf aux olives

PRÉP 15 MIN | CUISS 1 3/4 H | ❄

Matériel • cocotte allant au four munie d'un couvercle

POUR 8 PERSONNES

3 c. à s. d'huile d'olive
1,5 kg de bœuf à braiser
coupé en gros cubes
sel et poivre du moulin
4 gousses d'ail
pelées et râpées
2 c. à c. de cumin
300 ml de vin blanc sec
2 c. à s. de vinaigre de vin blanc
1 c. à c. de feuilles de romarin
175 g d'olives noires
dénoyautées
16 oignons grelots pelés
1,5 l de bouillon de légumes chaud

1 Préchauffez le four à 200 °C (th. 6-7). Mettez l'huile à chauffer dans la cocotte, ajoutez les morceaux de viande assaisonnés et faites dorer à couvert pendant 10 min à feu moyen. Ajoutez l'ail et le cumin, puis laissez cuire pendant 1 min. Incorporez le vin et le vinaigre. Faites réduire à feu vif pendant 3 min.

2 Ajoutez le romarin, les olives et les oignons. Mélangez et assaisonnez. Versez le bouillon par-dessus, portez à ébullition et couvrez. Enfournez pour 1 h 30 de cuisson, puis laissez refroidir.

3 Lorsque le ragoût est froid, transférez-le dans un récipient de congélation. Veillez à ce que la viande soit bien recouverte de sauce. Si nécessaire, ajoutez un peu de bouillon. Conservez au congélateur pendant 3 mois au maximum. Laissez décongeler pendant une nuit au réfrigérateur. Versez dans une cocotte et réchauffez dans le four préchauffé à 180 °C (th. 6) pendant 30 min.

Jarret de bœuf aux lentilles

PRÉP 25 MIN | CUISS 1 1/2 H | ❄

Matériel • cocotte allant au four munie d'un couvercle

POUR 8 PERSONNES

2 kg de jarret de bœuf coupé en morceaux
1 c. à s. de farine
sel et poivre du moulin
3 c. à s. d'huile d'olive
2 oignons rouges hachés
2 carottes pelées et coupées en dés
300 ml de marsala
200 g de lentilles vertes
rincées et égouttées
1,5 l de bouillon de légumes chaud
2 feuilles de laurier

1 Préchauffez le four à 180 °C (th. 6). Saupoudrez la viande de farine, salez, puis poivrez. Mettez la moitié de l'huile à chauffer dans une cocotte et faites revenir les morceaux de viande à feu moyen, jusqu'à ce qu'ils soient bien dorés. Réservez sur une assiette.

2 Mettez le reste de l'huile à chauffer dans la même cocotte et faites cuire les oignons jusqu'à ce qu'ils soient tendres. Ajoutez les carottes et prolongez la cuisson de 5 min. Versez la viande dans la cocotte, incorporez le marsala et faites bouillir à feu vif pendant quelques minutes. Ajoutez les lentilles, le bouillon, le laurier, du sel et du poivre. Portez à ébullition, couvrez et enfournez pour 1 h 30 de cuisson. Vérifiez la cuisson et incorporez de l'eau froide si la sauce tend à s'assécher.

3 Laissez refroidir complètement avant de transférer dans un récipient de congélation, en veillant à ce que la viande soit bien couverte de sauce. Si nécessaire, ajoutez un peu de bouillon. Conservez au congélateur pendant 3 mois au maximum. Laissez décongeler le ragoût pendant une nuit au réfrigérateur et versez-le dans une cocotte, que vous placerez dans un four préchauffé à 180 °C (th. 6) pendant 30 min. Servez très chaud.

Agneau en daube

PRÉP 25 MIN · CUISS 2 1/2 H

Marinade • 30 min

Matériel • cocotte allant au four munie d'un couvercle

POUR 8 PERSONNES
1,5 kg d'épaule d'agneau coupée en morceaux
300 ml de vin rouge
1 anis étoilé
le zeste râpé de 1 orange
sel et poivre du moulin
3 c. à s. d'huile d'olive
2 oignons hachés
400 g de lardons
4 carottes coupées en dés
4 branches de céleri coupées en dés
4 poireaux nettoyés et émincés
1,2 l de bouillon de légumes chaud
16 olives vertes dénoyautées

1 Mettez la viande, le vin, l'anis étoilé et le zeste d'orange dans un saladier. Salez et poivrez. Laissez mariner pendant au moins 30 min, et jusqu'à 24 h, au réfrigérateur.

2 Préchauffez le four à 200 °C (th. 6-7). Égouttez la viande en réservant la marinade. Mettez 2 c. à s. d'huile à chauffer dans une cocotte et faites revenir la viande à feu moyen pendant 10 min, jusqu'à ce que les morceaux soient bien dorés. Débarrassez sur une assiette avec une écumoire et réservez. Mettez le reste de l'huile à chauffer dans la même cocotte et faites cuire les oignons pendant 5 min à feu doux. Ajoutez les lardons, que vous ferez rissoler pendant 5 min. Faites ensuite revenir les carottes et le céleri, en incorporant 1 c. à s. d'huile si nécessaire..

3 Ajoutez les poireaux et laissez cuire pendant quelques minutes, avant de verser la viande dans la cocotte. Incorporez le bouillon et la marinade. Ajoutez les olives et portez à ébullition. Salez, poivrez, posez le couvercle et enfournez pour 30 min de cuisson. Réduisez la température à 150 °C (th. 5) et prolongez la cuisson de 2 h.

4 Laissez refroidir complètement la daube avant de la transférer dans un récipient de congélation. Veillez à ce que la viande soit bien couverte de sauce. Si nécessaire, ajoutez un peu de bouillon. Conservez au congélateur pendant 3 mois au maximum. Laissez décongeler pendant une nuit au réfrigérateur, versez dans une cocotte et réchauffez pendant 20 min à feu doux. Vous pouvez aussi enfourner la daube dans un four préchauffé à 180 °C (th. 6) pendant 40 min. Servez accompagné de pommes de terre sautées ou de couscous.

Poulet des Caraïbes

PRÉP 30 MIN · CUISS 30 MIN

Marinade • 30 min

Matériel • mixeur ou robot ménager • cocotte allant au four munie d'un couvercle

POUR 8 PERSONNES
1 piment oiseau épépiné
2 c. à c. de mélange quatre-épices
1 c. à c. de feuilles de thym frais
2 c. à c. de pâte de tamarin
un morceau de gingembre frais (5 cm) pelé et râpé
sel et poivre du moulin
4 c. à s. d'huile d'olive
4 blancs de poulet sans la peau coupés en cubes
1 c. à s. de farine
1,5 l de bouillon de poule chaud
4 poivrons rouges épépinés et coupés en morceaux
5 tomates fraîches pelées et hachées

1 Mixez le piment, le quatre-épices, le thym, le tamarin et le gingembre. Salez, poivrez, incorporez la moitié de l'huile et mixez jusqu'à l'obtention d'une pâte, que vous verserez dans un sachet en plastique. Mettez le poulet dans le sachet et mélangez soigneusement, de manière à ce qu'il soit bien enrobé de sauce. Laissez mariner pendant 30 min, ou conservez toute une nuit au réfrigérateur.

2 Mettez le reste de l'huile à chauffer dans la cocotte, ajoutez le poulet et sa marinade et faites revenir à feu moyen pendant 10 min. Saupoudrez de farine, mélangez et incorporez un peu de bouillon. Faites cuire pendant 1 min avant de verser le reste du bouillon. Mélangez soigneusement, pour bien dissoudre la farine.

3 Ajoutez les poivrons et les tomates fraîches. Salez et poivrez. Portez à l'ébullition, puis laissez mijoter à feu doux pendant 30 min, jusqu'à ce que la sauce commence à épaissir. Goûtez et rectifiez l'assaisonnement si nécessaire.

4 Laissez refroidir avant de transférer dans un récipient de congélation. Veillez à ce que le poulet soit bien recouvert de bouillon. Conservez au congélateur pendant 3 mois au maximum. Laissez décongeler pendant une nuit au réfrigérateur, versez dans une cocotte et réchauffez pendant 20 min à feu doux. Vous pouvez aussi enfourner le poulet dans un four préchauffé à 180 °C (th. 6) pendant 40 min. Servez avec du riz ou une purée de patates douces.

Chili con carne

PRÉP 30 MIN · CUISS 40 MIN

POUR 8 PERSONNES

6 c. à s. d'huile d'olive
3 oignons hachés
1 kg de bœuf haché
sel et poivre du moulin
150 ml de vin blanc sec
6 gousses d'ail pelées et hachées
1 poivron vert haché
1 c. à s. de piment de Cayenne
1 c. à c. de paprika
800 g de haricots rouges en conserve rincés et égouttés
1,2 kg de tomates concassées en conserve
2 c. à c. d'origan séché

1 Mettez l'huile à chauffer dans une cocotte et faites revenir les oignons à feu doux, jusqu'à ce qu'ils soient translucides. Ajoutez la viande, salez, poivrez, et prolongez la cuisson de 5 min, en remuant sans cesse. Incorporez le vin et l'ail, puis laissez s'évaporer l'alcool pendant 3 min. Ajoutez le poivron, le piment et le paprika. Mélangez et faites cuire pendant 5 min supplémentaires.

2 Versez les haricots dans la cocotte et laissez réchauffer pendant 2 min avant d'ajouter les tomates et l'origan. Portez à ébullition et assaisonnez. Laissez mijoter à feu doux pendant 45 min, en remuant de temps en temps, puis retirez du feu et laissez refroidir.

3 Lorsque le chili est froid, transférez-le dans un récipient de congélation ou répartissez-le entre 4 sachets individuels. Conservez au congélateur pendant 3 mois au maximum. Laissez décongeler pendant une nuit au réfrigérateur avant de réchauffer.

Ragoût de porc aux haricots

PRÉP 20 MIN · CUISS 20 MIN

POUR 8 PERSONNES

6 c. à s. d'huile d'olive
3 oignons hachés
6 branches de céleri coupées en dés
1,2 kg de viande de porc maigre coupée en morceaux
sel et poivre du moulin
2 c. à c. de paprika
400 g de haricots cocos en conserve rincés et égouttés
400 g de flageolets en conserve rincés et égouttés
400 g de haricots lingots en conserve rincés et égouttés
8 gousses d'ail pelées et râpées
150 ml de vin blanc sec
300 ml de bouillon de légumes chaud
le jus de 1 citron
½ botte de persil plat ciselé

1 Mettez l'huile à chauffer dans une cocotte et faites revenir les oignons et le céleri à feu doux, jusqu'à ce qu'ils soient tendres. Ajoutez la viande, salez, poivrez, et prolongez la cuisson de 5 min, en remuant sans cesse. Saupoudrez de paprika, ajoutez tous les haricots et l'ail, et faites cuire pendant 1 min supplémentaire.

2 Incorporez le vin et laissez évaporer l'alcool pendant 3 min. Ajoutez le jus de citron et le persil, portez à ébullition, assaisonnez, puis laissez mijoter à feu doux pendant 20 min, en remuant de temps en temps. Ajoutez un peu d'eau si la sauce tend à épaissir.

3 Laissez refroidir avant de transférer dans un récipient de congélation ou dans 4 sachets individuels. Conservez au congélateur pendant 3 mois au maximum. Laissez décongeler pendant une nuit au réfrigérateur avant de réchauffer au four traditionnel ou au four à micro-ondes. Servez très chaud, avec du pain rustique.

Filets de dinde braisées au fenouil et carottes

PRÉP 20 MIN · CUISS 20 MIN

Matériel • cocotte allant au four munie d'un couvercle

POUR 8 PERSONNES

sel et poivre du moulin
4 filets de dinde
2 c. à s. d'huile d'olive
1 noix de beurre
2 oignons hachés
2 carottes pelées et coupées en rondelles
1 bulbe de fenouil émincé
1 branche d'estragon ciselée
600 ml de bouillon de volaille chaud
½ botte de persil plat ciselé
le zeste de 1 citron

1 Préchauffez le four à 180 °C (th. 6). Assaisonnez les filets de dinde. Mettez l'huile et le beurre à chauffer dans une poêle et faites dorer la viande pendant 5 min sur chaque face. Transférez dans la cocotte.

2 Ajoutez tous les légumes dans la cocotte, ainsi que l'estragon. Salez, poivrez et incorporez le bouillon. Mettez la viande à cuire au four à couvert, pendant 40 min, puis laissez refroidir.

3 Lorsque le ragoût est froid, retirez les filets de dinde avec une écumoire. Ôtez la peau et émincez la viande en lamelles. Transférez dans un récipient de congélation. Ajoutez les légumes et la sauce, en veillant à ce que la dinde soit bien recouverte de sauce. Si nécessaire, ajoutez un peu de bouillon froid. Conservez au congélateur pendant 3 mois au maximum. Laissez décongeler pendant une nuit au réfrigérateur avant de réchauffer. Juste avant de servir, poivrez généreusement et parsemez de persil et de zeste de citron.

Daube d'agneau, épinards et pois chiches

PRÉP 25 MIN · CUISS 20 MIN

POUR 8 PERSONNES

1 kg d'épaule d'agneau coupée en cubes
2 c. à s. de farine
1 c. à c. de paprika
sel et poivre du moulin
6 c. à s. d'huile d'olive
2 oignons rouges hachés
6 gousses d'ail pelées et râpées
800 g de pois chiches en conserve rincés et égouttés
150 ml de vin blanc sec
800 g de tomates concassées en conserve
500 g de pousses d'épinard

1 Dans un saladier, mélangez l'agneau, la farine et le paprika. Salez et poivrez. Mettez l'huile à chauffer dans une cocotte et faites revenir les oignons pendant 5 min à feu moyen. Ajoutez l'agneau et laissez dorer pendant 5 min, en remuant souvent. Versez l'ail et les pois chiches, puis prolongez la cuisson de 2 min.

2 Incorporez le vin blanc à la viande et faites bouillir pendant 3 min, le temps que l'alcool s'évapore. Ajoutez les tomates, portez à nouveau à l'ébullition, puis laissez mijoter à feu doux pendant 15 min. Salez, poivrez, ajoutez les épinards et prolongez la cuisson de 1 min.

3 Laissez refroidir avant de transférer dans un récipient de congélation, ou répartissez entre 4 sachets de congélation : chaque sachet équivaut à 2 portions. Veillez à ce que la viande soit bien recouverte de sauce. Si nécessaire, ajoutez un peu de bouillon. Conservez au congélateur pendant 3 mois au maximum. Laissez décongeler pendant toute une nuit au réfrigérateur, avant de réchauffer pendant 30 min dans une cocotte à feu très doux ou dans un four préchauffé à 180 °C (th. 6).

Civet du chasseur

PRÉP 30 MIN · CUISS 1 H

Matériel • cocotte allant au four munie d'un couvercle

POUR 8 PERSONNES

2 kg de mélange de gibier (canard, faisan, lièvre) avec les os et coupé en morceaux
1 c. à s. de farine
sel et poivre du moulin
2 c. à s. d'huile d'olive
2 c. à s. de cognac
2 oignons hachés
4 gousses d'ail pelées et râpées
4 branches de céleri coupées en dés
4 carottes pelées et coupées en dés
1 bouquet garni
500 g de champignons de Paris coupés en quatre
300 ml de vin blanc sec
1 c. à s. de confiture de groseilles
1,5 l de bouillon de volaille

1 Préchauffez le four à 180 °C (th. 6). Dans un saladier, mélangez la viande avec la farine, du sel et du poivre. Mettez la moitié de l'huile à chauffer dans une cocotte et faites revenir la viande pendant 5 min à feu moyen. Réservez sur une assiette.

2 Versez le cognac dans la cocotte en raclant le fond, puis ajoutez le reste de l'huile et les oignons. Faites cuire pendant 5 min. Ajoutez l'ail, le céleri, les carottes et le bouquet garni. Prolongez la cuisson de 8 min.

3 Ajoutez les champignons, versez le vin et faites bouillir pendant 2 min. Incorporez la confiture de groseilles, puis le bouillon. Posez un couvercle sur la cocotte et enfournez pour 1 h de cuisson. Si la sauce est trop épaisse, allongez avec un peu d'eau chaude.

4 Laissez refroidir avant de transférer dans un récipient de congélation ou répartissez entre 4 sachets de congélation : chaque sachet équivaut à 2 portions. Veillez à ce que la viande soit parfaitement recouverte de sauce. Conservez au congélateur pendant 3 mois au maximum. Laissez décongeler le civet pendant une nuit au réfrigérateur avant de le réchauffer dans une cocotte à feu très doux ou dans un four préchauffé à 180 °C (th. 6) pendant 30 min. Servez chaud, accompagné d'une purée de pommes de terre et de céleri.

Bœuf à la bière et au céleri

PRÉP 30 MIN · CUISS 1½ H · ❄

Matériel • cocotte allant au four munie d'un couvercle

POUR 8 PERSONNES

3 c. à s. d'huile d'olive
1,5 kg de bœuf à braiser coupé en morceaux
2 oignons hachés
1 c. à c. de feuilles de thym frais
sel et poivre du moulin
8 anchois au sel soigneusement rincés et hachés
1 boule de céleri pelée et coupée en gros cubes
500 ml de bière brune
1,2 l de bouillon de légumes chaud
5 pommes de terre pelées et coupées en cubes

1 Préchauffez le four à 180 °C (th. 6). Mettez la moitié de l'huile à chauffer dans une cocotte et faites revenir la viande pendant 10 min à feu moyen. Réservez sur une assiette. Dans la même cocotte, faites chauffer le reste de l'huile, ajoutez les oignons et le thym, salez, poivrez et prolongez la cuisson de 5 min.

2 Versez les anchois et le céleri dans la cocotte. Faites cuire pendant quelques minutes, puis incorporez 2 c. à s. de bière, en raclant bien le fond du récipient. Ajoutez le reste de bière et le bouillon, mélangez et goûtez avant d'assaisonner. Ajoutez la viande, recouvrez la cocotte et enfournez pour 1 h de cuisson.

3 Hors du four, ajoutez les pommes de terre et allongez la sauce avec un peu d'eau si elle semble trop épaisse. Replacez dans le four pour 30 min de cuisson supplémentaires.

4 Laissez refroidir avant de transférer dans un récipient de congélation. Veillez à ce que la viande soit couverte de sauce et, si nécessaire, ajoutez un peu de bouillon. Conservez au congélateur pendant 3 mois au maximum. Laissez décongeler pendant une nuit au réfrigérateur avant de réchauffer à feu doux pendant 30 min. Vous pouvez également réchauffer ce plat au four traditionnel à 180 °C (th. 6) pendant 40 min. Servez très chaud.

VARIANTE
Remplacez le céleri par 4 carottes pelées et coupées en cubes.

Porc au fenouil et à la moutarde

PRÉP 20 MIN · CUISS 20 MIN · ❄

POUR 8 PERSONNES

6 c. à s. d'huile d'olive
2 oignons émincés
3 bulbes de fenouil émincés
1,2 kg de viande de porc maigre coupée en cubes
8 gousses d'ail pelées et râpées
150 ml de vin blanc sec
2 c. à s. de moutarde à l'ancienne
1 c. à c. de paprika
½ botte de persil plat ciselé
1 c. à s. de feuilles de sauge ciselées
1 c. à s. de feuilles de romarin ciselées
2 c. à s. de farine
1 l de lait
sel et poivre du moulin

1 Mettez l'huile à chauffer dans une cocotte et faites revenir les oignons et le fenouil pendant 5 min à feu doux. Incorporez la viande et prolongez la cuisson de 5 min, en remuant une ou deux fois. Ajoutez l'ail et faites cuire pendant 1 min de plus, avant d'incorporer le vin et la moutarde. Laissez bouillir pendant 3 min à feu vif.

2 Incorporez le paprika, le persil, la sauge et le romarin à la cocotte. Saupoudrez de farine et mélangez soigneusement. Arrosez de 2 c. à s. de lait, remuez, puis incorporez le reste de lait. Salez et poivrez généreusement. Prolongez la cuisson de 5 min, en y ajoutant un peu de lait si la sauce est trop épaisse.

3 Laissez refroidir complètement avant de transférer dans un récipient de congélation, ou répartissez entre 4 sachets de congélation. Veillez à ce que la viande soit parfaitement recouverte de sauce. Conservez au congélateur pendant 3 mois au maximum. Laissez décongeler pendant une nuit au réfrigérateur avant de réchauffer dans une cocotte à feu très doux, ou dans un four préchauffé à 180 °C (th. 6) pendant 30 min.

Parmentier du berger

PRÉP 30 MIN · CUISS 20 MIN · ❄

Matériel • 2 plats en aluminium ménager allant au congélateur et au four

POUR 8 PERSONNES
1 kg de pommes de terre pelées
sel et poivre du moulin
1 noix de beurre
6 c. à s. d'huile d'olive
3 oignons hachés
3 carottes pelées et hachées
1 kg d'agneau haché
6 gousses d'ail pelées et hachées
2 c. à c. d'origan séché
1,2 kg de tomates concassées en conserve
250 g de petits pois surgelés

1 Mettez les pommes de terre à cuire dans une grande casserole d'eau salée pendant 20 min. Égouttez et réduisez en une purée fine. Incorporez le beurre, salez, poivrez et réservez.

2 Mettez l'huile à chauffer dans une cocotte et faites revenir les oignons et les carottes pendant 5 min à feu moyen. Ajoutez l'agneau et laissez dorer pendant 10 min, en remuant souvent. Versez l'ail et l'origan. Prolongez la cuisson de 1 min avant d'ajouter les tomates concassées.

3 Portez à ébullition et incorporez les petits pois. Salez et poivrez. Laissez mijoter à feu doux pendant 20 min, en remuant de temps en temps. Répartissez la sauce à l'agneau entre 2 grands plats ou dans de petits plats individuels allant aussi bien au congélateur qu'au four. Recouvrez de purée de pommes de terre.

4 Laissez refroidir avant de fermer hermétiquement les récipients. Conservez au congélateur pendant 3 mois au maximum. Passez directement du congélateur au four préchauffé à 180 °C (th. 6) et réchauffez pendant 30 min. Servez à même le plat de cuisson.

Coq au vin

PRÉP 15 MIN · CUISS 40 MIN · ❄

POUR 8 PERSONNES
50 g de beurre ramolli
2 oignons hachés
10 gousses d'ail pelées et râpées
300 g de lardons fumés
750 g de champignons de Paris
2 c. à s. de feuilles de thym frais
sel et poivre du moulin
1 l de vin rouge de bonne qualité
1 l de bouillon de volaille chaud
1 coq ou 1 gros poulet coupé en morceaux

1 Mettez le beurre à fondre dans une grande cocotte à feu doux et faites revenir les oignons pendant 5 min. Ajoutez l'ail et les lardons. Laissez rissoler pendant 5 min. Versez les champignons et le thym, salez, poivrez, et prolongez la cuisson de 2 min.

2 Incorporez le vin à la cocotte, augmentez le feu et faites bouillir pendant 5 min, le temps que l'alcool s'évapore. Versez le bouillon, portez à l'ébullition, puis ajoutez les morceaux de volaille. Mélangez soigneusement, portez de nouveau à l'ébullition et laissez mijoter à feu doux pendant 25 min.

3 Laissez refroidir complètement avant de transférer dans un récipient de congélation, ou répartissez-le entre 4 sachets de congélation. Chaque sachet équivaut à 2 portions. Veillez à ce que les morceaux de volaille soient parfaitement recouverts de sauce. Conservez au congélateur pendant 3 mois au maximum. Laissez décongeler pendant une nuit au réfrigérateur avant de réchauffer dans une cocotte à feu très doux ou dans un four préchauffé à 180 °C (th. 6) pendant 30 min.

Lasagnes à la bolognaise

PRÉP 30 MIN · CUISS 20 MIN

Matériel • un grand plat supportant le four comme le congélateur

POUR 8 PERSONNES

6 c. à s. d'huile d'olive
3 oignons hachés
700 g de bœuf haché
6 gousses d'ail pelées et râpées
3 c. à s. de purée de tomates
1,2 kg de tomates concassées en conserve
2 c. à c. d'origan séché
3 feuilles de laurier
sel et poivre du moulin
3 c. à c. de pesto
50 g de beurre
3 c. à s. de farine
1 l de lait
300 g de gruyère
500 g de feuilles de lasagnes

1 Mettez l'huile à chauffer à feu moyen dans une cocotte. Faites cuire les oignons pendant 5 min. Ajoutez la viande hachée et faites revenir à feu vif pendant 5 min, en remuant constamment. Incorporez l'ail et la purée de tomates et prolongez la cuisson de 1 min. Versez les tomates, l'origan et le laurier. Portez à l'ébullition et laissez mijoter à feu doux pendant 20 min. Salez et poivrez. Hors du feu, incorporez le pesto et réservez.

2 Mettez le beurre à fondre dans une sauteuse à feu doux. Ajoutez la farine et mélangez avec une spatule en bois. Hors du feu, versez 2 c. à s. de lait sur la farine, mélangez, puis incorporez 150 ml de lait, en fouettant vigoureusement. Remettez sur le feu, versez le reste de lait dans la sauteuse et portez à ébullition. Laissez cuire pendant 2 min à feu doux, en remuant constamment, jusqu'à l'obtention d'une consistance lisse. Incorporez le gruyère, salez et poivrez.

3 Versez l'équivalent de 1 cm de sauce à la bolognaise au fond d'un grand plat allant aussi bien congélateur qu'au four. Recouvrez d'une couche de lasagnes et versez une nouvelle couche de sauce à la viande par-dessus. Arrosez d'un peu de béchamel au fromage. Renouvelez l'opération, en terminant par une couche de lasagnes. Recouvrez-la de sauce au fromage et laissez refroidir.

4 Couvrez le plat hermétiquement de plusieurs couches de film alimentaire et conservez-le au congélateur pendant 3 mois au maximum. Après avoir ôté le film, passez les lasagnes directement du congélateur au four préchauffé à 180 °C (th. 6) et réchauffez-les pendant 30 min. Servez très chaud, à même le plat de cuisson.

Ragoût de poulet aux carottes et céleri

PRÉP 20 MIN · CUISS 1¾ H

Repos • 30 min

Matériel • emporte-pièce de 4 cm de diamètre • un grand plat supportant le four comme le congélateur

POUR 8 PERSONNES

2 c. à s. d'huile d'olive
6 blancs de poulet sans la peau et coupés en morceaux
2 oignons rouges hachés
4 branches de céleri coupées en morceaux
200 ml de vin rouge
5 carottes pelées et coupées en morceaux
sel et poivre du moulin
1 l de bouillon de légumes chaud
150 g de farine de blé (+ 1 c. à s.)
150 g de farine de maïs
50 g de beurre ramolli
½ botte de persil plat ciselé
1 c. à s. de lait
1 jaune d'œuf légèrement battu avec 1 c. à s. d'eau

1 Mettez la moitié de l'huile à chauffer à feu moyen dans une cocotte. Assaisonnez les morceaux de poulet et faites-les dorer pendant 10 min. Réservez sur une assiette.

2 Préchauffez le four à 180 °C (th. 6). Mettez le reste de l'huile à chauffer à feu moyen dans la même cocotte et faites cuire l'oignon et le céleri pendant 5 min. Versez le vin, portez à l'ébullition à feu vif, puis ajoutez les carottes et le poulet. Salez, poivrez et incorporez le bouillon. Laissez mijoter à feu doux pendant 1 h, en remuant de temps en temps. Si la sauce tend à s'assécher, allongez-la avec un peu d'eau chaude. Transférez le ragoût dans un grand plat allant aussi bien au congélateur qu'au four.

3 Versez la farine de blé, la farine de maïs et 1 pincée de sel dans un saladier. Ajoutez le beurre et mélangez jusqu'à l'obtention d'une pâte granuleuse. Incorporez le persil, puis le lait, de manière progressive. Formez une boule avec la pâte obtenue et laissez-la reposer pendant 30 min au réfrigérateur. Étalez la pâte sur un plan de travail fariné et, à l'aide de l'emporte-pièce, découpez 18 cercles. Badigeonnez-les d'œuf battu et déposez-les sur la viande. Enfournez le plat pour 30 min de cuisson.

4 Laissez refroidir le plat complètement, puis couvrez-le hermétiquement de plusieurs couches de film alimentaire et conservez-le au congélateur pendant 3 mois au maximum. Après avoir ôté le film, passez le ragoût de poulet directement du congélateur au four préchauffé à 180 °C (th. 6) et réchauffez-le pendant 30 min. Servez très chaud, à même le plat de cuisson.

VARIANTE

Ajoutez 2 c. à c. de moutarde à l'ancienne ou 1 pincée de piment d'Espelette à la pâte, en même temps que le persil.

Gratin d'aubergines au parmesan

PRÉP 20 MIN · CUISS 20 MIN

Matériel • un grand plat supportant le four comme le congélateur

POUR 8 PERSONNES

6 c. à s. d'huile d'olive
8 gousses d'ail pelées et émincées
1, 6 kg de tomates concassées en conserve
2 c. à s de purée de tomates
2 c. à c. d'origan séché
1 c. à c. de feuilles de thym frais
sel et poivre du moulin
3 aubergines coupées en tranches de 1 cm d'épaisseur
300 g de parmesan râpé
400 g de mozzarella coupée en tranches

1 Mettez 4 c. à s. d'huile à chauffer à feu doux dans une cocotte et faites cuire l'ail pendant 1 min. Ajoutez les tomates, la purée de tomates, l'origan et le thym. Portez à ébullition, salez, poivrez, puis réservez hors du feu.

2 Badigeonnez les tranches d'aubergines avec le reste de l'huile d'olive. Salez et poivrez légèrement, puis faites griller à feu moyen dans une poêle antiadhésive pendant 3 min de chaque côté. Si votre poêle n'est pas assez grande, préparez plusieurs fournées.

3 Versez une couche de 1 cm de sauce dans le fond du plat allant au four et étalez des tranches d'aubergines par-dessus. Saupoudrez de parmesan. Répétez l'opération jusqu'à épuisement des ingrédients, en terminant par une épaisse couche de sauce à la tomate. Recouvrez cette dernière de tranches de mozzarella.

4 Laissez refroidir le plat, puis couvrez hermétiquement avec plusieurs couches de film alimentaire. Conservez au congélateur pendant 3 mois au maximum. Après avoir ôté le film, passez le gratin directement du congélateur au four préchauffé à 180 °C (th. 6) et réchauffez-le pendant 25 min. Servez très chaud, à même le plat de cuisson, avec une salade verte croquante.

VARIANTE Ajoutez une couche de mozzarella entre deux couches d'aubergines et saupoudrez de menthe ciselée.

Lasagnes végétariennes

PRÉP 25 MIN · CUISS 20 MIN

Matériel • un grand plat supportant le four comme le congélateur

POUR 8 PERSONNES

6 c. à s. d'huile d'olive
4 poireaux nettoyés et coupés en rondelles de 5 mm d'épaisseur
500 g de champignons de Paris finement émincés
250 g de champignons de Paris finement hachés
1 poivron rouge haché
6 gousses d'ail pelées et hachées
150 ml de vin blanc sec
1 c. à c. de feuilles de thym frais
2 c. à s. de farine
1 l de lait
350 g de gruyère râpé
6 tomates fraîches coupées en morceaux
sel et poivre du moulin
500 g de feuilles de lasagnes
2 tomates coupées en rondelles

1 Mettez l'huile à chauffer dans une cocotte à feu doux et faites cuire les poireaux pendant 5 min. Ajoutez les champignons émincés et hachés. Laissez suer pendant 5 min, en remuant fréquemment. Versez le poivron ainsi que l'ail, et prolongez la cuisson de 2 min. Incorporez le vin et portez à l'ébullition à feu vif pendant 3 min.

2 Ajoutez le thym, puis la farine, et mélangez soigneusement. Hors du feu, versez 2 c. à s. de lait, tout en fouettant. Placez à nouveau sur le feu et incorporez le reste de lait. Laissez mijoter pendant 5 min, en fouettant régulièrement. Ajoutez le fromage (en réservant 1 c. à s.) et mélangez. Hors du feu, incorporez les tomates fraîches à la sauce. Goûtez, puis assaisonnez à votre convenance.

3 Versez 1 louche de sauce au fond d'un plat allant au four et couvrez de feuilles de lasagne. Recommencez jusqu'à épuisement de la sauce. Terminez par une couche de sauce, et recouvrez-la de fromage râpé et de rondelles de tomates.

4 Laissez refroidir le plat, puis couvrez-le hermétiquement avec plusieurs couches de film alimentaire. Conservez-le au congélateur pendant 3 mois au maximum. Après avoir ôté le film, passez les lasagnes directement du congélateur au four préchauffé à 180 °C (th. 6) et faites-les réchauffer pendant 40 min. Servez très chaud à même le plat de cuisson, avec une belle salade verte.

LA CUISINE DU PLACARD

Des plats rapides à base de légumes secs, de conserves, de sauces toutes prêtes et de produits congelés.

LA CUISINE DU PLACARD

Il suffit parfois d'un placard rempli avec astuce pour élaborer un repas nourrissant et savoureux. En y ajoutant quelques ingrédients frais, il vous sera alors facile de concocter des petits plats qui raviront votre entourage !

Les grands classiques du placard Une liste d'ingrédients à conserver en permanence.

HERBES ET ÉPICES

PAPRIKA
Idéal pour le porc et le poulet.
À conserver pendant 6 mois.

HERBES DÉSHYDRATÉES
Origan, thym, herbes de Provence, feuilles de laurier.

Idéal pour le poulet, l'agneau et le poisson en sauce.
À conserver pendant 6 mois.

CORIANDRE MOULUE OU ENTIÈRE
Idéal pour le curry.
À conserver pendant 6 mois.

PIMENT ROUGE MOULU OU CONCASSÉ
Idéal pour rehausser la saveur des plats exotiques.
À conserver pendant 6 mois.

CUMIN MOULU OU ENTIER
Idéal pour les marinades et les plats de poulet et d'agneau.
À conserver pendant 6 mois.

CANNELLE MOULUE OU EN BÂTON
Idéal pour le curry, les sauces et la pâtisserie (sirops).
À conserver pendant 6 mois.

CURRY EN POUDRE
Idéal pour le poulet, l'agneau et le bœuf.
À conserver pendant 6 mois.

PIMENT DE CAYENNE
Idéal pour le poulet, l'agneau, le bœuf et les pâtes.
À conserver pendant 6 mois.

PÂTES ET RIZ

PÂTES
Pour les accords sauce/pâtes, voir p. 158
Idéal avec les sauces ou préparées en gratins.

RIZ
Basmati, riz long, rond pour risotto (carnaroli, arborio), rond pour paella ou desserts, parfumé (thaï), sauvage…

Idéal pour le pilaf, les salades, les biryani, et pour accompagner les plats en sauce.

PÂTES CHINOISES
Elles sont de forme et de taille variables. Vous trouverez des nouilles chinoises prêtes à cuire au rayon frais des épiceries asiatiques. À défaut, remplacez-les par des spaghettis.

Idéal pour les plats asiatiques : les soupes, les salades et les poêlées.
À conserver pendant 6 mois.

LÉGUMES, FRUITS SECS

LÉGUMINEUSES
Sèches ou en conserve : lentilles vertes, lentilles blondes, lentilles corail, pois cassés, pois chiches, haricots blancs, rouges, marbrés, tarbais, cannelini, flageolets…

Idéal pour les soupes, les salades et les plats mijotés.
À conserver pendant 1 an.

CÉRÉALES
Semoule, polenta, boulgour, orge perlé, avoine, épeautre.

Idéal pour les salades et le couscous.
À conserver pendant 1 an.

NOIX ET GRAINES
Noix, noisettes, noix de cajou, cacahuètes, pistaches, pignons de pin, amandes…
Graines de sésame, de courge, de lin…

Idéal pour les salades et les plats asiatiques.
À conserver pendant 6 mois.

FRUITS SECS
Raisins blonds, noirs, figues, dattes, pruneaux, abricots.

Idéal pour les salades et les plats en sauce.
À conserver pendant 6 mois.

HUILES ET SAUCES

HUILES
Olive, olive vierge extra, tournesol, noix, noisette, sésame, colza.

Idéal pour les vinaigrettes, les salades et les marinades.
À conserver pendant 6 mois.

VINAIGRES
De vin rouge, de vin blanc, de riz, balsamique, de vin de Xérès…

Idéal pour les vinaigrettes, les salades et les marinades.
À conserver pendant 1 an.

MOUTARDES
De Dijon, à l'ancienne, sèche.

Idéal pour la cuisson et les vinaigrettes.
À conserver pendant 1 an.

PESTO ET PURÉES
Harissa, purée de tomates, pâte de curry thaïe (verte et rouge) ou indienne (jaune).

Idéal pour le curry, les soupes ou les pâtes (pesto).
À conserver pendant 6 mois.

SAUCES
De poisson (nam pla, nuoc-mâm), soja, Worcestershire.

Idéal pour les plats asiatiques.
À conserver pendant 1 an.

SEL ET POIVRE
Sel fin, gros sel et fleur de sel, poivre moulu, poivre en grains (noir et blanc).

Idéal pour assaisonner les plats.
À conserver pendant 1 an.

BOCAUX, BOUILLONS

OLIVES ET CÂPRES
Olives vertes, noires et mélangées. Câpres grosses, fines et surfines.

Idéal pour les pâtes et les salades.
À conserver pendant 1 an.

TOMATES
Pelées, entières, concassées, en coulis, séchées à l'huile.

Idéal pour les pâtes, les salades et les plats en sauce.
À conserver pendant 1 an.

MAÏS EN GRAINS
Idéal pour les soupes.
À conserver pendant 1 an.

THON ET SAUMON
À l'huile et à l'eau.

Idéal pour les pâtes, les croquettes et les salades.
À conserver pendant 1 an.

ANCHOIS
À l'huile ou au sel.

Idéal pour les pâtes, les sauces, les pizzas et les salades.
À conserver pendant 1 an.

LAIT DE COCO
Idéal pour les currys et les soupes thaïs.
À conserver pendant 1 an.

BOUILLON EN CUBES
De volaille, de légumes et de bœuf.

Idéal pour les soupes et les plats mijotés.
À conserver pendant 1 an.

Au réfrigérateur et congélateur Les indispensables.

RÉFRIGÉRATEUR

BEURRE ET FROMAGE
Le beurre apporte de la profondeur à un plat et rehausse ses saveurs. Le remplacer par de l'huile d'olive est cependant souvent plus sain. Le fromage apporte des protéines : il est utile dans les plats végétariens.

Idéal pour les sauces, les gratins, les pâtes et les sandwichs.
À conserver pendant 1 mois ou selon la date limite de consommation (ou pendant 3 mois au congélateur).

LAIT
Entier, demi-écrémé ou écrémé.

Idéal pour les sauces, les pâtes à frire ou les crêpes.
À conserver suivant la date limite de consommation ou pendant 1 mois au congélateur.

ŒUFS
Idéal en omelettes, salades et sandwichs.
À conserver pendant 3 semaines ou selon la date de péremption.

CONGÉLATEUR

LÉGUMES
De nombreux légumes surgelés sont disponibles dans le commerce, mais seuls les petits pois et les haricots verts conservent leur texture et leur saveur originelles.

Idéal pour des veloutés, des soupes de légumes, ou pour accompagner les plats.
À conserver pendant 6 mois.

VIANDE
Steaks hachés (bio de préférence), saucisses de porc et d'agneau.

Idéal pour le chili con carne ou les sandwichs.
À conserver pendant 6 mois.

POISSON ET FRUITS DE MER
Filets de poisson (cabillaud, saumon, merlu, etc.) et crevettes (décortiquées ou non).

Idéal pour les tourtes ou les plats en sauce.
À conserver pendant 3 mois.

Produits frais, surgelés ou en conserve ?

Hors saison, il vaut mieux consommer des **produits surgelés** que ces mêmes produits, certes frais, mais dépourvus de saveur, car développés sous serre…
Les **conserves** sont peu coûteuses. Pensez toutefois à bien les rincer avant de les consommer, car leur teneur en sel et en sucre est souvent très élevée.

5 repas tirés du placard Puisez dans vos réserves pour confectionner un repas rapide et savoureux.

1 Salade de riz au thon
Mélangez 150 g de **riz** cuit et refroidi avec 200 g de **thon à l'huile** égoutté. Ajoutez 400 g de **haricots rouges** égouttés et arrosez de 1 filet d'**huile d'olive** et de 1 c. à s. de **vinaigre de vin blanc**. Saupoudrez de 1 pincée de **piment de Cayenne**, salez, poivrez et servez.

2 Spaghettis à la sicilienne
Dans le bol du robot ménager, mixez 10 **tomates séchées** avec 1 filet d'**huile d'olive** et 1 poignée de **pignons de pin**. Mettez 1 c. à s. d'**huile d'olive** à chauffer dans une poêle et faites revenir le mélange pendant quelques secondes. Ajoutez 6 **anchois au sel** et faites cuire, en les écrasant avec une spatule. Versez 1 poignée de **raisins secs** et 1 poignée de **câpres**. Mélangez avec 200 g de **spaghettis** cuits et chauds. Servez.

3 Nouilles chinoises au saumon
Mettez 1 c. à s. d'**huile de sésame** à chauffer dans un wok ou une poêle et faites revenir 200 g de **nouilles chinoises** cuites. Arrosez de 1 filet de **sauce soja** ainsi que de 2 c. à s. de **sauce nuoc-mâm**. Ajoutez 200 g de **saumon** égoutté et émietté, mélangez et parsemez de **cacahuètes grillées** juste avant de servir.

4 Soupe de lentilles
Faites cuire 125 g de **lentilles vertes du Puy** dans 1 l de **bouillon de volaille** additionné de 1 pincée de **cumin moulu**. Après 30 min de cuisson, ajoutez 400 g de **pois chiches** égouttés, 1 pincée de **piment de Cayenne** et prolongez la cuisson de 10 min. Servez chaud ou tiède.

5 Couscous en salade
Versez 150 g de **couscous** dans un saladier et couvrez-le de **bouillon de légumes**. Laissez gonfler les graines pendant 5 min, puis égrainez-les avec une fourchette. Mélangez 2 c. à s. d'**huile d'olive** avec 1 c. à s. de **moutarde de Dijon** et 1 pincée de **paprika**. Versez la vinaigrette sur le couscous, ajoutez quelques **tomates séchées** grossièrement hachées, 1 c. à s. de **câpres** égouttées et quelques **olives** dénoyautées.

Pilaf aux noix de cajou et tomates séchées (Voir p. 276).

Lentilles à la libanaise

PRÉP 10 MIN · CUISS 40 MIN

POUR 4 PERSONNES
1 c. à s. d'huile d'olive
1 oignon haché
1 c. à c. de cumin entier
1 c. à c. de cannelle en poudre
1 c. à c. de mélange quatre-épices
sel et poivre du moulin
300 g de lentilles vertes rincées
1,2 l de bouillon de légumes chaud
100 g de pignons de pin
5 abricots secs hachés

1 Mettez l'huile à chauffer à feu doux dans une cocotte. Faites cuire l'oignon pendant 5 min, jusqu'à ce qu'il soit translucide. Ajoutez le cumin, la cannelle et le quatre-épices. Salez, poivrez et faites rissoler les épices pendant quelques secondes.

2 Versez les lentilles dans la cocotte, enrobez-les d'épices, puis recouvrez de bouillon. Portez à ébullition, réduisez le feu et laissez mijoter à feu doux pendant 40 min. Surveillez les lentilles et ajoutez un peu d'eau si le liquide a tendance à trop s'évaporer.

3 Pendant ce temps, faites dorer les pignons dans une petite poêle chauffée à blanc, en veillant à ce qu'ils ne brûlent pas. Versez les pignons grillés dans les lentilles, ainsi que les abricots. Goûtez et assaisonnez à nouveau si nécessaire. Servez très chaud, accompagné de boulgour.

VARIANTE
Remplacez les pignons de pin par des pistaches ou des amandes.

CONSEIL DU CHEF
Les lentilles doivent rester un peu croquantes : attention à ne pas les réduire en soupe !

Soupe de nouilles aux champignons

PRÉP 10 MIN · CUISS 20 MIN

Réhydratation • 20 min

POUR 4 PERSONNES
25 g de champignons mélangés déshydratés (shitake, cèpe, lentin)
1 c. à s. d'huile de sésame (ou de tournesol)
un morceau de gingembre frais (5 cm) pelé et émincé
300 g de nouilles japonaises fraîches (udon) ou de spaghettis
1,2 l de bouillon de légumes chaud
2 c. à s. de sauce soja claire
2 c. à s. de sauce de poisson nuoc-mâm
sel et poivre du moulin
1 filet d'huile pimentée (facultatif)

1 Versez 300 ml d'eau chaude dans un bol et faites réhydrater les champignons pendant 20 min.

2 Mettez l'huile à chauffer à feu doux dans une casserole. Faites cuire le gingembre pendant 3 min et ajoutez les nouilles. Laissez réchauffer pendant 2 min, sans cesser de remuer. Ajoutez le bouillon, la sauce soja et le nuoc-mâm. Portez à ébullition.

3 Égouttez les champignons déshydratés et filtrez l'eau de trempage à l'aide d'une passoire fine. Ajoutez les champignons et l'eau filtrée aux nouilles. Laissez mijoter à feu doux pendant 30 min.

4 Rectifiez l'assaisonnement. Versez 1 filet d'huile pimentée si vous le souhaitez. Dégustez bien chaud.

VARIANTE
Parsemez cette soupe de 1 pincée de graines de sésame grillées.

CONSEIL DU CHEF
Pour plus de saveur, préparez cette soupe quelques heures à l'avance et réchauffez-la juste avant de servir.

Curry vert de crevettes

PRÉP 10 MIN · CUISS 30 MIN

POUR 4 PERSONNES

1 c. à s. d'huile de tournesol
1 oignon haché
2 c. à s. de curry vert thaï
400 ml de lait de coco
2 c. à s. de sauce de poisson nuoc-mâm
1 c. à s. de sucre de canne roux
le jus de 1 citron vert
(ou 2 feuilles de kaffir)
sel et poivre du moulin
200 g de pousses de bambou en conserve soigneusement égouttées
200 g de crevettes décortiquées

1 Mettez l'huile à chauffer à feu moyen dans une grande poêle. Faites revenir l'oignon pendant 5 min, jusqu'à ce qu'il soit translucide. Incorporez le curry et prolongez la cuisson de 2 min.

2 Versez le lait de coco et 200 ml d'eau dans la poêle. Portez à ébullition à feu vif. Ajoutez le nuoc-mâm, le sucre et le jus de citron. Salez et poivrez.

3 Laissez mijoter le curry à feu doux pendant 15 min. Ajoutez les pousses de bambou et les crevettes, puis prolongez la cuisson de 5 min. Goûtez et rectifiez l'assaisonnement si nécessaire. Servez bien chaud, accompagné de riz parfumé.

VARIANTE Remplacez les crevettes par quelques lamelles de blanc de poulet.

CONSEIL DU CHEF

Choisissez une pâte de curry d'excellente qualité dans une épicerie asiatique, en vérifiant qu'elle provient bien de Thaïlande.

Haricots et orge perlée à la tomate

PRÉP 10 MIN · CUISS 1 H

POUR 4 PERSONNES

1 c. à s. d'huile d'olive
1 oignon finement haché
sel et poivre du moulin
100 ml de vin rouge
150 g d'orge perlée
400 g de haricots borlotti en conserve, rincés et égouttés
400 g de tomates concassées en conserve
1,2 l de bouillon de légumes chaud
1 pincée de paprika (facultatif)

1 Mettez l'huile à chauffer à feu doux dans une cocotte et faites cuire l'oignon avec 1 pincée de sel pendant 5 min, jusqu'à ce qu'il soit translucide. Augmentez le feu et versez le vin. Laissez mijoter pendant 5 min.

2 Versez l'orge perlée dans la cocotte, mélangez soigneusement et faites cuire à feu doux, jusqu'à ce qu'elle ait absorbée tout le liquide. Incorporez les haricots, les tomates et le bouillon. Portez à ébullition et laissez cuire pendant 5 min supplémentaires.

3 Salez et poivrez généreusement les haricots et laissez mijoter à feu doux pendant 40 min. Si la sauce tend à s'assécher, incorporez un peu d'eau.

4 Si vous le souhaitez, parsemez de paprika. Servez très chaud, avec du riz ou de la baguette fraîche.

VARIANTE Vous pouvez remplacer l'orge perlée par du quinoa ou de l'épeautre.

Ragoût de haricots rouges

PRÉP 10 MIN · CUISS 30 MIN

POUR 4 PERSONNES
1 c. à s. d'huile d'olive
1 oignon haché
sel fin
2 gousses d'ail pelées et râpées
1 c. à c. de piment de Cayenne
400 g de tomates entières pelées
400 g de haricots rouges en conserve
500 ml de bouillon de légumes chaud
12 olives noires dénoyautées

1 Mettez l'huile à chauffer à feu doux dans une cocotte et faites cuire l'oignon avec 1 pincée de sel pendant 5 min, jusqu'à ce qu'il soit translucide. Ajoutez l'ail, le piment de Cayenne et les tomates. Faites roussir pendant 3 min.

2 Versez les haricots et le bouillon dans la cocotte. Portez à ébullition, puis laissez mijoter pendant 20 min.

3 Ajoutez les olives 5 min avant la fin de la cuisson. Si la sauce est trop épaisse, allongez-la avec 1 louche d'eau chaude. Servez avec du riz basmati et une belle salade de mesclun.

VARIANTE
En fin de cuisson, ajoutez le zeste de 1 citron confit coupé en petits dés, ou le jus de 1 citron vert.

Haricots à la bière et aux lardons

PRÉP 10 MIN · CUISS 40 MIN

POUR 4 PERSONNES
1 c. à s. d'huile d'olive
1 oignon haché
sel
2 gousses d'ail pelées et râpées
125 g de lardons
2 c. à c. d'origan séché
1 pincée de paprika
400 g de haricots en conserve rincés et égouttés
300 g de bière blonde
1 l de bouillon de légumes

1 Mettez l'huile à chauffer à feu doux dans une cocotte et faites revenir l'oignon avec 1 pincée de sel, jusqu'à ce qu'il soit translucide. Ajoutez l'ail et prolongez la cuisson de 30 s.

2 Incorporez les lardons et faites rissoler à feu moyen pendant 5 min. Saupoudrez d'origan et de paprika. Ajoutez les haricots et mélangez soigneusement.

3 Recouvrez les haricots de bière et laissez bouillir à feu vif pendant 5 min. Incorporez le bouillon, réduisez le feu et laissez mijoter pendant 25 min, en remuant fréquemment. Servez avec du riz nature ou des tranches de pain.

CONSEIL DU CHEF
Si la sauce est trop épaisse, allongez-la avec un peu d'eau, mais veillez à ne pas la transformer en soupe.

Soupe épicée de champignons

PRÉP 10 MIN
CUISS 30 MIN

POUR 4 PERSONNES
1,5 l de bouillon de volaille chaud
400 ml de lait de coco
4 c. à s. de sauce de poisson nuoc-mâm
2 c. à s. de pâte tom-yum (pâte d'épices)
1 c. à s. de sauce soja claire
2 c. à s. de sucre de canne roux
le jus de 1 citron vert
25 g de champignons mélangés déshydratés soigneusement rincés
sel fin

1 Dans une grande casserole, portez le bouillon de volaille à l'ébullition. Incorporez le lait de coco et faites bouillir pendant 5 min à feu vif.

2 Réduisez le feu . Ajoutez le nuoc-mâm et le tom-yum (pâte d'épices disponible dans les épiceries asiatiques), ainsi que la sauce soja claire, le sucre, le jus de citron et les champignons. Laissez mijoter à feu doux pendant 20 min, jusqu'à ce que les champignons soient tendres.

3 Goûtez et salez si nécessaire. Vous pouvez aussi ajouter un peu de sucre de canne, de nuoc-mâm ou de sauce soja claire. Versez la soupe dans des bols et dégustez sans attendre.

AU QUOTIDIEN

Galettes de maïs au curry

PRÉP 10 MIN
CUISS 30 MIN

POUR 4 PERSONNES
125 g de farine
sel et poivre du moulin
2 œufs
300 ml de lait
2 c. à c. de curry en poudre
50 g de semoule de blé fine
400 g de maïs en conserve rincé et égoutté
huile de tournesol pour la friture

1 Dans un saladier, mélangez la farine et 1 pincée de sel. Faites une fontaine au centre. Versez les œufs et 1 c. à s. de lait. Avec une spatule en bois, battez les œufs avec le lait, puis incorporez progressivement la farine et le reste de lait.

2 Utilisez un fouet à main pour mélanger, jusqu'à l'obtention d'une pâte lisse et sans grumeaux. Ajoutez le curry en poudre, la semoule de blé et le maïs. Salez, poivrez généreusement et mélangez délicatement.

3 Mettez 1 c. à s. d'huile à chauffer à feu moyen dans une poêle antiadhésive. Versez 1 c. à s. de pâte dans la poêle, et étalez-la légèrement. Faites frire pendant 2 min de chaque côté, jusqu'à ce que les galettes soient bien dorées. Recommencez l'opération jusqu'à épuisement de la pâte.

4 Débarrassez les galettes sur du papier absorbant. Servez sans attendre, avec une salade verte, ou en accompagnement d'une viande ou d'un poisson.

VARIANTE
Remplacez le curry par du cumin ou par des herbes fraîches ciselées.

CONSEIL DU CHEF
Consommez vite ces galettes : elles sont meilleures chaudes et bien croquantes.

Curry de pois chiches à la cardamome

PRÉP 10 MIN · CUISS 30 MIN

POUR 4 PERSONNES

1 c. à s. d'huile de tournesol
1 oignon haché
sel et poivre du moulin
1 c. à c. de cumin entier
1 c. à c. de curcuma en poudre
1 c. à c. de coriandre en poudre
6 capsules de cardamome verte légèrement concassées avec le plat d'un couteau
400 g de pois chiches en conserve rincés et égouttés
400 g de tomates concassées en conserve
2 c. à c. de garam masala (ou de curry en poudre)
1 c. à c. de piment de Cayenne

1 Mettez l'huile à chauffer à feu doux dans une cocotte et faites cuire l'oignon avec 1 pincée de sel, jusqu'à ce qu'il soit translucide. Ajoutez le cumin, le curcuma, la coriandre et la cardamome. Faites rissoler les épices pendant 1 min à feu vif.

2 Versez les pois chiches dans la cocotte, en les écrasant légèrement avec le dos d'une spatule en bois. Incorporez les tomates ainsi que 300 ml d'eau chaude. Saupoudrez de garam masala et de piment, puis portez à ébullition.

3 Laissez mijoter à feu doux pendant 20 min, jusqu'à ce que la sauce commence à épaissir. Salez, poivrez et servez très chaud, avec des naans (galettes indiennes) ou du riz basmati.

Pilaf aux noix de cajou et tomates séchées

PRÉP 10 MIN · CUISS 30 MIN

Trempage • 15 min

POUR 6 PERSONNES

50 g de tomates séchées (environ 12)
1 c. à s. d'huile d'olive
1 oignon haché
sel et poivre du moulin
300 g de riz sauvage
1 c. à c. de curcuma en poudre
1,2 l de bouillon de légumes chaud
125 g de noix de cajou

1 Versez les tomates séchées dans un petit récipient rempli d'eau chaude et laissez-les se réhydrater pendant 15 min. Égouttez les tomates, hachez-les et réservez-les.

2 Pendant ce temps, mettez l'huile à chauffer à feu doux dans une cocotte et faites cuire l'oignon avec 1 pincée de sel, jusqu'à ce qu'il soit translucide. Ajoutez le riz et le curcuma, en veillant à ce que le riz soit bien enrobé d'huile.

3 Versez le bouillon sur le riz, salez, poivrez et laissez bouillir à feu moyen sans remuer. Au bout de 5 min, baissez le feu et laissez mijoter à feu doux, jusqu'à ce que le riz ait absorbé tout le bouillon (entre 20 et 30 min). Si le bouillon s'évapore trop vite, n'hésitez pas à ajouter un peu d'eau chaude en cours de cuisson.

4 Incorporez les tomates séchées au riz. Faites dorer les noix de cajou dans une petite poêle chauffée à blanc et mélangez-les au riz. Vérifiez et rectifiez l'assaisonnement si nécessaire. Servez très chaud.

VARIANTE

Utilisez des cerneaux de noix, des noisettes, des amandes, des pignons de pin ou des noix de pécan, selon vos goûts.

Salade de boulgour aux câpres et olives

PRÉP 15 MIN — CUISS 15 MIN

POUR 4 PERSONNES
350 g de boulgour
sel et poivre du moulin
200 ml de jus de tomate
3 c. à c. de câpres au vinaigre soigneusement égouttées
12 olives noires dénoyautées et coupées en deux
12 olives vertes dénoyautées et coupées en deux

1 Versez le boulgour dans un saladier et recouvrez-le de 300 ml d'eau bouillante. Couvrez le plat de film alimentaire, puis laissez reposer à température ambiante.

2 Au bout de 15 min, salez et poivrez le boulgour, puis égrainez-le à l'aide d'une fourchette. Incorporez peu à peu le jus de tomate et laissez reposer pendant quelques minutes.

3 Ajoutez les câpres et les olives. Goûtez et rectifiez l'assaisonnement si nécessaire. Servez avec une salade verte et du pain pita tiédi au four.

CONSEIL DU CHEF

Pensez à toujours avoir une boîte de câpres à disposition dans votre placard. Elles relèvent agréablement les poissons, les viandes et de nombreuses sauces accompagnant les pâtes.

Salade de thon aux pois du Cap

PRÉP 10 MIN

POUR 4 PERSONNES
400 g de pois du Cap en conserve rincés et égouttés
400 g de haricots lingots en conserve rincés et égouttés
400 g de thon à l'huile d'olive égoutté et émietté
1 c. à s. de vinaigre de vin blanc
sel et poivre du moulin
12 olives noires dénoyautées et coupées en deux
2 c. à c. de câpres au vinaigre soigneusement égouttées

Pour la vinaigrette :
1 c. à c. de moutarde à l'ancienne
le jus de 1 citron
½ c. à c. de paprika
2 c. à s. d'huile d'olive

1 Dans un saladier, versez les pois, les haricots et le thon. Arrosez de vinaigre. Salez, poivrez, ajoutez les olives et les câpres, puis mélangez délicatement.

2 Dans un bol, fouettez la moutarde avec le jus de citron et le paprika. Salez, poivrez et incorporez l'huile d'olive. Versez dans le saladier. Mélangez et laissez reposer pendant 10 min à température ambiante.

VARIANTE

Remplacez les pois du Cap et les haricots lingots par des flageolets et des pois chiches en conserve : le contraste entre les deux textures est intéressant en bouche. Avant de servir, saupoudrez de coriandre et de menthe ciselées.

AU QUOTIDIEN

Taboulé rouge aux noix et citron confit

PRÉP 15 MIN · CUISS 15 MIN

POUR 4 PERSONNES
225 g de semoule
300 ml de bouillon de légumes chaud
sel et poivre du moulin
1 c. à c. de harissa
25 g de raisins secs
50 g de cerneaux de noix grossièrement hachés
1 citron confit

1 Versez la semoule dans un saladier et recouvrez de bouillon. Couvrez le plat de film alimentaire et laissez reposer dans un endroit tiède. Au bout de 15 min, salez et poivrez la semoule, puis égrainez-la à l'aide d'une fourchette.

2 Incorporez le harissa, les raisins et les noix. Fendez le citron confit en deux et enlevez toute la pulpe. Découpez la peau en dés très fins. Ajoutez-les au couscous et mélangez. Servez avec du saumon grillé.

CONSEIL DU CHEF

Vous pouvez farcir un poulet de ce couscous, avant de le faire rôtir au four. Ajustez alors la quantité de harissa et doublez le nombre de citrons confits.

Moussaka végétarienne

PRÉP 15 MIN · CUISS 30 MIN

POUR 4 PERSONNES
1 c. à s. d'huile d'olive
1 oignon haché
sel et poivre du moulin
1 c. à c. de menthe séchée
3 c. à c. d'origan séché
400 g de haricots rouges rincés et égouttés
700 g de coulis de tomates
100 g de pignons de pin
250 ml de yaourt à la grecque
1 œuf

1 Préchauffez le four à 200 °C (th. 6-7). Mettez l'huile à chauffer à feu doux dans une cocotte et faites cuire l'oignon avec 1 pincée de sel pendant 5 min, jusqu'à ce qu'il soit translucide. Saupoudrez de menthe et de la moitié de l'origan. Faites revenir pendant 10 s.

2 Ajoutez les haricots, le coulis de tomates et les pignons de pin. Portez à l'ébullition, réduisez le feu et laissez mijoter à feu doux pendant 20 min. Salez et poivrez généreusement.

3 Versez les haricots dans un plat à gratin. Mélangez le yaourt avec l'œuf et le reste d'origan. Étalez ce mélange sur les haricots et faites cuire au four pendant 20 min, jusqu'à ce qu'une croûte dorée se forme à la surface. Servez aussitôt, avec une salade de scarole.

Pâtes aux olives et tomates séchées

PRÉP 10 MIN CUISS 15 MIN

POUR 4 PERSONNES
350 g de penne ou de torsades
1 c. à s. d'huile d'olive
3 c. à c. de câpres au sel rincées et égouttées
10 olives noires dénoyautées
6 tomates séchées à l'huile finement émincées
sel et poivre du moulin

1 Mettez les pâtes à cuire dans une grande casserole d'eau bouillante salée pendant 10 min. Prélevez 1 louche de l'eau de cuisson des pâtes, puis égouttez-les et réservez.

2 Pendant ce temps, mettez l'huile à chauffer à feu doux dans une poêle. Ajoutez les câpres, les olives et les tomates séchées. Faites cuire pendant 5 min, en les écrasant légèrement avec le dos d'une fourchette.

3 Versez les pâtes dans la poêle et arrosez-les d'un peu d'huile de tomates séchées. Salez, poivrez et mélangez délicatement, en mouillant avec un peu d'eau de cuisson si les pâtes sont trop sèches. Poivrez à nouveau et servez sans attendre.

Croquettes de polenta à la sauce tomate

PRÉP 10 MIN CUISS 25 MIN

POUR 2 PERSONNES
4 c. à s. d'huile d'olive
1 oignon finement haché
sel et poivre du moulin
1 c. à c. d'origan séché
1 c. à c. de piment de Cayenne
400 g de tomates concassées
500 g de polenta cuite coupée en tranches de 5 mm d'épaisseur

1 Mettez 1 c. à s. d'huile à chauffer à feu doux dans une sauteuse. Faites cuire l'oignon additionné de 1 pincée de sel, jusqu'à ce qu'il soit translucide.

2 Ajoutez l'origan et le piment de Cayenne, puis versez les tomates. Laissez mijoter à feu doux pendant 20 min. Salez et poivrez généreusement.

3 Pendant ce temps, mettez le reste de l'huile à chauffer à feu vif dans une poêle antiadhésive. Faites dorer quelques rondelles de polenta pendant 3 min de chaque côté. Égouttez-les sur du papier absorbant. Recommencez l'opération jusqu'à épuisement de la polenta.

4 Dressez les croquettes de polenta tièdes sur des assiettes individuelles et nappez-les de sauce tomate. Servez avec une salade de roquette.

CONSEIL DU CHEF

Vous pouvez servir ce plat comme entrée, pour 4 personnes. Ajoutez 1 filet d'anchois par-dessus.

Burgers végétariens

PRÉP 15 MIN · CUISS 10 MIN

Matériel • robot ménager

POUR 6 PERSONNES
400 g de haricots rouges rincés et égouttés
400 g de pois chiches rincés et égouttés
1 oignon haché
6 anchois à l'huile d'olive égouttés et hachés
1 c. à s. de moutarde à l'ancienne
sel et poivre du moulin
2 œufs
2 c. à s. de farine + 2 c. à s. pour le façonnage des burgers
3 c. à s. d'huile de tournesol
6 petits pains grillés
quelques feuilles de laitue
un peu de ketchup

1 Versez les haricots et les pois chiches dans le bol du robot ménager et mixez jusqu'à l'obtention d'une purée grossière.

2 Ajoutez l'oignon, les anchois hachés, la moutarde, du sel et du poivre. Mixez à nouveau pendant quelques secondes, puis ajoutez les œufs et pulvérisez, jusqu'à ce qu'ils soient bien incorporés. Ajoutez 2 c. à s. de farine et mixez une dernière fois.

3 Mettez 1 c. à s. d'huile à chauffer à feu moyen dans une poêle. Répartissez le mélange de haricots en 8 parts. Farinez abondamment vos mains et façonnez de grosses boulettes, que vous aplatirez légèrement pour leur donner la forme de burgers. Faites-les cuire à la poêle en deux fois, pendant 3 min de chaque côté. Servez-les dans des petits pains grillés, avec des feuilles de laitue et du ketchup.

CONSEIL DU CHEF

Utilisez la fonction « pulse » de votre robot ménager pour pulvériser les haricots. Ajoutez à la préparation un mélange d'herbes fraîches ciselées (persil, thym, coriandre) et quelques gouttes de Tabasco©, juste avant de commencer à façonner les boulettes.

Tortellini au bouillon de poule

PRÉP 5 MIN · CUISS 15 MIN

POUR 4 PERSONNES
1,5 l de bouillon de poule chaud (de préférence fait maison)
500 g de tortellini au fromage, jambon ou champignons
sel et poivre du moulin

VARIANTE

Saupoudrez de persil plat ou de cerfeuil ciselé. Ajoutez des lamelles de champignons au bouillon, en même temps que les pâtes.

1 Versez le bouillon de poule dans une grande casserole et portez à l'ébullition à feu très vif. Réduisez le feu et ajoutez les tortellini.

2 Laissez cuire les pâtes pendant 10 min, ou selon les instructions portées sur l'emballage. Éteignez le feu et goûtez le bouillon. Salez et poivrez si nécessaire.

3 Pour servir, versez le bouillon dans 4 assiettes creuses, puis répartissez les tortellini. Poivrez abondamment et servez chaud.

CONSEIL DU CHEF

Utilisez, si vous le pouvez, des pâtes fraîches, en diminuant alors le temps de cuisson dans le bouillon de poule. Vous trouverez d'excellents tortellini frais ou secs dans les bonnes épiceries italiennes.

Croquettes de lentilles corail au cumin

PRÉP 15 MIN | CUISS 20 MIN

Matériel • mixeur ou robot ménager

POUR 2 PERSONNES

125 g de lentilles corail rincées et égouttées
sel et poivre du moulin
1 oignon haché
un morceau de gingembre frais (3 cm) pelé et haché
1 pincée de cumin en poudre
1 pincée de piment de Cayenne
2 c. à s. de farine + 2 c. à s. pour le façonnage des boulettes
2 c. à s. d'huile de tournesol
125 ml de yaourt à la grecque
2 c. à s. de pesto à la menthe
le jus de ½ citron

1 Versez les lentilles dans une cocotte et recouvrez-les d'eau froide. Salez et faites cuire à feu doux pendant 15 min, jusqu'à ce que les lentilles soient tendres, mais encore entières. Égouttez-les dans une passoire.

2 À l'aide du robot ménager, pulvérisez l'oignon et le gingembre pendant 1 min. Ajoutez les lentilles, le cumin et le piment. Salez, poivrez et mixez jusqu'à l'obtention d'une pâte. Versez la farine et pulvérisez.

3 Déposez un peu de farine dans une assiette. Façonnez des boulettes avec vos doigts farinés et déposez-les au fur et à mesure dans l'assiette.

4 Mettez la moitié de l'huile à chauffer à feu moyen dans une poêle antiadhésive et faites dorer les boulettes sur toutes les faces. Procédez en plusieurs fois si la poêle n'est pas assez grande. Avec une écumoire, débarrassez-les sur une assiette recouverte de papier absorbant. Dans un petit bol, mélangez le yaourt avec le pesto à la menthe et le jus de citron. Dressez les croquettes sur une assiette avec un peu de sauce au yaourt et une salade de mesclun.

Biryani à la cardamome et à la cannelle

PRÉP 15 MIN | CUISS 30 MIN

POUR 4 PERSONNES

1 c. à s. d'huile de tournesol
1 oignon haché
sel et poivre du moulin
6 capsules de cardamome légèrement écrasées avec le plat d'un couteau
2 feuilles de laurier
1 bâton de cannelle
1 c. à c de poivre noir concassé
¼ c. à c. de piment de Cayenne
quelques brins de safran
500 ml de bouillon de légumes chaud
300 g de riz basmati
50 g d'amandes effilées
25 g de raisins secs

1 Mettez l'huile à chauffer à feu doux dans une sauteuse et faites cuire l'oignon avec 1 pincée de sel pendant 5 min, jusqu'à ce qu'il soit translucide. Ajoutez la cardamome, le laurier, la cannelle, le poivre et le piment. Faites rissoler les épices pendant 2 min.

2 Incorporez le safran dans le bouillon. Versez le riz dans la sauteuse, en veillant ce que les grains soient bien enrobés d'huile et d'épices. Versez le bouillon par-dessus et portez à ébullition à feu vif. Couvrez et laissez mijoter à feu moyen pendant 20 min, en remuant de temps en temps, pour éviter que le riz n'attache au fond de la casserole.

3 Faites rapidement griller les amandes dans une petite poêle chauffée à blanc, en veillant à ce qu'elles ne brûlent pas. Incorporez les amandes et les raisins secs au riz. Goûtez et assaisonnez si nécessaire. Servez chaud, seul ou garni de crevettes sautées à l'ail et au gingembre.

RECEVOIR

SÉLECTEUR DE MENUS

Quelques menus à thèmes, avec compte à rebours et plan d'action détaillé, pour recevoir vos proches en toute sérénité !

REPAS COMPLET EN 15 MIN

Pour confectionner un repas rapide et sain, le poisson est un choix judicieux, car il nécessite peu de préparation et cuit souvent en peu de temps. Si vous utilisez un fond déjà prêt, la tarte aux fruits ne demandera qu'un assemblage de dernière minute, au moment du dessert.

Champignons à l'ail p. 340

Filets de sole rôtis, vinaigrette aux herbes p. 78

Génoise aux fruits p. 472

COMPTE À REBOURS

15 MINUTES

- **Plat** Enfournez le poisson (étape 2).
- **Dessert** Préparez les fruits et placez-les au réfrigérateur.

10 MINUTES

- **Entrée** Préparez les champignons à l'ail et réservez-les au chaud.

5 MINUTES

- **Plat** Confectionnez la vinaigrette pour le poisson et réservez dans une saucière.

SERVICE

- Servez les champignons.
- Éteignez le four et conservez le poisson au chaud.
- Sortez les fruits du réfrigérateur et la glace du congélateur. Garnissez la génoise juste avant de servir.

REPAS COMPLET EN 30 MIN

EN TÊTE-À-TÊTE

Quelques ingrédients bien choisis et de première fraîcheur : noix de Saint-Jacques, figues… Le tour est joué ! Respectez les produits en pratiquant des cuissons courtes, et laissez agir les saveurs.

Noix de Saint-Jacques au piment doux p. 347

Magret de canard rôti et pâtes épicées p. 70

Figues fraîches à la crème de cassis p. 469

COMPTE À REBOURS

30 MINUTES

- **Dessert** Préparez les figues et la crème de cassis, puis placez-les au réfrigérateur.

20 MINUTES

- **Plat** Badigeonnez le magret de canard du mélange cinq-épices. Commencez la cuisson.

10 MINUTES

- **Entrée** Faites cuire les noix de Saint-Jacques et leur marinade. Dressez-les sur des assiettes chaudes.

SERVICE

- Servez les noix de Saint-Jacques.
- Sortez les figues du réfrigérateur.
- Mélangez les pâtes et réservez-les au chaud avec le magret.

REPAS BASSES CALORIES

Voici un repas ultra-rapide pour ceux qui surveillent leur ligne. Préparez l'entrée et le dessert à l'avance, et conservez-les au réfrigérateur. Et si vous êtes vraiment à court de temps, utilisez un reste de saumon cuit.

Soupe glacée aux poivrons rouges p. 41

Saumon rôti et concombre en sauce verte p. 236

Salade de fruits p. 472

COMPTE À REBOURS

30 MINUTES

- **Dessert** Préparez la salade de fruits, couvrez-la de film alimentaire et laissez-la reposer au réfrigérateur.
- **Entrée** Préparez la soupe, dressez-la dans des bols de service et placez-les au réfrigérateur.

20 MINUTES

- **Plat** Préparez la sauce verte et le concombre. Placez-les au réfrigérateur.
- **Plat** Dressez le saumon cuit sur les assiettes ou faites cuire les pavés de saumon en papillote pendant 20 min au four.

10 MINUTES

- **Plat** Sortez la sauce et le concombre du réfrigérateur et garnissez le saumon. Recouvrez de film alimentaire jusqu'au moment de servir.

SERVICE

- Garnissez la soupe de dés de légumes frais et servez.
- Sortez la salade de fruits du réfrigérateur et laissez-la revenir à température ambiante.

REPAS COMPLET EN 30 MIN (suite)

VÉGÉTARIEN

L'entrée ne requiert aucune cuisson et peut être préparée à l'avance. Le plat principal est cuit en quelques secondes, car les légumes doivent rester croquants, afin de conserver les vitamines indispensables aux végétariens. Pour les carnivores, une viande froide peut être servie à part.

Tomates farcies au taboulé aux raisins secs p. 46

Poêlée d'asperges et brocoli au gingembre p. 92

Verrines d'abricots au mascarpone p. 471

COMPTE À REBOURS

30 MINUTES

- **Entrée** Préparez les tomates, couvrez de film alimentaire et réservez.

20 MINUTES

- **Dessert** Préparez le dessert et placez-le au réfrigérateur.
- **Plat** Préparez les légumes pour la poêlée.
- **Plat** Faites cuire le riz pour l'accompagnement des légumes.

10 MINUTES

- **Entrée** Dressez les tomates sur les assiettes et garnissez-les de taboulé.

SERVICE

- Servez les tomates farcies.
- Faites revenir les légumes au wok ou à la poêle.
- Sortez le dessert du réfrigérateur.

POISSON

Vous pouvez servir deux fois du poisson au cours du même repas. L'entrée ne demande aucune cuisson et le plat peut cuire au four pendant vous préparez la suite. Le dessert sera réalisé à l'avance.

Salade de poissons, fenouil et mangue p. 52

Sardines farcies aux tomates et aux câpres p. 73

Verrines de fruits rouges au vin doux, chantilly à la menthe p. 464

COMPTE À REBOURS

30 MINUTES

- **Dessert** Préparez le dessert et placez-le au réfrigérateur.

20 MINUTES

- **Plat** Préparez les sardines et mettez-les à cuire au four.

10 MINUTES

- **Entrée** Préparez la salade de poissons fumés. Émincez le fenouil et coupez la mangue en tranches.
- **Plat** Préparez une salade croquante (frisée, scarole, romaine) pour accompagner les sardines.

SERVICE

- Servez la salade de poissons au fenouil.
- Éteignez le four, en laissant les sardines au chaud.
- Sortez le dessert du réfrigérateur.

REPAS COMPLET EN 60 MIN

SAIN ET ÉQUILIBRÉ

Pour un repas sain et équilibré, n'hésitez pas à servir du poisson qui, en plus de ses qualités nutritives et gustatives, s'avère facile et rapide à préparer. Réalisez le dessert à l'avance !

Salade de truite fumée, betteraves et pommes p. 40

Gratin de cabillaud et couscous p. 387

Salade d'oranges à la grenade p. 466

COMPTE À REBOURS

60 MINUTES

- **Entrée** Préparez les étapes 1 et 3 de l'entrée, en omettant la pomme. Couvrez et placez au réfrigérateur.
- **Dessert** Prélevez les segments d'oranges et réservez-les.

45 MINUTES

- Préchauffez le four.
- **Plat** Émincez les courgettes.
- **Dessert** Dressez le dessert sur un grand plat de service et placez-le au réfrigérateur.

30 MINUTES

- **Plat** Préparez le gratin, couvrez de film alimentaire et faites cuire au four préchauffé.

15 MINUTES

- **Entrée** Sortez les ingrédients de l'entrée du réfrigérateur et ajoutez la pomme.
- **Plat** Si vous le souhaitez, préparez une salade verte croquante qui sera servie en guise d'accompagnement.

SERVICE

- Vérifiez le couscous. S'il est cuit, éteignez le four.
- Servez l'entrée.
- Sortez le dessert du réfrigérateur.

RECEVOIR

TENDANCE

Très facile à réaliser, ces plats impressionneront vos invités !
Le dessert peut être préparé à l'avance et l'entrée est prête en quelques minutes.

Bûche de chèvre au miel p. 335

Roulade de porc farcie au piment doux et aux olives p. 67

Tatin à la banane caramélisée p. 494

COMPTE À REBOURS

60 MINUTES

- **Dessert** Préparez la tarte jusqu'à la fin de l'étape 2.
- **Plat** Préparez le filet mignon et mettez-le à cuire au four.

45 MINUTES

- **Entrée** Préparez l'entrée jusqu'à la fin de l'étape 1.

30 MINUTES

- **Plat** Vérifiez la cuisson du filet mignon et préparez la salade d'accompagnement : pousses d'épinard et tomates cerises.

15 MINUTES

- **Entrée** Garnissez les toasts de rondelles de chèvre et terminez la recette. Réservez.

SERVICE

- Enfournez la tarte.
- Servez l'entrée.
- Sortez le porc du four et laissez-le reposer à couvert. Découpez-le juste avant le service.

REPAS COMPLET EN 60 MIN (suite)
ÉPICÉ

Un repas qui vous fera voyager en Thaïlande, avec ses saveurs de citronnelle, d'anis étoilé et de basilic…
Le dessert sans cuisson apporte une note rafraîchissante en fin de repas.

Croquettes de poisson à la thaïlandaise p. 361

Pad Thai p. 381

Petites soupes de litchis au gingembre p. 473

COMPTE À REBOURS

60 MINUTES

- **Dessert** Préparez les litchis, couvrez de film alimentaire et placez au réfrigérateur.

45 MINUTES

- **Entrée** Préparez l'appareil pour le poisson et façonnez en croquettes. Laissez-les se raffermir au réfrigérateur.

30 MINUTES

- **Plat** Préparez les ingrédients pour les pâtes et réservez-les.
- **Entrée** Faites frire les croquettes et réservez dans un four tiède.

15 MINUTES

- **Plat** Faites tremper les pâtes de riz et complétez les étapes 2 et 3. Versez dans des bols de service et réservez au chaud.

SERVICE

- Dressez les croquettes et servez.
- Sortez le dessert du réfrigérateur et laissez revenir à température ambiante.

MÉDITERRANÉEN

Ce repas fait se succéder des plats du bassin méditerranéen. Les crevettes et les fines escalopes de bœuf cuisent en un instant. Quant au tiramisu, il fait toujours des heureux !

Crevettes sautées à l'ail et au piment p. 334

Escalopes de bœuf aux anchois, câpres et olives p. 64

Tiramisu à l'orange et au chocolat p. 462

COMPTE À REBOURS

60 MINUTES

- **Dessert** Préparez le tiramisu, couvrez-le de film alimentaire et placez-le au réfrigérateur.
- **Entrée** Faites mariner les crevettes dans le piment et l'ail. Couvrez et placez-les au réfrigérateur.

45 MINUTES

- **Plat** Aplatissez le bœuf en fines escalopes. Préparez la pâte aux anchois et badigeonnez la viande. Couvrez et réservez.

30 MINUTES

- **Plat** Préparez la salade de roquette qui accompagnera la viande.

15 MINUTES

- **Entrée** Faites cuire les crevettes.

SERVICE

- Servez l'entrée.
- Lancez la cuisson de la viande.
- Sortez le tiramisu du réfrigérateur juste avant de servir.

PRENEZ DE L'AVANCE
PRINTEMPS

Voici un fabuleux menu, qui s'appuie sur des ingrédients caractéristiques du printemps : agneau de lait, asperges, citrons... L'omelette et la tarte peuvent être réalisées la veille. L'agneau cuira tranquillement dans le four, sans vous demander aucun effort.

Omelette aux asperges sur toasts p. 321

Gigot d'agneau p. 226

Tarte au citron p. 492

COMPTE À REBOURS

J-1

- **Entrée** Préparez l'omelette, laissez refroidir, couvrez et placez au réfrigérateur.
- **Dessert** Préparez la tarte au citron et placez au réfrigérateur.

2 HEURES

- **Plat** Faites des entailles dans le gigot. Placez-y l'ail et le romarin. Mettez à cuire au four.

1 HEURE

- **Entrée** Faites griller les toasts et réservez-les.
- **Dessert** Sortez la tarte du réfrigérateur et laissez-la reposer à température ambiante.
- **Plat** Faites cuire des haricots, des carottes et des pommes de terre nouvelles. Réservez-les au chaud.

SERVICE

- Coupez l'omelette en triangles et dressez-les sur les toasts.
- Sortez le gigot du four et laissez-le reposer à couvert, pendant vous dégustez l'entrée.

ÉTÉ

Tous les plats sont servis froids et sont parfaits pour un déjeuner sur l'herbe. Le plat principal est assez léger et peut s'étoffer d'une salade verte.

Croquettes de risotto et fromage p. 354

Tarte aux tomates et à la saucisse p. 203

Mousses au chocolat noir p. 473

COMPTE À REBOURS

J-1

- **Entrée** Préparez les croquettes, couvrez-les de film alimentaire et placez-les au réfrigérateur.
- **Dessert** Préparez le dessert et placez-le au réfrigérateur.
- **Plat** Préparez la pâte à tarte et placez-la au réfrigérateur.

2 HEURES

- **Plat** Étalez la pâte et foncez le moule à tarte. Placez au réfrigérateur. Préparez les saucisses.

1 HEURE

- **Plat** Garnissez la tarte et faites-la cuire au four.
- **Plat** Préparez la salade d'accompagnement.

SERVICE

- Dressez les croquettes sur le plat de service.
- Vérifiez la cuisson de la tarte.

PRENEZ DE L'AVANCE (suite)

AUTOMNE

Ce repas simple, mais consistant, est idéal à préparer à l'avance : les saveurs ont alors le temps de pleinement se développer. La cuisson lente des plats d'automne embaume la maison de parfums qui excitent les papilles et aiguisent les appétits…

Velouté aux poireaux p. 253

Daube de bœuf au fenouil p. 381

Tarte aux noix de pécan p. 489

COMPTE À REBOURS

J-1

- **Plat** Préparez la daube de bœuf, laissez-la refroidir, couvrez-la et placez-la au réfrigérateur.
- **Dessert** Confectionnez la pâte et placez-la au réfrigérateur.
- **Entrée** Préparez le velouté et placez-le au réfrigérateur.

2 HEURES

- **Dessert** Préparez l'appareil aux noix de pécan pour la tarte.

1 HEURE

- **Plat** Mettez la cocotte au four et faites réchauffer la daube à feu doux en y ajoutant un peu d'eau.
- **Dessert** Versez l'appareil à pécan dans le fond de tarte et faites cuire au four.

SERVICE

- Faites réchauffer le velouté et servez avec de tranches de pain de campagne.
- Vérifiez la daube.
- Vérifiez la cuisson de la tarte.

HIVER

La *ribollita* est une soupe rustique, qui développe sa palette de saveurs lors du réchauffage.
Le porc aux haricots mijotera tranquillement pendant que vous prendrez l'apéritif et servirez l'entrée.

Ribollita p. 254

Ragoût de porc aux haricots p. 262

Gâteau à la pomme et au streusel p. 514

COMPTE À REBOURS

J-1

- **Entrée** Préparez la ribollita et placez-la au réfrigérateur.
- **Dessert** Pendant que la soupe mijote, préparez le gâteau aux pommes (étape 1), puis placez-le au réfrigérateur.

2 HEURES

- **Dessert** Confectionnez la pâte à streusel (étape 2).
- **Plat** Préparez le ragoût et mettez-le à cuire au four.

1 HEURE

- **Entrée** Sortez la soupe du réfrigérateur et réchauffez à feu doux.
- **Dessert** Terminez le montage du gâteau et mettez-le à cuire au four.

SERVICE

- Servez l'entrée.
- Vérifiez la cuisson du gâteau.

COCKTAILS

AMUSE-BOUCHES

Pour réussir un cocktail ou un apéritif dinatoire, il est nécessaire de proposer des amuse-bouches variés. Faites preuve d'imagination et de créativité pour préparer un buffet attractif et savoureux !

Crostini de ricotta et potiron rôti p. 314

Omelette de patate douce au paprika p. 345

COMPTE À REBOURS

4 HEURES

- Confectionnez les chaussons de poulet. Laissez refroidir et réservez dans un récipient fermé de manière hermétique.

3 HEURES

- Préparez l'omelette de patate douce. Coupez en parts, couvrez et réservez à température ambiante.
- Faites griller le pain pour les crostini.

1 HEURE

- Faites rôtir le potiron et préparez la crème à la ricotta. Garnissez les tranches de pain, couvrez et dressez sur le plat de service.
- Faites cuire l'agneau et montez-le en brochettes Réservez-les au chaud.
- Préparez le poulet fumé à la mayonnaise au basilic.

30 MINUTES

- Poêlez les noix de Saint-Jacques et montez-les en brochettes avec le jambon de Parme. Dressez sur le plat de service.
- Coupez le concombre en rondelles. Recouvrez-les de poulet et dressez-les sur le plat de service.

SERVICE

- Versez des sauces (mayonnaise, aïoli, pesto) dans des coupelles.
- Débarrassez tous les plats de leur film alimentaire et servez.

Noix de Saint-Jacques rôties au jambon de Parme p. 327

Chaussons au poulet et crevettes p. 347

Bouchées de poulet fumé, mayonnaise au basilic p. 320

Brochettes d'agneau au citron et au romarin p. 357

COCKTAILS (suite)
BUFFET

Un buffet bien garni donne le ton à une fête entre amis. Vous devez dresser au moins 6 plats différents, dans des assiettes et plats de services variés. Pour réduire le stress de dernière minute, mieux vaut planifier à l'avance…

Halloumi sauté à l'ail et au piment p. 341

Salade de viande séchée, chutney olives-raisins secs p. 41

COMPTE À REBOURS

4 HEURES

- Préparez la pâte brisée pour les tartelettes. Foncez les moules et placez-les au réfrigérateur.
- Faites cuire les pommes de terre (étape 2) et placez-les au réfrigérateur.
- Préparez la raïta d'aubergine, couvrez-la de film alimentaire et placez-la au réfrigérateur.

3 HEURES

- Faites cuire les fonds de tartelettes à blanc, puis garnissez-les et placez-les au four (étapes 3 et 4).
- Confectionnez la compotée de fruits secs pour le chorizo.

1 HEURE

- Préparez la salade de boulgour, couvrez-la de film alimentaire et placez-la au réfrigérateur.

30 MINUTES

- Préparez le chutney pour la viande en salade. Couvrez-le et placez-le au réfrigérateur.
- Faites frire le fromage halloumi avec l'ail, le piment et la coriandre. Dressez-le sur le plat de service.
- Préparez le chorizo et dressez-le sur un plat de service.

SERVICE

- Dressez la salade de viande. Sortez la raïta du réfrigérateur. Dressez les mets sur des plats et disposez-les sur la table.

Raïta d'aubergine aux pignons de pin p. 323

Chorizo rôti aux fruits secs p. 342

Salade de boulgour aux câpres et olives p. 277

Tartelettes au gruyère p. 213

EN PLEIN AIR

PIQUE-NIQUE

Une sélection de plats exotiques à emporter en pique-nique, pour changer des traditionnels sandwichs au pâté et tranches de saucisson sec. Les muffins constitueront un dessert original et très apprécié.

Tourte au porc et au poulet p. 210

Sandwichs aux écrevisses et nectarines p. 319

COMPTE À REBOURS

J-1

- Préparez la tourte, laissez-la refroidir et transférez-la dans un récipient à fermeture hermétique.
- Faites cuire les muffins, puis laissez-les refroidir.

2 HEURES

- Préparez le houmous, couvrez-le de film alimentaire et placez-le au réfrigérateur.

1 HEURE

- Préparez la salade de poulet, versez-la dans un récipient à fermeture hermétique et placez-la au réfrigérateur.

30 MINUTES

- Préparez les sandwichs aux écrevisses. Enveloppez-les individuellement dans du film alimentaire.
- Préparez la salade César et versez-la dans un récipient à fermeture hermétique, sans la tasser. Versez la vinaigrette dans un récipient à part.

LE SAC

- Sortez la salade de poulet du réfrigérateur. Transférez le houmous dans un récipient à fermeture hermétique.
- N'oubliez pas les boissons, les couverts et les serviettes, ainsi qu'un grand sac poubelle.

Houmous p. 323

Salade César p. 47

Salade de poulet sur lit de haricots rouges p. 53

Muffins aux myrtilles p. 520

EN PLEIN AIR (suite)

PIQUE-NIQUE VÉGÉTARIEN

De nombreux plats végétariens peuvent être préparés à l'avance. Faciles à emballer et à transporter, ils supportent bien d'être exposés à la chaleur. Même les carnivores apprécieront ces mets délicieux et nourrissants !

Lentilles à la libanaise p. 272

Salade de tomates, mozzarella et oignon rouge p. 48

COMPTE À REBOURS

J-1

- Préparez la tourte, laissez-la refroidir et transférez-la dans un récipient à fermeture hermétique. Placez au réfrigérateur.
- Préparez le cake, laissez-le refroidir et transférez-le dans un récipient à fermeture hermétique.

2 HEURES

- Préparez l'omelette de pommes de terre, laissez-la refroidir et transférez-la dans un récipient à fermeture hermétique.

1 HEURE

- Préparez les lentilles. Laissez-les mariner pendant que vous préparez les pois chiches. Couvrez les deux plats de film alimentaire et laissez-les reposer à température ambiante.

30 MINUTES

- Transférez les lentilles et les pois chiches dans des récipients à fermeture hermétique.

LE SAC

- Au dernier moment, préparez la salade de tomates et placez-la dans un récipient à fermeture hermétique.
- N'oubliez pas les boissons, les couverts et les serviettes, ainsi qu'un grand sac poubelle.

Omelette de pommes de terre au paprika p. 332

Salade de pois chiches au citron p. 342

Tourte au fromage et à l'oignon p. 205

Cake aux bananes et aux dattes p. 518

EN PLEIN AIR (suite)

BARBECUE

Une sélection de plats aux saveurs prononcées : si vous les faites cuire au barbecue, leurs parfums se développeront davantage… La salade de pommes de terre sera meilleure si elle est préparée à l'avance.

Porc grillé au wasabi et pak-choï p. 443

Thon blanc grillé, sauce sucré-salé p. 448

COMPTE À REBOURS

60 MINUTES

- Allumez le barbecue. Préparez les patatas bravas et mettez-les à cuire au four.
- Réalisez la préparation pour les brochettes, couvrez et laissez mariner au réfrigérateur.
- Préparez le bœuf (étape 1). Mettez les brochettes en bois à tremper dans de l'eau froide.

45 MINUTES

- Faites mariner le thon (étape 1) et le mignon de porc (étape 1). Placez-les au réfrigérateur.
- Préparez la vinaigrette pour les calamars et réservez-la.
- Montez les brochettes d'agneau.

30 MINUTES

- Faites cuire le bœuf, le porc et les brochettes d'agneau au barbecue, puis laissez-les reposer sur une grille au-dessus du barbecue.
- Vérifiez la cuisson des patatas bravas, éteignez le four et laissez le plat au chaud.

15 MINUTES

- Faites cuire le thon et les calamars au barbecue, avec les pak-choï.

SERVICE

- Arrosez la salade de vinaigrette et ajoutez les calamars.
- Réchauffez quelques pains pita au barbecue.
- Dressez sur des plats de service.

Calamars grillés et roquette en salade p. 434

Mignon de porc grillé au piment rouge p. 444

Brochettes d'agneau haché aux herbes p. 448

Patatas bravas p. 332

EN PLEIN AIR (suite)

BARBECUE VÉGÉTARIEN

Les végétariens ont besoin de consommer des protéines végétales en grande quantité. Choisissez des légumes nourrissants et consistants, ainsi que des légumineuses variées, à proposer en salade ou en soupe.

Croquettes pommes de terre-poireaux p. 358

Courgettes farcies aux raisins, oignon rouge et pignons de pin p. 91

COMPTE À REBOURS

60 MINUTES

- Allumez le barbecue. Préparez les croquettes et faites-les durcir au réfrigérateur.
- Préparez la salade de lentilles et laissez-la reposer à température ambiante et à couvert.

45 MINUTES

- Faites griller les champignons. Préparez la salade de tomates et feta. Réservez-la à température ambiante.

30 MINUTES

- Faites frire les croquettes et déposez sur une grille posée au-dessus du barbecue pour qu'elles restent tièdes.
- Préparez la salade de carottes, couvrez-la et réservez-la à température ambiante.

15 MINUTES

- Faites griller les aubergines au barbecue sur les deux faces.
- Faites cuire les courgettes au barbecue ou au four (étape 3).

SERVICE

- Transférez toutes les salades dans des bols de service.
- Dressez les aubergines, les courgettes et les croquettes sur des plats de service.

Salade de carottes aux cacahuètes p. 50

Salade de lentilles, fèves et feta p. 40

Aubergines grillées à la sauce tomate épicée p. 454

Champignons grillés, tomates et feta en salade p. 455

AMUSE-BOUCHES ET CANAPÉS

Amuse-bouches express pour soirées conviviales !

AMUSE-BOUCHES ET CANAPÉS

La réussite d'une soirée repose avant tout sur une excellente organisation – à condition, bien sûr, que le buffet soit bien garni et que les boissons coulent à flots ! Que ce soit pour un cocktail ou un apéritif dînatoire, brochettes, canapés, mini-sandwichs et bouchées faits maison seront toujours très appréciés. Avantage supplémentaire : pas de corvée de vaisselle après le départ des invités…

À sortir du placard

Soyez toujours prêt à accueillir les invités surprise !

GRESSINS

Servez plusieurs variétés de ces bâtonnets de pain italien : nature, au fromage, aux grains de sésame… Dressez-les dans de grands verres à cocktail et proposez quelques sauces d'accompagnement : guacamole, tapenade, pesto, etc. Vous pouvez aussi les entourer de fines tranches de jambon et les servir avec de la mozzarella arrosée d'huile d'olive.

CHIPS DE MAÏS

Proposez une palette de chips (nature, au fromage, au paprika) avec des sauces du commerce. Garnissez-les de morceaux de poulet cuit et de poivrons confits. Vous pouvez aussi les recouvrir d'échalote hachée et de fromage (cheddar ou chèvre), avant de les passer sous le gril du four pendant quelques minutes.

CHIPS

Recouvrez-les de fines tranches de pâté ou de rillettes, avec quelques câpres et cornichons émincés. Pour une version plus légère, garnissez les chips de fromage blanc et de tranches de mangue, d'ananas, de papaye ou de kiwi.

CACAHUÈTES ET NOIX

Un grand bol de noix et noisettes sera parfait pour une réunion improvisée entre amis. Faites preuve d'originalité, en poêlant des noisettes et des noix de cajou avec un peu de cumin et de cannelle moulus. Ajoutez des capsules de cardamomes, écrasées avec le dos d'une cuillère. Salez et servez aussitôt.

GALETTES DE RIZ

Mettez-les à tremper pendant quelques secondes dans un récipient rempli d'eau froide. Garnissez-les de julienne de légumes et de crevettes cuites à l'ail et au gingembre. Roulez en forme de cigare ou de cornet. Pour une touche élégante, liez avec des brins de ciboulette, .

Quelques astuces pour recevoir…

Évitez de compliquer les choses. Choisissez un thème général (indien, basque, méditerranéen…) : vous aurez moins de mal à faire les courses, et vous éviterez les mélanges de saveurs malheureux !

Attention au budget… Faites une liste des courses, sans perdre de vue que le coût de la soirée augmente avec le nombre de plats proposés.

Respectez les saisons. En été, servez des plats froids. En hiver, il est préférable de proposer 1 ou 2 amuse-bouches chauds.

La palette : proposez une gamme de plats variés, à base de poisson, viande et légumes. N'oubliez pas vos amis végétariens et végétaliens.

L'organisation ! Préparez certains plats à l'avance, voire la veille (sauces, fonds de tartelettes, cakes). Pendant la soirée, il vous suffira de les remettre à température ambiante, ou de les réchauffer au micro-ondes.

Brochettes et piques

De petits morceaux de viande, de légumes ou de fruits, montés sur des brochettes, sont souvent le gage d'un cocktail réussi. Quelques propositions :

Chipolata et potiron. À préparer à l'avance et à servir chaud ou froid. Faites rôtir quelques chipolatas aux herbes avec des cubes de potiron ou de patate douce. Arrosez de 1 filet d'huile d'olive et saupoudrez de sel, de poivre ou de piment de Cayenne. Enfournez pour 30 min de cuisson, dans un four préchauffé à 180 °C (th. 6). Coupez les saucisses en rondelles épaisses et montez-les sur des piques en bois, en alternant avec des morceaux de potiron.

Pastèque et feta. Une version moderne de la brochette ananas-fromage ! Taillez des cubes de pastèque et des cubes de feta d'excellente qualité. Alternez les 2 produits sur des piques en bois.

Crevettes épicées. Décortiquez des crevettes crues et mélangez-les avec de l'huile d'olive et du piment d'Espelette. Salez et poivrez généreusement, puis poêlez à feu vif pendant quelques minutes, avec un peu d'huile. En guise de brochettes, utilisez des bâtons de citronnelle ou des piques en bois.

Thon blanc grillé et citron vert. Coupez 1 tranche de thon en gros cubes. Mélangez avec de l'huile d'olive et du poivre. Faites griller rapidement sur un gril en fonte, puis enfilez sur des brochettes en bois, en alternant avec des rondelles de citron vert.

Tentez des brochettes chipolata-potiron, qui étonneront et séduiront vos invités !

4 sauces rapides
Grâce aux légumes, créez des canapés express.

Endive

Les feuilles des endives forment d'élégants réceptacles pour les sauces. Panachez chicorée rouge et blanche, afin de créer un contraste visuel. Préparez cet amuse-bouche au dernier moment, car les feuilles garnies se flétrissent vite.

Concombre

Des rondelles de concombre peuvent accueillir toutes sortes de garnitures : fromage blanc aux herbes, basilic, confiture de poivrons rouges et jambon cru… Coupez le concombre à l'avance et garnissez au dernier moment.

Trévise

Cette chicorée rouge, à saveur poivrée et amère, offre des feuilles particulièrement craquantes. Garnissez-les de couscous aux fruits secs ou de dés de pommes et de bleu d'Auvergne, agrémentés de noix ou de noisettes.

Mini-poivron

Ces poivrons doux constituent un support idéal pour les sauces, qu'elles soient douces ou épicées. Ils peuvent être fendus et épépinés la veille. Recouvrez-les de film alimentaire et conservez-les au réfrigérateur. Garnissez-les au dernier moment.

Quelle quantité prévoir ?

La plupart des recettes de ce chapitre sont conçues pour 8 convives. Il vous suffit de doubler ou de tripler les quantités, en fonction de vos besoins. Attention toutefois aux épices et herbes fraîches, qu'il vous faudra augmenter de moitié seulement. Si les amuse-bouches prennent la place d'un repas complet, comptez 12 bouchées par personne. S'ils font office de bouchées apéritives, préparez-en 4 à 6 par personne. Plus la réception dure, plus le nombre de bouchées augmente… Mieux vaut donc en préparer plus que moins !

PAS À PAS

Mayonnaise
Rien ne remplace une mayonnaise maison ! La clé du succès : les ingrédients doivent tous être à la même température.

1 Dans un bol, versez 1 jaune d'œuf avec 1 pincée de sel et 1 pincée de poivre blanc moulu. Ajoutez 1 c. à c. de moutarde forte et commencez à fouetter. Versez quelques gouttes de vinaigre de vin blanc ou de citron, fouettez et incorporez 200 ml d'huile (olive, arachide, tournesol ou maïs), de manière très progressive.

2 Dès que le mélange commence à épaissir et à émulsionner, versez l'huile un peu plus rapidement, en filet, sans cesser de fouetter, jusqu'à l'incorporation totale. Si la mayonnaise retombe, incorporez 1 c. à s. d'eau chaude et fouettez énergiquement.

3 Quand la mayonnaise atteint la consistance souhaitée, goûtez-la : rectifiez l'assaisonnement si nécessaire, en ajoutant quelques gouttes de vinaigre, du sel ou du poivre. Elle se conservera au réfrigérateur pendant 2 jours, pas plus. Attention à ne jamais dépasser ce délai de conservation.

Crostini de ricotta et potiron rôti

PRÉP 20 MIN | CUISS 50 MIN

POUR 16 PERSONNES
500 g de potiron pelé, épépiné et coupé en cubes
2 c. à s. d'huile d'olive
2 gousses d'ail pelées et hachées
le zeste râpé + le jus de 1 citron
1 c. à c. de feuilles de romarin ciselées
200 g de ricotta
1 c. à c. de feuilles de thym-citron

Pour les crostini :
2 c. à s. d'huile d'olive
16 tranches de baguette
sel et poivre du moulin
1 gousse d'ail pelée entière

1 Préchauffez le four à 200 °C (th. 6-7). Préparez les crostini : versez l'huile d'olive au fond d'une plaque à pâtisserie. Pressez les deux faces de chaque tranche de pain dans l'huile. Salez, poivrez et enfournez pour 15 min de cuisson. Hors du four, frottez rapidement les crostini avec la gousse d'ail, puis laissez-les refroidir sur une grille.

2 Versez les cubes de potiron sur la même plaque et arrosez-les d'huile d'olive, d'ail, de zeste de citron et de romarin. Salez et poivrez, puis faites cuire au four pendant 35 min. Laissez reposer hors du four pendant quelques minutes.

3 Dans un saladier, mélangez la ricotta avec le thym et quelques gouttes de jus de citron. Recouvrez chaque crostini de 1 cuillerée de ricotta et surmontez de quelques cubes de potiron rôti, que vous enfoncerez légèrement dans le fromage. Dressez sur un grand plat de service et servez sans attendre.

VARIANTE
Arrosez le potiron de quelques gouttes de vinaigre balsamique avant de l'enfourner : il prendra une saveur sucré-salé qui se marie bien avec le fromage.

CONSEIL DU CHEF
À défaut de thym-citron, utilisez du thym frais ordinaire et ajoutez quelques gouttes de jus de citron.

Crostini aux haricots blancs à l'aneth

PRÉP 20 MIN | CUISS 15 MIN

Matériel • robot ménager

POUR 16 PERSONNES
400 g de haricots blancs en conserve rincés et égouttés
1 c. à s. d'aneth ciselé
3 anchois à l'huile soigneusement égouttés
1 petit poivron rouge épépiné et haché
2 ciboules ciselées
1 filet d'huile d'olive
90 g d'olives noires dénoyautées et hachées

Pour les crostini :
2 c. à s. d'huile d'olive
16 tranches de baguette
sel et poivre du moulin
1 gousse d'ail pelée

1 Préchauffez le four à 200 °C (th. 6-7). Préparez les crostini : versez l'huile d'olive au fond d'une plaque à pâtisserie. Pressez les deux faces de chaque tranche de pain dans l'huile. Salez, poivrez et enfournez pour 15 min de cuisson. Hors du four, frottez rapidement les crostini avec la gousse d'ail et laissez-les refroidir sur une grille.

2 Dans le bol du robot ménager, versez les haricots, l'aneth, les anchois, le poivron et la ciboule. Mixez jusqu'à l'obtention d'une purée lisse. Salez, poivrez, puis transférez dans un saladier. Recouvrez les crostini de cette purée, arrosez de 1 filet d'huile d'olive et parsemez d'olives hachées.

VARIANTE
Utilisez cette purée comme garniture pour un poisson grillé. Accompagnez de tomates cerises rôties.

CONSEIL DU CHEF
Conservez toujours une boîte de haricots blancs dans votre placard : pour des invités surprise, vous serez en mesure d'improviser un apéritif en quelques minutes !

Huîtres fraîches au citron vert et piment

PRÉP 15 MIN

Matériel • couteau à huîtres • mortier

POUR 8 PERSONNES
24 huîtres fraîches
1 c. à s. d'aneth ciselé
2 ciboules ciselées en diagonale
gros sel pour le service

Pour la mayonnaise au citron vert :
1 petit piment rouge doux, épépiné et haché
1 gousse d'ail pelée et râpée
sel et poivre du moulin
1 jaune d'œuf
175 ml d'huile d'olive
le jus de 1 citron vert

1 Préparez la mayonnaise. Écrasez le piment et l'ail avec 1 pincée de sel dans un mortier ou à l'aide d'un mixeur. Dans un saladier, ajoutez l'ail écrasé au jaune d'œuf et fouettez jusqu'à l'obtention d'un mélange homogène. Placez un torchon sous le saladier, pour éviter qu'il ne bouge pendant que vous montez la mayonnaise.

2 Incorporez l'huile goutte à goutte, en fouettant sans cesse. Veillez à ce qu'elle soit absorbée avant d'en incorporer quelques gouttes supplémentaires. Dès que la sauce commence à épaissir, ajoutez doucement l'huile, en un mince filet. Après l'incorporation du tiers de l'huile, ajoutez petit à petit le jus de citron vert. verser continuellement, salez et poivrez. Couvrez la mayonnaise de film alimentaire et laissez-la reposer au réfrigérateur.

3 À l'aide d'un couteau à huîtres, ouvrez les mollusques au-dessus d'un saladier, afin de récupérer l'eau de végétation. Décollez la chair à la pointe du couteau et replacez-la dans la coquille. Au fur et à mesure, placez les huîtres ouvertes dans le réfrigérateur. Filtrez l'eau de végétation dans une passoire fine et placez-la elle aussi au réfrigérateur.

4 Pour assurer la stabilité des huîtres pendant le service, étalez une couche de gros sel au fond d'un plat. Posez les huîtres dans les coquilles par-dessus, et arrosez avec l'eau filtrée. Ajoutez 1 pointe de mayonnaise sur les huîtres et parsemez d'aneth et de ciboule.

Caviar d'aubergines

PRÉP 15 MIN · CUISS 45 MIN

Matériel • robot ménager ou mixeur

POUR 4 PERSONNES
2 grosses aubergines
90 ml d'huile d'olive
sel et poivre du moulin
4 gousses d'ail pelées et hachées
1 c. à c. d'origan frais (facultatif)
le zeste râpé + le jus de 1 citron
150 g de pignons de pin grillés et concassés
125 g de yaourt à la grecque

1 Préchauffez le cour à 180 °C (th. 6). Coupez les aubergines en deux, incisez-les sans abîmer la peau et mettez-les au four sur une plaque de cuisson. Salez, poivrez et arrosez de 1 filet d'huile d'olive. Enfournez pour 30 min de cuisson. Transférez les aubergines cuites sur une assiette, récupérez la chair à l'aide d'une cuillère et hachez-la grossièrement au couteau.

2 Versez les morceaux d'aubergine dans le bol du robot. Ajoutez l'ail, l'origan, le zeste et le jus de citron, ainsi que le reste de l'huile d'olive. Mixez pendant quelques secondes jusqu'à l'obtention d'une purée grossière. Transférez-la dans un saladier et ajoutez les pignons de pin et le yaourt. Salez, poivrez et mélangez très soigneusement. Servez avec des tranches de pain grillé, des chips de maïs ou du pain pita tiède.

CONSEIL DU CHEF

Vous pouvez faire griller les aubergines entières ou coupées en deux au barbecue, ou les faire cuire sur un gril en fonte.

Purée aux artichauts et fenouil

PRÉP 15 MIN

Matériel • robot ménager ou mixeur

POUR 8 PERSONNES
400 g de cœurs d'artichaut en conserve, rincés et égouttés
400 g de fenouil nettoyé et haché
2 c. à s. de tahini
le jus d'un citron vert
1 gousse d'ail pelée et hachée
1 c. à s. d'huile d'olive
sel et poivre du moulin

1 Versez tous les ingrédients dans le bol du robot ménager ou du mixeur et pulvérisez jusqu'à l'obtention d'une purée fine et onctueuse. Goûtez, puis salez et poivrez.

2 Servez avec du pain libanais, du pain pita ou du pain italien. Vous pouvez aussi remplir de cette purée des coques de tomate évidées ou des feuilles d'endives (voir p. 313).

CONSEIL DU CHEF

Le tahini est une sauce à base de graines de sésame, utilisée dans la cuisine du Moyen-Orient pour sa texture riche et son goût proche de celui des noix. Vous en trouverez dans les épiceries orientales.

Sauce aux champignons et mascarpone

PRÉP 15 MIN — CUISS 45 MIN

Matériel • robot ménager ou mixeur

POUR 8 PERSONNES
1 kg de champignons de Paris coupés en quatre
4 c. à s. d'huile d'olive + 1 filet d'huile d'olive vierge extra pour l'assaisonnement
1 gousse d'ail écrasée avec le plat d'un couteau de cuisine
le zeste + le jus de 1 citron
2 anchois à l'huile soigneusement égouttés
sel et poivre du moulin
1 botte de persil plat finement haché
240 ml de mascarpone
1 pincée de paprika

1 Préchauffez le four à 190 °C (th. 6-7). Couvrez une plaque à pâtisserie de papier cuisson et étalez les champignons par-dessus. Arrosez avec l'huile d'olive, le zeste et le jus de citron, puis mélangez avec les anchois et l'ail. Saupoudrez de sel et de poivre et enfournez pour 45 min de cuisson. Laissez reposer hors du four, le temps que la préparation refroidisse.

2 Versez les champignons refroidis dans le bol du robot. Ajoutez la moitié du persil et pulvérisez jusqu'à l'obtention d'une purée grossière.

3 Versez cette purée dans un saladier, incorporez le mascarpone, salez et poivrez. Parsemez du reste de persil, arrosez de 1 filet d'huile d'olive vierge extra et saupoudrez de paprika. Dressez sur des tranches de baguette grillée.

CONSEIL DU CHEF

Vous pouvez recouvrir une pâte feuilletée ou une pâte à pizza de cette sauce aux champignons et la faire cuire au four pendant 20 min. Découpez-la en triangles et recouvrez de 1 tomate cerise juste avant de servir.

Sauce aux fèves fraîches et à l'aneth

PRÉP 30 MIN · CUISS 45 MIN

Matériel • robot ménager ou mixeur

POUR 8 PERSONNES
750 g de fèves fraîches
3 c. à s. d'huile d'olive
1 oignon haché
sel et poivre du moulin
400 g de haricots blancs en conserve rincés et égouttés
1 c. à s. d'aneth ciselé
2 ciboules ciselées

1 Écossez les fèves et plongez-les dans une casserole d'eau bouillante salée pendant quelques secondes. Refroidissez-les dans une bassine d'eau froide et ôtez la petite peau dure qui les entoure. Réservez.

2 Mettez l'huile à chauffer à feu moyen dans une casserole à fond épais ou une cocotte. Faites cuire l'oignon pendant 5 min.

3 Ajoutez les fèves et prolongez la cuisson de 15 min, en remuant de temps en temps. Incorporez 500 ml d'eau, salez, poivrez et portez à ébullition. Couvrez en partie la cocotte et laissez mijoter à feu doux pendant 25 min, en écrasant grossièrement les fèves avec le dos d'une fourchette. Égouttez et laissez refroidir.

4 Versez les fèves dans le bol du robot ménager, ajoutez les haricots, l'aneth et les ciboules. Pulvérisez jusqu'à l'obtention d'une purée grossière. Servez sur des tranches de baguette.

Astuce

Utilisez des fèves surgelées, que vous ferez décongeler avant d'enlever la fine peau qui les entoure.

RECEVOIR

CONSEIL DU CHEF

Cette sauce est idéale pour un pique-nique. Accompagnez-la d'œufs durs et de jambon cru.

Pesto roquette, olives et ricotta

PRÉP 15 MIN

Matériel • robot ménager ou mixeur

POUR 4 PERSONNES
100 g de roquette
2 gousses d'ail pelées et hachées
100 g d'olives noires dénoyautées
le zeste râpé + le jus de 1 citron
90 ml d'huile d'olive
250 g de ricotta
poivre du moulin

1 Versez la roquette, l'ail, les olives, le zeste et le jus de citron ainsi que l'huile d'olive dans le bol du robot ménager. Pulvérisez jusqu'à l'obtention d'une purée lisse.

2 Transférez cette sauce dans un saladier, incorporez la ricotta et poivrez généreusement.

3 Servez avec des tranches épaisses de baguette, de pain au levain ou de pain pita réchauffé au four.

VARIANTE

Ce pesto accompagne parfaitement des tagliatelle cuites al dente : conservez un peu d'eau de cuisson des pâtes pour fluidifier le pesto et parsemez de copeaux de parmesan avant de servir.

CONSEIL DU CHEF

Utilisez des olives d'excellente qualité et choisissez toujours de la roquette bien poivrée. Attenton, la roquette est fragile et se conserve très peu de temps.

Purée de poivrons aux noix

PRÉP 20 MIN · CUISS 30 MIN

Matériel • robot ménager ou mixeur

POUR 8 PERSONNES

90 ml d'huile d'olive
1 oignon émincé
4 poivrons rouges épépinés et émincés
2 gousses d'ail pelées et hachées
15 g de noix grillées et concassées
le zeste râpé + le jus de 1 citron

1 Mettez l'huile à chauffer à feu doux dans une cocotte. Faites cuire l'oignon pendant 5 min.

2 Ajoutez les poivrons et laissez cuire pendant 30 min, en remuant de temps en temps. Versez l'ail et faites roussir pendant 30 s.

3 Transférez les poivrons à l'ail dans le bol du robot ménager. Ajoutez les cerneaux de noix, le zeste et le jus de citron. Pulvérisez jusqu'à l'obtention d'une purée grossière. Accompagnez de crudités (bâtonnets de carotte, céleri et courgette) et de pain pita chaud.

VARIANTE

Remplacez les cerneaux de noix par des amandes. Incorporez 125 g de yaourt à la grecque et ½ botte de coriandre fraîche ciselée avant de servir.

CONSEIL DU CHEF

Pour torréfier les noix, étalez-les sur une plaque à pâtisserie et enfournez pour 10 min de cuisson dans un four préchauffé à 180 °C (th. 6). Surveillez attentivement la cuisson, car les noix brunissent d'un seul coup !

Sauce au potiron et gingembre rôtis

PRÉP 20 MIN · CUISS 45 MIN

Matériel • robot ménager ou mixeur

POUR 8 PERSONNES

1 kg de potiron ou courge butternut pelé et coupé en cubes
4 c. à s. d'huile d'olive + 1 filet d'huile pour l'assaisonnement
4 gousses d'ail pelées et écrasées avec le plat d'un couteau
un morceau de gingembre frais (3 cm) pelé et râpé
sel et poivre du moulin
1 piment doux épépiné et émincé
½ botte de persil plat ciselé + quelques pluches pour le décor
le zeste râpé + le jus de 1 citron
150 ml de yaourt à la grecque
1 pincée de paprika
quelques tranches de pain grillées
quelques tranches de jambon cru grillées

1 Préchauffez le four à 190 °C (th. 6-7). Étalez les morceaux de potiron sur une grande plaque à pâtisserie et mélangez-les avec l'huile d'olive, l'ail et le gingembre. Salez et poivrez, puis enfournez pour 30 min de cuisson. Réservez hors du four.

2 Versez le potiron refroidi dans le bol du robot ménager, ajoutez le piment, le persil, le zeste et le jus de citron. Pulvérisez en une purée grossière et goûtez. Assaisonnez si vous le jugez nécessaire.

3 Transférez cette purée dans un saladier, incorporez le yaourt à la grecque et mélangez soigneusement. Rectifiez l'assaisonnement et arrosez de 1 filet d'huile d'olive. Parsemez du reste de persil et saupoudrez de paprika. Garnissez les toasts de purée et recouvrez de fines tranches de jambon cru. Ajoutez quelques pluches de persil.

CONSEIL DU CHEF

Si vous trouvez cette sauce trop épicée, supprimez le piment ou le gingembre.

Sandwichs aux écrevisses et nectarines

PRÉP 15 MIN

POUR 4 PERSONNES
1 kg de queues d'écrevisses cuites
4 petits pains
1 salade feuille de chêne
2 nectarines dénoyautées et émincées

Pour la mayonnaise aux herbes :
120 ml de mayonnaise nature
le jus de 1 citron vert
½ botte de coriandre ciselée
½ botte de persil plat ciselé
½ botte de ciboulette ciselée
1 anchois à l'huile d'olive, égoutté et haché
sel et poivre du moulin

1 Décortiquez les queues d'écrevisses, en veillant à ne pas abîmer la chair. Découpez celle-ci en petits morceaux.

2 Préparez la mayonnaise aux herbes. Dans un saladier, mélangez la mayonnaise, le jus de citron vert, les herbes ciselées et l'anchois. Poivrez et mélangez soigneusement.

3 Tranchez les petits pains en deux, sans les ouvrir complètement. Étalez une bonne couche de mayonnaise aux herbes et garnissez de quelques feuilles de salade. Déposez quelques belles cuillerées de queues d'écrevisses par-dessus et intercalez quelques lamelles de nectarine. Recouvrez de pointes de mayonnaise avant de refermer le sandwich.

VARIANTE
Remplacez les écrevisses par des crevettes cuites et décortiquées.

CONSEIL DU CHEF

Au lieu de les servir en sandwichs, vous pouvez présenter les écrevisses mélangées à la mayonnaise sur un lit de roquette, avec des tranches d'avocat et des quartiers d'orange pelés à vif. Vous pouvez aussi ajouter des pointes d'asperges ou des lamelles d'artichaut poivrade.

Sandwich aux crevettes, avocat et cresson

PRÉP 30 MIN CUISS 5 MIN

POUR 4 PERSONNES
1 c. à s. d'huile d'olive
24 crevettes crues décortiquées et déveinées
1 c. à s. de gingembre frais haché
1 gousse d'ail pelée et hachée
1 avocat mûri à point
1 concombre émincé
quelques feuilles de menthe finement ciselées
1 c. à s. d'aneth finement haché
1 c. à s. de câpres rincées, égouttées et hachées
½ oignon rouge haché
150 g de crème fraîche épaisse
le jus de 1 citron vert
8 tranches pain de mie aux céréales
1 poignée de feuilles de cresson

1 Mettez l'huile à chauffer à feu moyen dans une poêle et faites cuire les crevettes et le gingembre pendant 3 min. Ajoutez l'ail et prolongez la cuisson de 1 min. Laissez refroidir complètement avant de hacher grossièrement les crevettes cuites.

2 Coupez l'avocat en deux, dénoyautez-le et pelez-le. Taillez la chair en dés, que vous mettrez dans un saladier. Ajoutez les tranches de concombre, la menthe, l'aneth, les câpres et l'oignon. Mélangez délicatement, puis incorporez la crème fraîche et le jus de citron vert. Ajoutez les crevettes hachées et mélangez doucement, en veillant à ne pas réduire l'avocat en purée.

3 Tartinez 4 tranches de pain de ce mélange, recouvrez de cresson, puis des autres tranches de pain. Coupez les sandwichs en deux dans la diagonale.

Crostini de truite fumée, fenouil et mascarpone

PRÉP 25 MIN CUISS 15 MIN

POUR 4 PERSONNES

2 c. à s. d'huile d'olive
4 tranches de pain de campagne
sel et poivre du moulin
1 gousse d'ail pelée
500 g de truite fumée
150 g de fenouil coupé en deux et émincé
125 ml de mascarpone
30 g d'amandes effilées grillées (voir Conseil du chef)
le jus de ½ citron
quelques pluches de cerfeuil pour le décor
1 citron coupé en quartiers

1 Préchauffez le four à 200 °C (th. 6-7). Préparez les crostini : versez l'huile d'olive au fond d'une plaque à pâtisserie. Pressez les deux faces de chaque tranche de pain dans l'huile. Salez, poivrez et enfournez pour 15 min de cuisson. Hors du four, frottez rapidement les crostini avec la gousse d'ail et laissez-les refroidir sur une grille, pour qu'ils conservent leur croquant.

2 Enlevez la peau de la truite fumée et effeuillez le poisson en gros morceaux.

3 Dans un saladier, mettez la truite, le fenouil, le mascarpone, les amandes et le jus de citron. Saupoudrez de poivre et mélangez délicatement.

4 Juste avant de servir, garnissez les crostini de truite au fenouil, poivrez une fois de plus et décorez de 1 pluche de cerfeuil. Servez avec le citron.

CONSEIL DU CHEF

Étalez les amandes sur une plaque de cuisson. Faites cuire au four pendant quelques minutes, jusqu'à ce qu'elles soient blondes. Attention, elles brunissent ensuite en quelques secondes.

Bouchées de poulet fumé, mayonnaise au basilic

PRÉP 20 MIN

POUR 6 À 8 PERSONNES

250 g de blanc de poulet fumé
3 c. à s. de mayonnaise
1 c. à c. de pesto
poivre du moulin
1 concombre coupé en fines rondelles de 5 mm d'épaisseur

1 Enlevez la peau du poulet et émincez ce dernier en tranches fines, que vous couperez ensuite en dés. Versez-les dans un saladier avec la mayonnaise et le pesto, et poivrez généreusement.

2 Garnissez chaque rondelle de concombre de 1 cuillerée de poulet à la mayonnaise. Poivrez et dressez sur le plat de service.

Sauce à la portugaise

PRÉP 25 MIN CUISS 1 H

Matériel • robot ménager ou mixeur

POUR 12 PERSONNES
2 poivrons rouges
1 petit oignon rouge haché
2 gousses d'ail pelées
4 c. à s. d'huile d'olive
sel et poivre du moulin
400 g de tomates concassées en conserve
500 g de morue dessalée
2 c. à s. de marjolaine fraîche finement hachée
2 c. à s. d'aneth finement haché
½ botte de basilic finement haché
½ botte de persil finement haché
le jus de 1 citron

1 Préchauffez le four à 190 °C (th. 6-7). Découpez le pédoncule des poivrons et évidez-les en les laissant entiers. Répartissez la moitié de l'oignon rouge et les gousses d'ail à l'intérieur des poivrons. Déposez-les sur une plaque de cuisson recouverte de papier sulfurisé et arrosez-les de 1 c. à s. d'huile d'olive. Salez, poivrez et faites rôtir au four pendant 1 h, puis laissez refroidir complètement.

2 Pendant ce temps, mettez 3 c. à s. d'huile d'olive à chauffer à feu doux dans une sauteuse. Ajoutez le reste de l'oignon rouge et laissez cuire pendant 5 min. Versez les tomates et prolongez la cuisson de 10 min, en remuant de temps en temps. Salez et poivrez.

3 Enlevez la peau de la morue et effeuillez le poisson. Ajoutez-le aux tomates et faites cuire pendant 10 min supplémentaires. Laissez refroidir complètement.

4 Versez les poivrons confits, avec l'ail et l'oignon, dans le robot ménager. Ajoutez la sauce à la morue et pulvérisez jusqu'à l'obtention d'une sauce lisse. Transférez dans un saladier, goûtez et rectifiez l'assaisonnement. Ajoutez les herbes ciselées, le jus de citron et mélangez délicatement. Servez sur des crostini ou des morceaux de pain azyme.

Omelette aux asperges sur toasts

PRÉP 20 MIN CUISS 20 MIN

POUR 4 PERSONNES
4 c. à s. d'huile d'olive
4 tranches de pain de campagne
sel et poivre du moulin
1 gousse d'ail pelée
8 pointes d'asperges vertes
2 c. à s. d'oignon haché
4 œufs
125 ml de crème fraîche épaisse
60 g de parmesan râpé
1 c. à s. de persil plat haché

1 Préchauffez le four à 200 °C (th. 6-7). Préparez les crostini : versez 2 c. à s. d'huile d'olive au fond d'une plaque à pâtisserie. Pressez les deux faces de chaque tranche de pain dans l'huile. Salez, poivrez et enfournez pour 15 min de cuisson. Hors du four, frottez rapidement les crostini avec la gousse d'ail et laissez-les refroidir sur une grille, pour qu'ils conservent tout leur croquant.

2 Faites blanchir les asperges pendant 2 min dans une casserole d'eau bouillante. Rafraîchissez-les immédiatement dans une bassine d'eau glacée, égouttez-les sur du papier absorbant, puis coupez-les en deux tronçons. Mettez 2 c. à s. d'huile à chauffer à feu moyen dans une poêle allant au four. Faites cuire l'oignon pendant 5 min, jusqu'à ce qu'il soit translucide. Ajoutez les tronçons d'asperges et prolongez la cuisson de 2 min. Préchauffez le gril du four à son maximum.

3 Dans un saladier, fouettez les œufs avec la crème et le parmesan. Salez, poivrez et versez les œufs battus sur les asperges. Faites cuire à feu doux pendant 5 min, en soulevant régulièrement les bords de l'omelette, afin de laisser glisser le mélange encore liquide au fond de la poêle. Placez ensuite la poêle sous le gril du four, jusqu'à ce que le dessus de l'omelette soit bien doré.

4 Pour servir, découpez l'omelette en triangles ou en carrés, que vous déposerez sur les crostini. Parsemez de persil haché et servez aussitôt. Vous pouvez aussi servir ces amuse-bouches tièdes ou froids.

Mini-hamburgers, salade de betterave rouge

PRÉP 30 MIN | CUISS 15 MIN

POUR 8 PERSONNES

Pour les hamburgers :
500 g de bœuf haché
100 g de parmesan râpé
50 g de chapelure
3 c. à s. d'huile d'olive
1 gousse d'ail pelée et écrasée
2 c. à s. d'oignon blanc haché
¼ c. à c. de paprika
2 œufs
2 c. à s. de persil plat finement haché
1 c. à c. de thym frais
sel et poivre du moulin
1 pâte à pizza pré-étalée
400 g de coulis de tomates

Pour la salade :
350 g de betterave pelée et râpée
1 piment doux épépiné et haché
1 c. à s. d'huile d'olive
le jus de ½ citron

1 Dans un saladier, versez la viande hachée, le parmesan et la chapelure. Mélangez soigneusement, puis incorporez l'huile d'olive, l'oignon et le paprika. Mélangez à nouveau avant d'y ajouter les œufs, le persil et le thym. Salez et poivrez généreusement.

2 Façonnez des boulettes de la taille d'une noix. Roulez-les dans le creux de la main, puis aplatissez-les légèrement et formez ainsi environ 40 mini-burgers. Recouvrez une plaque à pâtisserie de papier sulfurisé et dressez les boulettes de viande par-dessus. Réservez au réfrigérateur pendant 15 min, le temps qu'elles se raffermissent.

3 Préchauffez le four à 190 °C (th. 6-7). Étalez la pâte à pizza et découpez des cercles de 5 cm de diamètre à l'aide d'un emporte-pièce ou d'un petit verre à moutarde. Alignez-les sur une plaque à pâtisserie recouverte de papier sulfurisé. Transférez les deux plaques dans le four et faites cuire pendant 10 min, jusqu'à ce que les pizzas soient bien dorées et les burgers cuits à point.

4 Réchauffez le coulis de tomates dans une petite casserole. Préparez la salade d'accompagnement. Dans un saladier, mélangez la betterave avec le piment doux, avant d'incorporer l'huile d'olive et le jus de citron. Pour servir, tartinez les pizzas de coulis de tomates, posez un hamburger dessus et garnissez de betterave crue.

Mini-hamburgers de poulet, sauce tomate épicée

PRÉP 30 MIN | CUISS 30 MIN

Réfrigération • 1 h
Matériel • robot ménager

POUR 12 PERSONNES
800 g de d'escalope de poulet coupée en gros morceaux
1 c. à s. de persil plat finement haché
1 c. à c. de feuilles de sauge fraîche finement hachées
1 gousse d'ail pelée et hachée + 1 gousse entière pelée
100 g de dattes hachées
50 g de noisettes concassées
2 c. à c. de mélange quatre-épices
2 œufs
3 c. à s. d'huile d'olive
75 g de chapelure
sel et poivre du moulin
400 g de coulis de tomates
1 c. à s. de feuilles de basilic finement hachées
12 tranches de baguette croustillante
2 poivrons jaunes grillés, pelés, épépinés et émincés
2 poivrons rouges grillés, pelés, épépinés et émincés

1 À l'aide du robot ménager, hachez grossièrement le poulet pendant 15 s, sans le réduire en pâte. Versez-le dans un saladier, ajoutez les herbes, l'ail haché, les dattes, les noisettes et le mélange quatre-épices. Mélangez puis incorporez les œufs, 1 c. à s. d'huile d'olive et la chapelure. Salez, poivrez et couvrez de film alimentaire. Laissez reposer au réfrigérateur pendant 1 h.

2 Préchauffez le gril du four à son minimum. Façonnez le mélange refroidi en 12 boulettes, que vous écraserez légèrement avec la paume de la main pour leur donner la forme d'un burger. Badigeonnez-les de 1 c. à s. d'huile d'olive et faites-les griller au four pendant 5 min de chaque côté. Laissez reposer pendant 15 min au chaud.

3 Réchauffez le coulis de tomates avec le basilic. Badigeonnez les tranches de pain de 1 c. à s. d'huile et passez-les rapidement sous le gril du four. Frottez-les légèrement avec la gousse d'ail entière. Dressez les tranches de pain sur le plat de service et garnissez-les de quelques lamelles de poivrons rouges et jaunes. Posez 1 burger de poulet par-dessus et recouvrez de 1 petite cuillerée de coulis.

Raïta d'aubergine aux pignons de pin

PRÉP 15 MIN | CUISS 40 MIN

Matériel • robot ménager ou mixeur

POUR 10 PERSONNES

1 grosse aubergine
1 c. à s. d'huile d'olive
2 c. à s. de tahini
2 gousses d'ail pelées et râpées
le jus de 1 citron (et plus si nécessaire)
1 pincée de cumin
sel et poivre du moulin

1 Préchauffez le four à 190 °C (th. 6-7). À l'aide d'un couteau, percez quelques entailles dans l'aubergine pour que la chaleur puisse y pénétrer. Badigeonnez le légume d'huile d'olive et enfournez pour 40 min de cuisson, jusqu'à ce qu'il commence à noircir. Laissez refroidir complètement.

2 Une fois l'aubergine refroidie, pelez-la, puis versez la chair dans le bol du robot ménager. Ajoutez le tahini, l'ail, le jus de citron et le cumin. Pulvérisez jusqu'à l'obtention d'une purée bien lisse.

3 Goûtez, puis rectifiez l'assaisonnement. Ajoutez du jus de citron si vous le jugez nécessaire. Mixez à nouveau pendant quelques secondes, puis transférez le raïta dans un plat de service, avec du pain pita en accompagnement.

CONSEIL DU CHEF

Vous pouvez préparer cette sauce la veille et la conserver au réfrigérateur, recouverte de film alimentaire. Servez-la à température ambiante.

Houmous

PRÉP 10 MIN

Matériel • robot ménager ou mixeur

POUR 10 PERSONNES

400 g de pois chiches en conserve, rincés et égouttés
2 gousses d'ail pelées et écrasées
le jus de 1 citron (et plus si nécessaire)
2 c. à s. de tahini
1 pincée de paprika
3 c. à s. d'huile d'olive
sel fin

1 Versez tous les ingrédients, sauf l'huile d'olive, dans le bol du robot ménager. Pulvérisez jusqu'à l'obtention d'une purée bien lisse.

2 Ajoutez progressivement l'huile d'olive, sans cesser de mixer, jusqu'à ce que l'houmous ait une consistance souple et onctueuse. Goûtez, salez et poivrez si nécessaire. Si vous le souhaitez, incorporez un peu plus de jus de citron, et pulvérisez pendant quelques secondes. Servez avec du pain pita tiède.

Bruschetta aux tomates et basilic

PRÉP 10 MIN

POUR 8 PERSONNES
6 tomates mûries à point grossièrement hachées
20 feuilles de basilic déchirées à la main
4 c. à s. d'huile d'olive
sel et poivre du moulin
1 boule de pain italien (ou de pain de campagne)
3 gousses d'ail pelées

1 Versez les tomates, le basilic et l'huile d'olive dans un saladier. Salez, poivrez généreusement et réservez à température ambiante.

2 Préchauffez le gril du four à son maximum. Coupez le pain en grandes tranches, que vous recouperez en deux ou trois parts, selon la largeur souhaitée. Faites dorer le pain au four sur les deux faces.

3 À la sortie du four, frottez les tranches de pain grillé avec les gousses d'ail et recouvrez-les de tomates au basilic.

CONSEIL DU CHEF

Laissez mariner les tomates le plus longtemps possible : les saveurs se marieront harmonieusement. Vous pouvez peler et monder les tomates.

Dés de poulet sauce au yaourt sur chips de maïs

PRÉP 20 MIN

POUR 8-10 PERSONNES
250 g de chips au maïs
1 pot de 125 g de chutney à la mangue
350 g de restes de blanc de poulet grillé coupés en dés
quelques pluches de coriandre pour le décor

Pour la sauce :
200 ml de yaourt à la grecque
½ concombre pelé, fendu en deux et épépiné
1 botte de menthe fraîche finement hachée
sel et poivre du moulin

1 Préparez la sauce. Versez le yaourt dans un saladier. Coupez le concombre en dés de 3 mm, que vous ajouterez au yaourt en même temps que la menthe. Salez et poivrez abondamment. Goûtez et rectifiez l'assaisonnement si nécessaire.

2 Dressez les chips sur un plat de service en une seule couche et recouvrez chacune d'une fine couche de chutney.

3 Garnissez les chips de quelques morceaux de poulet grillé, surmontez-les de 1 cuillerée de sauce au yaourt et terminez par 1 pluche de coriandre.

Brochettes de crevettes et calamars à l'ail

PRÉP 20 MIN · CUISS 10 MIN

Marinade • 30 min

Matériel • piques en bambou ou brochettes en bois

POUR 6 PERSONNES

12 grosses crevettes crues décortiquées
6 calamars
nettoyés et fendus en deux
1 petit piment doux
épépiné et émincé
3 gousses d'ail pelées et râpées
1 c. à s. d'huile d'olive
1 c. à s. de persil plat ciselé
un morceau de gingembre frais
(3 cm) pelé et râpé
sel et poivre du moulin

1 Versez tous les ingrédients dans un grand saladier, salez et poivrez. Laissez mariner au réfrigérateur pendant au moins 30 min, ou toute une nuit si vous avez le temps.

2 Mettez 6 brochettes à tremper dans un récipient d'eau froide pendant 30 min. Préchauffez le gril du four à son maximum.

3 Alternez 2 crevettes et 2 morceaux de calamar sur chaque brochette. Déposez-les sur une plaque de cuisson. Faites griller pendant 4 min, en les retournant une fois. Servez avec de la sauce au concombre et yaourt (voir p. 324).

Astuce

Vous pouvez déguster le reste de brochettes le lendemain, avec des pâtes au pesto.

CONSEIL DU CHEF

N'hésitez pas à badigeonner les brochettes de marinade en cours de cuisson, pour bien les en imprégner.

Œufs de caille au sel de céleri frais

PRÉP 10 MIN · CUISS 15 MIN

Matériel • robot ménager

POUR 4 PERSONNES

2 branches de céleri
finement hachées
sel fin
12 œufs de caille frais

1 Préchauffez le four à 190 °C (th. 6-7). Préparez le sel de céleri. Sur une plaque à pâtisserie recouverte de papier sulfurisé, étalez les morceaux de céleri en une fine couche et saupoudrez-les de sel fin. Enfournez la plaque pour 8 min de cuisson, jusqu'à ce que le céleri commence juste à dorer. Laissez-le refroidir, puis versez-le dans le bol du mixeur et broyez-le en une poudre fine.

2 Faites cuire les œufs dans une casserole d'eau bouillante pendant 3 min. Égouttez-les et rafraîchissez-les dans une bassine d'eau froide. Écalez les œufs soigneusement, dressez-les sur une assiette de service et salez-les légèrement. Transférez le sel de céleri sur une assiette ou dans un petit bol et servez avec les œufs durs.

Astuce

Vous pouvez acheter du sel de céleri au supermarché, mais il n'aura pas la même saveur que le sel maison.

CONSEIL DU CHEF

Proposez de la mayonnaise maison et du pain de campagne croustillant avec les œufs durs.

Barquettes de pommes de terre

PRÉP 10 MIN — CUISS 25 MIN

POUR 8 À 10 PERSONNES
4 grosses pommes de terre
2 c. à s. d'huile d'olive
sel et poivre du moulin
6 tomates mûries à point coupées en dés
1 pincée de piment de Cayenne
1 c. à c. de persil plat haché
150 ml de crème fraîche épaisse

1 Faites cuire les pommes de terre au four à micro-ondes réglé à son maximum pendant 4 min, jusqu'à ce qu'elles soient tendres. Vous pouvez également les faire cuire dans un four préchauffé à 180 °C (th. 6) pendant 1 h. Dans les deux cas, laissez-les refroidir.

2 Préchauffez le four à 200 °C (th. 6-7). Coupez les pommes de terre refroidies en quatre. Prélevez la chair à l'aide d'une cuillère, en en conservant une fine couche près de la peau, de manière à former des barquettes. Déposez-les au fur et à mesure sur une plaque de cuisson. Arrosez-les de 1 filet d'huile d'olive et saupoudrez-les de sel.

3 Dans un saladier, mélangez les dés de tomates avec le piment et le persil. Salez, poivrez et remplissez les barquettes de ce mélange. Faites cuire au four pendant 20 min, jusqu'à ce qu'elles soient dorées. Hors du four, déposez 1 pointe de crème fraîche sur chaque barquette et servez aussitôt.

CONSEIL DU CHEF

Vous pouvez ajouter le jus de ½ citron à la crème fraîche et laisser reposer pendant 10 min avant d'en napper les barquettes.

Toasts aux crevettes et sésame

PRÉP 15 MIN — CUISS 10 MIN

Matériel • robot ménager ou mixeur

POUR 4 PERSONNES
300 g de crevettes roses cuites et décortiquées
2 gousses d'ail pelées
½ botte de coriandre hachée
½ poivron rouge épépiné et haché
le jus de 1 citron vert
sel et poivre du moulin
4 tranches de pain de mie
1 filet d'huile d'olive pour la plaque de cuisson
125 g de graines de sésame

1 Préchauffez le gril du four à son maximum. Mixez les crevettes avec l'ail, la coriandre, le poivron et le jus de citron jusqu'à l'obtention d'une pâte épaisse. Salez et poivrez, puis mixez à nouveau pendant quelques secondes.

2 Faites légèrement griller les tranches de pain, puis tartinez-les de pâte de crevettes, en pressant fermement, pour qu'elle adhère parfaitement au pain.

3 Huilez légèrement une plaque de cuisson et étalez les graines de sésame en une couche fine et régulière. Posez les tartines, côté crevettes par-dessus, en pressant légèrement, pour que le sésame adhère bien à la pâte de crevettes. Retournez les toasts et découpez-les en triangles.

4 Glissez la plaque sous le gril et faites griller pendant quelques minutes, jusqu'à ce que les graines de sésame se mettent à dorer. Veillez à ce qu'elles ne noircissent pas. Servez dès la sortie du four.

Noix de Saint-Jacques rôties au jambon de Parme

PRÉP 10 MIN · CUISS 8 MIN

Matériel • piques en bois

POUR 8 PERSONNES

8 noix de Saint-Jacques très fraîches coupées en deux
1 c. à s. d'huile d'olive
le jus de 1 citron
sel et poivre du moulin
6 tranches de jambon de Parme coupées en deux
quelques feuilles de roquette

1 Faites tremper les piques en bois dans de l'eau froide pendant 30 min. Préchauffez le four à 190 °C (th. 6-7). Dans un saladier, mélangez les noix, l'huile et le jus de citron. Salez et poivrez.

2 Enroulez chaque morceau de noix dans 1 tranche de jambon et enfilez-les sur les piques en bois.

3 Déposez les piques sur une plaque et faites rôtir au four pendant 6 min, en les retournant une fois. Dressez sur un plat avec de la roquette.

CONSEIL DU CHEF

Vous pouvez supprimer le jambon et faire griller les noix pendant 4 min seulement.

Canapés de betterave et fourme d'Ambert

PRÉP 15 MIN

POUR 8 À 10 PERSONNES

8 tranches de pain d'épice
125 g de fourme d'Ambert coupée en cubes
1 betterave cuite au naturel et coupée en dés
2 c. à s. de sauce de raifort
1 pincée de poivre rose

1 Coupez les tranches de pain d'épice en quatre ou six carrés, selon leur taille.

2 Posez 1 cube de fromage sur chaque carré de pain. Ajoutez quelques dés de betterave et garnissez de 1 pointe de sauce au raifort. Saupoudrez de poivre rose avant de dresser sur des assiettes de service.

VARIANTE

Remplacez la fourme d'Ambert par du fromage de chèvre ou du houmous.

CÔTÉ TAPAS

Des mini-plats inspirés de la gastronomie basque
et espagnole, à grignoter autour d'un verre entre amis !

CÔTÉ TAPAS

Les tapas sont des portions réduites de plats espagnols, que l'on propose dans les bars. Le plus souvent salées (assiettes de charcuterie, tranches de fromages régionaux...), elles se dégustent avec les doigts. On les consomme avec un verre de vin ou une bière locale. Les tapas, véritable vitrine de la gastronomie espagnole, incarnent à merveille l'art de vivre de la péninsule ibérique !

Que signifie le mot « tapas » ?

Dérivées du terme *tapar*, qui signifie « couvrir » en espagnol, les tapas étaient, à l'origine, de simples morceaux de pain qui recouvraient les verres de vin ou de xérès. De nos jours, de nombreux bars proposent encore gratuitement des olives, des cubes de fromage ou des tranches de charcuterie en amuse-gueules, à l'heure de l'apéritif. Il n'y a pas de règle concernant le nombre et la variété de tapas proposées. Les ingrédients doivent être de bonne qualité et de première fraîcheur, car ils sont peu travaillés en cuisine.

Une palette de tapas espagnoles dans des plats traditionnels en terre cuite.

L'assiette espagnole

Une sélection de charcuterie, de fromage et d'olives, pour créer de succulentes tapas !

CHARCUTERIE

JAMBON SERRANO Délicieux jambon cru, au goût fin et soyeux, généralement servi en très fines tranches. Emblématique de l'Espagne, il est de fabrication artisanale..

JAMBON IBERIQUE Autre jambon cru, au prix très élevé, considéré comme le meilleur des jambons d'Espagne, voire d'Europe. Saveur, parfum, souplesse et douceur exceptionnels ! Une catégorie particulière domine ce jambon d'élite : le **jambon de Bellota**.

CHORIZO Saucisse épicée d'Espagne, de qualité variable selon les fabricants. Elle peut être fumée ou nature, fraîche ou cuite. Autres saucisses espagnoles : **sobrasada** et **lomo**.

FROMAGE

MANCHEGO Ce fromage est le plus connu d'Espagne, et l'un des plus consommés. Légèrement salé, il est fabriqué à partir du lait de brebis de la région de la Mancha. Selon le degré de maturation, il peut être à pâte molle ou dure. Quand il est de fabrication artisanale, il est à base de lait non pasteurisé. Vous le trouverez fumé ou non fumé, principalement dans la région de Perpignan et dans certaines épiceries fines. Le manchego est une composante indispensable d'un buffet de tapas. Les Espagnols l'apprécient particulièrement avec de la pâte de coing et un verre de xérès. Vous pouvez éventuellement le remplacer par de beaux morceaux de **parmesan**.

OLIVES ET ANCHOIS

OLIVES MANZANILLA Cette variété est la plus fréquemment employée pour confectionner des tapas. De forme ovale et à petit noyau, l'olive manzanilla peut être farcie au poivron, à l'amande ou à l'anchois. Elle est également très appréciée quand elle est marinée à l'ail, au piment, au citron, au thym et à l'origan.

CÂPRES Les câpres à longues tiges sont très prisées à l'heure de l'apéritif.

ANCHOIS MARINÉS Les petits filets d'anchois blanc sont marinés dans du vinaigre de vin blanc, avec des herbes fraîches. Vous les trouverez également montés sur des piques en bois, avec quelques lamelles de poivron grillé ou de piment rouge.

PAS À PAS

La tortilla espagnole

Une omelette simple et délicieuse, à base de pommes de terre et d'oignons.

1 Pelez et émincez 5 pommes de terre en tranches de 5 mm d'épaisseur. Versez 250 ml d'huile d'olive dans une poêle assez profonde supportant le four. Faites chauffer l'huile, ajoutez les pommes de terre et laissez bouillonner pendant 15 min, jusqu'à ce qu'elles soient tendres. Transférez les pommes de terre dans un grand saladier à l'aide d'une écumoire et laissez-les refroidir.

2 Pelez et coupez 3 oignons en deux, puis émincez-les finement. Conservez 2 c. à s. d'huile d'olive dans la poêle et jetez le reste. Ajoutez l'oignon additionné de 1 pincée de sel et faites cuire à feu doux pendant 15 min, jusqu'à l'obtention d'une compotée légèrement caramélisée. Versez dans le saladier avec les pommes de terre et laissez refroidir complètement.

3 Préchauffez le four à 180 °C (th. 6). Fouettez 5 œufs avec une fourchette et incorporez-les aux pommes de terre. Assaisonnez avec du gros sel et poivrez généreusement. Mélangez délicatement, en évitant de trop briser les pommes de terre. Faites chauffer 2 c. à s. d'huile d'olive dans la poêle et versez les pommes de terre, en les étalant délicatement au fond du récipient. Laissez cuire à feu doux pendant 10 min, sans remuer.

4 Transférez la poêle directement au four et prolongez la cuisson de 10 min. Laissez l'omelette sous le gril du four pendant quelques minutes, afin de bien la dorer. Faites reposer dans la poêle pendant 5 min, puis retournez la tortilla d'un coup sec sur une planche à découper et taillez-la en triangles ou en carrés. Servez cette omelette tiède ou froide.

La cuisine espagnole

Les ingrédients essentiels

L'huile d'olive est utilisée pour la cuisson, mais aussi pour la finition des tapas. À l'apéritif, on la dresse tout simplement en coupelle, pour y tremper des morceaux de pain rustique…

L'ail est présent en grande quantité dans les tapas. Il entre aussi dans la préparation de l'aïoli (mayonnaise additionnée d'ail), des gambas et des crevettes.

L'oignon est incontournable dans la cuisine espagnole. L'oignon jaune doux, à la saveur sucrée, est idéal pour la tortilla.

Les épices

Le paprika est l'épice emblématique de la gastronomie ibérique. Il s'obtient en moulant des poivrons rouges séchés, puis fumés. On le classe selon sa saveur : douce, aigre-douce ou piquante. Il est utilisé dans la fabrication de la charcuterie, pour son arôme et sa capacité à conserver les aliments. Les cuisiniers l'utilisent pour parfumer les plats à base de porc et de poulet.

Le safran est une épice assez onéreuse. Il faut l'utiliser de manière parcimonieuse, car sa saveur est très puissante et peut facilement dénaturer un plat. Les pistils sont traditionnellement ajoutés à la paella.

La cannelle parfume les plats à base de viande, ainsi que les plats végétariens. Pour parfumer du riz, vous pouvez ajouter 1 bâton de cannelle en début de cuisson, et le retirer juste avant de servir.

La noix muscade est une épice essentielle de la cuisine espagnole. Évitez d'acheter de la muscade moulue : préférez la noix entière, que vous râperez directement dans le plat, juste avant la cuisson. À utiliser avec parcimonie !

Le paprika est une épice emblématique de la gastronomie espagnole.

Patatas bravas

PRÉP 15 MIN CUISS 1 H

POUR 4 PERSONNES
6 c. à s. d'huile d'olive
700 g de pommes de terre pelées et coupées en cubes de 2 cm de côté
2 oignons hachés
1 c. à c. de piment de Cayenne
2 c. à s. de xérès (ou de vin blanc sec)
le zeste de 1 citron
4 gousses d'ail pelées et râpées
200 g de tomates concassées en conserve
½ botte de persil plat ciselé
sel et poivre du moulin

1 Préchauffez le four à 190 °C (th. 6-7). Mettez 3 c. à s. d'huile à chauffer à feu moyen dans une poêle et faites cuire les pommes de terre pendant 20 min, en remuant fréquemment. Ajoutez les oignons et prolongez la cuisson de 5 min.

2 Incorporez le piment de Cayenne, le xérès, le zeste de citron et l'ail. Laissez cuire pendant 2 min avant d'ajouter les tomates concassées et le persil. Salez, poivrez et mélangez délicatement. Laissez cuire pendant 10 min supplémentaires.

3 Incorporez le reste de l'huile, transférez l'ensemble dans un plat à gratin et faites cuire au four pendant 30 min. Servez très chaud, accompagné d'autres tapas.

Astuce

Vous pouvez terminer la cuisson à feu doux pendant 30 min, au lieu de mettre le plat dans le four.

Omelette de pommes de terre au paprika

PRÉP 10 MIN CUISS 55 MIN

POUR 4 PERSONNES
250 ml d'huile d'olive
500 g de pommes de terre pelées et émincées en lamelles de 1 cm d'épaisseur
3 oignons finement émincés
2 c. à c de paprika
6 œufs
sel et poivre du moulin

1 Mettez l'huile à chauffer dans une poêle de 26 cm de diamètre et faites cuire les pommes de terre à feu très doux pendant 20 min, en évitant qu'elles brunissent. À l'aide d'une écumoire, transférez-les dans un saladier.

2 Dans la même poêle, versez les oignons avec 1 pincée de sel et laissez cuire à feu doux pendant 15 min, en veillant à ce qu'ils ne colorent pas. Transférez dans le saladier avec les pommes de terre, saupoudrez l'ensemble de paprika et laissez refroidir pendant 15 min. Jetez l'excédent d'huile de la poêle, et conservez-en 2 c. à s seulement. Mettez à nouveau à chauffer.

3 Pendant ce temps, cassez les œufs dans un saladier et fouettez à l'aide d'une fourchette. Salez, poivrez et incorporez les œufs battus aux pommes de terre. Mélangez délicatement et versez le tout dans la poêle chaude. Faites cuire à feu très doux pendant 20 min, puis passez la poêle sous le gril du four, de manière à faire dorer le dessus de l'omelette. Laissez reposer pendant 5 min avant de démouler sur une assiette. Découpez en tranches ou en carrés.

CONSEIL DU CHEF

Pour transférer l'omelette sur le plat de service, décollez-la du fond de la poêle à l'aide d'une spatule, posez le plat par-dessus et retournez la poêle d'un coup sec du poignet.

Boulettes de porc à la tomate et aux olives

PRÉP 30 MIN | CUISS 20 MIN

POUR 4 PERSONNES
300 g de porc haché
1 oignon haché
1 c. à c. de câpres hachées
2 c. à s. d'olives noires dénoyautées et hachées
1 c. à s. de farine
1 œuf légèrement battu
sel et poivre du moulin
4 c. à s. d'huile d'olive
400 g de tomates concassées
2 gousses d'ail pelées et râpées
1 c. à c. de paprika

1 Préchauffez le four à 190 °C (th. 6-7). Dans un saladier, mélangez le porc, l'oignon, les câpres, les olives et la farine. Incorporez l'œuf, puis salez et poivrez. Façonnez 15 boulettes, que vous placerez au réfrigérateur pendant quelques minutes, le temps qu'elles rafermissent.

2 Mettez l'huile à chauffer à feu moyen dans une poêle et faites cuire les boulettes pendant 10 min, jusqu'à ce qu'elles soient dorées. Transférez dans un plat à gratin et réservez.

3 Pendant ce temps, versez les tomates, l'ail et le paprika dans une sauteuse. Salez, poivrez et laissez mijoter à feu moyen pendant 10 min, en remuant occasionnellement. Versez cette sauce sur les boulettes et enfournez pour 20 min de cuisson. Servez très chaud.

Champignons farcis

PRÉP 20 MIN | CUISS 15 MIN

POUR 4 PERSONNES
12 gros champignons de Paris
3 c. à s. d'huile d'olive
150 g de porc haché
3 tomates coupées en dés
1 poivron rouge haché
1 oignon haché
2 gousses d'ail pelées et râpées
sel et poivre du moulin
3 c. à s. de chapelure fraîche
½ botte de persil plat ciselé

1 Ôtez le pied des champignons et badigeonnez le chapeau de 2 c. à s. d'huile d'olive. Hachez les pieds et versez-les dans un saladier.

2 Dans le même saladier, ajoutez la viande, les tomates, le poivron, l'oignon et l'ail. Salez, poivrez et mélangez. Incorporez la chapelure et le persil, puis mélangez, jusqu'à l'obtention d'une farce épaisse. Farcissez les chapeaux des champignons et posez-les dans un plat à gratin.

3 Enfournez le plat sous le gril pendant 15 min. Arrosez de 1 c. à s. d'huile et servez.

Anchois marinés, amandes salées et olives à l'ail

PRÉP 15 MIN

Marinade • 1 h

POUR 4 PERSONNES

Pour les olives :
250 g d'olives vertes et noires
2 gousses d'ail pelées et râpées
le zeste de 1 orange
1 piment rouge épépiné et haché
1 c. à c. de poivre concassé
3 c. à s. d'huile d'olive

Pour les anchois :
150 g d'anchois à l'huile
2 gousses d'ail pelées et râpées
1 c. à c. d'aneth ciselé
1 c. à c. de vinaigre de vin blanc
poivre du moulin

Pour les amandes :
125 g d'amandes entières
1 c. à c. de gros sel

1 Dans un saladier, versez les olives, l'ail, le zeste d'orange, le piment et le poivre. Arrosez d'huile, mélangez et laissez mariner pendant 1 h au réfrigérateur.

2 Versez les anchois et l'huile de macération dans un petit saladier. Ajoutez l'ail, l'aneth et le vinaigre. Poivrez et mélangez délicatement. Laissez reposer pendant 30 min au réfrigérateur.

3 Mettez les amandes dans une petite poêle antiadhésive et faites réchauffer à feu doux pendant quelques minutes. Saupoudrez de gros sel, remuez et laissez griller pendant quelques minutes, jusqu'à ce que les amandes aient blondi.

4 Dressez les amandes, les olives et les anchois dans de jolis plats de service, ou disposez-les sur une grande assiette. Servez à température ambiante.

Crevettes sautées à l'ail et au piment

PRÉP 5 MIN — CUISS 5 MIN

POUR 4 PERSONNES
4 c. à s. d'huile d'olive
6 gousses d'ail pelées et râpées
1 c. à c. de piment de Cayenne
250 g de crevettes crues décortiquées
1 c. à s. de xérès
sel et poivre du moulin

1 Mettez l'huile à chauffer à feu moyen dans une poêle antiadhésive. Faites revenir l'ail et le piment pendant 2 min.

2 Ajoutez les crevettes à la poêle, arrosez-les de xérès et faites cuire à feu vif pendant 3 min. Salez, poivrez et servez aussitôt, au moment de l'apéritif ou comme entrée légère.

CONSEIL DU CHEF

Si vous utilisez des crevettes non décortiquées, proposez un rince-doigts à vos convives.

Bûche de chèvre au miel

PRÉP 10 MIN · CUISS 5 MIN

POUR 4 PERSONNES
2 c. à s. de miel liquide
2 c. à s. de xérès
1 baguette coupée en tranches de 1 cm
1 bûche de fromage de chèvre frais coupée en rondelles de 1 cm d'épaisseur
2 c. à s. d'origan séché

1 Versez le miel et le xérès dans une petite casserole, que vous ferez réchauffer à feu doux jusqu'à ce que le miel soit dissout.

2 Faites légèrement griller les tranches de pain au four. Posez 1 rondelle de fromage par-dessus et arrosez de quelques gouttes de miel au xérès. Saupoudrez d'origan et faites dorer sous le gril pendant 5 min, jusqu'à ce qu'une croûte dorée se forme à la surface. Servez immédiatement.

CONSEIL DU CHEF

Ajustez la quantité de miel en fonction de vos goûts. Utilisez la variété de votre choix : les miels du commerce ont des parfums variés et un goût plus ou moins prononcé.

Poêlée de chorizo

PRÉP 10 MIN · CUISS 10 MIN

POUR 4 PERSONNES
2 c. à s. d'huile d'olive
2 poivrons rouges épépinés et coupés en cubes de 2 cm de côté
2 poivrons verts épépinés et coupés en cubes de 2 cm de côté
3 gousses d'ail pelées et écrasées
300 g de chorizo coupé en cubes
2 c. à s. de xérès
1 c. à c. d'origan séché
sel et poivre du moulin

1 Mettez l'huile à chauffer à feu moyen dans une poêle et faites revenir tous les poivrons pendant 5 min, en remuant de temps en temps. Ajoutez l'ail, le chorizo et le xérès. Prolongez la cuisson de 5 min.

2 Saupoudrez d'origan, salez, poivrez et dégustez sans attendre.

CONSEIL DU CHEF

Choisissez un chorizo cru d'excellente qualité chez votre charcutier ou dans une épicerie fine espagnole ou portugaise.

Tartines de champignons au fromage manchego

PRÉP 10 MIN CUISS 20 MIN

POUR 4 PERSONNES
2 c. à s. d'huile d'olive
200 g de petits champignons de Paris extra-frais émincés
sel fin
3 gousses d'ail pelées et râpées
1 c. à c. de paprika
3 c. à s. de xérès
1 c. à c. de poivre concassé
½ botte de persil ciselé
8 tranches de pain grillé
100 g de fromage manchego taillé en copeaux à l'aide d'un économe

1 Préchauffez le four à 190 °C (th. 6-7). Mettez l'huile à chauffer à feu moyen dans une poêle, ajoutez les champignons et faites cuire pendant 5 min.

2 Salez, puis ajoutez l'ail et le paprika. Prolongez la cuisson de 2 min avant d'incorporer le xérès et le poivre. Portez à ébullition à feu vif et laissez réduire le jus de cuisson des trois-quarts. Hors du feu, ajoutez le persil ciselé et mélangez délicatement.

3 Alignez les tranches de pain grillé sur une plaque de cuisson, recouvrez-les de champignons de Paris et parsemez de copeaux de fromage manchego. Faites fondre au four pendant 2 min et dégustez ces tartines sans attendre.

Poivrons farcis à la feta

PRÉP 15 MIN CUISS 20 MIN

POUR 4 PERSONNES
150 g de feta
3 gousses d'ail pelées et écrasées
1 c. à s. de persil plat ciselé
1 c. à c. de poivre concassé
12 pimentos del piquillo (poivron doux espagnol)
4 c. à s. d'huile d'olive

1 Préchauffez le four à 190 °C (th. 6-7). Dans un saladier, écrasez la feta avec l'ail, le persil et le poivre. Réduisez en une pâte lisse avec le dos d'une fourchette.

2 Ôtez le pédoncule des poivrons et épépinez-les délicatement, en évitant de les percer. Farcissez de feta aillée, badigeonnez 2 c. à s. d'huile et dressez dans un petit plat à gratin, en les serrant les uns contre les autres. Arrosez de 2 c. à s. d'huile d'olive et enfournez pour 20 min de cuisson, jusqu'à ce que les poivrons soient tendres. Servez aussitôt.

CONSEIL DU CHEF

Si vos poivrons sont en bocal, égouttez-les avant de les farcir et réduisez la cuisson de 10 min.

Rouleaux aux poires

PRÉP 10 MIN CUISS 15 MIN

Marinade • 30 min

POUR 4 PERSONNES
100 ml de xérès
250 ml d'eau minérale
100 g de sucre en poudre
3 poires conférence mûries à point et coupées en quartiers
150 g de très fines tranches de jambon

1 Dans une casserole, versez le xérès, l'eau et le sucre. Portez à ébullition et ajoutez la poire. Portez à nouveau à l'ébullition, puis faites mijoter à feu doux pendant 15 min. Laissez refroidir dans le jus de cuisson pendant 30 min, puis faites réduire le jus de moitié à feu vif.

2 Égouttez les fruits et entourez chaque quartier de 1 tranche de jambon. Décorez de quelques gouttes de jus de cuisson.

Sardines fraîches grillées sur toast

PRÉP 10 MIN CUISS 10 MIN

POUR 4 PERSONNES
8 sardines fraîches nettoyées, vidées et désarêtées
1 c. à s. d'huile d'olive + 3 c. à s. pour la marinade
3 gousses d'ail pelées et émincées
¼ poivron vert haché
le jus d'un citron
1 c. à c. de fenouil entier écrasé
2 c. à s. de persil plat ciselé
sel et poivre du moulin
8 tranches de pain

1 Allumez le gril du four à son maximum. Badigeonnez les sardines avec 1 c. à s. d'huile d'olive et faites-les griller pendant 2 min sur chaque face. Transférez-les sur un plat et réservez.

2 Versez les autres ingrédients, sauf le pain, dans un saladier. Fouettez vigoureusement et versez cette sauce sur les sardines. Si vous avez le temps, laissez mariner pendant 20 min. Faites griller le pain et dressez les sardines sur les toasts.

Épinards sautés aux raisins secs

PRÉP 5 MIN · CUISS 10 MIN

POUR 4 PERSONNES
1 c. à s. d'huile d'olive
3 c. à s. de raisins secs
3 c. à s. de pignons de pin
3 c. à s. de xérès
200 g d'épinards frais nettoyés, égouttés et émincés
1 c. à c. de paprika
sel et poivre du moulin

1 Mettez l'huile à chauffer à feu moyen dans une poêle et faites revenir les raisins secs et les pignons de pin pendant 3 min, en les remuant continuellement. Incorporez doucement le xérès, en prenant garde aux projections d'huile. Portez à ébullition et laissez réduire le liquide de moitié.

2 Ajoutez les épinards et le paprika dans la poêle. Faites cuire pendant 5 min, salez et poivrez. Servez chaud ou froid.

VARIANTE
À défaut de xérès, utilisez un vin doux naturel, un vin liquoreux, un vin blanc sec ou 1 trait de vinaigre de vin blanc. Remplacez les épinards par des sommités de brocoli.

Tempura de poisson, mayonnaise citronnée

PRÉP 20 MIN · CUISS 10 MIN

Matériel • robot ménager

POUR 4 PERSONNES
1 œuf + 1 jaune d'œuf
le zeste râpé + le jus de 1 citron
250 ml d'huile d'olive
+ 250 ml pour la friture
sel et poivre du moulin
125 g de farine tamisée
1 c. à c. de bicarbonate de soude
1 c. à c. de paprika
150 ml d'eau pétillante glacée
300 g de dos de cabillaud coupé en lanières de 1 cm d'épaisseur

1 Préparez la mayonnaise. Versez l'œuf, le jaune d'œuf, le zeste et le jus de citron dans le bol du robot ménager et mixez pendant 1 min. Réduisez la vitesse de l'appareil et incorporez peu à peu l'huile, jusqu'à l'obtention d'une sauce onctueuse. Salez, poivrez et transférez dans un bol de service, que vous placerez au réfrigérateur.

2 Dans un saladier, versez la farine, le bicarbonate, le paprika et l'eau glacée. Salez, poivrez et fouettez pour obtenir une pâte lisse. Mettez l'huile à chauffer à feu vif dans une poêle profonde. Vérifiez qu'elle est à bonne température en y plongeant un morceau de pain, qui doit remonter immédiatement à la surface.

3 Plongez le poisson dans la pâte, 1 lanière à la fois. Égouttez, puis plongez délicatement dans le bain de friture. Faites cuire en remuant de temps en temps, et en séparant les morceaux si nécessaire. Les beignets doivent être blonds et croustillants après 3 min de cuisson. À l'aide d'une écumoire, transférez-les sur une assiette recouverte de papier absorbant. Salez et poivrez légèrement. Présentez la mayonnaise dans une coupelle.

VARIANTE
Pour une pâte encore plus dorée, remplacez l'eau pétillante par la même quantité de bière blonde.

Astuce
Si vous êtes pressé, mélangez le jus de 1 citron avec 2 c. à s. de mayonnaise du commerce.

Beignets de maïs

PRÉP 10 MIN — CUISS 15 MIN

Congélation • 15 min

POUR 4 PERSONNES
125 g de farine tamisée
2 c. à s. d'eau pétillante glacée
1 c. à c. de bicarbonate de soude
340 g de maïs rincés et égouttés
1 c. à c. de piment de Cayenne
sel et poivre du moulin
3 c. à s. d'huile d'olive

1 Versez la farine, l'eau et le bicarbonate de soude dans un saladier. Fouettez vigoureusement, jusqu'à l'obtention d'une pâte lisse. Incorporez le maïs et le piment. Salez, poivrez et mélangez délicatement. Placez au congélateur pendant 15 min.

2 Mettez l'huile à chauffer à feu vif dans une poêle profonde. Déposez 1 c. à s. de pâte dans l'huile chaude : elle va légèrement s'étaler. Versez 1 ou 2 autres cuillerées de pâte et faites cuire pendant 3 min de chaque côté. Renouvelez l'opération jusqu'à épuisement de la pâte. Avec une écumoire, transférez les beignets sur une assiette couverte de papier absorbant. Salez et poivrez légèrement, avant de servir avec 1 pointe de mayonnaise à l'ail.

CONSEIL DU CHEF

Pour des beignets bien croustillants, la pâte doit être très froide : il est donc essentiel de la laisser reposer pendant 15 min au congélateur.

Barquette de sucrine à la betterave et au bleu

PRÉP 15 MIN

Matériel • robot ménager

POUR 4 PERSONNES
150 g de roquefort (ou de gorgonzola)
1 c. à c. de paprika
3 c. à s. de yaourt nature
1 c. à s. de feuilles de menthe fraîche
sel et poivre du moulin
1 sucrine ou le cœur d'une romaine
3 betteraves cuites et émincées

1 Dans le bol du robot, versez la moitié du fromage, le paprika, le yaourt et la menthe. Mixez jusqu'à l'obtention d'une crème épaisse. Émiettez le reste du fromage et incorporez-le à la crème. Salez et poivrez.

2 Effeuillez la sucrine, en dégageant 8 belles feuilles qui serviront de barquettes. Déposez 2 tranches de betterave dans chaque feuille de salade et garnissez de 1 belle cuillerée de crème au bleu. Accompagnez de quelques rondelles de chorizo et de baguette croustillante.

VARIANTE

Remplacez la sucrine par de la trévise ou de l'endive, au goût plus amer.

Champignons à l'ail

PRÉP 10 MIN | CUISS 15 MIN

POUR 4 PERSONNES
4 c. à s. d'huile d'olive
400 g de champignons de Paris coupés en deux
4 gousses d'ail pelées et émincées
¼ de poivron rouge finement émincé
4 c. à s. de xérès
1 cube de bouillon de volaille grossièrement émietté
poivre du moulin

1 Mettez l'huile à chauffer dans une poêle. Ajoutez les champignons, l'ail et le poivron et faites revenir pendant 2 min à feu doux. Incorporez le xérès et le cube de bouillon. Poivrez et prolongez la cuisson de 10 min à feu moyen.

2 Faites réduire le jus de cuisson de moitié, à feu assez vif. Servez avec des tranches de pain grillé, légèrement frottées à l'ail.

Beignets de calamars

PRÉP 15 MIN | CUISS 10 MIN

POUR 4 PERSONNES
2 œufs
2 c. à s. d'eau pétillante glacée
150 g de farine tamisée
1 pincée de piment de Cayenne
sel et poivre du moulin
500 g de petits calamars frais, nettoyés et coupés en rondelles de 1 cm d'épaisseur, avec les tentacules entiers
250 ml d'huile de tournesol
1 citron coupé en quartiers

1 Dans un bol, fouettez vigoureusement les œufs avec l'eau pétillante. Versez la farine, le piment de Cayenne et 1 c. à c. de sel dans une assiette creuse. Mélangez soigneusement. Plongez chaque morceau de calamar dans les œufs battus, puis dans la farine assaisonnée. Posez-les, au fur et à mesure, sur une assiette plate.

2 Mettez l'huile à chauffer dans une poêle assez profonde et faites frire les calamars, sans surcharger le récipient. Laissez cuire pendant 3 min, jusqu'à ce que les beignets soient dorés. À l'aide d'une écumoire, transférez-les sur une assiette couverte de papier absorbant. Salez, poivrez et servez avec des quartiers de citron.

CONSEIL DU CHEF

Choisissez de petits calamars frais, que vous trouverez chez votre poissonnier. Ils seront plus tendres que les gros encornets surgelés.

Poêlée de tomates, haricots et courgettes

PRÉP 10 MIN · CUISS 20 MIN

POUR 4 PERSONNES
3 c. à s. d'huile d'olive
1 oignon haché
2 courgettes coupées en cubes
3 gousses d'ail pelées et émincées
400 g de haricots blancs en conserve, rincés et égouttés
3 tomates fraîches coupées en dés
1 c. à c. de paprika
1 c. à c. d'origan séché
sel et poivre du moulin
1 filet d'huile pimentée (facultatif)

1 Mettez l'huile à chauffer à feu moyen dans une poêle assez profonde. Faites cuire l'oignon pendant 3 min, jusqu'à ce qu'il soit translucide. Ajoutez les courgettes et prolongez la cuisson de 5 min, sans cesser de remuer.

2 Ajoutez l'ail et les haricots et laissez cuire pendant 1 min avant d'incorporer les tomates, le paprika et l'origan. Laissez mijoter pendant 10 min, en remuant de temps en temps. Salez, poivrez et arrosez de 1 filet d'huile pimentée si vous le souhaitez.

Halloumi sauté à l'ail et au piment

PRÉP 10 MIN · CUISS 15 MIN

POUR 4 PERSONNES
3 c. à s. d'huile d'olive
2 petits piments rouges épépinés et émincés
4 gousses d'ail pelées et émincées
250 g de fromage halloumi coupé en tranches de 5 mm d'épaisseur
½ botte de coriandre ciselée
sel et poivre du moulin

1 Mettez l'huile à chauffer à feu moyen dans une poêle. Faites cuire les piments pendant 2 min, ajoutez l'ail et prolongez la cuisson de 1 min. Hors du feu, transférez le piment et l'ail sur une assiette, à l'aide d'une écumoire.

2 Faites chauffer la même poêle sans la nettoyer et laissez frire les tranches de fromage pendant 3 min de chaque côté. Ajoutez la coriandre, ainsi que l'ail et les piments frits. Assaisonnez abondamment et mélangez délicatement, en secouant la poêle. Prolongez la cuisson de 2 min.

CONSEIL DU CHEF

Le halloumi est un fromage idéal pour cuisiner à la poêle ou au barbecue, car il ne fond pas.

RECEVOIR

Salade de pois chiches au citron

PRÉP 10 MIN · CUISS 5 MIN

POUR 4 PERSONNES
3 c. à s. d'huile d'olive
+ 1 filet d'huile d'olive vierge extra pour l'assaisonnement
2 gousses d'ail pelées et émincées
400 g de pois chiches en conserve rincés et égouttés
le zeste râpé de 1 citron
le jus de ½ citron
sel et poivre du moulin
1 c. à s. de persil plat ciselé

1 Mettez l'huile à chauffer dans une poêle, ajoutez l'ail et les pois chiches, et faites cuire pendant 2 min. Incorporez le zeste et le jus de citron. Prolongez la cuisson pendant 2 min à feu moyen.

2 Hors du feu, salez et poivrez abondamment, arrosez de 1 filet d'huile d'olive et parsemez de persil ciselé. Servez chaud, tiède ou froid.

VARIANTE
Utilisez des légumes secs, que vous ferez tremper la veille dans une bassine d'eau froide. Faites-les cuire à petits bouillons jusqu'à ce qu'ils soient tendres.

Chorizo rôti aux fruits secs

PRÉP 10 MIN · CUISS 30 MIN

POUR 4 PERSONNES
50 g d'abricots secs
50 g de raisins secs
1 c. à s. d'huile d'olive
1 oignon haché
300 g de chorizo coupé en rondelles
3 c. à s. de xérès
50 g de cerneaux de noix
poivre du moulin

1 Préchauffez le four à 190 °C (th. 6-7). Versez les fruits secs dans un bol, recouvrez d'eau chaude et laissez gonfler pendant 10 min. Pendant ce temps, mettez l'huile à chauffer dans une poêle et faites cuire l'oignon pendant 5 min à feu moyen, jusqu'à ce qu'il soit tendre. Ajoutez le chorizo et prolongez la cuisson de 5 min, en remuant de temps en temps.

2 Égouttez les fruits et ajoutez-les à la poêle, ainsi que le xérès et les cerneaux de noix. Faites cuire pendant 3 min à feu vif, jusqu'à ce que l'alcool s'évapore. Poivrez et mélangez délicatement avant de transférer dans un plat à gratin. Couvrez d'aluminium ménager et enfournez pour 15 min de cuisson.

Calamars en persillade épicée

PRÉP 15 MIN | CUISS 5 MIN

Marinade • 30 min

POUR 4 PERSONNES
300 g de petits calamars soigneusement nettoyés
7 c. à s. d'huile d'olive
sel et poivre du moulin
2 c. à s. de vinaigre de vin blanc
3 gousses d'ail pelées et écrasées
1 c. à c. de paprika
1 c. à s. de persil plat ciselé

1 Coupez les calamars en lanières et en rondelles, puis badigeonnez-les de 1 c. à s. d'huile. Salez et poivrez généreusement.

2 Mettez 1 c. à s. d'huile dans une poêle, ajoutez les calamars et faites cuire à feu moyen pendant 2 min, en remuant fréquemment. Transférez sur un plat de service.

3 Mélangez le reste de l'huile avec le vinaigre, l'ail, le paprika et le persil. Salez, poivrez et versez cette vinaigrette sur les morceaux de calamars. Laissez mariner pendant 30 min avant de servir.

Oignons rôtis au vinaigre balsamique

PRÉP 10 MIN | CUISS 35 MIN

POUR 4 PERSONNES
3 c. à s. d'huile d'olive pour la sauteuse + 1 filet d'huile
400 g d'oignons grelots pelés
3 gousses d'ail pelées et émincées
3 c. à s. de vinaigre balsamique
sel et poivre du moulin

1 Préchauffez le four à 180 °C (th. 6). Mettez l'huile à chauffer dans une sauteuse, ajoutez les oignons et faites cuire à feu très doux pendant 15 min, en remuant fréquemment.

2 Transférez les oignons dans un petit plat à gratin, parsemez d'ail et arrosez de vinaigre balsamique. Salez généreusement, poivrez légèrement et enfournez pour 20 min de cuisson. Remuez toutes les 5 min et versez 1 filet d'huile d'olive en fin de cuisson. Servez chaud ou froid, avec du pain de campagne.

VARIANTE
Remplacez l'ail par 1 c. à c. de thym frais et de romarin ciselé.

CONSEIL DU CHEF
Préparez ce plat quelques jours à l'avance. Conservez au réfrigérateur, sous une fine couche d'huile d'olive.

Brochettes d'espadon aux câpres

PRÉP 15 MIN CUISS 10 MIN

Matériel • brochettes ou piques en bois

POUR 4 PERSONNES
500 g d'espadon coupé en gros cubes
sel et poivre du moulin
3 c. à s. d'huile d'olive
1 c. à s. de vinaigre de vin
2 c. à s. de câpres
2 gousses d'ail pelées et émincées
1 pincée de paprika

1 Plongez les brochettes en bois dans une bassine d'eau froide pendant 30 min avant de les utiliser. Préchauffez le four à 190 °C (th. 6-7). Enfilez 3 morceaux d'espadon sur chaque brochette, alignez-les dans un plat à gratin et assaisonnez-les.

2 Dans un petit saladier, mélangez l'huile avec le vinaigre, les câpres et l'ail, en écrasant légèrement les câpres avec le dos d'une fourchette. Versez cette vinaigrette sur le poisson, saupoudrez de paprika et enfournez pour 10 min de cuisson. Servez, si vous le souhaitez, avec une sauce piquante.

Agneau au citron confit et olives vertes

PRÉP 25 MIN CUISS 20 MIN

POUR 4 PERSONNES
3 c. à s. d'huile d'olive
1 oignon haché
500 g d'épaule d'agneau coupée en cubes
6 gousses d'ail pelées et émincées
1 citron coupé en 8 tranches
1 c. à c. de brins de romarin finement haché
1 c. à s. de coriandre finement hachée
1 c. à c. de paprika
3 c. à s. d'olives vertes
sel et poivre du moulin

1 Préchauffez le four à 190 °C (th. 6-7). Mettez l'huile à chauffer dans une poêle et faites revenir l'oignon haché pendant 5 min. Ajoutez l'agneauet prolongez la cuisson de 5 min, en remuant de temps en temps. Ajoutez l'ail et le citron. Faites cuire pendant 1 min avant d'incorporer le reste des ingrédients. Laissez cuire pendant 2 min supplémentaires.

2 Transférez la viande dans un petit plat à gratin, ajoutez 2 c. à s. d'eau et faites cuire pendant 20 min au four.

3 Laissez refroidir la viande pendant 10 min hors du four avant de servir.

Omelette de patate douce au paprika

PRÉP 15 MIN — CUISS 45 MIN

POUR 6 PERSONNES
600 g de patate douce
pelée et coupée en cubes de 2 cm
1 c. à c. de paprika
5 c. à s. d'huile d'olive
2 oignons hachés
6 œufs
sel et poivre du moulin

1 Préchauffez le four à 190 °C (th. 6-7). Dans un plat à gratin, mélangez les cubes de patate douce avec le paprika et 2 c. à s. d'huile. Faites rôtir pendant 30 min, en les remuant périodiquement.

2 Mettez le reste de l'huile à chauffer dans une poêle assez profonde supportant le four. Ajoutez les oignons et laissez cuire pendant 5 min, jusqu'à ce qu'ils soient tendres. Hors du feu, versez-les sur la patate cuite et laissez refroidir.

3 Dans un saladier, fouettez les œufs avec 1 pincée de sel et un peu de poivre moulu. Incorporez-les à la patate douce et versez le tout dans la poêle. Laissez cuire à feu doux pendant 10 min, puis transférez la poêle dans le four. Prolongez la cuisson de 10 min, jusqu'à ce qu'une croûte dorée se forme à la surface de l'omelette. Laissez-la refroidir pendant quelques minutes avant de la démouler sur un plat de service.

CONSEIL DU CHEF

Si le manche de votre poêle est en matière synthétique ou en bois, enroulez-le dans plusieurs couches d'aluminium ménager avant de passer la poêle au four. Attention : il est préférable de ne pas utiliser de poêle à fond antiadhésif pour une cuisson dans le four.

RECEVOIR

Poulet à la cannelle et aux poivrons

PRÉP 25 MIN — CUISS 20 MIN

POUR 4 PERSONNES
450 g de blancs de poulet
coupés en morceaux
1 c. à c de paprika
1 c. à c. de cannelle moulue
4 c. à s. d'huile d'olive
1 poivron rouge
épépiné et coupé en lamelles
1 poivron vert
épépiné et coupé en lamelles
1 oignon émincé
3 gousses d'ail
pelées et émincées
150 ml de bouillon de volaille chaud
1 filet d'huile pimentée
(facultatif)

1 Préchauffez le four à 190 °C (th. 6-7). Versez les morceaux de poulet dans un saladier et enrobez-les de paprika et de cannelle. Réservez.

2 Mettez l'huile à chauffer dans une poêle, ajoutez les poivrons et l'oignon et faites cuire à feu moyen pendant 5 min, en remuant de temps en temps. Ajoutez le poulet et prolongez la cuisson de 5 min. Ajoutez l'ail et laissez cuire pendant 1 min supplémentaire avant d'incorporer le bouil on.

3 Versez le contenu de la poêle dans un plat à gratin et enfournez pour 20 min de cuisson. Ajoutez 1 filet d'huile pimentée avant de servir.

Mini-brochettes de porc

PRÉP 15 MIN CUISS 10 MIN

Marinade • 30 min

Matériel • brochettes ou piques en bois

POUR 4 PERSONNES

600 g de longe de porc coupée en cubes de 2 cm
6 gousses d'ail pelées et écrasées
1 c. à c. de piment de Cayenne
1 c. à c. de fenouil entier
1 c. à c. de paprika
le zeste râpé + le jus de 1 citron
1 c. à s. de xérès
2 c. à s. d'huile d'olive
3 c. à s. de coriandre ciselée
sel et poivre du moulin

1 Plongez les brochettes en bois dans une bassine d'eau froide pendant 30 min avant de les utiliser. Versez la viande, l'ail, les épices et le zeste de citron dans un saladier. Arrosez de jus de citron, de xérès et d'huile d'olive. Ajoutez la coriandre, salez, poivrez et laissez mariner pendant au moins 30 min.

2 Enfilez 2 morceaux de viande sur chaque brochette. Faites-les cuire à la poêle ou sur un gril en fonte pendant 10 min, en les retournant deux ou trois fois. Laissez-les reposer pendant au moins 10 min avant de les servir, accompagnés d'une belle salade de mâche.

Ailerons de poulet frits à l'ail

PRÉP 20 MIN CUISS 30 MIN

Marinade • 30 min

POUR 4 PERSONNES

12 ailerons de poulet
2 c. à s. de jus de citron
2 c. à c. de paprika
3 c. à s. d'huile d'olive
6 gousses d'ail pelées et émincées
4 c. à s. de xérès
sel et poivre du moulin

1 À l'aide d'un couteau pointu, percez la peau des ailerons de petits trous. Faites mariner les morceaux de poulet pendant 30 min avec le jus de citron et le paprika.

2 Mettez l'huile à chauffer à feu moyen dans une poêle antiadhésive assez profonde. Ajoutez les morceaux de poulet et faites-les cuire pendant 10 min, en les retournant régulièrement, jusqu'à ce qu'ils soient bien dorés et croustillants.

3 Réduisez le feu, ajoutez l'ail et le xérès au poulet, salez et poivrez. Faites cuire pendant 5 min, puis terminez la cuisson à couvert pendant 15 min supplémentaires. Dressez le poulet sur un plat de service et nappez-le de son jus de cuisson.

Chaussons au poulet et crevettes

PRÉP 35 MIN CUISS 30 MIN

Matériel • robot ménager
• emporte-pièce de 10 cm de diamètre

POUR 12 CHAUSSONS
100 g de beurre
le jus de 1 citron
225 g de farine
+ 1 c. à s. pour le plan de travail
sel et poivre du moulin
125 g d'escalope de poulet
125 g de crevettes roses cuites et décortiquées
2 c. à s. d'huile d'olive
1 oignon haché
3 c. à s. de xérès
3 gousses d'ail pelées et écrasées
1 c. à s. de purée de tomates
1 c. à c. de piment de Cayenne
1 c. à s. de persil plat ciselé
250 ml d'huile de tournesol

1 Faites fondre le beurre dans une petite casserole, incorporez le jus de citron et 10 ml d'eau. Ajoutez la farine, salez et mélangez jusqu'à l'obtention d'une pâte. Pétrissez-la sur une surface farinée pendant quelques minutes, puis laissez-la reposer au réfrigérateur.

2 Hachez séparément le poulet et les crevettes dans le robot ménager. Mettez l'huile à chauffer à feu moyen dans une poêle et faites cuire l'oignon pendant 5 min. Ajoutez le poulet et prolongez la cuisson de 5 min. Versez le xérès, l'ail, les crevettes, la purée de tomates, le piment de Cayenne et le persil. Salez, poivrez, mélangez et faites cuire pendant 10 min. Laissez refroidir pendant 5 min.

3 Sur un plan de travail légèrement fariné, étalez la pâte en une épaisseur de 5 mm. Découpez des cercles à l'aide de l'emporte-pièce et déposez 1 belle cuillerée de farce au centre de chaque rond de pâte. Humidifiez les bords et repliez les chaussons, en les soudant avec les doigts.

4 Mettez l'huile de tournesol à chauffer à feu vif dans une poêle. Faites frire les chaussons en plusieurs fournées. Au bout de 4 min, ils seront cuits et dorés. Servez avec de la mayonnaise au citron ou de l'aïoli.

Noix de Saint-Jacques au piment doux

PRÉP 10 MIN CUISS 5 MIN

Marinade • 30 min

POUR 4 PERSONNES
4 gousses d'ail pelées et râpées
1 piment doux épépiné et haché
3 c. à s. de xérès
1 c. à s. de sucre semoule
3 c. à s. d'huile d'olive
2 noix de Saint-Jacques

1 Dans un bol, mélangez l'ail, le piment, le xérès et le sucre. Dès que le sucre s'est dissous, ajoutez 2 c. à s. d'huile, ainsi que les noix de Saint-Jacques. Mélangez délicatement et laissez mariner pendant au moins 30 min.

2 À l'aide d'une écumoire, transférez les noix sur une assiette et réservez la marinade. Versez 1 c. à s. d'huile d'olive dans une poêle antiadhésive et faites cuire les noix à feu très vif pendant 1 min sur chaque face. Transférez-les sur une assiette et réservez-les au chaud.

3 Versez la marinade dans la poêle et faites-la bouillir à feu vif pendant 3 min. Dressez 3 noix sur chaque assiette et nappez-les du jus de cuisson chaud.

RECEVOIR

PETITES ENTRÉES

Des bouchées aux saveurs intenses,
réalisées en un temps record !

PETITES ENTRÉES

Préparez des entrées en fonction de l'occasion, de vos envies et des goûts de vos convives. Pour certains, l'entrée constitue la première étape du repas. D'autres apprécieront au contraire de pouvoir remplacer un repas complet par une série de petites entrées, plus légères et plus diversifiées. Si les entrées permettent de réveiller les papilles en début de repas, elles doivent également plaire à l'œil et se révéler en harmonie avec le plat principal.

Planifier le menu Choisir la bonne entrée pour le bon plat.

Déterminez d'abord le plat principal que vous voulez préparer : il vous sera alors plus facile de choisir l'entrée.
Une entrée doit être légère, attrayante, et compléter les saveurs du plat principal.
Si vous êtes pressé, choisissez une entrée à préparer à l'avance et à servir froide.
Ne mélangez pas différents types de cuisine au cours d'une même soirée : si vous servez un mets régional en guise de plat principal, évitez de proposer une entrée fortement épicée ou très exotique.
Utilisez des techniques de cuisson différentes, en évitant, par exemple, deux préparations à base de friture lors du même repas. D'un plat à l'autre, les ingrédients doivent être variés, de même que les textures et les couleurs. Une entrée croquante et fraîche pourra sans difficulté être suivie d'un plat un peu riche et crémeux.

3 entrées prêtes en 5 min Quelques entrées rapides et faciles, à servir en toute occasion.

Salade méditerranéenne Un plat qui mise sur la qualité des ingrédients.

Badigeonnez des **asperges vertes** d'**huile d'olive** et faites-les griller dans une poêle. Posez 10 tranches de **jambon cru** sur une plaque à pâtisserie huilée et faites cuire au four pendant 5 min, jusqu'à ce qu'elles soient grillées. Dénoyautez, pelez, puis coupez 1 **avocat** en lamelles, que vous disposerez sur un plat. Dressez 1 poignée de **roquette** et quelques **tomates séchées** à l'huile d'olive. Ajoutez les asperges. Recouvrez l'ensemble avec le jambon et arrosez d'une sauce à base d'huile d'olive, de **jus de citron** et de **piment de Cayenne**. Ajoutez **fleur de sel** et **poivre du moulin**.

Mezze grec Un florilège de saveurs orientales qui ouvrent l'appétit.

Râpez 2 **carottes** et mélangez-les avec 1 poignée de **raisins secs** et quelques **feuilles de menthe** ciselées. Arrosez de 1 filet d'**huile d'olive vierge** ainsi que du jus de ½ **citron**. Faites réchauffer un **pain pita** au four, puis coupez-le en morceaux. Garnissez une assiette de 2 **feuilles de vigne farcies** achetées dans une épicerie orientale. Ajoutez 1 cuillerée de **houmous** (purée de pois chiches), saupoudrée de 1 pincée de **paprika**. Garnissez l'assiette de 1 cuillerée de carottes à la menthe et servez accompagné de pain pita.

Rillettes de truite fumée Achetez la truite fumée chez votre traiteur.

Dans un robot ménager, mixez 300 g de **truite fumée** (sans la peau) avec 100 g de **yaourt à la grecque** et 1 c. à s. de **crème fraîche épaisse**. Ajoutez 1 filet de **jus de citron**, 1 c. à c. de **crème de raifort** et ½ botte d'**aneth** grossièrement haché. Pulvérisez à nouveau, goûtez et poivrez abondamment. Dressez les rillettes dans de petits ramequins et servez avec des **toasts** tièdes.

Garnitures simples pour bruschetta

Toutes ces garnitures peuvent être préparées à l'avance. Il ne vous restera plus qu'à faire griller le pain au dernier moment !

Dés de courgette au safran

Une entrée au goût espagnol.

Taillez une **courgette** en dés réguliers, que vous ferez revenir à la poêle avec un peu d'**huile d'olive**. Laissez cuire pendant 2 min, puis ajoutez quelques **pistils de safran,** ainsi que le jus de 1 **citron**. Salez, poivrez et transférez dans un plat dès que les courgettes commencent à dorer. Garnissez quelques tranches de **pain grillé** de courgette au safran, ajoutez quelques feuilles de **basilic** et servez aussitôt.

Pâté de foie de volaille

Une entrée riche et onctueuse, facile à préparer.

Faites cuire 200 g de **foie de volaille** avec 1 noix de **beurre** pendant 1 min, en surveillant la cuisson du foie : il doit rester rosé. Ajoutez 2 gousses d'**ail** pelées et râpées, et prolongez la cuisson de quelques secondes. À l'aide du robot ménager, mixez le foie de volaille avec 1 c. à s. de **câpres**, en une pâte épaisse ou fine, selon vos goûts. Servez sur des **toasts**.

Poivrons farcis

Une assiette colorée et festive.

Épépinez 3 **poivrons rouge**, **jaune** et **orange**, puis taillez-les en lamelles. Faites-les revenir à la poêle dans un peu d'**huile d'olive**. Salez, poivrez et laissez fondre à feu doux. Arrosez de 1 filet de **vinaigre balsamique** et prolongez la cuisson à feu vif pendant 2 min. Garnissez quelques tranches de **pain grillé** et parsemez de **basilic**.

Tapenade épicée

Une entrée rustique, à accompagner de salami.

Hachez finement 100 g d'**olives vertes** et **noires** dénoyautées. Versez-les dans une poêle avec 1 filet d'**huile d'olive** et faites cuire pendant quelques minutes. Ajoutez 1 pincée de **piment de Cayenne**, mélangez soigneusement et prolongez la cuisson de quelques minutes. Recouvrez quelques **toasts** de cette tapenade.

Quelques idées de finition ou de décor

Feuilles de sauge frites. Choisissez de grandes feuilles de sauge fraîches et entières, que vous laverez, puis laisserez sécher sur du papier absorbant. Plongez dans 1 œuf battu et faites frire dans une poêle avec 1 filet d'huile d'olive, en retournant une seule fois. Déposez sur les salades, les soupes ou les pâtés.
Brunoise et chips de tomates. Pelez les tomates en conservant les pelures, que vous ferez frire après les feuilles de sauge. Coupez la tomate en deux et évidez-la avec une cuillère. Taillez en dés, que vous répartirez sur du poisson ou des gambas.
À base d'agrumes. Choisissez des agrumes bio et travaillez avec un couteau bien affûté. Pour un effet cannelé, prélevez des bandes de zeste sur la hauteur du fruit avant de le tailler en rondelles. Râpez le zeste de 1 orange, que vous ajouterez à des carottes confites au gingembre.

Astuce

De nombreuses entrées ne sont en fait que la version miniature d'un mets plus copieux ; il suffit donc de doubler les quantités d'une entrée pour la transformer en plat principal. Songez au thon blanc rôti en croûte de sésame noir (p. 354), ou aux tartelettes aux anchois et olives (p. 359).

Thon blanc rôti en croûte de sésame noir
(voir recette p. 354)

Steak mariné et son aïoli au poivron

PRÉP 20 MIN · CUISS 5 MIN

Marinade • 1 h
Matériel • gril en fonte

POUR 6 PERSONNES
1 kg de rumsteck coupé en 12 tranches
3 c. à s. de moutarde à l'ancienne
1 gousse d'ail pelée et râpée
1 pincée de paprika doux
4 c. à s. d'huile d'olive
1 c. à c. de feuilles de romarin

Pour l'aïoli au poivron rouge :
250 ml de mayonnaise
1 poivron rouge grillé, pelé, épépiné et haché
2 gousses d'ail pelées et écrasées
½ c. à c. d'origan frais
le jus de 1 citron vert
sel et poivre du moulin

1 Étalez les tranches de viande dans un plat à gratin transparent. Fouettez la moutarde avec l'ail, le paprika, l'huile d'olive et le romarin, puis badigeonnez la viande de ce mélange. Couvrez de film alimentaire et laissez mariner au réfrigérateur pendant au moins 1 h, voire toute une nuit.

2 Mettez un gril en fonte à chauffer à feu vif et faites cuire la viande selon le degré de cuisson souhaité, en la badigeonnant de marinade. Laissez reposer au chaud pendant 10 min.

3 Préparez l'aïoli. Mixez la mayonnaise avec le poivron rouge, l'ail, l'origan et le jus de citron. Salez, poivrez et versez dans des mini-coupelles. Garnissez chaque assiette de 2 steaks grillés et de mayonnaise.

CONSEIL DU CHEF

Pour transformer cette entrée en amuse-bouche, émincez la viande en 24 lanières, que vous monterez en brochettes avant de les griller. Faites tremper les brochettes en bois pendant 30 min dans de l'eau froide avant de les utiliser.

Beignets de pois chiches

PRÉP 25 MIN · CUISS 15 MIN

POUR 4 PERSONNES
400 g de pois chiches en conserve égouttés
100 g de farine
2 c. à s. de persil plat ciselé
1 c. à s. de menthe fraîche ciselée
1 gousse d'ail pelée et écrasée
1 échalote ciselée
2 carottes pelées et râpées
3 œufs
1 c. à c. de dukkah (voir Conseil du chef)
le zeste râpé de 1 citron
sel et poivre du moulin
500 ml d'huile d'olive pour la friture + 1 c. à s. pour l'assaisonnement
10 tomates cerises coupées en deux
4 billes de mozzarella
le jus de ½ citron
5 brins de ciboulette coupés en tronçons de 2 cm
½ botte de cresson pour garnir

1 Préparez les beignets. Dans un grand saladier, mélangez les pois chiches avec la farine, le persil, la menthe, l'ail, l'échalote et la carotte. Incorporez les œufs, le dukkah et le zeste de citron. Salez, poivrez et mélangez jusqu'à l'obtention d'une pâte.

2 Mettez l'huile à chauffer à feu moyen dans une poêle assez profonde et déposez 4 cuillerées de pâte dans l'huile chaude. Renouvelez l'opération en faisant cuire les beignets pendant 4 min de chaque côté. Transférez les beignets sur une assiette recouverte de papier absorbant, salez et poivrez.

3 Dans un saladier, mélangez les tomates avec les billes de mozzarella. Arrosez d'huile d'olive et de jus de citron, puis ajoutez la ciboulette. Dressez 1 beignet au centre de chaque assiette et accompagnez de salade. Garnissez de quelques feuilles de cresson et servez.

VARIANTE
Faites cuire de petites cuillerées de pâte à beignets et servez en guise d'amuse-bouches.

CONSEIL DU CHEF

Le dukkah est un mélange d'épices égyptien. Composé d'amandes et de noisettes grillées, broyées et mélangées à des graines de cumin, de coriandre et de sésame, il sert de chapelure pour l'agneau ou le poisson et d'assaisonnement pour les salades ou les plats végétariens.

Roulades d'aubergine à la ricotta

PRÉP 20 MIN CUISS 20 MIN

Matériel • piques en bois

POUR 4 PERSONNES
1 aubergine
125 g de chapelure
1 c. à s. de persil plat ciselé
1 gousse d'ail pelée et écrasée
2 c. à s. de parmesan râpé
sel et poivre du moulin
2 œufs légèrement battus
175 g de farine
120 ml d'huile d'olive
250 g de ricotta
1 c. à s. de pesto

Pour la salsa de tomates :
3 tomates coupées en dés
1 c. à s. de coriandre finement ciselée
1 c. à s. d'huile d'olive

1 Coupez l'aubergine dans la longueur en tranches de 5 mm d'épaisseur. Mettez dans une passoire et rincez sous un filet d'eau froide. Égouttez sur du papier absorbant. Versez la chapelure, le persil, l'ail et le parmesan dans un plat creux. Salez, poivrez et mélangez. Versez les œufs et la farine dans deux assiettes différentes. Plongez les tranches d'aubergine dans la farine, puis dans les œufs, et enfin dans la chapelure.

2 Répartissez l'huile dans deux grandes poêles, que vous mettrez à chauffer à feu moyen. Faites cuire les aubergines pendant 3 min sur chaque face, puis égouttez sur du papier absorbant. Réservez au chaud.

3 Mélangez la ricotta et le pesto à l'aide d'une fourchette. Préparez la salsa en mélangeant les dés de tomates, la coriandre et l'huile d'olive. Salez, poivrez, puis mélangez.

4 Préparez les roulades : étalez 1 tranche d'aubergine frite sur un plan de travail, déposez 1 cuillerée de ricotta à une extrémité, roulez l'aubergine sur elle-même et fermez avec une pique en bois. Dressez 2 roulades par assiette et parsemez de salsa avant de servir.

Croquettes de courgette aux crevettes

PRÉP 30 MIN CUISS 20 MIN

Marinade • 1 h

POUR 6 PERSONNES
600 g de crevettes crues décortiquées, déveinées et hachées
250 g de courgettes râpées
1 gousse d'ail pelée et hachée
2 c. à s. de persil plat ciselé
le zeste râpé + le jus de 1 citron
2 œufs
sel et poivre du moulin
250 ml de crème fraîche épaisse
1 c. à s. de câpres rincées, égouttées et hachées
1 c. à s. d'aneth ciselé
500 ml d'huile d'olive pour la friture

1 Dans un saladier, mélangez les crevettes, les courgettes, l'ail, le persil et le zeste de citron. Incorporez le jus de citron et les œufs. Salez, poivrez et mélangez avec les doigts, pour former une pâte compacte. Couvrez de film alimentaire et placez pendant 1 h au réfrigérateur. Versez la crème, les câpres et l'aneth dans un autre saladier. Poivrez, mélangez et placez au réfrigérateur, recouvert d'un film alimentaire.

2 Mettez l'huile à chauffer à feu moyen dans une grande poêle à fond épais. Moulez de petites cuillerées de l'appareil à crevettes dans le creux de votre main et formez environ 35 boulettes.

3 Glissez les boulettes dans l'huile chaude à l'aide d'une cuillère et faites-les frire pendant 5 min, en les retournant de temps en temps. Ne surchargez pas la poêle : il est préférable de travailler en plusieurs fournées. À l'aide d'une écumoire, transférez les boulettes sur une assiette recouverte de papier absorbant.

4 Dressez 5 ou 6 boulettes par assiette et accompagnez de petites coupelles de crème à l'aneth et aux câpres.

CONSEIL DU CHEF

Râpez les courgettes dans le robot ménager ou avec une râpe à gros trous.

Croquettes de risotto et fromage

PRÉP 25 MIN · CUISS 35 MIN

POUR 6 PERSONNES

1 aubergine coupée en dés
90 ml d'huile d'olive
+ 500 ml d'huile pour la friture
1,2 l de bouillon de volaille chaud
75 g de beurre
1 oignon haché
1 branche de céleri hachée
2 gousses d'ail pelées et râpées
300 g de riz arborio
1 c. à s. de persil plat ciselé
1 c. à s. de thym frais
le jus de 1 citron
100 g de parmesan râpé
sel et poivre du moulin
300 g de tallegio (ou de maroilles) coupé en cubes
60 g de farine
2 œufs légèrement battus
100 g de chapelure fine

1 Faites dorer les aubergines dans une poêle avec 50 ml d'huile d'olive. Égouttez sur du papier absorbant, puis salez.

2 Laissez frémir le bouillon de volaille à feu doux dans une casserole. Mettez 40 ml d'huile, ainsi que le beurre, à chauffer dans une casserole. Ajoutez l'oignon et le céleri et faites cuire à feu doux jusqu'à ce qu'ils soient tendres. Incorporez l'ail et prolongez la cuisson de 30 s, en évitant qu'il colore. Versez le riz dans la casserole et remuez soigneusement, de manière à ce que tous les grains soient parfaitement enrobés de matière grasse. .

3 Incorporez 1 louche de bouillon frémissant et remuez jusqu'à ce qu'il soit absorbé. Recommencez cette opération pendant 20 min. Hors du feu, ajoutez le persil, le thym, le jus de citron et le parmesan. Mélangez soigneusement, salez, poivrez, puis étalez le riz en une fine couche sur une plaque à pâtisserie.

4 De vos mains mouillées, prélevez 1 boule de riz de la taille d'une noix et moulez-la en boulette. Enfoncez 1 cube de tallegio et quelques dés d'aubergine au centre de la boulette, puis refermez-la avec un peu de riz. Procédez ainsi jusqu'à ce que tout le riz ait été utilisé. Roulez les boulettes dans la farine étalée sur une assiette, puis trempez-les dans les œufs battus et enrobez-les enfin de chapelure.

5 Plongez les boulettes dans un bain de friture très chaud ou dans une friteuse. Laissez-les cuire pendant 10 min, jusqu'à ce qu'elles soient bien dorées.

Thon blanc rôti en croûte de sésame noir

PRÉP 10 MIN · CUISS 40 SECS

Marinade • 1 h

POUR 4 PERSONNES

4 c. à s. d'huile d'olive
+ 1 c. à s. pour la cuisson
1 gousse d'ail pelée et râpée
¼ poivron rouge épépiné et haché
2 c. à s. de graines de sésame noir
sel fin
600 g de steak de thon blanc coupé en 4 pavés
2 radis
le jus de 1 citron
½ botte de ciboulette coupée en tronçons de 2 cm

1 Dans une grande plaque, versez l'huile, l'ail, le poivron, les graines de sésame et 1 pincée de sel. Mélangez soigneusement. Rincez les pavés de thon, que vous sécherez à l'aide de papier absorbant. Posez-les sur la plaque et enrobez-les de graines de sésame noir. Laissez reposer au réfrigérateur pendant 1 h.

2 Taillez les radis en fins bâtonnets, que vous mettrez à tremper dans un bol d'eau froide additionnée de la moitié du jus de citron.

3 Mettez l'huile à chauffer à feu vif dans une poêle. Faites saisir les pavés de thon pendant 2 min sur chaque face, puis laissez-les reposer pendant 5 min sur une assiette.

4 Dressez 1 pavé de thon sur chaque assiette et arrosez-le de 1 filet de jus de citron. Parsemez de bâtonnets de radis égouttés et de ciboulette.

CONSEIL DU CHEF

Doublez les quantités et servez ce thon en plat principal, accompagné d'une salade d'orange, de concombre et de menthe fraîche, en plus des bâtonnets de radis.

Brochettes de poulet au citron

PRÉP 10 MIN · CUISS 15 MIN

Marinade • 1 h

Matériel • 12 brochettes en bois • barbecue

POUR 4 PERSONNES

500 g de blanc de poulet sans la peau
2 gousses d'ail pelées et râpées
1 c. à s. de gingembre râpé
1 petit piment doux épépiné et haché
2 c. à c. de romarin ciselé
2 c. à c. de thym frais
sel et poivre du moulin
le zeste râpé + le jus de 1 citron
4 c. à s. d'huile d'olive
1 mangue
le jus de 1 citron vert

1 Mettez les brochettes en bois dans une bassine d'eau froide et laissez-les tremper pendant 30 min. Dans un saladier, mélangez le poulet avec l'ail, le gingembre, le piment, 1 c. à c. de romarin et 1 c. à c. de thym. Salez, poivrez et laissez mariner pendant 1 h au réfrigérateur.

2 Pelez et émincez la mangue en fines lamelles, que vous verserez dans un bol avec le jus de citron vert additionné de 1 pincée de sel et de 1 tour de moulin à poivre. Mélangez et réservez.

3 Lancez le barbecue ou faites chauffer le gril du four. Enfilez les morceaux de poulet sur les brochettes humidifiées. Faites-les griller en les retournant réfulièrement, tout en les badigeonnant de marinade. Au bout de 15 min, elles doivent être dorées et cuites.

4 Répartissez les brochettes de poulet entre les assiettes. Parsemez de lamelles de mangue, de 1 c. à c. de thym frais et de 1 c. à c. de romarin.

CONSEIL DU CHEF

Préparez des brochettes en romarin. Retirez les brindilles de romarin de quelques grosses tiges, qui feront alors office de piques en bois.

Croquettes de poulet, sauce au gingembre

PRÉP 20 MIN · CUISS 30 MIN

Matériel • robot ménager

POUR 8 PERSONNES

50 g d'abricots secs
1 c. à s. de miel
3 c. à s. de cognac
800 g de blanc de poulet coupé en gros morceaux
50 g de noix de macadamia (ou de noisettes) concassées
60 g de riz cuit refroidi
2 gousses d'ail pelées et râpées
2 c. à s. de feuilles de sauge finement ciselées
1 c. à s. de feuilles de basilic finement ciselées
1 c. à s. de persil plat finement ciselé
1 poivron rouge épépiné et haché
1 œuf
sel et poivre du moulin
500 ml d'huile d'olive pour la friture
1 poignée de jeunes pousses de cresson

Pour la sauce au gingembre :
le jus de 4 citrons verts
1 poivron rouge épépiné et finement haché
2 c. à s. d'huile d'olive
1 c. à s. de gingembre râpé
1 ciboule ciselée

1 Versez les abricots, le miel et le cognac dans une petite casserole et faites mijoter à feu doux pendant 15 min. Laissez refroidir, puis hachez finement.

2 Mixez grossièrement le poulet dans le robot ménager pendant quelques secondes, en évitant de le transformer en une pâte lisse. Transférez le poulet haché dans un saladier, ajoutez les abricots, les noix de macadamia et le riz. Mélangez soigneusement, puis incorporez l'ail, les herbes ciselées, le poivron et l'œuf entier. Salez, poivrez et mélangez. Façonnez environ 40 boulettes de taille d'une noix, de vos mains légèrement humides.

3 Plongez les croquettes dans un bain de friture et faites-les cuire à feu moyen pendant 15 min jusqu'à ce qu'elles soient dorées. Égouttez-les sur du papier absorbant et réservez au chaud.

4 Préparez la sauce au gingembre. Versez tous les ingrédients dans un saladier et fouettez vigoureusement. Dressez les croquettes sur des assiettes, arrosez de sauce et parsemez de jeunes pousses de cresson. Servez aussitôt.

Mini-tourtes au poulet et poireaux

PRÉP 15 MIN · CUISS 50 MIN

Matériel • emporte-pièce • 2 plaques à mini-muffins

POUR 8 PERSONNES

2 c. à s. d'huile d'olive
+ 1 c. à s. pour les plaques
1 petite carotte coupée en dés
1 branche de céleri coupée en dés
la partie blanche de 1 poireau finement émincée
1 gousse d'ail pelée et râpée
200 g de champignons de Paris émincés
200 g d'escalope de poulet coupée en dés
1 c. à s. de thym frais
le zeste râpé de 1 citron
50 ml de vin blanc sec
200 ml de crème fraîche épaisse
sel et poivre du moulin
3 rouleaux de pâte feuilletée au beurre
2 jaunes d'œufs légèrement battus
100 g de mesclun

1 Mettez l'huile à chauffer à feu doux dans une poêle. Faites cuire les dés de carotte et de céleri pendant 5 min, jusqu'à ce qu'ils soient tendres. Ajoutez le poireau et l'ail, et prolongez la cuisson de 3 min. Versez les champignons dans la poêle et faites cuire pendant 5 min supplémentaires.

2 Augmentez le feu sous la poêle et ajoutez le poulet, le thym, le zeste de citron et le vin blanc. Faites cuire pendant 15 min, en remuant de temps en temps. Incorporez la crème, salez, poivrez et prolongez la cuisson de 5 min, jusqu'à ce que la sauce épaississe. Laissez refroidir à température ambiante.

3 Préchauffez le four à 190 °C (th. 6-7). Huilez les plaques à mini-muffins. Découpez 24 cercles de 6 cm de diamètre dans la pâte feuilletée. Foncez les moules de ces cercles, puis répartissez la sauce au poulet entre les moules. Découpez 24 cercles de 5 cm de diamètre dans le reste de la pâte. Utilisez-les pour recouvrir les moules, de manière à former des mini-tourtes. Soudez bien les bords en les pinçant et badigeonnez de jaune d'œuf battu. Faites cuire au four pendant 15 min. Dressez 3 mini-tourtes par assiette et accompagnez de quelques belles feuilles de mesclun.

Asperges grillées au lard fumé

PRÉP 15 MIN · CUISS 5 MIN

Matériel • gril en fonte

POUR 4 PERSONNES

12 pointes d'asperges vertes
24 tranches fines de poitrine fumée (ou de pancetta)
1 trévise effeuillée
1 cœur de laitue effeuillée
100 g de roquette
200 g de tomates cerises
100 g de parmesan

Pour la vinaigrette :
4 c. à s. d'huile d'olive
1 c. à s. de vinaigre balsamique
1 c. à s. de jus d'orange frais
1 c. à c. de moutarde de Dijon
1 gousse d'ail pelée et écrasée
sel et poivre du moulin

1 Faites blanchir les asperges dans une casserole d'eau bouillante pendant 2 min. Plongez-les dans un bain d'eau glacée et égouttez-les sur du papier absorbant.

2 Faites chauffer un gril en fonte. Enroulez chaque asperge dans 2 tranches de poitrine fumée et faites-les griller pendant 3 min, en les retournant une seule fois. Réservez à température ambiante.

3 Préparez la vinaigrette. Dans un saladier, fouettez l'huile d'olive avec le vinaigre balsamique, le jus d'orange, la moutarde et l'ail. Salez, poivrez et mélangez à nouveau.

4 Disposez les feuilles des salades et les tomates dans un grand saladier, arrosez de vinaigrette et mélangez délicatement. Dressez sur 4 assiettes de service et garnissez-les de 3 asperges grillées chacune. Parsemez de copeaux de parmesan et servez sans attendre.

Brochettes d'agneau au citron et au romarin

PRÉP 10 MIN CUISS 15 MIN

Marinade • 1 h

Matériel • 12 brochettes en bois • barbecue ou gril en fonte

POUR 4 PERSONNES

1 kg d'épaule d'agneau coupée en cubes
2 gousses d'ail pelées et râpées
1 c. à c. de feuilles de romarin hachées
1 c. à c. de dukkah + 4 pincées pour le décor
le zeste râpé + le jus de 1 citron
2 c. à s. d'huile d'olive + 1 filet d'huile d'olive vierge extra
sel et poivre du moulin
200 g de tomates cerises coupées en deux
100 g d'olives noires dénoyautées
1 botte de persil plat
100 g de feta
1 citron coupé en quartiers

1 Mettez les brochettes en bois à tremper dans une bassine d'eau froide pendant 30 min. Dans un saladier, versez les morceaux d'agneau, l'ail, le romarin, le dukkah, le zeste et le jus de citron. Mélangez, salez, poivrez, et laissez mariner pendant 1 h au réfrigérateur.

2 Huilez le gril en fonte et mettez-le à chauffer à feu vif. Divisez la viande en 4 parts égales et enfilez les morceaux sur les brochettes en bois. Faites-les griller pendant 10 min, en les retournant plusieurs fois. Transférez sur un plat et laissez reposer pendant 10 min dans un endroit chaud.

3 Dans un grand saladier, mélangez les tomates cerises avec les olives noires et le persil. Répartissez-les sur 4 assiettes et surmontez-les de 3 brochettes chacune. Émiettez la feta par-dessus et arrosez de 1 filet d'huile d'olive vierge extra. Saupoudrez de 1 pincée de dukkah et servez avec 1 quartier de citron.

CONSEIL DU CHEF

Le dukkah est un mélange d'épices égyptiennes composé d'amandes, de noisettes, de cumin, de coriandre et de sésame. À défaut, utilisez du cumin et du fenouil entiers.

Saucisses au fenouil grillées, salsa de tomates fraîches

PRÉP 10 MIN CUISS 15 MIN

Marinade • 1 h

POUR 4 PERSONNES

4 saucisses au fenouil (ou aromatisées selon vos goûts)
3 c. à s. d'huile d'olive
2 gousses d'ail pelées et râpées
4 brins d'aneth
sel et poivre du moulin
4 tranches de pain de campagne

Pour la salsa :
4 tomates fraîches, épépinées et coupées en dés
100 g d'olives noires dénoyautées et hachées
½ botte de basilic ciselé
2 c. à s. d'huile d'olive vierge extra

1 Mettez les saucisses dans un plat à gratin et arrosez-les d'huile d'olive. Ajoutez l'ail, l'aneth, du sel et du poivre et mélangez, jusqu'à ce qu'elles soient bien imprégnées d'huile. Couvrez de film alimentaire et laissez reposer au réfrigérateur pendant 1 h.

2 Préparez la salsa. Versez tous les ingrédients dans un saladier, salez, poivrez, et mélangez délicatement. Laissez reposer à température ambiante.

3 Allumez le gril du four et faites griller les saucisses pendant 15 min, en les retournant une ou deux fois en cours de cuisson.

4 Dressez 1 saucisse coupée en deux sur chaque assiette et recouvrez de salsa de tomates. Servez aussitôt.

VARIANTE

Remplacez les saucisses au fenouil par des chipolatas aux herbes.

CONSEIL DU CHEF

Pour une soirée entre amis, faites cuire des mini-saucisses aux parfums variés : elles mettront moins de temps à griller et seront plus faciles à déguster. Empilez-les sur un grand plat et servez la salsa à part, dans de jolies petites coupelles. Vous pouvez aussi présenter de grandes saucisses découpées en rondelles sur des tartines recouvertes de salsa.

Croque-madame à l'italienne

PRÉP 10 MIN · CUISS 15 MIN

POUR 4 PERSONNES
50 g de beurre doux
8 tranches de pain de campagne
8 tranches de jambon de Parme
200 g de gorgonzola coupé en fines tranches
2 c. à s. d'huile d'olive + 1 c. à s. pour la poêle
4 œufs

VARIANTE
La version française de ce sandwich fait appel au pain de mie, au gruyère et au jambon blanc, avec une béchamel moutardée.

1 Beurrez les tranches de pain. Posez-les, côté beurre sur le plan de travail et garnissez le côté non beurré de jambon et de fromage. Recouvrez de 4 autres tartines, en laissant visible le côté beurré.

2 Faites chauffer à feu moyen une poêle huilée. Déposez les sandwichs dans la poêle et laissez-les dorer pendant 5 min de chaque côté. Réservez au chaud.

3 Essuyez la poêle et mettez l'huile d'olive à chauffer à feu moyen. Faites frire les œufs, puis versez 1 œuf sur chaque sandwich.

CONSEIL DU CHEF
Pour une version plus légère, utilisez des tranches de pain non beurrées et grillées au four. Pochez l'œuf au lieu de le faire frire.

Croquettes pommes de terre-poireaux

PRÉP 20 MIN · CUISS 30 MIN

Réfrigération • 1 h

POUR 4 PERSONNES
1 c. à s. d'huile d'olive + 500 ml d'huile d'olive pour la friture
la partie blanche de 1 poireau ciselé
1 gousse d'ail pelée et râpée
500 g de pommes de terre pelées et coupées en cubes
sel et poivre du moulin
3 œufs
60 g de parmesan râpé
2 c. à s. de persil plat finement ciselé
60 g de farine
150 g de chapelure

1 Mettez l'huile à chauffer à feu moyen dans une poêle. Faites cuire le poireau pendant 5 min, jusqu'à ce qu'il soit tendre. Ajoutez l'ail, prolongez la cuisson de 30 s et réservez.

2 Faites cuire les pommes de terre dans une grande casserole d'eau salée pendant 20 min, puis égouttez-les. Réduisez-les en une purée fine. Ajoutez le poireau, 1 œuf, le parmesan et le persil. Salez, poivrez et mélangez, avant de placer pendant au moins 1 h au réfrigérateur.

3 Étalez la farine en couche fine sur une plaque à pâtisserie. Battez légèrement 2 œufs dans une assiette creuse. Versez la chapelure sur une autre assiette. De vos mains humides, façonnez 12 boulettes avec les pommes de terre refroidies. Moulez-les ensuite en forme de croquettes longues et ovales. Passez-les successivement dans la farine, puis dans l'œuf battu, et enfin dans la chapelure. Déposez-les, au fur et à mesure, sur une assiette sèche.

4 Plongez les croquettes dans un bain de friture pendant 15 min, jusqu'à ce qu'elles soient cuites et dorées.

CONSEIL DU CHEF
Attention lorsque vous manipulez les croquettes, qui sont fragiles. Placez-les au congélateur pendant 10 min avant de les faire frire.

Tartelettes aux anchois et olives

PRÉP 15 MIN · CUISS 25 MIN

Réfrigération • 1 h
Matériel • moules à muffins

POUR 4 PERSONNES
1 c. à s. d'huile ou de beurre fondu
1 rouleau de pâte feuilletée au beurre
2 œufs
175 g de crème fraîche épaisse
2 c. à s. de parmesan
sel et poivre du moulin
4 filets d'anchois à l'huile égouttés
4 billes de mozzarella
8 olives noires dénoyautées
8 tomates cerises coupées en deux
1 botte de basilic

1 Préchauffez le four à 200 °C (th. 6-7). Huilez ou beurrez légèrement les moules.

2 Découpez la pâte feuilletée en 4 carrés avec lesquels vous garnirez les mcules, en remplissant bien les coins. Laissez reposer pendant 1 h au réfrigérateur.

3 Dans un bol, mélangez les œufs, la crème et le parmesan. Salez et poivrez.

4 Déposez 1 filet d'anchois, 1 bille de mozarella, 2 olives et 4 morceaux de tomates au fond de chaque moule. Répartissez le mélange à l'œuf entre les moules, ajoutez 1 feuille de basilic, poivrez et enfournez pour 20 min de cuisson, jusqu'à ce que les tartelettes soient dorées. Servez chaud, décoré de basilic.

Tortillas de courgettes et petits pois

PRÉP 20 MIN · CUISS 50 MIN

POUR 10 PERSONNES
3 courgettes râpées
250 g de petits pois surgelés décongelés
50 g de pousses d'épinard
50 g de pignons de pin grillés
le zeste râpé + le jus de 1 citron
sel et poivre du moulin
10 tortillas de blé coupées en deux
2 c. à s. de mayonnaise
1 poignée de pousses de petits pois et de pois mange-tout

1 Dans un grand saladier, mélangez les courgettes, les pois, les épinards, les pignons, le zeste et le jus de citron. Salez, poivrez et réservez.

2 Faites chauffer une poêle à sec et à feu vif et déposez 2 morceaux de tortillas, que vous retournerez au bout de 15 s. Réchauffez également l'autre face pendant 15 s, puis réservez au chaud dans un torchon propre. Procédez de la même manière pour le reste des tortillas.

3 Étalez les tortillas sur une planche à découper, tartinez-les de mayonnaise et déposez un peu de légumes au centre de chacune. Ajoutez quelques pousses de petits pois et de pois mange-tout, en laissant déborder légèrement d'un côté. Roulez les tortillas sur elles-mêmes et rangez-les sur une assiette.

4 Dressez 2 mini-tortillas par assiette et servez sans attendre.

CONSEIL DU CHEF

Remplacez les courgettes et petits pois par les garnitures de votre choix : jambon cru et potiron rôti, poivron grillé et poulet rôti, etc. Accompagnez d'une sauce à la tomate fraîche, coriandre et échalote, ou de yaourt nature, additionné de 1 filet de jus de citron et de menthe ciselée.

RECEVOIR

Roulades de saumon fumé au fromage frais

PRÉP 30 MIN

POUR 4 PERSONNES

200 g de crème fraîche épaisse
2 c. à s. de crème de raifort
le jus de 1 citron
sel et poivre du moulin
300 g de saumon fumé coupé en tranches
4 fines tranches de pain complet
1 citron coupé en quartiers
1 poignée de roquette et de cresson pour le service

1 Fouettez la crème fraîche avec la crème de raifort et le jus de citron. Salez modérément et poivrez généreusement.

2 Posez 1 tranche de saumon sur un grand morceau de film alimentaire, en laissant largement déborder le film sur les côtés. Badigeonnez légèrement le saumon de crème. Roulez la bande sur elle-même, en partant du petit côté, puis enroulez dans le film alimentaire, de manière à former un boudin. Serrez en pinçant fermement les deux extrémités du film alimentaire. Répétez l'opération avec toutes les autres tranches de saumon. Laissez reposer pendant 10 min au congélateur.

3 Découpez le pain en petits carrés. Débarrassez les rouleaux de saumon du film alimentaire et tranchez-les en petits tronçons, que vous déposerez sur les morceaux de pain. Dressez 3 roulades par assiette et garnissez de quartiers de citron et de feuilles de salade juste avant de servir.

VARIANTE

Vous pouvez ajouter 1 c. à s. de ciboulette ciselée à la crème au raifort.

CONSEIL DU CHEF

Vous pouvez conserver ces rouleaux enrobés de film alimentaire pendant 1 mois au congélateur. Il suffit de les décongeler 1 h à l'avance, à température ambiante, avant de les trancher pour le service.

Salade de crabe aux pamplemousses

PRÉP 10 MIN

POUR 4 PERSONNES

2 pamplemousses roses pelés à vif
350 g de chair de crabe émiettée et égouttée
1 poignée de mesclun
1 poignée de feuilles de coriandre

Pour la vinaigrette :
2 c. à s. d'huile d'olive
1 c. à s. de vinaigre de vin rouge
1 pincée de sucre
sel et poivre du moulin

1 Dans un petit bol, fouettez tous les ingrédients de la vinaigrette. Prélevez les quartiers de pamplemousses à l'aide d'un petit couteau et épépinez-les.

2 Arrosez la chair de crabe de 1 filet de vinaigrette. Répartissez le mesclun et la moitié de la coriandre entre 4 assiettes. Ajoutez le pamplemousse et réservez.

3 Juste avant de passer à table, arrosez la salade de vinaigrette et garnissez de 1 cuillerée de crabe émietté. Parsemez de feuilles de coriandre et servez aussitôt.

VARIANTE

Pour relever la vinaigrette, vous pouvez ajouter 1 goutte de Tabasco©.

CONSEIL DU CHEF

Dans la mesure du possible, utilisez de la chair de crabe fraîchement émiettée. Pour un repas de fête, vous pouvez mouler la chair de crabe dans des emporte-pièce de formes variées, avant de la déposer délicatement sur la salade de mesclun.

Croquettes de poisson à la thaïlandaise

PRÉP 15 MIN · CUISS 15 MIN

Matériel • robot ménager

POUR 4 PERSONNES

300 g de crevettes cuites décortiquées et déveinées
3 gousses d'ail pelées
½ botte de coriandre
1 poivron rouge épépiné
1 c. à c. de sauce nam pla ou nuoc-mâm
1 c. à c. de sauce soja
½ botte de basilic thaï ou français
le jus de 1 citron vert
1 œuf
sel et poivre du moulin
1 c. à s. de farine
4 c. à s. d'huile de tournesol
4 c. à c. de sauce pimentée
100 g de roquette

1 Dans le bol du robot ménager, versez les crevettes, l'ail, la coriandre, le poivron, les 2 sauces, le basilic et le jus de citron. Mixez jusqu'à l'obtention d'une pâte compacte. Ajoutez l'œuf, salez, poivrez et mixez à nouveau.

2 Façonnez 12 croquettes de 2 cm d'épaisseur avec la pâte et farinez-les légèrement. Mettez la moitié de l'huile à chauffer dans une grande poêle à feu moyen et faites cuire 6 croquettes. Renouvelez l'opération avec les autres croquettes. Transférez-les sur une assiette recouverte de papier absorbant et égouttez-les soigneusement.

3 Dressez sur des assiettes, avec un peu de sauce pimentée et de roquette.

CONSEIL DU CHEF

Le basilic thaï est une variété très parfumée, aux feuilles parfois violettes et aux saveurs franches et légèrement sucrées.

Brochettes de poulet saté

PRÉP 15 MIN · CUISS 10 MIN

Matériel • 8 brochettes en bois

POUR 4 PERSONNES

300 g d'escalope de poulet coupée en lanières
1 c. à s. d'huile de pistache
1 c. à s. de sauce soja légère
1 c. à c. de sauce nuoc-mâm
3 gousses d'ail pelées et râpées
1 pincée de paprika
le jus de 1 citron
sel et poivre du moulin

Pour la sauce saté :
3 c. à s. de beurre de cacahuètes
le jus de 1 citron vert
200 ml de lait de coco
½ c. à c. de paprika
1 c. à c. de sauce nuoc-mâm

1 Mettez les brochettes à tremper pendant 30 min dans une bassine d'eau froide. Dans un saladier, mélangez les lanières de poulet avec l'huile, la sauce soja, le nuoc-mâm, l'ail, le paprika et le jus de citron. Salez, poivrez et laissez mariner au réfrigérateur le temps de préparer la sauce d'accompagnement.

2 Préparez la sauce saté. Dans une casserole à fond épais, versez le beurre de cacahuètes, le jus de citron vert, le lait de coco et le paprika. Portez doucement à l'ébullition et laissez mijoter à feu doux pendant 10 min, jusqu'à ce que la sauce épaississe et que le lait de coco dégage son parfum caractéristique. Si la sauce est trop épaisse, fluidifiez-la avec un peu d'eau. Goûtez et ajoutez du nuoc-mâm si nécessaire. Réservez au chaud jusqu'au service.

3 Préchauffez le gril du four à son maximum. Divisez le poulet en 8 parts égales et enfilez les lanières sur les brochettes égouttées. Faites-les griller au four pendant 3 min de chaque côté, jusqu'à ce qu'elles soient cuites et bien dorées. Servez avec la sauce à part.

Astuce

Vous pouvez également acheter un bocal de sauce saté dans une épicerie asiatique.

CONSEIL DU CHEF

Préparez ce plat la veille : conservez-le au réfrigérateur, dans des récipients hermétiquement clos. Réchauffez la sauce et faites griller les brochettes au tout dernier moment.

Tempura de légumes, sauce aux piments rouges

PRÉP 15 MIN CUISS 15 MIN

Matériel • wok

POUR 4 PERSONNES

2 aubergines émincées en rondelles
2 courgettes coupées en bâtonnets
2 poivrons rouges épépinés et coupés en lanières
500 ml d'huile de tournesol
75 g de farine tamisée
1 c. à s. de fécule de maïs
200 ml d'eau glacée

Pour la sauce :
2 c. à s. de vinaigre de riz
2 c. à s. de sauce soja légère
1 c. à s. d'huile d'olive
1 c. à s. de sucre en poudre
1 gousse d'ail pelée et râpée
2 piments rouges épépinés et hachés
sel et poivre du moulin

1 Préparez la sauce. Fouettez tous les ingrédients, puis salez et poivrez.

2 Rangez tous vos légumes préparés dans des plats séparés. Mettez l'huile à chauffer dans le wok ou dans une poêle assez profonde.

3 Préparez la pâte à tempura. Fouettez la farine avec la fécule de maïs et l'eau glacée pendant quelques secondes. Ne cherchez pas à obtenir une pâte lisse : conservez les grumeaux qui subsistent.

4 Versez quelques gouttes de la pâte dans l'huile, pour vérifier qu'elle est bien chaude. Plongez les légumes dans la pâte à beignets et secouez l'excédent, puis plongez-les délicatement dans l'huile chaude. Faites frire les légumes en plusieurs fois, sans surcharger le wok. Laissez cuire pendant 3 min, en retournant une ou deux fois, puis égouttez sur du papier absorbant. Salez au fur et à mesure. Renouvelez l'opération avec tous les légumes, puis servez avec la sauce aux piments rouges.

CONSEIL DU CHEF

Pour que la pâte soit croustillante, sa consistance doit être légère, et l'huile de friture très chaude. Évitez d'encombrer le wok et ne fouettez pas la pâte trop longtemps.

Gambas poivre et sel

PRÉP 10 MIN CUISS 10 MIN

POUR 4 PERSONNES

2 c. à s. de fécule de maïs
1 c. à s. de gros sel
1 c. à s. de poivre concassé
16 gambas crues décortiquées et déveinées
4 c. à s. d'huile de tournesol
1 piment rouge doux épépiné et coupé en rondelles
3 gousses d'ail pelées et râpées
6 ciboules coupées en tronçons de 5 cm et fendues en deux dans le sens de la longueur
1 filet de sauce soja foncée

1 Dans un saladier, mélangez la fécule de maïs avec le sel et le poivre. Ajoutez les gambas et enrobez-les soigneusement de ce mélange. Réservez au réfrigérateur.

2 Faites chauffer 1 c. à s. d'huile dans une poêle à feu moyen. Ajoutez le piment, l'ail et les ciboules. Faites revenir pendant 3 min et réservez à couvert.

3 Mettez le reste de l'huile à chauffer à feu très vif dans une autre poêle. Ajoutez les gambas et faites-les revenir pendant 3 min, en remuant délicatement.

4 À l'aide d'une écumoire, transférez les crevettes dans une assiette, puis répartissez-les dans 4 assiettes de service. Parsemez de piments frits à l'ail et à la ciboule. Arrosez de 1 filet de sauce soja juste avant de servir.

Boulettes de crabe à la coriandre

PRÉP 10 MIN CUISS 15 MIN

Matériel • robot ménager

POUR 4 PERSONNES

350 g de chair de crabe égouttée
1 petit poivron rouge épépiné et haché
2 gousses d'ail pelées
½ botte de coriandre ciselée
le zeste + le jus de 1 citron
1 c. à s. de sauce nuoc-mâm
2 œufs légèrement battus
sel et poivre du moulin
125 g de chapelure
3 c. à s. d'huile de tournesol
sauce soja foncée pour le service
sauce au piment doux pour le service

1 Dans le bol du robot ménager, versez la chair de crabe, le poivron, l'ail, la coriandre, le zeste et le jus de citron, ainsi que la sauce nuoc-mâm. Pulvérisez jusqu'à l'obtention d'une pâte épaisse, puis ajoutez les œufs. Salez, poivrez abondamment et mixez à nouveau.

2 Versez la chapelure dans une assiette. Prélevez de petites quantités de pâte et formez des boulettes de 3 cm de diamètre. Roulez-les dans la chapelure, de manière à bien les en enrober.

3 Faites chauffer un peu d'huile à feu moyen dans une poêle. Ajoutez quelques boulettes et faites-les frire pendant 5 min, jusqu'à ce qu'elles soient bien dorées. Renouveler l'opération avec les autres boulettes et égouttez-les sur du papier absorbant. Servez très chaud, accompagné d'une coupelle de sauce soja et d'une coupelle de sauce piquante.

Crème de maquereau fumé

PRÉP 5 MIN

Matériel • robot ménager ou mixeur

POUR 4 PERSONNES

4 filets de maquereau fumé (300 g) sans la peau
200 g de crème fraîche épaisse
le jus de 1 ou 2 citrons
poivre du moulin
1 c. à s. de yaourt à la grecque
quelques tranches de pain grillé
1 citron coupé en quartiers

1 Effeuillez les filets de maquereau et passez-les mixeur ou au robot ménager pour les réduire en miettes.

2 Incorporez la crème et mixez jusqu'à l'obtention d'une crème lisse. Ajoutez peu à peu le jus de citron, en mixant à chaque fois. Goûtez régulièrement et incorporez davantage de jus si nécessaire. Poivrez et mixez à nouveau.

3 Incorporez le yaourt et mixez jusqu'à ce que la crème soit lisse. Dressez dans un plat de service ou dans 4 coupelles individuelles. Servez avec des toasts de pain complet et des quartiers de citron.

VARIANTE

Pour donner un coup de fouet à cette crème, vous pouvez ajouter quelques gouttes de Tabasco©.

CONSEIL DU CHEF

Si vous ajoutez tous les ingrédients dans le robot en une seule fois, en les mixant pendant quelques secondes seulement, vous obtiendrez non pas une crème, mais des rillettes de maquereau.

RECEVOIR

Œufs mimosa au curry

PRÉP 5 MIN | CUISS 6 MIN

POUR 4 PERSONNES
6 œufs
2 c. à s. de mayonnaise
2 c. à c. de curry en poudre
½ c. à c. de paprika doux
sel et poivre du moulin
1 cœur de laitue
4 tranches de jambon cru
1 pincée de paprika (facultatif)

1 Faites cuire les œufs dans une casserole d'eau bouillante pendant 6 min. Égouttez, laissez refroidir, puis écalez-les.

2 Coupez les œufs en deux et prélevez les jaunes à l'aide d'une cuillère. Versez-les dans un bol et mélangez-les à la mayonnaise. Ajoutez le curry et le paprika doux. Salez et poivrez.

3 À l'aide d'une cuillère, répartissez équitablement le mélange au curry dans les cavités des blancs d'œufs.

4 Servez avec quelques feuilles de laitue et 1 tranche de jambon cru. Saupoudrez de 1 pincée de paprika.

Astuce

Les œufs durs peuvent être cuits la veille et conservés au réfrigérateur.

CONSEIL DU CHEF

Il suffit de 6 min de cuisson pour obtenir des œufs durs. Au-delà, une alvéole brune apparaît autour du jaune d'œuf.

Asperges vertes, sauce au citron

PRÉP 5 MIN | CUISS 6 MIN

POUR 4 PERSONNES
1 botte d'asperges vertes soigneusement nettoyées
50 g de roquette

Pour la sauce citronnée :
6 c. à s. d'huile d'olive
3 c. à s. de jus de citron
1 pincée de sucre en poudre
1 c. à c. de mayonnaise
sel et poivre du moulin

1 Préparez la sauce. Fouettez l'huile d'olive et le jus de citron dans un bol. Ajoutez le sucre en poudre et la mayonnaise. Fouettez à nouveau. Salez, poivrez, mélangez et réservez.

2 Mettez les asperges à cuire dans une grande casserole d'eau bouillante salée pendant 4 min. Plongez-les immédiatement dans une bassine d'eau glacée, puis égouttez-les.

3 Garnissez les assiettes d'un lit de roquette, posez les asperges vertes par-dessus et arrosez de sauce au citron. Servez sans attendre.

CONSEIL DU CHEF

Fouettez énergiquement la sauce avant de la verser sur les asperges. Si vous souhaitez une sauce plus légère, supprimez la mayonnaise.

Salade d'avocat aux tomates confites

PRÉP 5 MIN · CUISS 5 MIN

POUR 4 PERSONNES
350 g de petites tomates coupées en deux
1 c. à s. d'huile d'olive
1 c. à s. de thym frais
sel et poivre du moulin
2 avocats mûrs à point
50 g de roquette

Pour la vinaigrette :
90 ml d'huile d'olive
3 c. à s. de vinaigre de vin blanc
1 c. à c. de paprika
1 pincée de sucre en poudre
½ c. à c. de mayonnaise

1 Préchauffez le four à 210 °C (th. 7). Déposez les tomates dans un plat à gratin, enduisez-les d'huile, parsemez-les de thym, puis saupoudrez-les de sel et de poivre. Enfournez pour 5 min de cuisson, jusqu'à ce que la peau des tomates commence à se fendre.

2 Dans un saladier, fouettez tous les ingrédients de la vinaigrette, puis salez et poivrez.

3 Coupez les avocats en deux, dénoyautez-les, puis prélevez leur chair à l'aide d'une cuillère à soupe ou pelez-les au couteau. Posez une moitié d'avocat sur chaque assiette et fendez-la sur la longueur, sans détacher les lamelles. Pressez légèrement dessus pour les disposer en éventail.

4 Ajoutez quelques tomates rôties sur les assiettes, recouvrez de feuilles de roquette et arrosez de vinaigrette.

Saumon fumé, sauce au miel et à l'aneth

PRÉP 5 MIN

POUR 4 PERSONNES
350 g de saumon fumé
1 citron coupé en deux
½ concombre coupé en petits dés
4 tranches de pain de mie complet

Pour la vinaigrette à l'aneth :
90 ml d'huile d'olive vierge extra
3 c. à s. de vinaigre de vin blanc
1 c. à c. de moutarde à l'ancienne
1 c. à s. de miel liquide
sel et poivre du moulin
1 botte d'aneth finement ciselé

1 Répartissez le saumon sur 4 assiettes individuelles et arrosez-le de quelques gouttes de jus de citron.

2 Préparez la vinaigrette. Versez l'huile, le vinaigre, la moutarde et le miel dans un bol. Fouettez vigoureusement, puis salez et poivrez. Ajoutez la moitié de l'aneth et fouettez à nouveau. Goûtez et rectifiez l'assaisonnement si nécessaire.

3 Mélangez les dés de concombre avec le reste de l'aneth, poivrez légèrement et déposez 1 cuillerée de ce mélange sur le saumon fumé. Juste avant de servir, arrosez l'ensemble de vinaigrette à l'aneth et ajoutez 1 tranche de pain coupée en deux dans la diagonale.

Maquereaux grillés, salsa à la betterave et patate douce

PRÉP 15 MIN — CUISS 15 MIN

POUR 4 PERSONNES
1 patate douce pelée et coupée en dés
sel et poivre du moulin
4 petits maquereaux ouverts par le dos, vidés et désarêtés
1 filet d'huile d'olive pour la plaque
1 betterave cuite à la vapeur et coupée en dés
1 échalote ciselée
½ c. à c. de graines de nigelle (facultatif)
le jus de 1 orange

1 Faites cuire les dés de patate dans une casserole d'eau bouillante salée pendant 5 min, plongez-les dans une bassine d'eau froide et égouttez-les. Réservez.

2 Préchauffez le gril du four à son maximum. Alignez les maquereaux sur une plaque à pâtisserie huilée, salez, poivrez, puis faites-les cuire pendant 2 min de chaque côté.

3 Dans un saladier, mélangez la betterave et la patate. Ajoutez l'échalote, la nigelle et le jus d'orange. Mélangez.

4 Dressez les maquereaux sur des assiettes et déposez un peu de salsa.

CONSEIL DU CHEF

Vider et désarêter un poisson par le dos demande un peu de dextérité et de savoir-faire, car il faut ôter les arêtes dorsale et centrales : demandez à votre poissonnier !

Salade de truite, vinaigrette au poivron

PRÉP 10 MIN

POUR 4 PERSONNES
350 g de truite fumée
100 g de salade mélangée
1 ciboule ciselée
4 radis émincés

Pour la vinaigrette au poivron :
2 c. à s. de vinaigre de riz
2 c. à c. de sauce soja claire
2 gouttes d'huile de sésame
1 c. à c. de sucre en poudre
1 petit poivron rouge épépiné et haché
le jus de 1 citron vert

1 Fouettez les ingrédients de la vinaigrette dans un saladier. Rectifiez l'assaisonnement si nécessaire.

2 Émiettez grossièrement la truite et répartissez entre 4 assiettes. Dans un saladier, mélangez la salade avec la ciboule et le radis.

3 Assaisonnez la salade de 1 cuillerée de vinaigrette, mélangez et déposez 1 poignée de salade à côté de la truite. Versez le reste de la vinaigrette sur le poisson et servez immédiatement.

CONSEIL DU CHEF

Préparez la vinaigrette la veille et conservez-la au réfrigérateur, dans un récipient hermétiquement clos. Vous pouvez y ajouter 1 c. à s. de graines de sésame si vous le souhaitez.

Jalousies de champignons à la ricotta et son pesto rouge

PRÉP 25 MIN · CUISS 45 MIN

Matériel • robot ménager ou mixeur

POUR 4 PERSONNES
3 c. à s. d'huile d'olive
300 g de petits champignons de Paris nettoyés et coupés en deux
la partie blanche de 1 poireau
2 rouleaux de pâte feuilletée au beurre
200 g de ricotta
1 jaune d'œuf légèrement battu

Pour le pesto rouge :
2 c. à s. d'huile d'olive
1 oignon haché
2 poivrons rouges épépinés et hachés
2 gousses d'ail pelées et écrasées
le zeste râpé + le jus de 1 citron
sel et poivre du moulin

1 Préchauffez le four à 190 °C (th. 6-7) et tapissez une plaque à pâtisserie de papier cuisson. Préparez le pesto rouge. Mettez l'huile à chauffer à feu moyen dans une poêle à fond épais et faites cuire l'oignon jusqu'à ce qu'il soit translucide. Ajoutez les poivrons et prolongez la cuisson de 15 min. Versez le mélange dans le bol du robot, ajoutez l'ail, le zeste et le jus de citron et mixez en une purée grossière. Salez, poivrez et réservez.

2 Mettez 3 c. à s. d'huile d'olive à chauffer dans une poêle. Ajoutez les champignons et le poireau. Faites revenir à feu moyen pendant 5 min, puis réservez.

3 Découpez 4 carrés dans chaque rouleau de pâte feuilletée. À l'aide d'un couteau pointu, faites quelques entailles en diagonale dans 4 carrés, et conservez les 4 autres intacts. Étalez une couche de ricotta sur ces derniers, en laissant un « trottoir » de 1 cm sur tous les bords. Versez les légumes sur la ricotta. Posez les carrés de pâte entaillés par-dessus, en appuyant et en pinçant, pour souder les bords et éviter que la garniture ne s'échappe en cours de cuisson. Badigeonnez de jaune d'œuf battu.

4 Déposez les jalousies sur la plaque à pâtisserie et enfournez pour 25 min de cuisson, jusqu'à ce qu'elles soient bien dorées. Servez avec la sauce au pesto.

CONSEIL DU CHEF

Pour une occasion festive, garnissez ces jalousies de confit de canard émietté et de lamelles de figues.

Mille-feuilles de patate douce et courgette

PRÉP 15 MIN · CUISS 25 MIN

POUR 4 PERSONNES
600 g de patate douce pelée et coupées en 8 rondelles de même taille
2 c. à s. d'huile d'olive + 1 c. à c. pour le service
sel et poivre du moulin
1 courgette
le jus de ½ citron
150 g de mascarpone
1 c. à s. de ciboulette ciselée + 8 brins pour servir

1 Préchauffez le four à 190 °C (th. 6-7). Mettez les rondelles de patate douce dans un plat à gratin, arrosez-les de 2 c. à s. d'huile d'olive, salez et poivrez. Mélangez soigneusement, pour que tous les morceaux soient imprégnés d'huile. Enfournez pour 25 min de cuisson, jusqu'à ce que la patate soit cuite et bien dorée. Laissez refroidir à température ambiante.

2 Coupez les deux extrémités de la courgette et, à l'aide d'un couteau économe, prélevez de larges bandes de chair, que vous mettrez dans un saladier. Ajoutez le jus de citron, salez, poivrez et mélangez délicatement.

3 Dans un autre saladier, fouettez le mascarpone avec la ciboulette.

4 Dressez 1 rondelle de patate douce au centre de chaque assiette, posez quelques lamelles de courgette par-dessus et recouvrez d'une autre rondelle de patate, légèrement de biais. Garnissez cette dernière de 1 cuillerée de fromage à la ciboulette et terminez avec 2 brins de ciboulette. Entourez d'un cordon d'huile d'olive et dégustez sans attendre.

CONSEIL DU CHEF

Vous pouvez transformer cette entrée en hors-d'œuvre : coupez les rondelles de patate douce en deux avant de les rôtir au four. Garnissez certaines de courgette et d'autres de crème à la ciboulette.

AUTOUR D'UN PLAT

Un plat unique au centre de la table,
une façon conviviale de recevoir ses proches !

AUTOUR D'UN PLAT

Cuisiner pour une grande tablée peut vous paraître une tâche insurmontable… Pourtant, ce type de repas permet souvent de créer une atmosphère conviviale et décontractée. Contentez-vous de préparer un plat unique : votre soirée sera plus facile à organiser, et la corvée de vaisselle réduite au minimum !

Astuce

Profitez des promotions au supermarché pour acheter de grandes pièces de viande, moins chères que les viandes à la coupe. Placez-les au congélateur, pour pouvoir les utiliser plus tard.

Les ustensiles

Choisir le bon ustensile pour le bon plat.

USTENSILE		IDÉAL POUR
	**TAGINE** Le terme « tagine » désigne aussi bien l'ustensile en terre cuite que le mets lui-même. Originaire du Maghreb, plus particulièrement du Maroc, le tagine est composé de deux parties : une base, qui fait office de plat de cuisson et de plat de service, et un couvercle de forme conique, qui emmagasine la vapeur et conserve tout le moelleux des aliments. Cet ustensile permet de cuisiner à haute température sans que les aliments ne se dessèchent.	Les viandes, les légumes, les poissons en sauce et les plats mijotés.
	**PAELLA** D'origine catalane, la paella signifie « poêle » et désigne aussi bien l'ustensile que le mets. Elle est généralement fabriquée en acier poli, ce qui permet une diffusion rapide et égale de la chaleur. Comme elle rouille facilement, elle requiert un entretien minutieux. De circonférence variable, cet ustensile peut atteindre 1,50 m de diamètre, et nourrir alors plus de 200 convives !	La paella est le plat espagnol par excellence. Elle se compose de riz, d'herbes et d'épices, agrémentés de viande, de poisson et/ou de fruits de mer. On la prépare traditionnellement à l'extérieur, pour des occasions réunissant un nombre important d'invités.
	**COCOTTE** C'est un ustensile en fonte, à fond épais, qui passe de la plaque au four. Grâce à son couvercle, il permet une cuisson lente qui conserve tout le moelleux des aliments. Grâce à elle, on peut saisir les viandes à feu vif et achever lentement la cuisson au four.	Pour les plats de viande et de légumes longuement mijotés dans du bouillon. Elle est idéale pour recevoir : une fois le plat mis au four, vous pouvez tranquillement accueillir vos invités, en étant sûr de pouvoir leur présenter un plat cuit à la perfection.
	**WOK** Ce plat est emblématique de la cuisine asiatique. Il permet une cuisson rapide et diététique, car il requiert une faible quantité de matière grasse et altère peu la texture et les qualités nutritives des légumes. Le wok traditionnel est en acier : il demande alors un entretien particulier, car il rouille facilement.	Les légumes, viandes et fruits de mer, à faire revenir avec un minimum de matière grasse et quelques gouttes de liquide. Il vaut mieux préparer les ingrédients à l'avance, car la cuisson est très rapide.

Préparation

Lorsque vous cuisinez pour de grandes tablées, préparez certains ingrédients à l'avance et en grandes quantités. Pelez 1 kg d'oignons et hachez-les dans le robot ménager. Procédez de même pour les têtes d'ail, que vous pèlerez et hacherez avec un hachoir à main ou un mixeur.

Congélation

Laissez refroidir complètement le plat avant de le transférer dans un récipient à fermeture hermétique ou des sachets de congélation. **Congelez** toujours vos plats le plus rapidement possible. **Veillez** à ce que les morceaux de viande soient bien recouverts de sauce avant de les placer au congélateur (voir p. 248-251).

Quelle viande choisir ?

Certaines coupes de viande, considérées comme des bas morceaux, sont parfaites pour une cuisson lente.

VIANDE		IDÉAL POUR
	**BŒUF À BRAISER OU À BOUILLIR** Terme générique, qui désigne tous les morceaux de viande gélatineuse, entrelardée ou maigre, dont on se sert pour les cuissons lentes. Gîte, paleron, macreuse, basse-côte, tendron, queue, jumeau ou plat de côte : ces viandes ont des qualités différentes et sont souvent complémentaires. On les mélange donc volontiers dans les plats. Vous pouvez les laisser mariner dans du vin rouge ou des épices avant de les faire revenir dans de l'huile chaude, pour en préserver tous les sucs.	Ces morceaux de viande font tous appel à une cuisson lente : pot-au-feu, bœuf bourguignon, bœuf aux carottes, bœuf mode, estouffade, daube, curry… Ajoutez beaucoup d'herbes, d'aromates ou d'épices, mais choisissez toujours une viande de bonne qualité.
	**POITRINE DE PORC** Fraîche, salée, demi-sel, séchée ou fumée, la poitrine maigre est le plus souvent utilisée sous forme de lardons, pour assaisonner les plats. Une fois marinée, puis cuite lentement au four ou en cocotte, la poitrine de porc constitue un plat délicieux et fin. Vous pouvez aussi entailler le gras qui recouvre la viande, assaisonner celle-ci d'épices, de miel et de sauce soja, et la faire rôtir, d'abord à feu vif, puis à feu très doux.	Braisée ou pochée, elle exige un long temps de cuisson à feu doux, et rehausse potées, choucroutes, ragoûts, haricots secs et lentilles.
	**COLLIER D'AGNEAU** Morceau gras et osseux, parfait en ragoût ou braisé (navarin). Savoureux et peu onéreux, le collier est vendu entier ou débité en morceaux, désossé et roulé. Vous pouvez même faire griller de fines tranches de collier d'agneau au barbecue. Dans ce cas, achetez-le entre avril et juillet chez votre boucher : demandez-lui de couper la viande en fines tranches, en conservant les os.	À consommer en ragoût, plat en sauce, tagine et curry. Ne lésinez pas sur les épices et les herbes aromatiques à la saveur prononcée, qui atténueront le caractère assez gras du collier. Dans le même souci d'équilibre, prévoyez des légumes verts en guise d'accompagnement.
	**VIANDE HACHÉE** Terme générique qui désigne divers morceaux de viande passés au hachoir. Achetez-la de préférence chez le boucher, qui la préparera à partir de morceaux maigres et persillés, choisis dans les muscles des quartiers avant et arrière de l'animal : collier désossé, gîte à la noix, jumeau (pour le steak haché) ou à partir de viande à bourguignon, plus économique.	Pour préparer un hachis parmentier, une sauce bolognaise pour lasagnes et spaghettis, des tourtes et des chaussons. Peu onéreuse, la viande hachée supporte parfaitement les épices et les herbes aux parfums prononcés.

Plats réchauffés

Les plats mijotés sont meilleurs réchauffés, car les saveurs ont alors le temps de se développer. Ils sont également parfaits pour les invités qui arrivent en retard ! Laissez-les mijoter au four à feu très doux. Vous pouvez aussi les réchauffer au four à micro-ondes pendant quelques minutes.

Les poissons

- **La lotte** Elle est vendue étêtée et dépouillée. Cuisinez-la à la provençale, avec des tomates, des olives et des herbes aromatiques. Attention à ne pas trop la cuire.
- **Les crevettes et gambas** Ajoutez-les au dernier moment. Avec les têtes, les carcasses et 1 bouquet garni, préparez un bouillon qui servira de jus de cuisson pour le plat.
- **Les poissons à chair ferme** Préparez la sauce à l'avance et ajoutez le poisson cru (cabillaud, lieu, perche) lorsque vous la réchauffez.
- **Le saumon** Il ne requiert que quelques minutes de cuisson. Idéal en sauce, il est également très apprécié rôti au four ou grillé au barbecue.

Paella de poulet et gambas (voir recette p. 375).

Tagine de poulet, aubergines et tomates

PRÉP 30 MIN
CUISS 25 MIN

POUR 8 PERSONNES

4 c. à s. d'huile d'olive
sel et poivre du moulin
8 morceaux de poulet
2 aubergines coupées en cubes
1 c. à c. de cannelle moulue
2 oignons hachés
1 poivron rouge épépiné et coupé en dés
2 c. à c. de cumin moulu
2 feuilles de laurier
1 kg de tomates fraîches coupées en dés
1 c. à s. de purée de tomates
4 citrons confits fendus en deux et épépinés
1 botte de coriandre ciselée

1 Mettez 1 c. à s. d'huile d'olive à chauffer dans une cocotte. Salez et poivrez les morceaux de poulet. Faites-les dorer de toutes parts pendant 8 min, puis réservez-les. Enrobez les aubergines de cannelle moulue et ajoutez-les dans la poêle, avec 1 c. à s. d'huile. Laissez cuire à feu moyen pendant 10 min, en remuant de temps et temps. Si nécessaire, incorporez 1 c. à s. d'huile à la poêle en cours de cuisson. Réservez.

2 Versez 1 c. à s. d'huile dans la poêle, ajoutez les oignons, le poivron, le cumin et le laurier. Salez et poivrez. Faites cuire à feu doux pendant 5 min. Ajoutez les aubergines et le poulet, puis les tomates et la purée de tomates. Couvrez et laissez mijoter à feu doux pendant 25 min, en incorporant un peu d'eau chaude si la sauce devient trop épaisse.

3 Ajoutez les citrons confits et prolongez la cuisson de 5 min. Parsemez de coriandre ciselée et accompagnez de couscous et d'une petite coupelle de harissa.

Daube de bœuf à l'orange

PRÉP 30 MIN · CUISS 2 HS

Matériel • cocotte en fonte à fond épais

POUR 8 PERSONNES

4 c. à s. d'huile d'olive
1 kg de viande à bourguignon coupée en cubes
1 c. à s. de farine
sel et poivre du moulin
1 feuille de laurier
50 g de beurre
3 oignons émincés
le zeste + le jus de 2 oranges
12 anchois au sel hachés
300 ml de vin rouge
500 g de champignons de Paris coupés en quatre
1,2 l de bouillon de légumes chaud
1 c. à c. de thym frais

1 Préchauffez le four à 150 °C (th. 5). Mettez 2 c. à s. d'huile à chauffer dans la cocotte. Mélangez les morceaux de viande avec la farine, salez et poivrez, puis faites-les revenir dans l'huile chaude. Ajoutez le laurier et laissez cuire pendant 5 min. Incorporez le beurre et prolongez la cuisson de 5 min, jusqu'à ce que la viande soit dorée. À l'aide d'une écumoire, transférez-la sur une assiette et réservez-la.

2 Versez le reste de l'huile dans la cocotte, ajoutez les oignons et faites cuire pendant 5 min à feu doux, jusqu'à ce qu'ils soient tendres. Ajoutez le zeste des oranges, augmentez le feu et incorporez le jus des oranges, en grattant le fond de la cocotte pour détacher les sucs.

3 Ajoutez les anchois et le vin et laissez cuire à feu vif pendant 2 min. Versez les champignons, le bouillon et le thym. Salez, poivrez et enfournez pour 2 h de cuisson à couvert. La viande doit être fondante en fin de cuisson.

Curry de gambas aux noix de cajou

PRÉP 20 MIN · CUISS 40 MIN

Matériel • robot ménager

POUR 8 PERSONNES

sel et poivre du moulin
1 kg de gambas crues décortiquées
6 gousses d'ail pelées et râpées
un morceau de gingembre frais (5 cm) pelé et râpé
200 ml de yaourt nature
1 pincée de paprika
3 c. à s. d'huile de tournesol
2 bâtons de cannelle
6 capsules de cardamome légèrement écrasées avec le plat d'un couteau
500 g de tomates
125 g de noix de cajou moulues + 10 noix concassées
2 c. à s. de fenugrec moulu
200 ml de crème fraîche épaisse

1 Salez et poivrez les gambas, puis mélangez-les avec la moitié de l'ail, la moitié du gingembre, le yaourt, le paprika et 1 c. à s. d'huile. Mettez une sauteuse ou une poêle assez profonde à chauffer, égouttez les gambas et faites-les cuire à feu vif pendant 5 min, sans cesser de remuer. Réservez-les.

2 Mettez 2 c. à s. d'huile à chauffer dans la poêle. Ajoutez le reste de l'ail et du gingembre, ainsi que la cannelle et la cardamome. Faites cuire à feu doux pendant 2 min avant d'ajouter les tomates. Prolongez la cuisson de 10 min, jusqu'à ce que les tomates commencent à réduire. Incorporez un peu d'eau chaude et laissez mijoter pendant 10 min supplémentaires.

3 Versez les tomates dans le bol du robot ménager et mixez jusqu'à l'obtention d'une sauce lisse, que vous transvaserez dans la poêle. Incorporez les noix de cajou moulues et le fenugrec. Laissez mijoter pendant 10 min, en ajoutant un peu d'eau chaude si la sauce devient trop épaisse. Ajoutez les gambas et la crème, goûtez et salez si nécessaire. Prolongez la cuisson de 5 min et parsemez de noix de cajou concassées avant de servir avec du riiz nature.

CONSEIL DU CHEF

Le fenugrec est l'épice clé de cette recette. Si vous avez la chance de trouver des feuilles de fenugrec séchées, utilisez-les pour ce curry, à la place du produit moulu.

Goulasch de porc

PRÉP 25 MIN · CUISS 1 H

Matériel • cocotte en fonte

POUR 8 PERSONNES

1 kg de viande de porc coupée en cubes
1 c. à s. de farine
2 c. à c. de paprika
2 c. à c. de cumin moulu
sel et poivre du moulin
2 c. à s. d'huile d'olive
1 c. à s. de vinaigre de cidre
2 c. à s. de purée de tomates
1,2 l de bouillon de légumes chaud
6 tomates fraîches pelées et coupées en morceaux
1 oignon émincé en rondelles
1 c. à s. de persil frisé ciselé

1 Saupoudrez la viande de farine, de paprika, de cumin, puis salez et poivrez. Mettez l'huile à chauffer dans la cocotte et faites revenir les morceaux de porc pendant 10 min à feu vif, en les retournant constamment. Incorporez le vinaigre et remuez en grattant le fond de la poêle, pour décoller les sucs.

2 Ajoutez la purée de tomates, puis le bouillon, et portez à ébullition. Laissez mijoter à couvert pendant 1 h, jusqu'à l'obtention d'une sauce assez épaisse.

3 Incorporez les tomates, goûtez et rectifiez l'assaisonnement si nécessaire. Recouvrez d'oignon cru et de persil, avant de servir avec du riz nature ou des pommes de terre cuites à la vapeur.

Gado gado

PRÉP 20 MIN · CUISS 20 MIN

Matériel • robot ménager

POUR 8 PERSONNES

4 épis de maïs
sel fin
300 g de haricots verts équeutés
500 g de pommes de terre
300 g de cacahuètes grillées à sec
4 gousses d'ail
1 pincée de paprika
sel et poivre du moulin
2 c. à c. de sucre roux
le jus de 1 citron vert
4 carottes pelées et coupées en rondelles
200 g de soja germé
½ concombre coupé en dés
6 œufs durs écalés et coupés en quatre
½ botte de coriandre

1 Faites cuire les épis de maïs dans une grande casserole d'eau salée pendant 5 min. Ajoutez les haricots verts et prolongez la cuisson de 5 min. Égouttez soigneusement. Coupez le maïs en tronçons de 3 cm que vous déposerez dans un grand plat de service avec les haricots verts. Faites cuire les pommes de terre dans une casserole d'eau salée jusqu'à ce qu'elles soient juste tendres. Laissez refroidir, puis pelez-les avant de les couper en tranches. Ajoutez-les au maïs.

2 Versez les cacahuètes grillées, l'ail et le paprika dans le bol du robot ménager. Pulvérisez jusqu'à l'obtention d'une poudre fine. Salez, poivrez, ajoutez un peu d'eau et mixez en une pâte lisse. Incorporez le sucre roux et le jus de citron. Mixez avec un peu d'eau, jusqu'à l'obtention d'une pâte souple mais non liquide.

3 Ajoutez les carottes, le soja germé et le concombre aux légumes cuits. Arrosez de pâte de cacahuètes et mélangez délicatement. Garnissez de quartiers d'œufs durs et de feuilles de coriandre avant de servir.

Paella de poulet et gambas

PRÉP 15 MIN
CUISS 50 MIN

POUR 8 PERSONNES

4 cuisses de poulet sans la peau et coupées en deux
1,5 l de bouillon de légumes
2 c. à s. d'huile d'olive
4 poivrons rouges épépinés et coupés en lanières
700 g de gambas crues décortiquées
sel et poivre du moulin
800 g de tomates concassées en conserve
400 g de riz à paella
400 g de haricots verts équeutés
1 pincée de safran en filaments
1 pincée de piment de Cayenne
1 pincée de paprika
1 botte de persil plat ciselé

1 Mettez les morceaux de poulet dans une casserole, couvrez-les de la moitié du bouillon et faites cuire à feu doux et à couvert pendant 20 min. Transférez sur une assiette à l'aide d'une écumoire et conservez le bouillon.

2 Pendant ce temps, mettez l'huile à chauffer dans une poêle à paella, ajoutez les poivrons et faites cuire pendant 2 min. Versez les gambas, salez, poivrez, et faites revenir à feu vif pendant 2 min. À l'aide d'une écumoire, débarrassez les gambas et les poivrons sur une assiette et réservez-les.

3 Dans la poêle, versez les tomates, le riz et le bouillon de cuisson du poulet. Salez, poivrez et laissez cuire pendant 5 min. Incorporez le reste du bouillon de légumes et le poulet. Laissez mijoter à feu doux pendant 20 min, jusqu'à ce que le riz soit cuit. Ajoutez les haricots verts, le safran, le piment de Cayenne et le paprika. Prolongez la cuisson de 10 min. Versez les poivrons et les crevettes dans la poêle, laissez cuire pendant 3 min et parsemez de persil.

Astuce

Vous pouvez acheter un sachet d'épices à paella, qui remplacera le safran, le piment de Cayenne et le paprika.

CONSEIL DU CHEF

Si vous n'aimez pas mélanger viande et fruits de mer, choisissez de cuisiner l'un ou l'autre, et doublez-en les quantités.

Bouillabaisse express et ses croûtons

PRÉP 15 MIN | CUISS 30 MIN

POUR 8 PERSONNES

2,5 kg de poissons et de fruits de mer (cabillaud, lotte, julienne, gambas crues et décortiquées)
3 c. à s. d'huile d'olive
4 gousses d'ail pelées et râpées
2 c. à s de purée de tomates
1 oignon haché
8 tomates pelées et coupées en morceaux
1 c. à c de graines de fenouil
5 filaments de safran
1 pincée de paprika
1,2 l de fumet de poisson
sel et poivre du moulin
1 baguette
15 g de gruyère râpé
1 c. à s. de persil plat ciselé

1 Nettoyez les poissons et coupez-les en gros cubes. Mettez l'huile à chauffer dans une grande casserole et faites cuire l'ail, la purée de tomates et l'oignon à feu très doux pendant 8 min.

2 Incorporez les tomates, les graines de fenouil, le safran, le paprika et le fumet de poisson. Salez, poivrez et portez à l'ébullition, avant de réduire le feu et de laisser mijoter à feu doux pendant 10 min. Ajoutez le poisson et prolongez la cuisson de 7 min. Versez les gambas et faites cuire pendant 3 min supplémentaires.

3 Tranchez la baguette en fines rondelles que vous ferez légèrement griller sur les deux faces. Saupoudrez-les de gruyère râpé. Dressez la soupe dans des assiettes creuses, accompagnez de croûtons au fromage et parsemez de persil juste avant de servir.

CONSEIL DU CHEF

Pour accompagner la bouillabaisse, réalisez une rouille maison à base d'épices, d'ail, de safran et de moutarde, ou achetez un pot déjà prêt dans une épicerie fine. Tartinez les croûtons de rouille avant de les recouvrir de gruyère râpé.

Haricots aux saucisses

PRÉP 30 MIN · CUISS 2 HS

Matériel • cocotte en fonte à fond épais

POUR 8 PERSONNES

4 c. à s. d'huile d'olive
2 oignons hachés
4 branches de céleri coupées en dés
2 grosses pommes de terre coupées en dés de 2 cm de côté
24 chipolatas
200 g de lardons
6 gousses d'ail pelées et râpées
800 g de haricots blancs en conserve rincés et égouttés
1 c. à s. de purée de tomates
2 c. à c. de paprika
2 c. à c. de thym séché
2 c. à c. d'origan séché
1 c. à c. de poivre concassé
300 ml de vin blanc sec
600 ml de bouillon de légumes chaud
125 g de chapelure fine
1 c. à s. de persil plat haché
50 g de beurre

1 Préchauffez le four à 150 °C (th. 5). Mettez l'huile à chauffer à feu moyen dans une poêle. Faites cuire les oignons, le céleri et les pommes de terre pendant 5 min, jusqu'à ce qu'ils soient tendres. Ajoutez les saucisses et les lardons. Laissez dorer pendant 5 min.

2 Ajoutez l'ail et prolongez la cuisson de 1 min avant de verser les haricots, la purée de tomates, le paprika, le thym, l'origan et le poivre concassé. Mélangez soigneusement, puis incorporez le vin. Portez à ébullition et faites bouillir pendant 2 min, avant d'ajouter le bouillon ainsi que 300 ml d'eau chaude. Portez de nouveau à l'ébullition, puis réduisez le feu et laissez mijoter à feu doux pendant 10 min.

3 Mélangez la chapelure avec le persil et recouvrez les haricots de ce mélange. Parsemez de noisettes de beurre, couvrez le plat et enfournez pour 1 h 30 de cuisson. Ôtez le couvercle et faites cuire pendant 30 min de plus au four.

Risotto aux champignons

PRÉP 15 MIN · CUISS 25 MIN

POUR 8 PERSONNES

6 c. à s. d'huile d'olive
2 oignons hachés
50 g de beurre
6 gousses d'ail pelées et râpées
250 g de champignons de Paris hachés
250 g de champignons de Paris émincés
½ piment rouge doux émincé (facultatif)
sel et poivre du moulin
100 ml de vin blanc sec
500 g de riz arborio
750 ml de bouillon de volaille
½ botte de persil plat ciselé
125 g de parmesan râpé

1 Mettez l'huile à chauffer à feu moyen dans une cocotte. Faites cuire l'oignon pendant 5 min, jusqu'à ce qu'il soit translucide et sans qu'il ne colore. Ajoutez le beurre, l'ail, les champignons et le piment rouge. Prolongez la cuisson de 5 min, en remuant sans cesse. Salez, poivrez, puis incorporez le vin et laissez l'alcool s'évaporer pendant 2 min.

2 Versez le riz dans la casserole, en prenant soin de bien les enrober de matière grasse. Incorporez 300 ml de bouillon et laissez mijoter à feu doux, jusqu'à ce que le riz ait absorbé tout le liquide. Ajoutez le reste du bouillon en deux fois, en remuant de temps en temps.

3 Parsemez de persil et de la moitié du parmesan. Goûtez et rectifiez l'assaisonnement. Mélangez et saupoudrez du reste du parmesan.

VARIANTE
Remplacez les champignons par 6 courgettes émincées ou par 2 bottes d'asperges vertes, nettoyées et coupées en tronçons.

Risotto aux fruits de mer

PRÉP 20 MIN | CUISS 30 MIN

POUR 8 PERSONNES

4 c. à s. d'huile d'olive
500 g de crevettes crues décortiquées
sel et poivre du moulin
500 g de lotte coupée en cubes
16 noix de Saint-Jacques nettoyées
2 noix de beurre
2 oignons hachés
4 gousses d'ail pelées et râpées
2 l de fumet de poisson
700 g de riz arborio
200 ml de vin blanc sec
3 tomates pelées et coupées en dés
1 c. à s. de persil plat ciselé
1 c. à s. d'aneth ciselé
1 citron coupé en quartiers

1 Mettez 3 c. à s. d'huile à chauffer à feu moyen dans une grande poêle. Faites cuire les crevettes pendant 2 min, salez, poivrez, puis réservez sur une assiette. Ajoutez la lotte, ainsi que 1 c. à s. d'huile si nécessaire. Faites dorer pendant 2 min et réservez au chaud.

2 Salez et poivrez les noix de Saint-Jacques. Déposez-les dans la poêle avec 1 c. à s. d'huile et laissez cuire pendant 1 min de chaque côté avant de réserver sur une assiette. Mettez 1 noix de beurre à chauffer dans la poêle et faites cuire les oignons à feu doux pendant 5 min, en évitant toute coloration. Pendant ce temps, mettez le fumet de poisson à chauffer dans une casserole, en maintenant un léger frémissement.

3 Versez le riz dans la poêle et enrobez les grains de matière grasse. Salez, poivrez, incorporez le vin et faites bouillir à feu vif pendant quelques secondes, le temps que l'alcool s'évapore. Ajoutez 1 louche de bouillon, remuez jusqu'à ce que le riz l'ait absorbé, puis renouvelez l'opération jusqu'à ce que le riz soit prêt. Au bout de 20 min environ, le riz doit être cuit, mais encore un peu croquant.

4 Incorporez les tomates, ajoutez les crevettes et la lotte et complétez par les herbes fraîches ciselées. Goûtez et rectifiez l'assaisonnement si vous le jugez nécessaire. Ajoutez 1 noix de beurre, dressez dans des assiettes creuses individuelles et garnissez de quelques quartiers de citron.

CONSEIL DU CHEF

Pour un risotto plus onctueux, ajoutez 2 c. à s. de crème fraîche liquide en même temps que la dernière noix de beurre.

Agneau à la provençale

PRÉP 25 MIN · CUISS 2 ½ HS

Matériel • cocotte en fonte à fond épais

POUR 8 PERSONNES
4 c. à s. d'huile d'olive
4 oignons coupés en 8 morceaux
1,2 kg d'épaule d'agneau
2 c. à c. de paprika
6 gousses d'ail pelées et hachées
6 c. à s. d'olives noires
2 c. à s. de câpres
1 c. à s. d'origan séché
1 c. à c. de thym séché
6 c. à s. de cognac
sel et poivre du moulin
1,6 kg de tomates concassées

1 Préchauffez le four à 150 °C (th. 5). Mettez l'huile à chauffer à feu moyen dans la cocotte et faites cuire les oignons pendant 5 min. Ajoutez les morceaux d'agneau, ainsi que le paprika, et laissez cuire pendant 10 min.

2 Ajoutez l'ail, les olives, les câpres, l'origan et le thym. Arrosez de cognac et prolongez la cuisson de 5 min. Salez, poivrez, ajoutez les tomates, puis portez à ébullition. Transférez la cocotte dans le four et faites cuire à couvert pendant 2 h 30. Servez avec une écrasée de pommes de terre à l'huile d'olive.

Poulet à la sauce malaisienne

PRÉP 15 MIN · CUISS 1 H

Matériel • robot ménager • wok

POUR 8 PERSONNES
1 poulet fermier de 2 kg coupé en 8 morceaux
sel et poivre du moulin
1 petit poivron rouge épépiné
2 c. à s. de curry en poudre
2 c. à c. de curcuma
2 c. à c. de cumin moulu
6 gousses d'ail pelées et râpées
8 échalotes ciselées
4 c. à s. d'huile de tournesol
800 g de lait de coco
2 c. à c. de sucre en poudre
6 tomates pelées et hachées
1 oignon rouge haché
½ botte de coriandre finement ciselée
600 ml de bouillon de volaille
450 g de nouilles chinoises

1 Salez et poivrez généreusement les morceaux de poulet et réservez-les. À l'aide du robot ménager, mixez le poivron avec le curry, le curcuma, le cumin, l'ail, les échalotes et 3 c. à s. d'huile, jusqu'à l'obtention d'une pâte lisse.

2 Mettez la cocotte à chauffer à feu moyen, ajoutez la pâte et laissez cuire pendant 5 min, en remuant fréquemment. Déposez les morceaux de poulet (côté peau) dans la sauce et faites cuire pendant 10 min, en les retournant une seule fois.

3 Incorporez le lait de coco ainsi que le sucre dans la cocotte. Salez, poivrez, portez à ébullition, puis laissez mijoter à feu doux pendant 20 min, jusqu'à ce que la sauce ait réduit de moitié. Ajoutez les tomates et l'oignon, prolongez la cuisson de 10 min, puis ajoutez la coriandre, en en réservant 1 c. à s. pour le service.

4 Versez le bouillon dans une grande casserole d'eau chaude, que vous ferez bouillir à feu vif. Plongez les nouilles dans le mélange bouillonnant et laissez cuire pendant quelques minutes, jusqu'à ce qu'elles soient tendres mais encore un peu croquantes. Mettez 1 c. à s. d'huile à chauffer dans un wok. Égouttez les nouilles et faites-les revenir à feu vif dans l'huile chaude pendant 3 min. Salez, poivrez et transférez dans des bols de service. Garnissez de morceaux de poulet, parsemez de coriandre et servez.

Poitrine de porc rôtie sur lit de pommes de terre

PRÉP 25 MIN CUISS 1 1/2 HS

POUR 6 PERSONNES
1 kg de poitrine de porc fraîche
1 c. à c. de gros sel
6 c. à s. d'huile d'olive
3 oignons
coupés en 8 morceaux
4 pommes de terre
pelées et coupées en quartiers
250 g de champignons
coupés en deux
300 ml de vin blanc sec
4 gousses d'ail
pelées et hachées
1 c. à s. de thym frais
600 ml de bouillon de légumes
1 c. à c de poivre moulu

1 Préchauffez le four à 200 °C (th. 6-7). Faites des entailles assez profondes dans le gras de la viande, puis enduisez-la de gros sel et de 2 c. à s. d'huile. Déposez-la dans un plat de cuisson et faites cuire au four pendant 20 min, jusqu'à ce que la peau soit bien croustillante. Ôtez la viande du four et réduisez la température à 170 °C (th. 5-6).

2 Mettez le reste de l'huile à chauffer dans une grande poêle, ajoutez les oignons et les pommes de terre et faites cuire pendant 10 min, en remuant fréquemment. Versez les champignons et prolongez la cuisson de 5 min avant d'incorporer le vin. Laissez l'alcool s'évaporer pendant 2 min, puis transférez les légumes dans un grand plat à gratin. Ajoutez l'ail, le thym, le bouillon et le poivre. Mélangez, puis posez le porc sur les légumes, en veillant à ce que la croûte dorée soit bien visible. Enfournez pour 1 h 30 de cuisson.

3 Laissez reposer pendant 10 min avant de découper la poitrine en tranches fines ou épaisses, selon votre préférence. Servez avec des bouquets de brocoli cuits à la vapeur.

Pad Thaï

PRÉP 15 MIN · CUISS 15 MIN

Matériel • wok

POUR 8 PERSONNES

500 g de pâtes de riz épaisses
3 c. à s. d'huile de tournesol
4 œufs légèrement battus
1 poivron rouge épépiné et haché
4 escalopes de poulet coupées en lanières de 5 mm d'épaisseur
2 bottes de ciboules ciselées
1 c. à s. de sauce de poisson nam pla (ou nuoc-mâm)
le jus de 2 citrons verts
2 c. à s. de sucre en poudre
sel et poivre du moulin
300 g de cacahuètes nature
½ botte de coriandre ciselée
1 citron vert coupé en quartiers

1 Dans un grand bol, recouvrez les pâtes de riz d'eau bouillante et laissez tremper pendant 8 min jusqu'à ce qu'elles soient souples. Égouttez-les et réservez-les dans un saladier. Mettez 1 c. à s. d'huile à chauffer à feu moyen dans un wok, ajoutez les œufs en les remuant sans cesse pendant 1 min. Dès qu'ils sont cuits mais encore assez liquides, transférez-les sur une assiette.

2 Ajoutez le reste d'huile dans le wok, versez le poivron et le poulet et faites cuire à feu vif pendant 5 min en remuant sans cesse. Incorporez la ciboule ciselée, le nuoc-mâm, le jus de citron et le sucre. Mélangez et prolongez la cuisson de 2 min. Goûtez, puis salez et poivrez si nécessaire avant d'ajouter les œufs brouillés.

3 Versez les nouilles dans le wok en mélangeant délicatement afin de les enrober de sauce. Ajoutez la moitié de cacahuètes et la moitié de coriandre. Mélangez et transférez dans un plat de service. Parsemez du reste de cacahuètes et de coriandre ciselée, puis garnissez de quartiers de citron vert.

Daube de bœuf au fenouil

PRÉP 40 MIN · CUISS 1¾ HS

Matériel • cocotte en fonte à fond épais

POUR 8 PERSONNES

1,2 kg de viande à bourguignon coupée en morceaux
sel et poivre du moulin
1 c. à s. de farine
3 c. à c. de paprika doux
3 c. à s. d'huile d'olive
2 oignons émincés
3 bulbes de fenouil coupés en 8 morceaux
150 ml de vin blanc sec
1,2 l de bouillon de légumes
1 noix de beurre
500 g de champignons de Paris
1 pincée d'origan séché

1 Préchauffez le four à 180 °C (th. 6). Versez les morceaux de viande dans un saladier. Salez et poivrez généreusement, puis saupoudrez de farine et de paprika, en veillant à ce que tous les morceaux en soient bien enrobés.

2 Mettez la moitié de l'huile d'olive à chauffer dans la cocotte et faites revenir la viande pendant 10 min à feu moyen, jusqu'à ce qu'elle soit uniformément dorée. Transférez sur une assiette à l'aide d'une écumoire et réservez.

3 Mettez le reste de l'huile à chauffer dans la même cocotte et faites revenir les oignons pendant 5 min. Salez, poivrez et ajoutez le fenouil. Prolongez la cuisson de 6 min, jusqu'à ce que les légumes soient tendres. Versez le vin, portez à ébullition et laissez cuire pendant 2 min, le temps que l'alcool s'évapore. Versez la viande dans la cocotte, recouvrez avec le bouillon et portez à ébullition. Transférez la casserole dans le four et faites cuire à couvert pendant 1 h.

4 Au bout de ce temps, mettez le beurre à fondre dans une poêle et faites revenir les champignons avec l'origan pendant 5 min. Incorporez-les à la cocotte et prolongez la cuisson au four de 30 min. Servez avec des pommes de terre cuites au four.

Riz au porc et à la tomate

PRÉP 30 MIN · CUISS 1 H

Matériel • cocotte en fonte à fond épais

POUR 8 PERSONNES
6 c. à s. d'huile d'olive
3 oignons émincés
1,2 kg de sauté de porc
6 gousses d'ail pelées et râpées
1 c. à s. de persil plat finement haché
1 c. à s. de feuilles de thym frais
1 c. à s. de feuilles de sauge finement ciselées
1 c. à c. de paprika
150 ml de vin blanc sec
500 g de riz long grain
1,2 kg de tomates concassées
sel et poivre du moulin

1 Préchauffez le four à 150 °C (th. 5). Mettez l'huile à chauffer dans une cocotte allant au four et faites revenir les oignons à feu moyen pendant 5 min, jusqu'à ce qu'ils soient tendres. Ajoutez les morceaux de porc et, après 5 min de cuisson, incorporez l'ail, le persil, le thym, la sauge et le paprika. Mélangez délicatement avant d'incorporer le vin. Au bout de 5 min, ajoutez le riz et les tomates, puis assaisonnez généreusement.

2 Enfournez pour 1 h de cuisson à couvert, en remuant de temps en temps, pour éviter que le riz n'attache au fond de la casserole. Si nécessaire, ajoutez 1 louche d'eau chaude ou de bouillon en cours de cuisson. Laissez reposer pendant 10 min à couvert avant de servir.

Roulades de dinde aux marrons et aux champignons

PRÉP 20 MIN · CUISS 40 MIN

Matériel • robot ménager

POUR 8 PERSONNES
sel et poivre du moulin
8 escalopes de dinde de 125 g chacune aplaties par le boucher
200 g de marrons soigneusement égouttés
6 gousses d'ail pelées et râpées
1 botte de persil plat ciselé
125 g d'abricots secs
500 g de champignons de Paris
6 c. à s. d'huile d'olive
1 c. à c. de thym frais

1 Préchauffez le four à 180 °C (th. 6). Salez et poivrez les escalopes de dinde, et réservez-les. Dans le robot ménager, mixez les marrons, l'ail et le persil pendant 10 s. Ajoutez les abricots ainsi que les champignons. Pulvérisez pendant 5 s avant d'incorporer le thym, ainsi que 2 c. à s. d'huile d'olive. Mixez jusqu'à l'obtention d'une pâte grossière, que vous assaisonnerez à votre convenance.

2 Étalez 1 escalope sur une planche à découper et déposez 1 c. à s. de farce au centre. Roulez la viande sur elle-même, de manière à bien emprisonner la farce, et ficelez-la. Renouvelez la même opération avec les autres escalopes, en les alignant au fur et à mesure dans un plat à gratin. Arrosez-les du reste de l'huile d'olive, couvrez le plat d'aluminium ménager et enfournez pour 30 min de cuisson. Ôtez la feuille d'aluminium et faites dorer les roulades au four pendant 10 min supplémentaires. Enlevez les ficelles, coupez les roulades en deux et servez-les sans attendre, accompagnées d'une belle salade verte.

Potée d'agneau du Lancashire

PRÉP 25 MIN · CUISS 2 HS

Matériel • cocotte en fonte à fond épais

POUR 8 PERSONNES

2 c. à s. d'huile d'olive
8 côtes d'agneau découvertes de 200 g chacune
1 kg de pommes de terre pelées et coupées en rondelles
sel et poivre du moulin
4 oignons finement émincés
8 anchois au sel grosièrement hachés
600 ml de bouillon de légumes chaud
quelques noisettes de beurre

1 Préchauffez le four à 180 °C (th. 6). Mettez 1 c. à s. d'huile à chauffer à feu moyen dans une grande poêle. Faites dorer les côtes d'agneau pendant 1 min sur chaque face. Procédez en deux temps si votre poêle n'est pas assez grande.

2 Déposez une couche de pommes de terre dans le fond d'une cocotte allant au four, et posez la viande par-dessus. Salez et poivrez généreusement. Mettez 1 c. à s. d'huile à chauffer dans une poêle, ajoutez les oignons et faites cuire pendant 10 min. Incorporez les anchois. Parsemez un peu de ce mélange sur les côtelettes, puis alternez les couches de pommes de terre et de champignons, en terminant par une couche de pommes de terre.

3 Versez du bouillon, jusqu'à ce qu'il atteigne la dernière couche de pommes de terre. Parsemez de quelques noisettes de beurre et couvrez hermétiquement la cocotte d'aluminium ménager. Faites cuire au four pendant 2 h, jusqu'à ce que les pommes de terre aient absorbé tout le bouillon. Ôtez l'aluminium ménager 20 min avant la fin de la cuisson, pour permettre aux pommes de terre de bien dorer.

VARIANTE

Pour enrichir ce plat, ajoutez aux côtes 4 rognons d'agneau.

CONSEIL DU CHEF

Même si vous n'aimez pas les anchois, ne les supprimez pas de ce plat : ils lui apportent de la profondeur.

Boulettes de porc à la tomate

PRÉP 30 MIN CUISS 1 H

Réfrigération • 20 min

POUR 8 PERSONNES

1 kg de viande de porc haché
3 oignons hachés
1 c. à s. de persil plat ciselé
2 c. à c. piment de Cayenne
2 c. à c. de thym séché
2 œufs
3 c. à s. de farine
sel et poivre du moulin
6 tomates cœur de bœuf
6 c. à s. d'huile d'olive
2 c. à s. d'origan séché

1 Préchauffez le four à 180 °C (th. 6). Dans un saladier, mélangez le porc haché avec les oignons, le persil, le piment de Cayenne et le thym. Incorporez les œufs et la farine. Salez, poivrez et mélangez soigneusement avec les doigts, jusqu'à l'obtention d'une pâte. Laissez-la reposer au réfrigérateur pendant au moins 20 min.

2 Façonnez 24 boulettes de 5 cm de diamètre, en les moulant dans la paume de vos mains. Déposez-les au fur et à mesure dans un grand plat de cuisson. Coupez les tomates en deux et intercalez-les entre les boulettes. Arrosez l'ensemble avec l'huile d'olive, parsemez d'origan et couvrez le plat d'aluminium ménager.

3 Faites cuire les boulettes de viande et les tomates au four pendant 30 min. Ôtez l'aluminium ménager et prolongez la cuisson de 30 min. Servez très chaud, avec une belle salade croquante et des haricots verts cuits au beurre.

Tomates farcies aux gombos

PRÉP 30 MIN CUISS 1 H

POUR 6 PERSONNES

6 tomates à farcir
6 c. à s. d'huile d'olive
2 oignons hachés
200 g de gombos émincés
6 gousses d'ail pelées et râpées
4 c. à s. de purée de tomates
le jus de 2 citrons
50 g de pignons de pin
200 g de riz long grain
1 c. à c. de poivre concassé
300 ml de bouillon de légumes chaud
1 c. à s. de persil plat ciselé
1 c. à s. de feuilles de thym frais
1 c. à c. de cumin entier

1 Découpez délicatement le chapeau des tomates, en conservant les pédoncules, et réservez-les. Videz les tomates avec une cuillère, en veillant à ne pas les transpercer. Laissez-les s'égoutter sur une grille posée au dessus d'une assiette.

2 Mettez 3 c. à s. d'huile à chauffer à feu moyen dans une grande poêle antiadhésive. Faites cuire les oignons pendant 5 min, jusqu'à ce qu'ils soient translucides. Ajoutez les gombos et prolongez la cuisson de 3 min, en remuant fréquemment. Versez l'ail, la purée de tomates, le jus des citrons, les pignons de pin et le riz. Assaisonnez de poivre concassé, mélangez et incorporez le bouillon de légumes.

3 Faites cuire pendant 15 min, jusqu'à ce que le bouillon commence à s'évaporer. Hors du feu, ajoutez le persil et le thym. Préchauffez le four à 150 °C (th. 5).

4 Remplissez les tomates évidées de riz, en le tassant légèrement. Déposez-les au fur et à mesure dans un plat à gratin. Recouvrez les tomates de leur chapeau. Arrosez de 3 c. à s. d'huile d'olive, parsemez de cumin entier et couvrez d'aluminium ménager. Faites cuire au four pendant 1 h. Servez comme garniture avec une viande grillée, ou accompagné d'une belle salade verte, pour un repas végétarien.

Tagine végétarien

PRÉP 25 MIN · CUISS 40 MIN

POUR 8 PERSONNES

2 c. à s. d'huile d'olive
2 oignons rouges hachés
sel et poivre du moulin
4 gousses d'ail pelées et râpées
1 pincée de cumin entier
1 pincée de cannelle moulue
harissa
la peau de 4 citrons confits coupés en quartiers
800 g de tomates pelées entières en conserve, grossièrement hachées
300 g de brocoli coupé en bouquets
6 courgettes émincées en rondelles
le jus de ½ citron + 1 citron coupé en quartiers
1 c. à s. d'aneth ciselé
400 g de couscous
1 c. à s. de persil plat haché

1 Mettez 1 c. à s. d'huile à chauffer dans une cocotte, ajoutez les oignons et faites-les revenir à feu doux pendant 8 min. Salez, poivrez et versez l'ail, le cumin, la cannelle moulue, 2 c. à s. de harissa et les citrons confits dans la cocotte.

2 Incorporez les tomates, en les écrasant avec le dos d'une cuillère en bois. Portez à l'ébullition, puis laissez mijoter à feu doux pendant 40 min. Si la sauce commence à épaissir, fluidifiez-la avec un peu d'eau chaude.

3 Faites cuire les bouquets de brocoli dans une grande casserole d'eau salée pendant 5 min. Égouttez-les et plongez-les dans un bain d'eau froide. Égouttez à nouveau et réservez. Mettez 1 c. à s. d'huile à chauffer dans une poêle et faites revenir les courgettes à feu doux pendant 5 min. Salez et poivrez. Ajoutez un peu de jus de citron et l'aneth ciselé.

4 Versez le couscous dans un saladier et recouvrez-le d'eau chaude. Laissez-le gonfler pendant 10 min avant de l'égrainer à l'aide d'une fourchette. Salez et poivrez. Ajoutez les bouquets de brocoli, les rondelles de courgette et le persil à la sauce. Mélangez délicatement. Servez avec le couscous, une coupelle de harissa et quelques quartiers de citron.

Agneau et pommes grenaille en cocotte

PRÉP 25 MIN — CUISS 1½ HS

Matériel • cocotte en fonte à fond épais

POUR 8 PERSONNES
700 g d'épaule d'agneau coupée en cubes
3 c. à c. de paprika
1 c. à c. de piment de Cayenne
le zeste de 2 citrons
10 c. à s. d'huile d'olive
3 oignons hachés
1 kg de pommes de terre grenaille
1 c. à s. de persil plat ciselé
6 gousses d'ail pelées et râpées
2 c. à s. de feuilles de thym frais
1 c. à s. de feuilles de romarin finement ciselées
la peau de 6 citrons confits coupés en quartiers
sel et poivre du moulin

1 Préchauffez le four à 150 °C (th. 5). Versez l'agneau, le paprika, le piment de Cayenne et le zeste des citrons dans un saladier. Mélangez soigneusement. Mettez 4 c. à s. d'huile à chauffer à feu moyen dans une cocotte allant au four et faites cuire les oignons pendant 3 min. Ajoutez les morceaux d'agneau et prolongez la cuisson de 5 min, en remuant fréquemment.

2 Ajoutez les pommes de terre et faites cuire pendant 2 min. Incorporez le persil, l'ail, le thym, le romarin et les citrons confits. Arrosez de 6 c. à s. d'huile d'olive, salez, poivrez et mélangez soigneusement. Faites cuire au four et à couvert pendant 1 h 30, en remuant fréquemment, pour éviter que la sauce n'attache au fond de la cocotte. Servez très chaud.

Gratin de cabillaud et couscous

PRÉP 20 MIN · CUISS 25 MIN

Matériel • gril en fonte

POUR 8 PERSONNES
600 g de mini-courgettes
8 c. à s. d'huile d'olive
le zeste râpé + le jus de 2 citrons verts
3 c. à s. de purée de tomates
1 c. à c. de mélange cinq-épices
2 c. à c. de paprika
1 c. à c. de poivre fraîchement moulu
2 c. à s. de persil plat ciselé
4 gousses d'ail pelées et râpées
500 g de cabillaud coupé en cubes
450 ml de bouillon de légumes chaud
450 g de couscous

1 Préchauffez le four à 150 °C (th. 5). Déposez les courgettes dans un grand saladier et arrosez-les de 2 c. à s. d'huile d'olive. Mélangez soigneusement, jusqu'à ce qu'elles soient parfaitement enrobées d'huile. Faites griller les courgettes entières sur un gril en fonte préchauffé à son maximum, en les retournant régulièrement. Au bout de 5 min de cuisson, transférez sur une assiette et réservez.

2 Versez 6 c. à s. d'huile dans le saladier. Ajoutez le zeste et le jus des citrons, la purée de tomates, le mélange cinq-épices, le paprika, le poivre noir, le persil et l'ail. Mélangez soigneusement, puis ajoutez le poisson, le bouillon de légumes, le couscous et les courgettes.

3 Mélangez délicatement tous les ingrédients et transférez-les dans un plat à gratin, que vous recouvrirez d'aluminium ménager. Faites cuire au four pendant 20 min, avant de servir chaud ou tiède.

Couscous au bœuf et poireaux

PRÉP 25 MIN · CUISS 30 MIN

Matériel • cocotte en fonte à fond épais

POUR 8 PERSONNES
8 c. à s. d'huile d'olive
6 blancs de poireau émincés en rondelles
700 g de bœuf haché
1 poivron rouge épépiné et haché
2 c. à c. de paprika
6 gousses d'ail pelées et émincées
150 ml de vin blanc sec
450 ml de bouillon de bœuf chaud
1 c. à s. de persil plat ciselé
450 g de couscous

1 Préchauffez le four à 150 °C (th. 5). Mettez l'huile à chauffer à feu moyen dans une cocotte et faites revenir les poireaux pendant 5 min, jusqu'à ce qu'ils soient tendres. Versez la viande dans la cocotte et prolongez la cuisson de 5 min.

2 Ajoutez le poivron, le paprika et l'ail. Faites cuire pendant 2 min avant de verser le vin. Laissez l'alcool s'évaporer pendant quelques minutes, puis incorporez le bouillon et le persil. Versez le couscous, mélangez, couvrez et faites cuire au four pendant 15 min. Mélangez avant de servir.

Boulgour aux crevettes et gombos

PRÉP 15 MIN · CUISS 30 MIN

Matériel • cocotte en fonte à fond épais

POUR 8 PERSONNES

400 g de boulgour
sel et poivre du moulin
8 c. à s. d'huile d'olive
2 oignons hachés
200 g de gombos
6 gousses d'ail pelées et râpées
800 g de gambas crues décortiquées
100 ml de vin blanc sec
1 c. à s. d'aneth ciselé

1 Préchauffez le four à 150 °C (th. 5). Versez le boulgour dans un saladier et recouvrez-le d'eau chaude. Couvrez de film alimentaire et laissez gonfler pendant 5 min. À l'aide d'une fourchette, égrainez le boulgour, puis salez-le et poivrez-le.

2 Mettez l'huile à chauffer à feu moyen dans une cocotte à fond épais. Faites cuire les oignons pendant 5 min, jusqu'à ce qu'ils soient translucides. Ajoutez les gombos et prolongez la cuisson de 2 min avant d'incorporer l'ail et les gambas. Faites cuire pendant 1 min, sans cesser de remuer.

3 Versez le vin et l'aneth dans la cocotte, mélangez et laissez l'alcool s'évaporer pendant 2 min. Incorporez le boulgour et transférez l'ensemble dans un plat de cuisson. Salez, poivrez et couvrez le plat d'aluminium ménager. Faites cuire au four pendant 20 min, en remuant une ou deux fois. Servez avec une salade de concombre, tomate et poivron.

Porc épicé aux pois chiches

PRÉP 15 MIN · CUISS 25 MIN

POUR 8 PERSONNES

8 c. à s. d'huile d'olive
2 oignons émincés
700 g de porc haché
6 gousses d'ail pelées et râpées
le jus de 2 citrons
1 c. à c. de piment de Cayenne
800 g de pois chiches rincés et égouttés
1 c. à s. de persil plat ciselé
6 tomates coupées en dés

1 Mettez l'huile à chauffer à feu moyen dans une casserole à fond épais et faites cuire les oignons pendant 5 min, jusqu'à ce qu'ils soient tendres. Versez la viande dans la casserole et prolongez la cuisson de 5 min, sans cesser de remuer.

2 Ajoutez l'ail, le jus des citrons et le piment de Cayenne. Faites cuire pendant 1 min avant de verser les pois chiches et le persil. Mélangez, laissez cuire pendant 5 min, puis incorporez les tomates. Prolongez la cuisson à feu doux pendant 15 min en remuant de temps en temps. Servez avec une salade verte et des tranches de pain frais croustillant.

Civet de chevreuil aux marrons

PRÉP 30 MIN | CUISS 2 H

Matériel • cocotte en fonte à fond épais

POUR 8 PERSONNES

1 c. à s. de farine
1 c. à s. de feuilles de thym frais
sel et poivre du moulin
1,2 kg de filet de chevreuil découpé en portions de 70 g
1 noix de beurre
3 c. à s. d'huile d'olive
250 g de lardons
250 g d'échalotes pelées et entières
500 ml de vin rouge
50 g de champignons mélangés déshydratés (girolles, cèpes, champignons des bois) réhydratés dans un bol d'eau chaude pendant 20 min
300 g de marrons au naturel
1 l de bouillon de légumes chaud
3 branches de romarin

1 Préchauffez le four à 150 °C (th. 5). Dans un saladier, versez la farine, le thym, un peu de sel et de poivre. Ajoutez les morceaux de chevreuil et mélangez soigneusement. Mettez le beurre et 2 c. à s. d'huile d'olive à chauffer dans la cocotte. Ajoutez les morceaux de chevreuil et faites-les dorer à feu moyen pendant 8 min, en les retournant fréquemment. À l'aide d'une écumoire, transférez-les sur une assiette et réservez. Versez les lardons dans la cocotte et faites-les cuire pendant 5 min, jusqu'à ce qu'ils soient croustillants. Réservez sur une assiette.

2 Versez 1 c. à s. d'huile dans la cocotte et ajoutez les échalotes, que vous ferez cuire à feu doux pendant 10 min. Incorporez les morceaux de chevreuil et les lardons dans la cocotte. Salez, poivrez et ajoutez le vin. Faites bouillir pendant 2 min, en grattant le fond de l'ustensile afin de récupérer les sucs.

3 Égouttez les champignons, en réservant l'eau de trempage que vous filtrerez. Versez-les dans la cocotte en même temps que les marrons, le bouillon et les branches de romarin. Couvrez et faites cuire au four pendant 2 h, jusqu'à ce que la viande soit bien tendre.

VARIANTE
Vous pouvez remplacer le chevreuil par de la viande à bourguignon.

CONSEIL DU CHEF
Faites mariner la viande dans du vin rouge agrémenté d'épices, d'herbes, d'oignon et de carotte pendant quelques heures, voire une nuit.

Riz sauté au poulet et crevettes

PRÉP 15 MIN
CUISS 40 MIN

Refroidissement • 1 h
Matériel • wok

POUR 8 PERSONNES

500 g de riz basmati
5 c. à s. d'huile de tournesol
300 g de crevettes crues décortiquées et coupées en deux
sel et poivre du moulin
300 g d'escalope de poulet découpée en lanières
150 g de lardons
200 g de champignons de Paris coupés en quatre
un morceau de gingembre frais (5 cm) pelé et râpé
250 g de petits pois surgelés décongelés
4 œufs légèrement battus
2 c. à s. de sauce soja épaisse
2 c. à s. de vinaigre de riz
1 botte de ciboule ciselée
1 c. à s de persil plat ciselé

1 Rincez le riz sous un filet d'eau froide et versez-le dans une casserole. Couvrez d'eau froide, portez à l'ébullition et faites cuire à gros bouillons pendant 20 min. Égouttez et laissez refroidir pendant 1 h.

2 Mettez 1 c. à s. d'huile à chauffer à feu vif dans un wok. Ajoutez les crevettes, salez, poivrez et faites revenir pendant 1 min avant de transférer sur une assiette à l'aide d'une écumoire. Mettez 1 c. à s. d'huile à chauffer dans le même wok et ajoutez les morceaux de poulet, que vous ferez cuire pendant 10 min. Salez, poivrez et versez sur une autre assiette.

3 Renouvelez l'opération avec les lardons, que vous ferez rissoler pendant 5 min avant de les égoutter sur du papier absorbant. Nettoyez le wok avec une feuille de papier absorbant, mettez 1 c. à s. d'huile à chauffer et faites revenir les champignons avec le gingembre, jusqu'à ce qu'ils soient tendres. Ajoutez les petits pois pour 1 min de cuisson supplémentaire et réservez le tout sur une assiette.

4 Mettez 1 c. à s. d'huile à chauffer dans le wok, versez les œufs et faites cuire à feu doux en remuant constamment pendant 1 min. Incorporez le riz aux œufs brouillés, puis ajoutez les crevettes, le poulet, les lardons, les champignons et les petits pois. Arrosez de sauce soja et de vinaigre de riz et prolongez la cuisson de quelques minutes, le temps de réchauffer tous les ingrédients. Transférez dans un grand plat de service et parsemez de ciboule et de persil.

CONSEIL DU CHEF

Le riz doit être parfaitement froid avant d'être ajouter aux œufs. N'hésitez pas à le cuire la veille ou à utiliser un reste de riz.

Poitrine de porc rôtie au chou

PRÉP 10 MIN CUISS 2 1/2 HS

Matériel • robot ménager

POUR 8 PERSONNES

2,5 kg de poitrine de porc fraîche
1 c. à c de feuilles de thym frais
4 gousses d'ail pelées et émincées
2 c. à s. d'huile d'olive
2 c. à c. de piment de Cayenne
2 c. à c. de sel fin
500 ml de cidre brut
1 chou vert coupé en lanières
1 noix de beurre
1 c. à c. de cumin entier
poivre du moulin

1 Préchauffez le four à 210 °C (th. 7). Faites des entailles assez profondes dans la peau qui recouvre le morceau de porc. Versez le thym, l'ail, l'huile et le piment dans le bol du robot ménager. Pulvérisez jusqu'à l'obtention d'une pâte, que vous utiliserez pour badigeonner la viande côté chair seulement. Déposez la viande sur une plaque de cuisson, côté peau par-dessus. Enduisez celle-ci de sel, que vous ferez pénétrer dans les entailles. Enfournez pour 30 min de cuisson.

2 Réduisez la température du four à 180 °C (th. 6). Versez le cidre dans la plaque de cuisson (avec la viande) et couvrez d'aluminium ménager, en fermant hermétiquement. Faites cuire au four pendant 2 h.

3 Juste avant la fin de cuisson du porc, plongez les lanières de chou dans une casserole d'eau bouillante salée. Après 5 min de cuisson, égouttez-les et mélangez-les avec le beurre, le cumin et 1 pincée de poivre. Dressez sur un grand plat de service légèrement creux.

4 Émincez la poitrine en lamelles ou coupez-la en cubes. Garnissez le chou de morceaux de porc rôti et arrosez l'ensemble du jus de cuisson de la viande.

Haricot de mouton

PRÉP 30 MIN CUISS 2 HS

Marinade • 30 min
Matériel • cocotte en fonte à fond épais

POUR 8 PERSONNES

1,2 kg d'épaule d'agneau coupée en morceaux
4 gousses d'ail pelées et râpées
1 c. à c. de harissa
1 c. à s. de feuilles de romarin ciselées
1 c. à s. de feuilles de thym frais + 1 c. à c. pour le service
6 anchois au sel rincés et hachés
2 c. à s. d'huile d'olive
3 c. à s. de sauce Worcestershire
le jus de 1 citron
sel et poivre du moulin
2 oignons hachés
500 g de fèves fraîches ou surgelées
1 kg de pommes de terre pelées et coupées en cubes
1,2 l de bouillon de légumes chaud

1 Dans un saladier, mettez les morceaux d'agneau, l'ail, le harissa, le romarin, le thym et les anchois. Mélangez puis incorporez l'huile, la sauce Worcestershire et le jus du citron. Salez, poivrez et versez dans un grand sachet de congélation. Conservez au réfrigérateur pendant au moins 30 min, voire toute une nuit.

2 Préchauffez le four à 180 °C (th. 6). Versez la viande dans une grande cocotte et faites cuire à feu moyen pendant 10 min jusqu'à ce que les morceaux d'agneau commencent à coorer. Ajoutez les oignons et prolongez la cuisson de 5 min.

3 Ajoutez les fèves et les pommes de terre dans la cocotte. Incorporez le bouillon et transférez dans le four pour 2 h de cuisson à couvert. Si la sauce épaissit trop, ajoutez 1 louche d'eau chaude. Goûtez et rectifiez l'assaisonnement si nécessaire. Parsemez de thym.

Bœuf à la créole

PRÉP 30 MIN · CUISS 2 HS

Matériel • casserole en fonte à fond épais

POUR 8 PERSONNES

1 kg de paleron de bœuf coupé en cubes
1 c. à s. de farine
sel et poivre du moulin
3 c. à s. d'huile d'olive
2 oignons hachés
3 branches de céleri coupées en dés
3 poivrons verts épépinés et coupés en dés
2 c. à s. de vin rouge
2 c. à c. de piment de Cayenne
2 c. à c. de coriandre moulue
2 c. à c. de cumin moulu
250 g d'orge
1,2 l de bouillon de légumes chaud

1 Préchauffez le four à 150 °C (th. 5). Saupoudrez les cubes de viande de farine, de sel et de poivre. Mettez 2 c. à s. d'huile à chauffer dans la cocotte et faites revenir la viande pendant 5 min, jusqu'à ce qu'elle soit dorée de toutes parts. Transférez dans une assiette à l'aide d'une écumoire.

2 Mettez 1 C. à s. d'huile à chauffer dans la cocotte et ajoutez les oignons, le céleri et les poivrons. Faites-les cuire pendant 10 min à feu très doux, jusqu'à ce qu'ils soient presque réduits en purée. Incorporez le vin et portez à ébullition à feu vif, le temps que l'alcool s'évapore.

3 Ajoutez toutes les épices dans la cocotte, salez, poivrez et incorporez les cubes de viande ainsi que l'orge. Versez le bouillon et portez à ébullition. Faites cuire au four et à couvert pendant 2 h. Remuez une fois en cours de cuisson et ajoutez un peu d'eau haude si la sauce semble trop épaissir. Mélangez et servez chaud.

VARIANTE
En fin de cuisson, ajoutez 1 épi de maïs cuit et coupé en rondelles.

Astuce
Utilisez 1 c. à s. d'épices à colombo à la place du cumin, du piment et de la coriandre.

Cocotte de porc façon normande

PRÉP 30 MIN · CUISS 1 H

Matériel • casserole à fond épais

POUR 8 PERSONNES

2 c. à s. d'huile d'olive
1 noix de beurre
1,3 kg de sauté de porc coupé en cubes
2 oignons finement hachés
2 c. à s. de moutarde de Dijon
4 gousses d'ail pelées et râpées
6 branches de céleri coupées en dés
6 carottes coupées en dés
1 c. à s. de brins de romarin finement ciselés
3 pommes gala pelées et coupées en cubes
300 ml de cidre brut
300 ml de crème fraîche épaisse
300 ml de bouillon de volaille chaud
1 c. à c. de poivre noir en grains

1 Préchauffez le four à 180 °C (th. 6). Mettez l'huile et le beurre à chauffer dans la cocotte et faites dorer les cubes de porc pendant 8 min à feu moyen. Débarrassez sur une assiette à l'aide d'une écumoire et réservez.

2 Ajoutez les oignons et faites cuire à feu doux pendant 5 min, puis incorporez la moutarde, l'ail, le céleri, les carottes et le romarin. Prolongez la cuisson pendant 10 min à feu doux. Ajoutez les pommes, que vous laisserez cuire pendant 5 min supplémentaires.

3 Versez le cidre dans la cocotte et portez à ébullition pendant 2 min, le temps que l'alcool s'évapore. Mettez la viande dans la cocotte et incorporez la crème et le bouillon. Ajoutez le poivre, mélangez et portez à nouveau à l'ébullition. Transférez dans le four chaud et faites cuire pendant 1 h à couvert, jusqu'à ce que la viande soit tendre. Servez avec du riz ou une purée de pommes de terre.

Vermicelle au porc et crevettes

PRÉP 15 MIN · CUISS 30 MIN

Marinade • 30 min
Matériel • wok

POUR 8 PERSONNES

1 kg de filet mignon de porc émincé en fines lamelles
6 c. à s. de sauce de poisson nuoc-mâm
1 c. à s. de sauce soja sombre
1 c. à s. de vinaigre de riz
2 c. à c. de mélange cinq-épices
450 g de vermicelle de riz
3 c. à s. d'huile de tournesol
3 gousses d'ail pelées et râpées
1 c. à c. de coriandre moulue
500 g de gros champignons de Paris émincés
500 g de crevettes crues décortiquées
3 oignons grossièrement hachés
1 petit piment doux épépiné et émincé
sel et poivre du moulin
300 g de soja germé
1 botte de ciboule finement émincée
½ botte de coriandre effeuillée

1 Dans un saladier, mettez le porc à mariner avec la sauce de poisson, la sauce soja, le vinaigre de riz et le mélange cinq-épices. Laissez reposer pendant au moins 30 min, voire une nuit au réfrigérateur. Plongez le vermicelle dans une casserole d'eau bouillante pendant 10 min, jusqu'à ce qu'il soit souple. Égouttez, rincez et égouttez à nouveau. Réservez.

2 Mettez 1 c. à s. d'huile à chauffer dans un wok et faites revenir le porc à feu très vif pendant 6 min, en remuant une ou deux fois. Réservez sur une assiette. Ajoutez 1 c. à s. d'huile dans le wok et faites revenir l'ail et la coriandre. Versez les champignons et laissez cuire pendant 2 min avant d'ajouter les crevettes. Prolongez la cuisson de 3 min à feu très vif, puis débarrassez sur une assiette à l'aide d'une écumoire.

3 Mettez 1 c. à s. d'huile à chauffer dans le wok et faites revenir les oignons et le piment pendant 1 min. Ajoutez le vermicelle, salez, poivrez et mélangez. Incorporez le soja germé, le porc et les crevettes. Hors du feu, ajoutez les ciboules et les feuilles de coriandre. Servez aussitôt.

CONSEIL DU CHEF

Cuisiner au wok nécessite de préparer les ingrédients à l'avance, car la cuisson est très rapide.

RECEVOIR

Méli-mélo de poissons aux tomates

PRÉP 30 MIN CUISS 30 MIN

POUR 8 PERSONNES

3 c. à s. d'huile d'olive
5 pommes de terre pelées et coupées en cubes
sel et poivre du moulin
4 gousses d'ail pelées et râpées
1 c. à s. de persil plat ciselé
500 g de tomates cerises coupées en deux
200 ml de vin blanc sec
800 g de mélange de poissons (rouget, cabillaud, dorade, rascasse) coupés en cubes
16 filets d'anchois à l'huile soigneusement égouttés

1 Mettez l'huile à chauffer à feu moyen dans une sauteuse à fond épais et faites cuire les pommes de terre pendant 20 min, jusqu'à ce qu'elles soient dorées. Salez et poivrez généreusement. Ajoutez l'ail et le persil et prolongez la cuisson à feu doux pendant quelques secondes avant d'incorporer les tomates cerises.

2 Faites cuire pendant 5 min à feu doux, incorporez le vin et laissez bouillir à feu vif pendant quelques minutes, le temps que l'alcool s'évapore. Ajoutez les poissons ainsi que les filets d'anchois et faites cuire à feu doux pendant 5 min. Dressez les pommes de terre et les tomates sur un plat de service et posez les morceaux de poisson par-dessus. Servez avec des tranches de pain de campagne.

Poitrine de porc à la chinoise

PRÉP 30 MIN CUISS $2\frac{3}{4}$ HS

Matériel • cocotte en fonte

POUR 8 PERSONNES

2 c. à s. d'huile d'olive
2 kg de poitrine de porc fraîche coupée en tranches épaisses
2 oignons hachés
sel et poivre du moulin
200 ml de xérès
1 filet de vinaigre de riz
le jus de 2 oranges
3 anis étoilés
un morceau de gingembre frais (5 cm) pelé et râpé
1 pincée de mélange cinq-épices
1 l de bouillon de légumes chaud
1 c. à c. de sauce soja épaisse
500 g de nouilles chinoises (ou de spaghetti)
quelques noisettes de beurre
1 c. à s. de persil plat haché

1 Préchauffez le four à 150 °C (th. 5). Mettez 1 c. à s. d'huile à chauffer à feu vif dans la cocotte et faites dorer les morceaux de porc pendant 5 min sur chaque face. Procédez en plusieurs fournées et réservez sur une assiette.

2 Ajoutez 1 c. à s. d'huile dans la cocotte, ajoutez les oignons et faites cuire à feu doux pendant 5 min. Salez, poivrez et incorporez le xérès et le vinaigre. Portez à ébullition à feu vif pendant 5 min.

3 Versez le jus des oranges, les ans étoilés, le gingembre, le mélange cinq-épices, le bouillon et la sauce soja. Mélangez, puis ajoutez les tranches de porc. Portez à ébullition, couvrez et faites cuire au four pendant 2 h 30. Mélangez deux fois en cours de cuisson, en incorporant de l'eau chaude si la sauce tend à épaissir.

4 Hors du feu, découpez les tranches de porc en gros morceaux en supprimant, si nécessaire, la couche de graisse toujours présente. Conservez la viande au chaud dans la cocotte et préparez les nouilles. Mettez-les à bouillir dans une grande casserole d'eau salée pendant 8 min. Égouttez-les et dressez-les dans un plat creux. Parsemez de noisettes de beurre et de persil haché. Garnissez de morceaux de porc et arrosez de sauce de cuisson. Servez aussitôt.

Ragoût de paloudes et de porc à la portugaise

PRÉP 20 MIN CUISS 30 MIN

Marinade • 30 min

POUR 8 PERSONNES

1 kg de longe de porc coupée en cubes
100 ml de xérès
4 gousses d'ail pelées et râpées
2 c. à c. de paprika
sel et poivre du moulin
2 c. à s. d'huile d'olive
300 g de chorizo coupé en dés
2 c. à s. de purée de tomates
2 oignons râpés
2 feuilles de laurier
200 ml de vin blanc sec
2 kg de palourdes nettoyées
1 c. à s. de persil plat ciselé

1 Dans un saladier, faites mariner les morceaux de porc avec le xérès, l'ail et le paprika. Salez, poivrez et laissez reposer pendant au moins 30 min au réfrigérateur.

2 Mettez 1 c. à s. d'huile à chauffer à feu moyen dans une poêle et faites revenir le chorizo pendant 5 min, en remuant constamment. Réservez sur une assiette. Mettez 1 c. à s. d'huile à chauffer dans la même poêle, ajoutez le porc avec sa marinade et faites cuire pendant 10 min, jusqu'à ce que les morceaux soient dorés. Réservez.

3 Mettez 1 c. à s. d'huile à chauffer dans la poêle et ajoutez la purée de tomates, les oignons et les feuilles de laurier. Laissez mijoter à feu doux pendant 10 min. Salez et poivrez.

4 Incorporez le vin à la poêle et portez à l'ébullition, le temps que l'alcool s'évapore. Ajoutez les palourdes et prolongez la cuisson de 5 min, en secouant la poêle de temps en temps. Jetez les coquillages non ouverts, puis versez le porc et le chorizo dans la poêle. Faites réchauffer l'ensemble, puis dressez dans un plat creux. Parsemez de persil avant de servir.

CONSEIL DU CHEF

Ne consommez pas les palourdes qui ne se sont pas ouvertes en cours de cuisson.

Ragoût de dinde aux quenelles de pâte

PRÉP 30 MIN · CUISS 1 H

Trempage • 30 min
Matériel • cocotte en fonte

POUR 8 PERSONNES
50 g de cèpes déshydratés
2 c. à s. d'huile d'olive
1 noix de beurre
1,2 kg de filet de dinde coupé en morceaux
2 oignons hachés
4 gousses d'ail pelées et râpées
2 feuilles de laurier
1 c. à c. de brins de romarin ciselés
sel et poivre du moulin
6 carottes pelées et coupées en rondelles épaisses
6 branches de céleri coupées en tronçons
2 c. à s. de farine
200 ml de xérès
1 l de bouillon de volaille chaud
1 c. à s. de persil plat ciselé

Pour les boulettes :
225 g de farine fluide
125 g de beurre froid coupé en cubes
1 c. à s. d'origan séché

1 Dans un bol, versez 300 ml d'eau chaude dans laquelle vous réhydraterez les cèpes pendant 30 min. Préchauffez le four à 180 °C (th. 6). Mettez 1 c. à s. d'huile et la noix de beurre à chauffer dans la cocotte et faites cuire les morceaux de dinde à feu moyen pendant 5 min, en les retournant de temps en temps. Transférez sur une assiette à l'aide d'une écumoire.

2 Mettez 1 c. à s. d'huile à chauffer dans la cocotte, ajoutez les oignons et laissez cuire à feu doux pendant 5 min. Incorporez l'ail, les feuilles de laurier et le romarin. Salez, poivrez et ajoutez les carottes et le céleri. Prolongez la cuisson de 5 min, puis versez la farine en remuant, de manière à ce que les légumes en soient bien enrobés.

3 Incorporez le xérès et faites bouillir à feu vif pendant 2 min avant d'ajouter le bouillon. Égouttez les cèpes et conservez l'eau de trempage, que vous filtrerez. Versez les champignons dans la cocotte, ajoutez la viande et enfournez pour 1 h de cuisson à couvert.

4 Préparez les boulettes. Dans un saladier, mélangez la farine avec le beurre, l'origan et 1 pincée de sel. Ajoutez progressivement 150 ml d'eau froide, jusqu'à l'obtention d'une pâte souple. Farinez-vous les mains et façonnez 16 boulettes, que vous ajouterez dans la cocotte 30 min avant la fin de la cuisson. Parsemez de persil et servez.

Astuce
Préparez les boulettes à l'avance et réservez-les au réfrigérateur jusqu'au moment de les faire cuire.

CONSEIL DU CHEF
Vous pouvez remplacer les filets de dinde par des cuisses de poulet ou des morceaux de porc. Pensez à enlever les feuilles de laurier avant de servir.

Bœuf croustillant aux légumes

PRÉP 15 MIN · CUISS 30 MIN

Matériel • wok

POUR 8 PERSONNES
3 c. à s. de fécule de maïs
3 œufs
sel et poivre du moulin
3 c. à s. d'huile de tournesol
1 kg de bavette d'aloyau coupée en lamelles
1 botte de ciboule coupée en tronçons
1 petit piment doux épépiné et émincé
3 gousses d'ail pelées et émincées
400 g de pois mange-tout coupés en lanières
4 pak-choï coupés en quatre
3 c. à s. de sauce soja sombre
3 c. à s. de vin blanc sec
4 c. à c. de sucre en poudre

1 Versez la fécule et les œufs dans un bol. Salez, poivrez et fouettez vigoureusement. Mettez 1 c. à s. d'huile à chauffer à feu vif dans le wok, plongez les lamelles de viande dans les œufs battus, puis faites-les frire dans le wok pendant 2 min, jusqu'à ce qu'elles soient dorées. Procédez par fournées, afin de ne pas refroidir l'huile de friture.

2 Nettoyez le wok avec du papier absorbant et mettez 1 c. à s. d'huile à chauffer à feu vif. Faites revenir la ciboule, le piment et l'ail pendant quelques secondes, avant d'y ajouter les pois mange-tout et les pak-choï. Après 3 min de cuisson, incorporez la sauce soja, le vin blanc et le sucre. Prolongez la cuisson de quelques secondes, puis ajoutez la viande, en mélangeant délicatement. Servez avec du riz nature.

VARIANTE
Remplacez le bœuf par des crevettes crues décortiquées.

CONSEIL DU CHEF
Préparez tous vos ingrédients à l'avance et procédez à la cuisson juste avant de passer à table.

RECEVOIR

Boulettes de viande à la libanaise

PRÉP 30 MIN · CUISS 1 H

Matériel • cocotte en fonte à fond épais

POUR 8 PERSONNES
800 g d'agneau haché
2 oignons grossièrement hachés
4 gousses d'ail pelées et râpées
1 c. à s. de coriandre finement ciselée
1 c. à s. de persil plat finement ciselé
2 c. à c. de paprika
le zeste râpé + le jus de 1 citron
2 c. à s. de purée de tomates
4 c. à s. de pignons de pin
3 œufs
6 c. à s. de farine
sel et poivre du moulin
8 c. à s. d'huile d'olive
6 pommes de terre pelées et coupées en cubes de 2 cm
2 poivrons rouges épépinés et coupés en lanières
2 poivrons jaunes épépinés et coupés en lanières
800 g de tomates concassées en conserve
2 c. à c. de fenouil entier

1 Préchauffez le four à 150 °C (th. 5). Dans un saladier, versez la viande, les oignons, l'ail, la coriandre et le persil. Mélangez, puis ajoutez le paprika, le zeste et le jus de citron, la purée de tomates, les pignons, les œufs et la farine. Salez, poivrez et mélangez, jusqu'à l'obtention d'une pâte épaisse que vous façonnerez en 32 boulettes.

2 Mettez 3 c. à s. d'huile à chauffer dans la cocotte et faites cuire les boulettes pendant 10 min par fournée. Retournez-les plusieurs fois en cours de cuisson, de manière à ce qu'elles dorent uniformément. Débarrassez-les dans un grand plat à l'aide d'une écumoire.

3 Ajoutez les pommes de terre et les poivrons dans la cocotte et faites-les cuire à feu vif pendant 10 min. Incorporez les tomates concassées et le fenouil. Salez, poivrez et ajoutez les boulettes de viande dans la cocotte. Mélangez délicatement, en enrobant les boulettes de sauce. Incorporez 5 c. à s. d'huile et faites cuire au four et à couvert pendant 1 h. Portez la cocotte à table et servez avec du pain et une belle salade verte.

Soupe de lentilles corail, gambas et ananas

PRÉP 15 MIN CUISS 30 MIN

POUR 8 PERSONNES
350 g de lentilles corail
sel et poivre du moulin
2 c. à s. d'huile de tournesol
6 capsules de cardamome écrasées avec le plat d'un couteau
3 c. à c. de graines de moutarde
1 c. à c de paprika
2 c. à c. de curcuma
2 c. à c. de cannelle moulue
2 oignons finement hachés
4 gousses d'ail pelées et râpées
un morceau de gingembre frais (5 cm) pelé et râpé
8 tomates pelées et hachés
1 ananas pelé et coupé en cubes
700 g de gambas crues décortiquées
1 botte de coriandre finement ciselée

1 Versez les lentilles dans une cocotte, salez, poivrez généreusement et recouvrez d'eau froide. Portez à l'ébullition, puis laissez mijoter à feu doux pendant 20 min, jusqu'à ce qu'elles soient tendres. Ajoutez de l'eau chaude si nécessaire. Égouttez les lentilles et réservez-les.

2 Mettez 1 c. à s. d'huile à chauffer dans la cocotte et faites rissoler la cardamome, les graines de moutarde, le paprika, le curcuma et la cannelle pendant 1 min. Ajoutez les oignons, l'ail et le gingembre. Prolongez la cuisson de 5 min, sans cesser de remuer.

3 Versez 1 c. à s. d'huile dans la cocotte. Ajoutez les tomates, l'ananas et les lentilles. Laissez mijoter pendant 5 min avant d'ajouter les gambas. Prolongez la cuisson de 1 min. Goûtez et rectifiez l'assaisonnement si nécessaire. Parsemez de coriandre avant de servir.

CONSEIL DU CHEF

Ajoutez les gambas à la dernière minute : elles finiront de cuire grâce la chaleur emmagasinée par la soupe et conserveront ainsi leur saveur.

Crevettes à l'ail et feta

PRÉP 10 MIN · CUISS 45 MIN

POUR 8 PERSONNES

3 c. à s. d'huile d'olive
2 oignons hachés
4 gousses d'ail pelées et râpées
800 g de tomates entières pelées en conserve
200 ml de vin blanc sec
1 c. à c. de sucre
sel et poivre du moulin
800 g de crevettes crues décortiquées
250 g de feta
1 c. à c. de feuilles de thym frais

1 Mettez la moitié de l'huile à chauffer à feu doux dans une grande poêle. Faites cuire les oignons pendant 5 min, jusqu'à ce qu'il soit tendre. Ajoutez l'ail et prolongez la cuisson de quelques secondes. Incorporez les tomates entières, en les écrasant avec le dos d'une cuillère en bois, puis versez le vin et le sucre. Salez, poivrez, portez à ébullition et laissez mijoter à feu doux pendant 30 min.

2 Mettez le reste de l'huile à chauffer dans une autre poêle et faites revenir les crevettes à feu vif pendant 1 min. Débarrassez-les sur une assiette à l'aide d'une écumoire. Préchauffez le gril du four à son maximum.

3 Hors du feu, ajoutez les crevettes à la sauce tomate. Émiettez la feta par-dessus et passez le plat sous le gril du four pendant quelques minutes. Parsemez de thym frais et servez avec une salade à la grecque, composée de poivron, concombre et tomate, coupés en dés et arrosés de 1 filet d'huile d'olive.

Tofu et poivrons en curry

PRÉP 15 MIN · CUISS 40 MIN

POUR 8 PERSONNES

4 c. à s. d'huile de tournesol
500 g de tofu ferme coupé en cubes
un morceau de gingembre frais (5 cm) pelé et râpé
1 c. à s. de piment de Cayenne
1 feuille de laurier
2 c. à c. de cumin entier
2 c. à c. de curry doux
1 c. à c. de curcuma
8 poivrons rouges épépinés et coupés en lanières
8 tomates pelées et hachées
sel et poivre du moulin
1 botte de coriandre finement ciselée

1 Mettez la moitié de l'huile à chauffer à feu moyen dans une grande sauteuse. Faites revenir les cubes de tofu pendant 5 min, en les retournant régulièrement, de manière à ce qu'ils soient dorés de toutes parts. Transférez-les dans une assiette à l'aide d'une écumoire et réservez-les.

2 Mettez le reste de l'huile à chauffer dans la sauteuse. Ajoutez le gingembre, le piment de Cayenne, le laurier, le cumin, le curry et le curcuma. Mélangez soigneusement et ajoutez les poivrons, que vous ferez cuire à feu doux pendant 10 min.

3 Incorporez les tomates à la poêle et prolongez la cuisson de 10 min. Déposez les cubes de tofu dans la sauteuse, salez et poivrez. Laissez mijoter le tout à feu doux pendant 10 min supplémentaires. Parsemez de coriandre et servez avec du riz ou une baguette croustillante.

PLATS UNIQUES AU FOUR

Viande et légumes : tout dans le même plat !

PLATS UNIQUES AU FOUR

Rien de plus facile que de tout réunir dans un même plat et de placer celui-ci au four : peu de vaisselle à nettoyer, et un minimum de temps passé en cuisine ! Vos proches seront heureux de partager ce plat unique, qui peut se transformer en repas du dimanche particulièrement convivial.

Les viandes faciles à rôtir

Certains morceaux sont plus aptes à être rôtis que d'autres.

CHOIX		USAGE
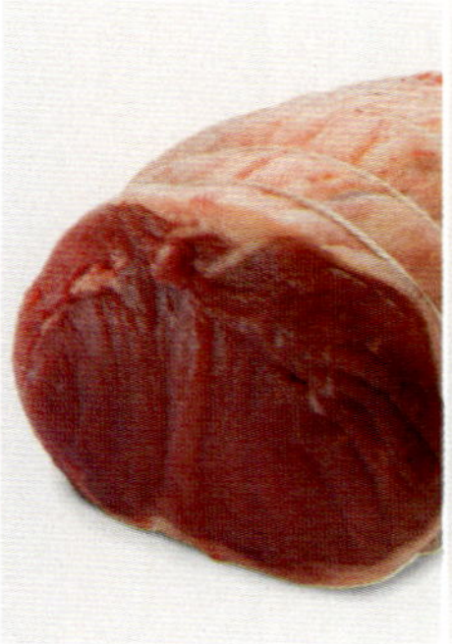	**BŒUF** Le **filet**, à la viande tendre et savoureuse, constitue presque toujours le meilleur choix.	À rôtir bardé ou non, farci ou non, avec des légumes à cuisson rapide : tomates cerises, oignons et poivrons rouges.
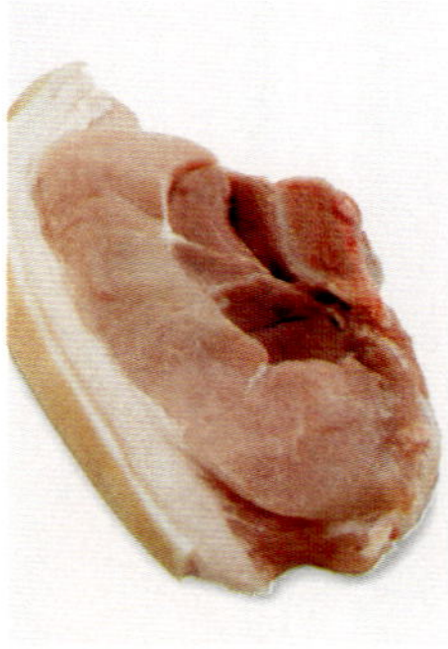	**PORC** Le **filet mignon**, le **carré** ou la **longe** sont les meilleurs morceaux. La chair est tendre, mais s'assèche rapidement : veillez à ne pas trop prolonger la cuisson.	Badigeonnez d'huile d'olive et assaisonnez généreusement. Faites rôtir avec des oignons rouges, des abricots, des feuilles de sauge, du sirop d'érable et des pruneaux. Mariez-les à du fenouil, du romarin, du céleri-rave et de l'ail. Déposez la viande sur des légumes racines et faites cuire au four.
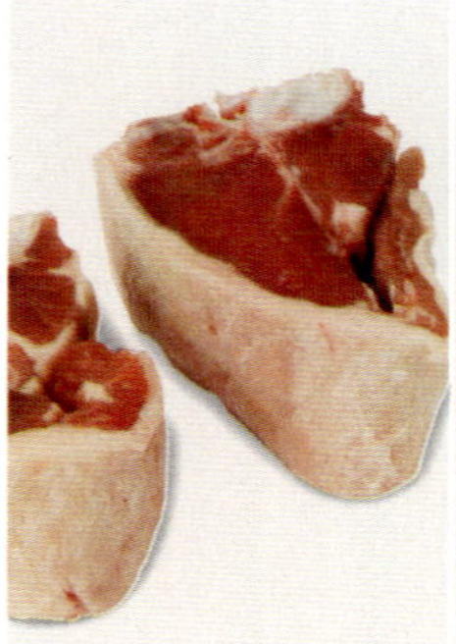	**AGNEAU** Le **carré** d'agneau est parfait pour une cuisson rapide au four. La chair est tendre et parfumée.	Déposez le carré sur un lit de potiron et de patates douces. Ajoutez du thym, du romarin et du laurier. L'agneau se marie bien avec la moutarde, le cumin, la coriandre, la cannelle, le paprika et le cinq-épices.
	**VOLAILLE** Le **poulet entier** ou **en morceaux** est très facile à accommoder au four. Il en va de même pour le **canard**. Achetez-les entiers et demandez à votre boucher de les découper pour vous.	Elle s'accommode de toutes les épices et de toutes les herbes fraîches. Faites preuve d'audace, en la mariant au lait de coco, au gingembre ou à la citronnelle.

Les poissons faciles à rôtir

Les poissons gras sont les plus adaptés à ce mode de cuisson.

CHOIX		USAGE
	**SAUMON** La chair est ferme et savoureuse. Cuite à l'os (en **darne**, plutôt qu'en filet), elle conserve tout son moelleux.	Le saumon supporte bien les saveurs fortes : citron vert, citronnelle, gingembre, huile de sésame, miel, moutarde… Mais vous pouvez aussi tout simplement le faire rôtir au four sur un lit de légumes printaniers, avec de l'estragon et du persil.
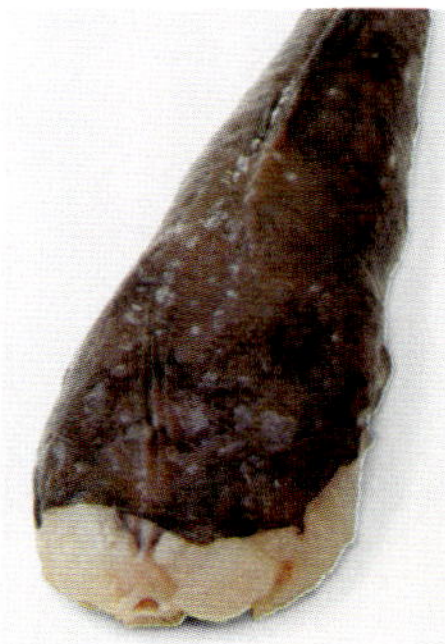	**LOTTE** Poisson à chair dense mais fine, qui supporte parfaitement la cuisson au four. Pelez la membrane blanche qui recouvre la lotte avant de la faire cuire.	Poisson qui supporte aussi bien les saveurs fortes que légères : curry ou estragon, à vous de choisir, selon vos envies ! Il s e mariera parfaitement aux épices ou aux herbes fraîches.
	**MAQUEREAU** Excellent poisson, à la chair savoureuse, qui tient bien à la cuisson. Vous le trouverez **entier** ou en **filet**. Peu coûteux et méconnu, le maquereau mérite une place de choix dans nos assiettes, car il possède de grandes qualités nutritionnelles.	Comme c'est un poisson gras, associez-le à des saveurs qui créeront un contraste : citron, orange, vinaigre balsamique ou xérès. Vous pouvez aussi le faire cuire avec des graines de coriandre, du paprika ou du piment de Cayenne, associés à des tomates cerises.
	**ESPADON** Poisson à chair dense, qui supporte très bien la cuisson au four. Vous pouvez l'acheter en **filet** ou en **tranche**, que vous recouperez en portions individuelles.	L'espadon a des saveurs délicates, qu'il faut éviter de dénaturer avec des épices fortes. Privilégiez une palette d'herbes fraîches : persil, estragon, aneth, avec un peu de jus de citron et d'huile d'olive. Tomates, haricots verts et courgettes constituent ses garnitures idéales.

4 sauces pour glacer les rôtis

Vos placards de cuisine regorgent d'ingrédients précieux pour préparer un glaçage.

Canneberge

Vous pouvez associer cette sauce à la dinde, au jambon, au bœuf ou au poulet.

Mixez de la **sauce aux canneberges** avec :
pour le bœuf, des feuilles de **romarin** et du **porto** ;
pour le gibier, des baies de **genièvre** et de la **sauce soja** ;
pour le porc, du **sucre de canne roux** et du **mélange quatre-épices**;
pour les cuisses de poulet, du **jus d'orange** et du **gingembre frais**.

Miel

Le miel doux est le compagnon idéal du porc, mais il accompagne aussi le poulet et le canard.

Pour des côtes de porc : mélangez **miel** et **confiture d'abricots**.
Pour le jambon cuit entier : mixez **miel**, **ail**, **moutarde**, **noix muscade** et **clous de girofle**.
Pour les cuisses de poulet : mixez **miel**, **sauce soja**, **gingembre frais** et un peu de **rhum**.
Pour les cuisses de canard : mixez **miel**, **jus de citron vert** et **gingembre frais**.

Moutarde

La moutarde à l'ancienne est assez douce et peut accompagner de nombreuses viandes.

Mélangez la **moutarde à l'ancienne** avec :
pour le canard ou les travers de porc, de la **sauce soja** ;
pour le poulet, de la **gelée de myrtille** ;
pour le bœuf, du **vinaigre balsamique** ;
pour le porc, 1 filet de **whisky** ;
pour le jambon, du **jus d'orange**.

Piment

Fort ou doux, selon vos goûts. Il donnera une saveur douce ou épicée aux viandes et aux poissons gras.

Badigeonnez modérément le poulet, le porc, le bœuf, le canard, le maquereau ou le saumon. Pour les travers de porc, mélangez **piment**, **sucre de canne** et **jus de gingembre**. Pour le poulet ou le maquereau, mélangez **piment** et **citron vert**. Pour le filet de porc, mixez **piment**, **miel** et **gingembre**.

Astuce

Pour la cuisson au four, utilisez un récipient à fond épais. Les plaques de cuisson en acier inoxydable transmettent bien la chaleur à la viande : elles sont plus difficiles à nettoyer, mais les saveurs du repas vous feront vite oublier ce léger inconvénient !

Pour changer : les saucisses

Pensez à faire rôtir des saucisses, faciles à préparer et souvent très savoureuses : chipolatas, merguez, saucisses aux herbes, saucisses de Toulouse… Leurs goûts sont très variés. Faites preuve d'imagination pour les sauces de glaçage !

Les légumes

Certains légumes sont plus délicats à préparer que d'autres. En voici quelques exemples.

Échalote et oignon grelot

Cessez de pleurer inutilement !

Plongez-les pendant quelques secondes dans une casserole d'eau bouillante. **Égouttez**-les immédiatement, puis passez-les sous un filet d'eau froide. Égouttez-les à nouveau. Vous pourrez alors les **peler** sans effort ni larmes.

Courge butternut

Méfiez-vous, elle a la peau dure…

À l'aide d'un grand couteau de cuisine, **fendez** la courge en deux dans le sens de la longueur. Sur une planche à découper bien stable, **coupez** les deux extrémités et **prélevez** les pépins à l'aide d'une cuillère. **Pelez** avec un couteau économe. **Émincez** ou coupez en cubes.

Poireau

Éliminez le sable résiduel, qui peut vraiment gâcher un plat.

Coupez les deux extrémités et **retirez** les premières feuilles vertes. **Incisez** en croix, le couteau planté dans le blanc, à 2 cm du vert, et **remontez** le long du vert. **Écartez** les feuilles et **lavez**-les soigneusement sous un filet d'eau froide.

Fenouil

Légume en forme de bulbe, au goût anisé, parfait pour porc et poisson.

Supprimez les premières feuilles extérieures et sectionnez la base. **Coupez** le toupet, que vous conservez pour parfumer un bouillon ou pour décorer un plat. Pour une salade, **émincez** finement le fenouil. Coupez-le en quatre si vous le faites rôtir au four.

Céleri-rave

Légume peu séduisant… mais au parfum délicat et subtil.

À l'aide d'un grand couteau de cuisine, **coupez** les deux extrémités et posez à plat sur une planche à découper bien stable. **Pelez** de haut en bas, en tournant autour. Pour une salade, **coupez** en quatre et **râpez**. Pour une purée, faites cuire de gros cubes dans de l'eau bouillante ou à la vapeur.

Astuces

Utilisez toujours **le bon outil** pour peler, émincer ou hacher les fruits et légumes. Un **couteau de cuisine** bien affûté est indispensable, ainsi qu'un **couteau économe** de bonne qualité.

Préparez tous les légumes avant de commencer la cuisson : vous gagnerez du temps.

Râpez les carottes ou les courgettes dans le robot ménager.

Salez les tranches d'aubergine et faites-les dégorger avant de les utiliser.

Quand vous découpez un chou-fleur en bouquets, ne jetez pas les petites feuilles vertes, qui sont très goûteuses.

Faites cuire rapidement les fèves fraîches dans une casserole d'eau bouillante, puis rafraîchissez-les dans de l'eau glacée avant de les peler.

PAS À PAS

Préparer un jus de viande

Directement issue du plat de cuisson, cette sauce accompagnera parfaitement la viande que vous venez de rôtir.

1 Quand vous avez retiré la viande du plat, penchez celui-ci et prélevez presque tout le gras. Laissez-en un peu dans le plat, avec les sucs caramélisés.

2 Mettez le plat à chauffer à feu moyen. Ajoutez 100 ml de vin blanc sec, en grattant bien le fond du plat, de manière à décoller les sucs.

3 Versez 600 ml de bouillon chaud, en continuant à racler soigneusement le fond du plat.

4 Laissez la sauce bouillir pendant quelques minutes, le temps que l'alcool s'évapore. Salez et poivrez.

5 Filtrez la sauce. Vous pouvez l'utiliser immédiatement, ou la faire réduire à nouveau à feu doux, jusqu'à l'obtention d'un jus plus épais.

Astuce

Conservez les parures et les pelures de vos légumes : vous pourrez les ajouter dans le plat de cuisson en même temps que le bouillon. Vous pouvez aussi les utiliser pour préparer un bouillon de légumes, que vous utiliserez plus tard.

4 jus faciles à préparer pour accompagner vos plats de viande.

Sauce au vin blanc et à l'estragon

Faites fondre 1 noix de **beurre** à feu doux dans une casserole. Hors du feu, incorporez 1 c. à s. de **farine** et mélangez jusqu'à l'obtention d'un roux. Remettez la sauteuse sur le feu et ajoutez 2 c. à s. de **bouillon de volaille** chaud. Mélangez, puis ajoutez 100 ml de **vin blanc sec**. Laissez mijoter pendant 5 min, puis incorporez 250 ml de bouillon chaud, ainsi que 2 c. à s. de **crème fraîche**. Laissez épaissir pendant quelques minutes, salez, poivrez, puis ajoutez le jus de 1 **citron** et 1 c. à s. d'**estragon** ciselé.

Jus au vin rouge

Une fois la viande rôtie, penchez le plat de cuisson et prélevez presque toute la graisse. Ajoutez 1 c. à s. de **farine** et mélangez soigneusement, avant d'incorporer 100 ml de **vin rouge** et 1 branche de **romarin**. Détachez les sucs caramélisés, en mélangeant sans cesse, puis versez progressivement du **bouillon de volaille** chaud, jusqu'à ce que le mélange épaississe. Salez, poivrez et servez, ou filtrez et laissez réduire à nouveau.

Jus de viande

Mettez 1 noix de **beurre** à fondre dans une casserole et faites rissoler 50 g de **lardons**. Incorporez 1 c. à c. de **purée de tomates**. Hors du feu, ajoutez 1 c. à s. de **farine** et remettez la casserole sur le feu. Versez 2 c. à s. de **bouillon de bœuf** chaud, mélangez, puis ajoutez 100 ml de **vin blanc sec**. Laissez mijoter pendant 5 min, puis incorporez 250 ml de bouillon chaud. Laissez épaissir pendant quelques minutes, salez, poivrez et ajoutez 1 c. à s. de **porto**.

Jus de poulet

Retirez le poulet, penchez le plat de cuisson et jetez la graisse, en laissant l'équivalent de 1 cuillerée au fond du plat, avec les sucs caramélisés. Mettez le plat à chauffer à feu moyen, versez 600 ml de **bouillon de volaille** chaud, en détachant les sucs caramélisés du fond. Ajoutez un peu de **thym**, salez et poivrez. Laissez bouillir pendant quelques minutes puis filtrez. Servez immédiatement ou faites réduire à nouveau à feu doux, jusqu'à l'obtention d'un jus plus épais.

RECEVOIR

Côtelettes d'agneau et légumes rôtis

PRÉP 15 MIN · CUISS 20 MIN

POUR 4 PERSONNES

3 c. à s. d'huile d'olive
1 pincée de mélange cinq-épices
1 pincée de piment de Cayenne
sel et poivre du moulin
8 côtelettes d'agneau
1 courge butternut pelée, fendue en deux et coupée en cubes
10 tomates cerises
125 g de haricots verts équeutés
1 c. à s. de feuilles de menthe finement ciselées
1 pincée de fleur de sel

1 Préchauffez le four à 190 °C (th. 6-7). Dans un bol, versez 2 c. à s. d'huile, le cinq-épices et le piment de Cayenne. Salez et poivrez. Badigeonnez les côtelettes de la moitié de ce mélange, puis déposez-les dans un plat de cuisson. Versez le reste de l'huile épicée sur les morceaux de courge, mélangez et versez dans le plat de cuisson, avec la viande. Enfournez pour 20 min de cuisson, ou plus, selon le degré de cuisson souhaitée.

2 Pendant ce temps, versez les tomates et les haricots verts dans un saladier et mélangez-les avec 1 c. à s. d'huile d'olive. Ajoutez-les aux côtelettes 10 min avant la fin de cuisson. Dressez sur des assiettes chaudes et parsemez de menthe ciselée et de fleur de sel.

VARIANTE

Faites cuire 1 carré d'agneau, que vous découperez juste avant de servir. La viande sera tendre et savoureuse.

Cuisses de canard rôties aux pommes

PRÉP 20 MIN · CUISS 1 H

POUR 4 PERSONNES
sel et poivre du moulin
4 cuisses de canard
500 g de pommes de terre grenaille coupées en deux
3 pommes reine des reinettes épépinées et coupées en cubes
3 branches de romarin
1 filet d'huile d'olive
1 chou vert grossièrement émincé
1 pincée de piment d'Espelette (facultatif)

1 Salez et poivrez généreusement les cuisses de canard. Laissez reposer pendant 30 min si vous en avez le temps : la peau du canard sera plus croustillante. Préchauffez le four à 190 °C (th. 6-7).

2 Mettez une grande poêle à chauffer à sec et faites cuire les cuisses de canard pendant 10 min, jusqu'à ce qu'elles soient bien dorées. À l'aide d'une écumoire, transférez-les sur une grande plaque de cuisson. Ajoutez les pommes de terre grenaille et les reinettes. Parsemez de romarin et arrosez de 1 filet d'huile d'olive. Salez, poivrez puis mélangez soigneusement, avant d'enfourner pour 40 à 50 min de cuisson. À mi-cuisson, remuez les pommes, pour éviter qu'elles n'attachent au fond du plat.

3 Faites cuire les lanières de chou dans une grande casserole d'eau salée pendant 4 min : elles doivent rester légèrement croquantes. Rafraîchissez dans de l'eau glacée, puis égouttez. Ajoutez le chou au canard, mélangez et prolongez la cuisson de 10 min. Saupoudrez de 1 pincée de piment d'Espelette. Dressez dans un grand plat de service.

VARIANTE
À défaut de chou, utilisez de gros tronçons de blanc de poireau.

CONSEIL DU CHEF
Les cuisses de canard conviennent bien à une cuisson lente au four, qui les attendrit et exalte leur saveur. Faites cuire les magrets de la même façon : il suffit d'inciser la peau et de réduire le temps de cuisson de moitié.

Poulet au citron et olives

PRÉP 15 MIN · CUISS 1 H

Marinade • 30 minutes

POUR 4 PERSONNES
sel et poivre du moulin
4 cuisses de poulet
le jus de 1 citron
1 filet d'huile d'olive
1 c. à c. de feuilles de thym frais
1 bulbe de fenouil coupé en gros morceaux
100 ml de vin blanc sec
10 olives vertes dénoyautées

1 Salez et poivrez généreusement les cuisses de poulet. Arrosez-les du jus de citron et de l'huile d'olive, puis parsemez-les de feuilles de thym. Placez-les dans un sachet de congélation ou dans un saladier et laissez mariner pendant au moins 30 min. Préchauffez le four à 180 °C (th. 6).

2 Transférez les morceaux de poulet mariné dans un plat de cuisson. Ajoutez le fenouil, salez et enfournez pour 20 min de cuisson.

3 Versez le vin et les olives dans le plat, en prenant garde aux projections. Remettez le plat dans le four et faites cuire pendant 20 min. Réduisez la température du four à 160 °C (th. 5-6), couvrez le plat d'aluminium ménager et prolongez la cuisson de 20 min. Vérifiez la cuisson du poulet, en plongeant un couteau dans la partie charnue de la cuisse ; un jus clair doit s'en échapper. S'il est un peu rosé, remettez au four et laissez cuire pendant quelques minutes supplémentaires.

Astuce
Badigeonnez le poulet de tapenade avant de l'enfourner et supprimez les olives vertes.

Saucisses et pommes nouvelles rôties au romarin

PRÉP 15 MIN CUISS 40 MIN

POUR 4 PERSONNES

12 mini-saucisses parfumées aux herbes
2 oignons rouges coupés en quartiers
1 pincée de piment de Cayenne
3 branches de romarin
1 kg de pommes de terre (ratte du Touquet)
sel et poivre du moulin
1 filet d'huile d'olive

1 Préchauffez le four à 190 °C (th. 6-7). Déposez les saucisses et les oignons dans une plaque de cuisson. Parsemez de piment de Cayenne et de romarin, puis ajoutez les pommes de terre. Salez, poivrez, puis arrosez le tout de 1 filet d'huile d'olive, avant de bien mélanger avec les doigts.

2 Faites cuire les saucisses au four pendant 40 min, jusqu'à ce qu'elles soient dorées, en les retournant une fois à la mi-cuisson. Servez avec une salade verte croquante.

VARIANTE
Incorporez 1 c. à s. de moutarde à l'ancienne avant d'enfourner le plat.

CONSEIL DU CHEF
Choisissez des saucisses de bonne qualité, chez votre boucher ou dans une épicerie italienne.

Côtes de porc grillées aux oignons grelots

PRÉP 15 MIN CUISS 35 MIN

Matériel • robot ménager

POUR 4 PERSONNES

2 tranches de pain de mie grossièrement émiettées
10 feuilles de sauge
1 oignon coupé en quartiers
sel et poivre du moulin
4 côtes de porc dans le filet de 150 g chacune
12 oignons grelots (ou échalotes) pelés et entiers
3 pommes reine des reinettes pelées et coupées en cubes
2 c. à s. de sucre de canne roux
1 filet d'huile d'olive
quelques brins de romarin

1 Préchauffez le four à 190 °C (th. 6-7). Dans le bol du robot, versez le pain de mie, la sauge et l'oignon. Mixez jusqu'à l'obtention d'une pâte sableuse, que vous étalerez sur une plaque à pâtisserie. Faites dorer cette chapelure au four pendant 5 min. Laissez refroidir avant de mixer à nouveau, de manière à obtenir une poudre fine. Salez et poivrez.

2 Déposez les côtes de porc dans un plat de cuisson. Ajoutez les oignons grelots et les pommes. Saupoudrez l'ensemble de sucre et arrosez de 1 filet d'huile d'olive. Parsemez de romarin, de sel, de poivre et de chapelure.

3 Faites rôtir au four pendant 15 min avant de retourner la viande. Prolongez la cuisson de 15 min, jusqu'à ce que la viande soit cuite et les oignons légèrement caramélisés. Servez avec une purée de pommes de terre.

VARIANTE
Ajoutez quelques pommes de terre nouvelles dans le plat, en même temps que la viande.

CONSEIL DU CHEF
Si la viande est prête avant les oignons et les pommes, réservez-la au chaud sous une feuille d'aluminium ménager.

Coquelets laqués au miel

PRÉP 20 MIN
CUISS 1 H

POUR 4 PERSONNES
4 coquelets
2 oignons hachés
2 c. à s. de miel liquide
12 fines tranches de lard
6 blancs de poireau lavés et coupés en tronçons de 5 cm
1 c. à s. d'huile d'olive
sel et poivre du moulin

1 Préchauffez le four à 190 °C (th. 6-7). Essuyez les coquelets avec du papier absorbant, puis farcissez-les de morceaux d'oignons. À l'aide d'un pinceau, badigeonnez-les de miel et recouvrez chacun de 3 tranches de lard.

2 Versez les poireaux sur une plaque de cuisson et mélangez-les avec l'huile d'olive. Salez et poivrez. Posez les coquelets par-dessus et faites rôtir au four pendant 45 min. Vérifiez la cuisson, en perçant le gras de la cuisse avec la pointe d'un couteau : si le jus est clair, le coquelet est prêt. Dans le cas contraire, prolongez la cuisson de quelques minutes, en recouvrant d'aluminium ménager, pour éviter que le lard ne noircisse.

3 Posez les coquelets sur un grand plat. À l'aide d'une écumoire, transférez les poireaux dans un plat de service et réservez au chaud. Posez la plaque de cuisson sur le feu, jetez l'excédent de graisse et incorporez un peu d'eau chaude, en grattant le fond du plat avec une spatule en bois, de manière à bien décoller les sucs de cuisson. Faites bouillir à feu vif pendant 2 min et versez le jus obtenu dans une saucière. Servez les coquelets accompagnés d'une purée de pommes de terre.

Filet de bœuf rôti aux patates douces et betteraves

PRÉP 15 MIN
CUISS 1 H

Repos • 10 min

POUR 4 PERSONNES

1 filet de bœuf de 1,2 kg
1 c. à s. de poivre noir concassé
3 c. à s. d'huile d'olive
500 g de betteraves cuites au naturel et coupées en quartiers
1 c. à s. de vinaigre balsamique
sel et poivre du moulin
6 patates douces pelées et coupées en quartiers
1 c. à c. de feuilles de thym frais

1 Préchauffez le four à 180 °C (th. 6). Badigeonnez le filet de bœuf de poivre concassé, en veillant à ce qu'il en soit entièrement recouvert. Versez 1 c. à s. d'huile d'olive dans une poêle et faites revenir la viande sur toutes ses faces, à feu vif, pendant 5 min. Transférez sur une plaque de cuisson.

2 Mélangez les morceaux de betteraves avec 1 c. à s. d'huile et la moitié du vinaigre balsamique. Salez et poivrez. Renouvelez ces opérations avec les patates douces. Versez les légumes dans la plaque avec la viande et parsemez de thym. Enfournez pour 20 min de cuisson pour une cuisson saignante, 30 min pour une viande cuite à point et 40 min pour une viande bien cuite.

3 Transférez la viande sur un plat. Laissez-la reposer au chaud pendant 10 min au minimum, couverte d'une feuille d'aluminium ménager. Si nécessaire, prolongez la cuisson des patates douces pendant quelques minutes, de manière à ce qu'elles soient bien dorées. Découpez la viande en tranches et servez avec tous les légumes rôtis.

VARIANTE

Remplacez le poivre noir par un mélange de baies variées. Pour une saveur plus subtile, utilisez du poivre noir de Sarawak ou du poivre rouge de Pondichéry.

CONSEIL DU CHEF

Concassez le poivre entier dans un mortier ou à l'aide d'un rouleau à pâtisserie.

Gigot d'agneau rôti, pommes nouvelles et tomates cerises

PRÉP 15 MIN CUISS $1\frac{1}{2}$ H

POUR 4 PERSONNES
2 c. à s. d'huile d'olive
1 gigot d'agneau désossé de 1 kg
1 kg de pommes de terre nouvelles
sel et poivre du moulin
1 c. à c. de feuilles de thym frais
16 tomates cerises avec les pédoncules
1 c. à c. de gelée de groseille

1 Préchauffez le four à 190 °C (th. 6-7). Versez 1 c. à s. d'huile dans une poêle e t faites dorer le gigot d'agneau à feu vif pendant 5 min, en le retournant une fois. Transférez le gigot dans un plat.

2 Mélangez les pommes de terre avec 1 c. à s. d'huile puis ajoutez-les au plat. Salez, poivrez et parsemez l'ensemble de thym frais. Faites cuire au four pendant 30 min si vous souhaitez une cuisson saignante. Si vous préférez une viande à point, laissez au four 15 min de plus. Ajoutez les tomates entières, que vous salerez légèrement, 10 min avant la fin de la cuisson. Transférez la viande sur une assiette et conservez-la au chaud sous une feuille d'aluminium ménager.

3 À l'aide d'une écumoire, débarrassez les légumes sur le plat de service et réservez-les au chaud. Jetez l'excédent de graisse qui se trouve dans le plat, incorporez la gelée de groseille et faites chauffer à feu vif pendant quelques secondes. Ajoutez un peu d'eau chaude et grattez le fond du plat avec une cuillère en bois, pour décoller les sucs. Versez le jus dans une casserole et faites-le réduire pendant quelques minutes à feu doux. Découpez le gigot en tranches, que vous déposerez en éventail sur les pommes de terre. Servez le jus à part.

VARIANTE

Ajoutez 1 poignée de haricots verts, préalablement blanchis pendant 3 min dans une grande casserole d'eau salée.

Rôti de porc aux endives et échalotes

PRÉP 10 MIN CUISS 2 H

Repos • 20 min

POUR 6 PERSONNES
1 rôti de porc de 1,5 kg
1 c. à s. d'huile d'olive
1 c. à s. de sel fin
400 g d'échalotes pelées
150 ml de cidre brut
4 endives lavées
12 fines tranches de lard fumé

1 Préchauffez le four à 210 °C (th. 7). Badigeonnez le porc d'huile d'olive puis salez-le généreusement. Faites cuire au four pendant 15 min, jusqu'à ce qu'une croûte dorée se forme. Transférez la viande sur une assiette et réduisez la température du four à 180 °C (th. 6).

2 Ajoutez les échalotes au fond du plat, posez le rôti par-dessus et arrosez l'ensemble de cidre. Faites cuire au four pendant 1 h 30 (voir Conseil du chef). Enrobez chaque endive de tranches de lard et déposez-les dans le plat pour les 40 dernières minutes de cuisson.

3 Laissez reposer la viande hors du feu pendant 20 min avant de la découper en tranches. Servez avec les endives et les échalotes.

CONSEIL DU CHEF

Les grosses pièces de viande cuites au four ont toujours besoin de reposer après la cuisson. Placez-les au chaud sous une feuille d'aluminium ménager : la viande sera tendre et moelleuse.

RECEVOIR

Médaillons de lotte rôtie aux poivrons

PRÉP 15 MIN · CUISS 30 MIN

POUR 4 PERSONNES
1 filet de lotte de 700 g prêt à cuire
4 poivrons rouges épépinés et coupés en lamelles
1 c. à s. d'huile d'olive
½ c. à c. de paprika doux
12 tranches de lard fumé
50 g de roquette

1 Préchauffez le four à 190 °C (th. 6-7). Dans un saladier, mélangez la lotte avec les poivrons, l'huile d'olive et le paprika. Enrobez entièrement le poisson de lard fumé. Versez les poivrons dans un plat à gratin et déposez la lotte par-dessus.

2 Faites cuire au four pendant 30 min jusqu'à ce que le lard soit croustillant. Laissez reposer le poisson pendant 10 min avant de le découper en 4 médaillons. Dressez sur des assiettes avec un cordon de poivrons rôtis et quelques feuilles de roquette.

VARIANTE
Ajoutez 1 grappe de tomates cerises dans le plat, 10 min avant la fin de cuisson.

Astuce
Utilisez des poivrons cuits en conserve. Émincez-les et servez avec le poisson.

Dos de cabillaud rôti façon basquaise

PRÉP 15 MIN · CUISS 35 MIN

Repos • 5 min

POUR 4 PERSONNES
700 g de dos de cabillaud coupé en 4 pavés
2 c. à s. d'huile d'olive
1 c. à c. de fenouil entier
le zeste de 1 citron
sel et poivre du moulin
4 courgettes coupées en rondelles
2 aubergines coupées en dés
12 tomates cerises
1 c. à c. d'aneth ciselé
1 citron coupé en quartiers

1 Préchauffez le four à 190 °C (th. 6-7). Mélangez les pavés de cabillaud avec 1 c. à s. d'huile d'olive, la moitié du fenouil et la moitié du zeste de citron. Salez, poivrez, couvrez de film alimentaire et laissez reposer.

2 Mettez les courgettes et les aubergines dans un plat à gratin. Versez par-dessus 1 c. à s. d'huile, le reste du fenouil et le reste de zeste. Salez, poivrez et mélangez soigneusement. Faites cuire au four pendant 20 min, jusqu'à ce que les légumes commencent à s'attendrir.

3 Ajoutez au plat les tomates cerises et les pavés de poisson. Prolongez la cuisson de 15 min, puis laissez reposer pendant 5 min sous une feuille d'aluminium ménager. Parsemez le poisson d'aneth, avant de servir avec les légumes et les quartiers de citron.

Jambon laqué à la marmelade d'oranges, endives et pommes de terre rôties

PRÉP 15 MIN
CUISS $1\frac{3}{4}$ H

Repos • 20 min

POUR 6 PERSONNES
1 jambon fumé de 2 kg désossé
500 ml de cidre brut
2 feuilles de laurier
3 c. à s. de marmelade d'oranges
1 c. à s. de sucre de canne
1 kg de pommes de terre nouvelles coupées en deux
1 c. à s. d'huile d'olive
le zeste râpé de 1 orange
sel et poivre du moulin
4 endives fendues en quatre dans la longueur

1 Placez le jambon dans une grande casserole, ajoutez le cidre et les feuilles de laurier et recouvrez d'eau froide à hauteur. Portez à ébullition à couvert, baissez le feu et laissez mijoter pendant 40 min. Préchauffez le four à 180 °C (th. 6).

2 Égouttez la viande et ôtez la peau qui la recouvre, en conservant une épaisse couche de graisse, que vous inciserez. Faites chauffer la marmelade à feu doux dans une casserole, jusqu'à ce qu'elle soit liquide. Badigeonnez le jambon de marmelade et saupoudrez de sucre de canne. Déposez la viande dans un plat de cuisson.

3 Mélangez les pommes de terre avec l'huile et le zeste de l'orange. Salez, poivrez abondamment et versez dans le plat de cuisson. Faites rôtir pendant 1 h. À mi-cuisson, ajoutez les endives, en les intercalant entre les pommes de terre, de manière à ce qu'elles reposent dans le jus de cuisson.

4 Transférez le jambon sur le plat de service et laissez-le reposer pendant 20 min avant de le découper en tranches. Conservez les légumes au chaud.

VARIANTE

Remplacez la marmelade d'oranges par du miel ou du sirop d'érable.

CONSEIL DU CHEF

Il faut compter environ 45 min de cuisson pour 1 kg de jambon. Vérifiez la cuisson en plongeant la lame fine d'un couteau dans la chair : si elle ne rencontre aucune résistance, la viande est prête à entamer sa période de repos de 20 min. Sinon, prolongez la cuisson au four de 5 à 10 min.

Maquereaux au pesto rouge et citrons verts

PRÉP 10 MIN | CUISS 30 MIN

POUR 4 PERSONNES
2 gros maquereaux (ou 4 moyens, ou 8 petits) vidés et lavés
2 c. à s. de pesto rouge
2 c. à s. d'huile d'olive
1 c. à s. de vin blanc sec
sel et poivre du moulin
2 citrons verts lavés et coupés en quartiers
1 kg de pommes de terre nouvelles coupées en deux
1 botte de coriandre ciselée

1 Préchauffez le four à 190 °C (th. 6-7). Placez les maquereaux dans un grand plat de cuisson. Détendez le pesto avec 1 c. à s. d'huile d'olive et 1 c. à s. de vin blanc. Badigeonnez les poissons de cette sauce, en veillant à ce qu'ils en soient recouverts aussi bien à l'extérieur qu'à l'intérieur. Salez et poivrez généreusement. Ajoutez les citrons verts dans le plat et laissez reposer au réfrigérateur. Faites cuire les pommes de terre pendant 10 min dans une casserole d'eau salée. Égouttez-les et mélangez-les avec 1 c. à s. d'huile. Poivrez-les, puis ajoutez-les dans le plat de cuisson.

2 Faites cuire au four pendant 20 min, jusqu'à ce que le poisson soit cuit. Parsemez de coriandre ciselée et accompagnez d'une salade verte.

Saumon rôti aux pak-choï et champignons

PRÉP 15 MIN | CUISS 25 MIN

POUR 4 PERSONNES
1 c. à s. d'huile d'olive
1 c. à s. de sauce soja sombre
1 c. à c. de mirin (vinaigre de riz japonais)
un morceau de gingembre frais (7 cm) pelé et râpé
2 gousses d'ail pelées et râpées
sel et poivre du moulin
4 pavés de saumon de 150 g chacun
2 pak-choï coupés en quatre dans la longueur
200 g de champignons de Paris coupés en deux

1 Préchauffez le four à 190 °C (th. 6-7). Préparez la sauce. Dans un saladier, mélangez l'huile, la sauce soja, le vinaigre de riz, le gingembre et l'ail. Salez et poivrez, en fouettant vigoureusement.

2 Placez les pavés de saumon dans un plat de cuisson. Entourez de chou et de champignons. Versez la sauce au gingembre par-dessus et enfournez pour 20 min de cuisson. Servez avec du riz ou des nouilles chinoises.

CONSEIL DU CHEF

À défaut de mirin, utilisez 1 c. à s. de vinaigre de riz chinois, de saké ou de vin blanc.

Pavés de cabillaud à la jamaïcaine

PRÉP 15 MIN | CUISS 30 MIN

POUR 4 PERSONNES
1 c. à c. de cumin moulu
1 c. à c. de paprika
un morceau de gingembre frais (5 cm) pelé et râpé
1 piment rouge épépiné et haché
1 c. à s. d'huile d'olive
sel et poivre du moulin
4 pavés de cabillaud (ou de lieu)
2 patates douces pelées et coupées en cubes
1 c. à s. de coriandre ciselée

1 Préchauffez le four à 190 °C (th. 6-7). Mélangez le cumin, le paprika, le gingembre et le piment avec l'huile. Ajoutez 1 pincée de sel et beaucoup de poivre noir moulu. Réservez le quart de la sauce et badigeonnez les pavés de poisson avec le reste. Mélangez les patates douces avec la sauce réservée puis déposez-les dans un plat de cuisson. Faites cuire au four pendant 15 min.

2 Posez les pavés de poisson sur les patates douces et faites cuire pendant 15 min, jusqu'à ce que les légumes soient bien dorés. Parsemez de coriandre et servez aussitôt.

Mignon de porc aux lentilles du Puy

PRÉP 15 MIN · CUISS 1 H

Repos • 15 min

POUR 4 PERSONNES

4 oignons pelés et coupés en 8 morceaux
4 gousses d'ail pelées et râpées
200 g de lentilles du Puy rincées
500 ml de cidre brut
1 c. à s. de persil plat ciselé
sel et poivre du moulin
500 g de filet mignon de porc
1 filet d'huile d'olive

1 Préchauffez le four à 180 °C (th. 6). Mettez les oignons et l'ail dans un plat à gratin. Versez les lentilles et la moitié du cidre. Ajoutez le persil, salez, poivrez et enfournez pour 40 min de cuisson.

2 Faites 4 entailles en diagonale dans le filet mignon, que vous déposerez sur les lentilles. Versez 1 filet d'huile sur la viande, incorporez le reste de cidre et prolongez la cuisson de 20 min. Couvrez d'aluminium ménager si la viande commence à brunir, et ajoutez un peu d'eau chaude si le jus des lentilles s'évapore complètement.

3 Laissez reposer la viande sur une assiette pendant 15 min, puis coupez-la en tranches et servez-la sur un lit de lentilles et d'oignons.

CONSEIL DU CHEF

Pour aller plus vite, utilisez des lentilles en conserve et réduisez le temps de cuisson et la quantité de cidre de moitié. Versez les lentilles au fond d'un plat, arrosez de cidre et posez le filet mignon par-dessus. Enfournez pour 30 min de cuisson.

Côtes d'agneau rôties aux deux poivrons

PRÉP 15 MIN · CUISS 30 MIN

POUR 4 PERSONNES

4 côtes d'agneau épaisses
2 c. à s. d'huile d'olive
sel et poivre du moulin
2 poivrons rouges épépinés et coupés en morceaux
2 poivrons verts épépinés et coupés en morceaux
1 noix de beurre
1 oignon haché
125 g de champignons de Paris finement émincés
1 c. à s. de persil plat ciselé

1 Préchauffez le four à 190 °C (th. 6-7). Posez les côtes d'agneau sur un plat de cuisson, arrosez-les de 1 c. à s. d'huile d'olive, puis salez et poivrez. Mélangez les poivrons rouges et verts avec 1 c. à s. d'huile. Salez, poivrez et versez dans le plat de cuisson.

2 Dans une petite casserole, mettez le beurre à fondre à feu doux et faites cuire l'oignon pendant 5 min. Ajoutez les champignons et prolongez la cuisson de 5 min. Incorporez le persil, salez, poivrez et recouvrez les côtelettes de ce mélange.

3 Faites cuire au four pendant 20 min ou plus, selon le degré de cuisson souhaitée. Servez avec des pommes de terre sautées et une salade verte.

Filet de bœuf farci aux pruneaux et noix de cajou

PRÉP 20 MIN CUISS 1 H

Matériel • robot ménager
Repos • 15 min

POUR 6 PERSONNES
125 g de pruneaux dénoyautés et hachés
125 g de noix de cajou
1 c. à s. de persil plat finement ciselé
3 gousses d'ail pelées
sel et poivre du moulin
1 kg de filet de bœuf en un seul morceau
1 filet d'huile d'olive
400 g d'échalotes pelées

1 Préchauffez le four à 220 °C (th. 7-8). Dans le bol du robot ménager, versez les pruneaux, les noix de cajou, le persil et l'ail. Mixez pendant quelques secondes, puis salez et poivrez.

2 Posez la viande sur une planche à découper et ouvrez-la en portefeuille : faites une entaille assez profonde dans la chair, sans la transpercer. Remplissez cette poche de farce aux pruneaux, puis ficelez la viande. Posez-la dans un plat de cuisson, salez et poivrez.

3 Arrosez le filet de bœuf farci de 1 filet d'huile d'olive, puis ajoutez les échalotes dans le plat. Faites rôtir au four pendant 10 min, jusqu'à ce que la viande soit dorée. Abaissez la température du four à 180 °C (th. 6) et prolongez la cuisson, de 10 min pour une viande saignante, 20 min pour une viande à point et 40 min pour une viande bien cuite.

4 Laissez la viande reposer pendant 15 min avant de la découper. Servez avec une purée de pommes de terre faite maison et des légumes verts.

CONSEIL DU CHEF

Demandez à votre boucher de préparer le filet de bœuf à recevoir la farce. Demandez-lui également un morceau de ficelle de boucher. Le lendemain, préparez des sandwichs ou un curry avec les restes du rôti.

Cuisses de poulet rôties à l'ail et au céleri

PRÉP 25 MIN · CUISS 45 MIN

POUR 4 PERSONNES

sel et poivre du moulin
8 hauts de cuisse de poulet
1 c. à s. d'huile d'olive
+ 2 filets d'huile
4 têtes d'ail
4 pommes de terre
pelées et coupées en cubes
1 céleri-boule pelé et coupé en cubes
1 c. à c. de curry en poudre

1 Préchauffez le four à 190 °C (th. 6-7). Salez et poivrez les morceaux de poulet. Mettez 1 c. à s. d'huile à chauffer dans une poêle et faites dorer les cuisses pendant 5 min, en les retournant une fois. Transférez-les dans un plat de cuisson.

2 Ajoutez les têtes d'ail entières dans le plat et arrosez-les de 1 filet d'huile. Mélangez les pommes de terre et le céleri avec 1 filet d'huile et le curry en poudre. Salez, poivrez et versez dans le plat, avec le poulet et l'ail.

3 Faites rôtir au four pendant 45 min, en retournant le poulet et les légumes à mi-cuisson. Servez avec des épinards sautés au beurre.

CONSEIL DU CHEF

Vous pouvez remplacer l'huile d'olive par de l'huile de tournesol. Attention aux projections d'huile quand vous faites dorer le poulet.

Agneau rôti aux oignons rouges

PRÉP 20 MIN · CUISS 1 H

Repos • 15 min

POUR 4 PERSONNES

8 oignons rouges
pelés et coupés en 8 morceaux
2 c. à s. d'huile d'olive
800 g de pommes de terre
pelées et coupées en cubes
sel et poivre du moulin
2 c. à s. de pesto à la menthe
1 kg de jarret d'agneau désossé
1 c. à s. de vinaigre balsamique

1 Préchauffez le four à 190 °C (th. 6-7). Dans un plat de cuisson, mélangez les oignons avec 1 c. à s. d'huile. Ajoutez les pommes de terre, salez, poivrez et mélangez.

2 Diluez le pesto avec 1 c. à s. d'huile et badigeonnez l'agneau de ce mélange. Déposez la viande sur les pommes de terre, arrosez de vinaigre balsamique et enfournez pour 1 h de cuisson. Laissez la viande reposer pendant 15 min avant de la couper en tranches fines. Accompagnez de pommes de terre aux oignons rouges.

VARIANTE

Un vinaigre balsamique aromatisé à la pomme sera le compagnon idéal de ce plat.

Porc aux champignons

PRÉP 20 MIN | CUISS 1¾ H

Repos • 15 min

POUR 4 PERSONNES
1,5 kg d'épaule de porc désossée, avec la peau incisée
gros sel marin
1 kg de pommes de terre pelées et coupées en deux
1 c. à s. d'huile d'olive
sel et poivre du moulin
1 c. à s. de brins de romarin
350 ml de vin blanc sec
250 g de petits champignons de Paris
300 ml de bouillon de légumes chaud

1 Préchauffez le four à 220 °C (th. 7-8). Posez l'épaule dans un plat de cuisson et badigeonnez-la de gros sel, que vous ferez pénétrer dans les entailles. Mélangez les pommes de terre avec l'huile. Salez, poivrez, puis ajoutez-les à la poêle. Parsemez de brins de romarin. Faites rôtir pendant 20 min, jusqu'à ce que la peau soit dorée et croustillante.

2 Pendant ce temps, réchauffez le vin à feu doux dans une casserole. Hors du four, arrosez la viande avec le vin, puis ajoutez les champignons et le bouillon. Abaissez la température du four à 180 °C (th. 6) et faites cuire la viande pendant 1 h supplémentaire.

3 Réduisez à nouveau la température et prolongez la cuisson à 150 °C (th. 5) pendant 30 min, jusqu'à ce que les pommes de terre soient fondantes et le jus de cuisson presque évaporé. Laissez reposer la viande pendant 15 min hors du four, puis tranchez-la. Servez avec les pommes de terre et les champignons.

CONSEIL DU CHEF

Doublez les quantités de viande et conservez-en la moitié pour confectionner un autre plat : tourte aux champignons, riz sauté... Avec un peu d'imagination, les restes de ce rôti peuvent s'accommoder de mille façons !

RECEVOIR

Carré d'agneau aux flageolets

PRÉP 15 MIN CUISS 40 MIN

POUR 4 PERSONNES

1 carré d'agneau de 8 côtes paré par le boucher
1 c. à s. d'huile d'olive
1 c. à c. de brins de romarin ciselés
sel et poivre du moulin
150 ml de bouillon de légumes chaud
1 c. à c. de gelée de groseille
400 g de flageolets surgelés
1 c. à s. de menthe fraîche finement ciselée

1 Préchauffez le four à 190 °C (th. 6-7). Badigeonnez l'agneau d'huile, parsemez de romarin, puis salez et poivrez généreusement. Placez la viande dans un plat de cuisson et faites cuire au four pendant 40 min, ou plus, selon le degré de cuisson souhaitée.

2 Transférez la viande sur une assiette, couvrez-la d'aluminium ménager et laissez reposer au chaud. Jetez l'excédent de graisse du plat de cuisson, incorporez 1 c. à s. de bouillon et grattez le fond, pour décoller tous les sucs. Ajoutez le reste du bouillon et versez le tout dans une petite casserole. Portez à ébullition à feu vif, puis laissez réduire le jus à feu moyen pendant quelques minutes. Incorporez la gelée de groseille. Laissez la sauce épaissir pendant 1 min avant d'ajouter les flageolets. Prolongez la cuisson de 10 min avant d'incorporer la menthe.

3 Découpez l'agneau en 8 côtelettes et servez sur un lit de flageolets.

VARIANTE

Remplacez les flageolets par des mogettes de Vendée et des haricots tarbais.

Bœuf laqué rôti aux pommes de terre et olives noires

PRÉP 15 MIN   CUISS 2 H

Repos • 15 min

POUR 6 PERSONNES

8 pommes de terre pelées et coupées en dés
2 c. à s. d'huile d'olive
sel et poivre du moulin
1 c. à s. de gelée de groseille
1 filet de bœuf de 2 kg
50 g d'olives noires dénoyautées

1 Préchauffez le four à 200 °C (th. 6-7). Versez les dés de pommes de terre dans un grand plat de cuisson et arrosez-les de 1 c. à s. d'huile d'olive. Salez, poivrez, mélangez et faites cuire au four pendant que vous préparez la viande.

2 Réchauffez la gelée de groseille à feu doux dans une petite casserole pendant 5 min. Avec un pinceau, badigeonnez le filet de bœuf de gelée, salez et poivrez. Mettez le reste de l'huile à chauffer à feu vif dans une grande poêle et faites dorer la viande sur toutes ses faces.

3 Réduisez la température du four à 180 °C (th. 6). Posez le filet de bœuf sur les pommes de terre et faites cuire pendant 40 min pour une cuisson saignante, 55 min pour une viande à point et 1 h 15 pour une viande bien cuite. Ajoutez les olives à 10 min de la fin de la cuisson.

4 Laissez la viande reposer pendant 15 min sous une feuille d'aluminium ménager. Vérifiez la cuisson des pommes de terre et prolongez de quelques minutes si nécessaire. Coupez le rôti en tranches épaisses et servez avec les pommes de terre et une salade de cresson.

Purée de pommes de terre

PRÉP 15 MIN CUISS 25 MIN

POUR 4 PERSONNES
1 kg de pommes de terre
pelées et coupées en deux ou en quatre
sel et poivre du moulin
3 c. à s. de lait tiède
25 g de beurre coupé en dés

1 Mettez les pommes de terre à cuire dans une grande casserole d'eau salée. Portez à l'ébullition, puis laissez cuire à feu moyen pendant 20 min. Égouttez-les, puis versez-les dans la même casserole chaude. Posez un couvercle par-dessus et laissez reposer pendant 5 min, afin de les assécher un peu.

2 Réduisez les pommes de terre en une purée fine, incorporez le lait et écrasez à nouveau.

3 Ajoutez le beurre en fouettant rapidement avec une spatule en bois. Salez, poivrez, puis mélangez doucement. La purée doit être aérienne et lisse.

VARIANTE

Au dernier moment, ajoutez des fines herbes ciselées : cerfeuil, ciboulette, thym, persil. Vous pouvez aussi incorporer 1 c. à c. de moutarde à l'ancienne ou 50 g de gruyère râpé.

Yorkshire puddings

PRÉP 20 MIN CUISS 30 MIN

Repos • 30 minutes
Matériel • moules à muffins

POUR 6 PERSONNES
125 g de farine
sel
2 œufs
300 ml de lait
2 c. à s. d'huile de tournesol (ou de maïs)

1 Préchauffez le four à 190 °C (th. 6-7). Tamisez la farine au-dessus d'un saladier, ajoutez 1 pincée de sel et faites une fontaine au centre. Versez les œufs et 1 c. à s. de lait dans la fontaine. Avec une cuillère en bois, mélangez les œufs et ajoutez progressivement la farine, tout en ajoutant 150 ml de lait. Lorsque la farine a été incorporée, versez le reste du lait dans le saladier et fouettez vigoureusement, pour éliminer les grumeaux. Transférez dans un récipient muni d'un bec verseur et placez pendant 30 min au réfrigérateur.

2 Au bout de 30 min, répartissez l'huile au fond des moules à muffins et enfournez-les pour 5 min de cuisson. Sortez-les du four, fouettez la pâte pour bien la mélanger et répartissez-la entre les moules. Faites cuire au four pendant 30 min, jusqu'à ce que les puddings soient dorés.

CONSEIL DU CHEF

L'huile répartie au fond des moules doit être très chaude avant que vous ne versiez la pâte par-dessus.

Pommes sautées au four

PRÉP 25 MIN CUISS 40 MIN

POUR 4 PERSONNES
1 kg de pommes de terre
pelées et coupées en quatre
gros sel marin
1 c. à s. de farine
4 c. à s. d'huile d'olive
sel et poivre du moulin

1 Préchauffez le four à 190 °C (th. 6-7). Mettez les pommes de terre à cuire dans une grande casserole d'eau salée. Portez à ébullition, puis laissez cuire à feu moyen pendant 10 min. Égouttez-les et versez-les dans la casserole encore chaude.

2 Posez un couvercle par-dessus et laissez reposer pendant 5 min. Arrosez de farine et secouez vigoureusement le récipient, pour que les pommes de terre en soient bien enrobées.

3 Versez l'huile dans un plat de cuisson et faites-la chauffer au four pendant 10 min. Sortez le plat du four, puis ajoutez les morceaux de pommes de terre, en les enrobant délicatement d'huile chaude. Salez, poivrez et enfournez pour 40 min de cuisson.

VARIANTE

Pour une croûte encore plus croustillante, remplacez l'huile par de la graisse de canard.

Compote de pommes

PRÉP 10 MIN · CUISS 10 MIN

POUR 4 PERSONNES

500 g de pommes booskoop pelées, épépinées et coupées en quartiers
2 c. à s. de sucre

1 Versez les morceaux de pommes dans une casserole, arrosez de 1 c. à s. d'eau, puis ajoutez le sucre. Faites cuire à couvert et à feu doux pendant 10 min.

2 Mélangez avec une cuillère en bois, jusqu'à l'obtention de la consistance souhaitée. Certains l'aiment en purée fine, d'autres en purée grossière. Goûtez et rectifiez l'assaisonnement si nécessaire. Servez la compote tiède ou froide, avec un rôti de porc, par exemple.

CONSEIL DU CHEF

Laissez refroidir la compote et transférez-la dans un sachet de congélation. Conservez-la pendant 1 mois au congélateur.

Sauce aux canneberges

PRÉP 5 MIN · CUISS 20 MIN

POUR 4 PERSONNES

225 g de canneberges surgelées préalablement décongelées
4 c. à s. de porto (ou de vin rouge)
75 g de sucre

1 Versez les canneberges dans une casserole avec le porto. Portez à ébullition, puis laissez mijoter à feu doux et à couvert pendant 15 min, en les écrasant avec le dos d'une cuillère en bois.

2 Incorporez progressivement le sucre, en goûtant régulièrement entre chaque ajout. Servez avec de la dinde rôtie.

VARIANTE Remplacez l'alcool par de l'eau ou du jus d'orange pressé.

Sauce à la menthe

PRÉP 10 MIN

POUR 4 PERSONNES

1 poignée de feuilles de menthe finement ciselées
1 à 2 c. à c. de sucre
1 c. à s. de vinaigre de vin blanc

1 Mettez la menthe dans un saladier avec le sucre et le vinaigre. Laissez infuser pendant 10 min.

2 Mélangez soigneusement, en veillant à ce que le sucre soit complètement dissout. Goûtez, puis ajustez l'assaisonnement en sucre ou en vinaigre. Servez avec de l'agneau cuit au four.

VARIANTE Remplacez le vinaigre de vin blanc par du vinaigre parfumé à la framboise.

Pommes rôties

PRÉP 10 MIN — CUISS 40 MIN

POUR 4 PERSONNES
1 kg de pommes de terre lavées et coupées en quartiers
2 c. à s. d'huile d'olive
1 c. à c. de gros sel

1 Préchauffez le four à 190 °C (th. 6-7). Mettez les pommes de terre dans un plat à gratin, arrosez-les d'huile et mélangez avec les doigts.

2 Saupoudrez généreusement de gros sel et faites rôtir au four pendant 40 min, jusqu'à ce qu'elles soient dorées et croustillantes.

VARIANTE Saupoudrez les pommes de terre de 1 pincée de paprika avant de les enfourner.

Gratin dauphinois

PRÉP 20 MIN — CUISS 1 3/4 H

POUR 4 PERSONNES
1 kg de pommes de terre pelées et émincées en rondelles de 3 mm d'épaisseur
300 ml de crème liquide
300 ml de lait
sel et poivre du moulin
3 gousses d'ail pelées et râpées

1 Préchauffez le four à 180 °C (th. 6). Versez les pommes de terre, la crème et le lait dans une grande casserole. Salez, poivrez, puis portez à ébullition. Couvrez et laissez mijoter à feu doux pendant 15 min.

2 Avec une écumoire, transférez les pommes de terre dans un plat à gratin. Parsemez d'ail, puis salez et poivrez généreusement. Filtrez la crème de cuisson avant de la verser sur les pommes de terre. Couvrez le plat d'aluminium ménager et faites cuire au four pendant 1 h. Ôtez la feuille d'aluminium et prolongez la cuisson de 30 min, jusqu'à ce qu'une croûte dorée se forme à la surface du gratin.

CONSEIL DU CHEF
Déposez le plat sur une plaque à pâtisserie, pour éviter que la crème ne se répande et n'éclabousse les parois du four lors de la cuisson.

Pommes boulangères

PRÉP 25 MIN — CUISS 50 MIN

POUR 6 PERSONNES
50 g de beurre
6 oignons émincés
1 kg de pommes de terre pelées et coupées en rondelles de 5 mm d'épaisseur
3 gousses d'ail pelées et émincées
750 ml de bouillon de légumes (ou de volaille)
sel et poivre du moulin

1 Préchauffez le four à 190 °C (th. 6-7). Faites fondre le beurre dans une grande casserole. Ajoutez les oignons et laissez cuire pendant 10 min, jusqu'à ce qu'ils soient tendres. Ajoutez les pommes de terre, l'ail et le bouillon. Salez, poivrez et faites cuire à couvert et à feu doux pendant 5 min, jusqu'à ce que les pommes de terre commencent à s'attendrir.

2 Versez le tout dans un plat à gratin et enfournez pour 50 min de cuisson, jusqu'à ce que les pommes de terre aient absorbé presque tout le bouillon. Servez avec du rosbif.

Chou rouge à l'aigre-doux

PRÉP 15 MIN · CUISS 1¼ H

POUR 4 PERSONNES

1 c. à s. d'huile d'olive
1 chou rouge
coupé en lanières
2 pommes reine des reinettes
coupées en cubes
un morceau de gingembre frais
(5 cm) pelé et râpé
200 ml de vinaigre balsamique
2 c. à s. de sucre de canne
sel et poivre du moulin

1 Dans une cocotte à fond épais, versez l'huile, le chou, les pommes et le gingembre. Faites cuire à feu doux pendant 10 min, jusqu'à ce que le chou commence à réduire en volume.

2 Incorporez le vinaigre balsamique et le sucre. Portez à ébullition, puis laissez mijoter à couvert pendant 1 h, en remuant régulièrement. Salez et poivrez généreusement. Servez avec du rôti de porc ou des côtelettes de porc grillées.

VARIANTE

Ajoutez 1 poignée de raisins secs et 1 branche de thym frais avec le vinaigre balsamique.

Jus express

PRÉP 5 MIN · CUISS 15 MIN

POUR 4 PERSONNES

500 ml de bouillon
(de volaille, de bœuf ou de légumes)
1 c. à s. de farine
sel et poivre du moulin

1 Utilisez le plat de cuisson dans lequel vous venez de faire rôtir une pièce de viande. Jetez l'excédent de graisse, ajoutez un peu d'eau chaude et récupérez les sucs attachés au fond du plat, en les décollant à l'aide d'une spatule en bois. Incorporez le bouillon, versez l'ensemble dans une casserole et faites réduire à feu doux.

2 Mélangez la farine avec un peu d'eau, de manière à obtenir une pâte lisse, que vous ajouterez au jus réduit. Fouettez vigoureusement pour éliminer les grumeaux, puis faites cuire à feu doux pendant 5 min, en mélangeant continuellement. Goûtez, puis rectifiez l'assaisonnement si nécessaire. Filtrez dans une passoire fine et réservez au chaud, au-dessus d'un bain-marie, jusqu'au moment de servir.

Boulettes de porc

PRÉP 20 MIN · CUISS 40 MIN

POUR 4 PERSONNES

8 saucisses de porc d'excellente qualité
25 g de beurre
1 oignon haché
sel et poivre du moulin
1 c. à s. de persil plat ciselé
125 g de fruits secs hachés
(abricots, pruneaux ou canneberges)
1 œuf légèrement battu

1 Préchauffez le four à 190 °C (th. 6-7). Coupez les saucisses en deux dans le sens de la longueur. Ôtez la peau et versez la chair dans un saladier. Émiettez-la avec le dos d'une fourchette et réservez au réfrigérateur.

2 Mettez la moitié du beurre à fondre dans une casserole. Ajoutez l'oignon et faites cuire à feu doux pendant 5 min. Laissez refroidir pendant quelques minutes avant d'ajouter la chair à saucisses. Salez, poivrez, puis ajoutez le persil et les fruits secs. Incorporez l'œuf et mélangez jusqu'à l'obtention d'une pâte compacte.

3 Moulez en forme de boulettes, que vous déposerez au fur et à mesure dans un plat à gratin. Parsemez du reste de beurre puis enfournez pour 40 min de cuisson, en couvrant d'aluminium ménager si la viande commence à brunir.

Gratin de courge

PRÉP 20 MIN · CUISS 50 MIN

POUR 4 PERSONNES
2 c. à s. d'huile d'olive
1 oignon haché
1 courge de 2 kg pelée, épépinée et coupée en cubes
500 g de tomates coupées en dés
3 gousses d'ail pelées et râpées
1 c. à s. de persil plat ciselé
sel et poivre du moulin
2 c. à s. de chapelure
50 g de parmesan râpé

1 Préchauffez le four à 190 °C (th. 6-7). Mettez l'huile à chauffer à feu moyen dans une grande cocotte. Faites cuire l'oignon pendant 5 min, jusqu'à ce qu'il soit translucide. Ajoutez les morceaux de courge et prolongez la cuisson de 5 min. Incorporez les tomates et l'ail, puis lassez mijoter à feu doux pendant 10 min. Ajoutez le persil, salez et poivrez.

2 Versez les légumes dans un grand plat à gratin ou dans 4 petites cocottes allant au four. Parsemez de chapelure et de parmesan. Faites cuire au four pendant 30 min, jusqu'à ce que la surface soit croustillante. Servez avec du poulet rôti.

Petits pois au jambon

PRÉP 10 MIN · CUISS 30 MIN

POUR 4 PERSONNES
1 c. à s. d'huile d'olive
1 oignon haché
150 g de jambon cuit coupé en cubes
2 gousses d'ail pelées et râpées
1 c. à c. de brins de romarin ciselé
100 ml de vin blanc sec
200 g de petits pois surgelés préalablement décongelés
sel et poivre du moulin

1 Mettez l'huile à chauffer à feu moyen dans une grande poêle. Faites cuire l'oignon pendant 5 min, jusqu'à ce qu'il soit translucide. Ajoutez le jambon et prolongez la cuisson à feu vif pendant 8 min. Aaissez le feu, puis ajoutez l'ail et le romarin et mélangez pendant quelques secondes.

2 Incorporez le vin à la poêle et portez à ébullition à feu vif. Versez les petits pois et laissez mijoter à feu doux pendant 10 min. Goûtez, puis rectifiez l'assaisonnement. Servez avec de l'agneau rôti au four.

VARIANTE
Incorporez 1 poignée de menthe ciselée juste avant de servir.

Courge butternut rôtie à la feuille de sauge

PRÉP 15 MIN · CUISS 40 MIN

POUR 4 PERSONNES
1 courge butternut pelée, fendue en deux dans la longueur et coupée en lamelles
2 oignons rouges pelés et coupés en quartiers
1 c. à s. de feuilles de sauge ciselées
1 pincée de piment de Cayenne
sel et poivre du moulin
2 c. à s. d'huile d'olive

1 Préchauffez le four à 190 °C (th. 6-7). Versez la courge, l'oignon, la sauge et le piment de Cayenne dans un plat à gratin. Salez et poivrez généreusement, arrosez d'huile d'olive et mélangez soigneusement.

2 Faites cuire au four pendant 40 min, jusqu'à ce que les morceaux de courge soient cuits. Servez avec du porc ou du poulet.

CONSEIL DU CHEF

Vous pouvez préparer la courge la veille et conserver les morceaux dans un sachet hermétique placé au réfrigérateur.

Carottes caramélisées

PRÉP 10 MIN CUISS 25 MIN

POUR 4 PERSONNES
1 kg de carottes pelées et coupées en gros bâtonnets
sel fin
50 g de beurre
1 pincée de sucre roux
1 c. à s. de persil plat ciselé

1 Faites bouillir les carottes dans une grande casserole d'eau salée pendant 10 min, puis égouttez-les.

2 Mettez-les à nouveau dans la casserole chaude. Ajoutez le beurre, le sucre et le persil. Faites cuire à feu doux pendant 10 min, en remuant de temps en temps, jusqu'à ce que les carottes commencent à caraméliser. Servez avec du poulet rôti.

Potiron et marrons rôtis

PRÉP 15 MIN CUISS 35 MIN

POUR 4 PERSONNES
2 c. à s. d'huile d'olive
1 noix de beurre
1 pincée de cumin
1 pincée de cannelle
1 kg de potiron pelé, épépiné et coupé en cubes
sel et poivre du moulin
200 g de marrons cuits
50 g de canneberges surgelées préalablement décongelées

1 Préchauffez le four à 190 °C (th. 6-7). Mettez l'huile et le beurre à chauffer dans une grande poêle. Ajoutez le cumin, la cannelle et les cubes de potiron. Salez, poivrez et faites cuire à feu doux pendant 15 min, en remuant de temps en temps. Si nécessaire, incorporez 1 c. à s. d'huile.

2 Ajoutez les marrons et prolongez la cuisson de 5 min. Incorporez les canneberges et faites cuire pendant 10 min supplémentaires.

3 Goûtez et rectifiez l'assaisonnement si nécessaire. Ajoutez un peu de sucre si les canneberges sont trop acides. Servez avec du poulet ou de la dinde rôtie.

Haricots verts au beurre et noisettes grillées

PRÉP 5 MIN CUISS 5 MIN

POUR 4 PERSONNES
250 g de haricots verts extrafins équeutés
sel fin
25 g de beurre
75 g de noisettes grossièrement concassées puis torréfiées (voir Conseil du chef)

1 Mettez les haricots à cuire dans une casserole d'eau salée pendant 6 min. Égouttez et rafraîchissez immédiatement dans de l'eau glacée. Égouttez à nouveau.

2 Transférez-les dans un plat et parsemez de beurre et de noisettes. Servez avec de l'agneau ou du poulet.

CONSEIL DU CHEF

Pour torréfier les noisettes, faites-les griller à feu doux dans une petite poêle antiadhésive, sans ajouter de matière grasse, mais en les remuant constamment. Vous pouvez aussi les disposer sur une plaque à pâtisserie et les passer au four chaud pendant quelques minutes.

RECEVOIR

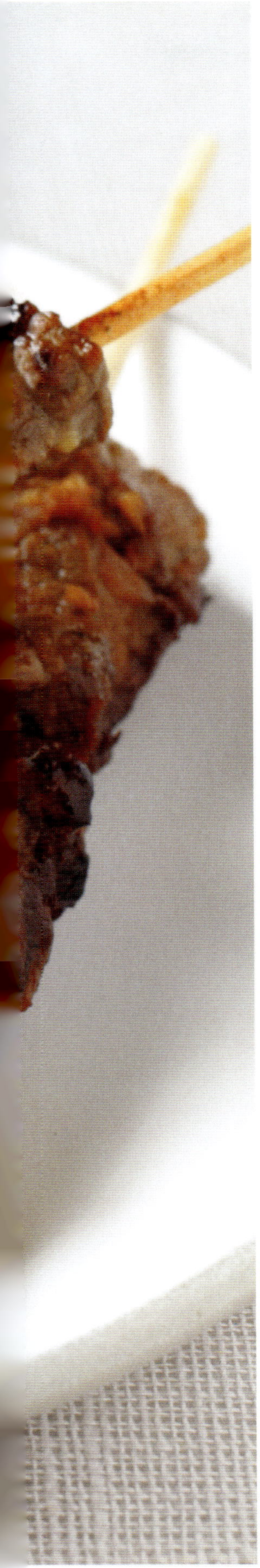

BARBECUE

Des plats savoureux, à cuisiner dans le jardin
et sur la terrasse !

BARBECUE

Le parfum des grillades évoque les beaux jours. Pour passer de bons moments avec vos proches, il vous faut des ingrédients de qualité, un bon barbecue… et quelques rayons de soleil ! Si le charbon de bois est parfois long à chauffer, la saveur qu'il apporte aux aliments est incomparable. Les barbecues au gaz sont cependant de plus en plus prisés, car ils permettent de maîtriser la cuisson. Pensez à préparer tous les ingrédients avant de commencer à les faire cuire.

Astuce

Préparez dès la veille les marinades que vous destinez aux viandes, aux poissons et aux légumes. Conservez-les au réfrigérateur, dans des sachets de congélation fermés de manière hermétique. Il ne vous restera plus qu'à y ajouter les ingrédients le jour même : vous gagnerez de la place au réfrigérateur.

Les viandes pour barbecue

Les morceaux persillés conviennent particulièrement bien à ce type de cuisson.

	VIANDE	CUISSON
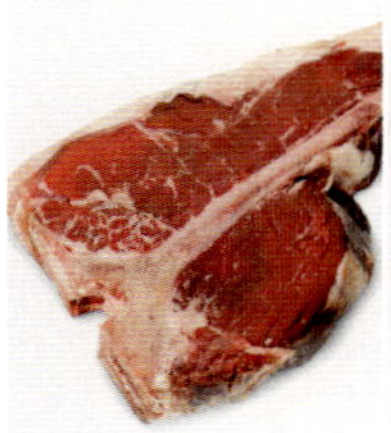	**BŒUF** Privilégiez les morceaux tendres : **filet**, **faux-filet**, **rumsteck**, **entrecôte**, **côte**… Veillez à ne pas choisir de tranches trop fines : en-dessous de 3 cm d'épaisseur, elles seront dures et sèches après cuisson. Arrosez les steaks d'une marinade d'huile d'olive, de jus de citron, de sel et de poivre. Parsemez de fleur de sel avant de passer à table.	En règle générale, faites cuire à feu vif : pendant 6 min pour une viande saignante, 8 min pour une viande à point, et 10 min ou plus pour une viande bien cuite.
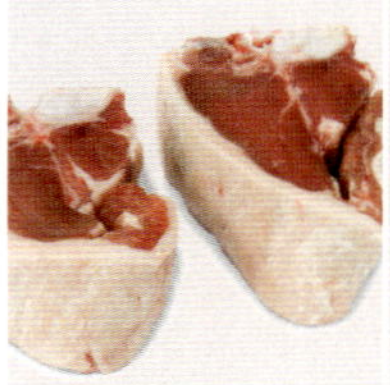	**AGNEAU** Les **côtelettes** d'agneau sont les reines du barbecue : elles cuisent rapidement et supportent tout type de marinade. Choisissez-les plutôt épaisses. Retirez une partie du gras qui borde la viande, pour éviter qu'elle ne flambe trop à la cuisson. Préparez une marinade à base d'huile d'olive, d'ail, de romarin et de thym.	Faites cuire à feu moyen ou vif, pendant 5 min ou plus. Ne les retournez qu'une seule fois en cours de cuisson et salez à la fleur de sel avant de servir.
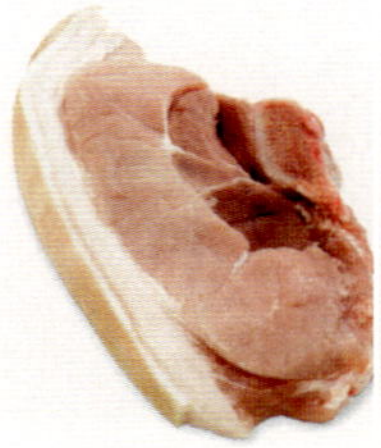	**PORC** Choisissez des **côtes** épaisses dans le filet ou dans l'échine, plus persillée, et qui convient mieux au barbecue. Le **filet mignon** supporte le barbecue, mais sa cuisson doit être rapide. Les **travers** de porc sont particulièrement savoureux lorsqu'ils sont cuits au barbecue : faites-les mariner pendant au moins 30 min (et jusqu'à 24 h) avant cuisson.	Faites cuire les côtes à feu doux ou moyen pendant 10 min. Laissez griller les travers à feu vif pendant 15 min, après une cuisson préalable, à l'eau ou au four, pendant au moins 1 h.
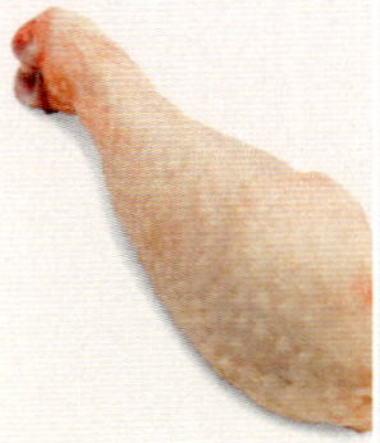	**POULET** Évitez de le cuire au barbecue à feu vif : la peau serait joliment dorée, tandis que la chair resterait crue. Privilégiez les **ailes**, les **pilons** et les **hauts de cuisse**, que vous ferez mariner dans de l'huile parfumée aux herbes et aux épices. Faites préalablement cuire le poulet au four pendant 20 min, puis incisez la viande et placez-la sur le barbecue.	Enfournez les morceaux de poulet marinés pour 20 min de cuisson, puis faites-les cuire pendant 15 min au barbecue, en les badigeonnant de marinade.
	**SAUCISSE** Les saucisses sont idéales pour la cuisson au barbecue, mais, comme le poulet, elles risquent de brûler rapidement, sans être cuites à l'intérieur : faites-les griller tout doucement, en évitant qu'elles colorent. Choisissez des produits d'excellente qualité : chipolatas, saucisses parfumées aux herbes, andouillettes que vous habillerez de lard…	Faites-les cuire à feu doux pendant 15 min, en les retournant souvent.

Les poissons et fruits de mer pour barbecue

Ces produits à chair ferme ne se défont pas à la cuisson.

	PRODUITS DE LA MER	CUISSON
	**SARDINE** Ce poisson gras est parfait pour le barbecue. Les petites sardines seront encore plus savoureuses si vous les faites griller **entières**. Badigeonnez-les d'huile et salez-les généreusement. Laissez dorer et servez avec du citron et du beurre salé.	Faites griller à feu vif pendant 2 min sur chaque face.
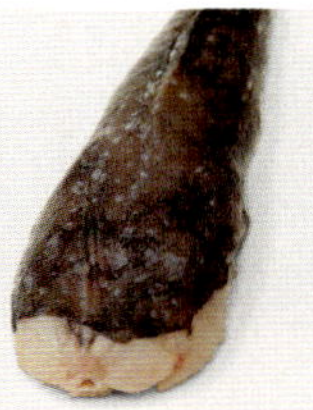	**LOTTE** Poisson fin et onéreux, qui supporte bien le barbecue. Vous pouvez faire griller une **queue entière** ou découpée en **médaillons**. Faites mariner dans de l'huile d'olive avec du jus de citron, du sel et du poivre moulu.	Faites cuire la lotte à feu moyen pendant 8 min, en la retournant fréquemment. Badigeonnez de marinade en cours de cuisson.
	**GAMBA** Achetez des **gambas** ou de **grosses crevettes crues entières**. La carapace protège la chair, qui est tendre et fine. Faites mariner dans de l'huile d'olive avec du jus de citron, du sel et du poivre.	Faites cuire à feu vif pendant 1 min de chaque côté.
	**CALAMAR** Privilégiez les petits calamars. Achetez-les déjà nettoyés, aplatissez-les sur une planche à découper et incisez-les en croix. Les **tentacules** sont cuits entiers ou coupés en deux. Arrosez d'huile, de jus de citron, de sel et de poivre.	Faites cuire à feu vif pendant 2 min de chaque côté.
	**SAUMON** Achetez des **pavés** ou des **darnes** de belle épaisseur, qui tiendront parfaitement à la cuisson tout en restant rosés à cœur. Badigeonnez d'huile d'olive, de citron, de sel et de poivre et faites griller au barbecue, côté peau au contact de la grille.	Entier : faites cuire à feu vif, en comptant 15 min par kg et 5 min de repos. Darne ou pavé : 2 à 3 min de cuisson sur chaque face.
	**THON** Préférez le thon germon frais et la bonite au thon rouge. Badigeonnez les **darnes** ou les **filets** d'huile d'olive, de sel et de poivre moulu. Attention : le thon sèche vite à la cuisson, il est donc préférable de le consommer « saignant ».	Faites cuire à feu vif pendant 5 min, en le retournant une seule fois. Pour une cuisson saignante : 1 min sur chaque face.

Les légumes pour barbecue

Savoureux, ils demandent peu de préparation.

LÉGUMES		CUISSON
	**POIVRON** Les poivrons **rouge**, **jaune** et **orange** ont une saveur douce et sucrée. Le poivron **vert**, plus acide et piquant, se marie bien avec l'agneau. Essayez les longs poivrons rouges d'origine espagnole ou basque (**pimientos del piquillo**), à la saveur particulièrement sucrée. À cuisiner entiers, coupés en quartiers, ou encore coupés en lamelles.	Faites-les griller entiers à feu très vif pendant 15 min, en les retournant régulièrement. Mélangez des quartiers de poivron avec d'autres légumes sur des brochettes en bois.
	**MAÏS** Grillés directement au barbecue, les épis de maïs développent une saveur douce et sucrée qui fait le bonheur des enfants. Ôtez l'enveloppe, badigeonnez d'huile d'olive, salez, poivrez, puis faites-les griller entiers ou coupés en tronçons. Vous pouvez aussi les faire cuire dans leur enveloppe : les épis, ainsi cuits à la vapeur, seront plus tendres.	Faites cuire à feu moyen pendant 20 min.
	**AUBERGINE** Découpez-les en **rondelles** de 3 cm ou en **tranches** de 1 cm d'épaisseur. Badigeonnez-les généreusement d'huile d'olive, salez, poivrez, puis faites-les cuire sur la grille, jusqu'à ce qu'elles soient bien dorées.	Faites cuire les rondelles pendant 10 min, en les retournant une fois. Les tranches cuisent en 5 min seulement.
	**COURGETTE** Elles développent une saveur sucrée au contact du charbon de bois. Coupez-les dans le sens de longueur, en **tranches** de 5 mm d'épaisseur, puis faites-les mariner dans une sauce à base d'huile d'olive, de jus de citron, d'ail, de romarin, de sel et de poivre. Faites cuire jusqu'à ce qu'elles soient tendres et dorées.	Faites cuire à feu moyen pendant 5 min, en retournant une seule fois les tranches. Quand elles sont cuites, elles se décollent d'elles-mêmes de la grille.
	**FENOUIL** Coupez le toupet, que vous conserverez pour un bouillon ou pour farcir un poisson. Supprimez les deux premières feuilles du bulbe et coupez celui-ci en quatre. Badigeonnez d'huile d'olive, de citron, de sel et de poivre. Si vous avez le temps, faites cuire pendant 2 min dans de l'eau bouillante avant de griller au barbecue.	Faites cuire à feu moyen pendant 10 min, en retournant régulièrement.

3 marinades rapides,

à choisir selon le type d'aliment que vous prévoyez de faire griller au barbecue.

Pour la viande : poivre de Sechouan

Mélangez 2 c. à s. de **sauce soja sombre** avec 1 c. à s. de **sauce Worcestershire** et quelques gouttes de **mirin** (vinaigre de riz japonais). Ajoutez 2 c. à s. de **poivre de Sechouan**, 1 c. à c. d'**ail** haché et autant de **gingembre frais** râpé. Incorporez 2 c. à s. d'**huile d'olive** et versez sur la viande. Faites mariner pendant une nuit. Salez avant de faire cuire au barbecue.

Pour le poisson : citron vert et coriandre

Marinade fraîche et piquante, idéale pour les poissons gras ou maigre. Mélangez le **jus de** 2 **citrons verts** avec 3 c. à s. d'**huile d'olive**, 1 botte de **coriandre** ciselée et 2 **citrons verts** hachés. Salez, poivrez puis versez sur le poisson. Laissez mariner pendant quelques minutes seulement avant de faire cuire au barbecue.

Pour les légumes : piment et citron

Cette marinade donnera une agréable note piquante à vos légumes. Mélangez 4 c. à s. d'**huile d'olive** avec le **jus de** 2 **citrons**. Ajoutez 2 **piments rouges** finement ciselés, 1 pincée de **sucre**, 1 pincée de **sel** et 1 pincée de **poivre**. Arrosez les légumes de cette marinade et laissez-les reposer pendant au moins 10 min avant de les faire griller au barbecue.

PAS À PAS

Techniques de préparation

Elles vous permettront de mettre en valeur la saveur des aliments et de réduire le temps de cuisson.

Crapaudine

Aplatir le poulet, pour une cuisson uniforme.

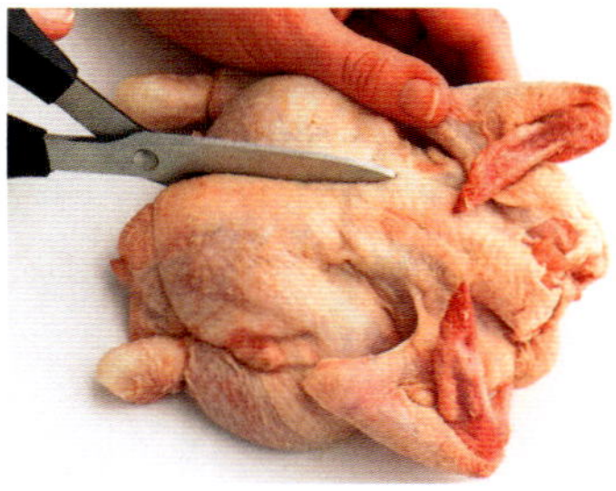

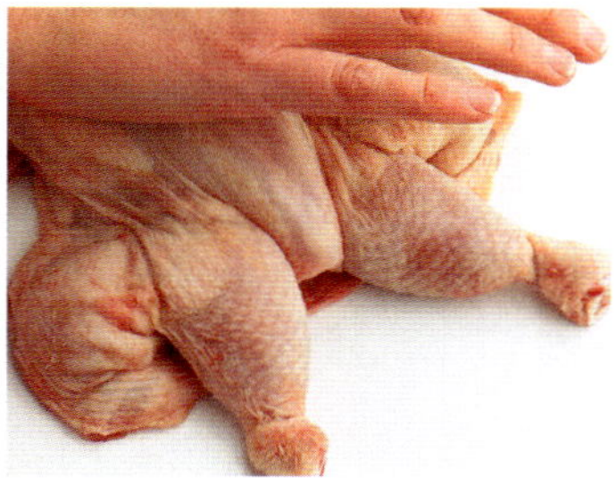

1 Posez le poulet entier sur une planche à découper. À l'aide d'une paire de ciseaux ou d'un grand couteau de cuisine, fendez-le dans le dos, en veillant à ne pas le découper entièrement.

2 Ouvrez-le et, du plat de la main, appuyez sur le bréchet, puis aplatissez la carcasse. Faites une entaille à la base de chaque cuisse et des ailes, ce qui garantira une cuisson uniforme.

Incisions en croix

Pour une cuisson plus rapide.

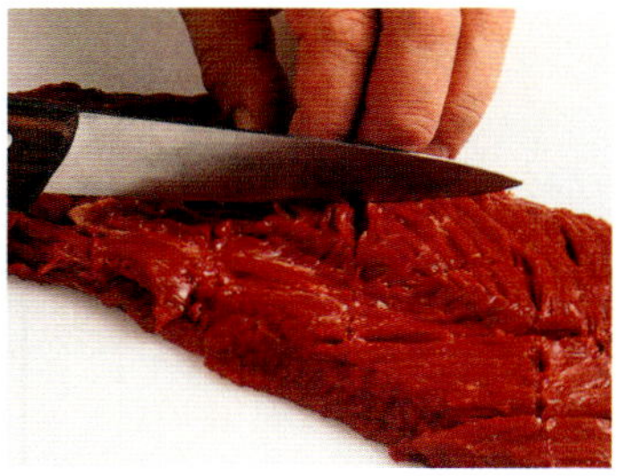

1 À l'aide d'un couteau très bien affûté, faites des incisions peu profondes dans le morceau de viande.

2 Faites un quart de tour et incisez la viande dans l'autre sens en formant des croix. Badigeonnez d'épices moulues ou de marinade et laissez reposer pendant 1 h ou 1 nuit au réfrigérateur.

Brochettes

C'est la technique de cuisson idéale pour le barbecue. Préparez des brochettes de viandes ou de légumes (voir p. 433). Si vous utilisez des piques en bois, faites-les tremper pendant 30 min dans de l'eau froide avant de les utiliser.

Brochettes de viandes

Toutes les viandes conviennent aux brochettes. Coupez-la en cubes. Faites mariner pendant quelques minutes ou quelques heures et enfilez sur des brochettes ou des piques. Vous pouvez proposer des brochettes de viandes (agneau au citron et cumin ; bœuf au wasabi et soja ; poulet sauce orange et gingembre), alterner viande et légumes, ou encore viande et fruits (agneau-aubergine, porc-ananas, bœuf-tomates).

Brochettes de poissons

Choisissez un poisson à chair ferme, qui tiendra bien à la cuisson. Coupez-le en tronçons ou en médaillons de taille égale. Alternez des morceaux de poisson et des légumes à cuisson rapide (tomates cerises, oignons rouges ou mini-courgettes). Mélangez des poissons qui demandent le même temps de cuisson (thon et espadon, saumon et cabillaud). Les gambas et les noix de Saint-Jacques supportent très bien le barbecue.

Brochettes de fruits

Achetez des fruits mûris à point, mais toujours un peu fermes au toucher. Badigeonnez des cubes d'ananas, de pomme ou des rondelles de banane de sirop de fruit, additionné de rhum et de cassonade : la caramélisation sera parfaite. Quelques minutes de cuisson suffisent, sur une grille propre, sans résidu de graisse. Vous pouvez les faire cuire avant la viande et les réserver au chaud, ou leur consacrer une grille.

3 salades à préparer à l'avance

Elles constituent une garniture idéale et très rafraîchissante. Conservez-les au réfrigérateur et remettez-les à température ambiante 1 h avant la dégustation.

Salade de pâtes

Plongez 5 **tomates** dans une grande casserole d'eau bouillante pendant 30 s. Rafraîchissez-les dans de l'eau glacée, pelez-les et coupez-les en quartiers. Mettez 250 g de **farfalle** à cuire pendant 8 min. Égouttez-les, puis transférez-les dans un saladier. Ajoutez les tomates, ainsi que 1 gousse d'**ail** râpée. Arrosez de 1 filet d'**huile d'olive**, salez et poivrez. Parsemez de feuilles de **persil** et de **basilic** juste avant de servir.

Taboulé marocain

Versez 250 g de **semoule** dans un saladier et couvrez de **bouillon de légumes** chaud. Au bout de 5 min, égrainez avec une fourchette. Faites dorer 2 **courgettes** coupées en dés dans 1 filet d'**huile d'olive** puis versez sur la semoule, avec 1 pincée de **paprika**. Ajoutez le jus de 2 **citrons**, 1 c. à s. de **persil plat** ciselé et des **olives noires** hachées. Salez et poivrez généreusement. Incorporez 1 filet d'huile d'olive avant de servir.

Salade de riz au chou

Versez 200 g de **riz** cuit dans un saladier, avec ¼ de **chou rouge** émincé en fines lanières. Ajoutez 1 pincée de **cumin** moulu, 1 pincée de **piment d'Espelette**, 10 **radis** émincés dans la longueur et 3 c. à s. de **fruits secs** hachés. Incorporez 4 c. à s. d'**huile d'olive**, le jus de ½ **citron** et ½ botte de **persil plat** ciselé. Salez, poivrez généreusement et mélangez. Arrosez de 1 filet d'**huile d'olive vierge extra** avant de servir.

Le barbecue végétarien

Préparez des brochettes en alternant différents légumes. Ajoutez des cubes de tofu ferme, de fromage indien (paneer) ou de fromage chypriote (halloumi), qui ne fondent pas à la cuisson. Badigeonnez-les de pâte de curry ou de yaourt au citron et alternez avec des figues fraîches.

Faites mariner les légumes avec des herbes (menthe, aneth, coriandre, basilic, thym, romarin), mélangées à de l'huile d'olive, du jus et des zestes de citron, d'orange ou de citron vert. Tentez des associations insolites : potiron, citron vert et cannelle ; courgette, orange et huile pimentée ; carotte, huile de sésame et sauce soja.

Faites cuire au four des patates douces, enveloppées dans de l'aluminium ménager. Posez par-dessus du guacamole, du chutney à la tomate verte ou du pesto à la coriandre. Faites blanchir des cubes de potimarron, arrosez-les d'huile d'olive et grillez-les au barbecue.

Préparez des burgers à base de haricots rouges, écrasés avec des épices, des fines herbes et des oignons.

Faites griller des tranches de feta et servez-les en salade, avec des tomates grillées et des échalotes confites au vinaigre balsamique.

Une palette de légumes cuits au barbecue : brocoli, aubergine, poivron rouge et oignon grillés, badigeonnés d'huile d'olive et de vinaigre.

RECEVOIR

Espadon grillé, salade de fenouil et tomates aux herbes fraîches

PRÉP 20 MIN · CUISS 6 MIN

Marinade • 1 h

POUR 4 PERSONNES

1 poivron rouge épépiné et haché
1 c. à s. de câpres rincées, égouttées et hachées
2 c. à s. d'huile d'olive
le jus de 1 citron
+ 1 citron coupé en quartiers
4 steaks d'espadon de 250 g chacun
sel et poivre du moulin

Pour la salade :
1 bulbe de fenouil finement émincé
250 g de tomates cerises coupées en deux
1 piment rouge épépiné et émincé
½ botte de ciboulette coupée en tronçons de 3 cm
½ botte de persil plat effeuillé
4 brins de romarin ciselés
2 c. à s. d'huile d'olive
le jus de ½ citron
1 gousse d'ail pelée et hachée

1 Dans un grand plat à gratin, mélangez le poivron, les câpres, l'huile d'olive et le jus de citron. Salez et poivrez les steaks d'espadon, puis déposez-les dans le plat. Enrobez de la marinade et laissez reposer au réfrigérateur pendant 1 h.

2 Préchauffez le gril du barbecue ou allumez le charbon de bois. Huilez la grille et disposez les steaks d'espadon sur le barbecue. Laissez-les cuire pendant 3 min sur chaque face en les badigeonnant régulièrement de marinade, jusqu'à ce qu'ils soient bien grillés. Posez-les sur des assiettes, avec 1 quartier de citron.

3 Versez tous les ingrédients de la salade dans un grand saladier, mélangez délicatement et présentez-la en accompagnement.

VARIANTE

Remplacez les câpres par des olives noires dénoyautées, juste avant de servir.

Calamars grillés et roquette en salade

PRÉP 15 MIN · CUISS 2 MIN

POUR 4 PERSONNES

600 g de petits calamars frais
4 c. à s. d'huile d'olive
1 petit piment rouge épépiné et émincé
1 gousse d'ail pelée et hachée
le zeste râpé
+ le jus de 1 citron
+ quelques quartiers pour le service
sel et poivre du moulin

Pour la salade de roquette :
100 g de roquette
1 botte de persil plat effeuillé
2 c. à s. d'huile d'olive
le jus de ½ citron

1 Nettoyez les calamars : saisissez la tête et tirez-la doucement, pour entraîner les entrailles. Ôtez les yeux et le bec de la bouche qui se trouve sur les tentacules. Videz le corps avec les doigts ou une petite cuillère, sans oublier le fin cartilage (la plume). Enlevez ensuite la pellicule qui sépare les nageoires. Lavez les calamars sous l'eau froide, en frottant vigoureusement, de manière à éliminer la peau sombre qui les recouvre.

2 Mettez les tentacules et les morceaux de calamars dans un saladier. Versez l'huile, le piment, l'ail, le zeste et le jus de citron. Salez, poivrez et mélangez.

3 Préchauffez le gril du barbecue ou allumez le charbon de bois. Disposez les calamars sur le barbecue et laissez-les cuire pendant 3 min en les retournant fréquemment, jusqu'à ce qu'ils soient bien grillés. Transférez-les sur une planche à découper et émincez les corps en lamelles de 3 mm d'épaisseur. Coupez les tentacules en deux s'ils sont très gros. Versez dans un grand saladier.

4 Ajoutez tous les éléments de la salade dans le saladier, mélangez et servez avec les quartiers de citron.

VARIANTE

Cette salade peut être accompagnée d'une sauce à base de gingembre râpé et de jus d'orange, additionnée de 1 filet de sauce soja. Remplacez alors la roquette par du soja germé.

Sardines farcies aux noisettes, écrasée de pommes de terre

PRÉP 15 MIN · CUISS 25 MIN

POUR 4 PERSONNES

600 g de pommes de terre nouvelles
sel et poivre du moulin
4 c. à s. d'huile d'olive
2 c. à s. de persil plat ciselé
16 filets de sardines fraîches

Pour la farce :
3 c. à s. d'huile d'olive
1 gousse d'ail pelée et hachée
50 g de noisettes concassées
30 g de chapelure
2 c. à s. de persil plat ciselé

1 Préparez l'écrasée de pommes de terre. Faites bouillir les pommes de terre nouvelles dans une casserole d'eau salée pendant 20 min, jusqu'à ce qu'elles soient tendres. Retournez-les dans la casserole et écrasez-les grossièrement avec le dos d'une fourchette. Arrosez-les d'huile d'olive, salez, poivrez et parsemez de persil. Laissez reposer à température ambiante.

2 Préparez la farce. Mettez l'huile à chauffer à feu doux dans une poêle. Faites cuire l'ail pendant 30 s, puis ajoutez les noisettes, la chapelure et le persil. Laissez cuire pendant 5 min, jusqu'à ce que la chapelure soit dorée. Salez et poivrez.

3 Préchauffez le gril du barbecue ou allumez le charbon de bois. Rincez les filets de sardines sous un filet d'eau froide et séchez-les avec du papier absorbant. Huilez légèrement la grille, puis disposez la moitié des filets de sardines sur le barbecue, côté peau au contact de la grille. Laissez-les griller pendant 1 min sur chaque face. Réservez-les sur un plat chaud pendant que vous ferez griller les 8 autres sardines.

4 Dressez 2 filets de sardines sur chaque assiette, répartissez la farce aux noisettes par-dessus et recouvrez de 2 autres filets. Servez l'écrasée de pommes de terre dans un bol à part.

VARIANTE

Remplacez les noisettes par des noix, des amandes ou des pignons de pin.

Filets de poulet grillés, mayonnaise à l'estragon

PRÉP 20 MIN CUISS 30 MIN

Marinade • 1 h

POUR 4 PERSONNES
4 blancs de poulet
4 c. à s. d'huile d'olive
le zeste râpé + le jus de 1 citron
sel et poivre du moulin

Pour la mayonnaise à l'estragon :
1 botte d'estragon effeuillée et ciselée
1 gousse d'ail pelée et émincée
1 jaune d'œuf
185 ml d'huile d'olive
le jus de ½ citron

1 Dans un saladier, disposez le poulet, l'huile, le zeste et le jus de citron. Salez, poivrez et mélangez soigneusement, pour que le poulet s'imprègne bien de la marinade. Laissez reposer pendant 1 h au réfrigérateur.

2 Préparez la mayonnaise. À l'aide d'un mortier, écrasez l'estragon et l'ail avec 1 pincée de sel. Transférez dans un saladier. Ajoutez le jaune d'œuf et fouettez jusqu'à l'obtention d'une consistance lisse. Incorporez progressivement l'huile d'olive, en fouettant sans cesse, puis ajoutez le jus de citron. Salez, poivrez et réservez au réfrigérateur.

3 Préchauffez le four à 200 °C (th. 6-7). Préchauffez le gril du barbecue ou allumez le charbon de bois. Disposez les morceaux de poulet sur le barbecue et laissez-les cuire pendant 10 min en les retournant fréquemment, jusqu'à ce qu'ils soient bien grillés. Transférez-les sur une plaque de cuisson puis faites-les cuire au four pendant 20 min. Laissez reposer pendant 5 min avant d'ôter la peau.

4 Effilochez le poulet en de longues lanières, que vous disposerez dans le saladier. Arrosez-les généreusement de mayonnaise à l'estragon, mélangez puis transférez dans un plat de service.

Servez accompagné d'une salade de cœur de romaine, simplement assaisonnée d'huile d'olive et de jus de citron.

CONSEIL DU CHEF

Les restes de poulet grillé peuvent être accommodés en sandwichs, avec des lamelles d'avocat et du mesclun.

Burgers de poulet aux herbes

PRÉP 10 MIN · CUISS 20 MIN

Réfrigération • 30 min
Matériel • robot ménager

POUR 4 PERSONNES
1 oignon coupé en quatre
4 blancs de poulet coupés en morceaux
2 gousses d'ail pelées et râpées
1 botte de persil plat
1 botte de coriandre
1 botte de menthe
sel et poivre du moulin
1 c. à s. de farine
1 œuf

1 Dans le bol du robot ménager, versez l'oignon, le poulet, l'ail et les herbes hachées. Salez, poivrez et pulvérisez les ingrédients. Versez dans un saladier, incorporez la farine et l'œuf et mélangez jusqu'à l'obtention d'une pâte compacte.

2 Prélevez un peu de pâte avec vos mains et moulez 1 boulette, que vous aplatirez légèrement. Renouvelez l'opération, de manière à façonner 8 burgers. Placez pendant 30 min au réfrigérateur, recouvert de film alimentaire.

3 Préchauffez le gril du barbecue ou allumez le charbon de bois. Disposez les burgers sur le barbecue et laissez-les cuire pendant 10 min, en les retournant souvent, jusqu'à ce qu'ils soient bien grillés. Transférez-les sur des petits pains grillés et tartinés de mayonnaise.

CONSEIL DU CHEF

Pour congeler ces burgers, placez-les entre deux morceaux de papier sulfurisé, puis dans des sachets de congélation. Congelez-les immédiatement après le hachage.

Brochettes de poissons au pesto de coriandre

PRÉP 15 MIN · CUISS 10 MIN

Matériel • brochettes en bois • mixeur

POUR 4 PERSONNES
300 g de lotte coupée en cubes
300 g de saumon coupé en cubes
300 g de thon coupé en cubes
le zeste râpé + le jus de 1 citron vert
2 gousses d'ail pelées et râpées
un morceau de gingembre frais (3 cm) pelé et râpé
½ botte de coriandre ciselée
1 filet d'huile d'olive

Pour le pesto :
½ botte de coriandre
5 cl d'huile d'olive
le jus de ½ citron
sel et poivre du moulin

1 Mettez les brochettes à tremper dans de l'eau froide pendant au moins 30 min. Préparez le pesto : pulvérisez la coriandre, l'huile, le jus de citron et 1 pincée de sel dans le mixeur. Réservez. Dans un grand saladier, mélangez les poissons avec le zeste et le jus de citron, l'ail, le gingembre et la coriandre. Arrosez de 1 filet d'huile d'olive, puis salez et poivrez généreusement. Mélangez avec vos doigts et réservez au réfrigérateur.

2 Préchauffez le gril ou allumez le charbon de bois. Alternez les 3 poissons sur les brochettes, puis disposez-les sur le barbecue. Laissez-les griller pendant 3 min sur chaque face, en les retournant une fois. Transférez-les sur un plat de service et arrosez-les de pesto de coriandre avant de servir.

Saucisses grillées sur lit de lentilles en salade

PRÉP 15 MIN · CUISS 1¼ H

Marinade • 1 h
Matériel • brochettes en métal

POUR 8 PERSONNES

1 cordon de 16 mini-saucisses de porc aux herbes
1 c. à s. de persil plat ciselé
1 c. à s. de menthe ciselée
6 feuilles de basilic ciselées
1 c. à s. de brins de romarin ciselés
4 c. à s. d'huile d'olive

Pour la salade de lentilles :
2 c. à s. d'huile d'olive
+ 3 c. à s. pour la vinaigrette
1 oignon ciselé
300 g de lentilles vertes du Puy
175 ml de bouillon de volaille
1 carotte coupée en dés
2 branches de céleri coupées en dés
1 poivron vert coupé en dés
1 oignon vert ciselé
1 c. à s. de persil plat ciselé
1 c. à s. de cerfeuil ciselé
le jus de ½ citron
sel et poivre du moulin

1 Enroulez les saucisses en un cercle, que vous maintiendrez en place avec 2 grandes brochettes en métal plantées de part et d'autre. Versez toutes les herbes fraîches dans un grand plat à gratin. Badigeonnez les deux faces des saucisses avec l'huile d'olive puis déposez-les sur le mélange d'herbes. Retournez-les, pour bien les enrober d'herbes sur les deux faces, puis laissez-les mariner pendant 1 h au réfrigérateur.

2 Préparez la salade de lentilles. Mettez 2 c. à s. d'huile à chauffer à feu doux dans une cocotte à fond épais. Faites cuire l'oignon pendant 5 min, jusqu'à ce qu'il soit translucide. Rincez et égouttez les lentilles, puis versez-les dans la cocotte. Laissez cuire pendant 2 min avant d'incorporer le bouillon. Portez à ébullition, puis prolongez la cuisson à feu doux pendant 35 min. Égouttez-les si nécessaire et laissez refroidir complètement.

3 Pendant ce temps, préchauffez le gril du barbecue ou allumez le charbon de bois. Disposez les saucisses sur le barbecue et laissez-les griller pendant 30 min, en les retournant une seule fois. Badigeonnez-les régulièrement de marinade en cours de cuisson. Transférez-les sur une assiette et réservez-les au chaud.

4 Versez les lentilles dans un plat de service. Ajoutez les dés de carotte, de céleri et de poivron vert. Parsemez d'oignon, de persil et de cerfeuil, puis arrosez d'huile d'olive et de jus de citron. Mélangez délicatement et laissez reposer pendant 10 min. Placez les saucisses sur les lentilles, enlevez les brochettes et, à l'aide d'une paire de ciseaux, sectionnez les liens qui relient les saucisses entre elles. Portez le plat sur la table et laissez vos convives se servir.

CONSEIL DU CHEF

Vous trouverez des saucisses de porc parfumées aux herbes et aux épices dans les épiceries italiennes.

Canard laqué

PRÉP 15 MIN | CUISS 45 MIN

POUR 4 PERSONNES
4 cuisses de canard légèrement incisées de toutes parts
3 gousses d'ail pelées et râpées
3 c. à s. de sauce soja claire
3 c. à s. de vinaigre de riz
1 c. à s. de sauce hoisin (sauce pour barbecue asiatique)
2 c. à s. de miel liquide
2 c. à c. de mélange cinq-épices
sel et poivre du moulin

1 Préchauffez le four à 190 °C (th. 6-7). Versez tous les ingrédients dans un grand plat, salez et poivrez. Mélangez soigneusement, pour que les cuisses de canard soient parfaitement enrobées de sauce. Enfermez-les dans de l'aluminium ménager, posez-les sur un plat et faites-les rôtir au four pendant 30 min.

2 Préchauffez le gril du barbecue ou allumez le charbon de bois. Ôtez les cuisses de canard de l'aluminium ménager et disposez-les sur le barbecue, côté peau sur la grille. Laissez-les griller pendant 15 min en les retournant souvent, jusqu'à ce qu'elles soient dorées et croustillantes. Transférez-les sur une assiette et laissez-les reposer pendant 10 min. Émincez les cuisses de canard et servez-les avec une salade de mesclun.

Pilons de poulet farcis aux noix de pécan

PRÉP 20 MIN | CUISS 40 MIN

Marinade • 1 h

POUR 4 PERSONNES
12 pilons de poulet
4 c. à s. d'huile d'olive
1 c. à c. de dukkah (voir p. 357)
1 c. à c. de brins de romarin ciselés + 1 c. à c. pour le service
sel et poivre du moulin
1 citron coupé en quartiers

Pour la farce :
2 c. à s. d'huile d'olive
1 oignon ciselé
1 gousse d'ail pelée et hachée
1 c. à c. de dukkah
6 dattes dénoyautées et hachées
50 g de lardons fumés hachés
125 g de noix de macadamia concassées
2 c. à s. de persil plat ciselé

1 Préparez la farce. Mettez l'huile à chauffer à feu moyen dans une poêle. Faites cuire l'oignon pendant 5 min, jusqu'à ce qu'il soit translucide. Ajoutez l'ail, le dukkah, les dattes, les lardons et les noix. Prolongez la cuisson de 2 min. Hors du feu, incorporez le persil. Laissez refroidir à température ambiante.

2 Passez les pilons de poulet sous un filet d'eau froide, puis séchez-les avec du papier absorbant. Décollez soigneusement la peau qui entoure le pilon. À l'aide d'un petit couteau, pratiquez une entaille dans la chair et remplissez cette petite poche de farce. Remettez la peau du poulet en place, en serrant fermement, pour éviter que la farce ne s'échappe en cours de cuisson. Déposez les pilons au fur et à mesure dans un plat de cuisson, en les serrant bien les uns contre les autres.

3 Dans un petit bol, mélangez l'huile d'olive, le dukkah et le romarin, puis salez et poivrez. Versez cette marinade sur les morceaux de poulet, mélangez délicatement pour qu'ils en soient bien enrobés et laissez reposer pendant 1 h.

4 Préchauffez le gril du barbecue ou allumez le charbon de bois. Disposez les pilons farcis sur le barbecue et laissez-les cuire pendant 30 min, en les retournant souvent, jusqu'à ce qu'ils soient bien grillés. Badigeonnez-les régulièrement de marinade en cours de cuisson. Transférez sur des assiettes et parsemez de romarin. Servez avec des quartiers de citron.

CONSEIL DU CHEF

Si vous pensez que votre poulet nécessite une cuisson supplémentaire, transférez-le dans un plat et enfournez-le pour quelques minutes dans un four préchauffé à 180 °C (th. 6).

Filet d'agneau grillé, salade de tomates au basilic

PRÉP 15 MIN · CUISS 20 MIN

Marinade • 1 h

POUR 8 PERSONNES

1 filet d'agneau de 2 kg
120 ml d'huile d'olive
3 gousses d'ail pelées et râpées
4 c. à s. de persil plat ciselé + 1 c. à s. pour le service
1 c. à s. de brins de romarin
1 pincée de piment de Cayenne
sel et poivre du moulin
1 filet d'huile d'olive vierge extra
1 pincée de fleur de sel

Pour la salade :
4 tomates mûries à point coupées en quartiers
500 g de tomates cerises rouges avec leur pédoncule
250 g de tomates cerises jaunes coupées en deux
1 gousse d'ail pelée et écrasée avec le plat du couteau
1 oignon rouge coupé en fines rondelles
3 c. à s. d'huile d'olive vierge extra

1 Dénervez et dégraissez le filet d'agneau. Dans un saladier, mélangez l'huile d'olive avec l'ail, le persil, le romarin et le piment de Cayenne. Salez, poivrez et ajoutez l'agneau. Retournez-le plusieurs fois, en veillant à ce qu'il soit entièrement recouvert de sauce. Laissez mariner au réfrigérateur pendant au moins 1 h.

2 Préchauffez le gril du barbecue ou allumez le charbon de bois. Disposez le filet d'agneau sur le barbecue et laissez-le griller pendant 15 min, en le retournant une seule fois. Faites-le cuire pendant quelques minutes supplémentaires si vous aimez la viande très cuite. Transférez sur un plat, recouvrez d'aluminium ménager et laissez reposer au chaud pendant 20 min.

3 Préparez la salade. Versez tous les ingrédients dans un grand saladier, salez, poivrez et mélangez délicatement. Juste avant de servir, découpez la viande en tranches et dressez celles-ci sur un plat de service. Parsemez de persil, arrosez de 1 filet d'huile d'olive et saupoudrez de fleur de sel. Servez la salade à part.

VARIANTE

Ajoutez 1 c. à s. de pesto dans la salade et servez avec 1 quenelle de ricotta mélangée à quelques gouttes de jus de citron. Parsemez de copeaux de parmesan.

CONSEIL DU CHEF

Vous pouvez laisser mariner l'agneau pendant toute une nuit au réfrigérateur.

Côtelettes d'agneau et aubergines grillées, salade de chou rouge

PRÉP 25 MIN CUISS 10 MIN

POUR 4 PERSONNES

1 aubergine émincée en fines tranches dans la longueur
sel et poivre du moulin
12 côtelettes d'agneau
2 c. à s. d'huile d'olive

Pour la salade de chou rouge :
½ petit chou rouge
100 g de haricots verts équeutés, blanchis et fendus en deux dans la longueur
1 petit concombre finement émincé
1 ciboule finement ciselée
1 petit oignon rouge coupé en fines rondelles
2 branches de céleri coupées en lamelles
60 g de noisettes concassées
2 c. à s. d'huile d'olive vierge extra
1 c. à c. de vinaigre balsamique

1 Mettez les tranches d'aubergine dans une passoire, puis saupoudrez-les de sel. Laissez dégorgez pendant 20 min, rincez et séchez sur du papier absorbant.

2 Préchauffez le gril du barbecue ou allumez le charbon de bois. Badigeonnez les côtelettes d'huile, salez, poivrez et disposez-les sur le barbecue. Laissez-les griller pendant 3 à 5 min de chaque côté, selon le degré de cuisson souhaité. Faites cuire quelques minutes supplémentaires si vous aimez la viande bien cuite. Mettez les aubergines à griller en même temps, pendant 6 min, en les retournant une seule fois. Transférez les côtelettes et les aubergines sur un plat, et laissez reposer au chaud pendant 20 min.

3 Pendant ce temps, coupez le chou en fines lanières et versez-le dans un grand saladier avec les autres ingrédients. Salez, poivrez et mélangez délicatement. Servez avec les côtelettes d'agneau et les aubergines grillées.

VARIANTE Vous pouvez remplacer les noisettes concassées par des pignons de pin.

Steaks au poivre, pesto aux amandes et persil

PRÉP 15 MIN CUISS 6 MIN

Marinade • 1 h
Matériel • robot ménager • mortier ou mixeur

POUR 6 PERSONNES

1 kg de filet de bœuf coupé en 12 tranches
1 c. à s. de poivre noir
1 c. à s. de poivre vert
1 c. à s. de baies roses
sel et poivre du moulin
3 c. à s. d'huile d'olive
1 c. à s. de moutarde à l'ancienne

Pour le pesto :
125 g d'amandes mondées et grillées
1 gousse d'ail pelée et hachée
2 bottes de persil plat
100 g de pousses d'épinard
le zeste + le jus râpé de 1 citron
120 ml d'huile d'olive

1 Mettez les steaks dans un plat à gratin. À l'aide d'un mortier ou d'un mixeur, concassez les 3 poivres, additionnés de 1 pincée de sel. Transférez-les dans un petit bol, incorporez l'huile et la moutarde, puis badigeonnez les steaks de ce mélange. Laissez mariner au réfrigérateur pendant 1 h.

2 Préparez le pesto. Versez les amandes, l'ail, le persil, les épinards, le zeste et le jus du citron dans le bol du robot ménager. Salez, poivrez et pulvérisez pendant quelques secondes. Incorporez progressivement l'huile, en laissant tourner le moteur jusqu'à l'obtention d'une pâte lisse et épaisse. Transférez dans un bol et recouvrez de film alimentaire. Conservez ce pesto au réfrigérateur.

3 Préchauffez le gril du barbecue ou allumez le charbon de bois. Disposez les steaks sur le barbecue et faites-les griller pendant 2 min de chaque côté. Faites-les cuire quelques minutes supplémentaires si vous aimez la viande bien cuite. Badigeonnez de marinade en cours de cuisson. Transférez sur un plat, couvrez d'aluminium ménager et laissez reposer au chaud pendant 10 min.

4 Dressez 2 steaks sur chaque assiette et déposez 1 cuillerée de pesto par-dessus. Servez avec des tranches de pain badigeonnées d'huile, frottées à l'ail et grillées au barbecue.

Pavés de bœuf à la sauce au raifort

PRÉP 10 MIN — CUISS 10 MIN

POUR 4 PERSONNES

1 filet de bœuf de 1,2 kg découpé en 4 pavés
2 c. à s. d'huile d'olive
1 gousse d'ail pelée et écrasée
sel et poivre du moulin

Pour la sauce au raifort :
250 g de mascarpone
1 c. à s. de raifort fraîchement râpé
le jus de ½ citron
1 c. à c. de vinaigre balsamique

1 Préchauffez le gril ou allumez le charbon de bois. Mettez les pavés dans un plat à gratin, ajoutez l'huile et l'ail. Salez, poivrez et mélangez.

2 Faites griller la viande pendant 3 min sur chaque face, ou plus, selon vos goûts. Badigeonnez de l'huile aillée en cours de cuisson. Transférez sur une assiette chaude, couvrez d'aluminium ménager et réservez au chaud pendant 10 min.

3 Préparez la sauce au raifort. Dans un saladier, fouettez le mascarpone avec le raifort râpé. Incorporez le jus de citron et le vinaigre balsamique. Poivrez légèrement et mélangez à nouveau. Répartissez la sauce au raifort entre 4 ramequins et servez avec les pavés grillés.

Brochettes de porc, salsa de mangue

PRÉP 20 MIN — CUISS 10 MIN

Marinade • 1 h
Matériel • 12 brochettes en bois

POUR 4 PERSONNES

500 g de filet mignon de porc
1 gousse d'ail pelée et hachée
½ piment doux épépiné et haché
un morceau de gingembre frais (3 cm) pelé et râpé
4 c. à s. d'huile d'olive
sel et poivre du moulin

Pour la salsa de mangue :
2 mangues (voir Conseil du chef)
le zeste râpé + le jus de 1 citron vert
½ piment rouge doux épépiné et émincé

1 Mettez les brochettes en bois à tremper dans de l'eau froide pendant au moins 30 min. Dénervez et dégraissez le filet de porc. Coupez-le en 4 lanières, que vous recouperez en gros cubes.

2 Préparez la marinade. Dans un grand saladier, mélangez l'ail, le piment, le gingembre et l'huile d'olive. Ajoutez les cubes de porc et enrobez-les soigneusement de marinade. Salez, poivrez et placez pendant 1 h au réfrigérateur.

3 Préchauffez le gril du barbecue ou le charbon de bois et enfilez les cubes de viande sur les brochettes en bois égouttées. Huilez la grille du barbecue et disposez les brochettes par-dessus. Faites-les cuire à feu doux pendant 10 min, en les badigeonnant de marinade et en les retournant souvent. Transférez les brochettes cuites sur un plat, couvrez d'aluminium ménager et laissez reposer pendant 15 min.

4 Pelez les mangues et prélevez les 2 joues, en évitant le noyau. Coupez la chair en 2 morceaux, que vous émincerez en fines lamelles. Mettez-les dans un saladier, ajoutez le zeste et le jus du citron vert, le piment, 1 pincée de sel et 1 tour du moulin à poivre. Mélangez délicatement, puis dressez un lit de salade sur chaque assiette de service. Garnissez chacune de 3 brochettes et servez aussitôt.

CONSEIL DU CHEF

Choisissez des mangues mûres à point, mais encore fermes au toucher. Il vaut mieux qu'elles soient un peu vertes que trop mûres.

Bœuf grillé au wasabi et pak-choï

PRÉP 10 MIN CUISS 10 MIN

POUR 4 PERSONNES
2 c. à s. d'huile d'olive
+ 1 filet d'huile pour la grille
2 c. à c. de pâte de wasabi (raifort japonais)
4 faux-filets de 200 g chacun
2 pak-choï coupés en quatre dans le sens de la longueur
5 gousses d'ail pelées et râpées
1 c. à s. de sauce soja sombre
sel et poivre du moulin

1 Préchauffez le gril du barbecue ou allumez le charbon de bois. Mélangez 1 c. à s. d'huile d'olive avec le wasabi. Étalez une fine couche de ce mélange sur la viande et laissez reposer pendant quelques minutes.

2 Déposez la viande sur la grille légèrement huilée et faites cuire à feu vif pendant 3 min sur chaque face. Laissez reposer pendant 5 min dans un endroit chaud.

3 Pendant ce temps, mélangez les pak-choï avec 1 c. à s. d'huile d'olive, l'ail et la sauce soja. Faites-les griller pendant 2 min au barbecue, puis servez-les avec les steaks coupés en lamelles. Rectifiez l'assaisonnement si nécessaire.

Mignon de porc grillé au piment rouge

PRÉP 10 MIN · CUISS 20 MIN

POUR 4 PERSONNES

1 filet mignon de 500 g
½ piment oiseau rouge épépiné et finement haché
4 gousses d'ail pelées et râpées
1 oignon finement haché
2 c. à s. d'huile d'olive
sel et poivre du moulin

1 Préchauffez à blanc le gril du barbecue ou le charbon de bois. Faites des incisions à 3 cm d'intervalle dans le filet mignon. Mélangez le piment, l'ail, l'oignon et l'huile d'olive. Salez, poivrez et badigeonnez soigneusement la viande de ce mélange, en veillant à ce qu'il pénètre bien dans les entailles.

2 Disposez le filet entier sur la grille et laissez cuire à feu moyen pendant 20 min, en le retournant fréquemment et en le badigeonnant de sauce. Transférez sur un plat et laissez reposer pendant 10 min.

3 Coupez le filet mignon en tranches et servez avec une salade de chou rouge.

Porc mariné à la sauce soja et au miel

PRÉP 10 MIN · CUISS 20 MIN

Marinade • 30 min

POUR 4 PERSONNES

1 filet mignon de 500 g
3 gousses d'ail pelées et râpées
un morceau de gingembre frais (3 cm) pelé et râpé
5 ciboules émincées
2 c. à s. d'huile d'olive
4 c. à s. de sauce soja épaisse
4 c. à s. de vinaigre de riz
1 c. à s. de miel liquide
sel et poivre du moulin

1 Incisez le porc en croix sur 1 cm de profondeur et déposez-le sur un plat à gratin. Dans un petit bol, mélangez le reste des ingrédients, salez, poivrez, puis badigeonnez la viande de ce mélange. Laissez mariner au réfrigérateur pendant 30 min.

2 Préchauffez le gril du barbecue ou le charbon de bois. Disposez le filet entier sur la grille et faites-le cuire à feu moyen pendant 20 min, en le retournant fréquemment, tout en le badigeonnant régulièrement de sauce. Transférez sur un plat et laissez reposer pendant 10 min au chaud.

3 Coupez le filet mignon en tranches et servez avec des nouilles chinoises sautées au gingembre haché.

Médaillons d'agneau grillés à la pâte aux anchois

PRÉP 15 MIN
CUISS 40 MIN

Marinade • 30 min
Matériel • robot ménager ou mixeur

POUR 4 PERSONNES
1 collier d'agneau désossé de 700 g
1 oignon pelé et coupé en quatre
150 g d'anchois à l'huile soigneusement égouttés
2 c. à s. de câpres au vinaigre soigneusement égouttées
3 c. à s. d'huile d'olive

1 Incisez l'agneau en croix sur toute la longueur. Versez le reste des ingrédients dans le bol du robot ménager et pulvérisez jusqu'à l'obtention d'une pâte fine. Badigeonnez généreusement la viande de ce mélange, en veillant à ce qu'il pénètre bien dans les entailles, puis laissez reposer pendant 30 min au réfrigérateur.

2 Préchauffez à blanc le gril du barbecue ou le charbon de bois. Disposez le morceau d'agneau entier sur la grille et faites-le cuire à feu doux pendant 20 min, en le retournant souvent et en le badigeonnant régulièrement de sauce. Transférez sur un plat et laissez reposer pendant 10 min au chaud.

3 Coupez la viande en tranches épaisses et servez avec du pain pita, de la salade verte et de l'houmous.

CONSEIL DU CHEF

Remplacez le collier par du filet ou demandez à votre boucher un morceau tendre et savoureux. Réduisez le temps de cuisson de moitié en ouvrant le morceau d'agneau en deux dans le sens de la longueur avant de le faire mariner.

Entrecôtes farcies au crottin de Chavignol

PRÉP 20 MIN CUISS 6 MIN

POUR 4 PERSONNES
4 entrecôtes de 225 g chacune de 3 cm d'épaisseur
1 crottin de Chavignol frais grossièrement émietté
sel et poivre du moulin
1 pincée de fleur de sel

Pour le beurre au persil :
75 g de beurre salé
1 c. à c. de piment doux séché
2 c. à s. de persil plat ciselé

1 Préparez le beurre au persil. Mélangez le beurre salé, le piment et le persil dans un petit saladier. Moulez le beurre en forme de boudin, que vous déposerez sur une feuille de papier sulfurisé. Donnez-lui l'aspect d'un long cylindre et placez-le au congélateur pendant 30 min.

2 Préchauffez à blanc le gril du barbecue ou le charbon de bois. À l'aide d'un petit couteau pointu, faites une incision dans l'épaisseur de chaque entrecôte, de manière à créer une poche. Remplissez de chèvre, sans trop déborder.

3 Salez, poivrez les entrecôtes et laissez-les griller pendant 2 min sur chaque face, en ne les retournant qu'une seule fois. Transférez sur un plat et laissez reposer pendant 5 min. Dressez 1 entrecôte sur chaque assiette, déposez 1 rondelle de beurre persillé par-dessus et parsemez de fleur de sel. Servez avec des pousses d'épinard.

Travers de porc grillés à la mode texane

PRÉP 15 MIN · CUISS 1 ¼ H

Marinade • 1 h
Matériel • robot ménager ou mixeur

POUR 6 PERSONNES

3 kg de travers de porc
sel et poivre du moulin
2 citrons coupés en rondelles

Pour la sauce :
2 oignons
4 c. à s. d'huile d'olive
4 c. à s. de ketchup
4 c. à s. de sauce Worcestershire
1 c. à s. de moutarde de Dijon
1 pincée de piment de Cayenne
1 c. à s. de miel liquide
2 c. à s. de feuilles de thym frais
1 c. à c. de sel
2 c. à c. de poivre fraîchement moulu

1 Mettez les travers de porc dans une grande casserole remplie d'eau salée. Ajoutez les rondelles de citron et portez à ébullition. Laissez mijoter à feu doux pendant 1 h.

2 Versez le reste des ingrédients dans un robot ménager et pulvérisez jusqu'à l'obtention d'une sauce lisse.

3 Égouttez soigneusement les travers de porc et recouvrez-les de sauce. Laissez refroidir complètement, puis déposez-les au réfrigérateur pendant au moins 1 h.

4 Préchauffez le gril du barbecue ou le charbon de bois. Disposez les travers de porc sur la grille et faites cuire à feu doux pendant 30 min, en les retournant souvent et en les badigeonnant régulièrement de la sauce de marinade. Transférez sur un plat et laissez reposer au chaud pendant 5 min. Découpez les travers en gros morceaux et servez-les avec des épis de maïs grillés au barbecue et badigeonnés de beurre salé. Proposez des serviettes en papier à vos convives, car la dégustation se fait avec les doigts !

Hamburgers épicés

PRÉP 20 MIN · CUISS 10 MIN

POUR 4 PERSONNES

700 g de viande hachée maigre
2 oignons hachés
2 gousses d'ail pelées et hachées
¼ de poivron rouge épépiné et haché
½ c. à c. de sel
1 pincée de piment de Cayenne
½ c. à c. de poivre noir fraîchement moulu
1 c. à s. de persil plat ciselé

1 Versez tous les ingrédients dans un saladier et mélangez avec les doigts pour former une pâte compacte. Façonnez 8 boulettes de 4 cm d'épaisseur, que vous aplatirez légèrement. Mettez-les au réfrigérateur en attendant de les griller.

2 Préchauffez le gril du barbecue ou allumez le charbon de bois. Disposez les hamburgers sur la grille et faites-les cuire à feu moyen pendant 8 min, en les retournant une fois. Transférez sur un plat et laissez reposer pendant 10 min au chaud.

3 Servez immédiatement sur des petits pains grillés, avec 1 feuille de laitue et 2 rondelles de tomate.

VARIANTE
Remplacez le bœuf par de l'agneau haché, le persil par de la menthe ciselée et le piment par 1 pincée de cumin.

CONSEIL DU CHEF
Vous pouvez réaliser cette préparation à l'avance et la réserver au réfrigérateur pendant 2 jours au maximum avant la cuisson.

Thon blanc grillé, sauce sucrée-salée

PRÉP 10 MIN CUISS 5 MIN

Marinade • 30 min

POUR 4 PERSONNES
4 steaks de thon blanc de 200 g chacun

Pour la marinade :
2 c. à s. de sauce soja épaisse
2 c. à s. d'huile d'olive
le jus de 2 citrons verts
2 gousses d'ail pelées et râpées
un morceau de gingembre frais (3 cm) pelé et râpé
2 c. à s. de sucre de canne (ou de mélasse)
1 pincée de piment de Cayenne
sel et poivre du moulin

1 Versez tous les ingrédients de la marinade dans un saladier. Salez, poivrez et mélangez soigneusement. Déposez les steaks de thon dans un grand sachet de congélation et versez la marinade par-dessus. Fermez hermétiquement et placez le poisson pendant 30 min au réfrigérateur.

2 Préchauffez le gril du barbecue ou allumez le charbon de bois. Disposez les steaks de thon sur la grille et faites-les cuire à feu vif pendant 4 min, en les retournant une fois. Transférez sur un plat et laissez reposer pendant 2 min au chaud. Servez avec une salade verte ou des pommes frites.

Brochettes d'agneau haché aux herbes

PRÉP 15 MIN CUISS 15 MIN

Réfrigération • 1 h

Matériel • robot ménager ou mixeur • brochettes en bois ou en métal

POUR 6 PERSONNES
1 oignon rouge pelé et coupé en quatre
2 gousses d'ail pelées et râpées
1 petit piment doux épépiné et haché
1 c. à s. de persil plat ciselé
1 c. à s. de coriandre ciselée
1 c. à s. de menthe ciselée
1 c. à c. de paprika doux
le zeste râpé de 1 citron
sel et poivre du moulin
700 g d'agneau haché

1 Dans le bol du robot ménager, versez l'oignon, l'ail, le piment, le persil, la coriandre, la menthe, le paprika et le zeste de citron. Salez, poivrez et pulvérisez jusqu'à l'obtention d'une pâte. Ajoutez l'agneau haché et mixez pendant quelques secondes, de manière à obtenir une pâte compacte. Transférez-la dans un saladier et laissez raffermir au réfrigérateur pendant au moins 1 h.

2 Moulez la pâte en 12 boudins et embrochez-les sur des piques en bois (préalablement trempées dans de l'eau froide) ou sur des brochettes en métal. Laissez à nouveau reposer au réfrigérateur.

3 Préchauffez le gril du barbecue ou allumez le charbon de bois. Disposez les brochettes sur la grille et faites-les cuire à feu moyen pendant 15 min, en les retournant souvent. Transférez sur un plat et servez avec une salade verte.

RECEVOIR

Poulet grillé au citron et à l'origan

PRÉP 20 MIN — CUISS 50 MIN

Marinade • 1 h

POUR 4 À 6 PERSONNES

2 c. à s. d'huile d'olive
le zeste râpé de 1 citron
+ le jus de 2 citrons
1 c. à c. de paprika
½ c. à c. de sel
1 c. à c. de poivre fraîchement moulu
1 poulet préparé en crapaudine (voir Conseil du chef)
1 c. à s. d'origan séché

1 Dans un plat à gratin, versez l'huile, le zeste et le jus de citron, le paprika, le sel et le poivre. Mélangez, puis déposez le poulet dans le plat, en veillant à ce qu'il soit enrobé de marinade. Laissez reposer au réfrigérateur pendant 1 h. Vous pouvez mettre le poulet à mariner dans un sachet de congélation hermétiquement fermé.

2 Préchauffez le gril du barbecue ou allumez le charbon de bois. Parsemez le poulet d'origan et déposez-le sur la grille. Faites cuire à feu doux pendant 50 min, en le retournant plusieurs fois en cours de cuisson. Transférez sur un plat et laissez reposer pendant 15 min au chaud. Servez avec une salade verte.

Astuce

Faites cuire pendant 15 min et poursuivez au four préchauffé à 180 °C (th. 6) pendant 30 min.

CONSEIL DU CHEF

Pour préparer le poulet en crapaudine : posez la volaille sur le dos et maintenez-la fermement. Glissez à l'intérieur la lame d'un couteau et sectionnez à gauche et à droite de la colonne vertébrale, pour l'extraire entièrement. Posez le poulet sur le ventre et fendez la partie supérieure du bréchet avec la pointe du couteau. Ouvrez le poulet et aplatissez-le délicatement avec la paume de la main. Maintenez-le ouvert et à plat, à l'aide de brochettes en métal plantées en diagonale dans la chair.

Boulettes de saucisses aux herbes

PRÉP 15 MIN CUISS 15 MIN

Réfrigération • 30 min
Matériel • robot ménager

POUR 4 PERSONNES
1 oignon coupé en quatre
½ botte de feuilles de menthe
½ botte de persil plat
½ botte de feuilles de basilic
1 c. à c. d'origan séché
sel et poivre du moulin
500 g de viande de porc hachée
1 c. à s. de farine

1 À l'aide du robot ménager, pulvérisez l'oignon, la menthe, le persil, le basilic et l'origan. Salez et poivrez généreusement.

2 Ajoutez la viande de porc et mixez à nouveau pendant quelques secondes, jusqu'à l'obtention d'une pâte compacte. Divisez-la en 12 parts égales. Moulez chacune en 1 boulette et saupoudrez-les de farine, pour éviter qu'elles ne collent entre elles. Placez-les pendant 30 min au réfrigérateur.

3 Préchauffez le gril du barbecue ou allumez le charbon de bois. Posez les boulettes sur la grille et faites-les cuire à feu moyen pendant 15 min, en les retournant plusieurs fois en cours de cuisson. Transférez sur un plat et laissez reposer pendant 2 min au chaud. Servez avec de la mayonnaise ou de l'aïoli.

Astuce
Utilisez des saucisses parfumées aux herbes. Supprimez alors les herbes fraîches et l'origan.

CONSEIL DU CHEF
Enfilez 3 boulettes sur 4 brochettes en bois avant de les faire griller au barbecue : vous les retournerez plus facilement.

Lotte à la sauce cajun

PRÉP 10 MIN · CUISS 5 MIN

Marinade • 2 h
Matériel • robot ménager

POUR 4 PERSONNES
700 g de lotte ou de dos de cabillaud
1 citron vert coupé en quartiers

Pour la marinade :
6 gousses d'ail pelées
4 piments rouges épépinés
2 oignons pelés et coupés en quatre
2 c. à s. de feuilles de thym frais
3 c. à s. de cassonade
2 c. à c. de mélange quatre-épices
1 c. à c. de cannelle moulue
½ c. à c. de noix muscade moulue
1 c. à c. de poivre noir fraîchement moulu
½ c. à c. de sel

1 À l'aide du robot, mixez tous les ingrédients de la marinade, jusqu'à l'obtention d'une pâte lisse. Mettez le poisson dans un sachet de congélation, versez la marinade par-dessus, fermez hermétiquement le sachet et placez-le au réfrigérateur pendant 2 h au minimum, voire toute une nuit.

2 Préchauffez le gril du barbecue ou allumez le charbon de bois. Posez le poulet sur la grille et faites-le cuire à feu doux pendant 6 min, en le retournant une fois en cours de cuisson.

3 Transférez sur un plat et laissez reposer au chaud pendant 3 min : la cuisson du poisson se poursuit grâce à la chaleur qu'il a emmagasinée. Coupez le poisson en tranches épaisses et servez avec des quartiers de citron.

Côtes de porc grillées à la moutarde et aux herbes

PRÉP 10 MIN · CUISS 12 MIN

Marinade • 2 h

POUR 4 PERSONNES
4 côtes de porc épaisses prises dans le filet

Pour la marinade :
50 ml de cidre doux
4 c. à c d'huile d'olive
5 c. à c de moutarde à l'ancienne
1 c. à s. de purée de tomates
2 c. à s. de feuilles de thym
1 c. à s. de feuilles de sauge ciselées
2 c. à s. de feuilles de menthe ciselées
1 c. à s. d'origan séché
½ c. à c. de sel
1 c. à c. de poivre fraîchement moulu

1 Versez tous les ingrédients de la marinade dans un saladier et mélangez soigneusement.

2 À l'aide d'un couteau pointu, faites des incisions assez profondes dans la chair des côtes de porc, avant de les placer dans un sachet de congélation. Versez la marinade dans le sac, mélangez soigneusement, puis laissez reposer au réfrigérateur pendant 2 h au minimum.

3 Préchauffez le gril du barbecue ou allumez le charbon de bois. Posez les côtes de porc sur la grille et faites-les cuire à feu vif pendant 10 min, en les retournant plusieurs fois en cours de cuisson et en les badigeonnant de marinade. Transférez sur un plat et laissez reposer pendant 5 min au chaud. Servez avec une salade de haricots.

Poulet sauce teriyaki

PRÉP 15 MIN · CUISS 20 MIN

Marinade • 20 min

POUR 4 PERSONNES
4 blancs de poulet avec la peau

Pour la marinade :
3 c. à s. de vinaigre de riz
5 c. à s. de sauce soja claire
5 c. à c de mirin (vinaigre japonais) ou de vin blanc sec
3 c. à s. de sucre
un morceau de gingembre frais (5 cm) pelé et râpé

1 Préparez la marinade en mélangeant tous les ingrédients dans un saladier, jusqu'à ce que le sucre soit dissous.

2 Percez les morceaux de poulet avec la pointe d'un couteau ou d'une brochette en métal et déposez-les dans le saladier. Enrobez-les soigneusement de marinade et laissez reposer pendant 20 min au réfrigérateur.

3 Préchauffez le gril du barbecue ou allumez le charbon de bois. Égouttez le poulet et conservez la marinade. Posez le poulet côté peau contre la grille et faites-le cuire à feu moyen pendant 15 min, en le retournant plusieurs fois en cours de cuisson. Transférez sur un plat et laissez reposer, le temps de préparer la sauce teriyaki.

4 Versez la marinade dans une petite casserole, portez à ébullition et laissez cuire jusqu'à ce que la sauce épaississe. Taillez le poulet en tranches et nappez de sauce avant de servir.

Brochettes de bœuf sauce saté

PRÉP 10 MIN · CUISS 5 MIN

Marinade • 1 h

Matériel • robot ménager ou mixeur • brochettes en bois ou en métal

POUR 4 PERSONNES
900 g de filet de bœuf coupé en cubes de 3 cm
3 c. à s. de pâte d'arachide

Pour la marinade :
1 oignon pelé et coupé en quatre
un morceau de gingembre frais (5 cm) pelé et râpé
3 gousses d'ail pelées et râpées
1 petit piment doux épépiné et haché
2 c. à s. de ketchup
2 c. à s. de sauce soja claire
1 c. à s. d'huile d'arachide
le jus de 2 citrons verts
3 c. à s. de sucre de palme ou de canne

1 Mettez les brochettes à tremper dans de l'eau froide pendant au moins 30 min. Versez tous les ingrédients de la marinade dans le bol du robot ménager et pulvérisez, jusqu'à l'obtention d'une pâte lisse. Placez la viande dans un sachet de congélation, versez la marinade par-dessus, mélangez, puis laissez reposer pendant 1 h au réfrigérateur.

2 Conservez la marinade. Montez 5 morceaux de viande sur chaque brochette et réservez sur un plat.

3 Versez la marinade dans une petite casserole, portez à ébullition et incorporez la pâte d'arachide. Faites cuire en mélangeant sans cesse, jusqu'à ce que la sauce épaississe. Réservez au chaud.

4 Préchauffez le gril du barbecue ou allumez le charbon de bois. Posez les brochettes sur la grille et faites-les cuire à feu vif pendant 5 min, en les retournant plusieurs fois en cours de cuisson. Transférez sur un plat et laissez reposer pendant 2 min au chaud. Servez avec la sauce à l'arachide, appelée sauce saté en Indonésie.

Piadine au potiron rôti, roquette et ricotta

PRÉP 20 MIN · CUISS 1 H

POUR 8 PERSONNES
2 sachets de levure chimique de 7 g
1 c. à c. de sel
600 g de farine
+ 1 c. à s. pour le plan de travail
2 c. à s. d'huile d'olive
+ 1 c. à s. pour la cuisson

Pour la garniture :
1 kg de potiron pelé, épépiné et coupé en gros dés
90 ml d'huile d'olive
4 gousses d'ail pelées et râpées
4 feuilles de sauge émincées
sel et poivre du moulin
500 g de ricotta
2 c. à s. d'oignon frais émincé
2 brins d'aneth ciselés
50 g de roquette

1 Confectionnez les galettes. Dans un petit récipient, mélangez la levure avec 500 ml d'eau et le sel, jusqu'à ce que le sel soit dissous. Versez la farine dans un grand saladier et creusez un puits au centre, dans lequel vous verserez la levure diluée ainsi que l'huile. Mélangez avec les mains, jusqu'à l'obtention d'une boule de pâte. Sur un plan de travail fariné, pétrissez la pâte pendant 10 min, jusqu'à ce qu'elle devienne souple et élastique. Roulez-la en boule et déposez-la dans un grand bol soigneusement huilé. Couvrez et laissez doubler de volume dans un endroit tiède pendant 1 h.

2 Préparez la garniture. Préchauffez le four à 190 °C (th. 6-7). Déposez le potiron sur plat à gratin et arrosez-le d'huile, d'ail et de sauge. Salez, poivrez et enfournez pour 40 min de cuisson. Laissez reposer hors du four. Dans un saladier, mélangez la ricotta avec l'oignon et l'aneth. Salez, poivrez et réservez.

3 Préchauffez le gril du barbecue ou allumez le charbon de bois. Sur une surface farinée, roulez la boule de pâte en un gros boudin épais. Divisez le boudin en 8 parts égales et aplatissez-les avec la paume de la main. À l'aide du rouleau à pâtisserie, étalez-les sur une épaisseur de 5 mm. N'essayez pas de faire des disques parfaits. Badigeonnez les galettes d'huile d'olive sur les deux faces, posez-les sur la grille chaude et faites-les cuire à feu vif pendant 3 min, en les retournant plusieurs fois en cours de cuisson.

4 Tartinez les galettes de ricotta et recouvrez la moitié de cubes de potiron rôti et de belles feuilles de roquette. Refermez les piadine sur elles-mêmes et dégustez.

Taboulé aux poivrons grillés

PRÉP 15 MIN · CUISS 15 MIN

POUR 4 PERSONNES
200 g de semoule
250 ml d'eau chaude
1 c. à s. de beurre ramolli
4 poivrons rouges
5 c. à s. d'huile d'olive
sel et poivre du moulin
la partie blanche de 1 poireau coupée en disques de 5 mm
2 gousses d'ail pelées et râpées
le zeste râpé + le jus de 1 citron
4 c. à s. de persil plat ciselé
2 c. à s. de feuilles de menthe ciselées

1 Versez la semoule dans un saladier, recouvrez d'eau chaude, puis incorporez le beurre. Recouvrez le plat de film alimentaire et laissez reposer pendant 10 min, avant d'égrainer la semoule avec une fourchette. Réservez-la.

2 Préchauffez le gril du barbecue ou allumez le charbon de bois. Coupez le chapeau des poivrons, fendez-les en deux dans la hauteur, puis épépinez-les. Mettez-les dans un plat à gratin avec 3 c. à s. d'huile. Salez, poivrez et mélangez soigneusement, de manière à ce que les poivrons soient bien recouverts d'huile. Faites-les griller à feu vif pendant 10 min. Laissez-les refroidir puis pelez-les.

3 Mettez 2 c. à s. d'huile à chauffer à feu moyen dans une poêle. Ajoutez le poireau et faites-le cuire pendant 5 min, jusqu'à ce qu'il soit translucide. Incorporez l'ail et prolongez la cuisson de quelques secondes.

4 Coupez les poivrons en lanières et ajoutez-les à la semoule. Versez le poireau, ajoutez le zeste et le jus du citron, ainsi que le persil et la menthe. Mélangez et servez le taboulé tiède ou froid.

CONSEIL DU CHEF
Le taboulé est parfait avec les grillades, notamment celles de poulet et de poisson.

RECEVOIR

Asperges vertes grillées au gorgonzola

PRÉP 20 MIN | CUISS 10 MIN

POUR 4 PERSONNES
16 asperges vertes nettoyées
4 c. à s. d'huile d'olive
+ 1 filet d'huile pour le service
150 g de gorgonzola (ou de fromage bleu)
un peu de poivre noir fraîchement moulu

1 Préchauffez le gril du barbecue ou allumez le charbon de bois. Supprimez le bout terreux des asperges et faites-les blanchir pendant 3 min dans une casserole d'eau bouillante salée. Égouttez-les et déposez-les directement sur le gril du barbecue. Faites-les cuire pendant 5 min, en les badigeonnant régulièrement d'huile.

2 Répartissez les asperges entre les assiettes, émiettez le fromage par-dessus, saupoudrez de poivre et arrosez de 1 filet d'huile d'olive. Servez aussitôt.

VARIANTE
Ajoutez des tranches de jambon de Parme ou de bacon à la salade. Pour plus de croquant, posez-les pendant quelques secondes sur la grille chaude. Ajoutez de la poire et des pousses d'épinard.

Aubergines grillées à la sauce tomate épicée

PRÉP 15 MIN | CUISS 20 MIN

POUR 4 PERSONNES
2 belles aubergines coupées en rondelles de 1 cm d'épaisseur
sel et poivre du moulin
4 c. à s. d'huile d'olive
2 gousses d'ail pelées et émincées
½ c. à c. de paprika
400 g de tomates concassées en conserve

1 Préchauffez le gril du barbecue ou allumez le charbon de bois. Mettez les rondelles d'aubergine dans une passoire, saupoudrez de sel et laissez dégorger pendant 15 min. Rincez-les et essorez-les avec du papier absorbant.

2 Mettez 1 c. à s. d"huile à chauffer à feu très doux dans une casserole. Faites cuire l'ail et le paprika pendant quelques secondes. Salez, poivrez, puis incorporez les tomates. Portez à ébullition et faites mijoter à feu doux pendant 15 min.

3 Badigeonner les aubergines du reste de l'huile et faites-les griller au barbecue pendant 3 min de chaque côté. Nappez-les de la sauce tomate, qui peut également être présentée dans un bol à part.

Champignons grillés, tomates et feta en salade

PRÉP 15 MIN — CUISS 30 MIN

POUR 4 PERSONNES

500 g de petits champignons de Paris soigneusement nettoyés
le zeste râpé + le jus de 1 citron
150 ml d'huile d'olive
+ 1 filet d'huile d'olive pour le service
sel et poivre du moulin
2 tranches de pain rustique
2 gousses d'ail pelées et râpées
2 anchois à l'huile égouttés et hachés
1 c. à s. de feuilles de thym frais
1 c. à s. de brins de romarin ciselés
250 g de tomates cerises coupées en deux
100 g de feta émiettée
1 c. à s. de persil plat haché pour le service

1 Préchauffez le four à 190 °C (th. 6-7), puis allumez le charbon de bois ou préchauffez le gril du barbecue. Dans un saladier, mélangez les champignons avec le zeste et le jus du citron, ainsi que la moitié de l'huile d'olive. Faites griller les champignons sur les deux faces pendant 15 min, en les retournant une seule fois. Salez, poivrez, et réservez.

2 Coupez le pain en gros cubes et déposez-les sur une plaque à pâtisserie. Mélangez avec l'ail, les anchois, le thym et le romarin. Arrosez du reste de l'huile et poivrez abondamment. Enfournez pour 15 min de cuisson, jusqu'à ce que le pain soit doré et croustillant.

3 Mélangez le pain et les champignons dans un grand saladier. Répartissez-les entre 4 assiettes et garnissez de tomates cerises, de feta et de persil. Arrosez de 1 filet d'huile d'olive avant de servir.

Salade de légumes grillés et épinards

PRÉP 30 MIN — CUISS 15 MIN

POUR 4 PERSONNES

2 aubergines
sel et poivre du moulin
2 poivrons jaunes épépinés et coupés en deux
2 poivrons rouges épépinés et coupés en deux
150 ml d'huile d'olive
2 branches d'origan frais effeuillées
300 g de courgettes coupées en tronçons
6 pointes d'asperges
4 cœurs d'artichaut cuits et coupés en quartiers
100 g de pousses d'épinard
12 olives noires
1 petit oignon rouge émincé en fines rondelles

Pour la sauce :
3 c. à s. d'huile d'olive
1 c. à s. de jus de citron frais
1 c. à s. d'aneth ciselé
2 ciboules ciselées

1 Préchauffez le gril du barbecue ou allumez le charbon de bois. Coupez les aubergines en rondelles de 1 cm d'épaisseur, mettez-les dans une passoire, saupoudrez-les de sel et laissez dégorger pendant 15 min. Rincez-les et essorez-les soigneusement avec du papier absorbant.

2 Mettez les poivrons dans un saladier, arrosez de 4 c. à s. d'huile d'olive et parsemez d'origan frais. Salez, poivrez et mélangez soigneusement, de manière à ce que tous les morceaux de poivrons soient bien recouverts d'huile. Faites griller à feu vif pendant 10 min, puis laissez refroidir. Pelez-les, coupez-les en lanières et réservez. Badigeonnez les aubergines et les courgettes d'un peu d'huile et faites-les griller pendant 5 min, en les retournant une fois. Réservez.

3 Mettez les asperges à cuire dans une grande casserole d'eau salée pendant 3 min. Égouttez-les, déposez-les sur le barbecue et laissez cuire pendant 5 min, en les badigeonnant égulièrement d'huile d'olive. Retournez-les souvent. Badigeonnez la grille d'un peu d'huile et faites griller les cœurs d'artichaut pendant 3 min sur chaque face. Laissez légèrement refroidir.

4 Réunissez tous les légumes dans un grand saladier. Ajoutez les épinards, les olives et l'oignon rouge. Dans un petit bol, fouettez tous les ingrédients de la sauce. Salez, poivrez et versez-la sur la salade. Mélangez et servez aussitôt.

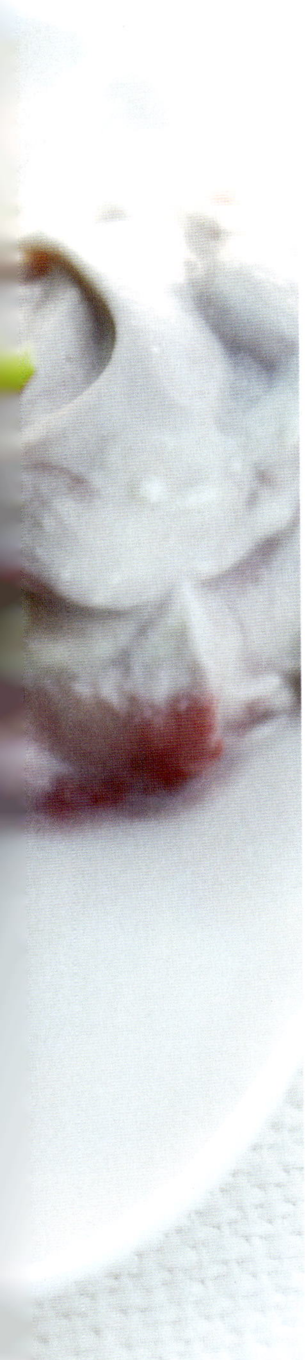

DESSERTS SANS CUISSON

Une farandole d'entremets simples et fruités, à préparer en un clin d'œil.

DESSERTS SANS CUISSON

Élaborer un beau dessert peut sembler difficile au premier abord, surtout si vous manquez de temps, ou de place dans votre four. Pensez alors aux desserts sans cuisson, notamment l'été, lorsqu'il fait trop chaud pour cuisiner et que les fruits sont à l'honneur !

Frais, en conserve ou surgelés ?

Frottez **les fruits frais** avec du jus de citron après les avoir pelés. L'acidité empêche l'oxydation et permet d'éviter que les fruits ne prennent une teinte brunâtre. **Les fruits en conserve** contiennent presque autant de vitamines que les fruits frais. Faciles à utiliser, ils permettent de profiter toute l'année de fruits dont la saison est courte (pêches, abricots, poires). **Les fruits surgelés** possèdent les mêmes qualités nutritionnelles que les fruits frais, car ils sont congelés juste après la cueillette, mais leur parfum n'a rien de comparable. Néanmoins, la saison de certains fruits étant très courte (baies et fruits rouges) il peut être intéressant de les congeler pour en disposer toute l'année.

Les fruits des desserts sans cuisson

Choisissez des fruits mûrs à point et de saison.

CHOIX		UTILISATION
	**FRUITS ROUGES** Choisissez des fruits sains et parfumés, aux queues bien vertes. Ils sont disponibles en été.	Conservez les fruits rouges au réfrigérateur, en évitant de les superposer, car ils sont très fragiles. Ils seront délicieux avec du vinaigre balsamique, de la menthe ou du citron.
	**POMME** Il en existe des centaines de variétés. Veillez à ce qu'elles ne soient pas abîmées lors du transport. Elles sont meilleures en automne.	Les pommes apporteront du croquant à vos salades de fruits. Parfumez-les avec de la cannelle ou de la vanille.
	**ORANGE** Sélectionnez des fruits lourds et juteux. Ils sont disponibles toute l'année.	Certaines variétés, au jus riche et coloré (valencia, navel, sanguine), premettent de préparer de délicieux sorbets et granités.
	**ANANAS** Un ananas mûr à point se reconnaît à son parfum. Lorsque vous tirez sur une feuille de son plumet, elle doit se détacher aussitôt. Il est disponible toute l'année.	L'ananas est délicieux en salade, associé à d'autres fruits exotiques. Il se marie bien avec la noix de coco.
	**FRUITS À NOYAU** Les pêches sont meilleures pelées, mais les abricots et les nectarines se consomment avec la peau. Ils sont disponibles tout l'été, ainsi qu'en automne.	Servez-les dénoyautés, en oreillons ou émincés. Vous pouvez les faire mariner ou pocher dans du vin ou dans du sirop, ou encore les mixer en coulis.
	**GRENADE** Choisissez des fruits bien lourds. La grenade est disponible en automne.	Ses petites graines brillantes sont très décoratives. Parsemez-en une salade de fruits, une glace ou un sorbet. Son parfum s'accorde bien avec celui de la cannelle et de la menthe.

CHOIX		UTILISATION
	**MANGUE** La mangue fraîche est à la fois douce et piquante. Choisissez des fruits lourds et fermes. Elle est disponible toute l'année.	Broyez la chair en coulis, mixez-la avec du yaourt, puis congelez-la : vous obtiendrez une excellente base de dessert express.
	**FRUIT DE LA PASSION** Une fois coupé en deux, ce petit fruit regorge d'une pulpe parfumée. Il est disponible toute l'année.	La pulpe et les graines sont consommées sans préparation préalable. Réduisez la pulpe en coulis, pour préparer une glace ou un aspic.
	**RAISIN** Noir, blanc ou rosé, il en existe de nombreuses variétés. Choisissez des grappes fermes, aux grains croquants. Il est meilleur en automne.	Vous pouvez congeler les grains et les ajouter à une salade de fruits, ou les faire macérer dans du vin doux (muscat).
	**BANANE** La banane est plus calorique que les autres fruits et se choisit mûre à point. Elle est disponible toute l'année.	Découpée en rondelles, la banane est appréciée dans de nombreux desserts rapides et sans cuisson. Elle se marie particulièrement bien avec le chocolat.
	**POIRE** Les meilleures variétés sont la conférence, la williams et la comice. Choisissez des fruits mûrs à point. Elle est disponible en automne.	Crue ou pochée, la poire s'accorde avec le chocolat et de nombreuses épices, tels la cannelle et l'anis étoilé. Citronnez la chair, de manière à éviter l'oxydation.
	**MELON** Melon d'eau, charentais et cantaloup sont les variétés les plus appréciées. Au moment de l'achat, ils doivent être lourds et parfumés. On en trouve tout l'été.	Coupé en deux et débarrassé de ses pépins, le melon accueillera dans sa coque des framboises ou des groseilles. Prélevez des billes de sa chair à l'aide d'une cuillère parisienne.

PAS-À-PAS

Préparer les fruits

Quelques techniques simples pour garder le meilleur de vos fruits.

L'orange

Cette technique permet de peler les oranges à vif et de prélever les segments sans laisser de peau.

1 Ôtez les deux extrémités du fruit à l'aide d'un couteau bien aiguisé, puis retirez des bandes de zeste et de peau blanche.

2 Prélevez les segments, en insérant la lame entre les fines membranes de peau, pour ne conserver que la chair.

La pêche

Ébouillanter les pêches permet de les peler beaucoup plus facilement.

1 Incisez l'une des extrémités de la pêche en forme de croix. Retournez le fruit et incisez-le de la même façon.

2 Plongez la pêche dans de l'eau bouillante pendant 30 s, rafraîchissez-la et égouttez-la : la peau se retire facilement.

La mangue

Découpez la mangue en deux et présentez-la joliment dans sa peau, en petits cubes prédécoupés.

1 Placez la mangue debout sur une planche et découpez au plus près de son noyau, de manière à perdre le moins de chair possible.

2 Quadrillez la chair de la moitié de fruit, sans percer la peau. Retournez-la, de manière à faire apparaître les cubes prédécoupés.

L'ananas

Pour supprimer l'écorce du fruit, utilisez un couteau bien aiguisé, à lame épaisse, ou bien un couteau-scie.

1 Découpez les extrémités et posez-le debout sur une planche. Ôtez l'écorce de haut en bas, et tout autour du fruit.

2 Coupez en quatre dans la longueur. Supprimez la partie dure au centre et les « yeux » apparents sur la chair.

La grenade

Sa préparation demande un peu d'effort, mais votre patience sera récompensée !

1 Ôtez les deux extrémités de la grenade à l'aide d'un couteau bien aiguisé, puis découpez-la en quartiers.

2 Détachez soigneusement tous les grains, à l'intérieur de chaque quartier : ils sont délicieux et très décoratifs.

Le fruit de la passion

Sous l'écorce de ce fruit à l'apparence quelconque se cache une pulpe délicieuse…

1 Découpez le fruit de la passion en deux par le milieu, à l'aide d'un couteau bien aiguisé.

2 Prélevez délicatement la pulpe et les graines du fruit de la passion à l'aide d'une petite cuillère.

PAS-À-PAS

Mousse aux fruits

Tous les petits fruits rouges s'adaptent à cette recette délicieuse et rapide.

1 Coupez 500 g de fraises en morceaux et réduisez-les en coulis à l'aide du mixeur. Ajoutez un peu de sucre glace (1 ou 2 c. à s., selon vos goûts et le degré de maturité des fruits), en le tamisant à l'aide d'une passoire fine.

2 Dans un récipient très froid, battez 60 cl de crème fraîche liquide au fouet électrique, jusqu'à l'obtention d'une crème fouettée légère et ferme : des pics doivent adhérer au fouet.

3 Filtrez le coulis de fraises pour en éliminer les graines. Incorporez délicatement un quart du coulis à la crème fouettée, de manière obtenir une chantilly légèrement colorée. Si nécessaire, ajoutez un peu de sucre glace.

4 Versez la moitié du coulis de fraises au fond de 4 coupelles. Ajoutez la moitié de la chantilly colorée. Disposez une seconde couche de coulis, puis de chantilly. Décorez avec 1 fraise. Vous pouvez remplacer la crème liquide par du mascarpone.

Les incontournables du placard

Une réserve d'ingrédients très utiles pour concocter un dessert en un clin d'œil !

LE CHOCOLAT

Ayez toujours au moins 1 plaque de chocolat dans vos placards. Choisissez de préférence du chocolat noir. Vous pouvez le faire fondre pour enrichir la pâte d'un gâteau, le hacher en petits éclats pour garnir des cookies, ou le râper en copeaux décoratifs à l'aide d'un économe.

LES FRUITS SÉCHÉS

Pruneaux, figues, abricots, dattes, raisins blonds ou de Corinthe… Les fruits séchés sont très utiles. Vous pouvez les réhydrater dans du thé et les ajouter à une compote ou à une coupe de fruits pochés, ou bien les faire macérer dans du rhum ou du vin doux, avant de les incorporer à un gâteau.

LES FRUITS À COQUE

Faites une réserve de cerneaux de noix, noisettes, amandes, noix de pécan… Conservez les sachets entamés dans un contenant hermétique. Parsemez vos desserts d'amandes, ajoutez des noix ou des noisettes à vos gâteaux, et improvisez un yaourt à la grecque avec des pignons de pin et du miel.

LES ÉPICES

Cannelle, vanille, gingembre, anis étoilé… Qu'elles soient entières ou moulues, les épices apportent une touche exotique aux desserts réalisés à l'improviste : salade de fruits, coupes glacées, compote et fruits pochés, crêpes fourrées, pain perdu…

PAS-À-PAS

Cheesecake Personnalisez cette recette de base avec les fruits et le parfum de votre choix.

1 Réduisez en poudre 250 g de petits-beurre, à l'aide d'un mixeur. Faites fondre 150 g de beurre et incorporez-le à la poudre de biscuits. Répartissez le mélange en couche uniforme dans un moule à fond amovible de 20 cm de diamètre. Tassez avec le dos d'une cuillère.

2 Versez 3 c. à s. de gélatine en poudre et le jus de 3 citrons dans une jatte. Ajoutez 1 c. à c d'eau et placez la jatte au-dessus d'une casserole d'eau frémissante. Mélangez jusqu'à dissolution complète de la gélatine. Ajoutez 50 g de sucre en poudre et continuez de remuer, jusqu'à ce qu'il ait fondu.

3 Montez 40 cl de crème fraîche liquide en crème fouettée bien ferme. Dans une jatte, mélangez 225 g de mascarpone et 250 g de fromage frais. Parfumez avec 1 c. à c. d'extrait de vanille. Incorporez délicatement la crème fouettée à ce mélange, puis la gélatine fondue dans le citron.

4 Transvasez cette garniture dans le moule, sur le fond biscuité. Lissez la surface. Placez au réfrigérateur et laissez prendre pendant 2 h au minimum, ou toute une nuit. Au dernier moment, démoulez le cheesecake sur un plat de service. Décorez avec des myrtilles et saupoudrez de sucre glace.

Les incontournables du réfrigérateur

La crème fraîche liquide ou la **crème fleurette**, réfrigérées à l'avance, permettent de réaliser une crème fouettée ou une crème chantilly, avec un peu de sucre glace et d'extrait de vanille liquide.

Le mascarpone et le **fromage frais** peuvent servir de base à des desserts créatifs, que vous présenterez dans des verrines. Mélangez-les à de la crème de marrons, un coulis de fruits ou de la confiture.

Le yaourt nature ou le **yaourt à la grecque** peuvent être aromatisés avec un coulis de fruits, du miel ou du sirop d'érable. Parsemez-les de noix hachées ou de petits éclats de chocolat, et saupoudrez-les d'épices (voir p. 460).

Meringues et mangue en verrines

PRÉP 15 MIN

Réfrigération • 1 h
Matériel • fouet électrique

POUR 4 PERSONNES
20 cl de crème fraîche liquide (ou de crème fleurette)
20 cl de yaourt à la grecque
2 c. à s. de sucre glace
4 meringues cassées en petits morceaux
1 mangue pelée et coupée en dés
2 fruits de la passion
quelques brins de menthe fraîche (facultatif)

1 Battez la crème au fouet électrique, jusqu'à ce qu'elle épaississe et que des pics adhèrent aux branches du fouet. Incorporez délicatement le yaourt à la grecque à la crème fouettée, ainsi que le sucre glace. Ajoutez les morceaux de meringues et les dés de mangue. Mélangez délicatement, puis répartissez la préparation dans 4 verrines.

2 Ouvrez les fruits de la passion en deux et prélevez la pulpe, ainsi que les graines, à l'aide d'une petite cuillère. Nappez-en les verrines. Placez-les au réfrigérateur pendant 1 h. Décorez avec des brins de menthe et servez aussitôt.

CONSEIL DU CHEF

Ne conservez pas trop longtemps les verrines au réfrigérateur, car les meringues ont tendance à ramollir. Le dessert perdrait de son croquant.

Tiramisu à l'orange et au chocolat

PRÉP 20 MIN

Réfrigération • 4 h
Matériel • fouet électrique

POUR 8 PERSONNES
20 à 24 biscuits à la cuillère
20 cl de jus d'orange
2 c. à s. de Grand Marnier (ou de Cointreau)
2 gros œufs, jaunes et blancs séparés
25 g de sucre glace
500 g de mascarpone
le zeste de 1 orange finement râpé
75 g de chocolat noir finement râpé

1 Rangez les biscuits côte à côte au fond d'un plat rectangulaire assez profond, sans laisser d'interstice. Arrosez-les avec le jus d'orange et le Grand Marnier : ils doivent s'imbiber du liquide.

2 Dans une jatte, fouettez les jaunes d'œufs et le sucre glace, jusqu'à ce que le mélange soit mousseux. Ajoutez peu à peu le mascarpone et mélangez avec soin. Parfumez avec le zeste d'orange râpé. Montez les blancs d'œufs en neige ferme et incorporez-les délicatement au mélange précédent.

3 Transvasez dans le moule, sur les biscuits. Égalisez la surface. Placez au réfrigérateur pendant 4 h au minimum, voire une nuit. Au dernier moment, parsemez de chocolat.

VARIANTE

Arrosez les biscuits d'un mélange de café fort et de vin de Marsala.

Astuce

Remplacez le chocolat râpé par du cacao amer, tamisé à l'aide d'une passoire fine.

Délice tropical

PRÉP 15 MIN

Réfrigération • 30 min
Matériel • fouet électrique

POUR 6 PERSONNES
250 g de génoise (ou de biscuit de Savoie) coupée en cubes
10 cl de jus d'ananas
250 g d'ananas frais coupé en dés
2 c. à s. de rhum (ou de liqueur de coco)
30 cl de crème fraîche liquide (ou de crème fleurette)
2 petits morceaux de gingembre confit finement hachés

1 Disposez les cubes de génoise au fond d'une coupe, de préférence transparente. Arrosez-les avec le jus d'ananas. Ajoutez les dés d'ananas et parfumez avec le rhum.

2 Battez la crème liquide au fouet électrique, jusqu'à ce qu'elle épaississe et que des pics adhèrent aux branches du fouet. Transvasez la crème fouettée dans la coupe, sur les dés d'ananas. Parsemez de gingembre confit. Placez pendant 30 min au réfrigérateur.

VARIANTE
Des petits dés de mangue ou de papaye peuvent se substituer à l'ananas, ainsi que des rondelles de bananes.

Gelée de cassis à la dijonnaise

PRÉP 15 MIN

Réfrigération • 4 h
Matériel • fouet électrique

POUR 4 PERSONNES
6 c. à s. de sirop de cassis
2 c. à s. de crème de cassis
3 feuilles de gélatine ramollies dans de l'eau froide
10 cl de crème fraîche liquide
20 g de sucre glace
12 grains de cassis pour le décor
4 brins de menthe fraîche

1 Délayez le sirop de cassis et la crème de cassis dans 60 cl d'eau bouillante. Égouttez soigneusement les feuilles de gélatine en les pressant entre vos doigts, puis faites-les fondre, une par une, dans le liquide très chaud. Mélangez avec soin. Laissez refroidir complètement.

2 Répartissez la préparation dans 4 verrines. Placez-les au réfrigérateur pendant au moins 4 h, jusqu'à ce que la gelée soit prise.

3 Montez la crème au fouet. Ajoutez le sucre et fouettez, jusqu'à l'obtention d'une chantilly ferme. À l'aide d'une poche à douille, déposez un peu de chantilly à la surface des gelées. Décorez avec les grains de cassis et la menthe fraîche.

Astuce
Gagnez du temps en utilisant de la crème Chantilly en bombe d'excellente qualité.

RECEVOIR

Verrines de fruits rouges au vin doux, chantilly à la menthe

PRÉP 10 MIN

Réfrigération • 30 min
Matériel • fouet électrique

POUR 4 À 6 PERSONNES

450 g de petits fruits rouges mélangés (framboises, groseilles, mûres, fraises des bois…)
15 cl de vin rosé (ou de vin doux)
1-2 c. à s. de crème de cassis
20 cl de crème fraîche liquide (ou de crème fleurette)
2 feuilles de menthe finement ciselées

1 Assemblez les petits fruits rouges dans un plat creux et arrosez-les avec le vin rosé et la crème de cassis. Mélangez délicatement. Laissez macérer au réfrigérateur pendant 30 min, en remuant de temps en temps.

2 Battez la crème fraîche liquide au fouet électrique, jusqu'à ce qu'elle épaississe et que des pics adhèrent aux branches du fouet. Incorporez délicatement la menthe ciselée.

3 Emplissez 4 verres avec les fruits rouges et le vin de macération. Ajoutez un peu de crème fouettée à la menthe et servez bien frais.

Granité aux fraises et aux framboises

PRÉP 10 MIN

Congélation • 4 h
Matériel • robot ménager

POUR 6 PERSONNES

125 g de sucre glace
1 c. à s. de jus de citron
250 g de fraises coupées en deux
250 g de framboises
un peu de crème fraîche liquide pour le service (facultatif)

1 Versez le sucre glace et le jus de citron dans un robot ménager, ainsi que 15 cl d'eau bouillante. Mixez le mélange, jusqu'à ce que le sucre soit dissous. Ajoutez les fraises et les framboises. Mixez à nouveau, jusqu'à l'obtention d'un coulis.

2 Transvasez le coulis dans un contenant hermétique et placez-le au congélateur. Au bout de 2 h, remuez le mélange pris en glace à l'aide d'une fourchette. Replacez pendant 2 h au congélateur, puis émiettez la glace à la fourchette, jusqu'à ce qu'elle ait l'aspect et la texture d'un granité. Au dernier moment, répartissez-le dans des coupes ou des verres. Arrosez d'un peu de crème fraîche liquide.

CONSEIL DU CHEF

Filtrez le coulis à l'aide d'une passoire fine, pour supprimer les graines des fruits rouges.

Mousses aux citrons vert et jaune

PRÉP 15 MIN

Réfrigération • 30 min
Matériel • fouet électrique

POUR 4 PERSONNES
le zeste + le jus de 1 citron jaune
le zeste + le jus de ½ citron vert
1 c. à s. de gin (ou de vodka)
5 c. à s. de sucre en poudre
30 cl de crème fraîche

1 Versez le jus de citron jaune et le jus de citron vert dans un récipient bien froid. Parfumez avec le gin et ajoutez le sucre. Mélangez bien. Lorsque le sucre est parfaitement dissous, ajoutez la crème fraîche et battez au fouet électrique, jusqu'à l'obtention d'une mousse ferme et légère.

2 Répartissez la mousse dans 4 coupelles et placez-les au réfrigérateur pendant 30 min. Disposez les zestes de citron taillés en julienne à la surface des mousses. En accompagnement, proposez des sablés au citron ou des pains d'amandes des Flandres.

Mini-cheesecakes aux citrons verts

PRÉP 10 MIN

Réfrigération • 4 h
Matériel • 4 ramequins • fouet à main

POUR 4 PERSONNES
6 biscuits à la cuillère (ou 6 boudoirs)
200 g de fromage frais bien égoutté
20 cl de lait concentré sucré très froid
le jus + le zeste finement râpé de 2 citrons verts
+ 1 citron vert pour le décor

1 Cassez les biscuits en morceaux et disposez-les au fond de 4 ramequins. Dans une jatte, battez le fromage frais au fouet électrique. Lorsqu'il est bien lisse, ajoutez peu à peu le lait, sans cesser de fouetter, jusqu'à l'obtention d'une crème légère.

2 Incorporez le jus et le zeste des citrons, sans cesser de fouetter. Répartissez dans les ramequins et lissez la surface. Placez au réfrigérateur pendant 4 h au minimum, voire toute une nuit. Au moment de servir, disposez des lanières de zeste sur les cheesecakes.

CONSEIL DU CHEF

Pour obtenir une vraie base de cheesecake, broyez les biscuits en poudre et mélangez-les avec un peu de beurre fondu. Tassez cette préparation au fond des ramequins.

Tarte aux bananes et au caramel

PRÉP 15 MIN

Matériel • fouet électrique

POUR 8 PERSONNES

1 fond de tarte précuit en pâte sablée (ou en pâte brisée)
20 cl de crème de caramel au beurre salé
3 bananes mûres
30 cl de crème fraîche liquide (ou de crème fleurette)
25 g de chocolat noir

1 Disposez le fond de tarte sur un plat de service. Étalez la crème de caramel en couche régulière sur le fond. Coupez les bananes en rondelles et disposez-les en rosace sur le caramel.

2 Dans un récipient bien froid, battez la crème fraîche au fouet, jusqu'à qu'elle épaississe et que des pics adhèrent aux branches du fouet. Recouvrez les bananes avec la crème. Râpez le chocolat et parsemez-en la tarte.

Salade d'oranges à la grenade

PRÉP 15 MIN

POUR 4 PERSONNES

4 oranges
2 c. à s. de miel d'acacia
2 c. à s. d'eau de rose
1 pincée de cannelle moulue
les graines de 1 grenade
30 g de pistaches mondées et concassées
quelques brins de menthe fraîche pour le décor

1 À l'aide d'un couteau aiguisé, ôtez les deux extrémités de chaque orange. Pelez les fruits à vif et placez-les debout sur une planche. Retirez des bandes de peau, en procédant de bas en haut, tout autour du fruit, de manière à supprimer la membrane blanche. Taillez les oranges en fines rondelles et supprimez leurs pépins. Disposez-les en rosace sur un grand plat. Arrosez avec le jus recueilli sur la planche.

2 Versez le miel en filet sur les rondelles d'oranges. Parfumez avec l'eau de rose et la cannelle. Parsemez de graines de grenade et de pistaches. Décorez avec les brins de menthe et servez frais.

Astuce

Si le miel cristallise, faites-le chauffer au bain-marie jusqu'à ce qu'il redevienne liquide.

Mousses aux fraises et à la vanille

PRÉP 15 MIN

Matériel • robot ménager ou mixeur • fouet électrique

POUR 2 PERSONNES
200 g de fraises équeutées
1 filet de liqueur à la fraise
150 ml de crème fraîche liquide
100 g de génoise
découpée en 6 disques
6 boules de glace à la vanille
50 g d'amandes mondées et concassées

1 Réservez 2 fraises, puis émincez le reste en fines lamelles. Versez-les dans un saladier, ajoutez la liqueur et mixez-les. Vous pouvez aussi les réduire en une purée avec le robot ménager. Montez la crème fraîche liquide au fouet électrique, jusqu'à ce qu'elle épaississe.

2 Déposez 1 disque de génoise au fond d'une coupe à dessert et versez 1 c. à s. de coulis de fraises par-dessus. Ajoutez 1 boule de glace à la vanille et un peu de crème fouettée. Renouvelez 3 fois l'opération. Parsemez la dernière couche d'amandes concassées et de 1 belle fraise entière. Préparez la seconde coupe de la même façon et dégustez sans attendre.

VARIANTE
Pour les plus gourmands, arrosez ce dessert de sauce au chocolat tiède.

CONSEIL DU CHEF
Évitez de trop fouetter la crème. Pour un dessert destiné aux enfants, supprimez la liqueur de fraise.

Salade aux melons et à la vodka

PRÉP 15 MIN

Marinade • 15 min

POUR 6 À 8 PERSONNES
1 melon honeydew
coupé en quatre dans la hauteur, épépiné, pelé et tranché
1 pastèque coupée en deux, pelée, épépinée et tranchée
2 c. à s. de vodka
2 c. à s. de jus d'orange frais et filtré
quelques feuilles de menthe pour le décor

VARIANTE
Vous pouvez remplacer le melon honeydew par d'autres variétés : cantaloup ou gallia.

1 Dressez les tranches de melon et de pastèque dans un plat de service. Arrosez-les de vodka et de jus d'orange. Laissez mariner pendant 15 min, le temps que les fruits absorbent les jus.

2 Parsemez de feuilles de menthe et servez aussitôt.

CONSEIL DU CHEF
Choisissez des melons tout juste mûrs : ils possèdent la pointe d'acidité idéale pour la vodka.

RECEVOIR

Glaces à la vanille en soupe d'expresso

PRÉP 10 MIN

POUR 2 PERSONNES
6 boules de glace à la vanille
1 pincée de sucre de canne (facultatif)
2 doses de café expresso chaud

1 Laissez revenir la glace à température ambiante pendant 5 min.

2 Déposez 3 boules de glace dans chaque coupe. Sucrez le café si vous le souhaitez, puis répartissez-le dans les 2 coupes, au-dessus des boules de glace. Servez immédiatement.

VARIANTE Parsemez d'amandes effilées ou de noisettes grillées et concassées.

CONSEIL DU CHEF
Remplacez la glace à la vanille par une glace au chocolat. Attention : vous devez vous assurer que le verre de la coupe résiste au choc thermique.

Pruneaux et abricots marinés au muscat

PRÉP 10 MIN

Marinade • plusieurs heures

POUR 4 PERSONNES
175 g de pruneaux dénoyautés
175 g d'abricots secs
3 c. à s. de muscat de Rivesaltes (ou tout autre vin cuit ou doux : maury, banyuls, loupiac...)
2 c. à s. de crème fouettée
le zeste de 1 orange finement émincé

1 Hachez grossièrement les fruits et versez-les dans un saladier. Arrosez de muscat et laissez mariner pendant plusieurs heures, voire toute une nuit : plus le temps de marinade sera long, plus le fruit aura le temps d'absorber l'alcool.

2 Versez dans des coupelles, garnissez de 1 cuillère de crème et parsemez de quelques lanières de zeste d'orange.

VARIANTE Vous pouvez accommoder divers fruits secs de cette façon : raisins, figues, dattes...

CONSEIL DU CHEF
Utilisez des fruits de première fraîcheur. Les fruits secs trop vieux n'absorberont pas l'alcool.

Raisins frais marinés au porto

PRÉP 10 MIN

Marinade • 4 h au minimum
Repos • 1 h

POUR 4 PERSONNES
200 g de raisins noirs
200 g de raisins blancs
1 filet de porto d'excellente qualité
8 petites boules de glace à la vanille

1 Lavez et égouttez tous les raisins, puis versez-les dans un saladier. Arrosez-les de 1 filet de porto et placez-les au réfrigérateur pendant 4 h au minimum, voire toute une nuit.

2 Laissez les fruits revenir à température ambiante pendant 1 h. Dressez dans 4 assiettes creuses transparentes. Ajoutez 2 boules de glace avant de servir.

VARIANTE
Remplacez le porto par du monbazillac ou du muscat.

Figues fraîches à la crème de cassis

PRÉP 15 MIN

POUR 4 PERSONNES
12 figues
5 c. à c. de crème de cassis
200 g de mascarpone

1 Incisez les figues en quatre, sans détacher les quartiers. Placez 3 fruits dans chaque assiette et arrosez de 1 c. à c. de crème de cassis.

2 Parfumez le mascarpone avec 1 c. à c. de crème de cassis. Mélangez légèrement, puis dressez des quenelles de mascarpone, que vous ajouterez dans chaque assiette.

VARIANTE
Pour une version chaude : placezles figues dans un plat à gratin, arrosez de crème de cassis, couvrez d'aluminium ménager et enfournez pour 15 min de cuisson dans un four préchauffé à 180 °C (th. 6). Servez avec 1 boule de glace.

CONSEIL DU CHEF

Originaire de Dijon, la crème de cassis est une liqueur qui mérite de prendre place dans vos placards. Quelques gouttes suffisent pour transformer un mousse anodine en un dessert festif.

Nectarines aux meringues, coulis de framboises

PRÉP 15 MIN

Matériel • mixeur plongeant

POUR 4 PERSONNES
175 g de framboises
4 meringues
4 nectarines dénoyautées et coupées en lamelles
le zeste de 1 citron vert
1 filet de crème liquide

1 Mixez les framboises dans un saladier, puis filtrez-les dans une passoire fine, de manière à obtenir un coulis bien lisse.

2 Cassez les meringues en petits morceaux. Disposez-les au fond d'un grand saladier ou dans des coupelles individuelles. Recouvrez de lamelles de nectarines et arrosez de coulis de framboises. Parsemez de zeste de citron et servez avec un peu de crème.

VARIANTE
Remplacez les zestes de citron vert par quelques graines de grenade.

Astuce
Vous pouvez utiliser un coulis de framboises du commerce, acheté dans une épicerie fine.

CONSEIL DU CHEF
Préparez le coulis la veille et conservez-le au réfrigérateur jusqu'au moment de servir.

Mousses aux deux chocolats

PRÉP 15 MIN

Réfrigération • 3 h au minimum
Matériel • fouet électrique

POUR 4 PERSONNES
125 g de chocolat noir
125 g de chocolat blanc
4 gros œufs

1 Cassez les chocolats noir et blanc en morceaux et versez-les dans 2 bols séparés. Faites fondre au four à micro-ondes pendant 1 min ou plus. Remuez et lissez à l'aide d'une spatule en caoutchouc. À défaut de four à micro-ondes, mettez les chocolats à fondre dans un bain-marie.

2 Cassez les œufs, en séparant les jaunes des blancs. Mélangez 2 jaunes d'œufs avec chaque chocolat fondu. Montez les blancs d'œufs en neige ferme avec le fouet électrique. Incorporez délicatement une moitié des blancs en neige au chocolat blanc, et l'autre moitié au chocolat noir.

3 Répartissez la préparation dans 4 verrines, en alternant les couches de chocolat blanc et noir. Placez au réfrigérateur pendant 3 h au minimum, voire toute une nuit.

CONSEIL DU CHEF
Le chocolat blanc est fragile et très sensible à la chaleur : vérifiez sa cuisson dans le four à micro-ondes toutes les 30 s. Il est d'ailleurs préférable de le faire fondre au bain-marie. Si vous n'avez que des œufs de petit calibre, utilisez-en 6 au lieu de 4.

Verrines d'abricots au mascarpone

PRÉP 15 MIN

POUR 4 PERSONNES
6 biscuits spéculoos
200 g de mascarpone
16 abricots bien mûrs coupés en deux et dénoyautés
1 poignée d'amandes blanchies et coupées en deux

1 Cassez les biscuits en morceaux, puis répartissez-les dans 4 verrines. Fouettez le mascarpone avec une spatule.

2 Déposez une couche de mascarpone sur les biscuits, ajoutez quelques abricots, recouvrez de mascarpone et parsemez d'amandes hachées.

VARIANTE
Tentez cette recette avec des pêches de vigne à la place des abricots.

Astuce
Si vous êtes pressé, utilisez des amandes déjà grillées achetées dans le commerce.

Truffes

PRÉP 15 MIN

Repos • 30 min + 30 min

POUR 12 PIÈCES
125 g de chocolat noir de bonne qualité + 25 g finement haché
1 filet de cognac
25 g de noix du Brésil finement hachées
50 g de cerises confites hachées

1 Cassez le chocolat en petits morceaux dans un saladier. Faites-le fondre au four à micro-ondes, puis lissez-le avec une spatule en caoutchouc. Incorporez le cognac. Ajoutez les noix et les cerises.

2 Laissez reposer pendant 30 min à température ambiante, puis façonnez 12 boulettes. Roulez-les soigneusement dans le chocolat haché, de manière à ce qu'elles en soient bien enrobées. Déposez-les au fur et à mesure sur une plaque recouverte de papier cuisson. Laissez reposer pendant 30 min. Servez comme mignardises, avec le café.

VARIANTE
Enrobez de chocolat blanc ou d'amandes grillées et finement hachées.

Salade de fruits

PRÉP 15 MIN

POUR 4 PERSONNES
1 mangue pelée et émincée
1 ananas pelé et émincé
1 kiwi pelé et émincé
le jus de 1 orange, filtrée
le jus de 1 citron vert, filtré
1 fruit de la passion coupé en deux
1 c. à s. de feuilles de menthe ciselées

1 Disposez les tranches de mangue, d'ananas et de kiwi dans un plat de service. Parfumez-les avec le jus d'orange et le jus de citron.

2 Prélevez la pulpe et les graines du fruit de la passion et disposez-les sur les fruits. Parsemez de menthe fraîche juste avant de servir.

Génoise aux fruits

PRÉP 10 MIN

POUR 6 PERSONNES
3 boules de glace au chocolat
3 boules de glace à la vanille
1 fond de génoise de 20 cm de diamètre
500 g de fruits rouges mélangés (fraises, framboises, myrtilles, cassis, groseilles)
un peu de liqueur de cassis

1 Disposez les boules de glace sur le fond de génoise. Recouvrez de fruits rouges.

2 Versez un peu de liqueur de cassis sur les fruits et servez aussitôt.

VARIANTE

Remplacez les fruits rouges par un mélange de fruits exotiques, et les glaces à la vanille et au chocolat par des glaces au gingembre et au fruit de la passion.

Mousses au chocolat noir

PRÉP 15 MIN

Réfrigération • 3 h au minimum
Matériel • fouet électrique

POUR 4 PERSONNES
125 g de chocolat noir d'excellente qualité
3 c. à s. de liqueur de citron (limoncello)
3 œufs

1 Cassez le chocolat en petits morceaux dans un saladier. Faite-le fondre au four à micro-ondes, puis lissez-le avec une spatule en caoutchouc. Incorporez la liqueur de citron.

2 Cassez les œufs, en séparant les jaunes des blancs. À l'aide d'un fouet électrique, battez les blancs en neige ferme. Mélangez les jaunes au chocolat fondu, puis incorporez délicatement les blancs en neige. Fouettez pendant quelques secondes, jusqu'à l'obtention d'une consistance bien lisse.

3 Répartissez la mousse au chocolat noir dans 4 ramequins. Placez au réfrigérateur pendant 3 h au minimum, voire toute une nuit.

CONSEIL DU CHEF

La mousse au chocolat contient des œufs crus : gardez-la au réfrigérateur jusqu'au moment de servir.

Petites soupes de litchis au gingembre

PRÉP 10 MIN

Marinade • 30 min

POUR 4 PERSONNES
400 ml de litchis en conserve, égouttés + 2 c. à s. de leur jus
1 anis étoilé
un morceau de gingembre frais (1 cm) pelé
2 c. à s. de sirop de gingembre
1 yaourt à la grecque

1 Disposez les litchis et l'anis au fond d'un plat de service. Râpez le gingembre et disposez-le sur les litchis. Mélangez le sirop avec le jus des litchis, puis versez sur les fruits.

2 Placez au réfrigérateur pendant 30 min au minimum. Dressez dans 4 verrines. Agrémentez de 1 cuillerée de yaourt juste avant de servir.

CONSEIL DU CHEF

Les parfums de l'anis étoilé se marient parfaitement avec les saveurs du gingembre frais.

DESSERTS CONGELÉS

Tartes, gâteaux, glaces et douceurs,
à préparer bien avant que la fête ne commence !

DESSERTS CONGELÉS

Bien utiliser son congélateur permet d'économiser beaucoup de temps et d'énergie. Préparez à l'avance de délicieux desserts, que vous dégusterez lors de repas improvisés avec vos proches. Les desserts faits maison ne contiennent ni additifs ni conservateurs, contrairement à ceux achetés dans le commerce.

Astuce

Afin de profiter au mieux de votre congélateur, pensez à bien vous organiser. Choisissez et préparez des desserts adaptés à la saison. En été, pour profiter au mieux des fruits de saison (cerises, baies rouges, prunes…), prévoyez 2 ou 3 tartes aux fruits, quelques crumbles, des glaces et sorbets, ainsi que plusieurs coulis.

Desserts et entremets Enfournez, congelez, et décongelez avant l'utilisation.

	CONSERVER	DÉCONGELER
	**GÂTEAUX** **Génoise nature** Enveloppez dans 2 feuilles de film alimentaire, puis dans de l'aluminium ménager. Congelez. Conservation : **3 mois**. **Gâteau avec glaçage** Une fois refroidi, enveloppez-le dans 2 feuilles de film alimentaire. Congelez. Conservation : **2 mois**. **Cake aux fruits** Enveloppez dans une double épaisseur de film alimentaire et d'aluminium ménager. Congelez. Conservation : **3 mois**.	**Génoise nature** Conservez l'emballage et décongelez à température ambiante. **Gâteau avec glaçage** Ôtez le film alimentaire et décongelez à température ambiante. **Cake aux fruits** Décongelez au réfrigérateur.
	**DESSERTS AU CHOCOLAT** Préparez les desserts contenant du chocolat dans des moules supportant la congélation. Enveloppez-les dans une double épaisseur de film alimentaire et placez-les au congélateur. Conservation: **2 mois**.	Placez au réfrigérateur et laissez décongeler pendant une nuit.
	**PÂTISSERIES ET TARTES** **Pâtisseries et tartes cuites** Les garnitures aux fruits se congèlent mieux que celles à base de crème. Enveloppez dans une double épaisseur de film alimentaire, puis d'aluminium ménager. Congelez. Conservation : **3 mois**. **Pâtisseries et tartes crues** Enveloppez la pâte (garnie ou non) dans une double épaisseur de film alimentaire, puis d'aluminium ménager. Congelez. Conservation : **1 à 2 mois**.	**Pâtisseries et tartes cuites** Décongelez à température ambiante. **Pâtisseries et tartes crues** Décongelez les pâtes non garnies au réfrigérateur pendant une nuit. Décongelez les pâtes garnies directement au four, à 180 °C (th. 6), pendant 20 à 30 min.
	**CRUMBLES** Utilisez un plat à four supportant la congélation. Faites cuire les fruits et parsemez-les de pâte à crumble. Laissez refroidir, puis enveloppez le moule dans une double épaisseur de film alimentaire et d'aluminium ménager. Placez au congélateur. Conservation : **2 mois**.	Décongelez directement au four, à 200 °C (th. 6-7), pendant 40 min, jusqu'à ce que le dessus soit bien doré.

	CONSERVER	DÉCONGELER
	**GÂTEAUX MOUSSELINE** Enveloppez le moule dans de l'aluminium ménager, puis dans une double épaisseur de film alimentaire. Congelez. Conservation : **3 mois**.	Ôtez le film alimentaire, placez au réfrigérateur et laissez décongeler pendant une nuit. Réchauffez à four doux.
	**MERINGUES NATURE** Emballez-les dans des sachets en plastique. Une fois congelées, les meringues durcissent un peu. Vous pouvez congeler les blancs d'œufs crus. Conservation : **1 mois**.	Décongelez à température ambiante.
	**BISCUITS** **Biscuits cuits** Emballez-les dans des sachets en plastique. Congelez. Conservation : **1 mois**. **Pâte crue** Enveloppez la boule de pâte dans du film alimentaire. Congelez. Conservation : **1 mois**.	**Biscuits cuits** Décongelez et faites réchauffer les biscuits à four doux pendant 5 min. **Pâte crue** Placez au réfrigérateur et laissez décongeler pendant une nuit.
	**CHEESECAKE** **Non cuit** Placez le cheesecake non cuit au congélateur. Une fois gelé, enveloppez-le dans une double épaisseur de film alimentaire. Congelez. Conservation : **2 mois**. Ne congelez jamais un cheesecake **cuit**.	Placez au réfrigérateur et laissez décongeler pendant 2 mois.

CONGELER LES FRUITS

Choisir

Congelez les fruits lorsqu'ils sont à pleine maturité, de préférence en saison. **Si les fruits ou les baies sont un peu trop mûrs**, réduisez-les en coulis à l'aide d'un mixeur. Filtrez-les si nécessaire, transvasez-les dans des contenants hermétiques en plastique et congelez-les. **Le melon d'eau** contient trop d'eau pour être congelé. **Les bananes** peuvent être congelées non pelées, si elles sont trop mûres pour la dégustation.

Préparer

Triez soigneusement les fruits : éliminez ceux qui sont abîmés, lavez-les à l'eau froide, égouttez-les et séchez-les. Voici q**uelques techniques** pour empêcher l'oxydation des fruits coupés (pommes, poires, abricots, nectarines) :
Congelez dans un sirop de sucre. Faites bouillir la même quantité d'eau et de sucre dans une casserole et laissez refroidir. **Découpez les fruits** en quartiers ou en tranches, rangez-les dans un contenant en plastique, recouvrez-les de sirop, fermez hermétiquement et congelez. Comptez 35 cl de sirop pour 500 g de fruits. Citronnez au préalable les pommes et les poires.
Congelez dans du jus de fruit. Faites macérer les fruits tranchés – pommes ou poires émincées, par exemple –, dans du jus de fruit, notamment du jus de pomme, puis congelez-les avec le jus dans un contenant hermétique.
Citronnez les fruits. Plongez les pommes et les poires dans un mélange d'eau et de jus de citron, puis égouttez-les avant de les mettre à congeler dans un sirop de sucre ou du jus de fruit. Comptez 3 c. à s. de jus de citron pour 15 cl d'eau.
Ébouillantez les fruits. Plongez les fruits pendant quelques secondes dans de l'eau bouillante puis rafraîchissez-les.

Pour éviter l'oxydation, frottez le fruit pelé avec un demi-citron.

PAS À PAS

Congeler les fruits fragiles

Choisissez des fruits mûrs, parfumés et sans aucune trace de meurtrissure.

1 Étalez les fruits sur une plaque tendue de papier sulfurisé et placez-les au congélateur.

2 Une fois gelés, les fruits ne colleront plus entre eux. Placez-les dans un sachet de congélation et congelez-les. Ils se conservent pendant 1 an.

Quelques trucs pour bien congeler

Un congélateur plein nécessite moins d'énergie qu'un congélateur vide ou à moitié plein seulement.
Vérifiez la température de votre congélateur : elle doit être de - 25 °C.
Congelez de petites quantités d'aliments, afin que le gel pénètre plus vite. La décongélation s'effectuera aussi plus rapidement.
Ne congelez jamais un aliment chaud ou tiède. Laissez-le refroidir complètement avant de le placer au congélateur.

PAS À PAS

Technique facile sans sorbetière

Une glace à la vanille onctueuse à souhait !

1 Fendez 1 gousse de vanille en deux et recueillez les graines avec la pointe d'un couteau. Faites chauffer la vanille avec 50 cl de crème fraîche liquide à feu doux. Ajoutez 75 g de sucre en poudre, mélangez bien et portez à ébullition.

2 Battez dans un bol 4 jaunes d'œufs au fouet électrique, pendant 1 min. Versez dessus la crème bouillante, en retirant la gousse de vanille. Fouettez jusqu'à l'obtention d'une crème onctueuse.

3 Transvasez la crème dans un moule à cake en métal ou en Pyrex. Laissez refroidir complètement, puis placez au congélateur.

4 Enveloppez le moule dans une double épaisseur de film alimentaire, dès que la glace est prise. Conservez au congélateur pendant 3 mois au maximum.

Glaces parfumées

Gingembre et miel Une délicieuse combinaison de parfums apaisants, à déguster avec une part de tarte aux noix de pécan et au sirop d'érable.
Moka À réserver aux amateurs de chocolat et de café. Incorporez du chocolat noir haché en petits éclats pour enrichir la texture de cette glace.
Cerises et amaretto Des cerises coupées en petits morceaux et un peu de liqueur : une glace typiquement italienne.
Fraises et eau de fleur d'oranger L'essence même de l'été ! Mixez les fraises avec 2 c. à s. d'eau de fleur d'oranger et servez quand il fait chaud.
Rhum et raisins Des raisins secs gonflés de rhum, incorporés à la préparation de base, sans la vanille.
Menthe Reprenez la recette de base et remplacez la vanille par quelques gouttes d'huile essentielle de menthe.

La texture de la glace doit être onctueuse, sans paillettes de givre. Sortez-la du congélateur 10 min avant de la servir.

PAS À PAS

Sorbet aux fruits

Plus léger que la glace : un dessert très rafraîchissant.

1 Faites chauffer 75 g de sucre avec 6 cl d'eau, en remuant soigneusement. Laissez frémir pendant 5 min, le temps que le sirop épaississe.

2 Mixez 1 kg de fraises, jusqu'à l'obtention d'un coulis. Filtrez à l'aide d'une passoire fine. Versez le sirop de sucre dans le coulis et mélangez.

3 Transvasez la préparation dans un moule à congélation peu profond, pour que le sorbet prenne rapidement. Laissez refroidir complètement, puis faites durcir au congélateur.

4 Lorsque le sorbet a pris, remuez-le pour supprimer les éventuels cristaux de glace. Replacez au congélateur. Consommez sans tarder, car la saveur des fruits s'altère rapidement.

Sorbets parfumés

Oranges sanguines et Campari Un sorbet délicatement parfumé, qui a l'efficacité d'un trou normand.

Fraises et vinaigre balsamique Une combinaison originale. Le vinaigre balsamique relève la saveur de la fraise.

Framboises Mixez des framboises fraîches ou surgelées. Filtrez le coulis, de manière à supprimer les graines.

Citrons verts Acidulé et rafraîchissant, ce sorbet est idéal pour l'été.

Mangue La mangue donne à ce sorbet une texture onctueuse et parfumée. Procédez comme pour les fraises.

Fruits de la passion Comptez 3 fruits de la passion par personne. Ôtez les graines et mixez la pulpe.

Pour servir, formez des boules à l'aide d'une cuillère à glace et présentez dans des coupelles.

Petits pots au moka

PRÉP 30 MIN

Matériel • fouet électrique • 6 ramequins d'une contenance de 15 cl ou 8 ramequins d'une contenance de 12,5 cl

POUR 6 À 8 PERSONNES

150 g de chocolat noir cassé en morceaux + 25 g de copeaux prélevés à l'aide d'un économe pour la finition
25 g de beurre coupé en dés
4 œufs à température ambiante, blancs et jaunes séparés
1 pincée de sel
75 g de sucre en poudre
3 c. à s. de café fort
15 cl de crème fraîche liquide (ou de crème fleurette)
un peu de cacao amer pour le décor

1 Faites fondre les morceaux de chocolat au bain-marie. Lorsqu'ils ont ramolli, ajoutez le beurre, laissez-le fondre puis remuez jusqu'à l'obtention d'une pâte lisse. Pendant ce temps, battez les blancs d'œufs en neige avec le sel. Lorsqu'ils deviennent fermes, ajoutez peu à peu le sucre et continuez de battre, jusqu'à l'obtention d'une neige ferme et brillante.

2 Incorporez les jaunes d'œufs l'un après l'autre à la pâte de chocolat. Ajoutez peu à peu les blancs en neige. Parfumez avec le café. Répartissez la préparation dans les ramequins, en les emplissant aux trois quarts. Égalisez la surface. Battez la crème liquide en chantilly. Déposez 1 cuillerée de chantilly sur chaque petit pot. Faites durcir au congélateur, puis couvrez les pots de film alimentaire et placez à nouveau au congélateur.

3 Décongelez les petits pots au moka au réfrigérateur pendant toute une nuit, ou pendant quelques heures à température ambiante. Saupoudrez de cacao et décorez avec les copeaux de chocolat noir.

Astuce
Vous pouvez remplacer le chocolat noir par du chocolat au lait ou du chocolat au praliné.

Feuilleté aux figues, poire et raisins

PRÉP 15 MIN · CUISS 40 MIN

POUR 8 À 10 PERSONNES

300 g de confiture de figues
100 g de raisins secs
2 c. à s. de rhum
le zeste de 1 orange finement râpé
425 g de pâte feuilletée
25 g d'amandes en poudre
1 poire bien mûre pelée et coupée en rondelles
1 œuf pour dorer

1 Dans un bol, mélangez la confiture de figues, les raisins secs, le rhum et le zeste d'orange. Étalez la pâte feuilletée en 2 rectangles de 28 x 20 cm. Placez l'un d'eux sur une plaque à pâtisserie. Parsemez-le d'amandes en poudre, en laissant un bord libre de 2 cm de chaque côté. Étalez le contenu du bol sur les amandes et recouvrez des lamelles de poire. Au pinceau, humectez la bordure. Disposez le second rectangle de pâte sur la garniture. Pressez du bout des doigts, de manière à souder les bords entre eux. Incisez la surface d'entailles régulières. Faites durcir le feuilleté au congélateur, puis enveloppez dans une double épaisseur de film alimentaire et placez au congélateur.

2 Décongelez le feuilleté au réfrigérateur pendant une nuit. Préchauffez le four à 210 °C (th. 7). Dorez la surface à l'œuf battu. Enfournez pour 35 min de cuisson, jusqu'à ce que le feuilleté soit gonflé et bien doré.

VARIANTE
Remplacez la confiture de figues par de la compote de pruneaux.

Roulade meringuée à l'abricot

PRÉP 30 MIN | CUISS 20 MIN | ❄

Matériel • fouet électrique • plaque à pâtisserie de 32,5 x 23 cm, tapissée de papier cuisson

POUR 8 PERSONNES
4 bancs d'œufs
1 pincée de sel
225 g de sucre en poudre
25 g d'amandes effilées
un peu de sucre glace
30 cl de crème fleurette
240 g d'oreillons d'abricots au sirop soigneusement égouttés
la pulpe + les graines de 2 fruits de la passion

1 Préchauffez le four à 150 °C (th. 5). Montez les blancs d'œufs en neige avec le sel. Lorsqu'ils commencent à durcir, versez peu à peu le sucre et fouettez, jusqu'à l'obtention d'une neige ferme et brillante. Étalez la préparation en une couche régulière sur la plaque. Parsemez d'amandes. Faites cuire au four pendant 20 min. Démoulez aussitôt la meringue sur une feuille de papier cuisson saupoudrée de sucre glace. Laissez refroidir.

2 Pendant ce temps, fouettez la crème, jusqu'à l'obtention d'une chantilly. Étalez-la sur la meringue. Ajoutez les abricots et les fruits de la passion, en les répartissant de manière régulière. Roulez la meringue sur elle-même, en vous aidant de la feuille de papier cuisson. Enveloppez le rouleau dans de l'aluminium ménager, en serrant bien. Placez au congélateur.

3 Pour servir, ôtez l'aluminium ménager et le papier cuisson. Laissez décongeler pendant quelques heures à température ambiante. Au dernier moment, saupoudrez de sucre glace.

VARIANTE En saison, vous pouvez remplacer les abricots par 250 g de framboises.

Tarte amandine aux pêches

PRÉP 20 MIN | CUISS 30 MIN | ❄

Matériel • fouet électrique • moule à tarte de 36 x 12 cm

POUR 8 PERSONNES
250 g de pâte sablée
25 g de farine
+ 1 c. à s. pour étaler la pâte
100 g de beurre ramolli
+ 1 noix pour le moule
100 g de sucre en poudre
2 gros œufs
100 g d'amandes en poudre
4 pêches dénoyautées et coupées en deux
un peu de sucre glace pour le décor

1 Préchauffez le four à 200 °C (th. 6-7). Étalez la pâte sablée sur le plan de travail fariné et garnissez-en un moule à tarte beurré. Piquez le fond à l'aide d'une fourchette. Réservez au réfrigérateur.

2 Réduisez le beurre ramolli en pommade. Ajoutez le sucre et mélangez au fouet électrique, puis incorporez les œufs l'un après l'autre. Ajoutez peu à peu les amandes en poudre et la farine, jusqu'à l'obtention d'une crème homogène.

3 Étalez la crème d'amandes sur le fond de pâte. Ajoutez les pêches, face bombée au-dessus, en les enfonçant légèrement dans la crème. Faites cuire la tarte au four pendant 30 min, jusqu'à ce qu'elle soit dorée. Laissez refroidir puis enveloppez dans du film alimentaire et de l'aluminium ménager. Placez au congélateur.

4 Décongelez la tarte en la plaçant pendant une nuit au réfrigérateur. Servez-la froide, ou réchauffée pendant 20 min dans le four préchauffé à 180 °C (th. 6). Saupoudrez-la de sucre glace.

VARIANTE À la place des pêches, utilisez des abricots, des nectarines ou des prunes bien mûres.

Mini-puddings aux fruits rouges

PRÉP 30 MIN · CUISS 10 MIN

Matériel • 6 moules à muffins d'une contenance de 20 cl

POUR 6 PERSONNES

9 tranches de pain de mie écroûtées
700 g de petits fruits rouges (framboises, mûres, groseilles, myrtilles, cassis)
100 g de sucre en poudre
un peu de sucre glace pour le décor

1 Après avoir découpé le pain de mie, tapissez-en le fond et la paroi des moules, de manière à ne laisser aucun interstice. Les moules doivent être chemisés avec soin, afin que les puddings se tiennent bien lors du démoulage. Réservez un quart du pain pour couvrir le dessus.

2 Versez les fruits rouges, le sucre et 25 cl d'eau dans une casserole. Portez à ébullition. Laissez cuire pendant 5 min à feu doux, jusqu'à ce que les baies rendent leur jus. Égouttez les fruits, en conservant le jus. À l'aide d'un pinceau, imbibez le pain de mie de jus, afin qu'il soit bien coloré. Répartissez les petits fruits dans les moules, en tassant légèrement. Chemisez avec le reste du pain et imbibez-le de jus. Laissez refroidir. Tendez un film alimentaire à la surface des moules et placez-les au congélateur.

3 Pour servir, laissez décongeler les puddings au réfrigérateur pendant une nuit, ou pendant quelques heures à température ambiante. Démoulez et saupoudrez de sucre.

VARIANTE
Vous pouvez remplacer le pain de mie écroûté par du pain brioché.

CONSEIL DU CHEF
La quantité de petits fruits rouges est susceptible de varier, selon leur taille et leur degré de maturité. N'hésitez pas à bien remplir les moules et à tasser les fruits avec le dos d'une cuillère. Si nécessaire, placez un poids sur les puddings avant de les mettre au congélateur.

Puddings chauds aux dattes, sauce toffee

PRÉP 20 MIN · CUISS 25 MIN

Matériel • mixeur • 8 moules à muffins d'une contenance de 20 cl chacun

POUR 8 PERSONNES

200 g de dattes dénoyautées
1 c. à c. de bicarbonate de soude
225 g de farine
½ sachet de levure chimique
125 g de beurre ramolli
+ 1 noix pour les moules
175 g de vergeoise brune (ou blonde)
3 œufs

Pour la sauce toffee :
150 g de vergeoise brune (ou blonde)
75 g de beurre coupé en dés
15 cl de crème fleurette
1 pincée de sel

1 Préchauffez le four à 180 °C (th. 6). Mélangez les dattes, le bicarbonate de soude et 20 cl d'eau dans une casserole. Portez à ébullition et laissez frémir pendant 5 min. Mixez les dattes avec le jus de cuisson. Réservez.

2 Versez la farine, la levure, le beurre, la vergeoise et les œufs dans le bol du mixeur. Mixez jusqu'à ce que la préparation soit homogène. Ajoutez la purée de dattes et mixez à nouveau. Transvasez dans les moules beurrés, et enfournez, au bain-marie, pour 25 min de cuisson.

3 Pendant ce temps, préparez la sauce. Faites fondre la vergeoise, le beurre et la crème fleurette à feu doux. Ajoutez le sel et laissez frémir pendant 5 min.

4 Laissez refroidir la sauce. Démoulez les puddings, puis placez-les au congélateur dans un contenant hermétique. Congelez la sauce à part.

5 Pour servir, décongelez la sauce et les puddings au réfrigérateur ou à température ambiante. Réchauffez les puddings pendant 20 min dans le four préchauffé à 180 °C (th. 6). Nappez-les de sauce réchauffée au bain-marie.

Astuce
Si vous manquez de temps, faites chauffer une sauce au chocolat du commerce au bain-marie.

Tarte aux pommes

PRÉP 10 MIN · CUISS 25 MIN

Matériel • moule à tarte de 20 cm de diamètre • billes de cuisson en céramique

POUR 6 PERSONNES

1 rouleau de pâte brisée (225 g)
15 g de beurre coupé en dés + 1 noix pour le moule
4 pommes pelées, épépinées et taillées en fines lamelles
3 c. à s. de sucre en poudre

1 Préchauffez le four à 200 °C (th.6-7). Déroulez la pâte et garnissez-en un moule à tarte beurré. Piquez le fond du moule avec une fourchette et recouvrez-le d'aluminium ménager et de billes de cuisson. Faites cuire au four pendant 10 min, puis retirez l'aluminium ménager et les billes de cuisson. Réservez sur une grille.

2 Disposez les lamelles de pommes en rosace sur le fond de pâte, en les faisant se chevaucher légèrement. Saupoudrez de sucre et parsemez de dés de beurre. Faites cuire la tarte au four pendant 15 min, jusqu'à ce que les pommes commencent à caraméliser et que la pâte soit dorée. Laissez refroidir complètement. Démoulez et enveloppez dans du film alimentaire, puis dans de l'aluminium ménager. Placez au congélateur.

3 Pour servir, laissez décongeler au réfrigérateur pendant une nuit. Servez à température ambiante.

CONSEIL DU CHEF

Si vous souhaitez servir la tarte chaude, laissez-la décongeler, puis glissez-la pendant 20 min dans le four préchauffé à 180 °C (th. 6).

Gâteau mousseline aux fruits

PRÉP 20 MIN · CUISS 50 MIN

Matériel • fouet électrique • moule à manqué supportant la congélation

POUR 6 PERSONNES

125 g de beurre ramolli
125 g de sucre en poudre pour la pâte + 2 c. à s. pour les fruits
2 gros œufs
175 g de farine
½ sachet de levure chimique
2 pommes pelées, épépinées et coupées en dés
250 g de mûres
un peu de sucre glace pour le décor (facultatif)

1 Préchauffez le four à 180 °C (th. 6). Dans une jatte, battez le beurre et le sucre au fouet. Lorsque le mélange est crémeux, incorporez les œufs l'un après l'autre. Ajoutez peu à peu la farine et la levure, jusqu'à l'obtention d'une pâte légère.

2 Disposez les pommes et les mûres dans le moule à manqué. Ajoutez 2 c. à s. de sucre et 2 c. à s. d'eau. Transvasez la pâte sur les fruits, puis égalisez la surface. Faites cuire au four pendant 50 min : une brochette piquée au centre du gâteau doit ressortir propre. Laissez refroidir complètement, puis enveloppez le moule dans du film alimentaire et de l'aluminium ménager.

3 Pour servir, décongelez le gâteau au réfrigérateur pendant une nuit, puis faites-le réchauffer pendant 30 min dans le four préchauffé à 180 °C (th. 6). Au dernier moment, saupoudrez-le de sucre glace.

VARIANTE

Remplacez 25 g de farine par 25 g de cacao amer, et les pommes par des poires.

Crumble aux cerises

PRÉP 15 MIN | CUISS 40 MIN

Matériel • plat allant au four et au congélateur

POUR 6 PERSONNES
125 g de farine
125 g d'amandes en poudre
125 g de beurre coupé en dés
50 g de sucre en poudre

Pour la garniture :
550 g de cerises dénoyautées
2 c. à s. de jus de pomme
1 sachet de sucre vanillé

1 Préchauffez le four à 180 °C (th. 6). Dans une jatte, mélangez du bout des doigts la farine, les amandes en poudre, le beurre et le sucre, jusqu'à l'obtention de miettes de pâte grossières. Disposez les cerises au fond d'un plat à four. Parfumez-les avec le jus de pomme et saupoudrez-les de sucre vanillé. Recouvrez d'une couche régulière de miettes de pâte. Faites cuire au four pendant 40 min, jusqu'à ce que le crumble soit doré. Laissez refroidir complètement, puis enveloppez dans de l'aluminium ménager. Placez au congélateur.

2 Pour servir, décongelez le crumble, en le laissant au réfrigérateur pendant une nuit. Faites-le réchauffer pendant 30 min dans le four préchauffé à 180 °C (th. 6).

VARIANTE Déclinez cette recette avec des prunes dénoyautés ou des petits fruits rouges.

Astuce
Hors saison, utilisez des cerises surgelées ou des griottes au sirop bien égouttées.

Pudding de pain perdu à l'orange

PRÉP 10 MIN | CUISS 40 MIN

Matériel • plat allant au four et au congélateur

POUR 4 À 6 PERSONNES
4 tranches épaisses de pain de mie (ou de brioche)
20 g de beurre ramolli + 1 noix pour le plat
4 c. à s. de marmelade d'oranges
1 gros œuf
30 cl de lait entier
2 c. à s. de sucre en poudre
1 c. à c. de gingembre moulu

1 Tartinez les tranches de pain d'une couche de beurre, puis de marmelade. Découpez chaque tartine en 4 triangles. Rangez-les joliment dans un plat à four beurré. Battez l'œuf à la fourchette avec le lait, le sucre et le gingembre. Versez ce mélange sur le pain et laissez reposer pendant 30 min. Préchauffez le four à 180 °C (th. 6).

2 Enfournez le pudding pour 40 min de cuisson, jusqu'à ce qu'il soit bien doré. Laissez-le refroidir, puis enveloppez-le dans de l'aluminium ménager. Placez au congélateur.

3 Pour servir, décongelez le pudding pendant une nuit au réfrigérateur. Faites-le réchauffer pendant 45 min, dans le four préchauffé à 180 °C (th. 6).

VARIANTE Ce pudding est délicieux tartiné de confiture de mûres, de fraises ou de fruits rouges.

Profiteroles au chocolat et à l'orange

PRÉP 20 MIN · CUISS 40 MIN · ❄

POUR 6 PERSONNES
50 g de beurre coupé en dés
+ 1 noix pour la plaque
100 g de farine
2 gros œufs

Pour la sauce au chocolat :
150 g de chocolat noir cassé en morceaux
30 cl de crème fleurette
2 c. à s. de cassonade
1 c. à s. de Grand Marnier

Pour la garniture :
50 cl de crème fleurette
le zeste râpé de 1 orange
2 c. à c. de Grand Marnier

1 Préchauffez le four à 200 °C (th. 6-7). Préparez la pâte à choux. Dans une casserole, faites bouillir 30 cl d'eau avec le beurre. Lorsqu'il a fondu, versez la farine en pluie et mélangez énergiquement, jusqu'à ce que la pâte se détache du fond de la casserole. Hors du feu, incorporez les œufs l'un après l'autre.

2 Dressez 12 petits choux, bien espacés entre eux, sur une plaque à pâtisserie beurrée. Faites cuire au four pendant 35 min, jusqu'à ce que les choux soient gonflés et bien dorés. Laissez refroidir dans le four éteint et entrouvert. Ouvrez-les en deux, pour pouvoir les farcir.

3 Préparez la sauce. Faites fondre le chocolat dans la crème fleurette, en remuant jusqu'à l'obtention d'une crème lisse. Ajoutez la cassonade et parfumez avec le Grand Marnier. Laissez refroidir complètement, puis placez au congélateur.

4 Préparez la garniture. Fouettez la crème fleurette en chantilly. Parfumez-la avec le zeste d'orange et le Grand Marnier. Garnissez les choux de chantilly à l'orange. Rangez-les dans un sac de congélation et placez-les au congélateur.

5 Pour servir, décongelez les profiteroles et la sauce au réfrigérateur, pendant une nuit. Faites réchauffer la sauce à feu doux. Disposez les profiteroles sur un plat et nappez-les de la sauce au chocolat.

Gâteau renversé à l'ananas

PRÉP 10 MIN · CUISS 50 MIN · ❄

Matériel • fouet électrique • plat allant au four et au congélateur

POUR 4 À 6 PERSONNES
150 g de beurre ramolli
+ 1 noix pour le plat
3 c. à s. cassonade
400 g de tranches d'ananas au sirop
125 g de sucre en poudre
2 œufs
175 g de farine
½ sachet de levure chimique
2 c. à s. de lait

1 Préchauffez le four à 180 °C (th. 6). Beurrez un plat à four et saupoudrez-le de cassonade. Égouttez les tranches d'ananas et disposez-les côte à côte au fond du plat, sur la cassonade.

2 Dans une jatte, battez le beurre et le sucre au fouet électrique. Lorsque le mélange devient crémeux, incorporez les œufs l'un après l'autre, puis la farine, la levure et le lait, par petites quantités, jusqu'à l'obtention d'une pâte fluide. Transvasez la pâte sur les tranches d'ananas. Lissez la surface et faites cuire le gâteau au four pendant 50 min, jusqu'à ce qu'il soit doré et moelleux au toucher. Laissez refroidir complètement et enveloppez dans de l'aluminium ménager. Placez au congélateur.

3 Pour servir, laissez décongeler pendant une nuit au réfrigérateur. Faites réchauffer pendant 30 min dans le four préchauffé à 180 °C (th. 6), puis retournez sur un plat.

VARIANTE
Nappez le fond du plat d'une fine couche de sirop d'érable. Déposez les tranches d'ananas par-dessus, en supprimant la cassonade.

RECEVOIR

Tarte à la cassonade

PRÉP 20 MIN · CUISS 35 MIN

Matériel • moule à tarte de 20 cm de diamètre • billes de cuisson en céramique

POUR 6 PERSONNES
225 g de farine
+ 1 c. à s. pour le plan de travail
75 g de beurre coupé en dés
1 pincée de sel

Pour la garniture :
25 g de beurre ramolli
4 tranches de pain de mie broyées au mixeur
100 g de cassonade

1 Préchauffez le four à 180 °C (th. 6). Mélangez du bout des doigts la farine, le beurre et le sel, jusqu'à l'obtention d'une consistance sableuse. Ajoutez 2 c. à s. d'eau, pétrissez et formez une boule.

2 Étalez la pâte sur le plan de travail fariné. Garnissez-en un moule à tarte beurré, piquez le fond à la fourchette, puis recouvrez-le d'aluminium ménager et de billes de cuisson. Enfournez la pâte pour 15 min de cuisson. Réservez le fond précuit sur une grille.

3 Préparez la garniture. Réduisez le beurre en pommade dans un bol. Ajoutez les 4 tranches de pain de mie broyées et la cassonade. Mélangez soigneusement, puis étalez la préparation sur le fond de pâte.

4 Faites cuire au four pendant 15 min, jusqu'à ce que la garniture soit prise et légèrement dorée. Laissez refroidir la tarte, puis enveloppez-la dans de l'aluminium ménager. Placez-la au congélateur.

5 Pour servir, décongelez la tarte en la plaçant au réfrigérateur pendant une nuit. Faites-la réchauffer dans le four préchauffé à 180 °C (th. 6).

VARIANTE
Vous pouvez parfumer la garniture avec le zeste râpé de 1 citron.

Gâteau mousseline aux citrons

PRÉP 10 MIN · CUISS 30 MIN

Matériel • fouet électrique • plat allant au four et au congélateur

POUR 4 PERSONNES
75 g de beurre ramolli
175 g de sucre en poudre
le zeste + le jus de 2 citrons
le zeste de 1 orange
3 œufs, jaunes et blancs séparés
75 g de farine
20 cl de crème fraîche liquide
2 c. à s. de lemon curd

1 Préchauffez le four à 180 °C (th. 6). Dans une jatte, battez le beurre et le sucre au fouet électrique. Lorsque le mélange devient crémeux, ajoutez le zeste des citrons et de l'orange, ainsi que les jaunes d'œufs. Fouettez énergiquement. Incorporez peu à peu la farine et la crème liquide, en alternant les deux ingrédients. Ajoutez le jus des citrons et mélangez soigneusement, jusqu'à l'obtention d'une pâte fluide.

2 Montez les blancs d'œufs en neige ferme. Incorporez-les délicatement à la pâte. Étalez le lemon curd au fond du plat à four. Transvasez la pâte par-dessus, lissez la surface, puis enfournez le gâteau pour 30 min de cuisson, dans un bain-marie. Ôtez du four et laissez refroidir. Enveloppez dans du film alimentaire, puis dans de l'aluminium ménager. Placez au congélateur.

3 Pour servir, décongelez le gâteau pendant une nuit au réfrigérateur. Faites-le réchauffer pendant 30 min dans le four préchauffé à 180 °C (th. 6).

VARIANTE
Remplacez le zeste de l'orange par 1 c. à c. de gingembre moulu.

CONSEIL DU CHEF
Lorsque vous réchauffez le gâteau, piquez-le à l'aide d'une brochette, pour être sûr qu'il est chaud à cœur. Vous pouvez le protéger avec de l'aluminium ménager, pour éviter une trop forte coloration.

Gâteau au chocolat et petits-beurre

PRÉP 10 MIN

Matériel • moule carré profond de 18 cm de côté

POUR 6 PERSONNES

250 g de chocolat noir cassé en morceaux
150 g de beurre + 1 noix pour le moule
2 c. à s. de cassonade
450 g de petits-beurre émiettés
50 g de raisins secs
50 g d'amandes grossièrement mondées et concassées

1 Faites fondre le chocolat au bain-marie. Lorsqu'il a ramolli, ajoutez le beurre et laissez-le fondre, en remuant doucement, jusqu'à l'obtention d'une pâte lisse. Hors du feu, ajoutez la cassonade, les petits-beurre, les raisins et les amandes. Mélangez avec soin, puis transvasez dans un moule légèrement beurré, en tassant bien. Faites refroidir au réfrigérateur, puis enveloppez le moule dans du film alimentaire. Placez au congélateur.

2 Pour servir, décongelez le gâteau en le plaçant au réfrigérateur pendant une nuit. Démoulez, puis découpez en tranches épaisses.

VARIANTE
Farcissez le gâteau avec d'autres fruits secs, selon vos goûts.

CONSEIL DU CHEF
Émiettez les petits-beurre en les enfermant dans un torchon et en les concassant à l'aide d'un rouleau à pâtisserie. Évitez de les réduire en miettes trop fines, pour garder du croquant.

Gâteau moelleux au chocolat

PRÉP 15 MIN · CUISS 6 MIN

Matériel • fouet électrique • bol pour four à micro-ondes supportant la congélation

POUR 4 PERSONNES

125 g de beurre
3 œufs
125 g de cassonade
75 g de farine
2 c. à s. de cacao amer
25 g d'amandes en poudre
1 c. à c. de bicarbonate de soude

Pour la sauce au chocolat :
125 g de chocolat noir cassé en petits morceaux
50 g de beurre
3 c. à s. de crème fraîche épaisse (ou de crème fleurette)

1 Faites fondre le beurre au four à micro-ondes. Dans une grande jatte, battez les œufs et la cassonade au fouet électrique, jusqu'à ce que le mélange soit bien mousseux. Ajoutez peu à peu la farine, le cacao amer, les amandes en poudre et le bicarbonate de soude, sans cesser de fouetter, jusqu'à l'obtention d'une pâte lisse et bien aérée.

2 Transvasez la pâte dans un bol allant au four à micro-ondes. Tendez une bande de film alimentaire en surface. Faites cuire pendant 5 min à puissance maximale. Laissez refroidir le gâteau, puis recouvrez d'une seconde bande de film alimentaire. Placez au congélateur.

3 Préparez la sauce. Faites fondre le chocolat et le beurre au bain-marie. Lorsque le mélange devient lisse, incorporez la crème fraîche pour le rendre onctueux. Laissez refroidir, puis congelez.

4 Placez le gâteau et la sauce au réfrigérateur pendant une nuit pour les décongeler. Faites réchauffer le gâteau au four à micro-ondes pendant 5 min, ainsi que la sauce, en la remuant toutes les 30 s. Démoulez le gâteau et nappez-le de sauce.

Astuce
Gagnez du temps en faisant réchauffer une sauce au chocolat du commerce.

Pommes et mûres gratinées

PRÉP 15 MIN | CUISS 40 MIN

Matériel • plat allant au four et au congélateur

POUR 4 PERSONNES
100 g de pain de mie émietté
1 grosse noix de beurre ramolli
+ 1 noix pour le plat à four
le zeste râpé de 1 citron
3 pommes pelées, épépinées et émincées
150 g de mûres
15 cl de jus d'orange fraîchement pressé
2 à 3 c. à s. de sucre en poudre (selon le degré d'acidité des fruits)

1 Préchauffez le four à 180 °C (th. 6). Dans un bol, mélangez du bout des doigts le pain de mie émietté, le beurre ramolli et le zeste de citron râpé. Réservez.

2 Disposez les pommes dans un plat à four beurré. Ajoutez les mûres et arrosez les fruits avec le jus d'orange. Saupoudrez-les de sucre. Émiettez le contenu du bol sur les fruits, en les recouvrant entièrement. Faites cuire au four pendant 40 min, jusqu'à ce que le dessus soit gratiné. Laissez refroidir, puis enveloppez de film alimentaire. Placez au congélateur.

3 Décongelez le gratin, en le laissant pendant une nuit au réfrigérateur. Faites réchauffer pendant 40 min dans le four préchauffé à 180 °C (th. 6), jusqu'à ce que la surface soit bien dorée.

Crumble aux pommes

PRÉP 15 MIN | CUISS 30 MIN

Matériel • moule allant au four et au congélateur

POUR 4 PERSONNES
3 grosses pommes pelées, épépinées et coupées en cubes
50 à 75 g de sucre en poudre (selon le degré d'acidité des fruits)

Pour la pâte à crumble :
125 g de farine
50 g de beurre coupé en dés
125 g de cassonade blonde (ou de sucre en poudre)

1 Préchauffez le four à 200 °C (th. 6-7). Faites revenir les pommes et le sucre dans une poêle avec un peu d'eau, jusqu'à ce que les fruits soient tendres, mais sans les réduire en compote. Transvasez le mélange dans le moule.

2 Préparez la pâte. Dans une jatte, mélangez du bout des doigts la farine, le beurre et la cassonade, jusqu'à l'obtention de miettes grossières. Parsemez les pommes de miettes de pâte, en les recouvrant uniformément. Faites cuire le crumble au four pendant 30 min, jusqu'à ce qu'il soit doré. Laissez refroidir, puis enveloppez dans une double épaisseur de film alimentaire et d'aluminium ménager. Placez au congélateur.

3 Pour décongeler le crumble, placez-le pendant une nuit au réfrigérateur. Faites-le réchauffer pendant 30 min dans le four préchauffé à 180 °C (th. 6-7).

VARIANTE
Complétez la garniture avec des mûres, des myrtilles ou des framboises.

Astuce
Réalisez un crumble exotique, en faisant revenir à la poêle des cubes de mangue ou d'ananas surgelés.

Tarte aux noix de pécan

PRÉP 15 MIN · CUISS 1 H · ❄

Matériel • moule à tarte de 20 cm de diamètre • billes de cuisson en céramique

POUR 6 PERSONNES

1 rouleau de pâte sablée (230 g)
125 g de beurre + 1 noix pour le moule
2 c. à s. de sirop d'érable
50 g de vergeoise blonde
50 g de vergeoise brune
300 g de noix de pécan
2 œufs battus

1 Préchauffez le four à 200 °C (th. 6-7). Déroulez la pâte et garnissez-en un moule à tarte beurré. Piquez le fond à la fourchette. Recouvrez-le d'aluminium ménager et de billes de cuisson. Faites cuire la pâte au four pendant 10 min, puis ôtez l'aluminium ménager et les billes. Poursuivez la cuisson pendant 5 min, jusqu'à ce que le fond soit légèrement doré.

2 Abaissez la température du four à 150 °C (th. 5). Faites fondre le beurre et le sirop d'érable dans une casserole. Hors du feu, ajoutez les vergeoises blonde et brune. Mélangez bien et ajoutez les noix de pécan. Laissez refroidir et incorporez les œufs battus. Répartissez la préparation sur le fond de pâte précuit. Enfournez pour 40 min de cuisson, jusqu'à ce que le dessus soit doré, mais reste souple au toucher.

3 Placez la tarte au réfrigérateur pendant une nuit afin de la décongeler. Servez-la à température ambiante, ou faites-la réchauffer pendant 30 min dans le four préchauffé à 150 °C (th. 5).

VARIANTE

N'hésitez pas à remplacer les noix de pécan par des cerneaux de noix.

Astuce

Accompagnez de glace à la vanille si la tarte est chaude, et de crème fouettée si elle est froide.

Strudel aux poires et à la cannelle

PRÉP 10 MIN · CUISS 40 MIN · ❄

POUR 4 PERSONNES

4 poires bien mûres pelées et émincées
1 c. à c. de cannelle moulue
50 g de raisins secs
1 à 2 c. à s. de sucre en poudre
15 feuilles de pâte filo
20 g de beurre fondu
+ 1 noix pour la plaque

1 Dans une jatte, mélangez les poires émincées, la cannelle, les raisins secs et le sucre. Laissez macérer. À l'aide d'un pinceau, badigeonnez 3 feuilles de pâte filo avec un peu de beurre fondu. Posez-les l'une sur l'autre. Procédez de même avec 3 autres feuilles. Placez les 2 tas de feuilles côte à côte.

2 Disposez 3 autres feuilles de pâte filo sur les précédentes, en les plaçant dans l'autre sens. Répétez l'opération en plaçant 3 feuilles de filo à côté des 3 dernières, de manière à obtenir un grand rectangle. Déposez le mélange aux poires au centre du rectangle. Repliez les bords sur la farce. Recouvrez avec 3 feuilles de filo superposées et beurrées. Roulez le strudel sur lui-même. Enveloppez dans deux épaisseurs de film alimentaire. Placez au congélateur.

3 Placez pendant une nuit au réfrigérateur, puis faites cuire sur une plaque à pâtisserie beurrée pendant 40 min, dans le four préchauffé à 200 °C (th.6-7)

CONSEIL DU CHEF

Surveillez la cuisson du strudel pour qu'il ne colore pas trop vite. Si nécessaire, protégez-le avec de l'aluminium ménager.

GOURMANDISES D'ENFANCE

Des desserts faciles et rapides à préparer, aux savoureux parfums d'autrefois…

Roulade chocolatée aux biscuits amaretti

PRÉP 30 MIN · CUISS 20 MIN

Repos • 30 min

Matériel • plaque à pâtisserie 33 x 23 cm • fouet électrique

POUR 8 PERSONNES

6 œufs, jaunes et blancs séparés
150 g de sucre en poudre
50 g de cacao en poudre
1 c. à s. de sucre glace
+ 1 c. à c. pour le décor
30 cl de crème fraîche liquide
(ou de crème fleurette)
3 c. à s. d'amaretto
(ou de cognac)
20 biscuits amaretti concassés
+ 2 biscuits pour le décor
50 g de chocolat noir

1 Préchauffez le four à 180 °C (th. 6). Recouvrez la plaque à pâtisserie de papier cuisson. Versez les jaunes d'œufs et le sucre dans un saladier, que vous placerez au-dessus d'un bain-marie chaud. Fouettez pendant au moins 10 min, jusqu'à l'obtention d'une consistance lisse et crémeuse. Versez les blancs d'œufs dans un autre saladier et, à l'aide du fouet électrique, montez-les en neige ferme.

2 Tamisez le cacao au-dessus des jaunes d'œufs, puis incorporez délicatement les blancs en neige. Étalez la préparation en une couche régulière sur la plaque et lissez les bords. Faites cuire au four pendant 20 min. Saupoudrez une feuille de papier cuisson de 1 c. à s. de sucre glace. Démoulez la génoise par-dessus, en veillant à ne pas la briser. Laissez reposer pendant 30 min.

3 Versez la crème dans un saladier et battez à l'aide du fouet électrique, jusqu'à l'obtention d'une chantilly. Ôtez le papier cuisson et égalisez les bords de la génoise à l'aide d'un couteau-scie. Imbibez-la d'amaretto. Étalez la chantilly et ajoutez les biscuits concassés, en les répartissant régulièrement. Râpez le chocolat noir par-dessus, en conservant 1 c. à c. de chocolat râpé pour la finition.

4 Roulez la génoise sur elle-même, en vous aidant du papier cuisson. Déposez-la sur un plat, puis parsemez de 2 biscuits émiettés et de chocolat noir râpé. Saupoudrez de 1 c. à c. de sucre.

VARIANTE À la place des biscuits, ajoutez 2 c. à s. de crème de marrons à la crème,

Tarte au citron

PRÉP 20 MIN · CUISS 55 MIN

Réfrigération • 30 min

Matériel • moule à tarte à fond amovible de 20 cm de diamètre • billes de cuisson en céramique

POUR 8 PERSONNES

125 g de beurre froid coupé en dés
175 g de farine
75 g d'amandes en poudre
1 c. à s. de farine pour le plan de travail
75 ml de jus de citron + le zeste de 2 citrons
75 g de sucre en poudre
3 œufs
18 cl de crème fraîche liquide

1 Préchauffez le four à 200 °C (th. 6-7). Versez le beurre et la farine dans un saladier. Mélangez-les avec vos doigts, jusqu'à l'obtention d'une consistance granuleuse. Incorporez les amandes et ajoutez 3 c. à s. d'eau glacée. Mélangez jusqu'à ce que la pâte forme une boule, que vous étalerez sur un plan de travail légèrement fariné. Déposez la pâte dans le moule à tarte, puis ôtez l'excédent de pâte, en passant le rouleau à pâtisserie sur les bords du moule. Laissez reposer au réfrigérateur pendant 30 min.

2 Déposer une feuille de papier cuisson sur le fond de tarte, recouvrez-le de billes en céramique et faites cuire au four pendant 15 min. Retirez le papier et les billes, puis prolongez la cuisson de 5 min. Réservez à température ambiante et réduisez la température du four à 150 °C (th. 5).

3 Dans un saladier, mélangez le jus de citron avec le sucre. Ajoutez les œufs et le zeste des citrons. Incorporez la crème, puis versez ce mélange sur le fond de tarte. Faites cuire pendant 35 min. Sortez du four, même si le centre reste un peu liquide. Laissez refroidir, puis placez la tarte au réfrigérateur.

Astuce

Utilisez une pâte sablée du commerce déjà prête, de très bonne qualité.

Crèmes brûlées au café

PRÉP 15 MIN CUISS 1 H

Réfrigération • 1 nuit
Matériel • fouet électrique • 6 ramequins d'une contenance de 12 cl

POUR 6 PERSONNES
5 jaunes d'œufs
125 g de sucre semoule + 6 c. à c.
45 cl de crème fraîche liquide
10 cl de lait entier
3 c. à s. de café fort
1 gousse de vanille fendue en deux dans la longueur, pulpe prélevée à l'aide d'un petit couteau (ou ½ c. à c. d'extrait de vanille)

1 Préchauffez le four à 160 °C (th. 5-6). Fouettez les jaunes d'œufs avec le sucre, jusqu'à l'obtention d'une consistance lisse et crémeuse. Dans une casserole, versez la crème, le lait, le café et la vanille. Portez à l'ébullition. Hors du feu, ajoutez les jaunes d'œufs fouettés. Filtrez dans une passoire fine. Répartissez dans les ramequins.

2 Placez les ramequins dans un grand plat à gratin que vous remplirez d'eau à mi-hauteur. Couvrez d'aluminium ménager et faites cuire au four pendant 1 h. Le centre de la crème brûlée doit être encore souple en fin de cuisson.

3 Laissez refroidir hors du four et du bain-marie, puis placez pendant toute une nuit au réfrigérateur. Quelques heures avant de servir, saupoudrez les crèmes de 1 c. à c. de sucre et passez-les sous le gril du four pendant quelques minutes, jusqu'à ce que le sucre ait bien caramélisé. Placez-les au réfrigérateur jusqu'au moment de servir.

VARIANTE

Pour une crème brûlée classique, remplacez le café par une deuxième gousse de vanille ou par ½ c. à c. d'extrait de vanille.

Délice au chocolat

PRÉP 20 MIN CUISS 1 H

Matériel • moule à gâteau de 23 cm de diamètre • fouet électrique

POUR 8 OU 10 PERSONNES
250 g de beurre doux coupé en dés
350 g de chocolat noir cassé en morceaux
250 g de sucre roux en poudre
5 œufs, jaunes et blancs séparés
1 pincée de sel
1 c. à s. de sucre glace (ou de cacao)

1 Préchauffez le four à 180 °C (th. 6). Foncez le moule de papier cuisson. Faites fondre le beurre et le chocolat au-dessus d'un bain-marie, en remuant régulièrement. Transférez dans un saladier et laissez tiédir avant d'ajouter le sucre. Mélangez, puis incorporez les jaunes d'œufs, l'un après l'autre, en mélangeant soigneusement entre chaque addition.

2 Battez les blancs d'œufs additionnés de 1 pincée de sel au fouet électrique, jusqu'à l'obtention d'une neige ferme. Incorporez délicatement la sauce au chocolat, versez l'ensemble dans le moule et égalisez la surface. Faites cuire au four pendant 1 h, jusqu'à ce que le gâteau soit cuit et que le centre demeure un peu souple. Laissez refroidir dans le moule avant de démouler et de saupoudrer de sucre glace. Servez avec une crème anglaise.

CONSEIL DU CHEF

Attention à ne pas trop cuire l'entremets : si le centre est encore liquide à la sortie du four, ce dessert sera délicieusement fondant à cœur.

Cheesecake aux myrtilles

PRÉP 20 MIN · CUISS 40 MIN

Repos • 1 h
Matériel • moule à cake à fond amovible de 20 cm de diamètre • robot ménager

POUR 8 PERSONNES
50 g de beurre + 1 noix pour le moule
125 g de petits-beurre
150 g de myrtilles
150 g de sucre en poudre + 3 c. à s.
400 g de fromage frais égoutté
250 g de mascarpone
2 œufs entiers + 1 jaune
½ c. à c. d'extrait de vanille
2 c. à s. de farine

1 Préchauffez le four à 180 °C (th. 6). Beurrez le moule. Mettez les petits-beurre dans un sachet en plastique et broyez-les à l'aide du rouleau à pâtisserie. Faites fondre le beurre et incorporez-le aux biscuits en poudre. Répartissez le mélange en une couche uniforme dans le moule beurré.

2 Versez les myrtilles avec 3 c. à s. de sucre dans le robot ménager et pulvérisez, jusqu'à l'obtention d'une purée lisse. Filtrez-la dans une passoire très fine. Versez le coulis dans une petite casserole, portez à ébullition, puis laissez mijoter pendant 5 min, de manière à obtenir un jus épais et sirupeux. Réservez-le. Lavez la cuve du robot ménager.

3 Mettez tous les autres ingrédients dans le robot. Pulvérisez, puis versez la crème obtenue dans le moule, sur le fond de biscuit. Égalisez avec une spatule en caoutchouc, puis recouvrez de coulis de myrtilles, en laissant libre cours à votre imagination. Faites cuire le gâteau pendant 40 min. Le centre doit rester souple au toucher. Laissez refroidir dans le four pendant 1 h, puis conservez au réfrigérateur jusqu'au moment de servir.

Astuce
Achetez un coulis de myrtilles de qualité dans une épicerie fine.

Tatin à la banane caramélisée

PRÉP 15 MIN · CUISS 35 MIN

Matériel • moule à tarte de 20 cm de diamètre

POUR 6 PERSONNES
75 g de beurre
150 g de sirop de sucre de canne roux
4 bananes pelées et émincées en rondelles de 1 cm d'épaisseur
1 c. à s. de farine pour le plan de travail
200 g de pâte feuilletée

1 Préchauffez le four à 190 °C (th. 6-7). Dans une casserole, mettez le beurre à fondre dans le sirop, puis portez à l'ébullition pendant 1 min. Versez le mélange au fond du moule et disposez les rondelles de banane par-dessus. Posez sur une plaque à pâtisserie et enfournez pour 10 min de cuisson.

2 Sur une plan de travail légèrement fariné, étalez la pâte feuilletée en un disque de 23 cm de diamètre environ, et de 5 mm d'épaisseur.

3 Sortez le moule du four et recouvrez de pâte feuilletée. À l'aide d'un petit couteau, enfoncez l'excédent de pâte à l'intérieur de moule, en évitant de vous brûler avec le caramel chaud. Enfournez le plat pour 25 min de cuisson supplémentaires, jusqu'à ce que la pâte soit dorée. Laissez reposer pendant 10 min hors du four, puis retournez la tarte sur un grand plat de service, pour que les bananes soient bien visibles. Accompagnez de glace à la vanille.

CONSEIL DU CHEF
À la sortie du four, le caramel sera très chaud. Évitez de le toucher, au moment de poser le disque de pâte sur le moule chaud.

Fondants au chocolat

PRÉP 15 MIN · CUISS 12 MIN

Matériel • 4 ramequins d'une contenance de 20 cl

POUR 4 PERSONNES

100 g de beurre coupé en dés
+ 1 noix pour les ramequins
100 g de chocolat noir haché
150 g de sucre roux en poudre
3 œufs
½ c. à c. d'extrait de vanille
50 g de farine

1 Préchauffez le four à 200 °C (th. 6-7). Beurrez les ramequins et posez-les sur une plaque à pâtisserie. Mettez le chocolat à fondre avec le beurre, dans un récipient en verre posé au-dessus d'un bain-marie frémissant. Remuez jusqu'à l'obtention d'une consistance lisse et brillante, puis laissez refroidir pendant 15 min à température ambiante.

2 Versez le sucre dans un saladier, sur le chocolat fondu. Ajoutez les œufs, l'un après l'autre, en fouettant énergiquement. Incorporez la vanille, puis la farine. Mélangez et répartissez entre les ramequins. Enfournez pour 10 min de cuisson. Glissez la lame d'un couteau autour du fondant et retournez le ramequin sur l'assiette.

Astuce

Préparez les ramequins la veille, réfrigérez-les et faites-les cuire au dernier moment.

CONSEIL DU CHEF

Il vaut mieux que le fondant soit moins cuit que trop cuit, pour que le centre reste bien liquide.

Pavlovas aux fruits rouges et épices

PRÉP 30 MIN · CUISS 1½ H

Matériel • fouet électrique

POUR 6 PERSONNES

3 œufs
1 pincée de sel
200 g de sucre en poudre
75 g de sucre glace
2 c. à c. de cannelle en poudre
500 g de fruits rouges surgelés, préalablement décongelés
3 c. à s. de porto
½ c. à c. de mélange quatre-épices
le zeste de 1 orange
30 cl de crème fraîche liquide (ou de crème fleurette)

1 Préchauffez le four à 130 °C (th. 4-5). Couvrez une plaque à pâtisserie de papier cuisson. Battez les blancs d'œufs additionnés de 1 pincée de sel au fouet électrique. Incorporez la moitié du sucre, 1 cuillerée à la fois, en fouettant constamment jusqu'à l'obtention d'une neige ferme et brillante.

2 Tamisez le sucre glace par-dessus, ajoutez 1 c. à c. de cannelle et mélangez délicatement. Répartissez le mélange en 6 portions égales, directement sur la plaque à pâtisserie, en les étalant, de manière à former des cercles de 10 cm de diamètre environ. Faites cuire au four pendant 1 h 30. Transférez délicatement les meringues sur une grille à pâtisserie et laissez-les refroidir pendant 30 min.

3 Pendant ce temps, dans une casserole, mettez la moitié des fruits à chauffer avec le porto et le reste de sucre en poudre. Ajoutez le mélange quatre-épices, le zeste d'orange et le reste de la cannelle. Portez à ébullition puis laissez mijoter à feu doux pendant 5 min. Hors du feu, versez le reste des fruits rouges dans la casserole, mélangez et laissez refroidir à température ambiante.

4 Battez la crème au fouet électrique, jusqu'à ce qu'elle s'accroche aux branches du fouet. Dressez sur des assiettes, puis répartissez la crème fouettée entre elles. Versez des fruits rouges par-dessus et dégustez sans attendre.

VARIANTE

En saison, utilisez un mélange de fruits frais : fraises, framboises, mûres, cerises...

Parfait glacé au caramel

PRÉP 20 MIN | CUISS 10 MIN

Repos • 30 min
Congélation • 24 h

Matériel • fouet électrique • moule à cake carré de 20 cm

POUR 16 PERSONNES

1 c. à c. d'huile pour la plaque
2 c. à s. de sirop de sucre de canne roux
5 c. à s. de sucre en poudre
1 c. à c. de bicarbonate de soude
50 cl de crème fraîche liquide
400 g de lait condensé en conserve

1 Huilez légèrement une plaque à pâtisserie et foncez le moule de film alimentaire, en le laissant déborder largement sur les côtés. Versez le sirop et le sucre dans une petite casserole à fond épais et réchauffez d'abord à feu doux. Portez ensuite à l'ébullition, jusqu'à l'obtention d'un caramel ambré. Hors du feu, ajoutez le bicarbonate de soude. Attention : le mélange va bouillonner. Versez le mélange bouillonnant sur la plaque huilée et laissez refroidir pendant 30 min. Quand le caramel est froid, cassez-le en petits morceaux.

2 Battez la crème au fouet électrique. Incorporez le lait condensé, en fouettant continuellement. Ajoutez le caramel, puis versez la préparation dans le moule. Égalisez les bords et recouvrez de film alimentaire. Placez au congélateur pendant toute une nuit, voire 24 h, jusqu'à ce que le parfait ait bien pris.

3 Ôtez le parfait du congélateur 15 min avant le service, pour qu'il ramollisse légèrement. Dressez de belles tranches sur les assiettes.

VARIANTE
Remplacez le caramel par un coulis de fruits, des amandes, des morceaux de chocolat...

Astuce
Achetez un parfait au lieu de le confectionner. Certains fabricants proposent des produits de qualité.

Flan aux pruneaux et cognac

PRÉP 15 MIN | CUISS 1 H

Matériel • moule à tarte à fond amovible de 20 cm de diamètre • billes de cuisson en céramique

POUR 8 PERSONNES

150 g de pruneaux d'Agen
3 c. à s. de cognac
1 c. à s. de farine
250 g de pâte sablée pur beurre
5 jaunes d'œufs
50 g de sucre en poudre
30 cl de crème fraîche
½ c. à c. d'extrait de vanille
1 pincée de noix muscade râpée
1 c. à s. de sucre en poudre pour le décor

1 Préchauffez le four à 200 °C (th. 6-7). Mettez les pruneaux à tremper dans le cognac. Étalez la pâte sablée sur une surface farinée. Déposez-la dans le moule, égalisez les bords et recouvrez le fond de papier cuisson. Versez les billes en céramique par-dessus et enfournez. Au bout de 20 min de cuisson, ôtez le papier et les billes, puis faites cuire au four pendant 5 min supplémentaires. Réservez à température ambiante. Réduisez la température du four à 150 °C (th. 5).

2 Dans un saladier, fouettez les jaunes d'œufs avec le sucre. Faites chauffer dans une casserole la crème additionnée de la vanille et de la noix muscade. Incorporez-la aux œufs blanchis. Filtrez au-dessus du fond de pâte précuite, ajoutez les pruneaux et enfournez pour 45 min de cuisson. Le centre du flan doit être légèrement souple en fin de cuisson. Laissez refroidir hors du four, puis placez au réfrigérateur jusqu'au moment de servir. Saupoudrez de sucre glace avant de découper en parts égales.

VARIANTE
Supprimez les pruneaux et vous aurez un délicieux flan nature, qui plaît beaucoup aux enfants !

Tarte aux deux citrons

PRÉP 30 MIN CUISS 45 MIN

Réfrigération • 30 min
Matériel • billes de cuisson en céramique • moule à flan à fond amovible de 20 cm de diamètre

POUR 6 PERSONNES

125 g de farine
75 g de sucre glace + 1 c. à s. pour le décor
1 pincée de sel
75 g de beurre froid coupé en dés
25 g de cacao en poudre
1 c. à s. de farine pour le plan de travail
3 œufs
125 g de sucre en poudre
20 cl de crème fraîche liquide
le zeste râpé + le jus de 1 citron jaune
le zeste râpé + le jus de 1 citron vert

1 Tamisez la farine, le sucre glace et 1 pincée de sel au-dessus d'un saladier. Ajoutez le beurre et le cacao. Mélangez du bout des doigts, jusqu'à l'obtention d'une pâte friable. Incorporez peu à peu 2 c. à s. d'eau glacée et pétrissez pendant quelques secondes. Assemblez la pâte en une boule. Enrobez de film alimentaire et placez au réfrigérateur pendant 30 min.

2 Préchauffez le four à 200 °C (th. 6-7). Étalez la pâte sur une surface farinée et déposez-la dans le moule. Égalisez les bords et recouvrez le fond de papier cuisson. Versez les billes en céramique par-dessus et enfournez pour 15 min de cuisson. Ôtez le papier et les billes et réservez à température ambiante. Réduisez la température du four à 170 °C (th. 5-6).

3 Dans un saladier, fouettez les œufs avec le sucre. Ajoutez les zestes et le jus des citrons. Versez sur le fond de pâte précuite. Lissez la surface à l'aide d'une spatule et enfournez pour 35 min de cuisson. Laissez refroidir à température ambiante, saupoudrez de sucre glace et servez.

Cheesecake aux cerises noires

PRÉP 30 MIN

Réfrigération • quelques heures
Matériel • moule de 20 cm de diamètre

POUR 6 PERSONNES

1 c. à c. d'huile pour le moule
75 g de beurre
200 g de petits-beurre émiettés
500 g de ricotta
75 g de sucre de canne roux
le zeste + le jus de 4 citrons
15 cl de crème fraîche liquide
11 g de gélatine en poudre
400 g de cerises noires au sirop

1 Huilez puis foncez le moule de papier sulfurisé. Faites fondre le beurre dans une casserole. Hors du feu, ajoutez les biscuits, en mélangeant soigneusement. Étalez le mélange en une couche régulière au fond du moule, en utilisant le dos d'une cuillère.

2 Dans un saladier, fouettez la ricotta avec le sucre et le zeste des citrons. Versez la crème fraîche dans un autre saladier, battez-la rapidement au fouet à main, puis incorporez-la à la ricotta. Mélangez à l'aide d'une spatule en bois.

3 Versez le jus des citrons et la gélatine dans un petit saladier en verre. Placez-la au-dessus d'un bain-marie frémissant et mélangez jusqu'à ce que la gélatine soit dissoute. Incorporez-la à la ricotta, puis versez le mélange dans le moule. Lissez la surface et placez au réfrigérateur pendant quelques heures.

4 Égouttez les cerises en réservant le sirop. Portez le sirop à l'ébullition dans une petite casserole, puis laissez mijoter pendant 10 min jusqu'à ce que le jus ait réduit des trois quarts. Laissez refroidir. Pour servir, empilez les cerises sur des parts de cheesecake et nappez du jus réduit.

> **CONSEIL DU CHEF**
> *Placez les petits-beurre dans un sachet en plastique et écrasez-les avec un rouleau à pâtisserie.*

RECEVOIR

Mini-éclairs au chocolat

PRÉP 30 MIN CUISS 30 MIN

Matériel • fouet électrique • poche à pâtisserie

POUR 30 PIÈCES

75 g de beurre
125 g de farine
3 œufs
1 c. à c. d'huile pour les plaques
50 cl de crème fraîche liquide
200 g de chocolat noir

1 Préchauffez le four à 200 °C (th. 6-7). Dans une casserole, faites fondre le beurre avec 20 cl d'eau glacée. Portez à ébullition, puis incorporez d'un seul coup la farine, en remuant vigoureusement avec une spatule en bois, jusqu'à ce que la pâte prenne en boule et se détache des parois de la casserole. Transférez dans un saladier.

2 Hors du feu, ajoutez les œufs au mélange précédent, l'un après l'autre. Remuez constamment, jusqu'à l'obtention d'une pâte lisse. Versez-la dans la poche à pâtisserie.

3 Huilez généreusement 2 plaques à pâtisserie. Dressez de fins bâtonnets de pâte sur la plaque (15 par plaque). Faites cuire dans le four pendant 20 min, jusqu'à ce que les éclairs soient bien dorés. Hors du four, pratiquez une entaille aux extrémités des éclairs. Prolongez la cuisson de 5 min. Laissez refroidir à température ambiante.

4 Battez la crème au fouet électrique, jusqu'à l'obtention d'une consistance légère. Emplissez les éclairs de crème fouetté à l'aide d'une poche munie d'une douille lisse. Cassez le chocolat dans un saladier et faites-le fondre au-dessus d'un bain-marie frémissant. Étalez-le sur les éclairs.

CONSEIL DU CHEF

Préparez la coque des éclairs à l'avance : à la fin de l'étape 3, placez-les dans un sachet et conservez au réfrigérateur pendant 2 jours.

Crèmes brûlées à la framboise

PRÉP 10 MIN CUISS 30 MIN

Réfrigération • 2 h
Repos • 20 min
Matériel • 6 ramequins • fouet électrique

POUR 6 PERSONNES

200 g de framboises
4 jaunes d'œufs
8 c. à s. de sucre roux en poudre
60 cl de crème fraîche épaisse
1 c. à c. d'extrait de vanille

1 Répartissez les framboises entre les ramequins. Fouettez les jaunes d'œufs avec 2 c. à s. de sucre dans un grand saladier, jusqu'à ce que le mélange blanchisse et commence à épaissir.

2 Dans une casserole, faites chauffer la crème à feu doux pendant 5 min en évitant l'ébullition. Hors du feu, ajoutez l'extrait de vanille et laissez reposer pendant 5 min.

3 Incorporez progressivement la crème tiède aux œufs blanchis, en remuant constamment. Versez ce mélange dans la casserole et faites cuire à feu doux pendant quelques minutes, en remuant constamment avec une spatule en bois. Évitez l'ébullition et remuez jusqu'à ce que la préparation épaississe. Versez-la dans les ramequins et laissez refroidir complètement. Placez au réfrigérateur pendant 2 h au minimum.

4 Avant de passer à table, saupoudrez chaque crème de 1 c. à s. de sucre et placez-les sous le gril du four, jusqu'à ce que la surface soit bien caramélisée. Vous pouvez aussi utiliser un chalumeau. Laissez reposer pendant 20 min avant de servir, le temps que le sucre se transforme en une croûte dure et cassante.

VARIANTE

Remplacez les framboises par des pêches bien mûres ou des cerises dénoyautées.

CONSEIL DU CHEF

Incorporez la crème aux œufs blanchis très lentement, sinon le mélange risque de se séparer.

Délice de framboises et chocolat blanc

PRÉP 25 MIN

Réfrigération • 30 min

POUR 6 À 8 PERSONNES

300 g de génoise
700 g de framboises fraîches
(ou surgelées et préalablement décongelées)
50 cl de mascarpone
30 cl de crème fraîche liquide
200 g de chocolat blanc

1 Coupez la génoise en tranches de 2 cm d'épaisseur. Rangez-les dans le fond et contre les parois d'un grand bol de service en verre. Pressez légèrement les framboises fraîches, pour en dégager le jus, puis versez-en la moitié sur la génoise. Si vous utilisez des fruits surgelés, égouttez-les avant de verser la moitié dans le bol, ainsi que 2 c. à s. de jus. Placez les récipients au réfrigérateur pendant 15 min.

2 Pendant ce temps, fouettez le mascarpone avec la crème fraîche, à l'aide d'une spatule en bois. Cassez en morceaux 150 g de chocolat et faites fondre dans un petit récipient placé au-dessus d'un bain-marie frémissant. Versez la moitié du chocolat fondu sur les framboises. Mélangez l'autre moitié avec la crème au mascarpone.

3 Déposez le reste des framboises dans le plat, en alternant avec la crème au mascarpone et au chocolat. Terminez par une couche de crème et râpez le reste de chocolat blanc par-dessus. Placez au réfrigérateur pendant 30 min avant de servir.

VARIANTE
Remplacez les framboises surgelées par des cerises au sirop égouttées.

CONSEIL DU CHEF
Le chocolat blanc est délicat à travailler : évitez toute projection d'eau chaude dans le chocolat pendant la fonte au bain-marie.

Crêpes aux pommes caramélisées et au chocolat

PRÉP 15 MIN — CUISS 20 MIN

Matériel • fouet électrique

POUR 4 OU 6 PERSONNES

50 g de farine
1 pincée de sel
1 œuf légèrement battu
15 cl de lait
15 cl de crème fraîche liquide
1 noix de beurre
3 c. à s. de sucre en poudre
4 pommes émincées en fines tranches
un peu d'huile de friture
125 g de chocolat noir râpé

1 Tamisez la farine avec le sel au-dessus d'un saladier. Creusez un puits au centre, puis versez l'œuf battu, ainsi que 2 c. à s. de lait. Mélangez l'œuf et le lait. Faites tomber peu à peu la farine à l'intérieur du puits, tout en y ajoutant le reste du lait. Battez ensuite au fouet à main, jusqu'à l'obtention d'une pâte lisse et fluide. Placez-la au réfrigérateur pendant 15 min.

2 Pendant ce temps, dans un saladier, battez rapidement la crème à l'aide du fouet électrique, jusqu'à l'obtention d'une crème légère et aérée, puis réservez. Versez le beurre et le sucre dans une poêle. Faites dissoudre le sucre à feu doux, ajoutez les tranches de pommes et laissez caraméliser pendant 8 min. Réservez dans un endroit tiède.

3 Mettez une poêle à chauffer à feu vif, puis huilez-la légèrement. Sortez la pâte à crêpe du réfrigérateur, fouettez vigoureusement et versez-en 1 louche dans la poêle. Décollez la pâte des bords de la poêle et faites cuire pendant 1 min, jusqu'à ce que la crêpe soit bien dorée. Retournez-la et prolongez la cuisson de 1 min. Transférez sur une assiette chaude et renouveler l'opération avec le reste de la pâte à crêpes.

4 Juste avant de servir, déposez quelques rondelles de pommes caramélisées et un peu de crème sur les crêpes. Pliez et saupoudrez de chocolat râpé.

VARIANTE
Remplacez les pommes par des rondelles de bananes. Ajoutez 1 boule de glace ou 1 filet de liqueur à la pomme.

Crèmes au caramel

PRÉP 15 MIN · CUISS 1 H

Repos • 15 min
Matériel • fouet électrique • 6 ramequins

POUR 6 PERSONNES
200 g de sucre de canne roux
50 cl de lait entier
1 gousse de vanille
3 œufs entiers + 3 jaunes

1 Dans une casserole, versez 100 g de sucre avec 4 c. à s. d'eau. Faites mijoter lentement, en remuant sans cesse, jusqu'à l'obtention d'un caramel ambré. Répartissez-le dans le fond des 6 ramequins.

2 Versez le lait dans une casserole. Fendez la gousse de vanille en deux dans la longueur. Ajoutez-la à la casserole, ainsi que le reste de sucre. Faites chauffer à feu doux sans bouillir. Dans un saladier, battez les œufs et les jaunes au fouet électrique, jusqu'à l'obtention d'un mélange lisse et crémeux. Incorporez peu à peu le lait chaud : le mélange va commencer à épaissir. Retirez la gousse de vanille et réservez.

3 Préchauffez le four à 180 °C (th. 6). Déposez les ramequins dans un plat à gratin, puis répartissez équitablement la crème entre les 6 récipients. Laissez reposer pendant 15 min.

4 Remplissez le plat à gratin d'eau, aux trois quarts, sans éclabousser les crèmes. Transférez le plat dans le four et faites cuire pendant 1 h. Laissez refroidir hors du four, puis placez au réfrigérateur jusqu'au moment de servir. Renversez le ramequin sur une assiette, pour que le caramel nappe la crème.

Assiettes de fruits rouges, sauce au chocolat blanc

PRÉP 5 MIN · CUISS 5 MIN

POUR 4 PERSONNES
400 g de fruits rouges mélangés surgelés
125 g de chocolat blanc
+ 25 g de copeaux de chocolat blanc
15 cl de crème fraîche liquide
(ou de crème fleurette)

1 Répartissez les fruits rouges entre 4 assiettes creuses. Cassez le chocolat en morceaux et mettez-les dans une casserole avec la crème fraîche. Faites chauffer à feu doux, en évitant l'ébullition et en remuant sans cesse, jusqu'à ce que le chocolat ait fondu.

2 Versez la sauce au chocolat très chaude sur les fruits surgelés et parsemez de copeaux de chocolat.

CONSEIL DU CHEF

Pour les grands, ajoutez 1 filet d'alcool au chocolat fondu : cognac, whisky ou calvados.

Cheesecake au gingembre confit

PRÉP 30 MIN | CUISS 50 MIN

Matériel • moule à manqué de 20 cm de diamètre • fouet électrique

POUR 6 PERSONNES
1 c. à c. d'huile
200 g de petits-beurre
25 g de beurre
4 œufs, jaunes et blancs séparés
175 g de sucre en poudre
150 g de fromage frais réservé à température ambiante
250 g de mascarpone
2 c. à s. de sirop de gingembre
5 morceaux de gingembre confit coupés en dés
1 c. à s. de farine

1 Préchauffez le four à 180 °C (th. 6). Huilez le fond du moule, puis recouvrez-le de papier cuisson. Mettez les biscuits dans un sachet en plastique et écrasez-les avec un rouleau à pâtisserie. Faites fondre le beurre dans une casserole, ajoutez les biscuits émiettés, puis mélangez soigneusement. Étalez-les dans le moule, en pressant avec le dos d'une cuillère.

2 Dans un saladier, battez les jaunes d'œufs avec le sucre, à l'aide du fouet électrique. Fouettez jusqu'à l'obtention d'une consistance lisse et crémeuse. Incorporez le fromage frais et le mascarpone, en mélangeant à la spatule en bois. Ajoutez le sirop et les dés de gingembre. Tamisez la farine par-dessus et mélangez délicatement.

3 Versez les blancs d'œufs dans un saladier. À l'aide du fouet électrique, montez-les en neige ferme, que vous ajouterez délicatement au mélange précédent. Versez le tout dans le fond du moule et enfournez pour 50 min de cuisson, jusqu'à ce qu'une croûte dorée se forme à la surface. Laissez refroidir le cheesecake dans le four éteint. Démoulez et coupez en parts.

CONSEIL DU CHEF

Tous les ingrédients, notamment les œufs, le fromage frais et le mascarpone, doivent être à température ambiante.

Gâteau roulé au chocolat, crème au beurre

PRÉP 25 MIN | CUISS 10 MIN

Matériel • fouet électrique • plaque à pâtisserie de 20 x 30 cm

POUR 8 PERSONNES
1 c. à c. d'huile pour la plaque
3 œufs
75 g de sucre en poudre
50 g de beurre
25 g de cacao en poudre + 2 c. à s. pour la finition
75 g de beurre réservé à température ambiante
125 g de sucre glace

1 Préchauffez le four à 200 °C (th. 6-7). Huilez la plaque et recouvrez-la de papier cuisson. Posez un grand saladier en verre au-dessus d'un bain-marie frémissant. Versez les œufs et le sucre. Fouettez pendant 10 min, jusqu'à l'obtention d'un mélange épais et crémeux. Tamisez la farine et le cacao par-dessus, puis mélangez à l'aide d'une cuillère.

2 Versez cette préparation sur la plaque à pâtisserie. Égalisez les bords et lissez la surface. Faites cuire au four pendant 10 min. Laissez reposer hors du four, recouvert d'un torchon humide.

3 Saupoudrez une feuille de papier cuisson de 1 c. à s. de cacao, puis retournez la génoise refroidie par-dessus. Mettez le beurre dans un saladier et fouettez jusqu'à l'obtention d'une consistance crémeuse. Incorporez progressivement le sucre glace, en continuant à fouetter. Étalez cette crème sur la génoise. Roulez-la sur elle-même, en vous aidant de la feuille de papier cuisson. Saupoudrez de cacao en poudre.

CONSEIL DU CHEF

Ce dessert a tendance à durcir rapidement : mieux vaut le consommer le jour même !

Glace au chocolat

PRÉP 15 MIN

Réfrigération • 1 nuit
Matériel • fouet électrique

POUR 8 PERSONNES
125 g de chocolat noir
50 g de chocolat au lait
4 jaunes d'œufs
4 c. à s. de sucre en poudre
1,2 l de crème fleurette

1 Cassez les chocolats en morceaux dans un saladier. Posez sur un bain-marie frémissant et faites fondre doucement. Laissez légèrement refroidir.

2 Versez les jaunes d'œufs dans un saladier et fouettez, jusqu'à l'obtention d'une consistance aérée. Incorporez petit à petit le sucre, en fouettant sans cesse. Mélangez soigneusement cette préparation au chocolat fondu.

3 Placez la crème fleurette dans un saladier et battez-la en neige ferme à l'aide du fouet électrique. Ajoutez-la à la préparation précédente et versez l'ensemble dans un récipient allant au congélateur. Fermez-le de manière hermétique et placez la glace au congélateur pendant une nuit.

4 Sortez la glace du congélateur 10 min avant de servir.

CONSEIL DU CHEF

Cette glace au chocolat maison se conservera pendant 1 mois au congélateur.

Soufflé au citron

PRÉP 30 MIN

Réfrigération • 2 h
Matériel • moule à soufflé de 1,2 l
• fouet électrique

POUR 6 À 8 PERSONNES
2 c. à s. de gélatine en poudre
1 c. à c. d'huile
6 œufs, jaunes et blancs séparés
125 g de sucre de canne roux
le zeste + le jus de 1 citron
50 cl de crème fraîche liquide (ou de crème fleurette)

1 Faites ramollir la gélatine dans un peu d'eau tiède pendant 15 min, puis mélangez pour la dissoudre complètement dans l'eau. Découpez une bande de papier cuisson de 10 cm de largeur et huilez-la soigneusement. Enroulez-la autour du moule à soufflé, de manière à ce qu'elle dépasse en hauteur. La partie huilée doit être bien visible. Attachez-la avec un trombone.

2 Versez les jaunes d'œufs, le sucre et le jus de citron dans un saladier. Fouettez jusqu'à ce que le mélange soit assez crémeux pour attacher aux branches du fouet. Incorporez la gélatine et laissez reposer pendant 10 min.

3 Pendant ce temps, versez la crème liquide dans un saladier, fouettez jusqu'à l'obtention d'une consistance légère et aérée, puis ajoutez les jaunes d'œufs au citron. Montez les blancs d'œufs en neige ferme. Incorporez-les au mélange en même temps que le zeste de citron.

4 Versez délicatement la préparation dans le moule à soufflé. Placez au réfrigérateur pendant 2 h. Ôtez le papier cuisson avant de servir.

VARIANTE

Remplacez le zeste et le jus de citron par quelques gouttes d'extrait de vanille.

CONSEIL DU CHEF

Veillez à utiliser de l'huile végétale pour graisser le papier cuisson, et non de l'huile d'olive, plus fruitée et parfumée.

Tarte aux pêches et aux nectarines

PRÉP 20 MIN CUISS 20 MIN

Réfrigération • 20 min
Repos • 30 min
Matériel • fouet électrique

POUR 8 PERSONNES
1 œuf entier + 2 jaunes d'œufs, dont 1 légèrement battu
50 g de sucre roux en poudre
25 g de farine
+ 1 c. à s. pour le plan de travail
30 cl de lait
300 g de pâte feuilletée
1 noix de beurre pour la plaque
4 pêches coupées en deux et dénoyautées
4 nectarines coupées en deux et dénoyautées
1 c. à s. de sucre glace pour le décor

1 Dans un saladier, versez l'œuf entier, 1 jaune d'œuf, le sucre et la farine. Battez à l'aide du fouet, jusqu'à l'obtention d'un mélange lisse. Mettez le lait à chauffer, sans le faire bouillir, puis incorporez-le au mélange précédent. Versez le tout dans la casserole et portez à l'ébullition, en remuant sans cesse. Faites cuire pendant quelques minutes, avant de transférer cette crème dans un saladier propre. Déposez une feuille de papier cuisson au contact de la crème, pour éviter qu'une croûte ne se forme.

2 Sur un plan de travail fariné, étalez la pâte feuilletée en un rectangle de 23 x 30 cm. Déposez-la sur une plaque à pâtisserie beurrée. À l'aide d'un couteau, tracez une ligne tout autour de la pâte, en laissant un bord libre de 2 cm de chaque côté. Avec le plat du couteau, marquez cette bordure de quelques traits horizontaux. Percez le fond de la tarte avec les pointes d'une fourchette et placez au réfrigérateur pendant 20 min. Préchauffez le four à 200 °C (th. 6-7).

3 Badigeonnez les bordures de jaune d'œuf battu, puis enfournez pour 20 min de cuisson. Laissez reposer pendant 30 min à température ambiante.

4 Étalez la crème sur le fond de tarte et recouvrez de fruits. Saupoudrez de sucre.

VARIANTE
En saison, remplacez les pêches et les nectarines par des abricots mûris à point.

CONSEIL DU CHEF
Si la crème a tendance à trop épaissir lors du refroidissement, battez-la vigoureusement à l'aide d'une spatule en bois.

Charlotte aux cerises

PRÉP 20 MIN

Réfrigération • 2 h
Matériel • moule à charlotte de 1,2 l • fouet électrique

POUR 8 PERSONNES
1 c. à c. d'huile
175 g de biscuits à la cuillère
3 c. à s. de cognac
10 cl de café fort
60 cl de crème fraîche
2 c. à s. de cacao en poudre
+ 1 c. à s. pour le décor
2 c. à s. de sucre glace
+ 1 c. à s. pour le décor
300 g de cerises coupées en deux et dénoyautées
+ 3 cerises entières pour le décor
125 g de chocolat noir

1 Huilez le moule et recouvrez le fond de papier sulfurisé. Réservez 5 biscuits et trempez le reste dans le cognac, puis dans le café. Dressez le fond du moule de biscuits coupés en deux, puis recouvrez les parois de biscuits entiers, en plaçant le côté sucré contre les parois.

2 Versez la crème dans un saladier et fouettez jusqu'à l'obtention d'une consistance aérée. Transférez la moitié dans un autre récipient. Incorporez le cacao et le sucre glace dans l'un des récipient, et ajoutez les cerises dans l'autre.

3 Versez les 2 crèmes dans le moule, en les alternant. Recouvrez des derniers boudoirs, en les enfonçant légèrement dans la crème. Placez au réfrigérateur pendant au moins 2 h, voire toute une nuit.

4 Pour démouler la charlotte, placez une assiette sur la jatte et retournez-la d'un coup sec. Enlevez le récipient, puis saupoudrez l'entremets de cacao et de sucre glace. Surmontez de 3 belles cerises fraîches.

CONSEIL DU CHEF
Il est préférable de préparer la charlotte la veille, car les biscuits auront alors le temps de s'imbiber de toute la palette de saveurs.

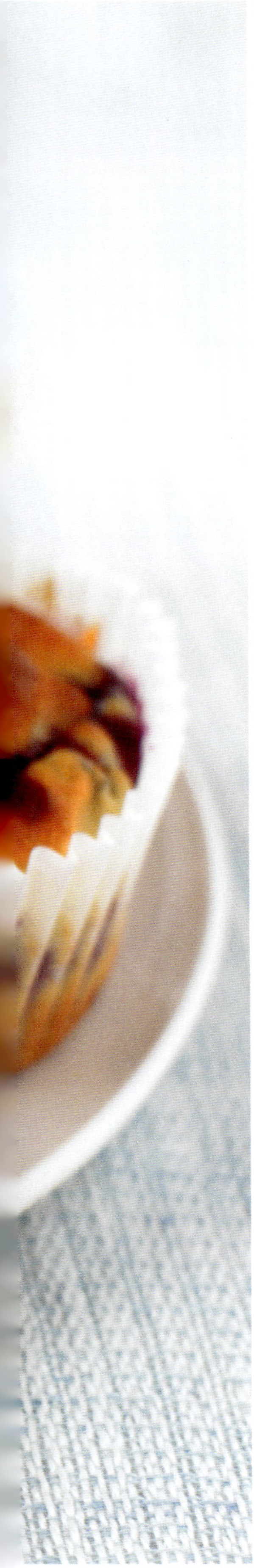

GÂTEAUX ET DÉLICES DU FOURNEAU

De somptueuses gourmandises, faciles et rapides à préparer.

GÂTEAUX ET DÉLICES DU FOURNEAU

Confectionner des gâteaux est une activité très agréable, mais qui demande précision et patience… Quelques conseils, un peu de méthode et des recettes faciles à suivre vous aideront à surmonter les difficultés. Les recettes de base sont simples : n'hésitez pas à les enrichir d'arômes de votre choix !

PAS-À-PAS

Gâteau mousseline

Un délicieux gâteau, léger comme une plume…

1 Préchauffez le four à 180 °C (th. 6). Huilez et chemisez 2 moules à génoise de 20 cm de diamètre (voir ci-contre). Au fouet électrique ou à la cuillère en bois, mélangez dans une jatte 225 g de beurre ramolli et 225 g de sucre en poudre, jusqu'à ce que le mélange soit crémeux.

2 Battez 4 œufs à la fourchette et incorporez-les peu à peu au contenu de la jatte, en mélangeant avec soin au fouet ou à la cuillère en bois. Ajoutez 1 c. à s. de farine, pour que le mélange reste bien homogène. Poursuivez jusqu'à ce que les œufs soient incorporés.

3 Incorporez progressivement 210 g de farine et ½ sachet de levure chimique, en mélangeant à la cuillère, jusqu'à l'obtention d'une pâte lisse et légère. Ajoutez 1 c. à s. d'eau si la pâte vous semble un peu trop épaisse.

4 Répartissez la préparation dans les 2 moules. Égalisez la surface avec une spatule. Enfournez pour 20 min de cuisson, jusqu'à ce que les gâteaux soient gonflés, dorés et souples au toucher. Retirez du four et laissez tiédir pendant 5 min dans les moules. Démoulez sur une grille et laissez refroidir.

Aromatiser le gâteau

Une fois la recette de base maitrisée, vous pourrez l'aromatiser en suivant vos goûts et vos envies. Confectionnez un gâteau au chocolat en ajoutant 1 c. à s. de **cacao amer**, tamisée à l'aide d'une passoire fine. Incorporez le zeste de 1 **citron** ou de 1 **orange** au mélange de beurre et de sucre, pour obtenir un gâteau au goût légèrement acidulé. Vous pouvez parfumer la pâte avec quelques pincées de **noix muscade,** ou un mélange d'**épices** pour pâtisserie. Si vous êtes amateur de café, n'hésitez pas à parfumer le mélange de beurre et de sucre avec 1 c. à s. de **café fort**.

Astuce

Si vous laissez la pâte à gâteau dans le moule pendant plus de 10 min avant de l'enfourner, elle peut perdre son homogénéité : votre gâteau risque fort d'être alors beaucoup moins réussi. Veillez à préchauffer votre four suffisamment à l'avance, et enfournez le gâteau dès que vous avez versé la pâte dans le moule.

PAS À PAS

Chemiser un moule
Démoulez facilement vos gâteaux.

1 Placez le moule sur une feuille de papier cuisson. À l'aide d'un crayon, tracez un cercle en suivant son contour.

2 Badigeonnez le fond du moule au pinceau, avec un peu d'huile neutre ou d'huile de tournesol.

3 Découpez le disque de papier en suivant l'intérieur du trait, de manière à ce qu'il soit bien ajusté au fond du moule.

Glaçages express
3 manières simples de décorer les gâteaux.

Nappage à l'abricot
Délayez 2 c. à s. de **confiture d'abricots** dans 1 c. à s. d'eau et faites chauffer le mélange à feu doux. À l'aide d'un pinceau, étalez la confiture chaude sur toute la surface du gâteau. Laissez refroidir et fourrez le gâteau avec de la crème au beurre et de la confiture d'abricots.

Ganache au chocolat blanc
Faites fondre au bain-marie 75 g de **chocolat blanc** haché avec 1 noix de **beurre** et 3 c. à s. de **crème fraîche**. Mélangez doucement à la cuillère en bois, jusqu'à l'obtention d'une crème lisse. Étalez la ganache sur toute la surface d'un gâteau garni de fruits frais, telles framboises ou fraises (voir Garnitures express).

Glaçage au mascarpone
Dans un bol, mélangez 3 c. à s. de **mascarpone** et 3 c. à s. de **sucre glace** tamisé à l'aide d'une passoire fine. Lorsque le mélange est bien homogène, incorporez un peu de **limoncello** (liqueur de citron italienne) pour le parfumer. Modifiez la quantité de liqueur selon vos goûts. Étalez ce glaçage à la surface d'un gâteau fourré d'une crème au citron.

Garnitures express
Concoctez un dessert festif !

Crème au beurre
Réduisez en pommade 125 g de **beurre** ramolli et 75 g de **sucre glace**, tamisé à l'aide d'une passoire fine. Parfumez avec un peu d'**extrait de vanille** et fouettez jusqu'à l'obtention d'une crème lisse. Vous pouvez l'aromatiser avec du **sirop d'érable**, de l'**essence d'amande amère** ou de l'**amaretto**. Pour une crème au moka, ajoutez un peu de **café** et de **cacao amer**.

Fruits d'été
Versez 300 g de **fruits rouges** dans une casserole, avec 50 g de **sucre en poudre** et un peu d'eau. Mettez à cuire à couvert et à petit feu pendant 5 min, en remuant. Laissez refroidir, puis placez pendant 1 h au réfrigérateur. Ouvrez le gâteau en deux dans l'épaisseur et garnissez avec les deux tiers des fruits. Décorez la surface avec le reste des fruits.

Crème fouettée aux marrons
Battez 10 cl de **crème fraîche liquide** au fouet électrique. Incorporez 2 c. à s. de **crème de marrons**, en mélangeant rapidement. Parfumez avec 1 sachet de **sucre vanillé** ou 1 c. à s.de **rhum**. Ouvrez le gâteau en deux dans l'épaisseur et étalez la crème sur le disque inférieur. Reconstituez le gâteau.

PAS À PAS

Pâte à biscuits La recette de base des biscuits à la vanille.

1 Pesez les ingrédients suivants : 125 g de beurre, 175 g de vergeoise brune et 350 g de farine. Laissez ramollir le beurre à température ambiante. Préchauffez le four à 180 °C (th. 6).

2 Mélangez le beurre et le sucre au batteur électrique. Ajoutez 1 œuf, 1 c. à s. de levure chimique et 1 c. à c. d'extrait de vanille. Incorporez la farine et mélangez soigneusement.

3 Formez des boules de pâte de la taille d'une noix. Répartissez sur 2 plaques à pâtisserie préalablement tendues de papier cuisson et aplatissez du bout des doigts.

4 Faites cuire les biscuits pendant 15 min, en plusieurs fournées, jusqu'à ce qu'ils soient légèrement dorés. Transvasez-les sur une grille et laissez-les refroidir complètement.

Aromatiser les biscuits

À l'aide de quelques ingrédients choisis, vous pourrez confectionner de délicieux biscuits.

Noisettes et cacao Mélangez 1 c. à s. de cacao amer à la farine. Incorporez 75 g de noisettes concassées à votre pâte.

Gingembre Parfumez la farine avec 1 c. à c. de gingembre moulu.

Cannelle Ajoutez 1 c. à c. de cannelle moulue ou en poudre à la farine.

Citron Remplacez l'extrait de vanille par du jus de citron ou par le zeste râpé de 1 citron.

Amandes et orange Remplacez 25 g de farine par la même quantité d'amandes en poudre. Parfumez avec le zeste râpé de 1 orange.

Canneberges et chocolat blanc Incorporez à la pâte 50 g d'éclats de chocolat blanc et ajoutez 30 g de canneberges séchées.

Astuce

Veillez à espacer suffisamment les boules de pâte, quand vous les dressez sur la plaque à pâtisserie, car elles ont tendance à s'étaler et à gonfler au cours de la cuisson. Il peut être nécessaire de prévoir plusieurs fournées.

Les principaux ingrédients Comment les choisir, comment les utiliser.

INGRÉDIENTS	CHOIX	UTILISATION
	**LE BEURRE** Selon vos goûts, utilisez du **beurre doux** ou du **beurre demi-sel**. La quantité de sel contenue dans le beurre varie en fonction des marques : il faut en tenir compte si vous suivez un régime sans sel.	Le beurre est indispensable pour confectionner gâteaux et biscuits. Pour plus de facilité, laissez-le ramollir à température ambiante avant de commencer à suivre la recette.
	**LE SUCRE** Le **sucre en poudre** est plus fin que le **sucre cristallisé**. Choisissez de préférence de la **cassonade**, plus naturelle que le sucre blanc raffiné. Issue de la canne à sucre, elle donnera un léger goût de caramel à vos gâteaux et biscuits. La **vergeoise blonde** ou **brune**, issue de la betterave sucrière, offre une consistance fondante et une saveur plus forte, aux notes de caramel.	Selon le gâteau, choisissez du sucre en poudre ou de la cassonade. Plus typée, la vergeoise est appréciée dans la pâtisserie flamande (pain d'épice, spéculoos).
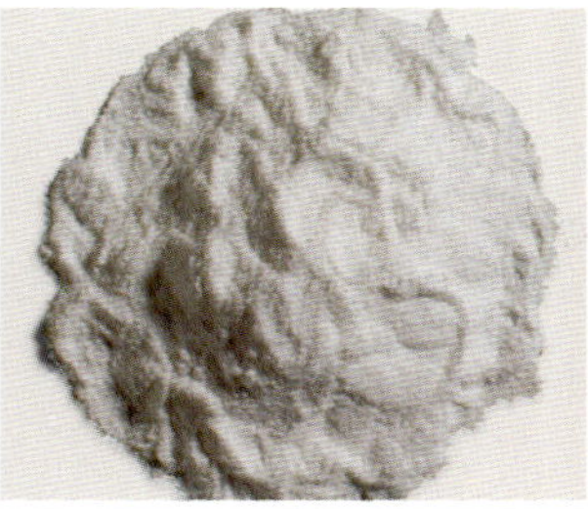	**LA LEVURE CHIMIQUE** On l'utilise pour donner du volume et de la légèreté aux gâteaux et aux biscuits. Comptez ½ sachet de levure pour 250 g de farine. Vous pouvez la remplacer par du **bicarbonate de soude**, à raison de ½ c. à c. pour 250 g de farine. Prenez garde aux dates de péremption.	La levure chimique est très utile en pâtisserie, car elle aide les gâteaux à bien monter. Le bicarbonate de soude intervient souvent dans les recettes anglo-saxonnes de biscuits et cookies.
	**LA FARINE** La plus courante est la **farine de blé de type 45**. Vous trouverez également de la **farine de blé tamisée**, spécialement conçue pour éliminer les grumeaux. Certaines marques proposent de la **farine à gâteaux**, qui contient déjà de la poudre à lever.	Farine de type 45 : tout type de gâteaux et de biscuits. Farine tamisée : pour les pâtes liquides (crêpes, beignets, clafoutis). Farine à gâteaux : pour les cakes, quatre-quarts, madeleines et muffins, qui ont besoin de levure.
	**LES ŒUFS** Choisissez de préférence des œufs **fermiers** ou **bio**, pondus par des poules élevées en liberté. Plus frais seront les œufs, meilleurs seront vos gâteaux ou vos biscuits.	Pensez à sortir vos œufs à l'avance du réfrigérateur, surtout si vous devez les incorporer à du beurre ramolli : le mélange sera plus facile à réaliser.

Règles d'or de la pâtisserie

Respectez les proportions. Dosez avec précision tous les ingrédients. Suivez scrupuleusement la recette et donnez libre cours à votre fantaisie pour les variantes suggérées en fin de recette.

N'ouvrez pas la porte du four. Résistez à la tentation de voir votre gâteau ou vos biscuits gonfler et dorer au four… Ils risqueraient de ne pas monter correctement !

Préchauffez le four suffisamment à l'avance.

Astuce

Si vous souhaitez utiliser un moule carré plutôt qu'un moule rond, prévoyez-le un peu plus grand : remplacez un moule de 18 cm de diamètre par un moule de 20 cm de côté. Inversement, si vous voulez utiliser un moule rond à la place d'un moule carré, prévoyez-le légèrement plus petit.

Matériel à prévoir

Les **moules à génoise** et **moules à manqué** doivent être suffisamment rigides pour ne pas être déformés par la chaleur du four. Attention, 2 moules sont parfois nécessaires (par exemple, pour la confection d'un gâteau mousseline de 4 œufs). Un **moule à fond amovible** est idéal pour préparer un cheesecake ou certains gâteaux fragiles, difficiles à démouler. Les **moules en silicone alimentaire** sont désormais d'un usage courant, même si leur prix est un peu élevé : ils simplifient grandement le démoulage. Choisissez de préférence des **plaques à pâtisseries** antiadhésives. Prévoyez au moins 2 plaques, pour les cuissons en plusieurs fournées. Procurez-vous un assortiment d'**emporte-pièce** pour les biscuits et de **découpoirs** ronds, lisses ou cannelés pour les petits gâteaux. Les **grilles à pâtisseries** sont faites pour accueillir le gâteau à la sortie du four. Les **billes de cuisson en céramique** sont idéales pour la cuisson à blanc des fonds de pâte. Vous pouvez utiliser des **légumes secs**.

Gâteau au citron

PRÉP 15 MIN · CUISS 1 ½ HS · ❄

Repos • 10 min
Matériel • fouet électrique • moule à manqué de 18 cm de diamètre

POUR 4 À 6 PERSONNES

150 g de beurre ramolli
+ 1 noix pour le moule
150 g de sucre en poudre
3 œufs
225 g de farine
le jus de 1 citron
½ sachet de levure chimique

1 Préchauffez le four à 180 °C (th. 6). Dans une jatte, battez le beurre et le sucre au fouet électrique, jusqu'à ce que le mélange devienne crémeux.

2 Sans cesser de battre, incorporez les œufs l'un après l'autre, en alternant avec 1 c. à s. de farine. Ajoutez le jus de citron, puis le reste de farine et la levure. Transvasez dans un moule beurré.

3 Enfournez pour 1 h 30 de cuisson. Hors du four, laissez tiédir pendant 10 min, puis glissez la lame d'un couteau le long de la paroi, pour décoller les bords. Laissez refroidir et démoulez sur un plat.

Astuce

Pensez à sortir le beurre du réfrigérateur 1 h à l'avance, afin qu'il soit suffisamment ramolli.

Gâteau mousseline à la vanille

PRÉP 15 MIN · CUISS 30 MIN · ❄

Repos • 15 min
À congeler • sans la garniture
Matériel • fouet électrique • moule à génoise de 18 cm de diamètre

POUR 4 À 6 PERSONNES

2 œufs
75 g de sucre en poudre
2 c. à c. d'extrait de vanille liquide
75 g de farine
½ sachet de levure chimique
1 c. à c. d'huile pour le moule
50 g de beurre ramolli
125 g de sucre glace
2 c. à s. de lemon curd

1 Préchauffez le four à 180 °C (th. 6). Dans une jatte, battez les œufs et le sucre en poudre au fouet électrique, jusqu'à ce que le mélange soit bien crémeux. Parfumez avec 1 c. à c.d'extrait de vanille.

2 Incorporez peu à peu la farine, puis la levure chimique. Transvasez le mélange dans le moule légèrement huilé. Faites cuire au four pendant 30 min, jusqu'à ce que le gâteau soit bien doré. Vérifiez la cuisson en piquant le centre avec une brochette : elle doit ressortir propre. Retirez le gâteau du four et laissez tiédir pendant 15 min. Démoulez sur une grille et laissez refroidir.

3 Réduisez le beurre en pommade dans une jatte. Ajoutez le sucre glace et mélangez jusqu'à l'obtention d'une crème onctueuse. Parfumez avec 1 c. à c. d'extrait de vanille. Découpez le gâteau en deux dans l'épaisseur. Étalez la crème au beurre sur la partie inférieure du gâteau et le lemon curd sur la partie supérieure. Reconstituez le gâteau mousseline en superposant les deux couches. Servez bien frais.

Biscuits riches en chocolat

PRÉP 15 MIN · CUISS 20 MIN

Repos • 10 min
Matériel • fouet électrique

POUR 16 BISCUITS

100 g de beurre ramolli
50 g de sucre en poudre
25 g de cacao amer en poudre
125 g de farine
60 g de chocolat noir pour le décor (ou de chocolat au lait fondu)

1 Préchauffez le four à 180 °C (th. 6). Tapissez 2 plaques à pâtisserie de papier cuisson. Dans une jatte, mélangez le beurre ramolli et le sucre au fouet électrique, jusqu'à l'obtention d'une crème onctueuse. Ajoutez le cacao en poudre, tamisé à l'aide d'une passoire fine. Mélangez avec soin. Incorporez peu à peu la farine, jusqu'à l'obtention d'une pâte homogène. Si nécessaire, pétrissez à la main, lorsque la pâte devient un peu trop épaisse.

2 Divisez la pâte en 16 boules de la taille d'une noix. Disposez-les sur les plaques à pâtisserie et aplatissez-les du bout des doigts, ou à l'aide d'une fourchette. Enfournez pour 20 min de cuisson, puis ôtez les biscuits du four et laissez-les refroidir pendant 10 min sur une grille. Décorez la surface avec des filets de chocolat fondu. Laissez durcir avant de servir les biscuits.

CONSEIL DU CHEF

Pour obtenir des biscuits savoureux, utilisez du cacao amer de qualité et du chocolat noir riche en cacao.

Cookies aux pépites de chocolat

PRÉP 10 MIN · CUISS 30 MIN

Repos • 10 min
Matériel • fouet électrique • 2 plaques à pâtisserie

POUR 30 COOKIES

200 g de beurre ramolli
300 g de sucre en poudre
1 œuf
1 c. à c. d'extrait de vanille liquide
300 g de farine
1 sachet de levure chimique
150 g de pépites de chocolat noir

1 Préchauffez le four à 180 °C (th. 6). Tapissez 2 plaques à pâtisserie de papier cuisson. Dans une jatte, battez le beurre ramolli et le sucre en poudre au fouet électrique, jusqu'à ce que le mélange soit bien lisse et crémeux. Incorporez l'œuf et l'extrait de vanille liquide. Battez le mélange obtenu avec soin.

2 Incorporez peu à peu la farine, puis la levure, jusqu'à l'obtention d'une pâte homogène. Ajoutez les pépites de chocolat et mélangez. Confectionnez 30 boules de pâte de la taille d'une noix. Disposez-les sur les 2 plaques à pâtisserie, en les espaçant bien, car la pâte a tendance à s'étaler. Aplatissez-les et faites-les cuire au four pendant 15 min, en 2 fournées. Laissez refroidir les cookies pendant 10 min sur une grille.

CONSEIL DU CHEF

Ne vous fiez pas à la couleur des cookies lorsque vous les retirez du four : même s'ils sont à peine dorés, ils vont devenir fermes et croustillants en refroidissant.

RECEVOIR

Amandines aux baies rouges

PRÉP 15 MIN · CUISS 35 MIN

Matériel • fouet électrique • 6 moules à muffins antiadhésifs

POUR 6 PERSONNES

100 g de sucre glace
50 g de farine
75 g d'amandes en poudre
3 blancs d'œufs
75 g de beurre demi-sel fondu
150 g de myrtilles et de framboises (ou autres baies rouges)

1 Préchauffez le four à 180 °C (th. 6). Tamisez le sucre glace et la farine dans une jatte, à l'aide d'une passoire fine. Ajoutez les amandes en poudre et mélangez. Dans un autre récipient, montez les blancs d'œufs en neige ferme à l'aide d'un fouet électrique.

2 Incorporez délicatement le mélange de sucre et de farine, puis le beurre fondu, aux blancs d'œufs en neige. Répartissez la préparation dans les moules à muffins, tapissés de caissettes en papier. Ajoutez les baies, en les enfonçant légèrement dans la pâte. Enfournez pour 35 min de cuisson, jusqu'à ce que les amandines soient bien dorées. Laissez refroidir avant de démouler.

VARIANTE
Remplacez les baies rouges par des cerises dénoyautées ou des abricots coupés en dés.

Financiers aux framboises

PRÉP 20 MIN · CUISS 40 MIN · ❄

Repos • 10 min
Matériel • moule antiadhésif de 20 cm de côté

POUR 8 PERSONNES

125 g de farine
1 c. à c. de bicarbonate de soude
75 g d'amandes en poudre
150 g de beurre coupé en dés
le jus de 1 citron
200 g de sucre en poudre
1 sachet de sucre vanillé
2 œufs
200 g de framboises
un peu de sucre glace pour le décor

1 Préchauffez le four à 180 °C (th. 6). Tapissez le fond et les parois du moule de papier cuisson. Dans une jatte, tamisez la farine à l'aide d'une passoire fine. Ajoutez le bicarbonate de soude et les amandes en poudre. Mélangez avec soin. Dans une casserole, faites fondre à feu doux le beurre, le jus de citron, le sucre en poudre et le sucre vanillé. Remuez jusqu'à l'obtention d'un sirop.

2 Versez le sirop dans la jatte et incorporez-le peu à peu au mélange sec. Ajoutez les œufs l'un après l'autre et mélangez soigneusement, jusqu'à l'obtention d'une pâte homogène. Transvasez-la dans le moule et parsemez de framboises. Enfournez pour 40 min de cuisson, jusqu'à ce que le gâteau soit bien doré.

3 Ôtez du four et laissez tiédir pendant 10 min. Démoulez et laissez refroidir. Saupoudrez de sucre glace et découpez en parts égales.

Gâteau au chocolat et au fudge

PRÉP 20 MIN · CUISS 40 MIN

Matériel • 2 moules à génoise de 20 cm de diamètre • robot ménager • fouet électrique

POUR 8 À 12 PERSONNES

200 g de farine
25 g de cacao amer
½ sachet de levure chimique
4 œufs battus à la fourchette
225 g de sucre en poudre
225 g de beurre ramolli
1 c. à s. d'extrait de vanille liquide

Pour le fudge au chocolat :
40 g de cacao amer
150 g de sucre glace
50 g de beurre fondu
3 c. à s. de lait
+ 1 c. à s. pour détendre le mélange

1 Préchauffez le four à 180 °C (th. 6). Tapissez les moules de papier cuisson. Dans le bol d'un robot ménager, tamisez la farine et le cacao amer à l'aide d'une passoire fine. Ajoutez la levure chimique, les œufs, le sucre, le beurre et la vanille. Fouettez à petite vitesse, jusqu'à l'obtention d'une pâte lisse. Si nécessaire, détendez avec un peu d'eau chaude. Transvasez dans 2 moules et égalisez la surface.

2 Enfournez pour 40 min de cuisson, jusqu'à ce que les gâteaux soient gonflés. Laissez reposer pendant 5 min, puis démoulez et laissez refroidir sur 2 grilles.

3 Pendant ce temps, préparez le fudge. Dans un bol, tamisez le cacao amer et le sucre glace. Ajoutez le beurre fondu et le lait, en mélangeant au fouet électrique. Si le mélange est trop épais, ajoutez un peu de lait. Étalez le fudge à la surface des 2 gâteaux. Placez-les l'un sur l'autre, de manière à former un seul gros gâteau.

CONSEIL DU CHEF

Les gâteaux sont cuits lorsque la pâte commence à se détacher du bord des moules.

Gâteau à la pomme et au streusel

PRÉP 20 MIN · CUISS 1¼ HS

Repos • 20 min
Matériel • moule à fond amovible de 20 cm de diamètre • robot ménager

POUR 8 PERSONNES

1 c. à c. d'huile pour le moule
125 g de farine
125 g de beurre ramolli
125 g de sucre en poudre
1 c. à c. de cannelle moulue
2 œufs battus
½ c. à c. d'extrait de vanille liquide
1 pomme pelée, épépinée et coupée en lamelles
50 g de raisins secs

Pour le streusel :
100 g de farine
75 g de beurre coupé en dés
25 g d'amandes en poudre
50 g de sucre en poudre (ou de cassonade)
1 c. à c. de cannelle moulue

1 Préchauffez le four à 180 °C (th. 6). Tapissez un moule huilé de papier cuisson. Dans le bol d'un robot ménager, tamisez la farine à l'aide d'une passoire fine. Ajoutez le beurre, le sucre, la cannelle, les œufs et la vanille. Fouettez à petite vitesse, jusqu'à l'obtention d'une pâte homogène. Transvasez dans le moule. Parsemez de lamelles de pomme et de raisins.

2 Préparez le streusel. Dans une jatte, mélangez du bout des doigts la farine et le beurre, jusqu'à l'obtention de miettes grossières. Ajoutez les amandes, le sucre et la cannelle. Mélangez bien. Répartissez le streusel dans le moule, sur les fruits, en tassant légèrement. Enfournez pour 1 h 15 de cuisson, jusqu'à ce qu'une brochette piquée au centre ressorte propre et que la surface soit dorée. Ôtez du four, laissez tiédir pendant 20 min et démoulez.

Astuce

La veille, réhydratez les raisins secs dans du thé pour les rendre plus moelleux.

CONSEIL DU CHEF

Servez chaud, à la sortie du four, accompagné de crème fraîche fouettée ou de glace à la vanille.

Gâteau au café et aux noix de pécan

PRÉP 15 MIN · CUISS 40 MIN

Repos • 10 min
Matériel • 2 moules à génoise de 18 cm de diamètre • robot ménager

POUR 8 PERSONNES

2 c. à c. d'huile pour le moule
225 g de farine
½ sachet de levure chimique
175 g de sucre en poudre
175 g de beurre ramolli
3 œufs battus
2 c. à s. de café fort
75 g de noix de pécan hachées

Pour le glaçage :
50 g de beurre
1 c. à s. de sirop d'érable
200 g de sucre glace
2 c. à s. de café fort
20 noix de pécan décortiquées pour le décor

1 Préchauffez le four à 180 °C (th. 6). Tapissez 2 moules légèrement huilés de papier cuisson. Dans le bol d'un robot ménager, tamisez la farine à l'aide d'une passoire fine. Ajoutez la levure, le sucre, le beurre, les œufs et le café. Fouettez à petite vitesse, jusqu'à l'obtention d'une pâte homogène et coulante. Ajoutez un peu de café si la pâte semble trop épaisse. Incorporez les noix de pécan et transvasez dans les moules. Égalisez la surface.

2 Enfournez pour 40 min de cuisson, jusqu'à ce que les gâteaux aient gonflé et soient fermes au toucher. Ôtez-les du four, laissez-les tiédir pendant 10 min, puis démoulez-les sur une grille et laissez-les refroidir complètement.

3 Pendant ce temps, préparez le glaçage. Faites fondre le beurre et le sirop d'érable à feu doux, en remuant. Versez le sucre glace dans une jatte. Ajoutez le sirop au beurre et le café. Mélangez au fouet électrique, jusqu'à l'obtention d'un glaçage lisse de couleur café. Étalez à la surface des gâteaux. Placez-les l'un sur l'autre, de manière à ne former qu'un seul gros gâteau. Décorez avec les noix de pécan.

VARIANTE

Vous pouvez remplacer les noix de pécan par des cerneaux de noix.

Gâteau à l'orange et aux pistaches

PRÉP 15 MIN · CUISS 40 MIN

Repos • 10 min
Matériel • moule à fond amovible de 20 cm de diamètre • fouet électrique

POUR 6 PERSONNES
1 c. à c. d'huile pour le moule
175 g de beurre ramolli
175 g de sucre en poudre
2 œufs
175 g de farine
175 g de yaourt à la grecque
75 g de pistaches décortiquées et finement hachées
75 g d'amandes mondées et finement hachées
le zeste râpé + le jus de 1 orange
le zeste râpé + le jus de 1 citron
½ sachet de levure chimique
6 c. à c. de mascarpone pour le service

1 Préchauffez le four à 180 °C (th. 6). Huilez le moule et tapissez-le de papier cuisson. Dans une jatte, réduisez le beurre en pommade au fouet électrique. Ajoutez le sucre et fouettez, jusqu'à l'obtention d'un mélange crémeux. Incorporez les œufs l'un après l'autre, en alternant avec 1 cuillerée de farine, pour que le mélange reste homogène.

2 Ajoutez progressivement le yaourt, les pistaches, les amandes, le zeste et le jus de l'orange et du citron. Mélangez avec soin. Incorporez peu à peu le reste de la farine, ainsi que la levure. Mélangez jusqu'à l'obtention d'une pâte lisse, puis transvasez dans le moule.

3 Enfournez pour 40 min de cuisson. Hors du four, laissez tiédir pendant 10 min. Démoulez et laissez refroidir. Découpez en parts égales et servez avec 1 c. à c. de mascarpone.

VARIANTE
Au moment de servir, saupoudrez le gâteau d'un peu de sucre glace.

Gâteau au coco et au citron vert

PRÉP 20 MIN · CUISS 1¼ HS

Repos • 10 min
Matériel • moule profond de 18 cm de diamètre • robot ménager

POUR 8 PERSONNES
225 g de farine
½ sachet de levure chimique
225 g de sucre en poudre
225 g de beurre ramolli
4 œufs
50 g de noix de coco râpée
le zeste de 1 citron vert
2 c. à s. de jus de citron vert

Pour le glaçage :
100 g de sucre glace
le zeste râpé de 1 citron vert
2 c. à s. de jus de citron vert
300 g de mascarpone
15 g de noix de coco râpée pour le décor

1 Préchauffez le four à 180 °C (th. 6). Huilez légèrement le moule et tapissez-le de papier cuisson. Dans le bol d'un robot ménager, tamisez la farine à l'aide d'une passoire fine. Ajoutez la levure chimique, le sucre, le beurre et les œufs. Fouettez à petite vitesse jusqu'à l'obtention d'une pâte homogène. Incorporez la noix de coco, puis le zeste et le jus de citron vert. Transvasez la pâte dans le moule et égalisez la surface. Enfournez pour 1 h 15 de cuisson, jusqu'à ce que le gâteau soit gonflé et ferme au toucher. Laissez tiédir pendant 10 min, puis démoulez et laissez refroidir complètement. À l'aide d'un couteau-scie, découpez en 3 disques d'épaisseur égale.

2 Préparez le glaçage. Dans un bol, tamisez le sucre glace à l'aide d'une passoire fine. Ajoutez le zeste et le jus de citron vert, ainsi que le mascarpone. Battez au fouet électrique, jusqu'à ce que le mélange soit bien lisse. Ajoutez un peu de sucre si le glaçage vous semble acide. Étalez-le à la surface des 3 disques et superposez-les, de manière à reconstituer le gâteau. Parsemez la surface de noix de coco.

CONSEIL DU CHEF
Faites revenir la noix de coco râpée dans une petite poêle antiadhésive, placée à feu doux. Inutile d'ajouter de l'huile. Remuez souvent, en surveillant la coloration. Dès que la noix de coco est dorée, versez dans une assiette et laissez refroidir avant d'en parsemer le gâteau.

Gâteau aux pommes caramélisées

PRÉP 20 MIN CUISS 45 MIN

Matériel • fouet électrique • plaque à four de 22 x 30 cm

POUR 18 PORTIONS

1 c. à s. d'huile pour la plaque
350 g de pommes pelées et coupées en fines lamelles
1 filet de jus de citron
350 g de farine
1 sachet de levure chimique
350 g de cassonade
1 sachet de sucre vanillé
4 œufs battus à la fourchette
225 g de beurre fondu
1 c. à s. de sucre en poudre

Pour la sauce toffee :
100 g de beurre
100 g de cassonade
1 c. à s. de jus de citron
1 pincée de sel
un peu de crème fraîche pour le service

1 Préchauffez le four à 180 °C (th. 6). Huilez la plaque à four et tapissez-la de papier cuisson. Citronnez les lamelles de pommes, pour éviter qu'elles ne s'oxydent. Réservez.

2 Dans une jatte, tamisez la farine à l'aide d'une passoire fine. Ajoutez la levure chimique, la cassonade et le sucre vanillé. Mélangez, puis creusez un puits. Au centre, versez les œufs et le beurre. Mélangez jusqu'à l'obtention d'une pâte homogène. Versez dans la plaque et lissez la surface. Disposez les lamelles de pommes et saupoudrez de sucre. Enfournez pour 45 min de cuisson.

3 Pendant ce temps, préparez la sauce. Faites fondre le beurre, la cassonade et le jus de citron à feu doux avec le sel. Mélangez au fouet électrique, jusqu'à l'obtention d'une sauce lisse. Laissez tiédir. Versez sur le gâteau et, à l'aide d'un pinceau, répartissez sur les pommes et la pâte. Démoulez le gâteau et découpez-le en parts rectangulaires. Servez tiède ou froid.

Astuce

Nappez ce gâteau aux pommes de crème de caramel au beurre salé du commerce.

Brownies au chocolat blanc et noix de macadamia

PRÉP 25 MIN CUISS 20 MIN

Matériel • plaque à four de 22 x 30 cm

POUR 24 BROWNIES

1 c. à s. d'huile pour le moule
300 g de chocolat blanc haché
175 g de beurre coupé en dés
300 g de sucre en poudre
4 gros œufs
225 g de farine
100 g de noix de macadamia grossièrement hachées

1 Préchauffez le four à 200 °C (th. 6-7). Huilez le moule et tapissez-le de papier cuisson. Faites fondre le chocolat et le beurre au bain-marie. Remuez doucement à la cuillère en bois, jusqu'à l'obtention d'une pâte lisse et homogène. Laissez-la tiédir.

2 Versez le sucre dans la pâte de chocolat blanc. Mélangez délicatement. Incorporez les œufs l'un après l'autre, tout en fouettant. Tamisez la farine à l'aide d'une passoire fine. Incorporez-la peu à peu à la préparation. Ajoutez les noix de macadamia et mélangez avec soin. Transvasez dans la plaque, en l'étalant de manière régulière. Enfournez pour 20 min de cuisson, jusqu'à ce que la surface soit ferme et l'intérieur encore moelleux. Laissez refroidir complètement et démoulez. Découpez en cubes.

VARIANTE

Pour apporter une touche de couleur, ajoutez 50 g de canneberges séchées.

CONSEIL DU CHEF

Attendez que le chocolat et le beurre soient devenus liquides pour remuer le mélange.

Brownies au chocolat et aux noisettes

PRÉP 25 MIN · CUISS 15 MIN

Matériel • plaque à four de 22 x 30 cm • moule à manqué

POUR 24 BROWNIES
300 g de chocolat noir haché (contenant 52 % de cacao au minimum)
175 g de beurre coupé en dés
300 g de sucre en poudre
4 œufs
200 g de farine
25 g de cacao amer
100 g de noisettes mondées, grillées et grossièrement hachées

1 Préchauffez le four à 200 °C (th. 6-7). Tapissez le fond et la paroi du moule de papier cuisson. Faites fondre le chocolat et le beurre au bain-marie. Remuez doucement à la cuillère en bois, jusqu'à l'obtention d'une pâte lisse. Laissez tiédir.

2 Versez le sucre dans la pâte de chocolat. Mélangez délicatement. Incorporez les œufs l'un après l'autre, en mélangeant au fouet, de manière à bien lier la préparation. Tamisez la farine et le cacao amer à l'aide d'une passoire fine. Incorporez-les peu à peu au mélange précédent. Ajoutez les noisettes et mélangez avec soin, jusqu'à l'obtention d'une pâte épaisse. Versez-la dans le moule, de manière régulière.

3 Enfournez pour 15 min de cuisson, jusqu'à ce que le dessus soit ferme et l'intérieur encore moelleux. Laissez refroidir complètement et démoulez. Découpez en cubes.

VARIANTE
Des cerneaux de noix ou des noix de pécan peuvent rempacer les noisettes.

CONSEIL DU CHEF
Ne poursuivez pas la cuisson au-delà de 15 min, ou vous obtiendrez un gâteau au chocolat. Les brownies doivent être moelleux à cœur et présenter une croûte fine et croustillante. En refroidissant, la texture a tendance à se raffermir.

Gâteau aux fraises et à la chantilly

PRÉP 20 MIN · CUISS 25 MIN

Matériel • 2 moules à génoise de 20 cm de diamètre • fouet électrique

POUR 8 PERSONNES
225 g de beurre ramolli
225 g de sucre en poudre
4 œufs
225 g de farine
½ sachet de levure chimique

Pour la garniture :
10 cl de crème fraîche liquide
25 g de sucre glace
+ 2 c. à s. pour la finition
175 g de fraises équeutées et émincées

1 Préchauffez le four à 180 °C (th. 6). Tapissez le fond des moules de papier cuisson. Dans une jatte, réduisez le beurre en pommade. Ajoutez le sucre et mélangez avec soin. Incorporez les œufs l'un après l'autre, en alternant avec 1 cuillerée de farine, de manière à ce que le mélange reste homogène. Incorporez peu à peu le reste de la farine, tamisée à l'aide d'une passoire fine, puis la levure chimique. Transvasez dans les moules et lissez la surface. Enfournez pour 25 min de cuisson. Laissez tiédir et démoulez sur une grille.

2 Pendant ce temps, préparez la garniture. Dans un récipient très froid, montez la crème liquide au fouet électrique. Lorsqu'elle épaissit, ajoutez le sucre glace et fouettez, jusqu'à l'obtention d'une chantilly bien ferme. Étalez sur l'un des gâteaux, et recouvrez de fraises. Placez le second gâteau sur le premier et saupoudrez de sucre glace.

VARIANTE
Étalez une couche de confiture de fraises sur le gâteau avant de le napper de chantilly.

Cake aux bananes et aux dattes

PRÉP 20 MIN · CUISS $1\frac{1}{4}$ HS

Matériel • moule à cake de 18 x 9 cm

POUR 8 À 10 PERSONNES

100 g de beurre ramolli
100 g de sucre en poudre
2 œufs
225 g de farine à gâteaux tamisée
2 bananes non pelées (300 g environ)
100 g de dattes dénoyautées et hachées
50 g de cerneaux de noix grossièrement hachés
1 c. à c. de bicarbonate de soude

1 Préchauffez le four à 180 °C (th. 6). Tapissez le moule de papier cuisson. Dans une jatte, réduisez le beurre en pommade. Ajoutez le sucre et mélangez avec soin. Incorporez les œufs l'un après l'autre, en alternant avec 1 cuillerée de farine, de manière à ce que le mélange soit lisse et crémeux.

2 Pelez les bananes et écrasez-les à la fourchette. Incorporez-les au contenu de la jatte, ainsi que les dattes et les noix. Ajoutez peu à peu le reste de la farine et le bicarbonate de soude, en mélangeant jusqu'à l'obtention d'une pâte homogène. Transvasez dans le moule à cake et égalisez la surface. Enfournez pour 1 h 15 de cuisson, jusqu'à ce qu'une brochette piquée au centre du cake ressorte propre. Si la coloration est trop forte, protégez la surface avec de l'aluminium ménager. Laissez refroidir, puis démoulez et découpez en tranches.

CONSEIL DU CHEF

Ce cake sera encore plus savoureux si vous choisissez des bananes mûres à point, à la peau tigrée.

Cake aux cerises et aux amandes

PRÉP 20 MIN · CUISS $1\frac{3}{4}$ HS

Matériel • moule profond à fond amovible de 20 cm de diamètre

POUR 8 À 10 PERSONNES

1 c. à c. d'huile pour le moule
150 g de beurre ramolli
150 g de sucre en poudre
2 œufs légèrement battus
250 g de farine à gâteaux tamisée
1 c. à c. de bicarbonate de soude
150 g d'amandes en poudre
6 c. à s. de lait
1 c. à c. d'extrait de vanille liquide
400 g de cerises dénoyautées
25 g d'amandes mondées et émincées dans le sens de la longueur

1 Préchauffez le four à 180 °C (th. 6). Huilez le moule et tapissez-le de papier cuisson. Dans une jatte, réduisez le beurre en pommade. Ajoutez le sucre et mélangez avec soin. Incorporez les œufs l'un après l'autre, en alternant avec 1 cuillerée de farine, de manière à ce que le mélange soit lisse et crémeux.

2 Ajoutez peu à peu le reste de la farine, le bicarbonate de soude et les amandes en poudre. Mélangez avec soin, en alternant avec les cuillerées de lait, jusqu'à l'obtention d'une pâte lisse et homogène. Parfumez avec l'extrait de vanille. Incorporez la moitié des cerises et transvasez la pâte dans le moule. Lissez la surface et parsemez du reste des cerises, ainsi que des amandes.

3 Enfournez pour 1 h 45 de cuisson, jusqu'à ce que le dessus du cake soit bien doré. Le temps de cuisson peut varier en fonction du degré de maturité des fruits. Piquez le centre du cake avec une brochette : si la pâte reste collée dessus, poursuivez la cuisson, jusqu'à ce que la brochette ressorte propre. Hors du four, laissez refroidir sur une grille. Découpez en parts égales.

Astuce

Hors saison, utilisez 400 g de griottes au sirop, en égouttant bien les cerises.

Cake au citron vert

PRÉP 15 MIN | CUISS 1 H

Matériel • moule à cake de 18 x 9 cm

POUR 8 À 10 PERSONNES
175 g de beurre ramolli
175 g de sucre en poudre
3 œufs légèrement battus
le zeste râpé de 1 citron jaune
le zeste râpé de 1 citron vert
2 c. à s. de jus de citron jaune
175 g de farine à gâteaux
2 c. à s. de graines de pavot
100 g de sucre glace
1 c. à s. de jus de citron vert

1 Préchauffez le four à 180 °C (th. 6). Tapissez le moule de papier cuisson. Dans une jatte, réduisez le beurre en pommade. Ajoutez le sucre. Incorporez les œufs l'un après l'autre, puis les zestes et 1 c. à s. de jus de citron jaune. Tamisez la farine et incorporez-la au contenu de la jatte. Ajoutez le pavot et mélangez avec soin.

2 Transvasez la pâte dans le moule et lissez la surface. Enfournez pour 1 h de cuisson, jusqu'à ce que le cake soit doré et ferme au toucher. Hors du four, laissez tiédir, puis démoulez sur une grille et laissez refroidir.

3 Pendant ce temps, préparez le glaçage. Dans un bol, tamisez le sucre glace à l'aide d'une passoire fine. Ajoutez le reste du jus de citron jaune et le jus de citron vert. Mélangez jusqu'à l'obtention d'un glaçage assez liquide. À l'aide d'une cuillère, versez-le en filet à la surface du cake, en plaçant une feuille de papier sulfurisé sur la grille pour en recueillir l'excédent. Laissez prendre le glaçage avant de servir le cake.

CONSEIL DU CHEF

Si vous ne trouvez pas de graines de pavot, remplacez-les par des pignons de pin finement hachés.

Cake aux fruits confits

PRÉP 25 MIN | CUISS 1 3/4 HS

Matériel • moule profond à fond amovible de 20 cm de diamètre

POUR 8 À 10 PERSONNES
1 c. à s. d'huile pour le moule
175 g de beurre ramolli
175 g de cassonade
3 œufs
250 g de farine à gâteaux tamisée
3 c. à s. de lait
2 c. à s. de rhum
300 g de fruits confits hachés

1 Préchauffez le four à 180 °C (th. 6). Huilez légèrement le moule et tapissez-le de papier cuisson. Réduisez le beurre en pommade. Ajoutez la cassonade et mélangez. Incorporez les œufs l'un après l'autre, en alternant avec 1 cuillerée de farine, de façon à ce que le mélange soit lisse. Ajoutez le reste de la farine en alternant avec les cuillerées de lait, jusqu'à l'obtention d'une pâte bien lisse. Parfumez avec le rhum. Ajoutez les fruits confits et mélangez.

2 Transvasez la pâte dans le moule. Égalisez la surface. Enfournez pour 1 h 45 de cuisson, jusqu'à ce que le cake soit doré et qu'une brochette piquée au centre ressorte propre. Laissez refroidir sur une grille, puis démoulez.

Muffins aux myrtilles

PRÉP 15 MIN | CUISS 20 MIN

Repos • 5 min
Matériel • 12 caissettes en papier • moule à muffins

POUR 12 MUFFINS

50 g de beurre
250 g de farine à gâteaux
1 c. à c. de bicarbonate de soude
75 g de sucre en poudre
le zeste finement râpé de 1 citron
1 pincée de sel
250 g de yaourt nature
2 œufs
250 g de myrtilles

1 Préchauffez le four à 200 °C (th. 6-7). Déposez des caissettes en papier à l'intérieur d'un moule à muffins. Faites fondre le beurre à feu doux et laissez-le tiédir. Dans une jatte, tamisez la farine à l'aide d'une passoire fine. Ajoutez le bicarbonate de soude, le sucre, le zeste de citron et le sel. Mélangez et creusez un puits au centre des ingrédients secs.

2 Dans un bol, fouettez le yaourt, les œufs et le beurre. Versez le mélange dans le puits, en l'incorporant peu à peu aux ingrédients secs, jusqu'à l'obtention d'une pâte homogène. Ajoutez les myrtilles et mélangez délicatement.

3 Répartissez dans les moules et enfournez pour 20 min de cuisson, jusqu'à ce que les muffins soient gonflés et bien dorés. Laissez reposer pendant 5 min et servez tièdes ou froids.

VARIANTE

Remplacez les myrtilles par des framboises, et le zeste de citron par le zeste de 1 orange.

CONSEIL DU CHEF

Les muffins sont meilleurs quand ils sont dégustés le jour de la préparation, de préférence tièdes.

Pain d'épice

PRÉP 10 MIN | CUISS 35 MIN

Matériel • moule à cake de 9 x 18 cm

POUR 8 PERSONNES

1 c. à c. d'huile pour le moule
125 g de farine à gâteaux
2 c. à s. d'épices pour la pâtisserie
1 c. à c. de cannelle moulue
1 c. à c. de gingembre moulu
½ c. à c. de bicarbonate de soude
100 g de miel d'acacia
60 g de beurre
60 g de vergeoise (brune ou blonde)
1 œuf
10 cl de lait

1 Préchauffez le four à 180 °C (th. 6). Huilez un moule et tapissez-le de papier cuisson. Dans un saladier, tamisez la farine à gâteaux, toutes les épices et le bicarbonate de soude. Dans une casserole, faites fondre le miel, le beurre et la vergeoise brune ou blonde à feu doux, jusqu'à l'obtention d'un sirop épais. Versez dans la jatte, en l'incorporant à la farine. Ajoutez l'œuf et le lait. Mélangez jusqu'à l'obtention d'une pâte bien homogène et assez liquide.

2 Transvasez dans le moule et enfournez pour 35 min de cuisson. Laissez refroidir et démoulez.

CONSEIL DU CHEF

Laisser reposer le pain d'épice pendant quelques jours dans une boîte en métal : son délicieux parfum se renforcera, et sa texture sera encore plus moelleuse.

Croustillants aux flocons d'avoine

PRÉP 25 MIN · CUISS 40 MIN

Repos • 10 min
Matériel • moule carré de 20 cm de côté • mixeur

POUR 16 PORTIONS
200 g de dattes dénoyautées et hachées
½ c. à c. de bicarbonate de soude
200 g de beurre
200 g de vergeoise (brune ou blonde)
2 c. à s. de miel
300 g de flocons d'avoine

1 Préchauffez le four à 150 °C (th. 5). Tapissez le moule de papier cuisson. Mélangez les dattes et le bicarbonate de soude dans une casserole. Couvrez-les d'eau à hauteur et portez à ébullition à feu doux. Laissez frémir pendant 5 min, puis égouttez les dattes, en réservant leur jus. Mixez les dattes en purée avec 3 c. à s. du jus de cuisson.

2 Faites fondre le beurre, la vergeoise et le miel à feu doux dans une grande casserole, jusqu'à l'obtention d'un sirop lisse. Si nécessaire, fouettez-le brièvement, de manière à le rendre homogène. Incorporez les flocons d'avoine et mélangez bien. Transvasez la moitié de la préparation dans le moule et égalisez la surface.

3 Étalez la purée de dattes dans le moule, sur le mélange à base de flocons d'avoine. Recouvrez avec le reste de la préparation, en lissant à l'aide d'une spatule. Enfournez pour 40 min de cuisson, jusqu'à ce que la surface commence à blondir. Laissez reposer pendant 10 min dans le moule, puis découpez 16 croustillants. Servez froid.

VARIANTE Vous pouvez remplacer les dattes par des abricots, des pruneaux ou des figues.

Gâteau épicé aux carottes et à l'orange

PRÉP 20 MIN · CUISS 30 MIN · ❄

Matériel • moule carré de 20 cm de côté

POUR 16 PORTIONS
175 g de farine à gâteaux
1 c. à c. de cannelle moulue
1 c. à c. d'épices pour la pâtisserie
½ c. à c. de bicarbonate de soude
100 g de vergeoise (brune ou blonde)
15 cl d'huile d'arachide (ou de tournesol)
2 œufs
75 g de miel
125 g de carottes pelées et grossièrement râpées
le zeste râpé de 1 orange

Pour le glaçage :
75 g de sucre glace
100 g de mascarpone
2 c. à s. de jus d'orange
le zeste râpé de 1 orange
+ un peu de zeste râpé pour le décor

1 Préchauffez le four à 180 °C (th. 6). Tapissez le moule de papier cuisson. Dans une jatte, mélangez la farine, les épices, le bicarbonate de soude et la vergeoise. Dans un bol, fouettez l'huile, les œufs et le miel. Versez le contenu du bol dans la jatte, en incorporant avec soin les ingrédients liquides aux ingrédients secs. Ajoutez les carottes et le zeste d'orange. Mélangez bien, puis transvasez dans le moule. Lissez la surface. Enfournez pour 30 min de cuisson, jusqu'à ce que le gâteau soit ferme au toucher. Laissez tiédir, puis démoulez sur une grille. Laissez refroidir.

2 Pendant ce temps, préparez le glaçage. Tamisez le sucre glace dans un bol. Ajoutez le mascarpone, le jus et le zeste d'orange. Fouettez jusqu'à l'obtention d'un glaçage lisse. Lorsque le gâteau est froid, étalez le glaçage de manière régulière sur toute la surface. Décorez avec le zeste d'orange et découpez en 16 carrés.

VARIANTE Incorporez 50 g de cerneaux de noix hachés à la pâte. Décorez les portions de cerneaux de noix.

RECEVOIR

Sablés à l'abricot façon crumble

PRÉP 20 MIN CUISS 1 1/4 HS

Réfrigération • 1 h
Matériel • plaque à pâtisserie de 12 x 35 cm

POUR 10 BARRES OU 20 CUBES
200 g de beurre ramolli
100 g de sucre en poudre
200 g de farine
100 g de fécule de maïs
1 c. à c. d'huile pour la plaque
400 g d'abricots au sirop léger soigneusement égouttés et hachés

Pour le crumble :
150 g de farine
75 g de beurre coupé en dés
75 g de sucre en poudre (ou de cassonade)

1 Dans une jatte, réduisez le beurre en pommade. Ajoutez le sucre et mélangez avec soin. Incorporez peu à peu la farine et la fécule de maïs. Pétrissez rapidement, jusqu'à l'obtention d'une boule de pâte. Laissez-la reposer pendant 1 h dans le bas du réfrigérateur, jusqu'à ce qu'elle soit ferme. Huilez légèrement la plaque à pâtisserie et tapissez-la de papier cuisson. Étalez la pâte sur la plaque, en une couche assez épaisse et uniforme.

2 Préchauffez le four à 180 °C (th. 6). Préparez le crumble. Dans une jatte, mélangez du bout des doigts la farine et le beurre, jusqu'à l'obtention de miettes grossières. Ajoutez le sucre et mélangez. Répartissez les abricots sur la pâte sablée. Parsemez-les de miettes de pâte, à la manière d'un crumble, en tassant à la main pour que la surface soit bien plane. Enfournez pour 1 h 15 de cuisson, jusqu'à ce qu'une brochette piquée au centre du gâteau ressorte sèche. Ne tenez pas compte des abricots, qui peuvent laisser une légère trace humide. Laissez refroidir complètement, puis démoulez et découpez en barres ou en cubes.

VARIANTE
Vous pouvez remplacer les abricots par des prunes bien mûres.

CONSEIL DU CHEF
Réalisez la pâte à crumble au robot ménager, en donnant des impulsions brèves, pour que le mélange garde un aspect émietté.

Gâteau léger aux fruits exotiques

PRÉP 15 MIN CUISS 30 MIN

Matériel • fouet électrique • moule à savarin

POUR 6 À 8 PERSONNES
4 blancs d'œufs
1 pincée de sel
150 g de sucre en poudre
50 g de farine
10 g de fécule de maïs
25 g de noix de coco râpée

Pour la garniture :
200 g de yaourt à la grecque
200 g de fruits exotiques pelés et coupés en dés (mangue, ananas…)
2 fruits de la passion coupés en deux
le zeste râpé de 1 citron vert pour le décor

1 Préchauffez le four à 190 °C (th. 6-7). Battez les blancs d'œufs au fouet électrique avec le sel. Lorsqu'ils commencent à durcir, versez progressivement le sucre, tout en continuant de fouetter, jusqu'à l'obtention d'une neige ferme.

2 À l'aide d'une passoire fine, tamisez la farine et la fécule de maïs sur les blancs en neige, en les incorporant délicatement, à l'aide d'une spatule en caoutchouc. Incorporez la noix de coco râpée, en veillant à ne pas faire retomber la pâte, qui doit rester très légère. Transvasez dans le moule à savarin légèrement huilé. Enfournez pour 15 min de cuisson, puis baissez le four à 180 °C (th. 6) et laissez cuire pendant 15 min supplémentaires.

3 Retournez le moule sur une grille et laissez refroidir. Démoulez avec précaution et transférez sur un plat.

4 Fouettez le yaourt pour le rendre léger. Garnissez-en le centre du gâteau. Ajoutez les fruits exotiques. Recueillez la pulpe et les graines des fruits de la passion et parsemez-en la surface. Décorez avec le zeste du citron.

Astuce
Utilisez des fruits exotiques en conserve, après les avoir bien égouttés.

Sablés écossais

PRÉP 15 MIN · CUISS 40 MIN

Réfrigération • 1 h
Matériel • moule de 18 cm de diamètre • fouet électrique

POUR 8 SABLÉS
1 c. à c. d'huile pour le moule
100 g de beurre ramolli
50 g de sucre en poudre
+ 1 c. à s. de sucre pour le décor
100 g de farine
50 g de fécule de maïs

1 Préchauffez le four à 160 °C (th. 5-6). Huilez légèrement le moule. Dans une jatte, réduisez le beurre en pommade. Ajoutez le sucre et mélangez bien. Tamisez la farine et la fécule de maïs à l'aide d'une passoire fine. Incorporez-les peu à peu au mélange de beurre et de sucre, jusqu'à l'obtention d'une pâte épaisse. Pétrissez rapidement et roulez la pâte en boule. Déposez-la au centre du moule et aplatissez-la à la main. Piquez-la à l'aide d'une fourchette, et, avec la lame d'un couteau, tracez 8 parts peu profondes. Placez pendant 1 h au réfrigérateur.

2 Enfournez pour 40 min de cuisson, jusqu'à ce que le sablé soit ferme et légèrement coloré. Hors du four, quand il est encore chaud, marquez à nouveau les parts au couteau. Saupoudrez de sucre et laissez refroidir complètement. Démoulez et découpez en parts égales.

VARIANTE
Pour des sablés individuels, découpez la pâte à l'aide d'un emporte-pièce rond.

CONSEIL DU CHEF
Pour rendre les sablés savoureux, utilisez un beurre de qualité supérieure.

Biscuits au gingembre

PRÉP 20 MIN · CUISS 30 MIN

Matériel • robot ménager • 2 plaques à pâtisserie

POUR 35 BISCUITS ENVIRON
225 g de beurre ramolli
175 g de vergeoise (brune ou blonde)
1 c. à s. de sirop de gingembre
1 œuf
350 g de farine
1 sachet de levure chimique
1 c. à c. de gingembre moulu
3 boulettes de gingembre confit émincées et finement hachées

1 Préchauffez le four à 180 °C (th. 6). Tapissez 2 plaques à pâtisserie de papier cuisson. Dans le bol d'un robot ménager, fouettez le beurre, la vergeoise brune ou blonde et le sirop, à petite vitesse. Ajoutez l'œuf, la farine, la levure, le gingembre moulu et le gingembre confit. Mélangez jusqu'à l'obtention d'une pâte tout à fait homogène.

2 Façonnez 35 boules de pâte, de la taille d'une noix. Disposez la moitié des boules sur les plaques à pâtisserie. Aplatissez-les légèrement du bout des doigts, de manière à obtenir des disques. Faites-les cuire au four pendant 15 min, jusqu'à ce que les bords des biscuits soient dorés. Laissez-les refroidir sur une grille et faites cuire une seconde fournée de biscuits.

VARIANTE
Remplacez le gingembre par de la cannelle moulue et de l'écorce d'orange confite finement hachée.

CONSEIL DU CHEF
En refroidissant, les biscuits vont devenir plus fermes : n'hésitez pas à les sortir du four, même s'ils vous semblent encore mous !

Cupcakes à la vanille

PRÉP 25 MIN · CUISS 20 MIN

Matériel • moule à muffins et 12 caissettes en papier • poche à douille • fouet électrique

POUR 12 CUPCAKES

125 g de beurre ramolli
125 g de sucre en poudre
2 gros œufs
125 g de farine à gâteaux tamisée
1 c. à c. d'extrait de vanille liquide
1 c. à s. de lait

Pour le glaçage :
100 g de sucre glace
15 g de cacao amer en poudre
100 g de beurre ramolli
5 gouttes d'extrait de vanille liquide
25 g de chocolat noir détaillé en copeaux à l'aide d'un économe

1 Préchauffez le four à 180 °C (th. 6). Placez les caissettes dans le moule à muffin. Dans une jatte, réduisez le beurre en pommade, puis ajoutez le sucre. Mélangez avec soin. Incorporez les œufs l'un après l'autre, en alternant avec 1 cuillerée de farine, de manière à ce que le mélange soit bien homogène. Ajoutez peu à peu le reste de la farine et parfumez la pâte avec la vanille. Si elle vous semble trop épaisse, détendez-la avec le lait. Transvasez dans les moules et enfournez pour 20 min de cuisson. Laissez refroidir hors du four et démoulez.

2 Pendant ce temps, préparez le glaçage. Dans un bol, tamisez le sucre glace et le cacao amer à l'aide d'une passoire fine. Ajoutez le beurre et parfumez avec l'extrait de vanille. Battez au fouet électrique jusqu'à ce que le mélange soit léger et mousseux. À l'aide d'une poche à douille, déposez 1 volute de glaçage sur chaque cupcake. Décorez avec les copeaux de chocolat.

VARIANTE

Pour réaliser des cupcakes au citron : ajoutez à la pâte le zeste râpé de 1 citron et parfumez le glaçage avec 2 c. à s. de jus de citron. Supprimez le cacao amer.

Biscuit roulé

PRÉP 20 MIN · CUISS 15 MIN

Matériel • plaque à pâtisserie de 32 x 25 cm • fouet électrique

POUR 8 À 10 PERSONNES

3 œufs
100 g de sucre en poudre
+ 1 c. à s. pour le torchon
+ 1 c. à s. pour le décor
1 pincée de sel
75 g de farine
1 c. à s. de levure chimique
1 c. à s. d'extrait de vanille liquide
6 c. à s. de confiture de fraises, de framboises ou de crème de marrons

1 Préchauffez le four à 200 °C (th. 6-7). Tapissez la plaque à pâtisserie de papier cuisson. Dans une jatte placée sur une casserole d'eau frémissante, battez les œufs, le sucre et le sel au fouet électrique pendant 5 min, jusqu'à l'obtention d'une pâte fluide, qui s'écoule du fouet en ruban.

2 Ôtez la jatte du bain-marie et fouettez jusqu'au refroidissement du mélange. À l'aide d'une spatule en caoutchouc, incorporez délicatement la farine et la levure. Parfumez avec la vanille et transvasez la pâte dans la plaque à pâtisserie. Égalisez la surface et enfournez pour 15 min de cuisson : le biscuit doit être légèrement doré.

3 Saupoudrez un torchon d'un peu de sucre. Démoulez le biscuit sur le torchon et retirez le papier cuisson. Détendez la confiture à feu doux dans une casserole avec un peu d'eau. Étalez-la de manière régulière à la surface du biscuit. Égalisez les bords du biscuit avec un couteau et roulez-le sur lui-même par le côté le plus étroit. Laissez refroidir et disposez sur un plat de service. Saupoudrez de sucre en poudre.

CONSEIL DU CHEF

Dégustez ce biscuit roulé le jour même de sa préparation, afin que la pâte aromatisée reste bien moelleuse.

Gâteau marbré au chocolat

PRÉP 15 MIN · CUISS $1^1/_4$ HS

Repos • 5 min
Matériel • robot ménager • moule à cake de 18 x 9 cm

POUR 8 À 10 PERSONNES
175 g de farine à gâteaux tamisée
1 c. à c. de bicarbonate de soude
175 g de beurre ramolli
175 g de sucre en poudre
3 œufs
1 c. à c. d'extrait de vanille liquide
2 c. à s. de lait
1 c. à s. de cacao en poudre

1 Préchauffez le four à 180 °C (th. 6). Tapissez un moule à cake de papier cuisson. Dans le bol d'un robot ménager, versez la farine à gâteaux tamisée et le bicarbonate de soude. Ajoutez le beurre ramolli, le sucre en poudre, les œufs et l'extrait de vanille liquide. Mélangez à petite vitesse, jusqu'à l'obtention d'une pâte homogène. Ajoutez le lait pour détendre la pâte, si elle vous semble un peu épaisse.

2 Transvasez la moitié de la pâte dans une jatte. Ajoutez le cacao amer et mélangez soigneusement, jusqu'à l'obtention d'une pâte au chocolat. Emplissez le moule à cake, en alternant les cuillerées de pâte à la vanille et de pâte au chocolat.

3 Enfournez pour 1 h 15 de cuisson, jusqu'à ce qu'une brochette piquée au centre du gâteau ressorte propre. Laissez-le reposer pendant 5 min, puis démoulez-le sur une grille et laissez-le refroidir complètement.

CONSEIL DU CHEF

À l'aide d'une brochette, remuez doucement l'intérieur du gâteau, en dessinant un 8, afin que les pâtes se mélangent : vous obtiendrez un bel effet marbré.

Cake épicé à la marmelade d'oranges

PRÉP 15 MIN · CUISS $1^1/_4$ HS

Repos • 5 min
Matériel • robot ménager • moule à cake de 18 x 9 cm

POUR 8 À 10 PERSONNES
225 g de farine à gâteaux tamisée
175 g de beurre ramolli coupé en dés
175 g de sucre en poudre
3 œufs légèrement battus
1 c. à c. de bicarbonate de soude
1 c. à c. de cannelle moulue
1 c. à c. de gingembre moulu
150 g de marmelade d'oranges avec zestes
+ 2 c. à s. pour le décor

1 Préchauffez le four à 180 °C (th. 6). Tapissez un moule à cake de papier cuisson. Dans le bol d'un robot ménager, versez la farine, le beurre, le sucre, les œufs, le bicarbonate de soude, les épices et la marmelade. Mélangez avec soin, jusqu'à l'obtention d'une pâte homogène.

2 Transvasez la pâte dans le moule et lissez la surface. Enfournez pour 1 h 15 de cuisson, jusqu'à ce qu'une brochette piquée au centre du gâteau ressorte sèche. En fin de cuisson, protégez le cake avec de l'aluminium ménager s'il a tendance à trop dorer. Hors du four, laissez-le reposer pendant 5 min, puis démoulez-le sur une grille.

3 Faites chauffer 2 c. à s. de marmelade d'oranges à feu doux avec un peu d'eau. Nappez le cake de marmelade, puis laissez-le refroidir avant de le couper en tranches.

A

Q

R

S

T

V

Y

Dorling Kindersley remercie les personnes suivantes :

Kate Titford, pour sa contribution au chapitre *Gâteaux et délices du fourneaux*.

Guy Mirabella, pour sa contribution aux chapitres *Petites entrées, Amuses-bouches et canapés* et *Barbecue*.

Éditeurs Michael Fullalove, Siobhan O'Connor

Nutritionniste Fiona Hunter

Graphistes Miranda Harvey, Mandy Earey

Directeurs artistiques Nicky Collings, Luis Peral-Aranda, Lisa Pettibone, Sue Storey

Iconographe Susan Downing

Stylistes Sue Rowlands, Rachel Jukes

Stylistes culinaires Annie Rigg, Fergal Connolly, Aya Nishimura, Cara Hobday, Jenny White, Jane Lawrie, Penny Stephens

Créateur de décor Nicola Powling

Remerciements de Heather Whinney

Un grand merci à Mary-Clare Jerram, de Dorling Kindersley. Merci également à mon éditrice, Laura Nickoll, qui m'a soutenue au quotidien, avec enthousiasme, passion et sang-froid.

Je tiens à remercier mes amis et ma famille qui ont testé, goûté, partagé et suggéré ces nombreuses recettes, tout particulièrement ma mère, cette cuisinière hors pair, et mes enfants Kim et Lorna, pour leur bel appétit (même si j'aurais souhaité qu'ils cuisinent plus souvent !). Enfin, je voudrais remercier mon époux, pour ses précieux conseils, mais surtout pour son flegme et sa patience à toute épreuve.